CIUG

中国城市治理研究院

城市治理理论与实践丛书
中国城市治理研究系列

总主编 姜斯宪

U0654061

尺度重组与地域重构
——中国城市行政区划调整40年

吴金群 廖超超 等 著

国家社科基金项目
『我国大都市区行政区划改革的风险及防范研究』（18BGL204）的阶段性成果

上海交通大学出版社
SHANGHAI JIAO TONG UNIVERSITY PRESS

内容提要

本书是 2018 年国家社科基金项目"我国大都市区行政区划改革的风险及防范研究"的阶段性成果。

改革开放以来，我国城市区域经历了剧烈的政治与经济重构。对于这一新的地域空间重构现象，传统的理论视角未能进行恰当的描述与有力的解释。因此，本书从公共管理学的角度，基于尺度重组与地域重构及空间生产理论，在阐释中国城市型政区及其调整方式的基础上，通过数据统计、案例分析等研究方法，梳理了改革开放 40 年来中国城市行政区划改革历程，研究了其变迁及逻辑。

本书适合城市治理领域相关研究者及从业者参考阅读。

图书在版编目（CIP）数据

尺度重组与地域重构：中国城市行政区划调整 40 年 /
吴金群等著 . —上海：上海交通大学出版社，2018
ISBN 978-7-313-20585-8

Ⅰ.①尺…　Ⅱ.①吴…　Ⅲ.①行政区划—调整—研究
—中国　Ⅳ.①K928.2

中国版本图书馆 CIP 数据核字（2018）第 272109 号

尺度重组与地域重构：中国城市行政区划调整40年

著　　者：吴金群　等

出版发行：上海交通大学出版社　　　　　　　地　　址：上海市番禺路951号

邮政编码：200030　　　　　　　　　　　　电　　话：021-64071208

出 版 人：谈　毅

印　　制：常熟市文化印刷有限公司　　　　　经　　销：全国新华书店

开　　本：710mm×1000mm　1/16　　　　　印　　张：32.75

字　　数：483千字

版　　次：2018年12月第1版　　　　　　　　印　　次：2018年12月第1次印刷

书　　号：ISBN 978-7-313-20585-8/K

定　　价：98.00元

"中国城市治理研究系列"
编委会

"城市治理理论与实践丛书"序

　　城市是人类最伟大的创造之一。从古希腊的城邦和中国龙山文化时期的城堡，到当今遍布世界各地的现代化大都市，以及连绵成片的巨大城市群，城市逐渐成为人类文明的重要空间载体，其发展也成为人类文明进步的主要引擎。

　　21世纪是城市的世纪。据统计，目前全球超过一半的人口居住在城市中。联合国人居署发布的《2016世界城市状况报告》指出，排名前600位的主要城市中居住着五分之一的世界人口，对全球GDP的贡献高达60%。改革开放以来，中国的城镇化率也稳步提升。2011年首次突破50%，2017年已经超过58%，预计2020年将达到60%。2015年12月召开的中央城市工作会议更是明确提出："城市是我国经济、政治、文化、社会等方面活动的中心，在党和国家工作全局中具有举足轻重的地位。"

　　城市，让生活更美好！而美好的城市生活，离不开卓越的城市治理。全球的城市化进程带动了人口和资源的聚集，形成了高度分工基础上的比较优势，给人类社会带来了灿烂的物质和精神文明。但近年来，人口膨胀、环境污染、交通拥堵、资源紧张、安全缺失与贫富分化等问题集中爆发，制约城市健康发展，困扰着政府与民众，日益成为城市治理中的焦点和难点。无论是推进城市的进一步发展，还是化解迫在眉睫的城市病，都呼唤着更好的城市治理。对此，党和国家审时度势、高屋建瓴，做出了科学的安排和部署。2015年11月，习近平总书记主持召开中央财经领导小组第十一次会议时就曾指出："做好城市工作，首先要认识、尊重、顺应城市发展规律，端正城市发展指导思想。"中央城市工作会议则进一步强调："转变城市发展方式，完善城市治理体系,提高城市治理能力,着力解决城市病等突出问题,不断提升城市环境质量、人民生活质量、城市竞争力,建设和谐宜居、富有活力、各具特色的现代化城市,提高新型城镇化水平,走出一条中国特色城市发展道路。"

卓越的城市治理,不仅仅需要政府、社会、企业与民众广泛参与和深度合作,更亟须高等院校组织跨学科、跨领域以及跨国界的各类专家学者深度协同参与。特别是在信息爆炸、分工细化的当今时代,高等院校的这一角色显得尤为重要。在此背景下,上海交通大学决定依托其在城市治理方面所拥有的软硬结合的多学科优势,全面整合校内外资源创办中国城市治理研究院。2016年10月30日,在上海市人民政府的支持下,由上海交通大学和上海市人民政府发展研究中心合作建设的中国城市治理研究院在2016全球城市论坛上揭牌成立。中国城市治理研究院的成立,旨在推动城市治理研究常态化,其目标是建成国际一流中国特色新型智库、优秀人才汇聚培养基地和高端国际交流合作平台。

一流新型智库需要一流的学术影响力,高端系列研究著作是形成一流学术影响力的重要举措。因此,上海交通大学中国城市治理研究院决定推出"城市治理理论与实践丛书",旨在打造一套符合国际惯例,体现中国特色、中国风格、中国气派的书系。本套丛书将全面梳理和总结城市治理的重要理论,以中国城市化和城市治理的实践为基础,提出具有中国特色的本土性、原创性和指导性理论体系;深度总结及积极推广上海和其他地区城市治理的先进经验,讲好"中国故事",唱响"中国声音",为全球城市治理贡献中国范本。

相信"城市治理理论与实践丛书"的推出,将有助于进一步推动城市治理研究,为解决城市治理中的难题、应对城市治理中的挑战提供更多的智慧!

姜斯宪

上海交通大学党委书记
上海交通大学中国城市治理研究院院长

"中国城市治理研究系列"序

　　农业社会的田园牧歌已经渐行渐远，当今世界是一个以城市为中心的世界。城市是政治、经济和文化的主要载体，是社会网络体系的重要节点。城市的发展和进步，直接关系到国家和社会的发展。作为现代文明的标志性成果，城市推动了人类文明的持续进步，也是现代国家治理的中心所在。如何提高城市治理的水平，实现可持续的城市发展，更好地发挥城市在引领经济和社会发展过程中的作用，让城市管理更加卓越，让城市变得更加美好，已经成为世界各国政府都高度重视的问题。

　　弹指一挥间，从1978年改革开放至今，已有40个年头。40年风云激荡，中国的城镇化率从改革开放前的不足20%，持续迅速发展到今天的60%左右，越来越多的人走出农村，聚集在城市中，享受城市发展所带来的现代化文明成果，享受便捷和舒适的城市生活，但也深受各种城市病的困扰。40年来，伴随着工业化的进程，中国城镇化的快速发展给政治、经济、社会、文化和生态等各个领域都带来了意义深远的影响，构建了中国特色的城镇化发展道路，也探索形成了中国特色的城市治理经验。

　　中国是大国，也是文明古国。从传统意义上来说，中国的"大"，不仅仅是指疆域辽阔，也意指人口众多。这样一个大国的快速城镇化，面临着一元与多元、集权与分权、效率与公平、发展与稳定等关系的多重挑战。而对于一个文明古国的快速现代化来说，遇到的则是从伦理社会转向功利社会、从熟人社会转向陌生人社会、从超稳定社会转向风险社会等方面的重大难题。不管是大国的城镇化，还是文明古国的现代化，在高速发展的时代背景下，必然经历着社会转型与改革发展的阵痛，这也对中国的城市治理施加了更大的压力,提出了更高的要求与期待。

近年来,随着城市的重要性日益凸显,党和政府逐渐将工作重心转移到城市治理上来,正在实现从"重建设"到"重管理"的重要转变,先后多次召开高层次的城市工作会议,提出了城市治理的方略和部署,形成了推进城市治理的新契机。为深入贯彻习近平总书记在哲学社会科学工作座谈会上的重要讲话,落实十九大的重要精神,推进中国城市治理体系与治理能力现代化,上海交通大学中国城市治理研究院邀请国内外相关领域的专家学者,组织撰写了"中国城市治理研究系列"著作。

本书系立足于中国改革开放40年的伟大探索,紧扣当代中国社会转型和大国治理的特殊国情,聚焦于快速城镇化进程中波澜壮阔而又各具特色的城市治理实践,从政治、经济、社会、文化和生态等方面全面回顾、总结和分析中国城市治理的典型经验,阐释当代中国城市治理进程中的风云变幻,回应当前中国城市治理方面的重大问题,寻找解答中国城市治理发展道路的关键"钥匙",为城市治理方面的重大决策提供理论支持和经验支撑。

本书系以时间脉络为经,以发展阶段为纵轴,明确城市治理不同领域的重要时间节点,划分城市治理40年演进和发展的关键阶段;以事实梳理为纬,以要素分析为横轴,深入梳理改革开放40年相关治理领域的基本事实和主要经验,重点关注相关领域的改革举措、实践演变和制度变迁,结合具体实践阐述和诠释相关的理论观点,致力于探讨和提出有中国特色的城市治理逻辑。这是我们所有编著者共同的心愿和追求。但由于各方面的原因,我们可能离这个目标还有一定的距离,还有很多心有余而力不足的遗憾,因此期待各位同仁和读者的批评指正。

本书系编写工作自2018年3月份确定下来之后,时间紧、任务重、要求高。各位编著者快马加鞭,在日常繁忙的教学和科研之外,投入了大量的时间和精力,如期顺利完成了高质量的研究工作,展现出非同凡响的学术素养和职业水准。在此向他们表示由衷的敬意!

书系的编写和出版工作,得到了社会各方的关注,尤其是得到了上海市人民政府发展研究中心、上海交通大学文科建设处、上海交通大学出版社等方面领导的关心和支持,出版社的工作人员进行了认真、细致和专业地编辑,在此一并表示衷心和诚挚的感谢!

前　言

　　城市不仅是一种物理的存在，而且是一种制度的空间，同时还是人类文明传承的载体。2010年，上海世界博览会的主题为：城市，让生活更美好。如果从历史时空的角度讲，其逻辑没有问题。因为城市是人类文明的历史产物，同时又承载着对美好生活的未来期待。但是，如果从现实体验来看，这句话在逻辑上可能是有问题的。因为交通拥堵、环境污染等城市病的爆发，使城市越来越成为人们生活中的抱怨对象。事实上，上海世博会的英文主题——Better City，Better Life，比较好地诠释了城市与生活内在的逻辑。也就是说，如果有好的城市，就会有好的生活；或者说，只有好的城市，才会有好的生活。那么，怎样才能产生好的城市呢？公共管理学、经济学、政治学、社会学、建筑学与城乡规划学等多个学科，都在做着各自的努力。

　　本书主要从公共管理学的角度，基于尺度重组与地域重构理论，对改革开放40年来的城市行政区划调整进行研究。这既是对历史的回顾与反思，又是对"生产"美好城市的行政区划做一个"空间管理"的交代。

　　当很多人把城市看成是生产、生活的场所时，尺度重组与地域重构理论把城市看成是空间生产的对象。也就是说，本书的重点不在于关注"在城市中"生产了什么，而主要是关注为何、如何生产出"新的城市空间"。"如何生产"梳理的是城市行政区划调整的过程，"为何生产"回答的是城市行政区划调整背后的逻辑。而对"新的城市空间"的关注，也真切地回应了当代社会科学研究的"空间转向"，即空间不仅仅是静态的"容器"，其自身是动态地"被生产"出来的，它被人类行为塑造，同时又反过来影响人类生活。本书在系统梳理尺度重组与地域重构理论，以及中国城市型政区及其调整方式的基础上,对直辖市、地级市、市辖区、县级市、建制镇、街道、开发区的尺度重组与地域重构进行了深入研究。全书主要内容安排如下:

第一章系统梳理尺度重组与地域重构的理论及其适用性。针对都市区的治理问题,理论界逐渐形成传统区域主义、公共选择理论、新区域主义、尺度重组与地域重构等多种流派。所谓尺度重组,是指具有等级、规模、关系和权力等尺度特性的组织方式发生变化和转移的过程。地域重构与尺度重组紧密相伴,强调特定地理空间的地域化、去地域化和再地域化。作为新区域主义进一步发展的尺度重组和地域重构理论,把区域(特别是大都市区)治理和空间规模、等级关系、权力调整紧密地结合在一起,不仅给我国城市行政区划改革提供了巨大的想象空间,而且为剖析改革开放40年来的城市行政区划改革提供了难得的分析工具。

第二章阐释分析中国的城市型政区及其调整方式。在静态意义上,行政区划可以简称为行政区或政区,由地域空间、政区名称、建制等级、隶属关系、行政中心、公共机构和人口等基本要素组成;在动态意义上,行政区划还带有改革的意涵,涉及政府层级调整、管辖范围变动、地域边界重划、行政建制变更、政区名称改变、政府驻地变化等多个方面。城市型政区具有人口密集、资源密集、服务密集、文化荟萃、信息集中、功能综合、系统开放、工作高效等特点,在有限的地域空间内,各种生产要素高度集中且相互交织在一起。在我国,城市型政区主要包括直辖市、地级市、市辖区、县级市、建制镇、街道和城市开发区等。城市型政区的调整过程,既是一个地域重构的过程,也是一个尺度重组的过程。

第三章主要研究直辖市的尺度重组与地域重构。直辖市是中国等级制城市体系中政区级别最高的城市,同时也是社会经济体系中人口、产业与资本高度集聚的大都市。本章首先梳理了直辖市制的形成和条件,并通过数据分析透视了改革开放40年来直辖市空间规模扩张、城市建设开发及经济发展的状况。其次,分析了重庆直辖市的尺度重组与地域重构过程,以及重庆直辖市设立的政治、经济、社会影响。最后,剖析了直辖市行政区划调整的背后逻辑,即多层级尺度重组与博弈的政治逻辑、区域经济发展战略下经济社会空间重构的经济逻辑、直辖市直管区县体制下层级优化的行政逻辑。

第四章主要研究地级市的尺度重组与地域重构。地级市在中国等级制城市体系中具有较高的行政等级和权力地位，同时其空间规模与经济规模相对较大，既是地方经济的增长中心，也是地方治理的重要主体。本章首先梳理了改革开放40年来地级市的设立标准及其变迁，并结合地级市数量的变化，分析了地级市设置数量的变化特征及原因。其次，根据地级市行政区划调整的撤地设市与地市合并、市县（市）分治与合治、县（市）升格、切块设市等四种模式发生频次的数据，分析了每种模式的变迁及其特征，从尺度重组与地域重构的视角对各种模式的典型案例进行解读，并阐述了各种模式的行政区划调整的逻辑。

第五章主要研究市辖区的尺度重组与地域重构。中国的城市化发展逐渐从城市数量扩张走向城市规模扩张，由此带动了以撤县（市）设区、区县（市）合并、切块设区、区界重组为主要形式的市辖区尺度重组与地域重构。本章首先梳理了改革开放40年来市辖区的设立标准及其变迁，并结合市辖区数量、地级市数量的变化，分析了市辖区设置数量变化的特征和原因。其次，根据市辖区行政区划调整中撤县（市）设区、区县（市）合并、切块设区、区界重组四种模式的发生频次数据，分析了各种模式及其典型案例的变迁特征、尺度重组与地域重构的具体过程，并详细剖析了各种模式行政区划调整背后的内在逻辑。

第六章主要研究县级市的尺度重组与地域重构。在我国现行城市体系中，县级市上承大中城市，下启乡镇农村，既有现代城市的基因，又具有较强的地域特色。部分县通过切块设市、撤县设市等方式转变为县级市，完成从农村区域向城市区域的尺度转向；部分县级市则通过边界重组，不仅实现了空间资源的优化配置，而且生产了新的制度空间。本章首先梳理了改革开放40年来县级市的设立标准及其变迁，并结合县级市数量变化的数据，分析了县级市设置数量变化的特征及其原因。其次，基于改革开放40年来县级市行政区划调整中切块设市、撤县设市、县级市边界重组三种模式变化的数据，分别探讨了各种模式的变迁及特征，从尺度重组与地域重构的视角对各种模式的典型案例进行解读，并剖析了县级市行政区划调整中各种模式的变迁逻辑。

第七章主要研究建制镇的尺度重组与地域重构。建制镇作为行政区划的基层空间单元，一方面在权力、规模、关系等尺度结构上不断发生重组，另一方面因资本的集聚与扩散在地域空间上不断进行重构。同时，折射了中国区划治理中空间的治理转向与治理的空间转向。本章首先依据公开信息资料和相关文献记载,对建制镇的设置条件及发展概况进行梳理,分析了权力、资本、空间诱发设置条件发生变迁的机制。其次以浙江省的建制镇数据为基础,分别对切块设镇、撤乡设镇、乡镇撤并三种模式的变迁及逻辑进行深入研究。对每种模式的研究,都遵循先从数据看该模式的历史演变,再选择具体案例剖析建制镇尺度重组与地域重构的过程,最后归纳总结相应模式的逻辑的程序性思路。

第八章主要研究街道的尺度重组与地域重构。根据派出机关的不同,街道办可以分为市辖区设置的街道办、不设区的市设置的街道办、县政府设置的街道办三种类型。本章首先分析街道办事处的设置条件及演变,梳理全国及地方对街道办事处设置条件的具体规定,并分析街道办事处的全国宏观变化及浙江省的详细变更情况,同时阐述了街道办事处由“虚”逐渐转“实”的尺度化建构过程。其次,本章系统解释了乡镇改街道、街道重组这两种模式的变迁历史、主要方式及背后的逻辑。同时,结合浙江省清湖镇、福田街道的案例,描述了相应模式在权力与资本交织作用背景下进行的尺度重组与地域重构过程。不同的变迁模式及其各自逻辑交织在一起,共同推动了街道40年来的动态演变。

第九章主要研究城市开发区的尺度重组与地域重构。改革开放以来,在我国城市的尺度重组与地域重构过程中,开发区承担了一种柔性的行政区划改革角色。从1984年第一批国家经济技术开发区的创设起,开发区的发展大致经历了小范围探索期、快速成长期、二次创业期和转型升级期四个阶段。当前,我国开发区治理的主要类型有:政府主导型、企业主导型、政企协作型、委托管理型以及协治型等。各地开发区出于发展战略定位转变、相关尺度组织关系变化以及对政治经济协调、区域治理绩效等诉求,治理模式发生了不同程度的变迁。本章结合青岛西海岸新区、上海漕河泾开发区、杭州经济技术开发区三个典型案例,详细阐述了政府主导型、企业主导型、政企协作型三种开发区类型的尺度重组与地域重构过程,以及各自变迁背后的逻辑。

第一章

尺度重组与地域重构理论
及其适用性

全球化时代及其衍生的思想文化交流，给中西方理论之间的相互借鉴提供了极大的便利。而本地化情境则不断提醒人们，任何改革实践必须兼顾地方治理的政治经济生态。这正是全球化（Globalization）和在地化（Localization）相耦合的"全球在地化"（Glocalization）潮流的深刻内涵之一。我国城市行政区划的改革，需要"思考全球化"和"行动在地化"的有机结合，避免"中尺度"（Meso-Scale）和有界限的"小盒子"（Little-Box）的局限，展示连接从地方到全球的不同尺度规模的能力。作为新区域主义进一步发展的尺度重组和地域重构理论，把区域（特别是大都市区）治理和空间规模、等级关系、权力调整紧密地结合在一起，不仅给我国城市行政区划改革提供了巨大的想象空间，而且为梳理和剖析改革开放40年来的城市行政区划改革提供了难得的分析工具。

第一节　都市区治理与改革的理论流变

伴随着世界经济发展、政治进步、社会和谐与生态文明的重心由民族国家（Nation State）逐渐转变为城市国家（City State），大都市区已经成为各国提升竞争力的基本单元和重要引擎，也将在很大程度上主导一个国家的整体走向。也正因为如此，西方发达国家政府间关系的研究重点，纷纷从中央—地方的纵向关系转向了大都市区内部的横向关系。正如奥斯特罗姆等（2004：63）指出的，当前有关地方政府的最严峻问题，就是大都市区的治理问题。而大都市区的治理，就是用"正确的方法"去克服城市功能范围和地方政府结构之间不断扩大的差距（Heinelt et al., 2005：9）。对此，学界做出了长期不懈的努力，逐渐形成传统区域主义、公共选择理论、新区域主义、尺度重组与地域重构等多种理论流派。

传统区域主义针对基于地方自治形成的政府"碎片化""马赛克"或

"百纳被"现象,主张建立大都市区政府来统一管理整个都市区的公共事务。该类观点建立在规模经济和理性规划的基础之上,其认为大都市区政府可以将经济发展的外部性内部化,实现公共服务和产品提供的规模经济,整合各类资源,缩小发展水平和服务提供的不均衡。也就是说,它的潜在价值是既有效率,又有公平。传统区域主义对于是否建立大都市区政府没有太多的争议,但在建立怎样的大都市区政府上则有不同的观点。这一理论自20世纪初到20世纪50年代一直在政治科学和公共管理领域占据主导地位,而且鲜有持异议的学者和实践者(萨维奇等,2013)。经典的研究包括切斯特·马克西(Chester Maxey,1922)的《大都市区社区的政治整合》、保罗·史图登斯基(Paul Studenski,1930)的《美国的大都市区政府》和维克托·琼斯(Victor Jones,1942)的《大都市政府》、罗伯特·伍德(Robert C Wood et al.,1961)的《1400个政府》。传统区域主义理论既得益于城市兼并与治理改革的实践,同时又在一定程度上推动了大都市区的改革运动。从第二次世界大战结束到20世纪70年代中期的30年间,美国进行了68次公民投票决定市县合并的尝试。但是,其中大多数重组的尝试都失败了,只有17次被批准,成功的比例仅为25%(Young,1976)。尽管市县合并被拒绝的比例很高,然而新的市县合并动议在这一时期还是不断出现,这说明了一体化大都市区政府在当时有很大的吸引力(易承志,2010)。20世纪80年代之后,区域主义看到了复兴的曙光(Lefebvre,1998),人们对大都市区政府的兴趣重新燃起,并在全球范围特别是欧洲和加拿大得到了一定的传播。

兴起于20世纪50年代的公共选择理论通过丰富的实证研究表明,大都市区政府的实践效果并不理想。尽管将市县合并成单一的政府并由这个单一的政府对大都市区行使所有的地方政府职能的努力在欧洲取得过很大的成功,但在美国却遭到了明显的失败(奥斯特罗姆等,2004:76-77)。对传统区域主义的批评集中体现在:没有证据证明大都市区政府提高了效率;大多数公共服务似乎都极少具有规模经济;大都市政府没办法满足不同社区和邻里的差异化偏好;大都市区政府很少能够真正解决区域内的不平等问题;大都市区政府威胁到了少数族群的政治利益。对于公共选择理论而言,地方政府的碎片化与其说是一种需要纠正的缺陷,还不如说它是一种难得的优点。因为不同地方政府之间的竞争提供了一种"类市场机制",这是改善政治回应性、提高政府效率和优化公共服务的关键机制。由此,公共选择理论提出了"多中心治理"模式。其代表性著作包括:文森特·奥斯特罗姆等(Vincent Ostrom et al., 1961)的《大都市地区的政府组织:一种理论探讨》、罗伯特·瓦伦(Robert Warren, 1964)的《大都市组织中的市政服务市场模式》、罗伯特·比什等(Robert L. Bish et al., 1973)的《理解城市政府:大都市改革再思考》和奥斯特罗姆夫妇(Vincent Ostrom et al., 1977)的《公益物品与公共选择》。总体上,公共选择理论提出的以分权为基础的市场化治理模式,与传统区域主义强调的以集权为基础的行政化治理模式正好相反。在实践中,过于碎片化的都市区治理似乎并未取得多少成效,缺乏支撑公共选择理论的足够经验证据。但公共选择理论的某些闪光思想,比如多中心治理、公共服务生产与供给的区分等,最终被汇聚到了新区域主义的潮流之中。

作为传统区域主义和公共选择理论论辩的产物,新区域主义理论于20世纪90年代应运而生。新区域主义是在大都市区形成的,以跨地方公共事务治理与协作网络为基础组合而成的治理制度。它主要针对区域内各地方共同面对的制约区域持续发展的问题,或者为了规划区域内产业布局和经济增长方式,而建立区域内互惠、合作和共同发展的网络体系(张紧跟,2010)。传统区域主义强调行政手段,公共选择理论注重市场力量,而新区域主义强调为有效解决区域公共问题,应该综合运用竞争与合作两种方法,以及政府、市场与社会三种机制,使地方政府、社会公众、非政府组织以及各类企业之间建立起战略伙伴关系。所以,新区域主义不仅是对传统区域主义和公共选择理论的取舍与综合,而且增加了对社会力量的重视与吸收,这与20世纪90年代开始流行的治理理论在逻辑上是一致的。相对于传统区域主义,新区域主义强调治理而非管理、跨部门而非单一部门、协作而非协调、过程而非结构、网络化结构而非正式结构、开放而非封闭、信任而非问责、赋权而非权力(Wallis, 1994; Windsheimer, 2007)。相对于公共选择理论,新区域主义强调通过协作网络来整合区域的协调发展,并采取多种形式来解决区域公共问题。在治理的方法和策略上,新区域主义主要采用连结性功能(Linked Functions)和复合性网络(Complex Networks)(曹海军等,

2013）。新区域主义的代表性成果主要有奈尔·R.皮埃尔（Neal R. Peirce, 1993）的《城市国家：在一个竞争性世界中城市美国如何实现繁荣》、亨利·G.希思诺斯等（Henry G. Cisneros et al., 1993）的《交织的命运：城市与国家》、安东尼·唐斯（Anthony Downs, 1994）的《都市美国的新图景》、戴维·鲁斯克（David Rusk, 1995）的《没有郊区的城市》。

虽然不同的新区域主义者在具体治理形式上有分歧，但是他们有三个方面的目标是共同的：① 在大都市区建立推动地方政府自愿合作的方法，其隐含的理论是合作将使得区域在变迁的全球经济中更有竞争力；② 解决源于碎片化政府结构的负外部性问题；③ 提供财政等手段缓解中心城市的贫困化，以使它们能对整个区域的经济做出更积极的贡献（Frisken et al., 2001）。然而，新区域主义不仅没有形成库恩科学哲学意义上的"范式"，而且实践中的尝试结果也有些令人失望。随着时间的推移，新区域主义被纳入到了一个更加广阔的理论框架，即尺度重组与地域重构。主张尺度重组与地域重构的学者强调，国家范围内辖区和政治正在被重新划分，其依据是主体由国家层次到区域、地方层次所发生的转换（Keating, 2001）。同样，存在大都市内部的尺度重组与地域重构过程，以重塑和加强大都市的决策能力，并将更多的地方服务向新的（或复兴的）底层单位转移（Stoker, 2004; Denters et al., 2005）。在地方和区域层级，这种城市重组正在促成对大都市区新的治理安排（Hoffmann-Martinot, 2005）。区域政府在全球城市发展中扮演着重要的角色，改变区域边界和大都市城市治理的制度安排，整体上关系到区域的领导能力和发展战略，进而关系到城市在世界经济中的竞争力（萨维奇等, 2013）。

从都市区治理与改革的理论流变中，可以看到有四波浪潮（见表1.1）。这四波浪潮不是逐次替代，而是交叠起伏的关系。虽然在不同的阶段会有占主导地位的理论和实践，但这并不意味着其他理论和政策实践的彻底消失。不同的理论之间始终在相互争辩和相互影响，理论与实践之间也不断地在相互印证或相互挑战。实际上，区域治理根本就不存在唯一正确的组织模式，人们应该关注的是各种可能的治理模式以及治理是如何通过地方公共经济结构来和绩效发生关系的（奥克森, 2006: 161-162）。因此，我们

表1.1　区域主义的理论框架

	传统区域主义	公共选择理论	新区域主义	尺度重组
时间区间	1900年至20世纪60年代	20世纪50年代至90年代	1990年至今	2006年至今
核心观点	效率	效能	公正	城市竞争力
城市发展模式	单中心	以核心区为主导的多中心治理	核心区主导式微的多中心都市	大都市连绵带
针对问题	碎片化	集中化	平等和竞争力	竞争力
解决方案	层级制：建立大都市区政府（例如合并、兼并或新的政府层次）	市场：依托市场竞争，使城市保持低税率水平，提供良好的公共服务和良好的商业环境，以吸引企业和居民	层级制/协作：政府在城市区域的治理，着眼于通过合并或治理安排达成大都市的战略决策	规模改革/重组：经济全球化导致了第二次国家构，涉及边界、功能、资源以及政府与私人机构，非政府活动者关系的重新调整
主要批评	合并可能导致更高的成本和更低的回应能力；等级制的大都市政府带来更好的基础设施建设和规划，但缺乏公正；少数族裔的权力稀释问题；政治上的不可行性	由于穷人迁移的困难导致的公平性缺失；市民行为不像蒂伯特模型所预期的那样，他们缺乏地区的税收和服务信息，无法基于事实选址	选择性的、微弱的区域主义；未必能缩小差距，用同不当，反映出"后福特主义下的城市重构与新自由主义下的政府精简行为"	经济决策决定论的倾向，高度的抽象和"政治的缺云"；为国家重构的动因提供了高水平的理论，但是没有做出抵抗地方区域应该配合或抗拒的规范引导
挑选出来的代表作	Charles Beard, 1923; William Robson, 1939; Robert Wood, 1961; US ACIR, 1976	Charles Tiebout, 1956; Vincent Ostrom et al., 1961; Roger Parks and Ronald Oakerson, 1989	David Rusk, 1993; H. V. Savitch and Ronald K. Vogel, 1996; Altshuler et al., 1999	Neil Brenner, 2004; Michael Keating et al., 2003
实证参考	纽约（1898年） 多伦多（1954年） 迈阿密（1958年） 伦敦（1965年）	洛杉矶（来克伍德） 圣路易斯 匹兹堡	路易斯维尔（1986—2000年） 博洛尼亚 鹿特丹 波特兰	世界性城市

资料来源：乔纳森·S.戴维斯、戴维·L.英布罗肖.城市政治学理论前沿[M].2版.何艳玲，译.上海：格致出版社，2013：131—132.

在借鉴西方大都市区治理的经验,推进中国区域治理改革时,既不能仅仅通过行政区划调整或合并建立大都市政府,又不能仅仅强调政府间竞争的多中心治理,而应该实行多元化的治理机制和模式(洪世键,2009：169)。其中,从新区域主义进一步拓展而来的尺度重组与地域重构理论,尤其值得中国理论界的高度关注。

第二节　空间生产、尺度重组与地域重构

一、空间与空间生产 ▷▷

正确理解全球化时代的空间与空间生产的含义,是理解城市行政区划改革,以及由此引发的尺度重组和地域重构现象的基础。何谓空间?《辞海》从三个层面进行了界定:广义上的宇宙空间,包容所有物质的三维空间容积;特定意义上的太空、外层空间;在哲学上与时间一起构成运动着的物质存在的两种基本形式。《大英百科全书》认为:空间是无限的三维范围,在其内部,物体存在,事件发生,且具有相对的位置和方向。作为地理学研究的核心概念,空间长期被看成是客观的、中立的、作为社会经济容器的"空盒子",并在计量革命中把这种空间观发挥到极致,试图寻找放之四海皆准的"空间关系法则"。然而,随着人文地理学开始向多元化发展,人们对空间有了全新的认识。一种后现代、强调地方独特性及其对当地社会经济事务之间密切联系的空间观开始占据主导(殷洁,2018：46)。现代主义的社会科学研究强调时间性而忽视了空间性,后现代主义则特别强调空间的重要性,重视研究问题在时间和空间上的独特性(Time-Space Specific)。

从空间中的生产(Production in Space),到作为产品的空间(Space as a Product),然后到空间的生产(Production of Space),有关空间的研究已经极为深刻。西方马克思主义理论对空间进行了新的定义,即空间不再是原来的自然物,而是弥漫着社会关系的社会之物,社会在生产空间的同时,空间

也在能动地形塑和建构社会（见表1.2）。另外，历史唯物主义的空间化解释无意取消历史的根基性意义，而恰恰是通过空间角度深化对历史的理解，这就是著名的"空间的历史"理论——任何社会生产方式总有相应的社会空间形式（刘怀玉，2015）。与原始生产方式相对应的，是绝对空间；与古代生产方式相对应的，是神圣空间或政治空间；与帝国统治时代相对应的，是历史性空间；与资本主义生产方式相对应的，是抽象空间；体现当代全球化资本与地方性对立的，是矛盾的空间；未来可体现差异与新鲜体验的空间，则是差异性空间（见表1.3）。

表1.2　对空间理解的变迁

	欧几里得	牛顿/笛卡尔	康　德	福　柯	列斐伏尔
空间定义	严格的几何概念	绝对空间	作为一种容器的空间	知识、权力都是空间	空间的三元辩证
空间特征	各方向同质并无限	没有绝对静止的	空间的先验性	全景监狱	空间就是社会，社会亦是空间
研究范式	空间几何学	通过运动来进行量度	—	通过权力治理术	社会空间统一

资料来源：胡毅，张京祥.中国城市住区更新的解读与重构：走向空间正义的空间生产[M].北京：中国建筑工业出版社，2015：29.

表1.3　空间历史概念对应的历史阶段

空间历史概念	对　应　的　历　史　阶　段
绝对空间	自然
神圣空间	城邦，暴君与神圣国王，古埃及王朝
历史性空间	政治国家，希腊城邦，罗马帝国，可透视空间
抽象空间	资本主义、财产等的政治经济空间
矛盾的空间	当代全球化资本与地方性的对立
差异性空间	未来可体现差异与新鲜体验的空间

资料来源：LEREBVRE R S. Love and struggle, spatial dialectics[M]. London and New York: Routledge, 1999: 170-172. 转引自刘怀玉.《空间的生产》的空间历史唯物主义观[J].武汉大学学报（人文科学版），2015，68（1）：61-69.

法国社会学家、哲学家、新马克思主义代表人物亨利·列斐伏尔（Henri Lefebvre）于1974年出版了《空间的生产》一书，开创了政治经济学研究的空间革命，开辟了马克思主义社会批判理论的空间化转向，并为城市与空间问题提供了新的分析框架。列斐伏尔的空间概念包含了一系列国家和城市居民之间的互动、改变、冲突和斗争。它不仅是一个容纳各种社会互动发生的容器，还是物理空间、历史遗产、象征意义和生活经验的结合体，是由各种政治和社会力量生产而成的。空间结构和社会关系本质上是辩证统一的，不同的利益群体试图将各自的社会版本镌刻到空间上，从而形成和维持一种文化。列斐伏尔的社会—空间辩证思想强调：① 空间的本质是政治的；② 由于空间被不同的行动者所定义，因而空间的爆炸，即不同层级的社会关系对空间的多重定义，就不可避免；③ 在空间的生产过程中，国家是独立的行动者；④ 革命力量在空间中有其重要性；⑤ 历史在空间的生产中具有重要意义。在此基础上，列斐伏尔提出了三元空间分析框架：① 空间的实践（Spatial Practices）是日常生活中人们感知和使用空间的经历，是自然空间向社会空间转化的过程；② 空间的表征（Representations of Space）是政府官员、科学家、规划师、建筑师通过话语、知识建构而成的空间；③ 表征的空间（Representational Space）是基于日常生活而形成的对空间的感知和想象，体现统治与被统治关系，具有意识形态的特点。列斐伏尔认为，空间的生产就是空间被开发、设计、使用和改造的全过程。其逻辑就是资本的逻辑，所以城市化也便成了资本逐利的一种方式。虽然国家在空间生产过程中起主导作用，但是国家通过表征和话语来生产同质化城市空间的意图并不总能取得成功。城市不仅仅是统治阶级用来实现交换价值的抽象空间，也是城市居民用来日常生活和政治参与的生活空间（Lefebvre, 1991；孙小逸, 2015；周立斌等, 2014: 27-33）。正如苏贾（2004: 1）所说，至少在以往一百年中，时间和历史在西方马克思主义和批判社会科学的实践意识和理论意识中，占据了宠儿的地位。然而，挡住我们视线以致辨识不清诸种结果的，实际上是空间而不是时间。所以，列斐伏尔的空间生产理论具有革命性的意义。

在西方地理学家中，美国社会理论家和地理学家戴维·哈维（David Harvey）和爱德华·苏贾（Edward Soja）较早地将列斐伏尔的理论融入自身的研究中，并形成了以前者为代表的主流马克思主义流派（重视物质大于表象）和以后者为代表的后结构主义流派（趋向于意识形态）（Wilson，2013）。哈维是实证主义地理学的集大成者，其空间理论博杂而又精深，以马克思主义政治经济学的积累问题为逻辑起点，以资本主义城市化为主线，以后福特时代的生产为背景，通过"时空压缩"（Compression of Time and Space）和"空间修复"（Spatial Fix）理论，阐发了资本主义在城市乃至全球空间的诸多不平衡问题（周立斌等，2014：67）。哈维（2003：25）使用时空压缩概念试图表明，资本主义的历史具有在生活步伐方面加速的特征，而同时又克服了空间上的各种障碍，以至于世界有时显得是内在地朝着我们崩溃了。而空间修复则是资本主义用来解决资本危机导致的空间失调问题的"地理政治策略"（Geopolitics of Capitalism）。哈维以"资本三重循环"模型深刻阐述了资本为何要进行空间生产的问题。与列斐伏尔着力于对空间本体论的重新阐发不同，哈维更多地聚焦于空间的认识论和方法论。在对待列斐伏尔"概念三元组"时，哈维（2003）采取了较为"务实"的做法，"挪用"了三元组，架构了易于理解的四个面向，即可接近性与间隔化、占用和利用空间、支配和控制空间、创造空间，将其融合并搭建了他的空间实践格网（见表1.4）。有学者认为，哈维的最大贡献在于试图弥合马克思与列斐伏尔两者之间的断裂，并把空间的生产用地理学的专用术语表述为"资本主义地理（空间）景观生产"（韩勇等，2016）。

表1.4　空间实践的"网格"

	可接近性与间隔化	占用和利用空间	支配和控制空间	创造空间
物质空间的实践（体验）	商品、货币、劳动力、信息等的流动；运输和交通系统；市场和都市等级制度；聚结	土地利用和建筑环境；社会空间和其他"草根"标志；沟通和相互帮助的社会网络	私有土地财产；国家和政府的空间划分；排外的社群和邻里；专属分区制与其他形式的社会控制（管辖和监督）	物质基础设施生产（运输交通、建筑环境、土地清理等）；社会基础的领地结构（正式的和非正式的）

（续表）

	可接近性与间隔化	占用和利用空间	支配和控制空间	创造空间
空间的表达（感觉）	距离的社会、心理和身体尺度；绘制地图；"间隔摩擦"理论（最小努力原则，社会物理学，商品范围，中心场所，其他形式的场所理论）	个人空间；被占有之空间的内心地图；空间等级；空间的象征性表达；空间"话语"	被禁止的空间；"领土规则"；社群；地区文化；民族主义；地理政治学；等级制	地图、视觉表达、交流等的新系统；新的艺术和建筑"话语"；符号学
表达出来的空间（想象）	吸引/排斥；距离/欲望；接近/拒绝；超越"媒介就是信息"	熟悉；家庭与家；开放场所；通俗表演场所（街头、广场、市场）；插画和涂鸦；广告	不熟悉；惧怕空间；财产和拥有；纪念性和构造出的仪式空间；象征性障碍与象征性资本；建构"传统"；压迫性的空间	乌托邦的计划；想象性景色；科幻小说本体论和空间；艺术家的素描；空间和场所的神话；空间诗歌；欲望空间

资料来源：戴维·哈维.后现代的状况——对文化变迁之缘起的探究[M].阎嘉,译.北京：商务印书馆,2003：275.

爱德华·苏贾较为忠实地继承了列斐伏尔的观点，并批判了哈维对列斐伏尔的"误读"（叶超，2012）。在列斐伏尔"概念三元组"的基础上，苏贾的空间研究三部曲——《后现代地理学——重申批判社会理论中的空间》（2004年中译本）、《第三空间：去往洛杉矶和其他真实和想象地方的旅程》（2005年中译本）和《后大都市：城市和区域的批判性研究》（2006年中译本），建构了"空间三元辩证法"（Spatial Trialectics）概念，并用"第三空间"（The Third Space）称呼超越二元对立并持续衍生的可能性场所。不像列斐伏尔从政治经济体系出发，苏贾的空间三元辩证法是从物理空间、心理空间和社会空间三者的关系出发，指出社会空间是包括了前两者的非此即彼的对立，也是彼此交融、两者兼具的空间（见图1.1）。因此，主观与客观，抽象与具体，真实与想象，可知与不可知，重复与差异，结构与能动，精神与肉体，意识与无意识，本学科的与跨学科的，日常生活与永无休止的历史，一切都汇聚在一起。苏贾将第三空间定义为理解人类生活"空间性"（Spatiality），并通过社会行动对其做出改变的另一种方式。它是一个独特

第一空间
物质的被感知的

空间的实践

物理

彼此交融

再现的空间

破除二元对立

心理　充满社会斗争社会

第二空间
心理的被构想的

空间的再现

第三空间
混沌的真实与想象
兼具的生活空间

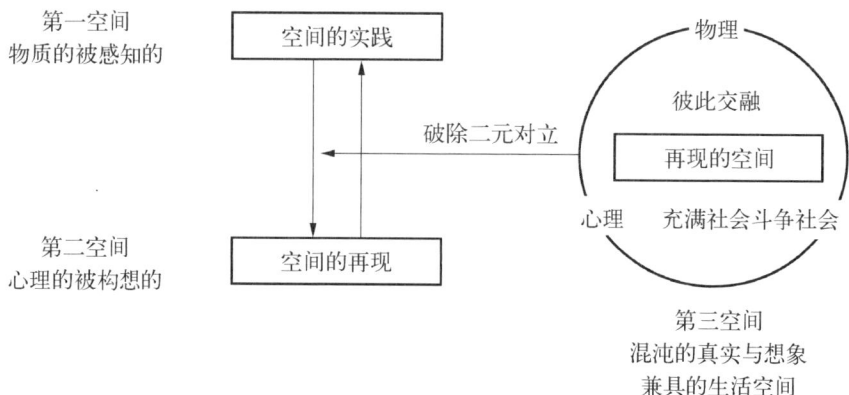

图1.1　苏贾对空间三元辩证的理解

资料来源：胡毅，张京祥.中国城市住区更新的解读与重构：走向空间正义的空间生产［M］.北京：中国建筑工业出版社，2015：36.

的，具有空间批判意识的模型。这种模型适用于新的（研究）范畴和意义，并试图在空间性、历史性和社会性三元辩证统一之间寻求再平衡。在本质上，第三空间是一个包罗万象的概念，它包含了超越二元论，朝向"他者"（Otherness），持续运动的认识论、本体论和史实性（韩勇等，2016）。它充斥着象征、梦想和欲望，是边缘化者的空间，也是将资本主义、种族歧视、父权体制等具体化到生产和再生产关系。苏贾从灵活城市（Flexcity）、国际都市（Cosmopolis）、扩散都市（Expolis）、城市两极化（Metropolarities）、监禁群岛（Carcereal Archipielagos）以及模拟城市（Simcities）六个方面，考察了后现代的洛杉矶大都市区的空间生产。作为描绘未来生活的城市形态，洛杉矶充满了冲突和矛盾的交织，既包含了地域与中心之间的冲突，也包含了种族和阶层之间的冲突，甚至还包含了当下和未来的冲突，这使得洛杉矶成为一个充满真实和想象的空间（胡毅等，2015：33）。在前三部曲论证了"人是空间的存在"之后，苏贾（2016a）的空间研究第四部曲——《寻求空间正义》（2016年中译本），以寻求空间正义为主旋律，以公正的空间权利为基调，拒绝空间隔离，反对空间资源不公平分配，将人们带向了空间思维的纵深之处。

如果说列斐伏尔于1974年出版的法文版的《空间的生产》激起了空间理论研究的第一次浪潮，1991年此书的英文版出版引发了空间理论研究的

第二次浪潮的话,那么如今对空间理论的研究已经掀起了"第三次浪潮"。英美学者在以哈维为代表的新马克思主义流派和以苏贾为代表的后结构主义流派之间另辟新路,主张跳出《空间的生产》,从列斐伏尔其他著作中汲取营养以对空间生产进行深度解读。其中,2008年出版的《空间、差异和日常生活:品读列斐伏尔》(*Space, Difference, Everyday Life: Reading Henri Lefebvre*)是一个典型标志。第三次浪潮相对弱化对空间本体论和认识论的讨论,重视在理论应用方面同人文地理学传统和现实热点问题进行对接,并重点解决理论"本土化"和学科"内部化"问题(韩勇等,2016)。在已有相关研究的基础上,王丰龙等(2011)提出了制度结构—社会行动—资本流动三者与空间相互塑造的理论分析框架,并且都同时内含了"去地化"和"在地化"这个主要的过程(见图1.2)。在这一框架中,资本流动和空间景观的关系最为基本也最为成熟,其次是社会运动、制度结构和空间景观的关系。同时,资本流动、社会运动和制度结构之间,也发生交互作用。有别于西方国家,中国的制度结构对(城市)空间建构的作用最为直接,影响也最为深远。

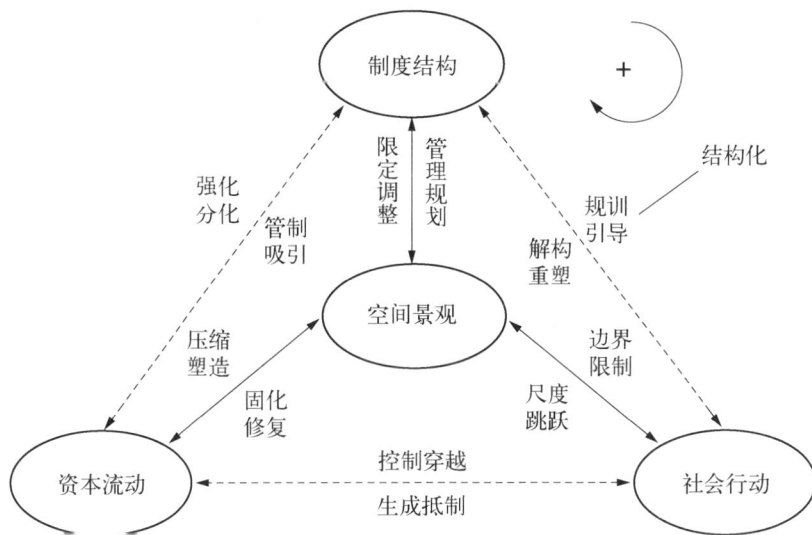

图1.2　空间生产的理论分析框架

资料来源:王丰龙,刘云刚.空间的生产研究综述与展望[J].人文地理,2011,26(2):13-19.

二、尺度与尺度重组 ▶▶

城市空间的政治经济学,是社会各利益集团在争夺城市空间资源、抢占资源优势区位、规避空间负外部性、对社会弱势群体的空间支持等过程中所进行的权利交易及其空间化过程。随着市场化、分权化、全球化、信息化和城镇化进程的不断加速,空间生产理论的发展也在不断与时俱进。由经典马克思主义原理中"空间中的生产",发展到空间政治经济学中"空间的生产",乃至跃升为尺度政治经济学思想中"空间尺度的生产"。空间生产的地域性实践不断突破距离的局限,由"城市空间的生产",扩展为"区域空间的生产",乃至进一步扩张为"全球空间的生产"(马学广,2016:80-83)。伴随着西方人文地理学的空间转向,20世纪80年代以后出现了引人注目的尺度转向。尺度重组及地域重构理论的出现,使人们能够将空间转型和附着其上的社会(政治和经济)空间的重构有机耦合起来进行分析,因此成为从政治经济学视角研究城市—区域空间重构和治理重构的热点理论之一(殷洁,2018:81)。尺度研究受到广泛关注,始于Taylor(1982)提出的尺度政治经济学框架。随后,哈维的学生、英国地理学家Neil Smith(1984)在《不平衡发展:自然、资本和空间生产》一书中详细讨论了尺度问题,并提出了"尺度政治"的概念。马学广(2016:113-115)在借鉴Moore(2008)、MacKinnon(2010)等对尺度理论研究路径划分的基础上,归纳了尺度理论发展的四个阶段:

(1)前建构主义阶段。在这一阶段,尺度被看作是一个制图学概念,即比例尺,或者被看作是经济、社会和政治过程存在于其中的不同的分析层次。此时的尺度概念具有给定性、固定性和封闭性等特征,人们对它的理解是基于各种"暗喻"的,比如同心圆、金字塔、脚手架等。

(2)尺度的政治经济学阶段。在这一阶段,尺度被看作是广泛的社会政治经济过程的产物,并且这一社会建构的尺度是作为"物质实体"而存在的。其主要关注点在于:一是尺度建构,研究尺度通过社会空间过程而被建构的动因和机制;二是尺度重组,从资本主义全球化、国家管制、区域和城市规划等方面研究原有的尺度结构如何被社会组织经济过程重构;三是尺度政治,研究尺度过程如何同其他社会过程交织运作,并影响政治行动者之间的权力关系。

（3）后结构主义的批判阶段。在这一阶段,尺度作为物质实体的观点逐渐受到批判,因为尺度被认为是一个认识论范畴而不是本体论范畴。同时,尺度概念本身的混乱性和局限性也受到广泛批评,甚至有人提出应该完全抛弃尺度,以一种扁平的本体论即"场所"（Site）来代替尺度概念。

（4）对后结构主义的反思阶段。在这一阶段,相关研究对后结构主义的批判进行了回应和反思,认为本体论—认识论的二分法难以抓住尺度的本质,但这两个维度都是需要的。如果摒弃尺度,将失去一个重要的思考和行动维度。可以有替代性方案,比如多关注"尺度间性"（Inbetweeness of Scale）,重新界定尺度概念的外延,将尺度看作实践范畴而非分析范畴。

关于尺度重组的研究源于资本全球流动背景下,西方国家通过一系列分权化、去政府化、私有化方式对国家角色和功能的重塑（Swyngedouw, 1997; Macleod et al., 1999）。尺度重组概念最振奋人心的是,为学者们提供了在城市政治中发挥作用的机会。地域和权力的结合蕴含了一种给后代解释城市在当前是如何塑造的可能性。这也是一种潜在性,即帮助城市政治复活,并将它推回到政治科学的主流之中（萨维奇等,2013）。然而,在尺度理论成型、发展、批判和反思的过程中,对尺度的内涵和属性特征的理解并没有取得一致的意见,以至于给人留下尺度与尺度重组的边界极为模糊、内涵非常模糊、类型很难说清的印象。事实上,尺度是表述空间规模、层次与相互关系的量度,属于一个相对的概念（Howitt, 2002）。在相关研究中,尺度主要具有四个方面的含义:① 制图学的尺度即为"比例",它决定了地图所表现区域的大小、内容和精度。这是尺度一词最原初的含义,属于度量空间的工具型概念。② 方法论的尺度,是指研究者选择在哪个层面上收集信息,以解决某个科学问题。这是对尺度原初含义的一个延伸,包括了个人、邻里、城市、都市区、国家、全球等多个层级。③ 政治经济社会分析的尺度,因为受空间生产理论的启发,关注焦点不再是静态的尺度构造,而是特定的尺度是如何被生产和再生产的。④ 实践工具的尺度,这是将尺度看成是用于获取资源或争夺权力的工具,也即政治活动的一个维度,强调其策略性运用和尺度性政治。它既是结构性的活动平台和权力框架,同时也不断地被社会实践重新生产。基于第三和第四种尺度的含义,"尺度重组"(Scale Rescaling)可被定义为具有尺度特性的组织方式发生变化、转移的过程,涉及权力结构、制度安排、政策制定或治理模式的"再尺度化"(Rescaling),即形成一种新的政治经济尺度的过程(张践祚等,2016)。也就是说,尺度重组是一个空间与附着其上的经济、社会、政治关系再结合的过程(张永姣等,2015),或者是权力和控制力在不同尺度之间的变动(Shen,2007)。

　　Manson(2008)曾指出,对尺度的认识论理解已形成了从逻辑实证主义到相对主义的连续谱系(Continuum)。而当今地理学中的尺度概念已包含了本体论、认识论和实践论等多个层面的含义,每一层面的理解都包含一系列的理论讨论(刘云刚等,2011)。总体上,结构主义视角主要把尺度看作一种先验、本体的结构;地方和网络角度的研究,主要将尺度理解为扁平的网状关系和背景效应;实践视角把尺度置于各种社会关系和权力的交互中,认为尺度既影响主体的社会实践,也通过尺度政治重构自身;认识论视角则试图将尺度抽象为一种一般性的认知体系和分析框架。这些视角在很多情况下相互矛盾,既限制了尺度研究之间的相互交流,也不利于尺度成为学科研究的核心概念。如果借鉴物理学和数学的二次抽象视角,则可以产生新的综合视角。一次维度主要包括地方、网络和领土三种。三者分别从点、拓扑和面的角度描述位置性、独特性、连接性、中心性、流量、面积、控制范围和权力层级等地理特性(见图1.3)。而二次抽象就是针对一次抽象出的维度进行划分、组合和变换。尺度主要是对这三种基本的地理维度进行二次抽象形成的同一维度的划分或不同维度的结构/关系和过程。其中,比例尺、尺度序列和尺度政治分别是二次抽象后形成的划分、结构和过程的典型代表(见表1.5)(王丰龙等,2015)。

　　Smith(2008)认为,尺度是表明空间独特性水平的地理学概念(城市、国家、区域与全球)。尺度不是单一的绝对地理空间,而是多重相对的、收放自由的人类生产活动性的空间单位。Taylor(1981)最早将地理尺度概念化以探讨不同尺度对于资本主义发展的意义,把尺度分为全球、国家与城市三种,每种尺度在资本主义世界体系的运作中扮演着不同的角色。全球

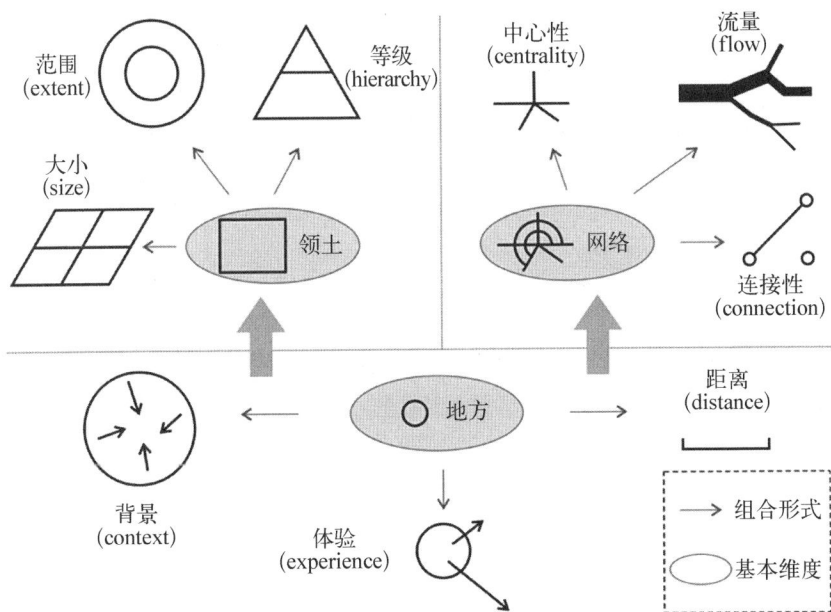

图1.3　一次抽象的三个基本维度

资料来源：王丰龙，刘云刚.尺度概念的演化与尺度的本质：基于二次抽象的尺度认识论［J］.人文地理，2015，30（1）：9-15.

表1.5　尺度的分析性框架

	视角	维度划分	结构/关系	运用/过程
数学	数	向量	矩阵	线性变换
物理学	物理属性	基本物理量	衍生物理量	尺度分析
地图学	线/比较	距离/粒度	图层，比例尺	投影，测不准原理
地理尺度	点/位置	地方（相对区位或地方感）	社区—区域，行动范围，地区定位	尺度跳跃、尺度重叠、地方营销
	拓扑/联系	网络（流量关联或中心性）	世界城市网络、交通网	全球地方化或全球资本的地方嵌入
	面/范围	领土/区域（边界或权限划分）	行政区划等级，选区划分	行政区划调整，尺度弯曲，国家掏空
尺度的社会生产	社会—空间交互	政治、经济、社会、文化	相对空间、关系空间、腹地	赋权、开放、表达

资料来源：王丰龙，刘云刚.尺度概念的演化与尺度的本质：基于二次抽象的尺度认识论［J］.人文地理，2015，30（1）：9-15.

尺度主要作为"现实的尺度"（Scale of Reality），用来组织资本主义世界体系的形态；国家尺度是"意识形态的尺度"（Scale of Ideology），资产阶级在该尺度中宣扬阶级分化的意识形态，而国家主义就是一种普遍的包装方式；城市尺度则是"经验的尺度"（Scale of Experience），是资本主义社会日常生活所在地（马学广，2016：83-84）。当人们已经习惯于把城市看作是在他们各自的国家内具有完整的严格边界限制的地域时，Castells（1989，1996，1999）提出，存在一种新的空间逻辑来解释城市空间关系，城市不是一个地方，而是一个过程，城市需要彼此关联。特别是在信息时代和网络社会，空间的支配形式不再是地域的空间，而是一种流动的空间。"流动空间"（Space of Flows）已经取代"地方空间"（Space of Local），并具有下列四项特征：① 流动空间具有电子脉冲回路（即具有电子设备、网络等）所构成的硬件设备；② 它由"节点"（Node）与"核心"（Hub）构成网络；③ 它受到精英的操纵，同时也照着精英所关联的社会利益而组织，造成"二元城市"；④ 越来越多的活动由虚拟网络产生，网站等组成了电子交往空间（马学广，2016：104；修春亮等，2015：5-6）。

具体到尺度重组的属性，根据马学广（2016：119-121）从结构和运作两个角度的描述和分析，可以简化概括为：① 相对性：尺度的相对化。在地理尺度的分析中，国家长期处于关键地位，但20世纪70年代以后，随着西方"后凯恩斯竞争国家"的兴起，原来以国家为中心的一致的积累体制和调节模式逐步被关注关键地区差异化、去中心化的管制策略取代，即产生尺度的相对化（Relativization of Scale）。② 方向性：向上、向下和向外。尺度的相对化通常伴随着积累重心和管制权力由国家向上至超国家尺度、向下至次国家尺度，即向上或向下的尺度跳跃（Scale Jumping）。同时，方向性也可以体现在向外至私人资本（比如公私合作的政府治理变革）或斜侧着移动（比如跨区域的治理模式）的过程中。③ 整体性：尺度结构、空间和全球政治经济的重构。尺度或尺度间关系的转变，常常意味着整个交织在一起的尺度结构的转变。同时，尺度重组不是孤立的过程，是全球化背景下发生的包含再地域化、再边界化和再尺度化的更广泛的空间重组的一个维度。而且，尺度重组还是更为广泛的全球政治经济重构的一部分。

④ 动态性:持续的重构和暂时的平衡。尺度不再被看作孤立的、固定的空间范畴,而是由社会建构并随着社会关系的变动而发生持续的建构和重组。同时,尺度结构也会反作用于社会关系和社会过程。在互动过程中,尺度成为竞争与合作达到脆弱平衡的平台。⑤ 冲突性:政治斗争的场所、目标和工具。尺度重组内含着相互冲突的社会行动者之间的关系,而这又成为持续的、动态的尺度重组的驱动力。尺度作为政治斗争的目标,成为互相冲突的权力关系的反映和暂时固化。政治斗争和制度实践的尺度分化,会被行动者利用,成为实现其特定政治目标的工具。⑥ 路径依赖性:既有尺度结构的凝滞作用。在尺度重组中,一个尺度或尺度结构并非被另一个全新的尺度或尺度结构所简单替代,新的尺度项目会以分层的方式叠加于原有的尺度结构之上,而原有的尺度结构则可能会限制新的尺度结构的产生。

在新一轮全球化中,城市的尺度重组主要表现为城市(通过地域化的资本)控制和参与全球经济的能力大小、所控制的地域范围与空间结构等方面的变动,具体体现为三个方面:一是在全球尺度上,世界城市体系的发展以及全球经济中城市竞争的加剧;二是在国家尺度上,城市体系越来越能融入世界城市体系,而日益远离国内的地缘政治格局;三是在城市内部尺度上,城市形态和空间结构的重大变化,表现为蔓延的多中心城市—区域和新产业区的大量出现。城市尺度重组的一个显著结果是:在最新一轮的资本全球扩张中,当代城市—区域已成为至关重要的"全球—地方"空间;一个国家主要的城市—区域在世界城市体系中的地位和在全球生产网络中的控制力,直接影响着该国家的经济发展(殷洁等,2013a)。Leitner(2008)指出,尺度本身应当以建构主义的观点来看待:第一,尺度经由社会建构而产生,并非预设或固定的;第二,社会与空间有其互相建构的属性,治理尺度的重构,必然涉及既有不同治理尺度间的政治关系重组;第三,尺度建构寓权力于其中,是一种竞合过程,涉及充满冲突的权力斗争。有别于过去将尺度视为各自独立、不同规模的静态空间场域,社会建构的观点将尺度间的关系视为一种持续演进的社会—空间动态,尺度的生产是一种充满异质、冲突与竞合的过程(Swyngedouw,1997;马学广,2016:85)。

三、地域与地域重构 ▶▶

　　尽管尺度重组理论为理解当代全球化背景下发生的政治经济重构提供了一个相对形象的、易于把握的视角,但它仅仅是描述这一重构过程的其中一个维度。即便在对全球性转变的"空间性"的研究中,仅仅依赖尺度也不足以完全把握这一空间重构过程。在这种情况下,地方、网络、地域、边界等空间维度以及制度、文化等分析维度应当被整合进尺度重组的研究中。其中,尤其应当关注地域、网络等要素如何同尺度相互建构并交织运作,而非将它们看作对立的、不兼容的空间范畴(马学广,2016:131)。由于尺度重组的作用对象通常要落实到特定的地域空间,因此与尺度重组紧密相伴的往往是地域重构;相对地,在特定条件下,地域重构的结果也可能为进一步的尺度重组提供重要背景。可见,尺度重组和地域重构的相互作用构成了一体两面的过程:尺度重组侧重强调权力和控制力在不同地域组织上的变化,地域重构则更强调特定地理空间的地域化(Territorialization)、去地域化(Deterritorialization)和再地域化(Reterritorialization)(张践祚等,2016a)。全球化是同时展现于多重的、叠加的地理尺度上的社会—经济空间和政治—制度空间的再地域化过程(Brenner,1999)。在当代资本的危机解决策略中,资本和地方是相互作用的两个主体。资本要重构地域组织,地域组织则努力改造自身,使自己符合资本的要求,在此过程中发生了权力和控制力在地域组织上的变化,即尺度重组过程(见图1.4)。站在资本的角度,可

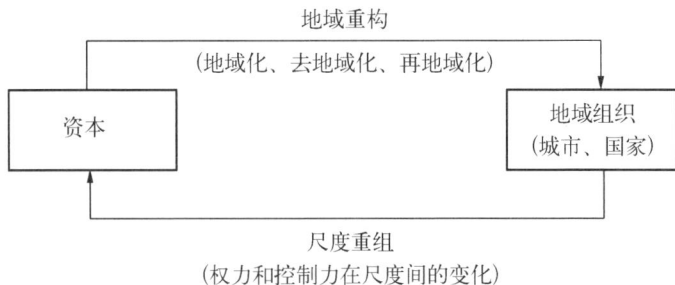

图1.4　尺度重组、去地域化与再地域化

资料来源:殷洁,罗小龙.尺度重组与地域重构:城市与区域重构的政治经济学分析[J].人文地理,2013,28(2):67-73.

以说资本发生了地域重构；站在地方的角度，可以说地方（城市和国家）发生了尺度重组。其实两者描述的是同一个资本转型过程。在此过程中，城市和国家都是资本地域化的重要形式，但资本地域化的尺度结构发生了变化——国家作为地域组织的重要性在逐渐减弱，而次国家或超国家地域组织的重要性在增强（殷洁等，2013a）。

　　作为地理学、政治学和社会学广泛应用的传统概念，所谓地域（Territory），主要是指特定主体占领的连续空间，其内外有明显的差异。这个主体可以是个人、群体、地方经济体或国家，主体所占领的空间范围也相应地可大可小。从古至今，几乎所有需要控制广大空间范围的权力机构都具有地域性（Territoriality），即通过划定边界，将大范围的空间划分为许多小的、具有等级序列的地域单元，从最基层的单元到中间单元以至于最高层的地域单元，使机构的权力既可以同时达到每一个基层单元以提高行政效率，同时又保证了中央的控制权（Johnston，2000：823-824；殷洁，2018：88）。地域性强调了地域的社会属性，指使用有界单元作为取得特定结果的一种行为模式。其目标在于对人和物的控制（Taylor，2003）。地域强调了权力与空间之间的辩证关系，以表征人类社会及其机构试图控制及主导竞争、冲突、合作等过程的空间产物。在这里，地域成为社会空间的一部分，作为主动的、策略的、动态的空间工具，通过空间反映并塑造权力关系。地域建构使空间产生特殊意义，即造就地方；反之，地方在空间政治中权力化的结果即为地域。地域与地方是不同语境下对空间的阐释，二者在一定机制下可以相互转化，并在不同的社会空间维度下呈现不同的意义（见图1.5）（Sack，1983；1986：272）。Sack（1983）将地域的定义概括为经典的"被管制的有界空间"（A Regulated-Bounded Space）。Cox（2002：400）则提出地域是通过地域性来寻求控制或获得控制权的空间，是某一时间截面形成的由权力边界定义的地方，突出了地域和其他相关概念的关系。可见，空间、权力和边界成为地域概念的三要素（Painter，2010；刘云刚等，2015）。

　　地域化原本是全球化研究中的一个关于经济组织的概念。Storper（1997）认为，当一种活动的经济活力植根于不能在其他地方获得、也不能在缺少它们的地方轻易或快速地创造或模仿的资产（包括实际做法和关

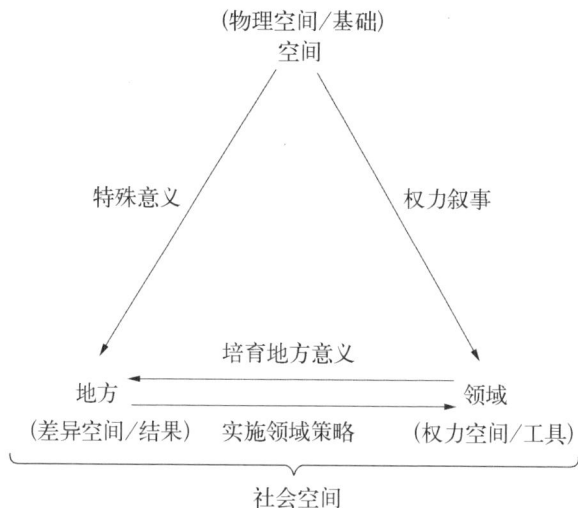

图1.5　空间、地方与地域之间的关系

注：图中的"领域"即地域，不同的研究对Territory的中文翻译稍有区别。

资料来源：刘云刚，叶清露，许晓霞. 空间、权力与领域：领域的政治地理研究综述与展望［J］. 人文地理，2015，30（3）：1-6.

系）时，这种活动就被彻底的地域化了。地域化的概念来自这样一个事实：即使全球化使人、物、资本、金钱、特征和景观在全球范围内流动，但经济活动仍然与特定地方及其中的特定社会关系密切相关。虽然Castells（1989，1996，1999）提出"流动空间"正在取代"地方空间"，但实际上，全球化与地方化是一个相互交织的过程，地方和地域条件仍然对全球化产生重要的作用。Swyngedouw（1997）提出的"全球地方化"（Glocalization），较好地描述了资本的全球扩张与地方空间之间密不可分的相互作用关系。资本并不是仅仅"漂浮"在全球上空就可以获得利润的，构建一次资本循环的必要环节——生产、分配、交换和消费，都必须在具体的地方空间里进行。因此，资本必须"固着"（Fix）于某个地方空间。换句话说，在流动空间里"游荡"的资本（其可能表现为商品、货币、劳动力等任何形态）必须找个地方"落脚"，在此构建起大规模的地方基础设施，如铁路、公路、港口、运河、机场、信息网络和国家机器等，才能顺利地组织生产并赚取利润。令资本固着的、相对静止和固定的地方空间，被称为"地域组织"（Territorial Organization）。而地域化，就是资本在某个"有界"的地域组织上"固着"的过程（Brenner，

1999；殷洁，2018：89-91）。Paasi（2003）将地域化的过程具体划分为四个阶段，即地域塑造（Territorial Shape）、符号塑造（Symbolic Shape）、制度塑造（Institutional Shape）和地位塑造（Positional Shape）。经过地域化，空洞的物理空间即被转化为具有权力意义的地域（见图1.6）。

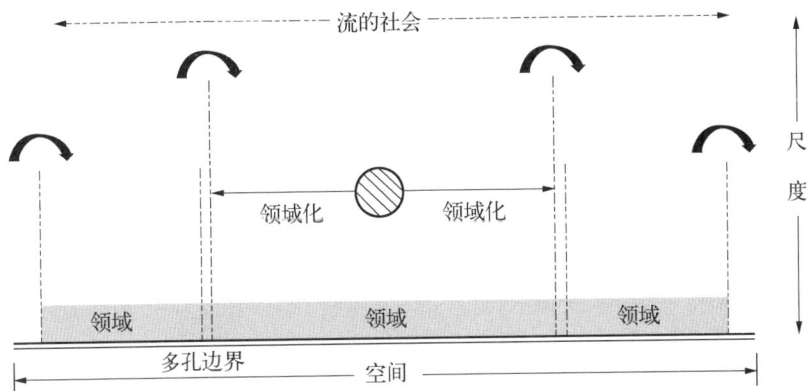

图1.6　空间的地域化

注：图中的"领域"即地域，不同的研究对Territory的中文翻译稍有区别。

资料来源：刘云刚，叶清露，许晓霞.空间、权力与领域：领域的政治地理研究综述与展望［J］.人文地理，2015，30（3）：1-6.

不过，资本的地域化并不是一劳永逸的。为了化解资本主义的固有矛盾，资本必须不断地重复去地域化和再地域化的过程。去地域化是指随着"流的空间"（信息、资本和商品等）的产生，社会经济关系与地方和地域相剥离，行政界限变得模糊甚至消亡，也即地域性的消失；再地域化是指虽然在去地域化中行政界限变得模糊甚至消亡，但是在新的政治、社会和经济空间上会构建新的地域。这两个过程通称为"地域重构"（Rescaling of Territoriality）（Brenner，1999；殷洁，2018：91）。如果说地域化是将某些现象或实体同有意义的有界空间连接起来的过程，着眼于将空间建构为地域，那么去地域化强调的是，这一社会关系同有界空间的割裂。当前，在地域化和去地域化的基础上，再地域化已成为一个重要的研究对象和分析工具。对再地域化的理解大致有资本循环（Brenner，2004；殷洁等，2013a）、国家管制（罗小龙等，2010）和社会斗争（刘云刚等，2015）三个视角（马学广等，2017a）。

西方马克思主义地理学家对资本运动与空间的关系有着精辟的理论

阐述。通过将马克思主义空间化，他们继承和发展了马克思的辩证法，把马克思基于时间性的历史唯物主义发展为同时注重空间性的历史地理唯物主义。其中，哈维（2003；2017）提出了两个著名的理论——"时空压缩"和"空间修复"。哈维认为，资本通过生产特定的空间为自身的快速流动创造了条件，达到了"用时间消灭空间"的目的，同时创造出"时空压缩"的世界。结合空间思维，可以将资本的运动方式描述为：首先，在每一轮扩张中，资本将自己固着（地域化）在一系列尺度结构上，依托这些地理平台进行流通和循环，完成资本积累。随着科技革命和社会生产力的高度发展，生产和消费之间的矛盾愈发激烈，危机降临（或即将降临）。为了克服（或延缓）危机，资本通过"空间的生产"进行生产方式的自我调整，如在第一重循环中，兴建大规模的基础设施、投资于劳动生产率更高的新兴产业领域、向国外输出资本、创造消费空间，以及在第二、第三重循环中投资于劳动力的再生产和生产关系的再生产等。在此过程中，资本离开了原来的地域组织，打破了原有的尺度结构，在流动空间里游荡（去地域化），直到重新在新的尺度结构上固着下来（再地域化），使资本流通再度活跃，借此获得新生（见图1.7）（殷洁，2018：92-95）。

列斐伏尔曾提出，资本的每次"城市空间修复"必须以更广泛的"尺度修复"（Scalar Fix）为先决条件，即尺度结构必先被重新组织。所谓尺度

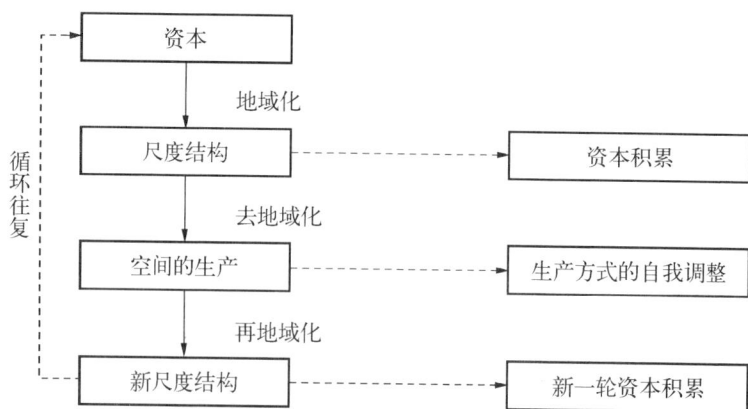

图1.7 资本运动方式与"空间修复"

资料来源：殷洁.大都市区行政区划调整：地域重组与尺度重构［M］.北京：中国建筑工业出版社，2018：95.

结构,就是一系列支撑资本扩张运动的相对稳定的地理平台,通过这个地理架构,不同形式的资本得以成功地去地域化和再地域化。每当持续性经济危机出现,资本进行转型的同时,支撑它的尺度结构也要做出相应的调整,从而引发新一轮再地域化浪潮,为新一轮资本扩张创造出全新的地理架构。可见,尺度结构并不是一成不变的,在资本主义发展的不同阶段,社会生产力的变化决定着资本更愿意在"哪些"地域上固着和进行空间的生产(Brenner,1999)。Brenner(1999)将城市的尺度重组,与以经济全球化为特征的国家尺度重组同时列为资本主义全球化过程中两种不同的再地域化形式。其中,城市尺度的重组使得超级都市区、国家城市体系、世界城市体系形成并相互融入;由于中央政府将部分权力向上转移到超国家机构和下放部分权力到区域与地方政府,国家尺度重组使得超国家区域、次国家区域以及新产业区的兴起。他认为,城市尺度和国家尺度的重组是一个高度竞争和矛盾的过程,涉及不同空间尺度上各种社会政治空间的争夺战,城市治理问题应该放到国家、超国家、全球的尺度上来分析(见表1.6)。在此基础上,Brenner(2004)提出了解释新区域主义的更宏大理论,强调现代资本主义需要围绕城市区域重组国家的地域层次。

表1.6　作为再地域化的全球化:尺度重组中的城市与国家

（再）地域化形式	资本积累的空间尺度		
	全　　球	国　　家	城 市 区 域
城市 城市尺度重组世界城市发展	世界城市等级的形成;全球经济中城市竞争加剧	全国城市体系融入全球与超地域城市等级体系;世界城市发展与国内经济增长脱钩	超级都市区出现;城市形态重构——多中心城市区域及新型工业区的出现
国家 国家地域重组新自由主义"全球地方化国家"的兴起	国家地域变成"外部内化";尺度向上重组,使得欧盟、国际货币基金组织、世界银行等超国家管理机构兴起并参与调整国家空间	国家尺度上"非国有化";中央政府将部分权力向上转移至超国家机构与下放到区域和地方政府	国家地域的"内部外化";尺度向下重组到次国家层次;国家透过跨国企业鼓励对主要城市区域的投资;建设新型国家空间调控新的产业空间

资料来源:BRENNER N. Globalisation as reterritorialisation: the re-scaling of urban governance in the European Union[J]. Urban Studies, 1999, 36(3): 431–451.

　　与现有的行政性区域不同，城市区域更多地表现为政策文本中的"制度区域"（Institutional Region）或"虚拟区域"（Virtual Region）。要使跨越行政区边界的城市区域成为一体化的区域实体，则必须经过一个区域建构的过程。Smith（2007）认为，"区域建构"（Region-Building）是将政府政策或空间规划界定的新城市区域实体化的过程，也就是在经济、文化、政治、社会等方面实现区域的一致性。在实践中，区域建构是一个逐渐演进或变化的过程。Hettne把它分为五个阶段：第一阶段是作为自然地理单元的"区域空间"（Regional Space）；第二阶段是地域间关系开始出现并发展的"区域复合体"（Regional Complex）；第三阶段是非政府参与者间关系在不同地域出现的"区域社会"（Regional Society）；第四阶段是出现跨界市民社会、有着强烈社会认同的"区域共同体"（Regional Community）；第五阶段是具有统一固定区域决策组织、甚至共同区域政府的"区域制度化政治组织"（Regional Institutionalized Polity）（殷洁，2018：105－106）。从地域化、去地域化、再地域化，到区域建构，为思考城市行政区划改革提供了难得的理论工具。

第三节　相关理论的中国适用性

　　空间的治理转向和治理的空间转向，是当代"空间治理"概念的两个理论渊源。而"区划治理"是完善"空间治理"并走向实践的政策性路径。所谓的区划治理，就是指在政府、社会和市场的共同参与下，按照特定的目标和原则，对空间进行划分，并基于划定的空间结构配置相应的管理机构，进而实现对空间的高效治理（熊竞等，2017）。当前，城市是资本地域化的表现形式，即城市是一种地域组织，这种说法已被广泛接受。城市逐渐成为城市体系的节点，而国家本身也在快速重组以提升其城市与区域的全球竞争力（Brenner，1999）。区域治理体系既是一个动态的演化系统，又表现为尺度依赖性和制度建构性。新区域主义、空间生产、尺度重组与地域重构为全球化时代的城市与区域治理提供了独特的政治经济学视角和理论分析工具。正如韩勇等（2016）提出的，应重视在理论应用方面同学科传统和现实热点问题进行对接，并重点解决理论"本土化"和学科"内部化"问题。中国政治学和公共管理学对前述相关理论的借鉴和应用研究虽任重道远，但前景广阔。

中国的城市行政区划改革和省、市、县府际关系调整与新老区域主义的演变存在非常类似的"虚拟"关联。说它们有关联，是因为市管县体制其实就是希望构建一个大都市区政府，让地级市既管城区，又管周边的县（市），这实际上是传统区域主义在中国的实践；同时，省管县改革使得市、县逐步脱钩，从原来的上下隶属关系转变为平等法律主体之间的横向关系，而且伴随着经济社会管理权的下放，这实际上是公共选择理论和新区域主义在中国的体现。至于是建成更强调竞争的多中心治理模式还是更强调合作的新区域主义模式，则要看各地的改革方案和效果。实践中，既要防止政府竞争造成的制度僵化，又要防止竞争过度使得政府体系成为一盘散沙（冯兴元，2010：3）。说它们是虚拟的，是因为新老区域主义的理论与中国的市管县、省管县改革之间实际上并没有相关关系，更不会有因果关系，中国的实践似乎只是西方理论的一种"映射"。当然，这并不意味着下一步的中国改革不能从新老区域主义中吸取有价值的思想。特别是，新区域主义认识到中心城市和郊区是相互依赖的。强大的大都市区是由强大的中心城市支撑的，衰退的中心城市会削弱大都市区的经济，作为一个整体的区域经济的健康和中心城市的健康之间有很强的相互联系（Savitch，1993）。同时，大都市区的问题不只是中心城市的问题而是整个区域的问题，通过区域治理系统动员公共和私人资源才是解决问题的答案（Hamilton，2014：398）。这些思想对我国构建城市与区域的善治体系无疑是非常有价值的。这种理论"映射"的背后，是世界各国在全球化背景和本地化环境中，所做出的符合各自逻辑的共同选择。当人们面临"遇到市场失灵求助于科层、遇到科层失灵求助于市场"的两难困境时，倡导网络化治理的新区域主义带来了新的启发。它既是对僵化的政府中心论的"除魅"过程，也是对碎片化的多中心治理的"纠偏"过程。

空间一直都是政治性的、战略性的，是一种完全充斥着意识形态的表现（列斐伏尔，2015：37）。虽然空间政治经济学有过于强调资本力量和空间生产、具有经济决定论和结构决定论色彩，而忽视了人本身的作用的嫌疑，但是相关研究对理解城市运行和行政区划改革具有相当重要的启发意义。进入21世纪后，国内学界兴起了研究空间生产的热潮。这一方面表明该理论在国内已经具备一定的基础和研究"氛围"，另一方面也反映出我国城市空间发生根本变化和亟待解释、解决的紧迫性（叶超等，2011）。空间的生产理论已经为中国的城市与区域治理提供了众多的研究课题，如资本积累与空间扩张、土地城镇化与人口城镇化、增长机器与城市权利、城市正义与公民运动、区域空间生产与区域合作治理等。不过，正如孙小逸（2015）提醒的，由于空间生产理论根基于20世纪60—70年代的西方资本主义城市，这个理论在中国城市的应用必须经过本土化的修正。西方社会城市化和城市更新过程中最重要的驱动力来源于资本的力量，是全球化过程中资本在不同城市和地区间流动的结果。而在中国，虽然向市场经济的转型过程中资本的力量日益彰显，但由于地方政府依然掌握着土地等重要资源和行政权力，因而在城市发展过程中占据主导地位。如果说资本更多地形塑了物质的社会—经济空间，那么权力则主要作用于抽象的政治—制度空间。目前，资本和权力在中国的城市空间生产中不断地交织，背后涌动的可能是资本的力量，但决策主导的主要还是权力的作用。城市空间生产既是资本主义全球化扩张的重要方式，又是后现代工业社会空间资本化与资本空间化的具体呈现和运转模式，让人类生活由乡村迈向城市，进入都市时代。中国城市化需要避免资本主义城市空间生产的曲折道路，进展到一个更合理的空间生产发展模式（孙全胜，2016）。

我国城市行政区划的调整，既是一个尺度重组和地域重构的过程，又是一个由中心城市主持发起或由其下辖县（市、区）萌动激发的区域建构过程。其目的主要在于提高全球化时代城市区域的综合竞争力。由于中国的社会空间中存在几乎所有的尺度形式、尺度结构和大量的尺度重组与地域重构的案例，因而尺度重组和地域重构的概念框架能够用于解释中国的现象（王丰龙等，2015）。

当前，国内已有不少学者开展了相关的研究。比如，左言庆等（2014）从尺度理论的视角将空间单位的行政等级理解为一种特殊的尺度类型，是研究行政区划体系各组成单元之间关系的新方法。通过改变由市和县的行政等级所决定的尺度关系，城市实际上已转变为"城市—区域"。在城市行政区划调整中，许多县获得了城市的地位，而部分县也转变为城市辖区，实现了尺度的变迁。张永姣等（2015）提出，中国传统的空间发展单元正在经历前所未有的地域尺度重组和经济社会重构过程，尺度运用已经成为我国调控空间发展的重要治理手段。适应尺度重组及尺度重组下国家空间治理重塑的新要求，必须尝试对我国城市与区域规划体系进行改革，整合区域空间规划体系，进一步完善都市区发展与建设规划，并以治理理念引导规划思维的转变。张践祚等（2016）以尺度重构理论为分析框架，基于广东省改革开放以来行政区划演变的历程，剖析了各阶段区划演变的动力机制。马学广等（2017a；2017b；2017c）以深汕特别合作区为例，从领域、网络和尺度3个社会空间维度分析了城市间合作空间的生产与重构。同时，借鉴依赖空间和交互空间分析思路，对基于共同利益而非对抗性的尺度政治过程进行分析。而且，把尺度重组的典型地域性管制实践归纳为行政权限调整、行政区划调整、地方增长极的培育和跨边界区域合作。王佃利等（2016）认为，尺度重构旨在通过尺度空间构建，加强对尺度空间所涉及的权力、制度、关系等要素的分析与认知。基于尺度重构的视角，国家级新区在地域空间、使命功能、行政关系、行政手段等维度上实现了行政逻辑的重构。

在城市区域的建构过程中，以欧盟为代表的自上而下的方式属于政府驱动型，以美国为代表的自下而上的方式属于市场驱动型。总体上，西方国家城市区域的建构过程依次对应于Hettne区域建构五阶段中的"区域社会"（市场和经济联系）、"区域共同体"（强烈的社会认同）和"区域制度化政治组织"（区域治理机构的形成）这样三个阶段。我国的城市区域建构面临着与西方类似的全球化竞争环境，但因为更多地借助于行政区划调整的手段，作为广域市制的城市政府根据自己愿望构建城市区域的倾向更加明显。也就是说，我国的城市很可能直接跳过"区域社会"和"区域共同体"这两个阶段，而直接形成"区域制度化政治组织"。只不过这两个阶段可以被无视,却不能被忽略。没有它们的作用,区域建构最终不可能成功。我国尺度重组和地域重构的相互交织和相互作用,也由于起始作用顺序的颠倒而变得更加复杂(殷洁,2018：111)。在中西方之间,尺度重组、地域重构和区域建构,可能存在方式方法或过程顺序的差别,但是其实质内涵和本质要求大致相同,这些理论对我国城市行政区划改革有重要的借鉴意义。

第二章

中国的城市型政区
及其调整方式

"英国在沉没,但伦敦还浮着"（UK Sinking, London Floating），这一说法反映了拥有全球经济控制力的"去国家化"或"超国家化"世界城市的诞生和其特殊地位,其背后的主导思想正是当代空间政治理论（王贵楼, 2015）。在中国,虽然已产生了北京、上海等国际性城市,但在全球城市体系中扮演领导角色的世界城市,严格地讲,还没有出现。当前,我国城市行政区划改革的目的之一,就是要在"从都市到区域城市化转变"（苏贾等, 2016）的过程中,通过行政手段,实现城市尺度的大幅跃迁。

第一节 城市化与城市型政区

一、 城市与城市化 ▶▶

从词源上看,"城"和"市"属于不同的概念。"城"一般是指建有防卫围墙的地方,能扼守交通要冲,是军事防守的据点。而"市"一般是指交易的场所,主要承担商品交换和贸易的功能。从历史上看,有的国家或地区先有"城"后有"市",但另一些国家或地区则可能先有"市"后有"城"。无论属于哪种情况,随着政治、经济和社会的发展,"城"和"市"逐渐融为一体,演变为现在所谓的城市。如今,城市不仅是人口、工商业和建筑密集的地域,而且是公共服务高度集聚的地理空间（杨宏山, 2016：1）。在理解城市（City, Town）的内涵时,还有必要区分一下物理意义的城市实体和制度意义的城市建制。前者（Urban Area）主要体现在不同于乡村的城市景观、建筑和人口的密集、工商业的繁荣发达等;而后者（Municipality）是根据一定的条件,依照法定的程序,经过审批后建立的地方行政建制。我国实体意义上的城市可以追溯到夏商时代,到唐宋时甚至出现了人口超百万的大城市。但是在清代以前,一直没有行政建制意义上的城市。直到清朝末年,我国才开始效仿西方国家的地方自治，推行城乡分治，尝试设置"自治市"。中华人民共和国成立以后，在很长一段时期内曾经继承城乡分治的传统。20世纪80年代推行"市领导县"的体制后，原来作为城镇型建制的市，逐渐发展为广域型建制的市。也就是说，城市既管理城区，为城市地区居民提供公共服务，同时又管理周边广大的农村地区，为农业、农村和农民提供相关服务。正是在这个意义上，杨宏山（2016：2）认为，市管县体制和广域型市制是中国地方治理区别于西方国家城乡分治模式的显著特征。因为Municipality更多地带有城市自治的意涵，所以城市在中国语境中主要还是实体意义的Urban Area。

城市是人类文明的产物。从原始农业聚落逐步演化为城市，经历了复杂的过程，其中包含了经济结构和社会组织上的剧变，即人类进化史上的"城市革命"（薛凤旋，2015：314）。作为经济社会发展过程中的结构性转换，城市化（Urbanization）伴随着工业革命的出现而成功开启，是农业发展、工业化、第三产业发展、市场化和相关制度性安排等多重动力共同作用的结果。从全球视野来看，18世纪中叶英国工业革命到19世纪中期，是城市化发展的兴起阶段（主要在英国和西欧）；19世纪50年代到20世纪50年代，是城市化的局部发展阶段（主要在欧洲和北美）；20世纪中叶以后，世界城市化迎来了普遍发展阶段，发展中国家的城市化进程显著加快；到1975年，发展中国家的城市化率虽依然落后于发达国家，但城市人口开始超过发达国家。美国、英国和日本等发达国家在城市化速度趋缓的同时，出现了"逆城市化"现象（Counter Urbanization），即城市人口和城市职能向郊区和小城镇迁移和扩散的过程。这一过程不是城市化的反向运动，不是城市人口重新回归为乡村人口的过程，而是城市化发展的更高阶段。因为城市人口向郊区的疏散，并没有改变他们的城市生活方式和价值观念，而是把城市生活方式和价值观念扩散到更加广阔的地理空间（杨宏山，2016：21）。这一"逆城市化"现象，跟某些发展中国家在某些历史阶段采用的"反城市化"或"非城市化"（Anti-Urbanization）策略有着本质的不同。改革开放以前，中国依循的是中国化了的社会主义模式，以自我封闭、自力更生为主要精神；过分强调"先生产，后生活"以及重工业的重要性，在推行手段上采取中央规划。这一时期的城市功能单一,市政建设也相对落后。改革开放以来,中国借鉴采用的西方经验比前期要广阔得多,比如市场的力量、全球一体化因素和经济上的价值观,中国的城市开始纳入到了转型城市的发展轨道上(薛凤旋,2015:304-306)。需要说明的是,国内也有不少学者把Urbanization翻译为城镇化,虽然城镇化在字面上较为明显地包含了小城镇,但本书并不去刻意区别,而是认为两者在总体上属于同一个过程。

虽然存在各国设市标准和城市人口计算方法的不同,但城市化水平一般仍然使用城市人口占国家或地区总人口的比重来衡量。根据发达国家的城市化经验,美国地理学家诺瑟姆(Ray M. Northam)把城市化的进程分为三个阶段:城市化率低于30%的初期阶段,城市化率处于30%～70%之间的中期阶段,城市化率高于70%的后期阶段。三个阶段的演进在速度上呈现出由慢到快、再由快到慢的"S"形曲线,如图2.1所示(王佃利等,2011:27)。我国的城市化进程虽然经历了一些波折,但从1996年开始进入了加速阶段(见图2.2)。2017年底,我国城镇常住人口达81 347万人,乡村常住人口达57 661万人,城镇人口占总人口的比重(城镇化率)为58.52%,比上年末提高了1.17个百分点。预计到2020年,我国城镇化率将超过60%,并将在2050年以后,进入城市化的相对成熟阶段。对比诺瑟姆的"S"形曲线可以发现,我国的城市化进程将在较长时间内仍然处于加速时期。

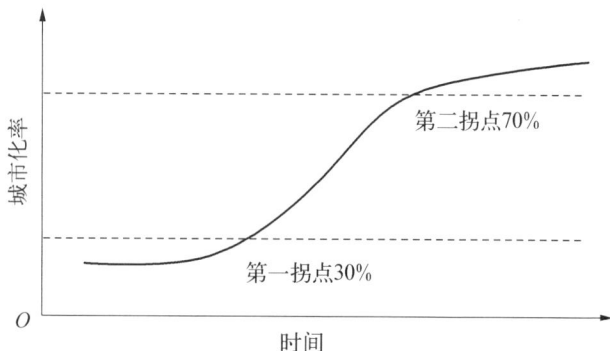

图2.1　城市化过程的"S"形曲线

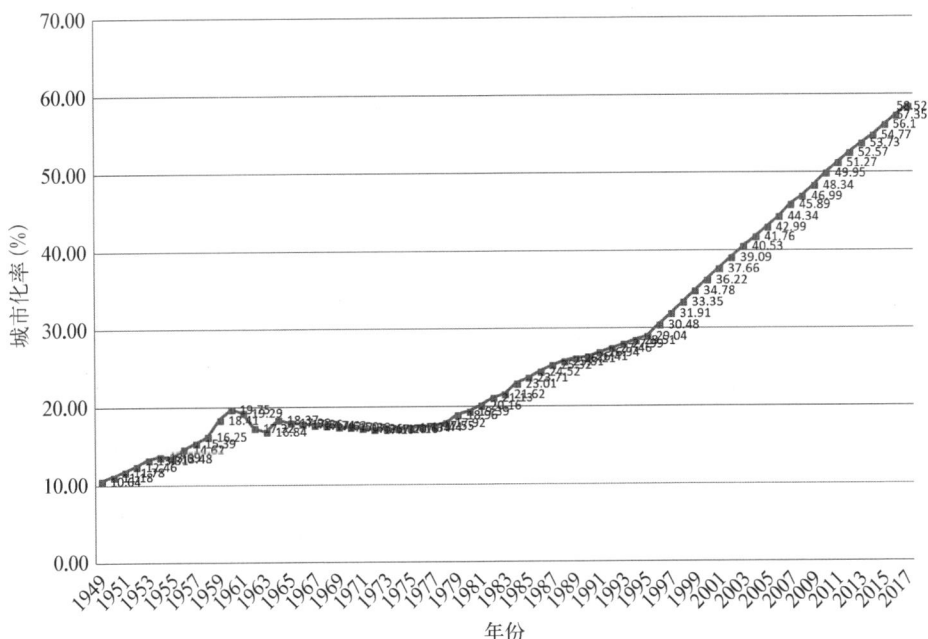

图2.2　中国的城市化率

资料来源：根据国家统计局网站公布的每年城镇常住人口、乡村常住人口进行折算得到。城市化率＝城镇常住人口／（城镇常住人口＋乡村常住人口）。

　　不同的国家，采用的城市化模式有很大的不同。英国模式的特点是城市发展和乡村现代化同步推进；美国模式的特点是低密度蔓延扩展；苏联模式的特点是政府主导；拉美国家的特点是缺乏产业支撑的过度城镇化；亚洲新兴国家的特点是城乡交错发展。但是，城市化也存在一般的发展规律。比如，城乡关系始终是城市化进程中的主要矛盾；市场主导和政府引导相结合是城市化健康发展的重要条件；制度创新是城市化发展的重要保障；可持续发展成为未来城市化的重大主题（国家发改委课题组，2008）。经济学家斯蒂格利茨曾预言，中国的城市化与美国的高科技发展将是深刻影响21世纪人类发展的两个课题。中国城市化的基础和条件具有一定的特殊性，比如，中国人口数量居世界首位，存在长期积累的城镇化压力，城乡差异具有特殊性，有较为严格的城乡户籍制度，城镇化发展阶段呈现错综复杂性。如果从主导力量、土地制度和推进方式这三个角度来理解，可以发现中国的城市化与欧美国家有很大的差异，其突出特征是政府主导，大范围规划,整体推动,土地的国家或集体所有,空间上有明显的跳跃性,民间社会尚不具备自发推进城镇化的条件等(见表2.1)。根据城市化推进的动力机制和空间模式,则可以将我国城市化模式区分为七种类型:建立开发区、建设新区和新城、城市扩展、旧城改造、建设中央商务区(CBD)、乡镇产业化和村庄产业化,其具体比较如表2.2所示(李强等,2012)。

表2.1　中国与欧美国家城镇化发展方式比较

	欧 美 国 家	中 国
主导力量	由经济发展主导。城镇体系的发展主要受人口聚集程度和产业发展水平的影响	以政府为主导。城镇化是国家战略的一部分,城镇体系的设置和城镇化发展方式带有很强的行政管理特征
土地制度	土地私有制。城市化推进是碎片化的	土地公有制。城镇化推进是整体性的,具有大规模、快速化的特征
推进方式	主要是自下而上。城市化是在经济发展到一定水平时自发推进的,社会力量参与比较充分	主要是自上而下。社会力量发育不足,尚不具备自发推进城镇化的条件

资料来源:李强,陈宇琳,刘精明.中国城镇化"推进模式"研究[J].中国社会科学,2012(7):82–100.

伴随着城市化进程,我国城市化区域在整个国家治理和全球竞争中的重要性日益凸显。城市区域是中心城市与其经济腹地(包括乡村和次一级城镇体系)共同组成的以中心城市为主导的一体化区域,是一个具有地理空间特征的经济概念。其主要特点有:经济实力强大、人口集中,是区域发展的增长极;科技及基础设施发达;区域内往往形成完整的城市规模等级体系(陈安国,2010:23–25)。国内外对城市化区域的称谓尚存在较大的差异,如大都市区(Metropolitan Area)、都市带(Metropolitan Belt)、都市圈(Metropolitan Circle)、都市连绵区(Metropolitan Interlocking Region)、城市群(Urban Agglomeration)、Metropolis(大都市)、Megalopolis(特大都市)、Conurbation(有卫星城的大都市)等。如果细究,这些概念之间存在一定的内涵差别或不同侧重(吴金群,2017b:6–8)。当然,以上城市化区域主要是由经济要素和社会力量逐步联结而成的,一般没有明确的行政边界。但是,

表2.2　中国多元城镇化推进模式比较

		建立开发区	建设新区和新城	城市扩展	旧城改造	建设CBD	乡镇产业化	村庄产业化
动力机制	主导力量	国务院、省、市级政府	国务院、市级政府	市级政府	市、区级政府	市级政府	市级、县级、乡级政府	村委会与村庄精英合一
	运作方式	政府主导、市场运作、企业参与	政府主导、企业参与	政府引导、市场运作、企业参与	政府主导、企业参与	政府主导、市场运作、企业参与	政府指导、企业参与	村干部带动、村集体经济发展；政府推动、村民参与
	土地供给	中央划拨、大规模征用农地等	大规模征用农村土地	征用农村土地	城市用地	城市用地、征用农地	农村集体土地	农村集体土地
	推进方式	自上而下	自上而下	自上而下与自下而上相结合	自上而下	自上而下	自下而上与自上而下相结合	自上而下与自下而上两种
空间模式	发生区位	城市近郊、远郊	城市近郊、远郊	城市内部	城市内部	城市内部、新区和新城或开发区内部	乡镇、村	村
	增长方式	跳跃发展、连续发展	跳跃发展、连续发展	连续发展	内部重组	内部重组、连续发展、跳跃发展	就地发展	就地发展
	规模特征	整体	整体	整体、碎片	整体	整体	整体、碎片	整体、碎片

资料来源：李强,陈宇琳,刘精明.中国城镇化"推进模式"研究[J].中国社会科学,2012(7):82-100.

对于城市型政区及其行政区划改革来说,政治与行政因素及其明确的边界则是至关重要的。

二、政区与城市型政区 ▷▷

行政区划（Administrative Division）是一个国家政治经济活动的基本框架,事关社会的长治久安和经济的繁荣兴衰。它一般是指根据行政管理和政治统治的需要,遵循有关的法律规定,充分考虑经济联系、地理条件、民族分布、历史传统、风俗习惯、地区差异和人口密度等客观因素,将国家的领土划分成若干层次、大小不同的行政区域系统,并在各个区域设置相应的地方国家权力机关和行政机关,建立政府公共管理网络,为社会生活和社会交往明确空间定位（浦善新,2006:1）。在静态意义上,行政区划可以简称为行政区或政区,由地域空间、政区名称、建制等级、隶属关系、行政中心、公共机构和人口等基本要素组成。不同于作为经济资源配置边界的经济区,行政区主要是政治资源配置的边界。在动态意义上,行政区划还带有改革的意涵,涉及政府层级调整、管辖范围变动、地域边界重划、行政建制变更、政区名称改变、政府驻地变化等多个方面。1978年以来,我国行政区划改革的主要方式是建制变更、建制升格、行政区拆分、行政区合并和新设行政区,其背后的驱动因素则是城镇化进程、中心城市空间拓展、人口集聚与增长、交通通信条件改善以及政策影响（朱建华等,2015）。然而,因为模糊了行政区和经济区的差别,改革经常陷入"矛盾激化—改革行政区划—矛盾再激化—再改革行政区划"的怪圈。范今朝（2011:64）把行政区划或政区概括为"权力的空间配置",是国家结构在地理（空间）上的反映,是国家内部次级的地理单元与权力单元的统一。这对从空间生产、尺度重组与地域重构的角度理解行政区划及其改革,具有独特的启发意义。

根据设置的目的,行政区有广域型、城镇型、民族型和特殊型四种类型。广域型政区主要出于分地域治理的需要而设置,一般兼辖城、乡,对人口数量、经济发展水平、民族构成比例等没有特殊要求。我国的省、县、乡属于典型的广域型政区。城镇型政区主要基于城镇化地区管理的重要性和复杂性而专门设置,其对非农业人口数量、经济发展水平、产业结构,甚至政治、经济、文化和军事上的重要性等有一定的要求。世界各国的市、镇大都属于城镇型政区。但在城镇化的过程之中,市、镇进一步扩大并超越了所需的地域范围,向以城镇为中心,兼辖城乡的方向发展。城镇化完成后,原来所辖的乡村地区也随之转化成了城镇地区。欧洲各国在20世纪完成了这一进程,而我国正处于这一过程的初始阶段(徐勇等,2013:55)。在中国权力配置导致城市与政区高度同构的前提下,行政区划变革对城市发展具有重大的影响,通过行政区划体制的改革,可以从上层建筑的角度打破城市化(既包括实体意义上的城市化,也包括制度层面的城市化)的障碍,强行推进城市化向良性发展(范今朝,2011:104)。民族型政区主要是为落实国家民族政策、促进少数民族地区发展、保护少数民族权益,进而维护国家统一、民族团结和社会稳定而设置的。一般来说,民族型政区对区域内的民族构成有数量或比例上的最低要求。在我国,自治区、自治州、自治县、民族乡都属于民族型政区。特殊型政区主要基于一些特殊的政治或行政管理的需要而设置,一般不考虑经济发展水平、人口数量、民族构成等因素。部分联邦制国家的首都所在地(如美国的华盛顿)、我国的香港和澳门特别行政区是基于政治需要而设立的特殊型政区;美国的学区、防洪区,中国的林区(湖北神农架)、特区(贵州六枝)等是基于行政管理需要而设立的特殊型政区。

城市型政区具有人口密集、资源密集、服务密集、文化荟萃、信息集中、功能综合、系统开放、工作高效等特点,在有限的地域空间内,各种生产要素(劳动力、土地、建筑、资本、文化、科技等)高度集中且相互交织在一起,一般承担着经济中心、政治中心、文化中心、信息中心、交通中心等多种功能。在现代社会,城市遍布世界各地。根据规模的大小,城市一般分为大城市(Metropolis)、一般城市(City)和镇(Town)。具体到中国,2014年国务院印发《关于调整城市规模划分标准的通知》(国发〔2014〕51号),对原有城市规模划分标准进行了调整,明确了新的城市规模划分标准。以城区常住人口为统计口径,新的标准将城市划分为5类7档:城区常住人口50万以下的城市为小城市,其中20万以上50万以下的城市为Ⅰ型小城市,20万以下的城市为Ⅱ型小城市;城区常住人口50万以上100万以下的城市为中等城市；城区常住人口100万以上500万以下的城市为大城市，其中300万以上500万以下的城市为Ⅰ型大城市，100万以上300万以下的城市为Ⅱ型大城市；城区常住人口500万以上1000万以下的城市为特大城市；城区常住人口1000万以上的城市为超大城市。城区是指在市辖区和不设区的市，区、市政府驻地的实际建设连接到的居民委员会所辖区域和其他区域。常住人口包括：居住在本乡镇街道，且户口在本乡镇街道或户口待定的人；居住在本乡镇街道，且离开户口登记地所在的乡镇街道半年以上的人；户口在本乡镇街道，且外出不满半年或在境外工作、学习的人。

按照国家统计局、民政部、住房建设部、公安部、财政部、国土资源部、农业部颁布的《统计上划分城乡的规定》（国函〔2008〕60号文件），政府统计部门以我国市镇建制和行政区划为基础，以民政部门确认的居民委员会（社区）、村民委员会及类似村级区域为对象，以政府驻地的实际建设与周边区域连接状况为依据，认定城镇和乡村。城镇包括城区和镇区。城区是指在市辖区和不设区的市的街道办事处所辖的居民委员会（社区）地域以及城市公共设施、居住设施、其他设施等连接到的其他居民委员会地域和村民委员会地域。镇区是指在城区以外的镇和其他区域的镇所辖的居民委员会（社区）地域，镇的公共设施、居住设施、其他设施等连接到的村民委员会地域和常住人口在3000人以上独立的工矿区、开发区、科研单位、大专院校、农场、林场等特殊区域。乡村是指该规定划定的城镇以外的区域。由此可见，我国的统计工作虽然基本根据国务院关于我国市镇建制的规定和现行的行政区划为依据进行城乡数据的统计，但与我国政区意义上的城乡划分还是存在一些差别的。比如，城市或镇的公共设施、居住设施、其他设施等连接到的村民委员会地域，在数据统计上算是城镇的，但在政区意义上，无论是否连接到，都没有改变其行政区划上村的地位。

各国划分城市和乡村的标准并不相同，概括起来主要有四种方法：一是根据人口密度划分。日本规定人口密度超过4000人/平方千米的区域为城市。二是人口规模划分。美国很多州长期沿用以2500人为底线的城市标准。世界上多数国家的设市标准在2000～20000人。三是行政划分法。根据历史文化、地理区位、人口规模等因素，通过立法或行政规定，确定某些行政区为建制市。四是职业界定法。也就是以从事非农业生产的人口比重作为划分城市和乡村的标准。苏联曾规定，凡非农业人口比重超过70%的地区可以设市（杨宏山，2016：12）。在中国，划分城乡的标准主要是"行政划分法"，在立法和行政上规定是城就是城，规定是乡就是乡。就像江苏的华西村，其人口集聚程度、第二和第三产业比重、经济发展水平等，都早已达到很多国家或国内很多城市地区的水平，但是它依然是制度和行政意义上的"村"。当然，这并不意味着行政划分的背后没有标准。这些标准不仅涉及人口（非农人口、人口密度等），而且涉及经济发展（工农业总产值、国内生产总值、预算内收入等）、公共服务（公共基础设施等）、政治或军事重要性等多个方面。正是因为各国对城市的定义不同，在比较各国城市化率的时候，需要保持一定的谨慎。

所谓的市制，有广义和狭义之分。广义的市制是指城市的管理体制，包括城市的行政组织结构、职能结构、管理方式和运行机制。狭义的市制则是指城市的建制制度，也可以称为城市的行政区划体制（刘君德等，2015：11）。这里所讲的市制，主要是指狭义的市制，而本章第二节讲的管理体制，则是指广义上的市制。不同于城市型政区概念侧重于强调城市化的结果形态，市制更偏重于相应的行政建制的制度形态与变化过程。虽然在严格意义上，市制主要是指"市"，而不包括"镇"。但是，如果不严格区分城市化和城镇化这两个概念，那么在广义上市制也包括了镇的建制。其实，我国在法律规定上早已经将"镇"纳入"城市"的范畴。例如，我国1989年公布的《城市规划法》第三条规定："本法所称城市，是指国家按行政建制设立的直辖市、市、镇。"这一条款是我国关于"城市"概念的唯一法律定义。不过，2007年10月28日，全国人民代表大会常务委员会通过了《城乡规划法》，自2008年1月1日起施行，《城市规划法》同时废止。《城乡规划法》第二条规定："本法所称城乡规划，包括城镇体系规划、城市规划、镇规划、乡规划和村庄规划。"这又意味着城市和镇属于两个不同的建制和体系。在实践中，我国在制定设市的标准时，往往把镇作为"设市"的筛选目标群体。也就是说，"镇"并不自然而然地成为"建制市"，只能通过区划调整和升格行政建制变成县级市。这说明，在实际运行过程中，我国所谓的"镇"其实是被排除在"建制市"之外的。我国将"城市"与"建制市"进行区别对待的做法，与国外的通行做法有着显著的不同（熊竞，2014）。在全球比较的视野下，中国市镇建制的标准跟其他国家和地区的差别如表2.3所示。

表2.3　国内外市镇建置的标准比较

国家和地区	市	镇
中　国	① 地级市：非农业人口；工农业总产值；国内生产总值；地方本级预算内财政收入 ② 县级市：人口密度；工农业总产值；地方本级预算内财政收入；公共基础设施；其他（政治、军事、经济等因素）	镇的设立标准：乡政府驻地，非农业人口超过2 000人；其他（政治、军事、经济等因素）
中国台湾	① 省级市：聚居人口125万人以上；在政治、经济、文化及都会区域发展上有特殊需要 ② 县级市：聚居人口在50万人以上但未满125万人；政治、经济及文化地位重要	① 乡镇没有规定设立标准 ② 县辖市（乡镇市）的设立标准：乡、镇的聚居人口在15万人以上但未满50万人，且工商发达、自治财源充裕、交通便利及公共设施完善的地区，得设县辖市
日　本	① 政令指定市：人口超过70万人 ② 核心市：人口超过30万人；面积100平方千米以上，昼夜比大于100；如今，面积指标和昼夜比指标被取消 ③ 特别市：人口超过20万人 ④ 普通市：人口规模在5万人以上；位于城市中心区域的建筑占城市全部建筑物的60%以上；从事非农产业的人口在60%以上	町（相当于我国的镇）：人口超过5 000人；工商业人口占比超过60%
美　国	"市"与"镇"的设置标准由各州地方法律自行规定，设置标准相对宽松，并没有硬性规定。市与镇之间的区别并非体现在面积规模和人口规模，而是更多地体现在管理体制和管理形式方面	
德　国	对"市"和"镇"并没有明确的区分，一般以人口来划分。小镇：5 000人以下；城镇：5 000～20 000人；中等城镇：20 000～100 000人；大城镇：100 000人以上；特大城镇：100万人以上	

（续表）

国家和地区	市	镇
俄罗斯	市：人口数量超过12 000人；非农化水平要大于85%	镇：人口规模超过3 000人
泰　国	市：人口超过5万人；人口密度达到3 000人/平方千米	① 镇：人口超过1万人；人口密度达到3 000人/平方千米 ② 乡：总收入达到500万泰铢；人口超过5 000人；人口密度达到1 500人/平方千米
印　度	① 市政局：人口数量在20万人以上 ② 市议会：人口规模；收入标准	镇委员会：人口规模较小，有的不足5 000人

资料来源：熊竞.国外市制模式的经验借鉴——兼论我国的设市制度[J].江汉论坛，2014(3)：12-16.

三、中国的城市型政区 ▶▶

中国的城市建设和发展，有着非常悠久的历史。西安、洛阳、开封、杭州、南京、北京等封建时期的都城都曾雄冠全球，是当时享誉世界的大都市。近代以后，中国的城市发展伴随着清王朝的衰落而开始落后于西方。不过，中国城市建制的历史不长。在近代初期，"市"仅仅被看成是一种自治团体。直到清朝末年，中国才仿效西方国家的地方治理制度，在行政上设立了市建制。1909年1月，清政府制定并颁布了《城镇乡地方自治章程》，在历史上第一次以法律形式对城镇区域和乡村区域进行划分。1914年，袁世凯下令停止地方自治，市组织被解散。1921年7月，北洋政府颁布了《市自治制》；同年9月又颁布了《市自治制施行细则》，规定市分为特别市和普通市两种。1928年7月，民国政府制定并颁布了《特别市组织法》和《市组织法》，分别规定了特别市和普通市的组织形式。1930年5月，民国政府颁布了新的《市组织法》，将市分为行政院辖市和省辖市两类，均为自治单位。20世纪20—30年代的建制市数量不多，总数不超过25个，少的时候则只有13个。北平、上海、南京、青岛是当时中国地位最为重要的城市。1943年，民国政府修改《市组织法》，简化了设市标准，市以下设区，区之内编为保甲

（杨宏山，2016：80-81）。20世纪40年代中后期，是我国城市设置发展较快的时期。1948年设市69个，1949年激增至136个。其中，直辖市12个、省辖市55个、县级市69个，城市数量和设置结构基本趋于合理。中华人民共和国成立初期，城市设置稳步发展。1950—1958年每年有新设的也有撤销的城市，但每年净增5～6个，1958年达到185个。到1978年底，全国城市数量为193个（王佃利等，2011：41-42）。改革开放40年来，城市建制的具体标准和城市的数量都发生了较大的变化。比如，1983年，国务院批准了民政部和劳动人事部《关于地市机构改革中的几个主要问题的请示报告》，该报告提出了县改市的内部掌握条件；1986年和1993年，国务院两次批准了民政部有关调整设市标准的报告。这些新标准的颁布，促进了我国市镇的发展。在指导思想上，由控制、紧缩转向积极稳妥发展，适当放宽了条件，适应了经济社会发展的需要（浦善新，2006：19）。然而从1997年开始，国务院又暂停了县改市的审批，直到近几年才出现了松动的迹象。

截至2016年底，全国共有省级行政区划单位34个（其中省23个、自治区5个、直辖市4个、特别行政区2个），地级行政区划单位334个（其中地级市293个、地区8个，自治州30个、盟3个），县级行政区划单位2 851个（其中市辖区954个、县级市360个、县1 366个、自治县117个、旗49个、自治旗3个、特区1个、林区1个），乡级行政区划单位39 862个（其中区公所2个、镇20 883个、乡9 731个、苏木152个、民族乡988个、民族苏木1个、街道8 105个）①。其中，中国的城市型政区主要是指直辖市、副省级市、地级市、县级市和镇。在不完整意义上，还可以包括市辖区、街道和某些类型的开发区。表2.4是中国城市型政区的类型汇总，主要涉及直辖市、副省级市、地级市、市辖区、县级市、镇和街道等。有关开发区的治理和区划问题，将集中在第9章进行讨论。正如范今朝（2011：104）指出的，问题的关键不在当前市制的混乱，而是中国当前的市制仍未回归城市的本义——聚落以及聚落自治。或许，这也算是中国城市型政区区别于西方发达国家的重要特点。

---

① 民政部.中华人民共和国二〇一六年行政区划统计表［DB/OL］.［2018-11-17］.http://xzqh.mca.gov.cn/statistics/2016.html.

表2.4　中国城市行政区类型汇总

法定名称	具　体　情　况
直辖市	北京、上海、天津、重庆；市委书记是政治局委员，市长是省部级干部
市	① 副省级市：哈尔滨、长春、沈阳、济南、南京、杭州、广州、武汉、成都、西安、大连、青岛、宁波、厦门、深圳；由原14个计划单列市演化而来，加上杭州和济南，减去已升级为直辖市的重庆，现为15个；市委书记和市长为副省级 ② 经济特区"市"：深圳、珠海、厦门、汕头；目前，中国有6个经济特区，但海南岛设置为省，喀什经济特区的范围超过喀什市，喀什市依然为县级市；深圳和厦门是副省级市，所以市委书记和市长为副省级；珠海和汕头的行政级别为地厅级 ③ 较大的市：2000年实施的《立法法》赋予广义"较大的市"，即27个省和自治区人民政府所在地的市、4个经济特区所在地的市和18个经国务院批准的较大的市以地方立法权。在2015年《立法法》修改后，已赋予所有设区市一定的立法权；经国务院批准的较大的市：唐山、大同、包头、大连、鞍山、抚顺、吉林、齐齐哈尔、青岛、无锡、淮南、洛阳、宁波、淄博、邯郸、本溪、徐州、苏州 ④ 设区的市：法律常用术语，是指设有市辖区的建制市，包括绝大多数的地级市（一般不包括直辖市）；设区的市的人大代表由下级区、县、市人大间接选举产生；当前只有中山、东莞、三沙、儋州、嘉峪关5个地级市不设区①；设区的市（地级市）的市委书记和市长，一般是厅局级干部，但实践中也常有高配情况；如果是副省级设区的市，则市委书记和市长为副省级干部 ⑤ 省（区）直辖的县级市：海南省直辖的文昌、琼海、万宁、五指山、东方、儋州6市；新疆维吾尔自治区（新疆生产建设兵团）直辖的石河子、阿拉尔、图木舒克、五家渠、北屯、铁门关、双河、可克达拉、昆玉9市；由省级政府直辖的不设区的市，比如河南的济源市，湖北的仙桃、天门和潜江3个市，本身是县级建制，但干部可能高配到副厅甚至正厅级 ⑥ 自治州下辖县级市：自治州的行政地位与地级市相同，是在少数民族聚居地区建立的民族自治地方；截至2017年底，中国（不含台湾省）有30个自治州，下辖41个县级市；伊犁哈萨克州是唯一的副省级自治州，辖塔城地区（辖2市、5县）、阿勒泰地区（辖1市、6县），另直辖3市、8县 ⑦ 地区（盟）下辖县级市：地区或盟的行政公署，是省、自治区人民政府的派出机关，不是一级地方政权；截至2017年底，中国（不含台湾省）只剩下7个地区（黑龙江1个，西藏1个，新疆5个）、3个盟（内蒙古），共下辖10个县级市 ⑧ 地级市代管的县级市：全国大部分县级市，都由地级市代管；因为没有市管市的宪法和法律依据，所以由省级政府委托地级市代管县级市

---

① 2009年12月1日，嘉峪关市成立雄关区、长城区、镜铁区3个县级行政管理区，属于嘉峪关市人民政府派出机构，其性质类似于各地设立的开发区、高新区，而并非国务院批准、民政部在册的作为地方人民政府的市辖区。

（续表）

法定名称	具 体 情 况
市辖区	① 直辖市辖区：上海浦东新区、天津滨海新区的行政级别为副省级；一般的直辖市辖区为正厅级 ② 副省级或地级市辖区：副省级市辖区为副厅级，一般地级市辖区为县处级 ③ 地区（盟）下辖区：地区（盟）行政公署作为省或自治区人民政府的派出机关，一般不辖城区，唯有黑龙江省大兴安岭地区例外，辖有加格达奇、松岭、新林、呼中4个区，但加格达奇区和松岭区在地理上却又属于内蒙古自治区呼伦贝尔市鄂伦春自治旗
镇	① 重点镇或中心镇：全国重点镇是当地县域经济的中心，承担着加快城镇化进程和带动周围农村地区发展的任务；各省也有自定的各类重点镇或中心镇；在行政管理体制上，将处于这一定位的建制镇，赋予其超过一般建制镇的管理权限；个别重点镇，还曾试图开展"镇级市"改革 ② 一般镇：设置镇建制的普通政区
街道	① 市辖区设置的街道办：《地方组织法》第68条规定，市辖区、不设区的市的人民政府，经上一级人民政府批准，可以设立若干街道办事处，作为它的派出机关；街道办可以作为市辖区的派出机关，市—区—街道办，形成"两级政府，三级管理"体制 ② 不设区的市设置的街道办：县级市和极少数不设区的地级市设置街道办作为派出机关，形成市—街道办"一级政府，两级管理"的体制 ③ 县政府设置的街道办：根据《地方组织法》第68条的规定，县政府无权设置街道办，但实践中却又大量存在，比如，浙江省磐安县的安文街道、新渥街道
城市开发区	① 与城市型政区合并的开发区：有些开发区和作为一级建制的城市型政区，有两块或多块牌子，但只有一套班子，如作为国家级新区的上海浦东新区和天津滨海新区同时又是一级行政区（直辖市的辖区），杭州国家高新技术产业开发区和滨江区"两块牌子、一套班子" ② 与城市型政区交叉的开发区：有些开发区的设置会跨越几个不同的城市或同一城市的不同市辖区或街道办，前者如四川天府新区，后者如上海自贸区；有些开发区虽不跨越不同政区，但在区域职能上与属地政府分工合作，开发区管委会管理经济事务，而属地政府负责社会事务 ③ 城市范围内单独设置的开发区：有些开发区尚未建成一级城市型政区，但区域范围内的公共事务都由其负责，原属地政府基本退出，如杭州经济技术开发区，托管了原江干区的下沙街道和白杨街道

注：本表在刘君德和范今朝的《中国市制的历史演变与当代改革》（东南大学出版社，2015年版）的表6-4的基础上更新和补充而成。

第二节　城市型政区的管理体制

城市型政区的管理体制，是指市、区、镇、街道、城市型开发区等城市型政区的组织结构、职能配置、管理方式、运行机制和相互间关系的总称。从比较的视野来看，无论是在城市内部的管理上，还是在城市与上下左右政区的关系网络上，中西方城市管理体制都存在较大的差别。

一、西方城市管理体制的主要特点[①] ▷▷

因为西方国家的结构形式、政治与历史文化传统、地方自主选择权等存在差异，不同国家的城市管理体制具有较大的不同。英国虽然是单一制国家，但因为有长期的地方自治传统，《市自治团体法》（1835年）及随后的法律制度赋予了城市一定的自治权。市议会掌握属于城市自治事务的自由裁量权，同时也有部分事务归中央政府设立的派出机构管理。在英国，城市普遍采用市议会制，市议会就是市政府，兼行议决权和行政权。根据英国《地方政府法》的规定，城市政府的主要职责包括保障公共安全（警察、消防等），提供基础设施，提供公园和休闲场所，维持公共秩序，搞好环境卫生（垃圾收集与处理、环境保护等），制定城市发展规划，发展公用事业，发展城市文化（图书馆、博物馆、美术馆等），提供公共服务。

美国是联邦制国家，联邦政府与成员政府实行法定的分权，联邦政府无权干预和管辖各成员政府之下的地方政府。在州之下，一般设有县、市、镇和特区、学区，地方政府总数有87 000多个。县、市、镇和特区、学区之间，没有行政隶属关系。美国的城市辖区面积普遍不大，大都市区存在众多市镇，

[①] 本部分内容主要参考杨宏山编著的《城市管理理论与实务》（中国人民大学出版社，2016年版）第4章和王佃利等主编的《现代市政学》（中国人民大学出版社，2011年版）第5章的内容，并在以上内容的基础上梳理和更新而成。

区域治理具有典型的"碎片化"特征。在城市管理体制方面,主要有市长议会制(强市长制)、议会市长制(弱市长制)、市委员会制和议会经理制四种类型。美国多数大城市采用强市长制,市长的权力较大,掌握全部行政权,而市议会的权力较小。弱市长制常见于中小城市,其特点是市议会是决策性机构,市长的权力主要是礼节性的。市委员会制将城市分成几个区域,每个区域选出一个代表进入市委员会,该委员会集议决权和执行权于一身,市长的地位也是礼仪性的。中小城市采用市经理制的比重较大,城市公共事务的管理权集中于市经理,市议会和市长并不履行具体管理职能。实际上,这是企业管理方法在城市管理中的运用。

法国是有中央集权传统的单一制国家,市镇是地方政府的基本构成单位,必须接受中央和上级政府的行政节制。根据相关法律规定,不论人口多寡,法国的所有居民共同体均为市镇,拥有公法人地位。因此,市镇的规模差别很大,既包括不到千人甚至不到百人的小城镇,也包括人口超百万的巴黎、马赛、里昂等大城市。法国《市镇法典》规定,每个市镇政府由市镇议会、市镇长及若干名市镇长助理组成。法国市镇政府的组织结构具有同质性和统一性。所有的城市都实行市长议会制,市长在每次市议会选举后由议员选举产生,市长不仅是议会的议长,而且是城市的行政首脑,全面领导城市的管理工作。同时,市长也是中央政府的代理人,需要代表中央政府履行一些职权。也正因为如此,市长虽然由议会选出,但市长一旦任职,对议会不负有政治责任,议会无权罢免,只有中央政府有权撤销市长的职务。

日本也是单一制国家,其地方政府称为地方公共团体,均实现地方自治。现行地方自治体制采用"都、道、府、县"和"市、町、村"两级制。目前,有1都、1道、2府、43县共47个,市、町、村共3 245个。都、道、府、县和市、町、村都享有自治地位,没有领导与被领导关系。在日本,城市分为两类:一类是一般的市;另一类是政令指定市。一般市和政令指定市的设置标准有所不同,被列为政令指定市者(12个),在事务分配、行政监督、组织和财政方面,享有与都、道、府、县同等的行政地位和权限,其地位非常类似于中国的副省级市。在日本的城市,都实行议会市长制,即弱市长制。市议会是城市的最高权力机关,由选民直接选举产生。城市政府的执行机关为市长及其工作机构,市长代表执行机关,负责全面领导和处理行政管理事务。如果市长得不到议会的信任,会被提前解除职务。

虽然西方各国的城市管理体制存在诸多差异,但也具有一些共同的特点:① 市县建制相对分离,城市政府大都为基层行政单位。市县之间一般没有领导与被领导关系。除纽约等少数大城市外,一般的城市不辖区县,一是由于城市面积普遍不大,没必要分区;二是因为市区人口往郊区迁移后,卫星城镇就会申请成立自治市;三是由于县普遍先于市存在,在地域上往往是县下有市,而不是市下有县。② 城市政府具有独立性,普遍享有自治权力。发达国家城市政府的独立性,主要源于其宪法和法律保障下的地方自治和地方分权。虽然纵向上有行政层级,但地方政府之间的职责权限分工明确。市长议会制、议会市长制、市议会制、市委员会制、议会经理制等多种体制类型,都是在城市自治的框架下运作的。③ 市长和议员由选举产生,议会在城市管理中扮演着重要的角色。市长有可能人民直接选举,也有可能通过议会间接选举。议员由选民直接选举产生,议会一般行使立法权、议决权、重大人事任免权、监督行政权和财政预算权等。总体上,英美法系国家城市议会的主导性更为突出,而大陆法系国家城市议会的作用相对弱一些。④ 多元主体参与城市治理,利益集团和社会组织比较活跃。受新公共管理理论的影响,市政府越来越多地利用企业和社会组织来提供公共产品和公共服务。对于美好生活共同体的公共事务,城市居民愿以个体或社会组织的形式主动参与。利益集团在西方国家可以合法存在,它们往往通过利益表达、政治选举、政策游说等途径对城市治理产生影响。

二、 中国城市管理体制的主要特色 ▶▷

我国是社会主义单一制国家,不同行政建制的城市之间具有不同的行政地位,享有相应的行政权力。可以说,特定的行政等级和隶属关系直接决定了该城市经济社会资源的掌握力度,行政级别可能就意味着生产力。我国所谓的市制模式,在相当程度上带有配置行政资源调控权的色彩,这或许是我国市制广域化的制度动因。也正是由于这一原因,使得我国的市制在国际通行做法面前，显得"独具特色"甚至是有些"另类"的（熊竞，2014）。具体地说，我国城市管理体制的主要特色有以下方面：

（1）采用广域型市制，统筹城乡发展仍是城市管理的重要任务。在中国谈到某某市的时候，一般有两种含义：一是城镇型政区意义上的狭义城市；二是区域管理意义上的广义城市。20世纪50—80年代，我国政府和理论界在面对百废待兴的国家以及国际竞争的巨大压力时，具有加快推进工业化和实施赶超型战略的强烈渴望，因而比较青睐城乡二元结构和城市偏向理论。如果说城乡分治在中世纪的西欧本意在于维护城市权力，拒斥封建领主的干预，从而形成地域的分治，那么，在20世纪50—80年代的中国，城乡分治虽然也在维护城市的权力，但这种权力却是城市具有的优先发展、高福利的特权。从这个意义上来说，从城乡分治到城乡合治，是一种巨大的进步（范今朝，2011：163–164）。伴随着1982年中共中央关于"改革地区体制，试行市领导县体制"的实施，我国的城乡体系迅速从分治走向了合治。因此，在行政管理上，我国的城市政府既管理城区，又管理其下辖的县（市）。在城市政府中，也就相应地设立了农业局、粮食局、水利局、林业局等与农业、农村、农民相关的部门。当然，行政管理上的城乡合治也带来了另外的一些问题，比如，经济区与行政区的混淆、市县关系的不协调甚至矛盾重重等。

（2）城市存在等级性，有一定的管理自主权但没有地方自治权。中国的城市等级从高到低分别为直辖市、副省级市、地级市、县级市和镇。不同的行政等级有不同的权限。直辖市和省、自治区的法律地位相同，但其政治地位比一般的省区更高一些。副省级市在制定和执行国民经济与社会发展规划方面，拥有相当于省级政府的权限。设区的市（都是地级及以上城市）拥有一定的地方立法权，县级市和镇则没有地方立法权。如果要细分，行政层级可以分为：① 政区层级：这由各级政区之间的统辖关系所决定。在我国可分为高层政区（省级）、统县政区（地级）、县级政区、县辖政区（乡级）。② 政区的行政等级：这是指某政区单位在政区层级体系中的地位高低，一般为省部级、地厅级、县处级和乡科级等。③ 地方主官的行政级别：这是官员在国家公务员系统中的等级和地位，一般按政区的行政等级来配置（刘君德等，2015：12）。不过，实践中的复杂性还在于政区层级和政区的行政等级有时并不一致,比如副省级市和地级市在政区层级上都属于统县政区,但其行政等级却是不同的。同时,有些政区行政等级是相同的,但其地方主官的行政级别却是不同的,比如温州和衢州同样都是地级市,但温州的市委书记一般都高配到副省级。然而,跟许多西方国家不同,中国的城市虽然有包括决策、执行与监督在内的一定的管理自主权,但没有地方自治权。

（3）城市职责较广泛,上下级之间在组织和职能上具有同构性。中国城市政府的职责范围非常广泛,涉及工业、农业、商业、财税、金融、规划、城建、公安、司法行政、民政、环保、人事、科技、教育、文化、卫生、体育等。根据我国《地方组织法》第五十九条的规定,县级以上的地方各级人民政府行使下列职权:执行本级人民代表大会及其常务委员会的决议,以及上级国家行政机关的决定和命令,规定行政措施,发布决定和命令;领导所属各工作部门和下级人民政府的工作;改变或者撤销所属各工作部门的不适当的命令、指示和下级人民政府的不适当的决定、命令;依照法律的规定任免、培训、考核和奖惩国家行政机关工作人员;执行国民经济和社会发展计划、预算,管理本行政区域内的经济、教育、科学、文化、卫生、体育事业、环境和资源保护、城乡建设事业和财政、民政、公安、民族事务、司法行政、监察、计划生育等行政工作;保护社会主义的全民所有的财产和劳动群众集体所有的财产,保护公民私人所有的合法财产,维护社会秩序,保障公民的人身权利、民主权利和其他权利;保护各种经济组织的合法权益;保障少数民族的权利和尊重少数民族的风俗习惯,帮助本行政区域内各少数民族聚居的地方依照宪法和法律实行区域自治,帮助各少数民族发展政治、经济和文化的建设事业;保障宪法和法律赋予妇女的男女平等、同工同酬和婚姻自由等各项权利;办理上级国家行政机关交办的其他事项。由于直辖市、副省级市、地级市和县级市都是县级以上人民政府,所以这不仅意味着城市政府的职责范围广泛,而且意味着不同层级的城市政府的组织和职能具有相当程度的同构性。

（4）市委居领导地位,城市治理的纵横关系呈现一定的复杂性。中共市委的领导核心地位表现在:① 市委依法确定城市国家机构之间的职权划分;② 市委常委会讨论决定城市治理中的重大问题;③ 市委向市人大及其常委会推荐市政府、法院和检察院的领导干部候选人；④ 市委通过设在市人大常委会、市政府、市法院和检察院的中共党组织，领导城市国家机构的日常工作；⑤ 市长兼任市委副书记，从组织上保证直接贯彻市委的决定；⑥ 市委的若干工作委员会分别对口领导或协调政府相关部门，如政法委领导、协调法院、检察院、公安局、安全局和司法局开展工作（杨宏山，2016：87-88）。另外，市委还通过国家机关中的众多党员，保证党的路线、方针和政策的贯彻落实；同时，加强对各民主党派和社会团体的领导，充分发挥他们参政议政、政治监督、桥梁纽带等作用。事实上，城市治理是一个复杂的网络。既涉及党、政府、人大、政协、司法等公共权力主体，又涉及民主党派、人民团体、居民委员会、非营利组织、企业、广大市民等非公共权力主体。同级权力主体之间或虽非同级但无上下级关系的权力主体之间形成横向（含斜向）关系。上下级权力主体之间和权力主体与部分非权力主体之间，形成管理上的纵向关系。但在政治和治理意义上，权力主体与非权力主体之间则应该是横向关系。

三、 中国城市管理体制的理论反思 ▷▷

现行的行政区划体制可以概括为是一种中国特有的、以城市为核心的"嵌套体制"。即上级政府或城市政区的政府既直接管理中心城市，又具有对周边政区的管辖权，导致城市地区发展迅速而周边政区发展受到抑制。行政区划改革的关键，即在于打破这种"嵌套体制"。在各级政区层面，均应合理界定其各自的管辖空间与职责权限，减少层次，实行聚落自治，变行政区划的复杂烦冗、权责不清、空间虚泛的"复试结构"为层级简单、权责清晰与空间明确的"双层结构"；从制度层面维护弱势政区或周边地区的利益（刘君德等，2015：39-40）。具体地讲，我国城市管理体制有必要在如下几个方面进行深刻地理论反思。

（1）城乡统筹的具体维度。Friedmann（2006）认为，中国的城市化是在古老的城市文明传统和开放时代的二元背景下展开的，全球化虽然影响了城市化，但是中国的城市化应该是包含在现代化进程中的内生过程。然而,我国的工业化和城市化进程带有太大的强制性制度变迁痕迹,它给城市带来普遍繁荣的同时,却使乡村地区出现相对衰落。21世纪以来,尽管中央连续出台关于"三农"的一号文件,农业税于2006年开始废止,十六届三中全会也正式提出"统筹城乡发展",《国家新型城镇化规划(2014—2020年)》强调"加快消除城乡二元结构的体制机制障碍,推进城乡要素平等交换和公共资源均衡配置",但是城乡收入差距依然不断拉大并在高位徘徊(王成新等,2017:228)。事实上,市管县体制下的城乡关系是一种"板块式的行政合治"。城乡之间不仅没有实现经济社会发展的有机融合,而且形成了政治经济体制上的二元结构,出现了户籍、土地、就业、财税和社保等多种"逆向"制度安排。中国板块式的行政合治与发达国家一体化的城乡合治有着根本性不同(见表2.5)。发达国家的城乡合治,主要是指城市和乡村在经济社会发展方面的差异逐渐缩小,并最终形成城乡经济社会的一体化,它并不意味着在行政管理体制上实现城市对乡村的领导。恰恰相反,经济社会一体化的城乡合治是建立在城市和乡村具有平等法律地位、不存在行政隶属关系基础之上的。也就是说,在发达国家,经济社会发展方面的城乡合治与行政管理体制上的城乡分立是并行不悖的。这种体制模式之所以能够取得成功,主要应归功于其发达的经济社会发展程度、完善的政府间契约体系、成熟的市场经济以及与之相适应的政府职能。在中国,为实现城乡统筹发展,人们往往理所当然地认为,应借助行政手段特别是行政区划的调整。然而,伴随着市场经济的不断完善、政府职能的不断转变、社会主义法治的不断进步,目前已经到了破除这一固化思维并赋予市场机制和社会力量一定信任的时候了。

表2.5 板块式行政合治与一体化城乡合治的比较

	城乡关系	合治领域	管理体制	理论基础	合治效果
板块式的行政合治	板块式组合	行政管理	城领导乡	二元结构;城市偏向	城乡差距扩大
一体化的城乡合治	有机化融合	经济社会	城乡分立	城乡关联;城市为主	城乡差异缩小

资料来源:吴金群.统筹城乡发展中的省管县体制改革[J].经济社会体制比较,2010(5):133-141.

（2）职责同构的核心逻辑。职责同构是指不同层级的政府在纵向职能、职责和机构设置上的高度统一。这不仅是对中国政府间关系总特征的一个理论概括，而且在国家的法律和制度基础、政府经济与社会管理体制等领域有着多方面的表现，是政府职能转变不到位、条块矛盾突出等一系列重要问题难以解决的主要体制性原因。只有打破职责同构，合理调整政府纵向间职责配置，才有可能使政府职能转变、行政体制改革和理顺条块关系等工作同步推进（朱光磊等，2005）。从表2.6对政府职权的纵向比较中可以看出，我国的每一级政府几乎都在管理相同的事情。这直接导致各级人民政府的职权相互重叠，缺乏独立性，致使上级政府可以越权行使下级政府权力，无法实现依法行使职权的基本要求。

表2.6　中国政府间职权的纵向配置一览表

			中　央	县级以上	乡镇
特有职权			中（二）中（九）中（十）中（十二）中（十五）中（十六）中（十八）	——	——
共有职权	议行合一的政府行政		中（一）	县（一）	乡（一）
	社会管理		中（五）中（六）中（七）中（八）	县（五）	乡（二）
	民族事务		中（十一）	县（八）	乡（五）
相邻两级以上共有职权	县级以上	行政领导	中（三）中（四）	县（二）	——
		人事任免	中（十七）	县（四）	——
		监督	中（十三）中（十四）	县（三）	——
	省级及省级以下	财产保护	——	县（六）	乡（三）
		经济组织	——	县（七）	乡（四）
		上级交办事务	——	县（十）	乡（七）
		人权保护	——	县（九）	乡（六）

注：① 该表根据《中华人民共和国宪法》第89条，《中华人民共和国地方各级人民大会和地方各级人民政府组织法》第59条、第61条综合编辑而成。
② 表中的中（一）指宪法第89条规定的国务院职权的第一项，依次类推；县（一）指地方政府组织法第59条规定的县级以上地方政府职权的第一项，依次类推；乡（一）指地方政府组织法第61条规定的乡镇地方政府职权的第一项，依次类推。
③ 忽略不计由于行政管辖领域不同带来的职权范围的变动。
④ 中央特有的七项职权主要是外交、国防、特别职权等政府对外职能。
资料来源：张志红.当代中国政府纵向关系研究［M］.天津：天津人民出版社，2005：272.

从国际经验来看,一般是中央或联邦政府以统治职能为主、管理职能为辅,中间层级的政府主要以管理职能为主、以统治职能为辅,而基层政府则主要以服务职能为主、管理职能为辅。与其他国家相比,中国各层级政府间的职能区分不明确,基层政府不是侧重于服务和管理,而是集统治、管理和服务各项职能于一身,客观上承担着过多的理论上不属于自身的统治职能,而在履行政府管理和服务职能方面则明显薄弱(李安增等,2008)。1999年,中共中央、国务院在《关于地方政府机构改革的意见》中,试图明确省、市、县的职能:"省一级政府要切实履行区域经济调节和社会管理的职能,按照国家法律、法规和方针、政策,制定区域性的经济社会发展规划,加强社会主义精神文明建设和物质文明建设,创造公平、公正、公开的竞争环境,维护市场秩序,打破地区、条块分割;政府机关不再办经济实体,已经办的要限期脱钩,解除政府主管部门与国有企业的行政隶属关系,主管部门不再直接管理企业,切实落实企业经营自主权,深化企业改革,加快企业改组;加强对农业和农村工作的领导与协调。市一级政府要逐步管理从企业分离出来的社会事务,实行属地管理;进一步改善投资环境,加强基础设施建设,维护市场秩序,搞好社区服务,充分发挥城市的中心作用和辐射功能。县一级政府要切实把职能转向服务与协调,加强农村基层政权建设,逐步发展小城镇,促进农业的专业化、市场化、现代化。"这是我国第一次比较明确地阐述地方各级政府的职能,但实际效果并不太理想。

同样,在我国现有的城市政府管理体制下,大城市纵向间政府关系中存在的主要问题也是"职责同构",即市政府、区政府、街道办事处之间事权不明、职责不专,并由此导致一系列弊端:大城市政府职责纵向配置上的"错位""越位""缺位";"条条"钳制"块块",致使区政府和街道办事处的积极性难以发挥;上级政府所属部门与下级政府之间"争利让责",致使下级政府和基层的利益受损。要破解当代中国大城市纵向间政府关系中存在的问题,关键在于解构政府职责纵向配置上的"职责同构",在城市治理中实现市政府、区政府以及街道办事处之间的"异责"与"共治"(任博等,2017)。事实上,对于包括城市在内的各级地方政府来说,政府职责的定位并不仅仅是一个理论认知问题,它更是政府行为偏好与约束条件相互作用的产物。

地方政府的"双重性"特征决定了其职能配置和权限划分受上级政府的意志和本区域经济社会发展现实需要的双重制约。在中国的政治与公共管理实践中，一般强调上级权力对下级权力的"全覆盖"。即使是讲分权，也更多强调"分工性分权"，而不是"分割性分权"。因此，中国的单一制国家结构形式和权力相对集中的制度安排，是出现并锁定在"职责同构"的深层逻辑。

（3）设市模式的改革创新。从创立市制到现在，我国的设市模式大致有三种，即切块设市、整县改市和多中心组合。所谓切块设市，是指以县城或县（市）中心以外的重要工矿区、交通枢纽、风景名胜区、边境口岸及其近郊为区域设置市，与原来的县（市）分割为两个县级以上行政区。在改革开放前，这是我国主要的设市模式。但20世纪80年代之后，以上模式逐渐被整县改市模式取代。所谓整县改市，是指把整个县（自治县、旗）改为市，有的是几个县（自治县、旗）合并为一个市，也有的是将原属一个县级政区的郊县并入市，变原来切块设置的市为整县改市模式。所谓多中心组合模式，是指一个市含有若干个城区，各城市建成区之间有大片的农村相隔，具有分散性和多中心的特点，在严格意义上，它也可以归入切块设市或整县改市模式。中国特有的广域型设市模式，不符合设置城市型政区的基本宗旨，现行的设市模式各有利弊。按城乡分治原则进行设市模式创新，是促进城镇化健康发展的重要途径（浦善新，2006：95-109）。正如范今朝（2011：315）指出的，城市化本身不必质疑，该质疑的是，正在进行的城市化是否偏离了正确的方向，需要警惕"暧昧的城市化"。当前，中国设置城镇型政区的模式和制度存在诸多矛盾。比如，城市化快速推进与建制市逐渐减少的矛盾；部分中心城市扩展仍受周边市、县空间的制约；城市体系与行政区划空间形态的不相匹配；都市区（圈）发展受行政区分割的强烈干扰；直辖市郊域区划改革受现行法律的约束；城市规模和经济实力与行政建制等级的不相对应；新型城镇化和小城市发展中的行政区划问题；城镇型政区通名不科学问题（刘君德等，2015：341-343）。

城市的实质在于它是一定区域内权力的空间集聚，而政区则是国家权力以各级城市为中心的空间划分和配置。就两者关系来看，显然是城市发展决定政区演变,政区从根本上说是城市发展的结果和表现。行政区划真正要关注的,是其背后的国家公共权力配置的方式、过程和状态。没有国家公共权力的合理配置和行政区划形式上的合理(包括层次、幅员、幅度等),城乡分治和城乡合治,都没有实际的意义(范今朝,2011: 317)。所以,设市模式改革创新的背后,实际上是关于权力、等级、规模等的尺度重组和地域重构,同时也是城市与地方治理模式的根本性变革。尤其是集权与分权、他治与自治、政府与市场、法治与人治等关系的平衡。刘君德等(2015: 345-357)提出了新时期中国"市制"改革的总体思路:① 设市"解禁"——在修改、完善设市模式和设市标准的基础上,积极、科学地设市;② 适度增设直辖市——建设以直辖市为中心的大都市圈;③ 取消"市管市"——实行过渡时期的城市等级制;④ 推行不同的设市模式——控制"县改市",推行"镇升市",试行"县辖市";⑤ 创新城市内部的区划结构——建立纵向"行政区—社区"治理新体制;⑥ 试行城市的行政区与服务区相分离的模式——节约行政成本,提高管理效能;⑦ 适当时候改革"城镇型政区"的通名——市、区、街道;⑧ 制定和完善相关的法律、法规——如制定《中国行政区划法》等。由此,形成多层级、多模式并存的设市制度体系。多层级是指建立省级(中央直辖市)—地级、县级(省辖市)—乡镇级(县辖市)的三个层次、四个级别的设市体系;而多模式是指继续推行"撤县设市",重点推进"撤镇设市",积极探索"县下辖市"。这些思路有较大的启发意义,但中国的设市模式是否真能从"撤县设市"到"撤镇设市",再到"县下辖市"的轨迹有规律地运行,还有待进一步观察。

(4)市县关系的网络治理。等级化的行政管理体制不仅是中国城市与区域管理体制区别于国外大多数国家的一个重要特征。同时,在一定程度上也是中国行政区划频繁调整的内在原因(范毅等,2017: 9)。由于现实的复杂性和主观认知的制约、制度的密集性和关联互补的锁定、权力的不均衡和集体行动的困境等因素的影响,市管县体制具有一旦形成就不易改变的黏性。如今,我国正处于从市管县到省管县改革的"关键节点"。省管县改革的不彻底,导致省、市、县政府之间纵向科层体系的交错,违背了科层组织强调的权威等级和命令统一原则,出现了地方政府之间责、权、利配置的扭曲和不对称,误导了人们对省管县改革的认知和对未来方向的判断。为理顺地方政府间关系,充分发挥省管县体制的功能,并实现区域的善治,需要逐步推进区域的网络化治理。然而在实践中,网络化治理的主体、结构与机制等条件尚不完备。平等、独立、自主的多元治理主体仍在培育,合作、信任、规范的区域治理结构尚未形成,政府、市场、社会高度耦合的机制还在探索,责任、权力、利益相互匹配的制度还未完善。因此,交错的科层和残缺的网络,成为当前省管县改革过程中市县关系的两个困局(吴金群,2017)。

网络化治理是省管县改革后的模式选择。西方的网络化治理要求政府建立高水平的公私合作,并具备较强的网络管理能力,利用技术将网络连接到一起,并在服务运行中给予公民更多的选择权(戈德史密斯等,2008:17),而且基于地方政府与市场、社会主体具有独立平等的地位,主要通过订立契约的方式来合作解决公共治理问题,其实质是一种政府、市场、社会平等参与的网络化模式。基于中国经验的网络化治理,实际上是Grix et al.(2011)所说的"非对称性网络治理"。各个地方政府嵌套在纵横交错的权力关系之中,并不完全是独立平等的主体。而且,政府之间、政府与市场或社会之间还缺乏通过订立府际契约的方式来解决公共治理问题的足够经验。也正因为如此,无论理论界还是实务界,都比较倾向于通过行政区划调整来打破市场分割,促进府际合作和区域融合。比如,王志凯等(2015)认为,在强县战略下的市县竞争性博弈关系向大都市战略下市县合作共赢关系转变的过程中,当市场力量推动城市与区域的要素流动跨越行政区边界,行政区划就要适时做出必要的调整,通过撤县(市)设区以支持市场经济集聚和规模发展。或许在中国,此类行政手段并不是网络化治理的对立面,而恰恰是在特殊时期构建新的网络化治理的必要工具。

基于网络化治理的市县关系重构,其主要目的是要实现市县的协调发展。也就是要实现大中城市与周边县域在经济、社会等各领域的合作共赢与协同发展。它意味着大中城市的高度发达与周边县域的普遍繁荣交相辉映,城市效率的充分提高与县域公平的广泛关注互相平衡,城市治理的逐渐完善与县域社会的良性发展竞相促进。在重构的途径上,则可以从塑造平等多元的治理主体、构建科学合理的治理结构、形成高效顺畅的运行机制、培育信任合作的府际资本、建立公正完备的法制基础五个方面入手,完善区域治理体系,提升区域治理能力(吴金群,2016a)。事实上,省管县改革与市县关系重构是一对相互影响或者是一体两面的变革力量。一方面,省管县改革必然推动市县关系重构,市县关系重构是省管县改革的应有之义,未来的市县关系重构必须很好地利用省管县改革这一重要契机。另一方面,市县关系重构成功与否,会在很大程度上影响省管县改革的下一步进展。如果不能很好地解决区域治理中的公共产品供给和市县之间的竞争与合作问题,省管县改革就会遇到重大阻力。因此,基于网络治理的市县关系重构,不仅具有省管县改革之后呈现出来的价值意义,而且具有进一步推动省管县改革的工具意义。

第三节 城市型政区的调整方式

从地域重构的角度看,城市化的过程就是不断地地域化和再/去地域化的过程。快速城市化将人口持续地揽入城市,然而在有限的空间内,城市的公共服务、基础设施和公共空间的不均衡决定了城市化进程中必然伴随着空间权力的争夺。尤其是成熟的城市空间作为高密度的社会关系附着物,其稀缺性变得愈发明显(刘云刚等,2015)。行政区划调整作为刚性的尺度调整工具,其发生周期、主要类型和动力来源嵌入在国家或区域为提升竞争力所采取的尺度战略及其相应的尺度重构方式之中。尺度重构可能体现在国家治理的诸多方面,由于各时期国家、区域的宏观战略不同,尺度重构的推动主体、内容指向会随之变化,空间生产策略也将进行调整,使得不同阶段对各地域空间赋予的尺度重要性大相径庭(张践祚等,2016a)。也就是说,城市型政区的调整过程,既是一个地域重构的过程,也是一个尺度重组的过程。此时,各类行政区划的设置标准或调整条件,实际上成了"尺度"的尺度。一般而言,城市型政区的调整方式主要有以下五种。

(1)行政建制变更。所谓地方行政建制,就是指行使国家权力的各级、各类政治管理单元及其体系制度。作为国家治理体系的重要组成部分,地方行政建制直接关系到国家治理体系和治理能力的现代化水平。根据宪法第三十条的规定,我国行政区域划分如下:① 全国分为省、自治区、直辖市;② 省、自治区分为自治州、县、自治县、市;③ 县、自治县分为乡、民族乡、镇。直辖市和较大的市分为区、县。自治州分为县、自治县、市。自治区、自治州、自治县都是民族自治地方。同时,现行宪法中关于行政区划的调整规定如下,第六十七条,全国人民代表大会行使下列职权:批准省、自治区和直辖市的建置;第八十九条,国务院行使下列职权:批准省、自治区、直辖市的区域划分,批准自治州、县、自治县、市的建置和区域划分;第一百零七条,省、直辖市的人民政府决定乡、民族乡、镇的建置和区域划分。这些宪法条文明确规定了我国地方行政建制的类型及其批准机关的权限。在实践中,比较常见的行政建制变更方式有如下几种:① 县(市)改区,如2014年撤销富阳市设立杭州市富阳区,以原富阳市的行政区域为富阳区的行政区域;② 县改县级市,如2017年撤销玉环县,设立县级玉环市,由浙江省直辖,台州市代管;③ 乡改镇,如2017河北保定涿州市林屯乡、安国市西安国城乡等14个乡进行撤乡设镇;④ 乡(镇)改街道办,如2017年广西贵港市港北区撤销港城镇,设立港城街道办事处,辖4个社区和10个行政村;⑤ 地区改地级市,如2017年西藏撤销那曲地区和那曲县,设立地级那曲市,辖原那曲地区的10个县和由那曲县改设的色尼区。

（2）政府层级调整。这一调整方式主要包括隶属关系变更和政区级别升降两种。在当代中国史上,市管县和省管县这两种制度经常“缠合”在一起,于不同的地方以各自的逻辑在中心或边缘生长,而作为主流制度的省管县或市管县则此起彼伏地交叠出现。因为未对宪法规定中“较大的市”做出权威解释,导致我国地方府际关系的混乱(吴金群,2016b)。事实上,影响地级行政建制的变量除了法律制度之外,还有权力分配结构、经济体制类型、城市化、政府间的管理层次和幅度等,正是这些变量之间的交互作用,共同构成了地级市建制的变迁(杜英歌,2015)。改革开放40年来,行政隶属关系的调整主要表现在市管县和省管县的改革纷争之中。在省管县改革试点中,通过尺度跳跃,县级尺度同省级尺度建立了新的治理网络,但原有的市级尺度仍对县级尺度形成较强的制约,如周边县对于作为经济中心的市的依赖、市级政府在人事等方面对县级政府的控制等。因此,新的尺度结构的形成必须通过行政区划的渐进调整、市县关系的重新建构等项目而分层地、渐进地进行(马学广,2016:120-121)。政区级别的升降则主要表现在:① 由副省级市升级为直辖市,如1997年重庆市升格为直辖市;② 由县(市)升格为地级市,如1983年河南濮阳县升格为地级濮阳市,并将原安阳地区所辖的8个县划归濮阳市管理;③ 地级市拆分后成为县级市,如2011年安徽撤销地级巢湖市,原辖一区四县分别划归合肥、芜湖、马鞍山管辖,居巢区改为县级巢湖市,由安徽省直辖、合肥市代管;④ 经切块设市后,原来的乡镇升级成了县级市,如1987年原福建泉州市晋江县的石狮、永宁、蚶江和祥芝四个乡镇单独划出,成立县级石狮市。

　　(3)地域边界重划。强政治—弱技术是这个时期行政区划调整的鲜明特征,1949年以后逐渐为强技术—弱政治所取代。从强政治到强技术的逻辑转换,本质上是政治主义到管理主义的体现,它由内而外地重构、支配了行政区划变迁的全部轨迹(龙宁丽,2015)。如果说行政建制变更与政府层级调整主要涉及管理中的尺度重组,那么地域边界重划主要涉及的是管理中的地域重构,重点关注政区边界划分的合理化、某些重要功能区发展的优化、开发区向城区转型的提速等。在实践中,地域边界的重划主要包括以下几种类型:① 行政区合并。这是指原来独立的两个或多个行政区合并成一个新的行政区,如2016年北京市撤销东城区和崇文区,设立新的东城区,撤销西城区和宣武区,设立新的西城区。② 行政区拆分。这是指原属于同一个的行政区,拆分成两个或多个新的行政区,如1997年原四川省拆分为重庆直辖市和新四川省,2016年深圳市完成新一轮街道办拆分,宝安区、龙岗区共新增7个街道办。③ 行政区重组。这是指对两个或两个以上的行政区进行边界调整和重新组合,如2016年宁波市撤销江东区,将原江东区管辖的行政区域划归鄞州区管辖,将鄞州区的集士港镇、古林镇、高桥镇、横街镇、鄞江镇、洞桥镇、章水镇、龙观乡、石碶街道划归海曙区管辖。④ 行政区新设。这是指在某些区域新设立一个行政区,一般是从原行政区拆分、重组或完成过渡正式建制而来的,如2012年海南省设立三沙市,管辖西沙、南沙、中沙三个群岛；2014年新疆建设兵团第十四师设立昆玉市，实行师市合一模式。当前，破解开发区与行政区的关系难题尤为迫切。浙江温州市在瓯江口新区的地域范围设置洞头区，江苏无锡市在高新区范围设立新吴区，安徽六安市依托叶集改革发展试验区设置叶集区，均着力推动行政区与开发区关系的体制融合（林拓等，2017）。

（4）政区名称变化。我国政区的名称，一般由专名+通名组成，比如上海市的专名是上海，通名是市。在民族区域自治地方，则一般为专名+族名+通名，比如广西壮族自治区的专名是广西，族名是壮族，通名是自治区。但长期以来，我国政区通名体系混乱、层次不清、概念含混；专名重名、异字同音或近音，用字生僻、难认难写，不符合正音、正字规定，给交通、通信等行业和人们的社会交往造成诸多不便（浦善新，2006：149-152）。政区通名的变化，同时意味着行政建制的变更，如浙江省东阳县于1988年改成了东阳市。民族自治地方政区族名的变化，很少发生，即使发生，也往往伴随着通名的变化，一般是自治县改为了县级市，如1994年辽宁省丹东市凤城满族自治县改为凤城市，这也同时属于行政建制的变更。当然，在地域边界重划的过程中，也会发生更名，如2003年广东省汕头市将河浦区和达濠区合并为濠江区，将升平区和金园区合并为金平区。除此之外，政区名称的变化也有仅仅是政区专名的变化，如1994年湖南省大庸市更名为张家界市，2001年云南省中甸县更名为香格里拉县，2006年云南省思茅市更名为普洱市等。从统计上看，我国许多城市政区地名进行了变更，这一更名呈现东中部明显居多、西部地区少的特点，更名主要涉及对原政治色彩浓厚以及简单化的区名进行更改。旅游地城市政区更名是更名的一大热点。但是，城市政区更名存在政区重名、区划地名与地域实体不相对应、对遗产原真性保护有消极影响、城市政区更名运作机制欠合理等问题，应该加强城市政区更名管理，促进政区更名的合理化（龙太江等，2014）。

（5）政府驻地变化。每个行政区都有一个作为区域政治、行政（同时还可能是经济）的中心，它既是国家公共管理机构的办公场所，又是一个或多个建筑及其外部空间和周边环境的整体集合。城市发展的实践表明，绝大多数城市的行政中心所在区域不仅是政治中心，也是商业中心。行政中心迁移往往带来迁入地零售商业的爆发式增长，行政中心区位和迁移与城市商圈空间分布之间有着显著关联（柳思维等，2015）。所以，城市政府驻地的变化对打造以老城区为传统中心、以新城区为副中心支撑的多中心城市空间发展格局具有重要作用，对于解决大都市中心城区交通拥堵、人口拥挤、环境污染等问题，引导城市形成多功能分区，同时又呈现有活力的混合有机结构，也具有推动作用。当然，在盘活闲置土地、筹集城建资金、优化资源配置的同时，还必须考虑政府驻地搬迁可能会对原行政中心的经济发展、新中心外观的社会心理印象，以及群众到新中心办事便利性等方面不利影响。近40年来，为了产业集聚、结构调整、空间布局优化，很多城市实施了政府驻地的搬迁。比如，20世纪90年代，青岛市政府把位于老城的政府驻地卖掉，通过土地资源的优化和空间结构的转换，在新区建造了规模更大、环境更好的行政办公区，带动了周边区域的经济发展和基础设施建设。改革开放以来，深圳市的行政中心迁移过三次，从宝安区，到罗湖区，再到福田区，整个城市也沿着这个轨迹不断延展，取得了令人瞩目的成就。成都市的新行政中心则因过于豪华而引发争议，"5·12"汶川大地震后宣布拍卖变现，所得收入用于受灾群众安置和灾后重建。

对我国大都市区而言，行政区划改革主要可分为以下几种类型：① 市县分治。除了海南省在建省之初即完成市县分治和新疆、西藏尚未开展相关改革之外，全国其他省区都已开展了以财政省管县、经济社会管理权下放、人事省管县为主要内容的市县分治改革。但由于系统性不强、配套工作跟不上等诸多原因，市县分治改革正处于进退两难之中，以至于某些省区（如河南）在近期又重新退回到市管县体制。② 县（市）改区。这是指地级及以上城市把所属的县或代管的县级市，转变为市辖区的行政区划改革，一般包含两个要素：一是撤销原来的县（市）行政建制；二是以原来县（市）的部分或全部地域作为新市辖区的基础（高祥荣，2015）。从30多年的统计数据来看，县（市）改区的数量在2001—2002年达到一波小高峰后，随后有所回落，但2013年以后又迅速增加并达到新的高峰；行政级别越高的城市，进行县（市）改区的平均案例越多；东部沿海省区进行县（市）改区的平均数量，明显要比中西部的省区多。③ 区界重组。这是指对已有的市辖区域进行调整，具体方式包括对市辖区进行合并或拆分、市辖区与周边县（市）的部分或全部区域重新整合、成立时未设市辖区的地级市开始设市辖区等。如果说县（市）改区的重点在中心城市的扩容，那么区界重组的重点则是治理结构的调整。从统计来看，区界重组并没有呈现出明显的时间趋势，但调整次数呈现了东、中、西到东北逐渐递减的特点。④ 设立新市。改革开放前，我国一般采用从县域切块设市的方式建立新的市制。20世纪80年代以后，整县改市逐渐成为主要的设市模式。1997年开始，县改市基本暂停，最近才有恢复的迹象。另外，还有多中心组合模式（如原椒江市和黄岩市组成新的台州市）、在原开发区或建设兵团师部所在地新设县级市、撤销地区行政公署设立地级市等多种方式。⑤ 市制回调。这是指原城市建制的地方，出于补救、协调或奖惩的需要，重新调整为非城市建制，或减少其城市的部分要素（如级别、名称和职责等）。根据改革内容，市制回调可以划分为恢复型、螺旋型、职责型和通名型等类型（何李，2016）。此类行政区划改革在实践中虽非主流，但也存在。比如，2009年从随州市曾都区划出19个乡镇成立了随县；2011年地级巢湖市撤销，原居巢区改为县级巢湖市。

　　风险社会既是一种客观存在，又是一种文化建构。我国城市型政区调整可能引发的风险主要有：① 绩效悬浮。长期以来，市管县、省管县、县（市）改区、区界重组等行政区划改革对经济社会发展的绩效，一直没有得到权威、确定的答案。学术研究往往从各自角度、不同样本、不同方法中得出不同甚至正好相反的结论，而官方报告则经常出于改革需要、政绩显示、思想宣传等考虑，笼统地概括总结某类改革举措的成效和不足。因此，跟改革本身的复杂性相一致，改革的绩效及其认知出现了不确定。② 民主欠缺。大都市区行政区划改革不仅关系到区域的长远发展，而且影响到老百姓的日常生活。然而，正如刘君德等（2015：70）指出的，由于中国对不同政区的设置、转换的标准和程序等没有明确、详细的规定，导致在调整程序上，往往比较混乱。多由上级政府根据自身需要和判断，来加以调整；且先进行政区调整，再安排后续事宜。不仅地方权力机关无权自主决定，而且公众参与严重缺乏，基本没有公开讨论和论证，导致民主性不足。③ 社会失序。正确处理改革、发展与稳定的关系，必须把握改革的力度、发展的速度和社会可以承受的程度。在实践中，行政区划改革引发的社会失序已有发生。比如，2013年湖州市长兴县为抵制撤县改区而采取的抗议行为，2012年重庆市万盛区和綦江县合并为綦江区后引发的群众聚集事件等。大部分社会失序事件的主要原因，是在改革过程中民意表达不充分、利益兼顾不均衡、风险评估及防范机制不健全。④ 文化排异。虽然是在同一个大都市区，但不同县域之间的文化可能存在差异。此时，行政区的拆分、合并、重组不仅会引发一些古老村落、文物古迹、非物质文化遗产的消逝，而且也会导致区域文化的隔离断裂，出现区域内部的文化排异、文化冲突或认同危机。如果说同一个地级市内部的行政区划调整引发的文化排异相对较小的话，那么跨域地级市的行政区划调整引发的文脉传承和文化排异就不可小觑了。⑤ 生态破坏。多数大都市区行政区划改革兼顾到了生态环境（特别是对水源地和流域）的保护。然而，我国行政区划改革往往嵌入并服务于整个城市化进程。所以，伴随着城市化和行政区划改革，也会引发生态风险。比如，工业企业外迁到周边区域后导致污染扩散，土地利用性质变化以后出现资源浪费，周边林地或植被破坏引发空气质量下降等。

如果说经济区是"长成的"，那么行政区则是"做成的"（李荣娟，2014：71）。行政区和经济区的区别主要在于：① 从决策主体看，行政区有设在中心城镇的行政中心，负责整个区域内资源的"权威性分配"；经济区虽然也以中心城镇为经济核心，但因为经济主体的利益分散，并不存在统一的决策主体。② 从行为边界来看，行政区有固定的管辖范围，其边界的调整需要经过一定的法定程序，所以相对稳定；经济区一般没有法定的边界，既可以存在一个行政区内，也可以跨域几个行政区，其边界主要是经济活动区域化的结果。③ 从运行机制来看，行政区遵循政治与行政机制的规律，在权力结构、机构职能、人员配置、互动关系上都有明确的规范；经济区虽要遵循国家的宪法和法律，但经济主体之间的互动主要遵循经济规律和市场机制。④ 从网络关系来看，行政区既有纵向管辖与被管辖关系的等级体系，也有横向不同政区同一等级（平行）或不同等级（斜向）的竞争合作关系；经济区内的市场主体以及经济区之间的网络关系，则主要是横向的经济联系。⑤ 从影响因素来看，行政区的创设和变更主要受政治统治、管理效率、自然地理、文化传统等因素的影响；经济区的形成和发展主要受经济实力、产业分工、市场联系、交通运输等因素的影响（吴金群，2017b：3-4）。当前，我国正在逐步告别"行政区经济"，但是经济区在行政区的强势作用下形成被动重合，经济要素的联合在行政的压制下外化为行政区与行政区的冲突。尽管区域公共问题的溢出范围是在经济区，而区域公共问题的解决路径却仍要依赖行政区（李荣娟，2014：73-75）。也正因为如此，中国城市型政区的调整总是跟经济区或区域的经济发展，存在千丝万缕的联系。

中国城市行政区划调整具有三大逻辑，即权力导向的政治逻辑，经济导向的发展逻辑以及公共服务导向的治理逻辑。而具体的行政区划调整包括以县改市为代表的城市增设、以撤县设区为代表的城市扩张和以市管县与省直管县为代表的市县隶属关系调整等策略，且不同类型的行政区划调整对当地的经济发展、城镇化和公共服务具有显著影响（叶林等，2017）。国际经验表明，中心城市及其大都市圈代表着国家发展的效率及其全球竞争力。在中国，地级及以上城市的市辖区创造了超过60%的GDP。一方面，通过不断强化中心城市的功能，利用目前仅占全国6.5%的国土建设现代化经济体系和社会空间，不仅可以体现城市的高效率，而且可以为周边县域提供更高层次的公共服务。另一方面，通过大力发展县域经济和中小城镇，建设惠及全国71%人口的美好县域社会，为基层群众提供均等化的基本公共服务，可以有效解决社会的公平问题。也就是说，为实现市县和谐共生，在未来的中国，"都市区战略"与"强县战略"两者不可偏废。当前，市管县体制已经成了理论分析和区划调整的逻辑起点。如果实施省管县改革，进行市县分治，就意味着大都市区行政区划走向了分散；如果实施县（市）改区，就意味着大都市区行政区划走向了整合。在整合与分散的利益博弈背后，蕴藏着效率与公平、集权与分权、政府与市场等多重价值的权衡。

第三章

直辖市的尺度重组与地域重构

在经济全球化背景下，城市已不仅仅是传统意义上的生活场所，更是生产要素集聚的中心、创新的中心以及各种社会文化力量相互碰撞、融汇的中心，城市空间的政治属性、社会属性特别是作为战略竞争资源的作用得以明确地显现（张京祥等，2008）。直辖市是中国等级制城市体系中政区级别最高的城市，同时也是社会经济体系中人口、产业与资本高度集聚的大都市。为保持在国家政治、经济及社会生活中的战略性竞争地位，高等级尺度的权力与高密度的资本在政治制度空间与社会经济空间不断进行重构。低等级尺度城市为了获取这种战略性地位，则试图通过尺度跳跃（Scale Jump）升格为直辖市，进而获取更多竞争优势与发展机会。

第一节　直辖市的形成与发展

一、直辖市制的形成 ▶▶

直辖市的概念源于1928年南京国民政府颁布的《特别市组织法》，该法将中央直辖的市称为特别市。1930年颁布的《市组织法》则将特别市改称为院辖市。依据《中华法学大辞典·宪法学卷》的定义，所谓直辖市，是指中华人民共和国直属于中央人民政府管辖的市，下辖区和县，一般是人口众多，在国家的政治、经济、文化、交通、工业、贸易等方面拥有特殊地位和影响的城市。

直辖市制的形成大致经历了直属于中央政府阶段（1949—1950年）、直属于大行政区人民政府阶段（1950—1951年）、由大行政区行政委员会代管阶段（1951—1954年）、直属于中央政府阶段（1954年至今）。1949年底，我国共有北京、天津、南京、上海、武汉、广州、重庆、西安、沈阳、鞍山、抚顺、本溪12个直属于中央政府的直辖市。1950年，北京、天津改由中央人民政府华北事务部领导,南京、上海改由华东军政委员会领导,武汉、广州改由中南军政委员会领导,重庆改由西南军政委员会领导,西安改由西北军政委员会领导,沈阳、鞍山、抚顺、本溪改由东北人民政府领导(史为乐,1981:5-72,198-250)。1950年,东北人民政府撤销旅大行署区,设立旅大市,为中央直辖市,由东北大行政区领导(史为乐,1981:50)。此时,13个中央直辖市全由中央直辖改为大行政区直辖。1952年,中央人民政府委员会第十九次会议,通过了《关于改变大行政区人民政府(军政委员会)机构与任务的决定》,将大行政区人民政府及军政委员会改为行政委员会,作为中央人民政府的代表机构;直辖市由大行政区领导改为行政委员会代管,由大行政区直辖市恢复为中央直辖市。同时,中央人民政府委员会第十九次会议还通过了《关于调整省、区建制的决议》,批准成立江苏省人民政府,将南京市由大行政区直辖市改为江苏省辖市。1953年,中央人民政府政务院电令批准松江省哈尔滨市、吉林省长春市由省辖市改为中央直辖市,由东北行政委员会代管。至此,全国14个直辖市分别由各大区的行政委员会代管。1954年,为了加强中央的集中统一领导,减少组织层级,提高工作效率,中央人民政府委员会第三十二次会议通过《中央人民政府关于撤销大区一级行政机构和合并若干省、市建制的决定》,决定撤销大区一级行政机构,将沈阳、旅大、鞍山、抚顺、本溪、哈尔滨、长春、武汉、广州、西安、重庆11个中央直辖市改为省辖市,只保留北京、天津、上海3个中央直辖市①。1958年,第一届全国人民代表大会第五次会议决定撤销天津市直辖市建制,改为河北省辖市。同年,国务院全体会议第81次会议决定将河北省怀柔、密云、平谷、延庆四个县划归北京市②,国务院全体会议第82次会议决定将江苏省的川沙、青浦、南汇、松江、奉贤、金山、崇明7个县划归上海市③。1967年,中共中央批准将河北省

---

① 中共中央文献研究室.建国以来重要文献选编:第五册[M].北京:中央文献出版社,1993:277-278.

② 行政区划网.1958年河北省行政区划[EB/OL].(2009-08-24)[2018-09-08]http://www.xzqh.org/html/show/he/2320.html.

③ 行政区划网.1958年江苏省行政区划[EB/OL].(2009-07-09)[2018-09-08].http://www.xzqh.org/html/show/js/5793.html.

天津市升格为中央直辖市。1997年,第八届全国人民代表大会第五次会议决定撤销地级重庆市,批准设立重庆直辖市,管辖原重庆市、万县市、涪陵市和黔江地区所辖行政区域。此后,中央直辖市一直保持着北京、天津、上海、重庆的格局,北京是国家首都性质的直辖市,天津与上海是具有港口优势的国家级经济中心城市,重庆是以地域型政区为主且兼有城市型政区特性的内陆型中央直辖市(刘君德,2006a;刘君德等,2015:166)。

二、直辖市设立的条件 ▶▶

尽管直辖市的设立受到各方关注,但截至目前中央政府始终没有出台关于直辖市设立的标准。2006年,《重庆日报》以重庆直辖市的设立为例,提出设立直辖市的四个条件,即区位优势的唯一性;直接联系国际国内开放"窗口"的唯一性;增长空间和潜力大,并且具有辐射广阔腹地发展"龙头"的唯一性;具有成为区域性国际化都市的可能性①。2017年,中国经济体制改革研究会副会长陈剑认为应从四个方面考虑设立新直辖市:一是有利于中国在国际舞台上强势崛起,有利于中国在国际舞台上扮演创新引领的角色;二是有利于国家三大发展战略的实施;三是有利于推进区域发展,推进西部开发,进而有利于中国整体发展;四是有利于政府层级改革,减少政府行政成本。同时,提出了新的直辖市方案,即保留北京、上海和重庆三个直辖市,同时设立首都特别行政区,天津不再作为直辖市,增设深圳、武汉和西安三个城市作为直辖市②。

2012年,刘君德等人所著的《中央直辖市政区空间组织与制度模式探析:理论架构、比较分析及实证研究》,提出了中央直辖市行政空间组织的制度化标准问题。他们认为,中央直辖市的设立应该有一个科学合理的标

---

① 周旬.从国家和民族的战略利益实现的逻辑 看重庆直辖市的设立和发展[N].重庆日报,2006-12-04(006).

② 中智科博.国家发改委智囊首次提出重要政策建议:中国要设立6个直辖市和10个国家中心城市[EB/OL].(2017-02-13)[2018-09-08].http://www.zzkb.org/hangyedongtai/4726.html.

准,但不应该过分强调定量指标,设立直辖市应该包括的主要因素有:① 全国国土地理空间合理的布局;② 城市人口的高度集聚;③ 城市经济实力雄厚及在大区域中的影响力、辐射力;④ 城市的国际化程度,经济结构的高度性、引领性;⑤ 地方政治空间布局的需要;⑥ 交通等基础设施水平和枢纽作用;⑦ 文化教育水平与先进性及市民的整体素质;⑧ 生态环境与可持续发展潜力;⑨ 城市综合管理水平等方面(刘君德等,2012:173-176)。

综合各方面的考虑,直辖市的设立应该考虑以下五个方面的条件:

(1)政治条件。是否符合政治利益或国家的民族利益是设立直辖市的根本条件。设立直辖市的政治条件包括国家战略需求、政治稳定需求、民族团结需求等因素。对于地级市、县级市等城市型政区而言,它们的设立更多地取决于其经济和社会发展的状况。但对于直辖市而言,其设立更大程度上取决于中央政府对特殊重大政治原因的考虑。以重庆直辖市为例,原地级重庆市在成为直辖市之前,虽然是西部地区工业基础较好的城市,但其经济社会发展水平相比东部地区的许多城市仍然相对落后。重庆直辖市的设立符合当时国家提出的长江开发战略、西部大开发战略的需求。同时,通过设立重庆直辖市以划小四川省,也有利于巩固国家政权。因此,设立重庆直辖市具有极大的必要性。现阶段,我国华北、华东、西南地区均已设立直辖市。为了实现国家均衡发展战略,可以在东北、西北、华中、华南地区增设直辖市,以构造均匀分布的区域政治、经济中心。就目前的国家发展战略和民族利益来看,位于"一带一路"沿线上的核心城市且位于尚未设立直辖市的东北、西北地区的城市更有可能升格为直辖市。

(2)区位条件。直辖市设立的区位条件主要是其具有的区位优势,即某一地区具有的地理、政治、经济、社会、军事、文化、科技等领域的有利条件或优越地位。区位优势是城市发展的重要基础,在一定程度上决定了一座城市能否成为该地区的政治、经济或文化中心。北京自古以来就是古都,又是中国的首都,在直辖之前就已经是中国政治、经济、文化、交通和国际交流中心,其政治和军事战略地位非常重要。天津位于东北地区和华北地区的交界处,是首都北京的海上门户,其军事战略位置较为重要;同时由于临海,天津成为连接华北、西北和京津地区的重要水路交通枢纽,在直辖之前已经成为最重要的对外通商口岸之一。上海位于长江入海口,水陆交通发达,在直辖之前已是我国东部地区工商业最发达的城市及海陆空交通枢纽。重庆位于长江上游,处在中西部地区的结合部,承东启西,沟通南北,矿产资源丰富,在直辖之前重庆就已经是西部地区重要的工业城市、制造业中心和交通枢纽。由此可见,地理位置优越,海陆空交通发达,具有重要的政治地位或军事战略地位,是设立直辖市应有的区位条件。

（3）经济条件。经济条件主要指经济基础、产业及人口集聚程度。它决定了一个城市是否能够成为区域的经济增长中心。北京、天津、上海在直辖之前,其工商业就已经非常发达,人口和产业都高度集聚。而重庆市直辖前的经济发展水平虽然比不上北京和上海,但它是长江上游最大的经济中心、与海外经济往来的重要内河口岸,也是四川省和西部地区经济发展最好的城市。根据各城市统计年鉴数据显示,1996年,全国城市(不包括港澳台)GDP排在前六名的依次为上海(2 957.55亿元)、北京(1 789.2亿元)、广州(1 468.06亿元)、重庆(1 315.12亿元)、天津(1 121.93亿元)和深圳(1 048.44亿元)。重庆市经济总量排在全国第四位,并超过天津直辖市。从经济条件来看,省会城市、计划单列市、国家中心城市的经济基础相对较好,产业和人口集聚程度比较高,未来具有升格为直辖市的潜力。但省会城市通常是该省的第一经济增长中心,且其地区GDP通常占该省地区GDP的比例较高。如果将省会城市升格为直辖市,不仅要增加寻找和建设新的省会城市的成本,还会对原省会城市的经济发展造成威胁,甚至会造成新设直辖市与原省之间在政治经济社会方面的冲突。因此,将省会城市升格为直辖市的可能性比较低。计划单列市通常是省级政区的第二经济增长中心,将其升格为直辖市对原省级政区的影响比将省会城市升格为直辖市的影响要小,这也是厦门、深圳升格为直辖市的呼声较高的原因。北京、天津、上海、广州、重庆、成都、武汉、郑州、西安9个国家中心城市,其中4个已经是直辖市,其他5个都是省会城市,因此国家中心城市升格为直辖市的可能性不大。此外,从人口规模的集聚度来看,超大城市(城区常住人口1 000万以上的城市)和特大城市(城区常住人口500万以上、1 000万以下的城市)升格为直辖市的机会较大。更何况这些超大城市往往也是经济社会相对发达的城市,如深圳、厦门、青岛等。

（4）行政条件。设立直辖市的行政条件主要包括两个方面：一是通过区划重组设立直辖市的行政成本；二是政府的治理能力。从我国目前的行政区划来看,一般只能通过划小省级行政区域及政区组合的方式来设立直辖市。因此,设立直辖市必须要考虑是否有利于区划分割以及行政分割成本的高低。如果从某省级政区的中心位置切出部分行政区设立直辖市,不仅会造成原省级政区的政治、经济、社会空间和治理的碎片化,同时行政区划分割成本也相对较高。因此,设立直辖市必须在保持原省级政区连续性和完整性的条件下,从某省级政区的周边划出部分行政区域,组合设立直辖市。这一方面有利于原省级政区进行行政区域分割；另一方面也有利于降低行政区划重组的成本。以重庆市为例,将原四川省东南边的地级市重庆市、万县市、涪陵市和黔江地区划出,组合设立重庆直辖市,不仅便于行政区划的调整,还保持了原四川省行政区划的连续性和完整性。此外,升格为直辖市要求原城市政府要有较强的治理能力。一方面,直辖市设立过程中本身要进行的区划调整、职能转变、人员调整、机构改革和权力下放,需要考验政府的经济调控与市场监管能力、地方或下级政府的承受与转型能力、基层政府的社会治理与公共服务能力（谢来位,2016：79）。另一方面,直辖市是实施国家战略的主要平台,是中央政府改革政策的试验区,是大规模人口及产业集聚的大都市,是参与全球经济竞争的主体,政府必须具有较强的改革创新能力和公共事务治理能力,才能实现设立直辖市的特殊使命。

（5）历史文化条件。历史文化条件不是设立直辖市要考虑的直接条件,而是直辖市设立后进行区域构建时需要考虑的重要条件。由于直辖市是通过划小省份并选择地级政区进行组合的方式来设立的,因而在选择政区进行重组时必须要考虑各个政区的历史文化条件,以确保各个政区在组合为直辖市后能够通过区域构建形成一个稳定的共同体。这里说的区域构建,是指将政府政策空间或空间规划界定的新城市—区域（政策区域）实体化的过程,即在经济、文化、政治、社会方面实现区域的一致性（Smith,2007）。具有相同历史文化传统的公民,对于政府的管理行为及其所制定的法律法规、公共政策、发展规划等更容易产生一致的认同,因此更容易在区域构建过程中形成一致的身份认同、集体意识、区域发展共识与共同愿景，从而促进区域社会一体化。区域文化及区域社会的一体化，不仅有利于降低行政区划调整的风险，而且有利于促进区域经济、政治的一体化。

三、直辖市的发展 ▶▶

（一）行政区划调整与空间扩张及经济增长方式

作为我国的大都市区，直辖市经济社会发展的速度一般快于其他城市。同样，为了适应经济社会发展的需求，其进行区划调整的需求也高于其他城市。不过，各直辖市经济社会发展所处的阶段不同，行政区划调整的模式与空间扩张的方式、经济增长方式也有所不同。

从行政区划调整与城市空间扩张来看，北京市、天津市、上海市的行政区划调整模式正逐步从撤县设区、区县合并等转向区界重组，其城市空间也正从外部规模的粗放式扩张阶段进入了内部品质的精细化优化阶段；重庆市的行政区划调整更多采用撤县（市）设区和区县（市）合并，其城市空间还处于外部规模粗放式扩张阶段。如表3.1所示，从1978年到2017年，北京辖区数增加了7个，而辖县数减少了9个；天津辖区数增加了4个，而辖县数减少了5个；上海辖区数增加了6个，而辖县数减少了10个。北京、天津、上海行政区划调整的主要模式是撤县设区且已经通过撤县设区先后进入"无县时代"。但近年来，其区界重组模式出现的频次有增加的趋势，尤其是上海的区界重组相对频繁。可以预见的是，未来北京、天津、上海只能通过跨省行政区划调整来拓展城市空间，但跨省进行行政区划调整的成本及风险相对较大，因此其行政区划调整的模式将从撤县设区、区县合并模式转向区界重组模式，意味着其城市空间也将从外部规模的粗放式扩张转向内部品质的精细化提升。从1997年到2017年，重庆辖区数增加了13个，而辖县（市）数减少了15个，是四个直辖市中撤县（市）设区频次最高且行政区划调整最频繁的直辖市。重庆市行政区划调整的主要模式是撤县（市）设区，且截至2017年末，重庆仍然辖有12个县（见表3.1）。因此可以预见的是，未来重庆市行政区划调整仍以撤县（市）设区为主，且城市空间将继续处于外部规模增量扩张阶段。

表3.1　截至2017年底我国直辖市行政区划调整分布情况

直辖市	1978/1997年	2017年	行政区划调整模式及时间分布
北京	辖9个区、9个县	辖16个区	① 1980年：切块设区1次 ② 1986年：区县合并1次 ③ 1997—2015年：撤县设区8次 ④ 1992—2010年：区界重组3次
天津	辖12个区、5个县	辖16个区	① 2000—2016年：撤县设区5次 ② 1979—2009年：区界重组2次
上海	辖10个区、10个县	辖16个区	① 1980年：切块设区1次 ② 1988—1992年：区县合并3次 ③ 1992—2016年：撤县设区7次 ④ 1979—2015年：区界重组34次
重庆	辖13个区、27个县（市）	辖26个区、12个县	① 1997年：区界重组1次 ② 2000—2016年：撤县设区13次 ③ 2011年：区县合并2次

注：比较的起始年份，北京、上海、天津为1978年，重庆为1997年。

资料来源：1978年1月1日—2017年7月18日的数据根据行政区划网 http://www.xzqh.org/html/ 及民政部官网 http://xzqh.mca.gov.cn/description?dcpid=1 公开的资料整理而得；2017年7月18日—2017年底的数据根据民政部批准的公文资料整理而得。

从行政区划调整与城市经济增长方式来看，直辖市行政区划调整方式的转变促使其城市空间扩张的方式发生转变，而城市空间扩张方式转变又会促使城市经济增长方式发生转变。上海、北京、天津三个直辖市，其行政区划调整方式转变促使其城市空间从外部规模的粗放式扩张转向内部品质的精细化提升，其经济增长方式也正在从粗放式增长向精细增长转变。2010—2016年间，上海市建成区面积均为999平方千米（见图3.1），呈现出"零增长"特征，而北京、天津、重庆建成区面积保持缓慢增长。上海市建成区面积之所以"零增长"，这与上海市的控制土地开发政策有关，也与其土地开发的方向转变有关。2014年，上海市提出，2020年以后上海市将实现建设用地规模"零增长"，目的在于通过土地利用方式的转变倒逼经济增长方式的转型升级。与此同时，上海市推动了大规模的城市更新项目，通过城市内部空间结构调整促使其城区土地开发模式从横向粗放式规模扩张向纵深集约化开发转变，结合产业结构及人口结构调整，促使各种资源在空间

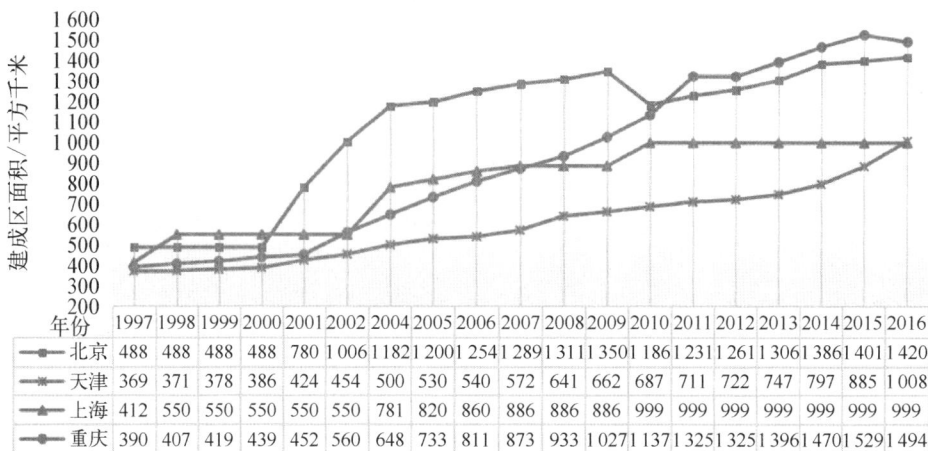

年份	1997	1998	1999	2000	2001	2002	2004	2005	2006	2007	2008	2009	2010	2011	2012	2013	2014	2015	2016
北京	488	488	488	488	780	1 006	1 182	2 001	2 541	2 891	3 111	3 501	1 861	1 231	1 261	1 306	1 386	1 401	1 420
天津	369	371	378	386	424	454	500	530	540	572	641	662	687	711	722	747	797	885	1 008
上海	412	550	550	550	550	550	781	820	860	886	886	886	999	999	999	999	999	999	999
重庆	390	407	419	439	452	560	648	733	811	873	933	1 027	1 137	1 325	1 325	1 396	1 470	1 529	1 494

图 3.1　1997—2016 年直辖市建成区面积

注：由于北京和上海2003年建成区面积缺失，因而予以剔除。

资料来源：北京、天津、上海建成区面积数据来自国家统计局、各直辖市统计年鉴①及中国城市统计年鉴公布的数据，重庆建成区面积数据来自重庆统计信息网公布的数据。

上进行合理分配，进而促使经济增长方式从粗放式增长向精细增长转变。2017年，国务院印发的《全国国土规划纲要（2016—2030年）》明确提出，到2030年，国土开发强度不超过4.62%，城镇空间控制在11.67万平方千米以内。由此可见，随着国家以及上海等大城市开始加强土地开发强度的控制，未来大城市的行政区划调整方式将进一步向区界重组转变，城市空间也将更注重于内部品质的精细化提升。

从土地开发强度（建成区面积/城区面积）来看，各直辖市城区面积扩张速度及幅度远快于其建成区面积扩张的速度与幅度，表明城市建设速度远远滞后于城市空间扩张的速度。建成区面积是城市行政区内实际已成片开发建设、市政公用设施和公共设施基本具备的区域，它反映一个城市的城市化区域的大小以及城市建设开发面积的大小。建成区面积与城区面积之比反映的是城区土地开发强度，该比值越大，表明该城区土地开发强度越大。从城区面积扩张来看，截至2016年末，北京、天津、上海直辖市已通过

① 由于新出版的统计年鉴通常会对往年的数据进行更新或纠正，因而本章中所采用的统计年鉴的数据均是采用最新年份的统计年鉴的数据，以此类推。

行政区划调整进入"全区化时代",城区面积占土地总面积的100%,重庆市城区面积占土地总面积达到47.70%(见表3.2)。在1997—2016年间,重庆、北京、天津、上海城区面积分别增加了约26 828平方千米、10 696平方千米、7 484平方千米、3 697平方千米,平均每年分别增加约1 412平方千米、563平方千米、394平方千米、195平方千米;四个城市建成区面积分别增加约1 105平方千米、932平方千米、639平方千米、587平方千米,平均每年分别增加约58平方千米、49平方千米、34平方千米、30平方千米。由此可见,各直辖市平均每年建成区面积的扩张幅度远远小于平均每年城区面积的扩张幅度。从土地开发强度来看(见图3.2),在1997—2016年间,上海市土地开发强度高于其他直辖市,北京和天津城区土地开发强度相当,重庆市土地开发强度最低。但重庆市城区面积与建成区面积年均增长率均高于同期其他直辖市(见表3.2),表明重庆市城市空间扩张与城市建设的平均速度较快,但是总体上其城市建设水平最低。此外,4个直辖市的城区土地开发强度均未超过20%(见图3.2),表明各直辖市城区土地开发空间还很大,同时也表明各直辖市的城市空间采取粗放式扩张的同时,并未对城区内部空间进行精细化的品质提升。

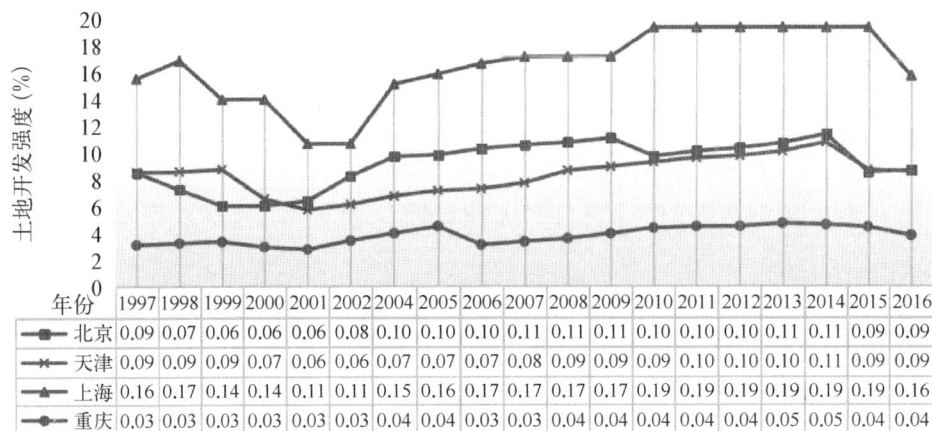

年份	1997	1998	1999	2000	2001	2002	2004	2005	2006	2007	2008	2009	2010	2011	2012	2013	2014	2015	2016
北京	0.09	0.07	0.06	0.06	0.06	0.08	0.10	0.10	0.10	0.11	0.11	0.11	0.10	0.10	0.10	0.11	0.11	0.09	0.09
天津	0.09	0.09	0.09	0.07	0.06	0.06	0.07	0.07	0.07	0.08	0.09	0.09	0.10	0.10	0.10	0.10	0.11	0.09	0.09
上海	0.16	0.17	0.14	0.14	0.11	0.11	0.15	0.16	0.17	0.17	0.17	0.19	0.19	0.19	0.19	0.19	0.19	0.19	0.16
重庆	0.03	0.03	0.03	0.03	0.03	0.04	0.04	0.04	0.04	0.04	0.04	0.04	0.04	0.04	0.05	0.05	0.04	0.04	

图3.2　1997—2016年直辖市城区土地开发强度

资料来源:城区土地开发强度根据公式"城区土地开发强度＝建成区面积/城区面积×100%"计算而得,该值越接近100%,表明城市土地开发强度越高。城区面积数据来自各直辖市统计年鉴或根据行政区划调整情况及统计年鉴数据计算而得,北京、天津、上海建成区面积数据来自国家统计局、各直辖市统计年鉴及中国城市统计年鉴,重庆建成区面积来自重庆统计信息网。

表3.2　直辖市城区面积与建成区面积年均增长率

	1997年		2016年		1997—2016年
	城区面积/平方千米	城区面积占总面积的比重/（%）	城区面积/平方千米	城区面积占总面积的比重/（%）	城区面积年均增长率/（%）
重庆	12 478.88	15.14	39 306.89	47.70	6.22
北京	5 714.85	34.00	16 410.54	100	5.71
天津	4 315.2	36.69	11 760.3	100	5.42
上海	2 643.06	41.69	6 340.5	100	4.71
	1997年		2016年		1997—2016年
	建成区面积/平方千米	建成区面积/城区面积/（%）	建成区面积/平方千米	建成区面积/城区面积/（%）	建成区面积年均增长率/（%）
重庆	389.84	3.12	1 494.47	3.80	6.95
北京	488	8.54	1 420	8.65	6.11
天津	369.28	8.56	1 008	8.57	5.74
上海	412	15.59	999	15.76	5.04

注：由于各直辖市在2017年均未进行行政区划调整，因此表中数据截止到2016年。
资料来源：城区面积数据来自各直辖市统计年鉴或根据行政区划调整情况及统计年鉴数据计算而得。北京、天津、上海建成区面积数据来自国家统计局、各直辖市统计年鉴及中国城市统计年鉴，重庆建成区面积来自重庆统计信息网。

（二）户籍人口、常住人口与人口城镇化率

从户籍人口和常住人口的年均增长率来看（见表3.3），1978—2017年间，在北京、上海、天津3个直辖市中，北京市的户籍人口和常住人口的年均增长率均排在第一位，表明北京的人口聚集能力一直都是最强的。天津市户籍人口年均增长率高于上海，这既跟天津吸引人口落户的能力有关，也与上海市严格的落户政策有关。上海常住人口年均增长率高于天津，表明上海吸引人口求学、就业的能力强于天津。1997—2016年，重庆市户籍人口年均增长率为0.57%，略高于同时期的上海，但低于同时期的北京、天津，其常

住人口年均增长率为0.30%，远远低于同时期的北京、天津、上海，表明重庆市在同时期内吸引人口落户和求学、就业的能力都弱于其他直辖市。

表3.3　1978—2017年直辖市人口年均增长率

		户籍人口（1978—2014）			常住人口（2005—2016）	
		非农业人口年均增长率	农业人口年均增长率		城镇人口年均增长率	乡村人口年均增长率
北京	1.21%	2.38%	−1.25%	2.37%	3.51%	1.39%
天津	0.96%	1.65%	0.04%	1.98%	4.68%	0.24%
上海	0.71%	1.96%	−3.38%	2.03%	2.15%	3.25%
		户籍人口（1997—2014）			常住人口（2005—2016）	
		非农业人口年均增长率	农业人口年均增长率		城镇人口年均增长率	乡村人口年均增长率
重庆	0.57%	5.04%	−1.67%	0.34%	3.80%	−2.65%
北京	1.20%	2.45%	−2.32%	2.84%	3.51%	1.39%
天津	0.79%	1.33%	−0.20%	2.64%	4.68%	0.24%
上海	0.55%	1.90%	−5.80%	2.59%	2.15%	3.25%

注：① 农业人口年均增长率为负值时，表示农业人口的年均减少率。
　　② 上海、天津分别自2015年、2016年开始取消农业户口与非农业人户口性质的区分，因此上海市、天津分别缺少2015年、2016年以后的非农业人口、农业人口数据，因此选择1997—2014年间各直辖市非农业人口与农业人口数据进行对比。
　　③ 上海市1979—1998年间的统计年鉴统计的是户籍人口的城乡分布数据，且从1999年开始未统计户籍人口的城乡分布数据；上海市1979—2017年间的统计年鉴未统计常住人口的城乡分布数据。国家统计局统计了2005—2016年间上海市常住人口的城乡分布数据，因此选择2005—2016年间各直辖市城镇人口与乡村人口数据进行对比。
资料来源：根据国家统计局、各直辖市的统计年鉴及其2017年国民经济与社会发展统计公报公布数据的整理而得。

从表3.3的农业人口和非农业人口的年均增长率来看，在1978—2017年间，非农业人口年均增长率由高到低依次是北京、上海、天津，表明北京吸引人口从第一产业转移到第二、第三产业就业的能力强于同时期的上海和天津，农业人口年均减少最快的是上海，其次是北京，而天津农业人口保持以0.04%的年均增长率小幅度增加。1997—2016年间，重庆市非农业人口年均增长率为5.40%，远高于同时期的北京；农业人口年均减少率为1.67%，低于同时期的北京,表明重庆吸引人口从第一产业转移到第二、第三产业就业的能力强于同时期的北京。从农业人口和非农业人口总量来看(见图3.3和图3.4),重庆市的农业人口数远多于同时期的其他直辖市,这与重庆市较大的农业人口基数有关;天津市农业人口数保持相对稳定且呈现小幅度增加的趋势,表明其户籍人口中从事农业生产活动的人口数量保持稳定;北京、上海农业人口数逐年减少,表明北京、上海户籍人口中从事农业生产活动的人口逐年减少;上海的非农业人口数多于同时期的北京、天津,表明上

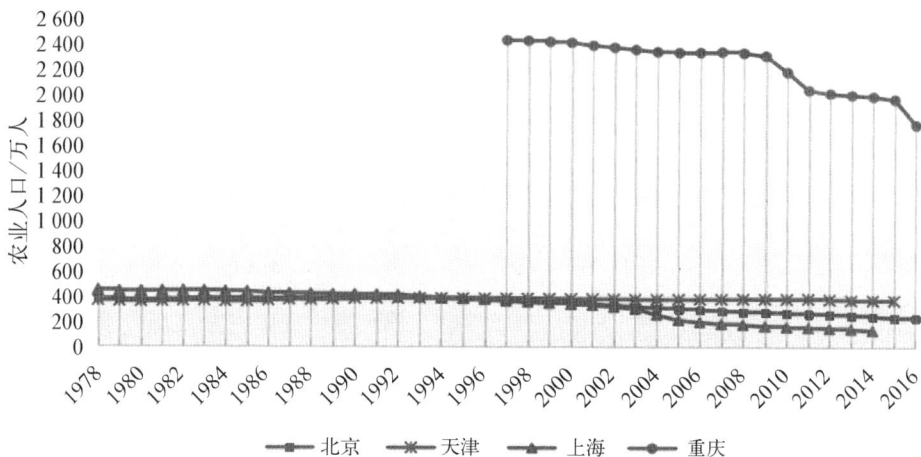

图3.3　1978—2016年各直辖市农业人口数

资料来源:根据各直辖市的统计年鉴及2017年国民经济与社会发展统计公报公布的数据整理而得。

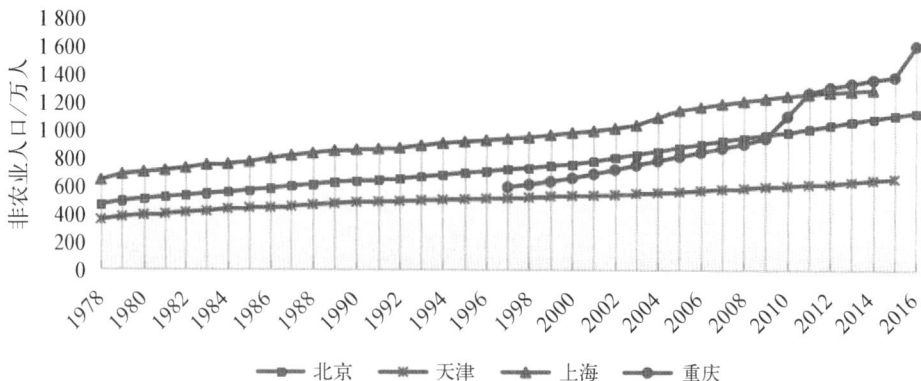

图3.4　1978—2016年各直辖市非农业人口数

资料来源:根据各直辖市的统计年鉴及2017年国民经济与社会发展统计公报公布的数据整理而得。

海户籍人口中从事非农业生产活动的人口多于北京、天津；重庆非农业人口数从2011年开始超过北京、天津、上海，表明重庆户籍人口中从事非农业生产活动的人口超过北京、天津、上海。

　　从城镇和乡村人口的年均增长率来看（见表3.3），2005—2016年，城镇人口年均增长率由高到低依次是天津、重庆、北京、上海，表明这十多年来，天津的城镇人口年均增长速度最快，上海城镇人口年均增长速度最慢；同时期乡村人口年均增长率由高到低依次是上海、北京、天津，重庆乡村人口年均增长率为负值，表明近十多年上海乡村人口年均增长速度最快，而重庆乡村人口则以较快的速度逐年减少。从城镇和乡村人口总量来看（见图3.5和图3.6），在2005—2017年间，上海城镇人口总量最多，天津城镇人口总量最少，北京与重庆城镇人口总量相差不大，且2016年后重庆城镇人口总量多于北京；重庆市乡村人口远多于其他直辖市且呈现快速减少的趋势，北京、天津、上海乡村人口总量相差不大且保持缓慢增长趋势。

　　从人口城镇化率来看（见图3.7），2005—2017年间，人口城镇化率由高到低依次是上海、北京、天津、重庆。其中，上海的人口城镇化率保持在89%左右，北京的人口城镇化率保持在85%左右，天津与重庆的人口城镇化率则持续增长。截至2016年末，北京人口城镇化率为86.5%，天津人口城镇化率为82.93%，重庆人口城镇化率为62.06%，上海人口城镇化率为87.90%。由

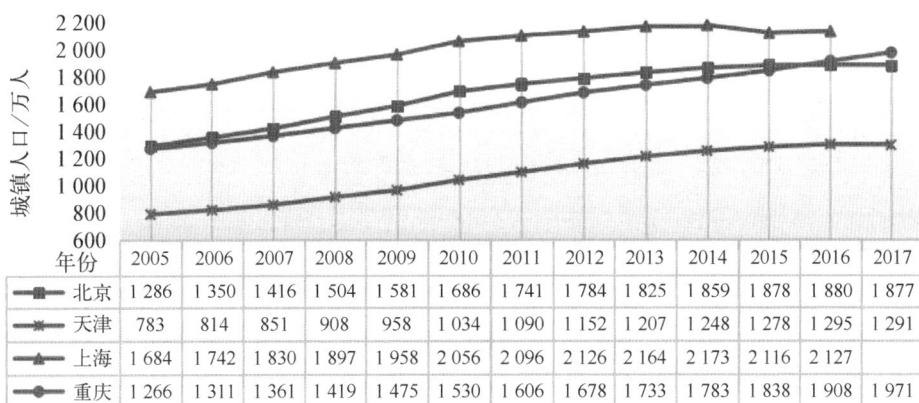

年份	2005	2006	2007	2008	2009	2010	2011	2012	2013	2014	2015	2016	2017
北京	1 286	1 350	1 416	1 504	1 581	1 686	1 741	1 784	1 825	1 859	1 878	1 880	1 877
天津	783	814	851	908	958	1 034	1 090	1 152	1 207	1 248	1 278	1 295	1 291
上海	1 684	1 742	1 830	1 897	1 958	2 056	2 096	2 126	2 164	2 173	2 116	2 127	
重庆	1 266	1 311	1 361	1 419	1 475	1 530	1 606	1 678	1 733	1 783	1 838	1 908	1 971

图3.5　2005—2017年各直辖市城镇人口数

注：2017年上海市城镇人口统计数据缺失。

资料来源：根据各直辖市的统计年鉴及2017年国民经济与社会发展统计公报的公开资料整理而得。

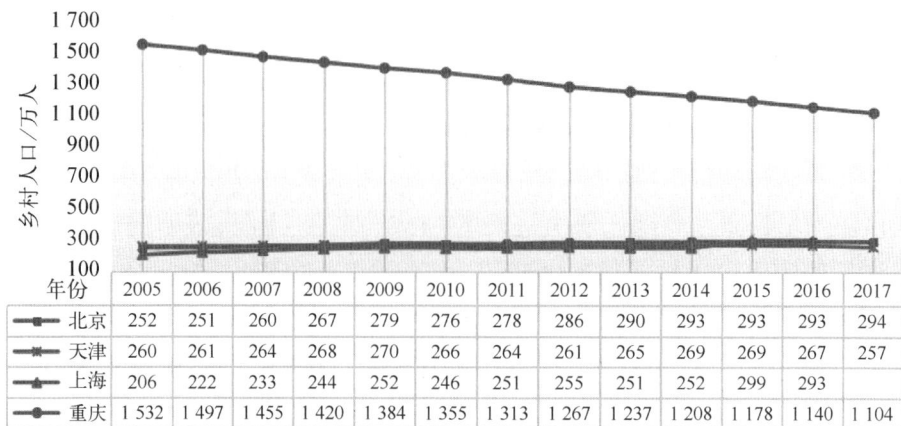

年份	2005	2006	2007	2008	2009	2010	2011	2012	2013	2014	2015	2016	2017
北京	252	251	260	267	279	276	278	286	290	293	293	293	294
天津	260	261	264	268	270	266	264	261	265	269	269	267	257
上海	206	222	233	244	252	246	251	255	251	252	299	293	
重庆	1 532	1 497	1 455	1 420	1 384	1 355	1 313	1 267	1 237	1 208	1 178	1 140	1 104

图3.6　2005—2017年各直辖市乡村人口数

注：2017年上海市乡村人口统计数据缺失。

资料来源：根据各直辖市的统计年鉴及2017年国民经济与社会发展统计公报的公开资料整理而得。

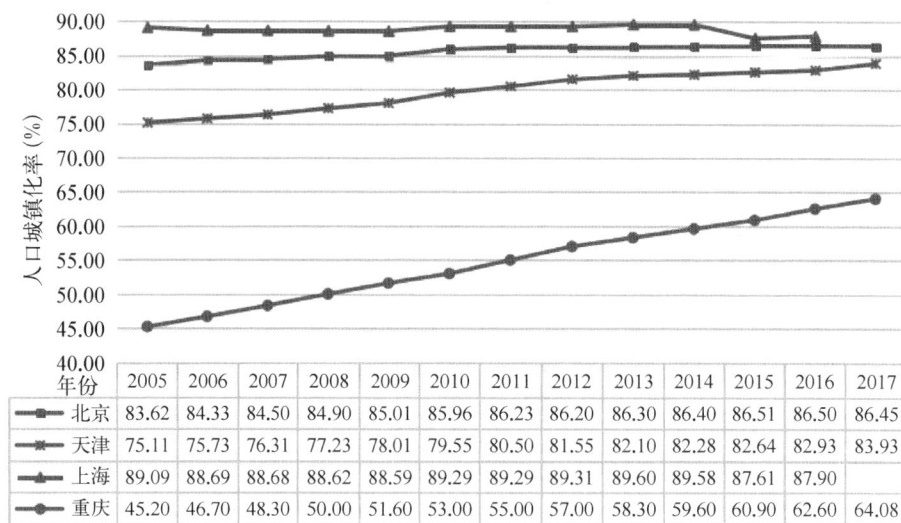

年份	2005	2006	2007	2008	2009	2010	2011	2012	2013	2014	2015	2016	2017
北京	83.62	84.33	84.50	84.90	85.01	85.96	86.23	86.20	86.30	86.40	86.51	86.50	86.45
天津	75.11	75.73	76.31	77.23	78.01	79.55	80.50	81.55	82.10	82.28	82.64	82.93	83.93
上海	89.09	88.69	88.68	88.62	88.59	89.29	89.29	89.31	89.60	89.58	87.61	87.90	
重庆	45.20	46.70	48.30	50.00	51.60	53.00	55.00	57.00	58.30	59.60	60.90	62.60	64.08

图3.7　2005—2017年各直辖市人口城镇化率

注：2017年上海市城镇人口统计数据缺失。

资料来源：根据各直辖市的统计年鉴及2017年国民经济与社会发展统计公报公开资料整理而得。

此可见，上海的人口城镇化率最高，且上海、北京、天津的人口城镇化率均高于80%，达到发达国家人口城镇化率水平，重庆人口城镇化率最低且远低于其他直辖市，但4个直辖市的人口城镇化率均高于全国城镇化率平均水平（58.52%）。

（三）居民人均可支配收入与城乡收入差距

从人均可支配收入的年均增长率来看（见表3.4），1980—2016年，城镇居民人均可支配收入年均增长率由高到低依次是北京、上海、天津，农村居民人均可支配收入年均增长率由高到低依次是北京、天津、上海。北京、上海城镇居民人均可支配收入年均增长率高于同时期农村居民人均可支配收入年均增长率；天津城镇居民和农村居民人均可支配收入年均增长率相差不大，表明天津城市与农村经济发展速度相当。

在1997—2016年间，城镇居民人均可支配收入年均增长率由高到低依次是北京、上海、天津、重庆，重庆与天津城镇居民人均可支配收入年均增长率相差不大，表明重庆与天津城镇居民生活水平的改善幅度相当；同期农村居民人均可支配收入年均增长率由高到低依次是重庆、北京、天津、上海，北京与天津农村居民人均可支配收入年均增长率相差不大，表明北京与天津农村居民生活水平的改善幅度相当。

表3.4　1980—2016年各直辖市人均可支配收入年均增长率

城市	城镇居民人均可支配收入 年均增长率 （1980—2016）	农村居民人均可支配收入 年均增长率 （1980—2016）
北京	14.07%	12.63%
天津	12.55%	12.62%
上海	13.33%	12.22%
城市	城镇居民人均可支配收入 年均增长率 （1997—2016）	农村居民人均可支配收入 年均增长率 （1997—2016）
北京	11.05%	9.82%
天津	9.51%	9.55%
上海	10.65%	8.65%
重庆	9.48%	10.64%

注：由于天津市1979年与2017年城镇与农村居民人均可支配收入数据缺失，因而选择1980—2016年、1997—2016年两个时间段进行比较。

资料来源：根据各直辖市的统计年鉴的数据计算而得。

从城镇居民与农村居民人均可支配收入来看（见图3.8和图3.9），城镇与农村居民人均可支配收入最高的是上海，上海略高于北京，天津城镇与农村居民人均可支配收入居中，重庆城镇与农村居民人均可支配收入最低。此外，各直辖市城镇居民与农村居民之间的收入差距逐步加大。其中，城镇居民与农村居民收入差距最大的是北京和上海，天津与重庆城镇居民与农村居民的收入差距不相上下。以2016年为例，北京城镇居民与农村居民人均可支配收入分别为57 275元、22 310元，相差约35 000元；上海城镇居民与农村居民人均可支配收入分别为57 692元、25 520元，相差约32 000元；

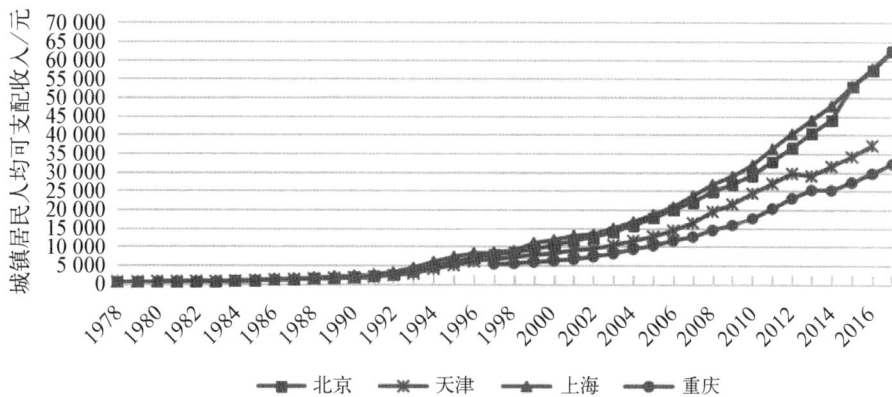

图3.8 1978—2017年各直辖市城镇居民人均可支配收入

资料来源：根据各直辖市的统计年鉴及2017年国民经济与社会发展统计公报的数据计算而得。

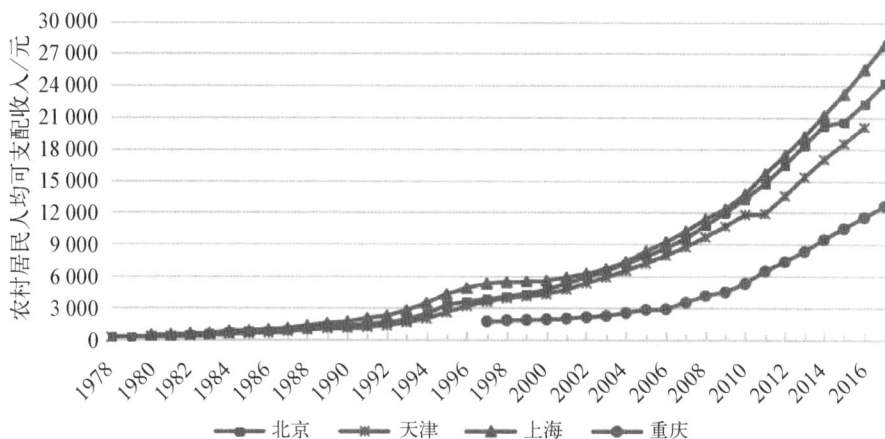

图3.9 1978—2017年各直辖市农村居民人均可支配收入

资料来源：根据各直辖市的统计年鉴及2017年国民经济与社会发展统计公报的数据计算而得。

天津城镇居民与农村居民人均可支配收入分别为37 110元、20 076元，相差约17 000元；重庆城镇居民与农村居民人均可支配收入分别为29 610元、11 549元，相差约18 000元。

（四）地区GDP、人均地区GDP与经济发展水平

从地区GDP的年均增长率来看（见表3.5），在1978—2017年间，北京的地区GDP年均增长率最高，其次是天津和上海，3个直辖市的地区GDP年均增长率均超过12%，表明改革开放以来，这3个直辖市的经济都保持高速发展。在1997—2017年间，天津的地区GDP年均增长率最高，其次是北京和重庆，且北京和重庆不相上下，上海地区GDP年均增长率最低，4个直辖市的地区GDP年均增长率均超过11%，表明自1997年以来，4个直辖市的经济都保持高速发展。从地区GDP总量来看（见图3.10），总体上各直辖市的地区GDP呈现出曲线增长模式。1978—2017年间，地区GDP总量最高的是上海，其次是北京、天津、重庆，上海作为全国经济中心的地位已奠定并凸显。2017年，重庆的地区GDP总量已经超过天津，表明新设直辖市的经济发展有赶超老牌直辖市天津的趋势。此外，在1994年之前，北京、天津、上海的地区GDP总量之间差距较小；1994年之后，北京、天津、上海的地区GDP总量之间的差距开始拉大。

表3.5　1978—2017年各直辖市生产总值、预算收入年均增长率及土地财政依赖度

城市	地区GDP年均增长率 （1978—2017）	人均GDP年均增长率 （1978—2017）	地方一般公共预算收入 年均增长率 （1978—2017）
北京	15.29%	12.36%	12.75%
天津	14.90%	12.67%	11.01%
上海	12.82%	10.58%	9.87%
城市	地区GDP年均增长率 （1997—2017）	人均GDP年均增长率 （1007—2017）	地方一般公共预算收入 年均增长率 （1997—2017）
重庆	13.65%	13.26%	19.94%

（续表）

城市	地区GDP年均增长率 （1997—2017）	人均GDP年均增长率 （1997—2017）	地方一般公共预算收入 年均增长率 （1997—2017）
北京	13.89%	10.75%	17.66%
天津	14.39%	11.61%	17.62%
上海	11.46%	8.79%	15.82%

城市	2015年		2016年		2017年		2015—2017年	
	土地出让金 （亿元）	土地财政依赖度	土地出让金 （亿元）	土地财政依赖度	土地出让金 （亿元）	土地财政依赖度	平均土地出让金 （亿元）	平均土地财政依赖度
北京	2 032	43%	852.5	17%	2 796	51%	1 893	37%
天津	584.8	22%	1 304	48%	1 228	43%	1 128	38%
上海	1 682	30%	1 638	26%	1 471	22%	1 597	26%
重庆	674.5	31%	781.7	35%	1 255	56%	904	41%

注：地区GDP年均增长率、人均GDP年均增长率、地方一般公共预算收入年均增长率是根据各直辖市的统计年鉴及2017年国民经济与社会发展统计公报公布的数据计算而得。土地财政依赖度＝土地出让金/地方一般公共预算收入×100%。

资料来源：新浪乐居.35城土地财政依赖度榜，谁尴了谁的尬？［EB/OL］.（2018-02-27）［2018-09-08］.https://item.btime.com/m_9329912e24fc138fa?page=1.

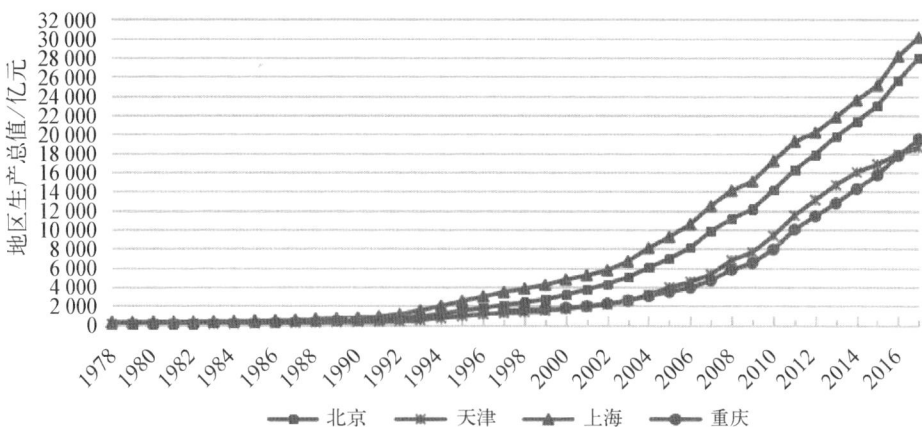

图3.10　1978—2017年各直辖市地区GDP

资料来源：根据各直辖市统计年鉴及2017年国民经济与社会发展统计公报公布的数据整理而得。

从人均GDP的年均增长率来看（见表3.5），1978—2017年间，人均GDP年均增长率最高的是天津，其次是北京、上海；1997—2017年间，人均GDP年均增长率最高的是重庆，其次是天津、北京、上海。从人均GDP来看，1978—2010年人均GDP最高的是上海，其次是天津、北京、重庆；2011—2015年人均GDP最高的是天津；2016—2017年人均GDP最高的北京。总体来说，北京、天津、上海的人均GDP的差距不大，但远远高于重庆人均GDP。

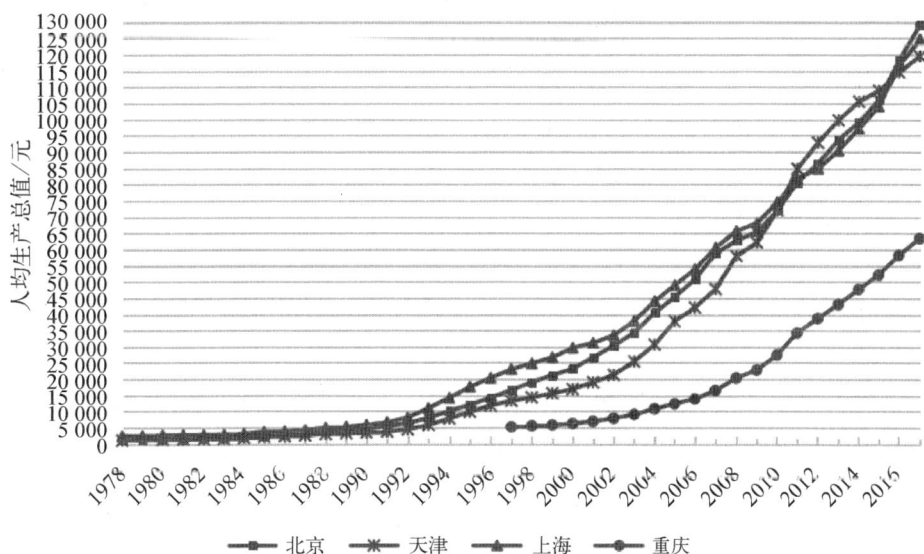

图3.11　1978—2017年各直辖市人均GDP值

资料来源：根据各直辖市的统计年鉴及2017年国民经济与社会发展统计公报公布的地区GDP数据及常住人口数据计算而得。

（五）公共预算收入、土地出让金与土地财政

从地方一般公共预算收入的年均增长率来看（见表3.5），在1978—2017年间，地方一般公共预算收入年均增长率最高是北京，其次是天津和上海，表明作为全国政治中心的北京的财政汲取能力最强。在1997—2017年间，重庆的地方一般公共预算收入年均增长率最高，其次是北京和天津，且北京和天津不相上下，上海的地方一般公共预算收入年均增长率最低。从

地方一般公共预算收入总量来看(见图3.12),1978—2017年间,地方一般公共预算收入总量最高的是上海,其次是北京、天津、重庆。2011年,重庆的地方一般公共预算收入总量超过了天津;2012年开始,天津的地方一般公共预算收入总量又超过了重庆。

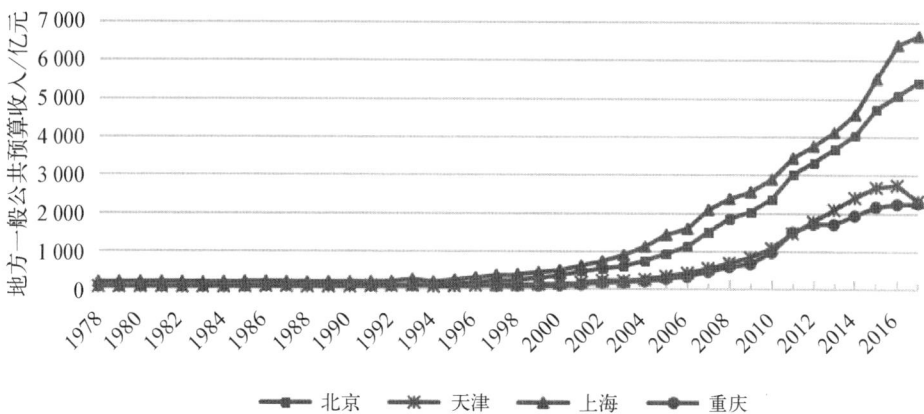

图3.12 1978—2017年各直辖市地方一般公共预算收入
资料来源:根据国家统计局及各直辖市2017年国民经济与社会统计公报公布的数据整理而得。

从地方一般公共预算收入的结构来看(见表3.5),在2015—2017年间,一般公共预算收入中,土地财政收入占比的平均值由高到低依次是重庆、天津、北京、上海。重庆的土地财政平均依赖度最高,但其平均土地财政出让金收入较低;而上海的土地财政平均依赖度最低,但其平均土地出让金收入高于天津和重庆,仅次于平均土地出让金收入排在第一位的北京。基于直辖市土地出让收入在地方一般公共预算收入中平均占比接近或超过三分之一,可以推断土地财政收入是驱动直辖市通过行政区划调整进行城市空间扩张的动力机制之一。不可否认的是,土地财政解决了分税制背景下"财权上收,事权下移"导致的财权、事权不均衡的财政困境,为城市经济社会发展提供了资金来源。但出于经济增长和财政收入的双重考量,地方政府存在不同程度的"卖地冲动",其财政支出过度依赖于土地财政,甚至是将土地出让收入作为地方债务偿还的主要渠道。根据2014年《中国经济周刊》、中国经济研究院联合研究并发布的《我国23个省份土地财政依赖度排名报告》①显示,截至2012年底,直辖市的土地财政依赖度从高到低依次为天津(64.56%,23个省份中占比排名第二,土地偿债规模排名第十)、重庆(50.89%,23个省份中占比排名第五,土地偿债规模排名第八)、北京(50%～60%,23个省份中占比排名第六,土地偿债规模排名第一)、上海(44.06%,23个省份中占比排名第八,土地偿债规模排名第三)。可见,直辖市无论是依靠土地财政收入来偿还债务的依赖度,还是土地偿债规模都排在23个省中的前十名。因此,地方债务压力驱使着直辖市通过行政区划调整扩张城市空间以获取更多的土地财政收入。

综上所述,从行政区划、辖区调整与城市空间扩张来看,北京、天津、上海已经进入"全区化时代"。在不考虑跨省行政区划调整的情况下,其城市空间扩张已经达到上限,其城市空间已经从外部规模扩张阶段进入内部空间优化阶段,同时其行政区划调整方式也将从撤县设区、区县合并转变为区界重组。从城区面积、建成区面积与城市开发度来看,直辖市的城区面积、建成区面积都大幅度扩张,但城区土地开发强度均不高,城区土地可供开发的空间还很大。从户籍人口、常住人口与人口城镇化率来看,户籍人口中非农业人口逐年增加,农业人口逐年减少;常住人口中城镇人口逐年增加,但乡村人口变化趋势不一;同时,直辖市人口城镇化率均高于全国平均城镇化率水平,北京、天津、上海城镇化水平已达到发达国家城市化水平。从居民可支配收入与城乡收入差距来看,城镇及农村居民的人均可支配收入均逐年增加且不同时期城镇及农村居民人均可支配收入年均增长率不同,但城镇居民与农村居民人均可支配收入差距逐年扩大。从地区GDP与经济发展水平来看,在GDP总量排名上由高到低依次是上海、北京、天津、重庆;在人均GDP排名上,北京、天津、上海人均GDP差距不大,但远高于同时期重庆的人均GDP。从地方一般公共预算收入与土地财政来看,上海、北京地

---

① 此处"土地财政依赖度"为"土地偿债在政府负有偿还责任债务中的占比"的数值,其计算方法为:由"承诺以土地出让收入偿还的各级地方政府债务"的总额(即分子),除以"省市县三级政府负有偿还责任债务余额"(即分母)得出。参见刘德炳.23个省份土地财政依赖度排名:浙江依赖度第一[EB/OL].(2014-04-14)[2018-09-08].http://jjckb.xinhuanet.com/2014-04/14/content_500049.htm.

方政府财政汲取能力相当,天津、重庆地方政府财政汲取能力相当,且直辖市公共预算收入及地方债务偿还对土地财政的依赖度都较高。

第二节 重庆直辖市的行政区划调整及其影响

一、重庆直辖市设立的过程 ▶▶

中华人民共和国成立初期,由于重庆市是西南地区和长江上游最大的经济中心城市和重要的交通枢纽,中央政府将重庆市设为直辖市。1954年,中央政府将重庆市改为四川省辖市,并于1983年将重庆市列入首批经济体制改革试点城市和计划单列城市,赋予其省级经济管理权限并辟为外贸口岸。改革开放后,东部地区在沿海开放战略下快速发展,而中西部地区经济发展缓慢。由于中西部地区的工业经济主要依托长江而建,要拉动中西部地区经济发展,必须拉动长江流域的经济发展,因此当时中央政府提出了长江开发战略,其中三峡工程就是长江开发战略的重要举措。

1984年,中央财经领导小组在中南海召开专题研究三峡工程的重要会议,对有关三峡工程建设与移民的管理机构等问题进行了讨论,并决定成立国务院三峡工程筹备领导小组,筹备"三峡特别行政区"和三峡开发公司(田姝,2017)。1985年,时任国务院副总理李鹏向国务院和中共中央财经领导小组提交《关于开展筹备三峡工程若干问题》的报告,提出可考虑建立三峡特区的建制,成立特区人民政府,直属国务院领导,享受省、市(区)一级政府的待遇,并就特区的管辖范围提出了两个建议方案(李鹏,1997)。国务院开会商讨认为,三峡特区与深圳特区、珠海特区等沿海经济特区的性质不一样,名称容易造成混淆。后来提出叫三峡行政区,但宪法中没有省一级的"行政区"建制。民政部研究认为,将三峡行政区改为三峡省比较符合宪法(田姝,2017)。1985年,邓小平同志听取李鹏同志关于建设三峡工程的汇报,提出了把重庆从四川分出来、单独建省的设想(蒲海清等,2009)。

1986年,中共中央、国务院下达《关于将三峡省筹备组改建为三峡地区经济开发办公室的通知》,认为三峡工程的论证和准备还需要时间,决定撤销三峡省筹备组(田姝,2017)。1995年,李鹏同志第七次考察三峡工程,向时任四川省政府相关领导人转达了邓小平同志关于把四川分为两个省,一个以重庆为中心城市,另一个以成都为中心城市的设想,并提出为了发挥重庆作为长江上游中心城市的作用,为统一规划管理三峡移民,可考虑设立重庆直辖市,并要求四川省政府拿出具体方案。

当时四川省政府提出了两个方案,一个是大方案,即重庆市管万县、涪陵、黔江、达县、广安;另一个是小方案,即重庆市管万县、涪陵、黔江①。随后中央政府开始筹划设立重庆直辖市,于1995年派人入驻四川进行调研,先后提出四套关于重庆市管辖范围的方案。经过中央政府与四川省政府的协商和论证,最终选择了一套中间方案,即将涪陵市、万县市、黔江地区和老重庆市组建成立重庆直辖市,并在管理体制转型时期将涪陵、黔江、万县暂时交由重庆直辖市代管的方案(蒲海清等,2009)。1996年,中央政治局常委会通过了重庆市改为直辖市的方案,同时党中央、国务院批复同意四川省委托重庆市代管万县市、涪陵市和黔江地区(田姝,2017)。1997年3月,中华人民共和国第八届全国人民代表大会第五次会议审议通过了将原四川省重庆市、万县市、涪陵市、黔江地区合并,成立重庆直辖市的议案。1997年6月,重庆直辖市正式挂牌成立。

1997年,国务委员李鲜贵在第八届全国人民代表大会第五次会议上作了《关于提请审议设立重庆直辖市的议案的说明》,清楚地说明了设立重庆直辖市的原因:① 有利于充分发挥重庆市作为特大经济中心城市的作用,带动川东地区以至西南地区和长江上游地区的经济社会发展。重庆市与西南各省和长江上游地区有着密切的联系。以重庆市为中心,川、黔、滇三省部分地、市参加的重庆经济协作区多年来的工作,促进了这个地区的经济发展和商品流通。设立重庆直辖市,有利于进一步发挥它的区位优势、"龙

---

① 甘宇平.我所了解的设立重庆直辖市过程[EB/OL].(2008-10-05)[2018-09-08]. http://cq.ifeng.com/zhuanti/cqzhanlve/zuixin/detail_2011_07/26/63329_0.shtml.

头"作用、"窗口"作用和辐射作用。② 有利于加快四川省经济和社会发展的步伐。四川省由于所辖人口过多,行政区域过大,给行政管理和经济社会发展带来一定的困难。设立重庆直辖市,有利于四川省集中精力抓好其他地区,特别是西部少数民族地区的经济和社会发展工作。③ 有利于三峡工程的建设和库区移民的统一规划、安排、管理。现在的重庆市和万县市、涪陵市的移民任务,占三峡库区的2/3以上。设立重庆直辖市,将移民工作统一管起来,有利于国家对三峡库区开发性移民政策的落实、资金的统筹安排和管理,有利于把移民工作做得更好,促进三峡工程建设。

同时,他也说明了设立重庆直辖市已具备的三个条件:① 重庆市作为长江上游最大的经济中心城市和与海外经济往来的重要内河口岸,经济基础比较好。② 重庆市是西南地区重要的水陆交通枢纽和科技、文化、教育事业的中心。③ 重庆市是计划单列市,各项经济、财务指标容易与四川省划开,不存在难以解决的矛盾①。总之,国家战略需要、地理位置优越和经济水平发达是重庆市升格为直辖市的三个重要条件。此外,该议案认为,如果设省,难免要建立一整套省级机构,增加编制,增加非生产性建设和行政事业经费,势必耗费财力;设省后,重庆作为省会城市,不但与省机构重叠,也不利于发挥它在长江上游和我国西南地区中心城市的作用。因此,考虑设立重庆直辖市而不是设省。

二、重庆直辖市的尺度重组与地域重构 ▶▷

(一)重庆直辖市的尺度重组

重庆直辖市设立过程中的尺度重组主要发生在原重庆市与原四川省、重庆直辖市与从四川省划入的市县及地区之间。

从权力和关系尺度来看,原四川省与原重庆市、重庆直辖市与原四川省划入的部分行政区划在行政权力、财政权力、人事权力尺度和行政隶属关系

---

① 李贵鲜.关于提请审议设立重庆直辖市的议案的说明——1997年3月6日在第八届全国人民代表大会第五次会议上[J].人大工作通讯,1997(Z1):48-47.

尺度方面进行了重组。1996年，四川省将万县市、涪陵市和黔江地区委托给重庆市代管，其实质是四川省通过权力尺度下移给了原重庆市，使地级万县市、涪陵市及黔江地区由四川省管辖改为由副省级的原重庆市管辖，这是对行政隶属关系进行了尺度重组。但由于原重庆市与地级万县市、涪陵市及黔江地区处于同一政区等级（虽然行政级别不同，但都是省辖政区），因而出现了权力尺度的交错。重庆直辖市设立后，万县市、涪陵市及黔江地区由副省级重庆市代管改为由直辖市管辖，通过撤销万县市、涪陵市、黔江地区，并将万县市、涪陵市所辖区进行区界重组，理顺了直辖市过渡时期各个地域组织之间的行政权力及行政隶属关系。在组建直辖市政府时，除了中央政府委派了重庆市党政主要领导外，重庆直辖市以原重庆市领导干部为主，同时从万县、涪陵、黔江调动少数干部到市委、市政府及市级有关部门任职（蒲海清等，2009）。在这个过程中，原重庆市的领导干部以及下辖县（市）的领导干部在行政级别上大多都得到了提升。在财政体制上，由计划单列体制下原重庆市财政分别与中央政府、四川省挂钩调整为直辖市体制下重庆直辖市财政与中央政府直接挂钩。在直辖之前，原重庆市财政收入需上缴四川省1.8亿元，上缴财政部13亿元；直辖后，中央政府决定对上交四川省的部分予以免除，由中央财政直补给四川；原来上交中央财政的13亿元减免1.5亿元。随后，重庆市以财政困难为由再三向中央领导反映情况并申请减少上缴财政收入。经过多次协商，中央政府将重庆上缴中央的财政收入从"13亿元减3亿元"又调整为"13亿元减6亿元"。最终，为了支持重庆市的建设，中央给予重庆市5年免予上交国税的优惠政策，但实际上优惠政策一直延续至今（蒲海清等，2009）。

　　从规模尺度来看，原四川省与重庆直辖市在土地面积、人口规模尺度方面进行了重组。1995年末，原重庆市土地面积为23 113.95平方千米，下辖11个市辖区、10个县（市），总人口1 520.41万人，其中乡村人口90.26万人，城镇人口为1 430.15万人[①]。1997年末，重庆直辖市总面积为82 402.95平方千米，下辖13个市辖区、4个县级市、18个县、5个自治县，总人口为3 042.92

① 重庆市统计局.重庆统计年鉴1996［M］.北京：中国统计出版社，1996：9，38.

万人,其中乡村人口为677.21万人,城镇人口为2 365.71万人①。相比原重庆市,重庆直辖市土地规模增加了2.5倍,人口规模增加了1倍。对于四川省来说,重庆直辖市从原四川省分走了约1/3的人口(1995年末,四川省的总人口为11 162.9万人②;1997年末,四川省的总人口为8 264.7万人③)及约1/7的土地(1995年末,原四川省土地面积约为56.7万平方千米④;1997年末,四川省土地面积约为48.5万平方千米⑤)。

(二)重庆直辖市的地域重构

重庆直辖市设立过程中的地域重构也主要发生在原重庆市与原四川省、重庆直辖市与从四川省划入的市县及地区之间。1996年,中央政治局常委会通过重庆设立直辖市的方案后,党中央、国务院批复将万县市、涪陵市和黔江地区委托重庆市代管,开始通过行政区划调整为设立直辖市做准备。1996年末,重庆市直辖原重庆市的11个市辖区、10个县(市),并代管2个地级市(即万县市与涪陵市,两市下辖5个市辖区及9个县市)、1个地区(黔江地区,下辖5个县)⑥。

1997年,国务院批准设立重庆直辖市,将重庆市升格为直辖市,并将从四川省划入的万县市、涪陵市及黔江地区由代管改为直接管辖。重庆市升格直辖市之初,在部分地区形成了"直辖市—地级市—市辖区、县(市)"的行政区划管理体制。重庆直辖市下辖地级市与宪法中"直辖市和较大的市

---

① 重庆市统计局.重庆统计年鉴1998[M].北京:中国统计出版社,1998:21,63,67.

② 四川省统计局.四川统计年鉴1996[M].北京:中国统计出版社,1996:31.

③ 四川省统计局.四川统计年鉴1998[M].北京:中国统计出版社,1998:29.

④ 1997年末,重庆直辖市的土地面积约为8.2万平方千米;1997年末,四川省土地面积约为48.5万平方千米,因此原来四川省的土地面积约为56.7万平方千米。需要说明的是,从1996年开始,四川省统计年鉴数据已经不包括原重庆市、万县市、涪陵市以及黔江地区的相关数据。

⑤ 由于2000年末四川省的土地面积约为48.5万平方千米,根据行政区划网公开的资料可知1998—2000年间四川省没有跨省的行政区划调整,因此推测其1997年末的土地面积为48.5万平方千米。参见四川省统计局.四川统计年鉴2001[M].北京:中国统计出版社,2001:3.

⑥ 重庆市统计局.重庆统计年鉴1997[M].北京:中国统计出版社,1997:13-14.

分为区、县"的规定不符,因此,1997年底,国务院批准重庆市撤销万县市、涪陵市,并将万县市、涪陵市所辖市辖区进行区界重组,设立重庆市万县区、涪陵区,取消了地级市、地区行政公署等中间管理建制,同时设立万州移民开发区、黔江开发区(作为重庆市政府的派出机构)代管少数民族地区,形成了直辖市直管区县(市)与开发区代管县的混合体制。

2000年,重庆市撤销万州移民开发区、黔江开发区,将其所辖县、自治县改由重庆市直辖,彻底取消了中间代管层级,建立起直辖市直管区县(市)的行政管理体制。但此时重庆直辖市下辖县级市(江津市、合川市、永川市、南川市),仍与宪法中"直辖市和较大的市分为区、县"的规定不符。2006年,重庆市撤销了江津市、合川市、永川市、南川市,分别设立江津区、合川区、永川区、南川区,正式建立起直辖市直管区县的行政管理体制。

经过直辖后第一个十年的过渡期,重庆市通过行政机构改革及创新行政运行机制基本理顺了直辖市的行政管理体制。从2007年开始,重庆的社会经济开始加速发展,城市空间也开始不断向外扩张。2011年,重庆市将双桥区、大足县合并,设立大足区,并将万盛区、綦江县合并,设立綦江区。2014年,重庆市撤销璧山县、铜梁县,分别设立璧山区、铜梁区。2015年,重庆市撤销潼南县、荣昌县,分别设立潼南区、荣昌区。2016年,重庆市撤销开县、梁平县、武隆县,分别设立开州区、梁平区、武隆区。截至2017年末,重庆直辖市下辖26个区、12个县,相比1997年增加了13个市辖区,减少了15个县;城区面积达到39 306.89平方千米,相比1997年的12 478.88平方千米,扩大了2倍多。

三、重庆直辖市设立的影响 ▶▷

(一)政治影响

作为构成国家整体的结构单元,地方建制的设置,既是政治决策的产物,反过来又会影响国家的政治或行政秩序(田惠生等,2005:1)。从国家的结构单元来看,重庆直辖市是通过缩小四川省省域面积及市界重组而设立的省一级尺度的结构单元。对于中央政府来说,划小四川省省域面积,增设重庆直辖市，扩大了中央政府的直接管理幅度和管辖权。同时，由于原四川省人口（1995年末，人口数量为1.12亿）和面积规模较大，又处于我国西南部边境，其面临的不稳定和复杂因素较多，分设直辖市后，有利于中央政府加强对西部地区的管控，稳固国家政权。在单一制国家中，所有的权力来自中央，且中央政府掌握主要公共资源的分配，行政层级以及行政管理的幅度等直接决定着各种资源的分配和行政权力行使的效率、效果和公平性。因此，中央政府可以通过行政区划调整，提高中央在各地区之间配置资源的公平性，以及通过减少行政层级和管理半径，提高中央在各个地区之间资源配置的有效性，即提高分配效率与经济社会效益（谢来位，2016：73，148）。

重庆直辖市设立后，中央政府通过直接向重庆市放权赋能，对其实行免交国税的优惠政策，并调动各方面资源支持重庆市的发展，不仅提升了公共资源在东西部地区配置的公平性及中央政府权力行使的效率，而且调动了社会各方的发展积极性，促使重庆经济社会获得飞速发展。在重庆直辖20年间，人均GDP增加了近11倍（1997年为5 354元，2017年为63 412元[①]），城镇化率翻一番（1997年为31%，2017年为64%），城镇居民人均可支配收入增长了约5倍（1997年为5 302元[②]，2017年为32 193元[③]），农村居民人均可支配收入增长了约6倍（1997年为1 692元[④]，2017年为12 638元[⑤]）。这不仅使原来处于偏远地区的人民生活水平大大提升，同时也践行了国家

---

① 根据1997年、2017年的GDP数据及常住人口数据计算而得。1997年、2017年的GDP数据及常住人口数据分别来自《重庆统计年鉴2017》及《2017年重庆市国民经济和社会发展统计公报》。

② 重庆数据网.城镇居民人均可支配收入［DB/OL］.［2018-09-08］.http://www.cqdata.gov.cn/easyquery.htm?cn=A0103.

③ 重庆市统计局，国家统计局重庆调查总队.2017年重庆市国民经济和社会发展统计公报［EB/OL］.（2018-03-17）［2018-09-08］.http://www.cqtj.gov.cn/tjsj/shuju/tjgb/201803/t20180316_447954.htm.

④ 重庆数据网.农村居民家庭人均纯收入［DB/OL］.［2018-09-08］.http://www.cqdata.gov.cn/easyquery.htm?cn=A0103.

⑤ 重庆市统计局，国家统计局重庆调查总队.2017年重庆市国民经济和社会发展统计公报［EB/OL］.（2018-03-17）［2018-09-08］.http://www.cqtj.gov.cn/tjsj/shuju/tjgb/201803/t20180316_447954.htm.

西部发展战略,缩小了东西部之间的发展差距,并增强了中央政府的执政合法性。

(二)经济影响

重庆直辖市的设立,在国家结构层面产生了新的经济社会空间,构建了新的区域经济增长极,带动了重庆地区经济的持续发展。实证研究表明,重庆直辖市的设立,对重庆地区的经济发展具有促进作用。王贤彬等(2010)在1978—2007年的省级平衡面板数据的基础上,利用合成控制法分析了重庆直辖市的设立对大四川经济增长的影响,发现重庆直辖市的设立对新四川地区的经济增长没有影响,对重庆地区的经济增长有一定的持续促进作用。但随着重庆市的发展,重庆直辖市内部区域经济发展差距逐渐显现。胡传东等(2004)从生产力和市场发展水平、社会文化发展水平以及城乡居民生活质量三个方面对重庆40个区(市)县的经济社会发展状况进行了评价,发现重庆区域经济发展存在显著的梯度差异,这种差异的产生与自然环境和区位、社会文化和科教水平、历史经济基础、政策和投资倾斜有关。刘晓等(2009)利用1997—2006年间重庆市的GDP及人口数据,采用区位商、库兹涅茨比率及层次聚类法对重庆市40个区县进行了综合评价,发现直辖以来重庆的都市发达经济圈、渝西经济走廊、三峡库区生态经济区内部的经济差距在缩小,但区间的经济差距呈现出扩大的趋势。

直辖以来,重庆市围绕国家赋予的"国家重要中心城市""长江上游地区经济中心""国家重要现代制造业基地""西南地区综合交通枢纽"和"内陆开放高地"等战略定位,在国家财政与发展规划的支持之下,不断加强经济基础设施建设,提升经济发展水平。一方面,城市道路长度从1997年2 318千米增加至2016年的9 600千米,高速公路通车里程突破3 000千米,建成了"一枢纽十干线"铁路体系,"四小时重庆"全面实现。同时,城市建设加快,城镇化率不断提高。建成区面积从1997年的389.84平方千米增加至2016年的1 494.47平方千米,城镇人口从1997年的890.74万增加至2017年的1970.68万,城镇化率也从1997年的31%提升至2017年的64.08%,城镇人口和城镇化率均翻一番。另一方面,三次产业结构化从1997年的

15.4∶29.1∶24.3调整为2017年的6.9∶44.1∶49.0,工业、服务业占比大大提升。自贸区、内陆国际物流枢纽和口岸高地的建设加快,战略性新兴制造业对工业增长贡献率达到37.5%。同时,从1997年到2017年,重庆地区的GDP从1 509.75亿元增长至19 500.27亿元,增长了约12倍,且保持以13.65%(见表3.5)的年均增长率高速增长;人均GDP从5 354元增长至63 412元,增长了约11倍,保持以13.26%(见表3.5)的年均增长率高速增长,且高于同时期的北京、天津、上海;城市居民人均可支配收入从5 302元增长至32 193元,增长了约5倍;农村居民人均可支配收入从1 692.36元增长至12 638元,增长了约6倍;地方一般公共预算收入从59.31亿元增长至2 252.4亿元,增长了约37倍,保持以19.94%(见表3.5)的年均增长率增长,且高于同时期的北京、天津、上海①。

　　将重庆直辖市与其他直辖市以及设立直辖市之初经济发展水平相当的城市进行比较,可以发现重庆市在直辖十年后,其经济发展速度开始超越其他直辖市以及直辖之初与其发展水平相当但未设立直辖市的城市。从各直辖市经济增长率的对比情况来看(见图3.13),1979—1991年间北京的GDP增长率略占上风(北京时代),1992—2000年间上海的GDP增长率略占上风(上海时代),2001—2006年间天津的GDP增长率占上风(天津时代)。但从2007年开始,重庆的GDP增长率开始超过天津和上海,且在2009年之后总体领先于其他3个直辖市(重庆时代)。在直辖的第一个十年里,重庆市集中精力于经济基础设施建设与直辖市管理体制改革。可以说,直辖的第一个十年是重庆直辖市设立的过渡期。到了直辖的第二个十年,重庆直辖市的政治经济体制已经基本理顺,经济基础设施也已逐步完善,其区域发展能力逐步增强,因此其经济发展突飞猛进,开始超越老牌直辖市的经济发展速度。

---

① 1997年、2016年的数据来自重庆市统计局.重庆统计年鉴1998[M].北京:中国统计出版社,1998:1-14;重庆市统计局,国家统计局重庆调查总队.重庆统计年鉴2017[M].北京:中国统计出版社,2017:35,85,207,208;2017年数据来自重庆市统计局,国家统计局重庆调查总队.2017年重庆市国民经济和社会发展统计公报[EB/OL].(2018-03-17)[2018-09-08].http://www.cqtj.gov.cn/tjsj/sjjd/201803/t20180317_447980.htm.

交错时期：北京时代 | 上海时代 | 天津时代 | 重庆时代

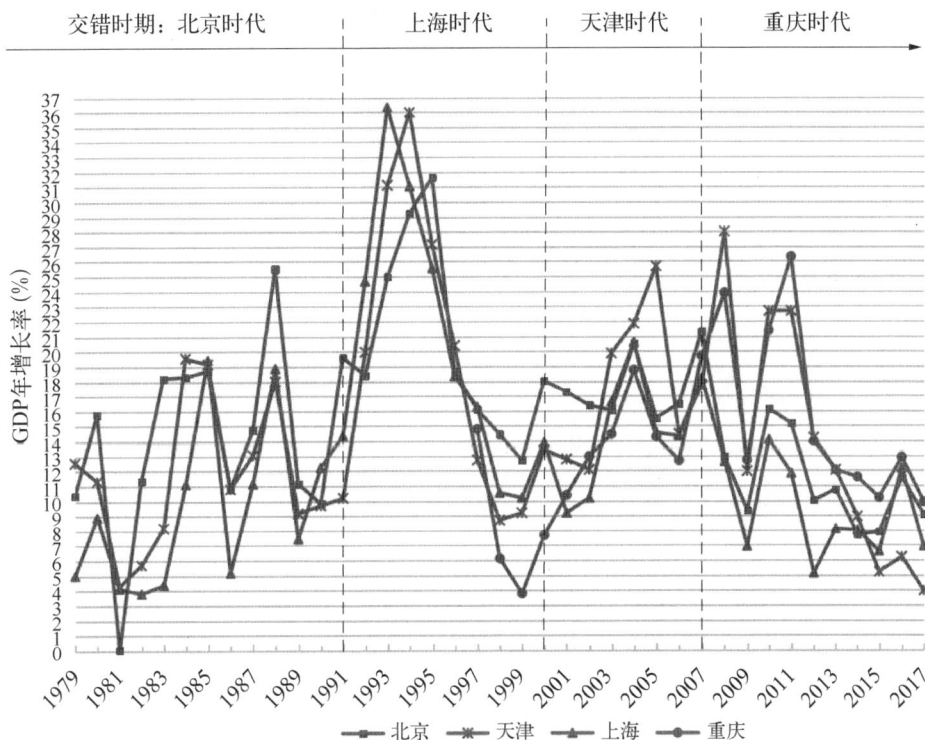

图3.13 1979—2017年各直辖市的GDP增长率对比

资料来源：1978—2016年的GDP数据来自各直辖市的统计年鉴，2017年的GDP数据来自各直辖市2017年国民经济和社会发展统计公报。

从重庆直辖市与其他未设为直辖市的城市GDP增长率的对比来看（见图3.14），也是从2007开始，重庆市的GDP增长率开始超过广州与深圳。1997年，重庆市的GDP（1 509.75亿元）在全国城市（不包括港澳台）中居第四名，介于第三名的广州（1 678.12亿元）与第五名的深圳（1 297.42亿元）之间，因此选择深圳与广州作为重庆经济发展的对比对象。在1997—2006年间，深圳、广州GDP增长率高于同期的重庆；2007—2016年间，重庆GDP增长率高于同期的深圳、广州；2017年，深圳GDP增长率高于重庆；2017年，广州的GDP增长率与重庆相同。重庆与深圳相比，重庆享受着作为直辖市的国家优惠政策，深圳也享受着作为经济特区的国家优惠政策，且深圳作为沿海城市，其经济区位条件要优于重庆。由于深圳在1978年便被设为经济特区，其经济发展的起飞时间要早于重庆，因此在重庆直辖的第一

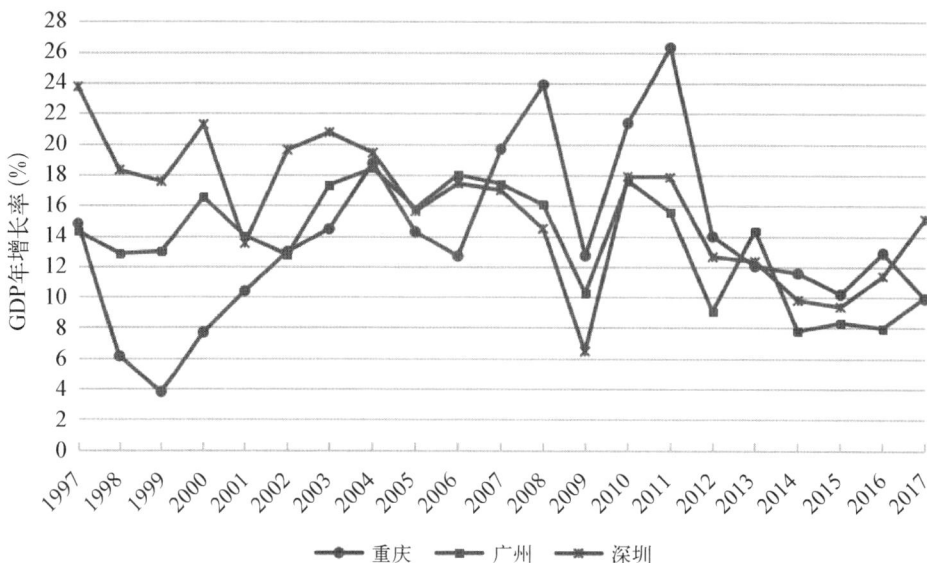

图3.14　1997—2017年重庆、广州、深圳GDP年增长率对比

资料来源：1996—2016年的GDP数据来自各个城市的统计年鉴，2017年的GDP数据来自各个城市2017年国民经济与社会发展统计公报。

个十年里，深圳的GDP增长率高于重庆并不足以为奇；而在重庆直辖的第二个十年里，重庆的GDP增长率高于深圳，表明重庆直辖市在经过十年的过渡期后，其经济发展开始迅速腾飞，甚至比深圳具有更强的增长动力。与广州相比，重庆是西南地区的大城市并且享受直辖市的优惠政策，广州是中南地区的大城市。在设立重庆直辖市之初，广州的经济基础要好于重庆，但在重庆直辖的第二个十年里，重庆的经济发展速度已超过了广州，再次表明直辖市的设立对于重庆市经济发展具有很强的推动力，但这种推动力要在直辖市经过了过渡期之后才能充分显现出来。

（三）社会影响

在直辖20多年的时间里，重庆市不仅完成了国家在设直辖市之初布置的"完成三峡库区百万移民、振兴老工业基地、探索大城市带动大农村的新路子、加强生态建设和环境保护"四大任务，而且不断完善社会保障体系，改善公共服务水平。

原重庆市是中国重要的老化工基地和重工业城市,城区内沿长江和嘉陵江分布的大型化工企业将污水直排长江,造成严重的空气污染和水污染,加之重庆地区煤炭资源与金属矿产资源丰富,采矿业发展造成生态植被破坏严重。重庆升格为直辖市后,国家为直辖市制定的发展战略定位要求其转变发展思路,调整产业结构,治理环境污染。因此,重庆直辖市对主城进行城市功能再造,搬迁和关停城区内重污染企业,并启动大规模的污水和垃圾治理工作、退耕还林活动、煤改气工程与碳排放交易市场,环境质量明显改善(杨庆育,2016)。2017年,监控数据显示长江、嘉陵江、乌江干流水质总体为优,主城区空气质量优良天数303天,全市森林覆盖率达45.4%[①],重庆市由"雾都"变为"绿都"。

另外,直辖市身份使中央政府增加了对重庆市的公共资源配置和财政转移支付,促使其社会保障体系不断完善,文化教育、医疗卫生等公共服务水平不断提高。从社会保障来看,1997年末,重庆市有162.90万人参加职工基本养老保险,占总人口的5.67%(1997年末总人口为2 873.36万人)。2017年末,重庆市共有989.18万人参加职工基本养老保险,占总人口的32.17%(2017年末总人口为3 075.16万人);城乡居民社会养老保险参保人数1 109.00万人,占总人口的36.06%。此外,截至2017年末,城镇职工基本医疗保险参保人数为640.27万人,城乡居民基本医疗保险参保人数为2 608.18万人,医疗保险已经覆盖全市84.81%的人口。从卫生服务来看,1997年末,重庆市卫生机构为4 743个,床位6.6万张,卫生技术人员8.84万人(其中医生4.32万人),平均每千人拥有卫生技术人员2.9人。截至2017年末,重庆市共有各级各类医疗卫生机构19 682个,床位数20.63万张,卫生技术人员19.05万人(其中执业医师和执业助理医师6.85万人,注册护士8.48万人),平均每千人拥有卫生技术人员约6.2人。从教育发展来看,1997年末,重庆市普通高等教育招收本专科学生2.6万人,在校生人数8.73万人,在校生占总人口的0.3%;2017年末,重庆市普通高校本专科招生22.15万人,

---

① 重庆市人民政府官网.市情简介[EB/OL].[2018-09-08].http://www.cq.gov.cn/zqfz/zhsq/sqjj.

在校生74.69万人,在校生占总人口的2.4%,高等教育水平显著提升①。

第三节　直辖市行政区划调整的内在逻辑

一、政治逻辑:多层级尺度之间的重组与博弈 ▷▷

　　城市行政区划调整的政治逻辑强调其背后所蕴含的政治博弈、话语建构以及对国家政权建设所带来的影响(叶林等,2017)。直辖市的设立是多层级尺度组织之间围绕等级、权力、关系及规模尺度进行重组的过程。中央政府通过权力尺度上移将地级政区升格为省级政区,将对地级政区管辖权力从省政府手中上移至中央政府,同时将地级政区所辖行政区域从省级政区中剥离,作为直辖市的行政区域。在这个过程中,原地级政区等级尺度得到提升,其权力相应扩大,中央政府与直辖市、省政府与地级政区之间行政隶属关系也进行了重组,中央政府对地方政府控制权扩大。

　　从等级尺度来看,由地级政区升格为直辖市,其下辖的区县级别也随之上升。在中国的等级制城市体系中,城市的等级尺度决定了城市政府权力的大小以及在政府间关系中的角色定位,进而决定了其在公共资源分配体系中可配置的公共资源的多寡。城市的行政等级可以影响其作为一个经济实体的空间功能,影响本地经济的发展,也影响它与其他地方的政治和经济关系(左言庆等,2014),甚至影响其在全球经济竞争中的地位。正因为如此,地级政区拥有很强的动力通过等级尺度的重组升格为直辖市,以获取在国家政治制度空间及社会经济空间中的控制权与影响力。

　　从权力尺度来看,直辖市在人事、财政及经济社会管理方面的权限比地

---

① 1997年的数据来自重庆市统计局.重庆统计年鉴1998[M].北京:中国统计出版社,1998:1-14;2017年的数据引自重庆市统计局.重庆市2017年国民经济和社会发展统计公报[EB/OL].(2018-03-17)[2018-09-08].http://www.cqtj.gov.cn/tjsj/sjjd/201803/t20180317_447980.htm.

级政区要大,同时直辖市还享受一些财政优惠政策。在人事权方面,随着地级政区升格为直辖市,领导干部的行政级别也有所提升。在财政权方面,财政收入分配方式发生了重组,原来地级市的财政收入需分别上缴所在的省级政府和中央政府,升格直辖市后,只需要上缴属于中央财政的部分,甚至还可以享受免缴财政收入的优惠政策。在经济社会管理权限方面,地级政区的经济社会管理权限受到省政府的限制,而直辖市在经济社会管理方面具有很强的自主性和独立性。

从关系尺度来看,地级政区升格为直辖市,使地级政区与省级政府的上下隶属关系转变为直辖市与省政府之间的平行并列的关系。

从空间规模尺度来看,直辖市是通过划小省级政区的行政区域而设立的,其空间规模的大小取决于省与直辖市之间的边界重组情况及直辖市经济辐射的空间尺度。直辖市的行政区域越大,原省级政区的行政区域就越小。

同时,直辖市的设立也是多层级尺度围绕权力与利益进行博弈的过程。政区层级的变化反映了中央集权与地方分权之间此消彼长的演变过程(周振鹤,2013:121)。中央政府通过划小幅员过大的省区与撤销地级政区来设立直辖市,减少了地级管理层次,增加了省级管理层次以及中央政府的直接管理幅度,强化了中央政府对地方治理的控制权,是中央政府通过尺度上移进行集权的一种行为。直辖市设立后,中央政府在行政、财政、经济社会管理方面赋予直辖市极大的自主性,这又是中央政府通过尺度下移向直辖市分权的一种行为。地方建制的设置是政治决策的产物并取决于对政治统治是否有利(田惠生等,2005:1)。中华人民共和国成立初期,中央政府基于稳固政权、加强对具有政治经济战略意义的地区控制权的考虑,将一些政治地位重要、经济发达的大城市设为直辖市。后随着国家政权和政区建设的完善,陆续将部分中央直辖市改为省辖市,只保留了北京、天津、上海三个具有重要政治、经济战略意义的直辖市。重庆直辖市的设立部分原因是中央政府考虑到四川省人口规模与土地面积规模过于庞大,不利于地方管理和政权巩固。此外,重庆直辖市的设市方案以及它所能享受的免交财政收入的优惠政策是中央政府与四川省政府、重庆市政府反复协商与博弈才确定的。因此,在行政区划调整的过程中,多层级政府之间并非简单地"上级命令—下级服从"的关系,而是通过复杂的互动与博弈形成"协商博弈"关系(张践祚等,2016b)。

二、经济逻辑:区域发展战略下经济社会空间重构 ▷▷

直辖市的设立是在国家区域发展战略的驱动下,通过尺度重组与地域重构来培育区域社会发展与经济增长中心。改革开放后,东部地区在沿海开放战略下率先发展起来。为了实现国家之前提出"两个大局"的战略构想①,中央政府开始着手推动中西部地区发展。随后,中央政府提出了长江开发战略,并将开发开放浦东与建设三峡工程作为长江开发战略的两个重要举措。一方面是基于长江开发战略引导的沿江经济带的崛起,需要新重庆作为龙尾与龙头的浦东遥相呼应,以联动中游发展;另一方面是基于由中西部开发战略引起的西部经济体制和增长方式的转变,需要新重庆作为"窗口"和辐射源(周庆行等,1998)。因此,设立重庆直辖市是实现国家区域发展战略的需要。

直辖市成立之后,中央政府通过行政分权、财政分权、政治激励、区域竞争等为直辖市注入经济增长动力与经济发展自主性,进而将其打造为区域经济增长中心。重庆直辖市的设立,对重庆地区经济增长有持续的促进作用。这与中央对重庆市的行政分权与财政分权以及区域竞争和地方官员政治激励有关(王贤彬,2010)。重庆直辖的过程,伴随着中央对其一揽子的放权和分权。行政权力的扩大使重庆能够推行更加有效的行政管理模式,财政自主支配权的扩大则带来了维护市场建设和促进经济增长的效果,即财政分权理论所强调的"市场维持型联邦主义"(Market-preserving

---

① 1988年,邓小平针对中国发展不平衡的特点,提出了"两个大局"的战略构想。一个大局,就是沿海地区加快对外开放,较快地先发展起来,中西部地区要顾全这个大局。另一个大局,就是当沿海地区发展到一定时期,要拿出更多的力量帮助中西部地区加快发展,东部沿海地区也要服从这个大局。引自邓小平.邓小平文选:第3卷[M].北京:人民出版社,1993:277-278.

Federalism)(Qian et al., 1997)。同时,重庆行政级别的升格使地方官员的级别也获得提升,进而使其面临全新的政治激励(王贤彬等,2010)。

此外,中心城市对于区域经济增长的贡献主要表现在经济龙头作用、极化聚集作用、扩散辐射作用以及创新示范作用4个方面(高玲玲等,2015)。重庆升格为直辖市后,中央政府为其制定各种国家发展战略规划并提供政策支持,使得资本、技术、产业等要素在空间上向重庆集聚,使其在西部地区经济发展中的经济龙头作用、极化聚集作用、扩散辐射作用及创新示范作用得到充分发挥。实践中,我国形成了两种区域治理格局,一种是以直辖市、经济特区等大都市为中心的单中心区域治理格局,包括京津冀城市群、长三角城市群、珠三角城市群、成渝城市群;另一种是以中小城市为主体的多中心区域治理格局,包括长江中游城市群、中原城市群等。目前,珠三角城市群、京津冀城市群与长三角城市群已经被打造成为中国的三大区域经济增长极,而成渝城市群正在被打造成为中国的第四大经济增长极。未来重庆直辖市在西部区域经济发展及社会治理中,将发挥更重要的作用。

三、行政逻辑:直辖市直管区县体制下的层级优化 ▷▷

直辖市的设立对于行政层级的影响体现在两个方面:一是地方政府层面管理层级的减少;二是中央政府层面上管理幅度的增加。一般来说,当一个组织的规模一定而其他条件保持不变,管理层次与管理幅度之间呈现反比例关系。即管理层次越少,管理幅度越大;管理层次越多,管理幅度越小(吴金群,2012)。直辖市实行的是省直管县体制(即直辖市直辖区县体制),它可以凭借信息技术和网络技术平台,缩减行政层次,构建更为扁平化的行政组织,推进行政组织的结构性变革(孙学玉,2013:15)。

此外,直辖市直管区县体制形成的是"直辖市—区、县—乡(镇)"的三级层级结构或"直辖市—区"的两级层级结构。而在市管县体制下,省级建制一般形成的是"省—地级市—区、县(市)—乡(镇)"的四级层级结构。因此,从地方政府层面来说,直辖市直管区县体制缩减了行政层级,构建了更为扁平化的行政组织,有利于提高纵向的信息传递效率。

　　重庆直辖市设立之初，其行政体制的突出问题和矛盾是管理层次多而乱，不利于全市行政管理，后通过三次层级调整，使行政层级由原来的"直辖市—地（市）—县（区）—乡（镇）"减少为"市—县（区）—乡（镇）"三级或"市—区"两级（罗德刚，2004）。通过层级优化，部分解决了原纵向链条过长、横向信息传递失效，以及区县之间无序竞争的问题。对于中央政府而言，增设直辖市增加了中央政府的直接管理幅度。但不同于地级政区，中央政府与直辖市之间的政策沟通更加直接，所以提高了纵向的信息传递效率。

第四章

地级市的尺度重组与地域重构

随着工业化、信息化及全球化的发展,地级市已经成为进行大规模工业化生产与集聚资本、技术及劳动力的主要地域空间。由于地级市在中国的等级制城市体系中具有较高的行政等级和权力地位,同时其空间规模与经济规模相对较大,因此地级市不仅是地方经济的增长中心,也是地方治理的重要主体。从20世纪80年代起,中央政府为了实现以中心城市带动周边农村发展的战略,由上而下推行市管县体制改革,通过撤地设市、地市合并、县市升格产生了大量新的地级市,并促使市县的治理模式由市县分治转向市县合治。与此同时,随着重工业的发展,大量资金、技术及人口向工矿区聚集,一批工矿区通过切块设市成为地级市。进入21世纪后,为了促进市县协调发展,政府又推行市县分治改革试点,形成了市县合治与分治的混合模式。

第一节 地级市的设置标准与数量变化

一、地级市的设置标准及变迁 ▶▶

一开始,市并没有地级市与县级市之说。中华人民共和国成立初期,将市分为省辖市与专区辖市,1966年之后将市分为省辖市与地区辖市。直到1983年,当时的劳动人事部、民政部在《关于地市机构改革中的几个主要问题的请示报告》中,正式将市分为地区级市和县级市。同年,地级市在国务院批复中开始使用,并在国家行政机构区划统计上作为行政区划术语固定下来。1993年颁布的设市标准,开始在设置标准上对地级市与县级市作出明确区分。

(一)1955年版切块设市标准

1950年,中央政府规定"凡重要港口、工商业发达、大的矿区、而人口在五万以上者(郊区农村除外),得呈请中央人民政府政务院批准设市"①。1952年，当时的政务院颁布的《关于调整机构、紧缩编制的决定》（政务院政财字第53号）又规定，"凡人口在九万以下，一般不设市"。直到1955年，才以正式法律文件的形式规定了设市标准。1955年6月9日，国务院全体会议通过了《国务院关于设置市、镇建制的决定》。《决定》指出，由于缺乏统一的市、镇建制设置标准，市、镇建制设置过程中出现了许多不合理的现象。为了加强市、镇建设和行政领导的统一，对于市的设置标准作出规定：市是属于省、自治区、自治州领导的行政单位。聚居人口十万以上的城镇，可以设置市的建制。聚居人口不足十万的城镇，必须是重要工业基地、省级地方国家机关所在地、规模较大的物资集散地或者边远地区的重要城镇，并确有必要时方可设置市的建制。市的郊区不宜过大。工矿基地，规模较大、聚居人口较多，由省领导的，可设置市的建制②。

　　1955年版的设市标准明确了市的行政地位和行政隶属关系，规定"市是属于省、自治区、自治州领导的行政单位"。同时，该版设市标准主要规定了聚居人口规模的指标，对于具有特殊经济、政治、军事地位的城镇则可以放宽人口规模指标的要求。从设市模式上看，该版设市标准规定的是"切块设市"的标准，因而提出了切块设市模式。

（二）1986年调整版设市标准

　　1986年4月19日，国务院批转《民政部关于调整设市标准和市领导县条件的报告》③，认为随着城乡经济的发展，现行的设市标准和市领导县条件已不适应城乡发展的新情况，因而建议对1983年提出的内部掌握执行的设市标准和市领导县的条件作如下调整：

　　（1）非农业人口④六万以上，年国民生产总值二亿元以上，已成为该地

---

① 中央人民政府.关于统一全国各级人民政府党派群众团体员额暂行编制（草案）[J].江西省人民政府公报,1950（3）：49-60.
② 国务院.国务院关于设置市、镇建制的决定[J].山西省人民政府公报,1955（22）：53.
③ 中国法律年鉴编辑部.中国法律年鉴1987[M].北京：法律出版社,1987：501.
④ 含县属企事业单位聘用的农民合同工、长年临时工，经工商行政管理部门批准登记的有固定经营场所的镇、街、村和农民集资或独资兴办的第二、三产业从业人员，城镇中等以上学校招收的农村学生，以及驻镇部队等单位的人员，下同。

经济中心的镇,可以设置市的建制。少数民族地区和边远地区的重要城镇、重要工矿科研基地、著名风景名胜区、交通枢纽、边境口岸,虽然非农业人口不足六万、年国民生产总值不足二亿元,如确有必要,也可设置市的建制。

（2）总人口五十万以下的县,县人民政府驻地所在镇的非农业人口十万以上、常住人口中农业人口不超过40%、年国民生产总值三亿元以上,可以设市撤县。设市撤县后,原由县管辖的乡、镇由市管辖。总人口五十万以上的县,县人民政府驻地所在镇的非农业人口一般在十二万以上、年国民生产总值四亿元以上,可以设市撤县。自治州人民政府或地区(盟)行政公署驻地所在镇,非农业人口虽然不足十万、年国民生产总值不足三亿元,如确有必要,也可以设市撤县。

（3）市区非农业人口二十万以上、年国民生产总值十亿元以上的中等城市(即设区的市),已成为该地区政治、经济和科学、文化中心,并对周围各县有较强的辐射力和吸引力,可实行市领导县的体制。一个市领导多少县,要从实际出发,主要应根据城乡之间的经济联系状况,以及城市经济实力大小决定。

（4）有关设市的审批手续,仍按《国务院关于行政区划管理的规定》(国发〔1985〕8号)办理。

1986年版的设市标准包括了非农业人口规模和国民生产总值规模两类新指标。对于少数民族地区、边远地区的城镇及具有特殊经济、政治、军事、文化地位的城镇放宽了设市标准,有利于市的合理布局和全面发展。同时,对于可以实行市管县体制的市,也设置了非农业人口规模,国民生产总值规模,经济、政治、科学、文化地位等条件。相比于1955年版的设市标准,一方面,新版设市标准将"聚居人口"这一指标改为"非农业人口",同时将"聚居人口十万人以上"改为"非农业人口六万人以上",在人口规模上降低了设市标准,但"非农业人口"指标比"聚居人口"指标更能体现城市产业发展的要求;另一方面,新增"国民生产总值"这一经济发展指标,体现了设市标准对改革开放后"以经济建设为中心"政策的适应和服从。此外,从设市模式来看,该版标准第一条提出了"切块设市"模式,第二条提了"撤县设市"的模式。新模式的提出，加快了市作为传统城镇型政区向广域型政区转变的进程。

（三）1993年调整版设市标准

1993年5月，国务院批转了民政部《关于调整设市标准报告》的通知。该《报告》认为，1986年发布的设市标准存在不足，建议对县级市和地级市的标准进行调整。其中，地级市设立的标准调整为："① 市区从事非农产业的人口二十五万人以上，其中市政府驻地具有非农业户口的从事非农产业的人口二十万人以上；工农业总产值三十亿元以上，其中工业产值占80%以上；国内生产总值在二十五亿元以上；第三产业发达，产值超过第一产业，在国内生产总值中的比例达35%以上；地方本级预算内财政收入二亿元以上，已成为若干市县范围内中心城市的县级市，方可升格为地级市。② 设立县级市及地级市标准中的财政收入指标，将根据全国零售物价指数上涨情况，由民政部报经国务院批准适时调整。"①

1993年版的设市标准对县级市和地级市的设置标准作了区分，而此前的1955年与1986年版设市标准中只有"设区的市"和"不设区的市"之分。同时，1993年版设市标准规定的是"县级市升格为地级市"的条件，这就意味着出现了"县（市）升格"模式。该版地级市的设置标准包括两类指标：一类是人口规模指标，主要是非农业人口规模；另一类是经济发展水平指标，包括工农业总产值规模、国内生产总值规模、第三产业产值规模、地方本级预算内财政收入规模。相比1986年版的设市标准，该版设市标准除了增加了一些新的经济发展水平指标外，还提高了原来设市标准的指标值，如将非农业人口规模从"六万人以上"提高到"二十五万人以上"，将市政府驻地非农业人口从"十万人以上"提高到"二十万人以上"，将经济指标"国民生产总值二亿元以上、三亿元以上"改为"国内生产总值二十五亿元以上"，体现了设市标准对经济社会发展水平的适应性调整。

---

① 中国法律年鉴编辑部.中国法律年鉴1994［M］.北京：法律出版社，1994：543-545.

（四）1999年版撤地设市标准

1999年1月，中共中央、国务院发布的《关于地方政府机构改革的意见》提出："要调整地区建制，减少行政层次，避免重复设置。与地级市并存一地的地区，实行地市合并；与县级市并存一地的地区、所在市（县）达到设立地级市标准的，撤销地区建制，设立地级市，实行市领导县体制；其余地区建制也要逐步撤销，原地区所辖县改由附近地级市领导或由省直辖，县级市由省委托地级市代管。各自治区调整派出机关—地区的建制，要结合民族自治的特点区别对待。盟的建制原则上不动。"① 为了落实中央关于地方政府改革的意见，民政部于1999年11月发布《民政部关于调整地区建制有关问题的通知》，制定了地区建制调整方案，并将地改市标准调整为："地区所在的县级市从事非农产业的人口不低于15万人（人口密度50人/平方千米以下的不低于12万人），市政府驻地具有非农业户口的人口不低于12万人（人口密度50人/平方千米以下的不低于10万人）；国内生产总值不低于25亿元，其中第三产业产值在国内生产总值中的比重不低于30%。财政总收入不低于1.5亿元。上述标准只适用于地区建制调整工作。"②

1999年版设市标准主要适用于地区建制调整过程中"撤地改市"的情形。撤地设市的标准分为两类：一类是人口指标，主要是非农业人口规模；另一类是经济发展水平指标，主要包括国内生产总值、第三产业产值、财政总收入等。相比1993年版的设市标准，在人口指标方面，将非农业人口规模从"25万人以上"降低到"15万人以上"，同时增加了人口密度指标，将市政府驻地的非农业人口规模从"20万人以上"降低到"12万人以上"；在经济发展水平指标方面，去除了"工农业总产值规模"这一指标，将第三产业产值占国内生产总值的比例由"35%以上"降低为"30%以上"，将"预算内财政收入2亿元以上"改为"财政总收入不低于1.5亿元"。总而言之，为了

---

① 国务院.中共中央国务院关于地方政府机构改革的意见（中发〔1999〕2号）［EB/OL］.（2017-07-19）［2018-11-18］.http://znzg.xynu.edu.cn/a/2017/07/15573.html.
② 民政部.民政部关于调整地区建制有关问题的通知（民发〔1999〕105号）［EB/OL］.（1999-11-12）［2018-11-18］.http://www.chinalawedu.com/falvfagui/fg21752/16448.shtml.

快速推动市管县体制改革,该版设市标准降低了在撤地改市过程中的指标要求,体现了国家政策导向下设市标准调整的特殊逻辑。

二、地级市的数量变化 ▷▷

如图4.1所示,结合关键性事件及地级市数量变化,可以将改革开放以来地级市的设置历程分为三个阶段。

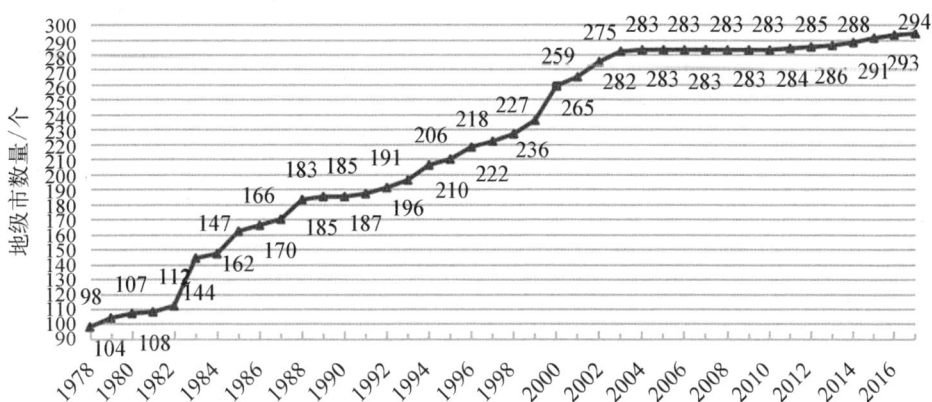

图4.1 1978—2017年地级市数量变化

资料来源:① 1978—2016年数据来自国家统计局.地级市数[DB/OL].[2018-09-08].http://data.stats.gov.cn/easyquery.htm?cn=C01&zb=A0101&sj=2016.
② 2017年数据来自民政部.中华人民共和国二〇一七年行政区划统计表(截至二〇一七年十二月三十一日)[EB/OL].[2018-09-08].http://xzqh.mca.gov.cn/statistics/2017.html.

(一)1978—1982年:地级市数量缓慢增长阶段

这一阶段地级市从97个①增长到112个(见图4.1),共增加15个,平均每年约增加3个,地级市数量增加较为缓慢。改革开放前,我国刚经历了"文化大革命",政府一方面号召知识青年上山下乡,下放城镇居民、干部知识青年;另一方面大搞"三线"建设,把大量资金、设备、技术力量"靠山、分

---

① 1977年末地级市数为97个,即1978年初地级市数为97个。参见中央政府门户网站,一九七七年全国行政区划统计表(截至一九七七年十二月三十一日)[EB/OL].(2007-03-23)[2018-11-18].http://www.gov.cn/test/2007-03/23/content_559096.htm.

散、进洞"，致使新城市很少建成，老城市无力发展，城市体系处于长期停滞不前的状态（顾朝林等，1998）。因此，在改革开放初期，各项生产活动尚处于恢复期，经济社会发展相对缓慢，城市建设尚未恢复，新设地级市的数量较少。

（二）1983—2003年：地级市数量快速增长阶段

这一阶段地级市共增加170个，平均每年约增加8个，地级市数量增加较为迅速。其中，1983年新增地级市达到32个，是地级市数量增加的第一次高峰；2000年新增地级市达到23个，是地级市数量增加的第二次高峰。这一阶段地级市数量快速增加的原因在于三个方面：第一，中央政府的政策驱动。改革开放后，"家庭联产承包责任制"开启了农村经济改革，农村经济开始发展起来；随后城市经济体制改革也启动，东部沿海城市在沿海开放战略下率先发展起来。1982年，中央政府为了实现以经济发达城市带动周边农村经济发展的目标，发布《改革地区体制，实行市领导县体制的通知》，号召地方推行市管县体制改革。1983年，中共中央、国务院又发布《关于地市州党政机关机构改革若干问题的通知》，提出通过地市合并、实行市领导、把新兴工矿区或城镇改为市等办法来实现经济发达的中心城市带动农村经济发展。因此，全国掀起了设立地级市的浪潮，并形成了1983年地级市数量增长的第一次高峰。1999年，中共中央、国务院发布《关于地方政府机构改革的意见》，主张通过地市合并、撤地设市来实行市领导县体制。此次改革再次推动地级市的设立，形成了2000年地级市数量增长的第二次高峰。第二，设市标准的降低。1986年版的设市标准，在1955年版设市标准的基础上将"聚居人口十万以上"改为"非农业人口6万以上"；1999年版撤地设市标准，在1993年版设市标准的基础上降低了人口规模和经济发展两方面指标的要求。设市标准的降低，为新设建制市提供了非常有利的条件，使得更多县级市可以升格为地级市。第三，经济发展为城市建设提供了人力、物力及财力。1992年，随着党的十四大确立了社会主义市场经济体制改革目标，改革开放的步伐进一步加快，社会生产力进一步得到释放，东部沿海地区乡镇企业和民营经济蓬勃发展，农村剩余劳动力大量转移到城镇从事非农业生产活动,加之产业结构不断调整、国有企业管理体制改革、市场经济制度不断完善等,国民经济快速增长,为城市建设注入大量资本、技术及人才等生产要素。

（三）2004—2017年：地级市数量保持稳定阶段

这一阶段地级市共增加12个,平均每年增加不到1个,地级市数量基本保持稳定。这一阶段地级市数量扩张放缓的原因在于:我国地级市主要通过撤地设市、地市合并而来,而在前一阶段中东部地区已经通过撤地设市、地市合并撤销了大部分地区行署,进入21世纪后,只有西部偏远地区尚保留部分地区行署,因此地级市数量保持相对稳定。截至2004年末,我国地级行政区划包括283个地级市、17个地区、30个自治州、3个盟。截至2017年末,地级行政区划包括294个地级市、7个地区、30个自治州、3个盟。这期间新增的11个地级市中有10个是由撤地设市而来,剩下的尚未改市的7个地区主要分布在黑龙江(1个)、西藏(1个)及新疆(5个)。可以预见的是,随着"一带一路"国家倡议的推进,位于一带一路沿线上的地区也可能被逐步改为地级市。

第二节　撤地设市与地市合并模式的变迁及逻辑

一、撤地设市与地市合并模式的变迁及特征 ▶▶

撤地设市模式是指撤销省、自治区人民政府派出机关的地区行政公署,设立行政建制为地区级别的市,并由新设立的地级市领导原地区所辖的县级政区。撤地设市包括两种情况: 一种是撤销地区行政公署及其所驻的县级市或所辖的其他县级市,设立一个或几个地级市,或者将原地区所辖的一个或两个县级市升格为地级市,然后将原地区行政公署所辖县(市)划归给新设的地级市管辖。另一种是撤销"盟"及其所驻的县级市而设立地级市。"盟"是少数民族地区对地区行政公署的称呼,如1999年内蒙古自治区撤销哲里木盟和县级通辽市,以设立地级通辽市。地市合并模式是指撤销作为省、自治区人民政府派出机关的地区行政公署,将其所辖县(市)划入邻近的原无行政隶属关系的一个或几个地级市领导。结合撤地设市与地市合并发生频次的变化(见图4.2)及关键性事件,将改革开放40年中撤地设市与地市合并模式的变迁大致分成三个阶段。

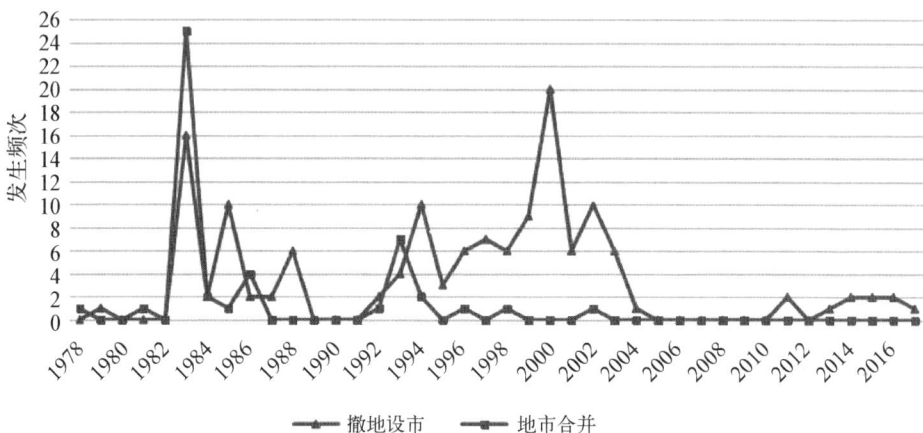

图4.2　1978—2017年撤地设市与地市合并发生频次

注:以撤销的地区数为撤地设市与地市合并的发生频次。

资料来源:1978年1月1日—2017年7月18日的数据根据行政区划网 http://www.xzqh.org/html/ 及民政部官网 http://xzqh.mca.gov.cn/description?dcpid=1 公开的资料整理而得;2017年7月18日—2017年底的数据根据民政部批准的公文资料整理而得。

(一)1978—1982年:撤地设市与地市合并模式尚未兴起阶段

这一阶段只发生了1次撤地设市与2次地市合并,分别发生在东部地区、东北地区及西部地区(见图4.2~图4.4)。总体上,撤地设市与地市合并模式尚未兴起。根据统计数据,1977年末,我国共有175个地区、97个地级市;1982年末,我国共有170个地区、112个地级市①。因此,这一阶段减少

---

① 中央政府门户网站.一九七七年全国行政区划统计表(截至一九七七年十二月三十一日)[EB/OL].(2007-03-23)[2018-11-18].http://www.gov.cn/test/2007-03-23/content_559096.htm.

的5个地区行署,其中有3个地区进行了撤地设市与地市合并,2个地区与其他地区、自治州进行合并(石河子地区与伊犁地区);而新增的15个地级市中,3个是通过撤地设市和地市合并而来,其他12个是通过其他模式如切块新设的。地区行署的全称为地区行政公署,是省级政府的派出机关(除"文革"期间地区行政公署从虚一级的派出机关转变为实一级的政权机关之外),负责检查、指导县级工作,其辖区称为地区(侯桂红,2016)。在1983年实行市管县体制改革之前,地区行政公署是省级政府管理县(市)的重要工具。因此,在1983年之前,撤地设市、地市合并的情况较少。

(二)1983—2004年:撤地设市与地市合并模式蓬勃发展阶段

在这一阶段,撤地设市与地市合并在中央政府的政策驱动下蓬勃发展起来,所以二者的发生频次都较高。但是,撤地设市与地市合并在时间分布及地域分布上呈现出不同的发展规律(见图4.2~图4.4)。从总体上看,这一阶段全国共撤地设市128次,平均每年撤地设市约6次,通过撤地设市新增地级市136个,平均每年通过撤地设市新增地级市约6个;全国共发生地市合并45次,平均每年地市合并约发生2次,通过地市合并产生新的地级市55个,平均每年通过地市合并产生新的地级市约3个[①]。如图4.2~图4.4所示,撤地设市与地市合并发生频次在时空分布上具有三个方面的特点。

首先,从撤地设市与地市合并发生频次形成的高峰期来看,撤地设市在1983年与2000年形成了两个高峰,其频次分别为16次和20次;地市合并在1983年与1993年形成了两个高峰,其频次为分别为25次和7次。1982年,中央政府开始大力推行市领导县体制,并在1983年发布《关于地市州党政机关机构改革若干问题的通知》,进一步推动地市合并和撤地设市。因此,市管县体制改革与党政机构改革推动了撤地设市与地市合并在1983年形成改革的第一次高峰。1993年,国务院政府工作报告提出:地区机构改革要同调整行政区划相结合;各级派出机构要大力精简;地区和地

[①] 根据民政部及行政区划网上的公开资料整理而得,平均数采用四舍五入法进行取舍。需要说明的是,通过地市合并产生了新的地级市,但地级市总数没有发生变化。

级市并存一地的,原则上要合并。此次机构改革,推动了地市合并在1993年形成改革的第二次高峰。1999年,中共中央、国务院发布《关于地方政府机构改革的意见》,此次机构改革推动了撤地设市在2000年形成改革的第二次高峰。

其次,从发生频次的时间分布来看,撤地设市与地市合并模式的发展呈现出由东部地区向中西部地区逐渐推移的规律。撤地设市在1983—1993年间主要发生在东部地区和东北地区,1994—2000年间主要发生在中部地区,2001—2004年间主要发生在西部地区。地市合并在1983—1994年间主要发生在东部、东北部和中部地区,1995—2004年间主要发生在西部地区。这是因为东部地区经济比较发达,早期符合撤地设市与地市合并标准的地区较多,而中西部地区经济发展落后于东部地区,因此较晚才进行大规模撤地设市与地市合并改革。

最后,从发生频次的地域分布来看,撤地设市主要发生在西部地区,地市合并主要发生在东部地区。撤地设市,在东北地区发生8次,新设地级市10个;在东部地区发生31次,新设地级市34个;在中部地区发生39次,新设地级市41个;在西部地区发生51次,新设地级市51个[1]。西部地区撤地设市的频次最高,新设市数量也最多,这是因为西部地区包含的省份较多,本身设置的地区较多,需要进行撤地设市的地区也较多。地市合并,在东部地区发生19次,新产生地级市24个;在中部地区发生16次,新产生地级市21个;在东北地区发生6次,新产生地级市6个;在西部地区发生4次,新产生地级市4个[2]。东部地区地市合并的频次最高,产生的新的地级市数量也最多,这主要是因为东部地区的地级市经济实力一般较强,采用地市合并的模式有利于区域的协调发展。

但在1983年也存在撤地设市、地市合并后又恢复地区设置的情况。比如,1983年2月,国务院批准湖南省撤销娄底地区与湘潭市和邵阳市合并、撤销岳阳地区设立地级岳阳市、撤销邵阳地区与邵阳市合并;但同年7月,

---

① 根据民政部及行政区划网上的公开资料整理而得。
② 根据民政部及行政区划网上的公开资料整理而得。

国家又批准湖南省恢复娄底地区、岳阳地区、邵阳地区。1983年6月，中共中央下发《关于地市州机构改革中应注意的几个问题的通知》，强调了市领导县体制目前尚处于试点阶段，在地市合并条件不足的地方，不宜匆匆推行地市合并，已经获得中央政府批准地市合并的地方，如果认为条件不具备且尚未宣布合并，待总结经验后再定。因此，撤地设市、地市合并后又恢复地区设置的原因，主要是这些地区未达到撤地设市的条件。

（三）2005—2017年：撤地设市和地市合并模式平稳发展阶段

随着撤地设市及地市合并的大量实践，东部、中部、东北部的地区已基本被撤销，只有西部地区保留少量地区行署建制。2005年底，全国保留的地区有17个。其中，黑龙江1个、贵州2个、西藏6个、青海1个、新疆7个[①]。从2011年起，西部地区开始陆续撤销贵州、青海、西藏、新疆等地的地区行政建制。截至2017年底，保留的地区行署有7个。其中，黑龙江1个、西藏1个、新疆5个[②]。这一阶段，撤销10个地区设立了10个地级市。其中，西藏撤销了5个地区，新疆撤销了2个地区，贵州撤销了2个地区，青海撤销了1个地区，且撤地设市主要发生在2011年之后[③]。近年来，西部地区撤地设市步伐加快的主要原因是"一带一路"倡议的推动。2013年，中国提出了"一带一路"国家级顶层合作倡议，其中新疆被定位为"丝绸之路经济带核心区"，并规划把西藏建设成为中国面向南亚的战略枢纽和开放门户。因此，加快撤地设市成为推动新疆、西藏等地区经济发展的迫切需要。但这一阶段地市合并已无新的案例，原因在于保留的地区行署建制主要分布在西部地区，而西部地区单个地级市管辖范围本身较广，再进行地市合并扩大地级市的管辖范围已无必要，将保留的地区进行撤地设市更有利于地方经济社会的发展。

[①] 民政部.中华人民共和国二〇〇五年行政区划统计表（截至二〇〇五年十二月三十一日）[EB/OL].[2018-09-08].http://xzqh.mca.gov.cn/statistics/2005.html.

[②] 民政部.中华人民共和国二〇一七年行政区划统计表（截至二〇一七年十二月三十一日）[EB/OL].[2018-09-08].http://xzqh.mca.gov.cn/statistics/2017.html.

[③] 根据民政部及行政区划网上的公开资料整理而得。

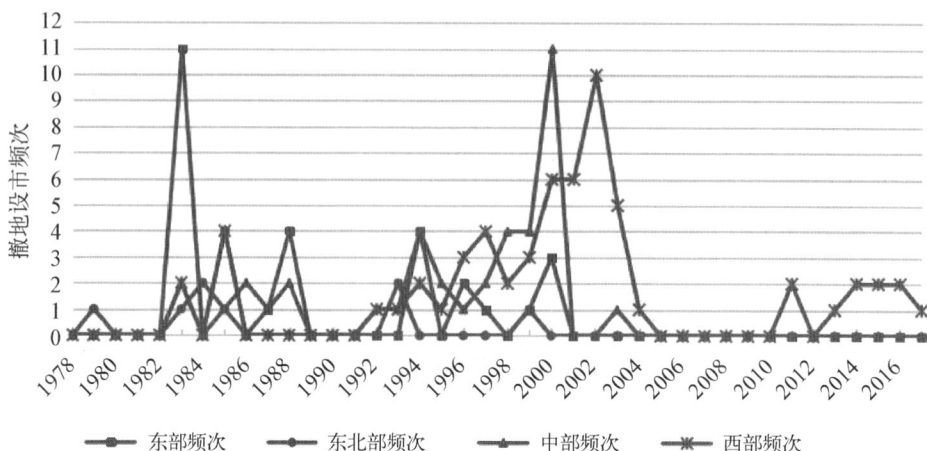

图4.3　1978—2017年撤地设市发生频次的时空分布

注：以撤销的地区数为撤地设市与地市合并的发生频次。

资料来源：1978年1月1日—2017年7月18日的数据根据行政区划网http://www.xzqh.org/html/及民政部官网http://xzqh.mca.gov.cn/description?dcpid=1公开的资料整理而得；2017年7月18日—2017年底的数据根据民政部批准的公文资料整理而得。

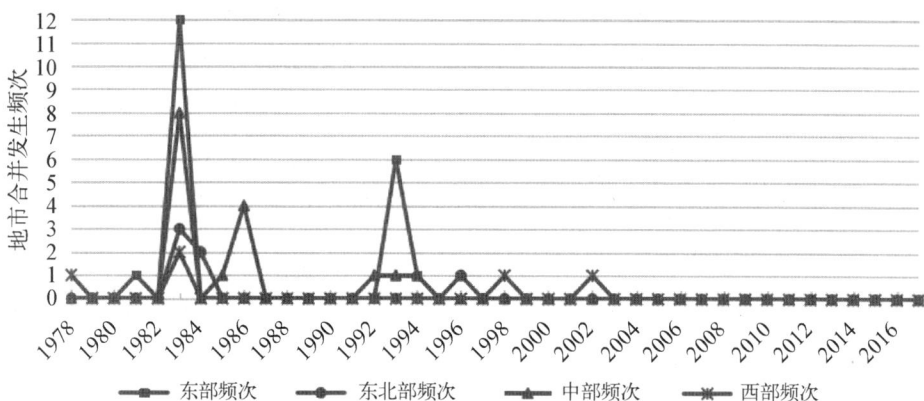

图4.4　1978—2017年地市合并发生频次的时空分布①

注：以撤销的地区数为撤地设市与地市合并的发生频次。

资料来源：1978年1月1日—2017年7月18日的数据根据行政区划网http://www.xzqh.org/html/及民政部官网http://xzqh.mca.gov.cn/description?dcpid=1公开的资料整理而得；2017年7月18日—2017年底的数据根据民政部批准的公文资料整理而得。

———————————

① 东部地区是指北京、天津、河北、上海、江苏、浙江、福建、山东、广东和海南10省（市）。中部地区是指山西、安徽、江西、河南、湖北和湖南6省。西部地区是指内蒙古、广西、重庆、四川、贵州、云南、西藏、陕西、甘肃、青海、宁夏和新疆12省（区、市）。东北地区是指辽宁、吉林和黑龙江3省。后文所有的地区划分均参照此界定。

三、撤地设市：西藏自治区林芝市案例分析 ▷▷

（一）林芝地区撤地设市的背景

林芝地区位于西藏东南部，北部与昌都市、那曲地区相连，西部与西南部分别与拉萨、山南地区相连，南部与印度、缅甸两国接壤，设有林芝地区委员会与行政公署，驻林芝县八一镇。2014年末，林芝地区土地面积约为11.7万平方千米，下辖7个县、34个乡（民族乡）、20个镇，总人口约21万人，财政收入为7.58亿元，地区GDP为92.86亿元。林芝地区以农业为主，同时依托雅鲁藏布江等世界著名旅游景点发展旅游业。林芝县位于林芝地区的中部，土地面积为10 238平方千米，主要发展农业、牧业、林业，是林芝地区的主要产粮县之一。2014年末，林芝县下辖4镇3乡，总人口6.7万余人；其中，城镇居民24 171人，地区GDP为45.55亿元，旅游业（第三产业主要为旅游业）收入为8.4亿元，财政收入为1.28亿元①。2009年9月，时任中央政治局委员王金祥在林芝考察时指出："林芝作为西藏发展最快、发展优势最明显地区，已基本具备撤地设市条件，应当抓紧推进撤地设市工作。"②随后，林芝地区开始研究地区情况，筹备撤地设市工作，并于2015年得到国务院的批准。

（二）林芝市的地域重构

2015年3月，国务院批复同意撤销林芝地区和林芝县，设立地级林芝市，开启了林芝地区与林芝县地域重构的过程。林芝市设立巴宜区，以原林芝县的行政区域为巴宜区的行政区域，同时撤销八一镇，设立八一街道、双拥路街道，巴宜区形成"四镇三乡两街道"的行政架构和空间布局，促使县域空间向城市空间转变。2015年末，新成立的林芝市下辖1个

① 西藏自治区统计局，国家统计局西藏自治区调查总队.西藏统计年鉴2015[M].北京：中国统计出版社，2015：379.

② 蔡尧.林芝地区召开撤地设市新闻发布会[EB/OL].（2015-06-09）[2018-09-08].http://www.vtibet.com/xw_702/sh_709/201506/t20150609_310882.html.

市辖区、6个县、34个乡（民族乡）、20个镇、9个居民委员会、489个村民委员会[1]。

林芝市成立后，自治区政府提出将林芝市打造成为藏东南地区支撑和带动全区加快发展的重要增长极，并提出要抓住自治区建设南亚大通道，对接"一带一路"和中孟印缅经济走廊，借助环喜马拉雅经济合作带建设的有利契机，对内重点加强与拉萨、山南、昌都等地市的经济协作，加快融入"拉萨三小时经济圈"建设，对外重点加强与云南、四川、重庆等省份的联系，融入大香格里拉经济圈、成渝经济圈，实现优势互补、互利共赢，借力推动林芝经济社会的快速发展[2]。同时，自治区政府加大了对林芝市基础设施的投资，如改扩建林芝市人民医院及藏医院，推进林芝到拉萨的国道、省道高等级化，建设林芝市综合客运枢纽站，建设林芝水电站，改扩建林芝米林机场，建立林芝至亚东和吉隆等面向南亚开放公路大通道等。同时，林芝市在自治区政府的规划之下，着力建设林芝经济开发区及林芝国际生态旅游区，不断调整其产业结构，促使新的政治制度空间与社会经济空间的产生。原来林芝地区主要以农牧业与旅游业为主，设立林芝市后，除了发展原来的农牧业与旅游业外，林芝市大力发展生态旅游、清洁能源、农牧加工、藏医藏药、商贸物流和文化教育等产业。

（三）林芝市的尺度重组

林芝地区撤地设市的尺度重组包括撤销林芝地区、设立林芝市过程中的尺度重组与撤销林芝县、设立巴宜区过程中的尺度重组。在撤地设市过程中，由地区行政公署转变为地级市，等级与规模尺度未发生变化，但是权力尺度与关系尺度进行了重组。

在权力尺度方面，原林芝地区行政公署是自治区政府的派出机关，除不设相应的人民代表大会和人民政治协商会议外，下设行政公署办公室、监察

---

① 西藏自治区统计局,国家统计局西藏自治区调查总队.西藏统计年鉴2016[M].北京:中国统计出版社,2016:3.

② 蔡尧.林芝地区召开撤地设市新闻发布会[EB/OL].(2015-06-09)[2018-09-08].http://www.vtibet.com/xw_702/sh_709/201506/t20150609_310882.html.

局、人事局、财政局、公安处、司法处等机构，依法行使管理本区域内的经济、教育、科学、文化、环境和资源保护、民族宗教事务等行政事务的权力。林芝市是一级政权组织，设有党委、政府、人大、政协、监察等机构，具有完全的法律主体地位及完全的经济社会管理权限，行使行政、立法、司法等权力。林芝地区作为上级政府的派出机关，主要管辖县域的农业农村方面的工作，且司法、公安管理等方面职能与权力受限；而林芝市政府作为一级政权组织，既管辖农村地区的工作，也要管辖城市地区的工作，其司法、公安管理方面的权力完备且政府职能健全。在林芝市组建过程中，前林芝地委书记赵世军当选中共林芝市首任市委书记，前林芝地委副书记、行署专员旺堆当选为林芝市首任市长；原林芝地区下设的机构转变为林芝市的下设机构，其中原地区的公安处、司法处升级为林芝市公安局、司法局，其他机构的等级均未发生变化。

在关系与规模尺度方面，原林芝地区所辖县由林芝市管辖，且原林芝县变成了林芝市巴宜区，林芝地区、林芝市、原林芝地区所辖县之间的关系尺度进行了重组，但人口、土地面积规模未发生变化。

总之，撤销林芝地区设立林芝市的实质是自治区政府通过尺度上移收回地区的权力，同时通过尺度下移将原林芝地区的管理权限下放给林芝市，促使林芝市与原林芝地区的权力、关系等尺度进行重组。

在撤县设区过程中，林芝县转变为巴宜区，其等级尺度与权力尺度均未发生变化，只是在关系尺度上进行了重组。林芝县撤县设区之后，保持原县级事权不变、经济管理权限不变、财政体制优惠政策不变①。由于巴宜区仍保持原林芝县的事权、经济管理权限及财政体制不变，加之原林芝县的党政主要领导在撤县设区后仍担任巴宜区的党政主要领导，林芝县政府的权力尺度并未发生重组。因而，林芝县撤县设区的过程也是一个不完全的尺度重组过程。但是，通过撤县设区，重组了地区、自治区及地级市之间的关系尺度。在撤县设区前，林芝县属于林芝地区管辖；撤县设区后，巴宜区属于

---

① 格桑卓玛.林芝市巴宜区一届一次人民代表大会闭幕［EB/OL］.（2015-06-07）［2018-09-08］.http://www.xzzw.com/xw/xzzyw/201506/t20150607_627891.html.

林芝市管辖。此外,林芝县通过撤县设区,从一个乡村型地域组织转变成为一个城市型地域组织,实现了发展类型的尺度跳跃。

三、地市合并:浙江省宁波市案例分析 ▶▷

(一)宁波地市合并的背景

1978年,宁波地域并存着宁波地区和宁波市两个地级行政单位。宁波市作为省辖市,管辖江东、江北、海曙、镇明4个市辖区;宁波地区管辖鄞县、慈溪、余姚、奉化、宁海、象山、镇海7个县,宁波地区行政公署驻宁波市①。1982年,国务院批准宁波地区的镇海县划归宁波市领导。1982年末,宁波市下辖4个区、1个县,宁波地区下辖6个县;宁波市总人口为478.33万人,其中非农业人口81.93万人,生产总值为36.88亿元,财政总收入为7.15亿元②。中共浙江省委根据形势发展的需要,曾委托宁波地委代管宁波市的工作,但实际上宁波市政府与宁波地区行署仍然是同一行政级别,地委、市委同时参加省里召开计划工作会议。当时的宁波地区行政公署主要管农业、农村等方面工作,宁波市主要管工业和城市建设方面的工作。宁波市是宁波地区的中心城市,但由于实行地区行政管理体制,宁波市与宁波地区辖县之间分割严重。不仅市县之间的生产要素不能自由流动,市县无法开展横向合作,而且作为经济中心的宁波市也无法发挥其辐射作用。20世纪80年代后,市县分治的管理模式日益成为阻碍宁波地区工业和农业、城市和农村整体协调发展的障碍。同时,各县为了发展经济,各自为政,纷纷到省里争取项目,造成重复建设和同质竞争③。而杭州市和温州市早期通过地市合并实行市管

① 行政区划网.浙江省1978年行政区划[EB/OL].(2008-07-01)[2018-09-08].http://www.xzqh.org/html/show/zj/7360.html.

② 宁波市统计局,国家统计局宁波调查队.宁波统计年鉴2017[M].北京:中国统计出版社,2017:57,89,109.需要说明的是,1982年宁波市的统计数据已经将宁波地区的统计数据包括在内.

③ 赖小惠.宁波地市合并:一项重要的行政体制变革[EB/OL].(2008-09-12)[2018-09-08].http://www.cnnb.com.cn/xwzxzt/system/2008/09/12/005779917.shtml.

县体制的优势逐渐显现,因此,中共浙江省委于1983年决定对宁波也推行地市合并与机构改革。

(二)宁波市的地域重构

1983年7月,国务院下发《关于同意浙江省地市合并实行市管县体制给浙江省人民政府的批复》,同意浙江省宁波地区行政公署将原宁波地区的鄞县、慈溪、余姚、奉化、宁海、象山六县划归宁波市管辖,从组织上正式确认了宁波地市合并和市管县的领导体制[①]。1983年末,宁波市下辖4个区、7个县,宁波市总人口为481.46万人,其中非农业人口为83.78万人,生产总值为41.68亿元,财政总收入为8.08亿元[②]。市管县体制促使宁波市从城市型建制转变为广域型建制,同时也建立了宁波以城市为中心、以城带乡、城乡一体、共同发展的经济发展模式。地市合并后,城乡之间生产要素得以流动,大量的生产要素流向城市,促使宁波市区工业快速发展起来。但是,原来有限的城市空间阻碍了社会经济的发展。为了满足新的经济社会空间扩张的需求,宁波市通过辖区与辖县的调整,扩大了城市社会经济发展空间。

1984年初,宁波市将镇明区、海曙区合并为海曙区,将郊区、江北区合并为江北区,并以镇海县部分行政区域新设滨海区。1984年5月,经中共中央、国务院批准,宁波被列为进一步对外开放的沿海14个城市之一。国务院和省委、省政府相继作出"把宁波建设成为华东地区重要的工业城市和对外贸易口岸""浙江经济中心"的重大决策。尽管此时宁波市区已形成了"老三区"和滨海区的四区格局,但与新的开发开放形势和国家对宁波的定位、要求相比,这一行政区划格局仍然存在局限。在区域范围上,滨海区面积太小,远不能适应大规模开发建设的需要;在管理体制上,镇海县和滨海

---

① 王佳,丁希宇等.一座城市的成长:改革开放以来宁波行政区划调整历程[EB/OL].(2016-11-14)[2018-09-08].http://daily.cnnb.com.cn/nbrb/html/2016-11/14/content_1008270.htm?div=-1.

② 宁波市统计局,国家统计局宁波调查队.宁波统计年鉴2017[M].北京:中国统计出版社,2017:57,89,109.需要说明的是,由于1982年宁波市的统计数据已经将宁波地区的统计数据包括在内,因此地市合并后宁波市的相关统计数据并未发生很大变化。

区两套机构并存于同一个区域，带来管理上的诸多不便。为了适应新的开发开放形式与国家对宁波市新的定位，宁波市撤销镇海县，设立镇海区，并扩大滨海区（后改名为北仑区）范围。随着宁波市开发建设和对外开放的发展，宁波经济技术开发区（1984年成立）、宁波保税区（1992年成立）、大榭开发区（1993年成立）、宁波出口加工区（2002年成立）、宁波梅山保税港区（2008年成立）、宁波石化经济技术开发区（2010年成立）等国家级开发区先后在北仑、镇海设立，使宁波打开了面向全球开发开放的大格局①。与此同时，随着宁波地区乡镇工业化的发展与农村城镇化的兴起，宁波市先后完成余姚（1985年）、慈溪（1988年）、奉化（1988年）的撤县设市，加快了原农村地区的发展；并先后完成鄞县（2002年）与奉化县（2016年）的撤县设区，满足了宁波中心城区空间扩张的需求。

（三）宁波市的尺度重组

宁波市与宁波地区合并的实质，是浙江省政府通过权力尺度上移将宁波地区的权力收回（即撤销宁波地区），又通过权力尺度下移将宁波地区的管辖权下放给宁波市，促使宁波市由一个城市型政区转变为了一个广域型政区，其管理体制也由市县分治变成市县合治。在地市合并过程中，宁波市的等级尺度未发生变化，但宁波市与宁波地区所辖县之间的关系尺度进行了重组，导致新成立的宁波市的规模尺度也发生了变化。从等级与权力尺度来看，宁波地区行政公署与宁波市合并后设立的宁波市仍然是地级市，等级尺度未发生变化。但行政公署是省政府的派出机关，只有行政权力，没有立法权力；而地级市是一级地方政权组织，具备完备的立法、行政权力。管辖原县域的主体由行政公署变为地级市，相当于扩大了管辖主体的权力。从关系尺度来看，合并前的宁波市曾由宁波地区代管，合并后宁波地区所辖县由新成立的宁波市管辖，且新宁波市恢复由省政府管辖，省政府、宁波地区、原宁波市、新宁波市及宁波地区所辖县之间的关系尺度进行了重组。由

---

① 王佳，丁希宇等.一座城市的成长：改革开放以来宁波行政区划调整历程［EB/OL］.（2016-11-14）［2018-09-08］.http://daily.cnnb.com.cn/nbrb/html/2016-11/14/content_1008270.htm?div=-1.

于关系尺度的重组,原宁波地区所辖广大县域划入新宁波市的管辖范围,宁波市的地域空间与人口、经济规模等都相应扩大,同时也使得宁波市政府职能由主管城市建设与工业发展工作转变为同时主管城市与农村建设发展工作。为了适应这一治理空间与治理职能的变化,地委、市委按照"有利于城乡生产和市场经济发展,有利于促进农村和城镇建设,有利于按经济区域统一规划、统一经营和管理"的要求,将宁波地区行政公署和宁波市政府两套机构和人员合二为一,同时采用民意测验、民主推举的方式将年轻的、文化程度高的人员留任,将其他人员进行分置安流。地市合并市级机关机构改革完成后,新市委、市政府班子成员总共14人,相比原来地市党政两套班子减少了24人,市委常委平均年龄由原来的57.7岁下降到49.3岁,市委班子中具有高中以上文化的比例由17%上升到60%,市级机关共设置机构55个,减少了77个①。这不仅大大精简了行政机构,还实现了领导干部的年轻化和文化素质的提高。

地市合并后,宁波市抓住国家推进沿海开放战略及城市经济体制改革的机会,获得了三次中央政府对其扩权的机会。在改革开放初期,浙江省实行省管县财政体制,即市(地)本级财政和县(市)财政一样都直接同省在体制上挂钩,市(地)级不与所辖县(市)在财政体制上产生结算关系,县财政直接对省。这种财政体制使地市合并后的宁波市与所辖县之间在行政上形成领导与被领导的关系及在经济上形成互相竞争的关系,并且导致了宁波市在国家沿海开放战略驱动下进行开发建设时遭遇财政困难。为此,宁波市人民政府于1986年向省委、省政府呈交《关于要求对宁波市实行计划单列的请示报告(代拟稿)》,提出通过计划单列完善市领导县体制的要求。1987年,国务院批准同意将宁波市列为计划单列市,并赋予其省一级的经济管理权限。同年,财政部发布《关于宁波市财政计划单列有关问题的通知》([87]财预字第198号)②,规定自1988年起将属于宁波市(包括所属六个

① 赖小惠.宁波地市合并.一项重要的行政体制变革[EB/OL].(2008-09-12)[2018-09-08].http://www.cnnb.com.cn/xwzxzt/system/2008/09/12/005779917.shtml.
② 财政部:《关于宁波市财政计划单列有关问题的通知》([87]财预字第198号)(1987年12月28日),宁波市档案馆馆藏档案,案卷号51-39-66。

县、市）的各项财政收支从浙江省划出来并在国家预算中实行计划单列（朝泽江，2018）。计划单列市在国家计划中单列户头，其经济和社会发展各项计划全面单列，直接纳入全国计划综合平衡、统筹安排，并直接参加全国性的各种经济活动（金祥荣等，2017）。这种放权让利的权力配置方式有利于提高计划单列市的经济效率（史宇鹏等，2007），促使其成为一个工业门类齐全、交通运输发达、商贸服务活跃的大型城市（金祥荣等，2017）。这是中央政府第一次通过权力尺度下移扩大宁波市的经济管理权限并提升了其在全国城市中的政治经济地位。但宁波市的行政等级并未发生变化，仍受到浙江省在"统筹、服务、协调、监督"等方面的领导。1988年，国务院批准宁波市成为"较大的市"，使宁波市获得与省会城市相同的地方性法规和地方政府规章制定权。这是中央政府第二次通过权力尺度下移扩大了宁波市的立法权力，在法律上提升了其政治地位。1993年，中央政府推进党政机构改革，取消了一批计划单列市，但宁波市仍保留为计划单列市。1994年，中央政府将宁波市列为副省级城市并使宁波市仍按计划单列市的相关规定享受省一级的经济管理权限。至此，中央政府第三次通过尺度下移提升了宁波市的地位，使宁波市在等级与权力尺度上都得到了提升。等级的提升与权力的扩大，促使区域内的资本、劳动力、技术等生产要素向宁波市集聚，促进宁波市社会经济发展。截至2017年末，宁波市已经成为长三角五大都市圈中心城市之一及长三角南翼经济中心，其地区GDP达到9 846.9亿元，财政总收入达到2 415.8亿元，常住人口为800.5万人，城镇人口占总人口的比重（即城镇化率）为72.4%①。

四、撤地设市与地市合并的逻辑 ▶▶

（一）尺度重组：以分权化为主的治理结构调整

　　从本质上讲，行政区划属于上层建筑，是国体、政体结构的重要表现形

---

① 宁波市统计局，国家统计局宁波调查队.宁波市2017年国民经济和社会发展统计公报[EB/OL].（2018-03-28）[2018-09-08].http://www.tjcn.org/tjgb/11zj/35354_2.html.

式。地方政府的各级行政管理体制、经济管理体制、社会管理体制都与行政区划密切相关（朱建华等，2015）。同时，行政区划作为中央统治地方及中央与地方分权的一种重要形式和手段，某种程度上可以视为国家结构形式的空间投影，具有管理与空间的双重属性（罗震东，2008）。撤地设市与地市合并既是省级政府通过地区与地级市之间的权力、关系及规模的尺度重组对地级市进行分权的过程，同时由于中央政府由上而下推动撤地设市与地市合并改革增加了地级市这一行政层级，因而也是中央政府向地方政府分权的过程。这个双重分权过程不仅重塑了地级市治理的权力与层级结构，也重塑了地方政府的行政管理体制。

在地区行署管理体制下，原本在法律上作为派出机关的地区行政公署实际上掌握着全区的人、财、物三大权并且在机构设置上也与省级政府机构相对应（熊文钊，1985；孙学玉，1998）。而地区行署通常驻在同一区域的市或县，造成同一个地区及城市内往往存在地、市、县、镇几套领导机构，行政层次重叠，行政人员规模越来越庞大，行政效率低下，行政成本攀升。如地区行署通常驻在同一区域的地级市（如南宁地区行署驻南宁市）或其所辖的某一县（市）（如贺州地区行署驻所辖贺州市），导致一个地方有两个行政中心，同时某些地区的中心城市的市委书记通常由地委副书记兼任（如温州市委书记由温州地区的地委副书记兼任），但地级市的市委书记的行政职权大于地委副书记的行政职权，导致地委和行署无法在统一层面统筹全区的工作，而且地区、市、县（市）之间发生尺度冲突，省、地区、市、县（市）之间制度性沟通成本增加。一方面，撤地设市与地市合并通过权力尺度重组使"省—（地区行政公署）—县（市）"与"省—地级市—市辖区"的权力及层级结构整合为"省—地级市—市辖区、县（市）"的权力与层级结构，撤销了地区这一级虚设的行政层级，增加了地级市这一级实体的行政层级，重塑了地方政府治理的权力与层级结构。另一方面，通过撤地设市与地市合并的关系尺度重组，使市县（市）间从并列分治的关系转变为上下隶属的关系，建立起市管县体制，理顺省、市、县（市）之间的行政关系，重塑了地方政府的行政管理体制。

（二）地域重构：以中心城市为导向的空间生产

在地区管理体制下，城市与乡村的经济社会发展都受到限制。地区行署管理体制下市县采取分治的模式，地级市主管工业发展与城市建设工作，地区主管农村农业发展，不仅造成了城乡分割、条块分割的局面，导致城乡之间生产要素无法自由流动，严重阻碍了城乡之间的经济合作，还造成市县之间重复建设与同质竞争严重，导致经济发展与公共资源配置效率低下。同时，由于地区管理体制下跨地区进行行政区划调整的难度较大，经济发达的中心城市在产业及人口规模扩大后，城市发展空间受限。而撤地设市与地市合并通过扩大地级市管辖的空间规模，重塑了地级市治理的空间结构。如果说城市的空间结构是城市内部要素的空间分布及组合关系，是城市经济、社会要素在空间上的投影（Bourne，1982），那么农村的空间结构是农村内部要素的空间分布及组合关系，是农业经济、社会要素在空间上的投影。在撤地设市与地市合并的过程中，省政府通过权力尺度上移对地区收权并撤销地区行署，设立一个或几个地级市来管辖原地区所辖县域，或者将地区所辖县划入一个或几个地级市的管辖范围，使地级市获得对周边县域的管辖权，产生新的有利于城乡共同发展的政治制度空间。同时，这使得地级市的治理空间从城市扩展到农村，使原来只管理城市建设与工业发展的城市型政区转变为既管城市又管农村、既管工业又管农业的广域型政区。在市场化改革以及户籍管理制度改革的配合下，地级市打通了城乡之间的生产要素流动的通道，既促使城市的资本、技术等生产要素能流向乡村以发展乡镇企业，同时又促使乡村的土地、人口、原材料等生产要素能流向城市以发展城市工业，提高资源配置效率与优化产业布局，重塑了农村与城市生产空间的结构。但是，由于撤地设市与地市合并通过尺度重组在管理层级上形成"省—市—县（市）"由高到低的权力等级关系，促使县域的各种资源要素在空间上向高等级的中心城市集聚与整合，形成了"以中心城市为核心、周边郊县包围城市"的城镇空间体系以及政治制度空间与社会经济空间互嵌的"行政经济圈层结构"（刘君德等，2015：193）。

第三节 市县合治和分治模式的变迁及逻辑

一、市县合治与分治模式的变迁及特征 ▷▷

市县分治是指地级市与县(市)分别由省级政府管理,采取"省—地级市、县(市)"的两级权力结构形式的一种治理模式。在这种模式中,地级市作为城市型政区,与县(市)不存在行政隶属关系。20世纪80年代之前,我国实行的地区管理体制采取的就是市县分治模式。进入21世纪后,基于缩减行政层级、提高行政效率、促进县域经济发展的考虑,又通过财政省管县改革、扩权改革、人事省管县改革,在全国范围内再次推行市县分治模式。

市县合治则是指采取"省—地级市—县(市)"的三级权力结构形式,由地级市对城区和所属县(市)进行统一管理的治理模式。在这种模式中,地级市作为辖县(市)的广域型建制,县(市)与地级市之间存在行政隶属关系。从20世纪80年代开始,我国通过撤地设市、地市合并、划县入市、县(市)升格并划县入市等方式实行市县合治模式。市县合治模式的出现,促使原来作为城市型建制的"省辖市"转变为广域型建制的"地级市"。通过梳理市县合治与分治模式变迁历程,结合改革中的关键性事件,可以将市县分治与合治分模式的发展大致分为四个阶段。

(一)1978—1982年:市县分治模式稳居主导,市县合治模式开始复苏

这一阶段,由于我国实行地区行署制度,市县分治是行政区划的主导模式。同时,由于城市发展的需要,市县合治模式处于缓慢的复苏阶段。中华人民共和国成立初期,我国实行的是专区公署制度,即省、自治区政府设立专区公署作为派出机关来管辖县(市)政府,同时较大的市由省政府直

辖（省辖市）。但基于保证城市蔬菜、副食品供应的需要，兰州、无锡、北京、天津和杭州等大城市开始自发领导周围的县。20世纪60年代的经济困难时期，为了解决粮食供应严重短缺问题，大多数市领导的县又划回专区，市管县模式进入消滞时期。"文化大革命"期间，专区陆续改为地区革命委员会，并成为正式一级政府，政府的层级演变为省—专区—县—乡四级。从1968年开始，管县的市数和市管的县数呈现逐年增加的趋势，市管县模式逐步复苏（吴金群，2013：1-4）。

　　1978年宪法将行政公署重新确立为省、自治区人民政府的派出机关，并规定直辖市和较大的市分为区、县。因此，自1978年后，地区革命委员会又陆续更名为地区行署，重新恢复派出机关的地位，全国绝大部分地方行政层级恢复为省—（地区）—县—乡虚四级（侯桂红，2009）。与此同时，被市管的县的数量缓慢增加。1978年末，我国共有173个地区，93个地辖市、2 076个县（自治县）、97个省辖市①。其中，有152个县（自治县）由市管辖（浦善新，2006：71），占总县（自治县）数的7.32%。除湖南省的数据缺失外，当时有1 681个县（市、自治县）由地区管辖、162个县（自治县）由自治州管辖、24个县由直辖市管辖、32个县（市）有盟管辖②，地区所辖县占总县（自治县）的88.52%。1982年末，全国共有170个地区、133个地辖市、2 067个县（自治县）、109个省辖市③。其中，有166个县（自治县）由市管辖（浦善新，2006：71），占总县（自治县）数的8.03%。其他大部分县（市、自治县）仍由地区管辖，少部分县（市、自治县）由自治州、盟管辖。由此可见，这一阶段市县分治是行政区划的主导模式，市县合治模式开始复苏，但此阶段由市管辖的县从152个增加到166个，平均每年增加3.5个县由市管辖，市县合治模式的复苏速度相对缓慢。

---

① 行政区划网.一九七八年全国政区统计表（截至一九七八年十二月三十一日）[EB/OL].（2005-03-12）[2018-09-08].http://www.xzqh.org/old/yange/1978.htm.
② 根据行政区划网及民政部公开的资料整理而得，湖南省1978年的资料缺失。
③ 行政区划网.一九八二年全国政区统计表（截至一九八二年十二月三十一日）[EB/OL].（2005-02-12）[2018-09-08].http://www.xzqh.org/old/yange/1982.htm.

（二）1983—2002年：市县合治模式迅速发展，市县分治模式逐步式微

这一阶段，由于市管县体制改革使得市县分治模式向市县合治模式转变，市县合治成为行政区划的主导模式，而市县分治模式逐步被取代。由于长期实行地区行署管理体制，城市人为地脱离农村孤立发展，城乡二元体制使经济增长日益陷入条块分割和城乡分割的困境之中，因而中央政府于20世纪80年代初决定在全国推行市领导县体制，以经济比较发达的城市为核心带动周围农村的经济发展（浦善新，2006：80-81）。1982年，党中央、国务院充分肯定了辽宁省率先试点市管县财政管理体制的经验，发布《关于改革地区体制，实行市管县的通知》，批准江苏全省实行市管县体制，并号召全国各省、自治区推进市管县改革试点。从1983年开始，全国掀起了市管县改革的浪潮，各个地方纷纷通过撤地设市、地市合并、划县入市、县市升格等方式来实现市县合治改革。1983年，我国共撤销了16地区，设立了19个地级市，地市合并24次，由县级市升格为地级市的有21个①。当年，全国共有2 158个县（自治县、县级市）②，由市管辖的县（自治县、县级市）达到530个（浦善新，2006：71），市管辖的县（自治县、县级市）数占总县（自治县、县级市）数的24.56%。1999年，中共中央、国务院发布《关于地方政府机构改革的意见》，提出要调整地区建制，减少行政层次，避免重复设置。与地级市并存一地的地区，实行地市合并；与县级市并存一地的地区、所在市（县）达到设立地级市标准的，撤销地区建制，设立地级市，实行市领导县体制。该文件再次推动了市县合治模式的发展，在2000年形成了市县合治的第二次高峰。

2000年，全国共撤销了20个地区，设立了20个地级市③，由市管辖的县（自治县、县级市）达到1 431个（浦善新，2006：71）。当年，全国共有2 019

---

① 根据行政区划网及民政部公开的资料整理而得。

② 行政区划网．一九八三年全国政区统计表（截至一九八三年十二月三十一日）[EB/OL]．（2005-02-10）[2018-09-08]．http://www.xzqh.org/old/yange/1983.htm.

③ 根据行政区划网及民政部公开的资料整理而得。

个县（自治县、县级市）①，由市管辖的县（自治县、县级市）数占总县（自治县、县级市）数的70.88%。截至2002年末，全国由市领导的县（自治县、县级市）达到1 502个（浦善新，2006：71）。当年，全国共有1 975个县（自治县、县级市）②，由市管辖的县（自治县、县级市）数占总县（自治县、县级市）数的76.05%。全国超过四分之三的县（自治县、县级市）由市管辖，剩余的近四分之一的县（自治县、县级市）主要由地区、自治州管辖。这一阶段市县合治模式迅速发展，而市县分治模式已逐步走向式微。除了海南省在设立之初（1988年）即采用市县分治模式外，只有浙江和宁夏在财政管理上仍然坚持市县分治模式，以及西部地区的西藏、新疆、贵州、青海保留了少数地区行署，下辖少量县（市）。

（三）2003—2016年：市县合治模式稳居主导，市县分治模式回潮

20世纪80年代，我国农村经济改革取得初步成就。当时区域经济、社会发展中的主要矛盾是市场体系发育不成熟与城乡分割，市管县体制改革对推动当时城乡经济、社会发展发挥了重要作用（袁政，2012）。但随着我国市场经济体制的确立和政府职能的转变，市管县越来越偏离通过中心城市发展带动周边县域经济发展的目标，其弊端诸如扩大城乡差距、加大行政成本、虚化城市概念、背离宪法精神等日益显现。而采用市县分治模式的海南，实行全面的省直管县，形成了"省—县、市"两级政府层级，因其改革符合市场经济发展要求及未来行政体制改革的趋势，被称为"海南方向"（吴金群，2013：9）。同时，因坚持实行财政省管县及扩权改革促进了县域经济发展（袁渊等，2011；崔凤军等，2012；樊勇等，2013；周武星等，2014；罗植等，2013），且进入全国百强县排名榜的县数一直稳居前三位，浙江的财政省管县、扩权改革被称为"浙江经验"。受浙江和海南的影响，福建、广东、安徽、河南、湖北等省份从2003年开始陆续开展扩权改革、财政省管县改革或

① 行政区划网.二○○○年全国政区统计表（截至二○○○年十二月三十一日）[EB/OL].（2005-02-10）[2018-09-08].http://www.xzqh.org/old/yange/2000.htm.
② 行政区划网.二○○二年全国政区统计表（截至二○○二年十二月三十一日）[EB/OL].（2005-02-10）[2018-09-08].http://www.xzqh.org/old/yange/2002.htm.

人事省管县改革。2005年起，中央开始陆续出台政策文件推动各省（自治区）进行省直管县（市）体制、扩权强县或强县扩权的改革试点，各个地方先后从财政、事权、人事权三个维度开展市县分治的改革实践。截至2015年末，在全国范围内除去4个直辖市和港澳台地区之外的27个省和自治区当中，只有西藏、新疆、内蒙古尚未展开市县分治的改革实践（吴金群，2017b：100-102）。2016年初，内蒙古自治区启动了对22个旗县的省管县财政改革试点，至此全国只有西藏和新疆未进行市县分治的改革实践①。由此可见，这一阶段在以市县合治模式为主导的情形下，市县分治模式出现了回潮的趋势。

（四）2017年至今：市县合治模式市稳居主导，市县分治模式徘徊发展

从前面三个阶段可以看出，市县分治与市县合治两种模式之间存在此消彼长的关系。但是在党的十九大之后，市县分治与市县合治模式的选择似乎进入了徘徊阶段。

首先，从中央政府的政策层面来看，十九大报告未提及推进市县分治改革。2012年，党的十八大报告明确提出"优化行政层级和行政区设置，有条件的地方可以探索省直接管理县（市）改革"。而2017年党的十九大报告中关于行政体制改革部分并未提及省管县体制改革，相关的只提到"赋予省级及以下政府更多自主权"及"在省市县对职能相近的党政机关探索合并设立或合署办公"。

其次，从政府改革的实践层面来看，个别地方政府在市县分治改革浪潮中继续奋勇前进，而个别地方政府已经从市县分治改革浪潮中急流勇退，增加了市县分治改革走向的不确定性。2017年7月，山西省政府发布《关于在部分县（市）开展深化省直管县财政管理体制改革试点的通知》，决定从2018年1月1日起在长治襄垣县、忻州原平市、晋中介休市等6个县（市）实行深化省直管县财政管理体制改革试点。2018年1月，山西省政府又发布

---

① 中国新闻网.内蒙古22个旗县开展"省直管县"财政改革试点［EB/OL］.（2016-01-24）［2018-11-18］.http://finance.chinanews.com/cj/2016/01-24/7730196.shtml.

《关于改革完善财政管理体制促进县域经济转型发展的意见》，进一步明确了"深化省直管县财政体制改革试点，激发县级财政活力"的要求。此外，山东省也在2017年新增平原县、宁津县、平阴县等17个县（市）纳入省直接管理县（市）财政体制改革试点范围。

与之相反的是，2015年9月河北省宣布新增的迁安市、宁晋县、涿州市等8个省直管县（市）试点县市（主要是扩权改革和财政省直管县改革试点）在试点半年后不再开展试点工作，重新划归所在设区市管理，但2013年试点的定州、辛集两市继续深化省直管县（市）体制改革试点工作。2017年9月，河南省委决定对从2014年1月1日起实行全面省管县体制的巩义市、兰考县、汝州市等10个县（市），于2018年1月1日起结束省管县体制，但对其他实行财政省直管县体制改革县（市）仍然继续深化省直管县（市）体制改革试点。2018年1月，河南省委省政府发布《关于深化省直管县管理体制改革完善省直管县管理体制的意见》，提出在省直管县的干部管理体制、纪委监察体制及区域协调发展方面，要加强省辖市对直管县的领导权和指导权[①]。截至2018年，我国市县分治改革试点已经进行了15年（2003—2018年）。按常规，当前应是从"局部改革试点"进入"全面体制转型"的关键时期。但在市县分治改革的进退之中，由于政策导向不明确，市县分治改革实践是否要继续推进似乎成为一个不确定的问题，部分地方政府对此也持观望态度。

二、市县合治与分治：河南省案例分析 ▶▶

（一）市县合治改革中的地域重构与尺度重组

改革开放初期，我国实行的仍然是地区行署管理体制，全国主要实行的

---

① 该意见提出，在干部管理体制方面，"直管县干部由所在省辖市党委管理，县（市）党委书记符合条件且有职数的由所在省辖市市委常委兼任；县（市）长比照县（市、区）委书记管理使用，其职务任免由省委组织部会同省辖市党委提出建议，报省委常委会审议"；在纪检监察体制方面，"直管县纪委由同级党委和所在省辖市纪委双重领导，省委召开的重要会议和举行的重要活动，必要时可通知直管县参加"。此外，还提出"省辖市在制定国民经济和社会发展规划时，将直管县纳入全市总体规划统筹安排"。

是市县分治模式。1978年底,河南省辖10个地区、6个省辖市、8个地区辖市、111个县;其中只有荥阳县由郑州市管辖,其他110个县(市)由地区管辖①。1982年,安阳市、新乡市由地区辖市升级为省辖市,至此河南省辖10个地区、8个省辖市、9个地区辖市(新增的地区辖市分别为1980年、1981年通过切块设立的周口市、驻马店市、义马市)、111个县;其中1个县由郑州市管辖,其他110个县(市)由地区管辖②。因此,在1982年之前河南省主要实行市县分治模式。

1983年,根据国务院《关于同意河南省地市合并实行市管县体制给河南省人民政府的批复》,河南省开始了相应的改革:① 撤销开封地区行政公署,将巩县、新郑、密县、登封、中牟五县划归郑州市管辖,将兰考、尉氏、通许、祀县、开封五县划归开封市管辖;② 撤销安阳地区行政公署,将安阳、浚县、淇县、林县、汤阴五县划归安阳市管辖;③ 撤销濮阳县,设立濮阳市,由省直接领导,并将安阳地区的内黄、滑县、清丰、南乐、长垣、范县、台前七县划归濮阳市管辖;④ 将新乡地区的汲县、新乡两县划归新乡市管辖;⑤ 将新乡地区的修武、博爱两县划归焦作市管辖;⑥ 将许昌地区的宝丰、鲁山、叶县三县划归平顶山市管辖;⑦ 将洛阳地区的新安、堰师、孟津三县划归洛阳市管辖。此后,河南省陆续通过撤地设市、地市合并、划县入市的方式来实行市县合治。1983—2000年间,河南省共撤销了10个地区,通过撤地设市新设地级市9个,通过地市合并新设地级市4个,划县入市7次(不包括撤地设市过程中划县入市次数),如表4.1所示。2000年末,河南省在全省范围内完成了市县合治改革,其下辖17个地级市、21个县级市、89个县,其中109个县(市)由地级市管辖,1个县级市(济源市)由省政府直辖③,全省除济源市外,全面实行市县合治模式。

---

① 行政区划网.1978年河南省行政区划[EB/OL].(2009-04-09)[2018-09-08].http://www.xzqh.org/html/show/ha/15122.html.

② 行政区划网.1982年河南省行政区划[EB/OL].(2009-04-09)[2018-09-08].http://www.xzqh.org/html/show/ha/15126.html.

③ 行政区划网.2000年河南省行政区划[EB/OL].(2009-04-09)[2018-09-08].http://www.xzqh.org/html/show/ha/15144.html.

表4.1　1978—2000年河南省市县合治改革中的行政区划调整

年份	撤 地 设 市	地 市 合 并	划 县 入 市
1983	撤销安阳地区,设立地级濮阳市,将安阳地区下辖县划归濮阳市	①将开封地区与郑州市、开封市合并设立新郑州市、新开封市,开封地区下辖县分别划归新郑州市、新开封市 ②安阳地区与安阳市合并设立新安阳市,将安阳地区下辖县划归新安阳市	①将新乡地区的新乡、汲县两县划归新乡市管辖 ②将新乡地区的武修、博爱两县划归焦作市 ③将许昌地区的宝丰、鲁山、叶县三县划归平顶山市 ④将洛阳地区的新安、偃师、孟津三县划归洛阳市
1986	①撤销许昌地区,许昌、漯河两市升为地级市,将许昌地区下辖县划归许昌市、漯河市、平顶山市 ②撤销洛阳地区,三门峡市升为地级市,将洛阳地区下辖部分县(市)划归三门峡市	①将新乡地区与新乡市、焦作市合并,将新乡地区下辖县划归新新乡市与焦作市 ②将洛阳地区与洛阳市、平顶山市合并设立新洛阳市与平顶山市,将洛阳地区下辖部分县划归新洛阳市与平顶山市	①将安阳市的浚县、淇县划归鹤壁市管辖 ②将濮阳市的滑县、内黄两县划归安阳市,将长桓县划归新乡市
1994	撤销南阳地区、县级南阳市、南阳县,设立地级南阳市,南阳地区下辖县划归南阳市	/	/
1997	撤销商丘地区、县级商丘市、商丘县,设立地级商丘市,商丘地区下辖县划归商丘市辖	/	将平顶山市的襄城县划归许昌市
1998	撤销信阳地区、县级信阳市、信阳县,设立地级信阳市,信阳地区下辖县划归信阳市。	/	/

（续表）

年份	撤 地 设 市	地 市 合 并	划 县 入 市
2000	① 撤销周口地区与县级周口市,设立地级周口市,周口地区下辖县划归周口市 ② 撤销驻马店地区和县级驻马店市,设立地级驻马店市,驻马店地区下辖县划归驻马店市	/	/

注：行政区划调整案例为0的年份未在表中列出。

资料来源：1978年1月1日—2017年7月18日的数据根据行政区划网 http://www.xzqh.org/html/ 及民政部官网 http://xzqh.mca.gov.cn/description?dcpid=1 公开的资料整理而得；2017年7月18日—2017年底的数据根据民政部批准的公文资料整理而得。

从河南省推行市县合治改革中采取的区划调整模式来看,撤地设市、地市合并、划县入市主要从权力、关系及规模等尺度进行了重组。在等级尺度上,撤地设市、地市合并、划县入市等都未改变进行地域重构的政区的等级,因此市县合治改革不涉及等级尺度的重组。在关系尺度上,市县合治改革改变了市县之间的尺度连接。撤地设市、地市合并及划县入市,使原来平行或斜向的关系变成了地级市与县(市)之间的上下隶属关系。在规模尺度上,市县合治改革使地级市获得了县(市)的管辖权,通常会扩大地级市的规模尺度。如果是通过划县入市、地市合并来实行市县合治,则新成立的地级市的土地面积、人口数、经济总量等规模方面相应扩大;如果是通过撤地设市来实行市县合治,新成立的地级市的规模尺度大小取决于从原地区划入的县(市)的个数。在权力尺度上,市县合治改革主要是对地级市、地区与地区辖县(市)之间的管辖权力进行尺度重组。省政府通过撤地设市、地市合并与划县入市,将县(市)的管辖权力从地区转移至地级市,扩大地级市的管辖权力。总之,市县合治改革的核心是地区、市、县之间关系尺度的重组,本质是地区、市、县之间权力尺度的重组,外在表现为地级市与地区之间规模尺度的重组。

（二）市县分治改革的历程与尺度重组

1. 河南省市县分治改革的历程

市县分治改革实践包括三个方面，即财政省直管县改革（财权维度）、扩权改革（事权维度）及人事省直管县（人事权维度）改革。如果在财权、事权、人事权三个维度同时实现了省直管县，则称之为"完全市县分治模式"；如果只是在某一个维度或两个维度上实现省直管县，则称之为"不完全市县分治模式"。根据河南省市县分治改革的历程，结合改革中的关键性事件，可以将河南省市县分治改革实践大致分为四个阶段。

（1）第一阶段（1997—2009年）：开启不完全市县分治改革试点。

这一阶段将试点县（市）分为扩权县（市）与财政省直管县（市）两类。对少数几个经济发达的试点县（市）同时进行财政省直管县与经济社会管理方面的扩权改革，对大多数试点县（市）进行经济管理和社会管理方面的扩权改革，并对试点县（市）党政主要领导进行高配（针对财政省直管试点县）或职级提升（针对扩权县）的人事改革。

河南省最早于1997年尝试在济源市（县级市）开展市县分治改革，于2004年正式开始扩权改革与财政省管县改革。济源市于1988年撤县建市，1997年由焦作市代管改为由河南省政府直辖，成为副地级市。2005年，济源市升格为省辖市（省直辖县级行政单位），按正地级市配置机构，享有地级市的所有权限[①]，其市委、市人大、市政府、市政协四大领导班子的职级统一高配到正厅级。2004年4月，河南省人民政府出台《关于发展壮大县域经济的若干意见》，正式拉开了河南省开展大规模市县分治改革试点的序幕。该《意见》明确提出"扩大县（市）经济社会管理权限"，"赋予巩义、永城、项城、固始、邓州五县（市）省辖市的经济管理权限和部分社会管理权限；选择30个基础条件好、经济实力强、发展速度快的县（市），赋予其省辖市经济管理权限，并在建设用地等指标分配给予倾斜"，以及"巩义、永城、项城、固始、邓州五县（市）的县（市）委书记由所在省辖市的市

---

① 济源市人民政府官网.济源市历史沿革［EB/OL］.（2017-07-28）［2018-09-08］.http://www.jiyuan.gov.cn/zjjy/201305/t20130530_106617.html.

委常委兼任;对埋头苦干、做出贡献,在一个县(市)长期担任主要领导的,经考察可明确为副市(厅)级干部"。除了赋予省直管县与省辖市相同的经济管理权限和部分社会管理权限外,该文件还规定省财政在体制补助、税收返还、转移支付、财政结算、专项补助、资金调度等方面直接核定并监管到省直管县。

2004年5月,河南省人民政府下发《关于扩大部分县(市)管理权限的意见》,决定扩大巩义市、项城市、永城市、固始县、邓州市、新密市、新郑市等35个县(市)的管理权限,并对其中的巩义市、项城市、永城市、固始县、邓州市5个区位优势明显的市县赋予省辖市相同的经济管理权限和部分社会管理权限,并对巩义、项城、固始、邓州4县(市)财政实行与省直接结算。

总体上,省政府赋予35个扩权县(市)的主要管理权限共有80项,新密等30个县(市)与巩义等5个县(市)分别享有不同的权限。其中,赋予巩义等五县(市)的管理权限主要包括计划直接上报、财政直接结算、经费直接划拨、税权部分扩大、项目直接申报、用地直接报批、证照直接发放、统计直接报送、政策直接享有、信息直接获取10个方面的权限。赋予新密等30个县(市)的经济管理权限包括在建设项目管理、土地审批、证照发放3个方面享有与巩义等5县(市)完全相同的经济管理权限,以及在税权扩大方面享有4项与巩义等5县(市)相同的权限(如试点县的地税部门依照省辖市的审批管理权限受理纳税人的营业税、企业所得税政策性减免事项及税前弥补亏损、处理财产损失事项),并且规定国家和省在上述4个方面对省辖市新出台的经济管理政策和经济管理权限的划分,新密等30个县(市)同巩义等5县(市)一样直接享有,但在计划、财税、统计管理及经费划拨方面新密等30个县(市)仍维持现行体制。此外,为了协调省辖市与试点财政省直管的4个县(市)之间的关系,该文件规定"对省结算后,从2004年起,省财政按照存量不动、确保既得利益的原则,重新核定4县(市)对所属省辖市本级的上解基数固定上解省级,由省财政返还所属省辖市"及"4县(市)因财政结算体制变化对所属省辖市本级财力造成较大影响时,由省财政根据省辖市本级财力状况给予适当补助"。

（2）第二阶段（2009—2013年）：扩大不完全市县分治改革试点。

这一阶段主要是扩大财政省直管县改革与扩权改革的试点范围，对新纳入的试点县（市）同时进行扩权改革与财政省直管县改革。2009年5月，河南省发布《关于完善省与市县财政体制的通知》，决定扩大省直管县改革试点范围，增加兰考、宜阳、郏县、滑县、封丘、温县、范县、鄢陵、卢氏、唐河、夏邑、潢川、郸城、新蔡、正阳15个县为财政省直管县，并对其进行扩权改革。该《通知》规定，按照《河南省人民政府关于扩大部分县（市）管理权限的意见》，赋予省直管县与省辖市相同的经济管理权限和部分社会管理权限，同时省财政在体制补助、税收返还、转移支付、财政结算、专项补助、资金调度等方面直接核定并监管到省直管县。2011年4月，河南省又出台了《省直管县体制改革试点工作实施意见》，确定自2011年6月1日起在巩义市、兰考县、汝州市、滑县、长垣县、邓州市、永城市、固始县、鹿邑县、新蔡县10个县（市）进行省管县体制改革试点，在保持行政建制、行政区划、党委和人大政协体制、法院和检察院体制不变的情况下，赋予试点县（市）603项经济社会管理权限，享受与省辖市同等的权限，且其县委书记、县长高配为副厅级，并实行财政省管县体制（吴金群，2017b：105）。

（3）第三阶段（2013—2017年）：推行完全市县分治改革试点。

这一阶段开始对部分试点县进行全面省直管县改革。2013年11月，河南省委省政府印发《河南省深化省直管县体制改革实施意见》，提出从2014年1月1日起，对巩义市、兰考县、汝州市、滑县、长垣县、邓州市、永城市、固始县、鹿邑县、新蔡县10个县（市）全面实行由省直接管理的体制，并通过调整党委体制、人大体制、政协体制、法院和检察院体制、群团体制以深化省直管县体制改革。该《实施意见》明确：① 直管县四大班子正职由省委管理：直管县党委直接受省委领导，向省委负责并报告工作；直管县纪委和党委各部门直接受省纪委和省委对应部门领导或指导；直管县人大常委会直接受省人大常委会指导和监督；直管县政协直接受省政协的指导；直管县群团组织直接受省级群团组织领导或指导。② 直管县法院、检察院由省级直接管理：设立河南省第一中级人民法院、河南省人民检察院第一分院，依法行使中级人民法院、检察分院的职权，管辖巩义市、汝州市、邓州市、永城市、固始县、鹿邑县、新蔡县；济源市中级人民法院更名为河南省第二中级人民法院，河南省人民检察院济源分院更名为河南省人民检察院第二分院，管辖济源市、兰考县、滑县、长垣县；河南省第一、第二中级人民法院均由省高级人民法院直接管理；河南省人民检察院第一、第二分院均为省人民检察院派出机关，由省人民检察院直接领导。这标志着河南省省直管县体制改革从扩权改革、财政省管县、人事省管县进入了全面省直管县改革试点阶段。

（4）第四阶段（2017年至今）：取消完全市县分治，维持不完全市县分治。

这一阶段对部分试点县取消了全面省直管县改革，对其他进行财政省直管县改革与扩权改革的试点县的政策维持不变，并开始强化省辖市对直管县（市）的指导与监督权。2017年9月，河南省委决定，从2014年1月1日起，实行省管县体制的巩义市、兰考县、汝州市等10个县（市），于2018年1月1日起结束省管县体制，10个直管县的组织人事、人大政协、司法隶属、扶贫、环保等回归省辖市统一管理，经济优惠政策不变。2018年1月，河南省委省政府发布的《关于深化省直管县管理体制改革完善省直管县管理体制的意见》提出：① 在干部管理体制方面，"直管县干部由所在省辖市党委管理县（市）党委书记符合条件且有职数的由所在省辖市市委常委兼任；县（市）长比照县（市、区）委书记管理使用，其职务任免由省委组织部会同省辖市党委提出建议，报省委常委会审议"。② 在纪检监察体制方面，"直管县纪委由同级党委和所在省辖市纪委双重领导；省委召开的重要会议和举行的重要活动，必要时可通知直管县参加"。③ 在区域协调发展方面，"省辖市在制定国民经济和社会发展规划时，将直管县纳入全市总体规划统筹安排"。④ 在人大、政协和司法、群团组织体制方面，"直管县人大常委会接受所在省辖市人大常委会的指导和监督；直管县政协受所在省辖市政协指导；直管县人民法院受所在省辖市中级人民法院指导；直管县人民检察院由所在省辖市人民检察院领导，直管县群团组织由所在省辖市群团组织领导或指导"。

由此可知，河南省取消了部分试点县的全面省直管县，使全面省直管县退回原地级市管辖体制之内；同时在深化省直管县体制时，对其他进行扩权改革和财政省直管县的县（市），强调要加强省辖市对直辖县（市）的指导权和监督权，尽管未提及要取消扩权改革和财政省直管县，但在一定程度上弱化了市县分治改革的实质意义。

2. 市县分治改革中的尺度重组

市县分治改革并非直接改变地级市本身的区划形态，它改变的是省市县之间的隶属关系及管辖权力（叶林等，2017）。因此，市县分治改革主要体现为省市县之间的关系与权力的尺度重组。这种尺度重组根据市县分治改革的程度，可以分为两种情况。

（1）不完全市县分治改革中的省、市、县（市）之间财权、事权、人事权及财政关系、人事关系、行政关系的尺度重组。主要表现为：① 扩权改革中省政府通过权力尺度下移，扩大县（市）经济社会管理权限与财政权力，对省、市、县之间的事权与财权进行尺度重组。② 财政省管县中省政府通过权力尺度上移，将地级市对所辖县的财政管理权力转移到省政府手中，并通过权力尺度下移扩大县（市）的财政权力，对省、市、县之间的财政关系与财权进行尺度重组。③ 党政主要领导人事省管县中省政府通过尺度上移，提高县（市）党政主要领导的行政级别，或由地级市领导兼任县（市）党政主要领导，将县（市）党政主要领导的人事管理权力从地级市手中转移到省政府手中，对省、市、县之间的部分人事权力进行尺度重组。④ 不完全市县分治改革中地级市通过撤县设区来强化对县（市）的控制权，通过关系尺度重组来防止省政府对县（市）进行直管。

从扩权改革来看，河南省通过权力尺度下移将省辖市的经济管理权限与部分社会管理权限下放给试点县（市），并扩大了试点县（市）的部分税权。由于社会管理权限只是部分进行重组，因此试点县（市）在社会管理方面仍然受制于地级市。但经济管理权限的完全重组使试点县（市）在经济管理方面获得了与地级市同等的自主性，使其在经济发展中能以相对平等的身份与地级市进行竞争与合作，而不再处于以往经济管辖下被掠夺的竞争劣势地位。

从财政省管县来看，河南省不仅通过权力尺度上移将试点县（市）的财政管理权从地级市手中转移到省政府手中,并通过权力尺度下移扩大了试点县(市)部分财政权,使省与试点县(市)能够双赢。但是由于地级市仍然管辖试点县(市)的部分社会事务,因此财权、事权的不完全尺度重组造成了地级市财权、事权的不均衡,进而造成了省、市、县之间的冲突。

从人事省直管县来看,河南省实行的是党政主要领导人事省管县,通过高配试点县的党政主要领导为地级市常委或提升试点县党政主要领导的级别为副厅级,来加强省对试点县(市)的控制及激励,但试点县(市)其他干部的人事管理权仍然保留在地级市手中,因而造成了人事关系在不同尺度上的交叉。总而言之,省管县改革的不彻底导致了省、市、县政府之间纵向科层体系的交错(吴金群,2017a),进而导致了省、市、县(市)之间关系尺度与权力尺度的冲突。

(2)完全市县分治改革中的省、市、县(市)之间行政隶属关系的尺度重组。这主要表现为省政府通过权力尺度上移,将县(市)管辖权从地级市手中完全转移至省政府手中,使地级市与县(市)之间的行政隶属关系转变为省与县(市)之间的行政隶属关系。在河南省实行的全面省直管县的试点县(市)中,省政府通过调整省与试点县(市)之间的行政关系及党委体制、人大体制、政协体制、法院和检察院体制、群团体制,将试点县(市)的管辖权从地级市手中彻底转移到省政府手中,建立起省与试点县(市)之间的行政隶属关系,并使得地级市与试点县(市)之间的纵向行政隶属关系转变为横向或斜向关系。由于完全的市县分治改革理顺了省、市、县之间的科层关系,因此不存在尺度交错问题。

三、市县合治与市县分治的逻辑 ▶▷

(一)市县合治的逻辑

在计划经济时代,国家将城市的功能定位为发展工业,将农村的功能定位为发展农业,并将社会主义发展的首要目标确定为快速实现以国家和城市为主导的工业化(Ma,2002)。国家将资金、技术、人才等生产要素集中投向城市,同时依靠农业积累支持城市工业发展,加之城乡分割的人口户籍管理制度、行政性的资源配置机制阻碍了各要素在城乡之间流动,导致了城市与乡村差距不断扩大,并形成了城市居民与农村居民两种不同等级的社会身份,即城乡二元结构(Ma,2005)。进入20世纪80年代,为了改变城乡分割的二元结构,缩小城乡发展差距,国家转变了过去"以农村/农业支持城市/工业"的发展战略,制定了"以城市/工业带动农村/农业"的发展战略(即以经济发达的中心城市带动周边农村的发展战略),由上而下地改革地区行署管理体制并推行市管县体制,促使地区行署管理体制下的市县分治模式转变为市管县体制下的市县合治模式。在"以级别定权力"的地方政府权力设定模式中,地方政府热衷于参与"升级锦标赛"来获取权力与资源(王雪丽,2012)。因此,在国家发展战略及权力与利益的驱动下,地方各级政府通过尺度重组与地域重构改变以往造成城乡分割的地方空间系统与行政系统,建立有利于城乡一体化的地方空间系统与行政系统,实现以城市作为国家经济增长引擎的发展战略,具体表现为:

(1)在国家发展战略的驱动下,地区、地级市、县(市)通过地域重构以构建"以中心城市为核心、辐射带动周围乡村发展"的地方空间系统,即治理空间的重构。省政府通过撤地设市、地市合并、划县入市、县市升格并划县入市等方式对地级市管辖的空间进行重构,促使市县分治模式下"城市与乡村分块独立"的城乡二元分割式的地方空间系统转变为市县合治模式下"以中心城市为核心、辐射带动周围乡村发展"的城乡一体化的地方空间系统。在地区行署体制下的市县分治模式中,市县(市)之间相互独立,地区主要管辖广大县域并侧重于农村建设及农业发展工作,地级市(省辖市)主要管辖市区并侧重于城市建设与工业发展工作,加之国家实行全面的计划经济体制及严格的户籍管理制度,导致城市与乡村之间的生产要素无法流动,城市与乡村在空间上变成了失去市场联系的两个独立的经济块。

在这种城乡二元分割的城镇空间体系下,城市快速实现了工业化发展,而农村由于生产资源被用来支持工业发展而处于被掠夺的地位,导致城乡发展严重失衡,并且随着城市工业化发展,城市发展空间越来越受到限制。为了促进城乡经济协调发展,国家制定以市带县的发展战略,通过地域重构将县域纳入地级市的管辖范围,促使地级市对城乡发展进行统一规划,以形成"以中心城市为核心、辐射带动周围乡村发展"的地方空间系统。

（2）在权力与利益的驱动下,地区、地级市、县（市）通过尺度重组构建有利于城乡一体化的市县合治的行政体系,即治理体制的重构。省政府通过尺度上下迁移对地区、地级市、县（市）之间的权力、关系及规模进行重组,扩大地级市的管辖权力与空间范围,促使地区行署体制下市县之间的平行分立关系转变为市管县体制下市县之间的上下隶属关系。

对于中央政府来说,20世纪80年代社会发展的主要目标是快速实现以国家和城市为主导的工业化（Ma,2002）,实现以城市为经济增长驱动的国家发展战略。因此,中央通过尺度下移要求地方政府通过实行市县合治来扩大地级市的权力,以便地级市整合区域内资源促进工业建设与社会经济发展。对于地方政府来说,由于中国行政区划具有严密的等级性,不同的行政级别不仅关乎主政官员个人的地位和权力,也决定了当地政府能从国家获取到的政策与资源,因此下级行政单位会有强烈的"升级"冲动来提升本地的行政级别（周伟林等,2007;Chan,2010）。

在市县合治改革中,地区通过撤地设市、地市合并将其机构及人员转变为地级市的机构及人员,相当于从派出机关转型为一级正式的政权组织,其权力变大;地级市通过撤地设市、地市合并、划县入市等获得了对县（市）的管辖权,其权力与空间规模都相应扩大;县（市）通过县市升格为地级市并通过划县入市获得县（市）的管辖权,其等级获得提升,权力与空间规模相应扩大。因此,通过地区、地级市、县（市）之间的权力、等级、关系、规模的尺度重组,撤销了地区并确立了市县之间的行政隶属关系,建立了有利于城乡一体化的市县合治行政体系。

（二）市县分治的逻辑

市管县体制在很大程度上解决了社会转型初期行政区和经济区的磨合问题,促进了区域市场的统一和规模经济的形成,精简了政府机构并提高了行政效率,避免了省县之间长期虚实不定和缺乏法律主体地位的尴尬,加快了中国的城市化进程,加强了城乡一体化发展（孙学玉等,2004）。但进入

21世纪后,市管县体制发生诸多的体制异化现象,逐渐偏离了其初始的政策目标,导致市县利益的二元冲突(叶敏,2012)。

为了促进市县协调发展,中央政府与地方政府推行了省直管县改革。但由于现实的复杂性和主观认知的制约、制度的密集性和关联互补的锁定、权力的不均衡和集体行动的困境等产生的制度黏性,使得从市管县向省管县的制度变迁显得有些"步履蹒跚"(吴金群,2016b)。也正因为如此,才会在市县分治改革实践中形成"不完全的市县分治"与"完全的市县分治"两种模式。与市县合治改革不同,市县分治改革既是地方政府由下而上自主探索与中央政府由上而下的政策驱动的结果,也是地方各级政府之间围绕权力与利益进行尺度重组的结果,更是治理体制对经济体制转型适配的结果。

(1)地方—中央双向尺度迁移下的地方治理创新。市县分治改革首先是一个由地方政府发起的自下而上的尺度上移过程。受到个别省管县省份(浙江、海南)示范效应的影响,加之市管县体制造成的各种问题逐渐显现,部分省区自2003年开始探索省直管县改革试点。与此同时,进行省直管县改革试点的省份或试图进行省直管县改革试点的县(市)通过对媒体与学术界施加影响,为其市县分治改革营造氛围,并寻找社会支持与理论依据。当试点县(市)经济社会发展成效显现后,省政府通过尺度上移对中央政府政策施加影响,寻求省管县改革的合法性和政策支持。其次,市县分治改革也是一个由中央政府推动的自上而下的尺度下移过程。一方面,受到地方政府及县域经济发展绩效的影响;另一方面,由于一统体制与地方治理之间存在不可调和的矛盾(周雪光,2011),中央政府为了实现有效治理也愿意通过分权来为地方政府改革创新提供支持。因此,中央政府自2005年开始出台相关政策由上而下地引导与支持各地推行省管县改革。在地方与中央双向尺度迁移的推动之下,全国各地迅速开展了市县分治改革试点。2017年以后,中央政府的政策导向变得不明确,地方政府的市县分治改革有进有退,相关改革在总体上进入了徘徊阶段。

(2)地方各级政府权力与关系尺度重组下的治理体制重构。在不完全的市县分治改革中,财政省管县使省政府通过尺度上移将市对县的财政管理权转到省政府手中,建立省与县之间的财政管理关系,并扩大县(市)的财政权力；扩权改革使省政府通过权力尺度下移使县（市）获得与地级市接近的经济管理权限与部分社会管理权限；党政主要领导的人事省管县使省政府通过尺度上移将县（市）党政主要领导的人事管理权从地级市手中转移到省政府手中。通过省、市、县之间的权力与关系的尺度重组，不完全市县分治模式形成了财政分权（财政省管县）、行政分权（扩权改革）与政治集权（党政主要领导人事省管县）相结合的权力集分平衡结构以及"行政市管县与财政省管县"的混合体制。这种体制既强化省对县的激励，又能强化省对县的控制，使市县（市）在经济管理及财政管理方面处于同等的地位，增强县（市）经济发展的自主性。但在市县分治模式推行过程中，由于行政市管县的存在，因为要争夺县（市）的控制权而加剧了省、市、县（市）之间的矛盾。省政府通过扩权强县实现权力尺度下移导致碎片化，地级市通过撤县设区实现权力尺度上移导致集权化（Li et al.，2014）。地级市与县之间的竞争，也导致撤乡并区以及新设开发区的策略出现（Luo et al.，2014）。在完全的分治改革中，省、市、县之间通过权力与关系的尺度重组将市县合治模式下"省—市—县（市）"三级权力结构彻底转变为市县分治下"省—市、县（市）"两级权力结构，建立起全面省管县体制。在这种体制中，省、市、县之间的权力与关系相对明确，基本不存在尺度交错与矛盾冲突问题。

（3）治理体制对经济体制转变的适配。经济基础决定上层建筑，经济体制的转变意味着治理体制也必须进行转变。在计划经济向市场经济转变的初期，国家为了实现以经济发达的中心城市带动周边农村发展的战略，由上而下推行市县合治模式，形成了"省—市—县"三级权力结构。进入21世纪后，随着我国市场经济体制的建立与完善，国家为了促进市县协调发展，由上而下引导地方政府推行市县分治模式，形成了"省—市、县"两级权力结构。相比之下，市县合治模式下的权力结构更强调市县之间的权力纵向传承，市县合治模式下的权力结构更偏重于资源配置的市场横向联结。当社会主义市场经济基本确立以后，市场机制的决定性作用逐步取代了政府主导的资源配置方式，经济的横向联合逐渐代替了权力的纵向传承，政府的职能也从原来的"无所不包"转向了"有所为，有所不为"（吴金群，2016b）。另外，市县分治模式下的两级层级结构比市县合治模式下的三级层级结构更精简，更符合市场经济体制下对层级结构扁平化与行政效率目标的追求。因此,从市县合治转变为市县分治是计划经济体制向市场经济体制转变的一种适配。

第四节　县(市)升格模式的变迁及逻辑

一、县(市)升格模式的变迁及特征 ▶▷

县(市)升格模式是指将县及县级市升格为地级市或者撤销县或县级市设立地级市。县市升格模式有两种情况:一种是单独将县(市)升格为地级市或者将两个县(市)合并后将其升格为地级市;另一种是在撤地设市过程中,将地区所辖某县(市)升格为地级市,以实行市管县。县(市)升格模式是除了撤地设市与地市合并模式之外,产生新的地级市的主要模式。结合图4.5与表4.2,大致可以将县(市)升格模式的发展历程分为三个阶段。

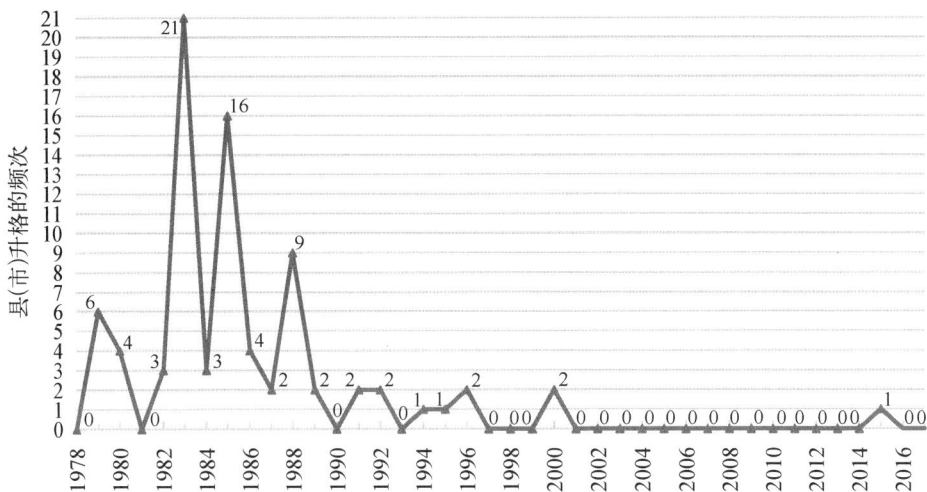

图4.5　1978—2017年县(市)升格为地级市的频次

注:县(市)升格频次统计的是最终形成的地级市个数。

资料来源:1978年1月1日—2017年7月18日的数据根据行政区划网 http://www.xzqh.org/html/ 及民政部官网 http://xzqh.mca.gov.cn/description?dcpid=1公开的资料整理而得;2017年7月18日—2017年底的数据根据民政部批准的公文资料整理而得。

表4.2　1978—2017年县（市）升格与地市降格情况

年份	县（市）升格频次	县（市）升格情况	地级市降格情况
1978	0		① 河南：将地级新乡市改为县级市，由新乡地区管辖 ② 河南：将地级安阳市改为县级市，由安阳地区管辖
1979	6	① 安徽：安庆市升格为地级市 ② 湖北：沙市市升格为地级市 ③ 湖北：宜昌市升格为地级市 ④ 湖北：襄樊市升格为地级市 ⑤ 广东：撤销宝安县，设地级深圳市 ⑥ 广东：撤销珠海县，设地级珠海市	
1980	4	① 江西：九江市升格为地级市 ② 湖南：湘潭市升格为地级市 ③ 湖南：衡阳市升格为地级市 ④ 湖南：邵阳市升格为地级市	
1982	3	① 河南：新乡市升格为地级市 ② 河南：安阳市升格为地级市 ③ 新疆：克拉玛依市升格为地级市	
1983	21	① 河北：邯郸市升格为地级市 ② 河北：邢台市升格为地级市 ③ 河北：保定市升格为地级市 ④ 河北：张家口市升格为地级市 ⑤ 河北：承德市升格为地级市 ⑥ 河北：沧州市升格为地级市 ⑦ 黑龙江：佳木斯市升格为地级市 ⑧ 黑龙江：七台河市升格为地级市 ⑨ 江西：撤销新余县，设地级新余市 ⑩ 江西：鹰潭市升格为地级市 ⑪ 湖北：荆门市升格为地级市 ⑫ 湖北：撤销县级鄂城市、鄂城县，设地级鄂州市 ⑬ 广西：北海市升格为地级市 ⑭ 四川：泸州市升格为地级市	广东：海口市降格为县级市，划归海南行政区管辖

（续表）

年份	县（市）升格频次	县（市）升格情况	地级市降格情况
1983	21	⑮河北：秦皇岛市升格为地级市 ⑯内蒙古：赤峰市升格为地级市 ⑰吉林：四平市升格为地级市 ⑱吉林：辽源市升格为地级市 ⑲浙江：湖州市升格为地级市 ⑳浙江：嘉兴市升格为地级市 ㉑河南：濮阳县升格为地级市	
1984	3	①辽宁：撤销盘山县，设地级盘锦市 ②辽宁：铁岭市升格为地级市 ③辽宁：朝阳市升格为地级市	
1985	16	①吉林：撤销海龙县，设地级梅河口市 ②吉林：撤销怀德县，设地级公主岭市 ③山西：晋城市升格为地级市 ④吉林：通化市升格为地级市 ⑤吉林：浑江市升格为地级市 ⑥浙江：金华市升格为地级市 ⑦浙江：衢州市升格为地级市 ⑧福建：泉州市升格为地级市 ⑨福建：漳州市升格为地级市 ⑩山东：泰安市升格为地级市 ⑪四川：绵阳市升格为地级市 ⑫四川：广元县升格为地级市 ⑬四川：遂宁县升格为地级市 ⑭四川：内江市升格为地级市 ⑮四川：乐山市升格为地级市 ⑯甘肃：天水市升格为地级市	吉林：梅河口市改为县级市 吉林：公主岭市改为县级市
1986	4	①广东：海口市升格为地级市 ②河南：许昌市升格为地级市 ③河南：漯河市升格为地级市 ④河南：三门峡市升格为地级市	
1987	2	①山东：威海市升格为地级市 ②广东：三亚市升格为地级市	

（续表）

年份	县（市）升格频次	县（市）升格情况	地级市降格情况
1988	9	① 山西：撤销朔县、平鲁县，设地级朔州市 ② 湖南：大庸市升格为地级市 ③ 广东：撤销清远县，设地级清远市 ④ 广东：东莞市升格为地级市 ⑤ 广东：中山市升格为地级市 ⑥ 湖南：常德市升格为地级市 ⑦ 广东：肇庆市升格为地级市 ⑧ 广东：惠州市升格为地级市 ⑨ 广东：河源市升格为地级市	
1989	2	① 辽宁：锦西市升格为地级市 ② 山东：日照市升格为地级市	
1991	2	① 广东：潮州市升格为地级市 ② 广东：撤销揭阳县，设地级揭阳市	
1992	2	① 吉林：撤销扶余市，设地级松原市 ② 山东：莱芜市升格为地级市	
1994	1	广东：云浮市升格为地级市	
1995	1	广西：贵港市升格为地级市	
1996	2	① 江苏：撤销县级泰州市，设地级泰州市 ② 江苏：撤销县级宿迁市，设地级宿迁市	
1997	0		重庆市：撤销地级万县市及所辖龙宝区、天城区、五桥区，设立重庆市万县区；撤销地级涪陵市及所辖枳城区、李渡区，设立重庆市涪陵区
1998	0		云南：撤销地级东川市，设昆明市东川区

（续表）

年份	县（市）升格频次	县（市）升格情况	地级市降格情况
2000	2	① 安徽：撤销县级亳州市，设地级亳州市 ② 湖北：撤销县级随州市，设地级随州市	
2011	0		安徽：撤销地级巢湖市与居巢区，设县级巢湖市，以原居巢区的行政区域为县级巢湖市的行政区域
2015	1	海南：撤销县级儋州市，设地级儋州市	

注：表中斜体部分为撤地设市过程中为了实现市管县将县（市）升级为地级市的情况。县（市）升格案例为0的年份未在表格中列出。

资料来源：1978年1月1日—2017年7月18日的数据根据行政区划网 http://www.xzqh.org/html/ 及民政部官网 http://xzqh.mca.gov.cn/description?dcpid=1 公开的资料整理而得；2017年7月18日—2017年底的数据根据民政部批准的公文资料整理而得。

第一阶段（1978—1982年）：县（市）升格模式缓慢发展阶段。这一阶段通过县（市）升格设立的地级市的数量缓慢增加，13个县（市）通过县（市）升格设立13个地级市。其中，2个由县升格为地级市，11个由县级市升格为地级市，主要分布在湖南、湖北、河南三个中部地区。

第二阶段（1983—2000年）：县（市）升格模式进入快速发展阶段。这一阶段通过县（市）升格设立的地级市的数量快速增加，且超过一半的县（市）都是在撤地设市过程中升格为地级市。共有69个县（市）通过县（市）升格设立67个地级市，其中12个县通过升格设立11个地级市，57个县级市通过升格设立56个地级市。在空间分布上（见表4.2），发生频次最高的是东部地区（30次），其次是中部地区（14次）和东北地区（13次），发生频次最低的是西部地区（10次）。其原因在于东部地区经济相对发达，人口聚集规模较大，达到设市标准的县（市）的数量相对较多。此外，如图4.4所示，1983年是县（市）升格为地级市发生频次最高的一年（21次），以后逐年递减。其原因在于从1983年开始，我国开始大规模推行市领导县体制改革，将县（市）升格为地级市进而领导周边县（市）是实行市领导县的一种重要方式。

第三阶段（2001—2017年末）：县（市）升格模式处于基本停滞阶段。只有在2015年，有1个县级市升格为地级市。这一阶段之所以很少有县（市）升格为地级市，关键是因为县（市）升格主要是为了实行市管县体制。在1983—2000年间，全国大部地区已经通过撤地设市、地市合并将大部分县（市）划入了地级市的管辖范围，只有西部地区尚有少量的县（市）仍属于地区管辖。

在县（市）升格为地级市的同时，也有地级市降级为县级市或市辖区的情况。这种降级的情况可以分为四类：① 为了实行地市合一将原来的省辖市降为地辖市，如1978年河南省新乡市和安阳市由省辖市降级为地辖市，分别由新乡地区和安阳地区领导；1983年广东省将海口市降级为县级市，由海南行政区领导。② 由于不符合设立地级市的条件，在县升格为地级市后不久又降级为县级市，如1985年2月吉林省撤销海龙县和怀德县，设立地级梅河口市和公主岭市，但同年12月又将梅河口市和公主岭市降级为县级市。③ 由于资源枯竭而失去经济发展动力被降为市辖区，如1988年云南省地级东川市降级为昆明市东川区。④ 因为区域经济发展的需要而将地级市降为县级市，如2011年安徽省将地级巢湖市降级为县级市，并将原地级巢湖市所辖的一区四县分别划归合肥、芜湖、马鞍山三市管辖。一方面使合肥、芜湖和马鞍山三市获得了新的城市拓展空间，有力地支撑了省域城镇体系规划所确立的"合肥都市圈"和"芜马都市圈"的建设意图，并通过集群效应提升区域核心竞争力；另一方面也结束了原地级巢湖市"小马拉大车"的尴尬局面，一定程度上有利于对五大淡水湖之一的巢湖进行统一规划、统一治理、统一管护，综合开发利用湖岸资源（罗震东等，2015）。

二、县（市）升格：湖北省随州市案例分析 ▶▷

（一）县级随州市升格为地级市的背景

随州市最早是由切块设市而来的。1979年，湖北省将随县城关镇从随县划出设立了县级随州市并由襄樊市管辖。1983年，湖北省撤销随县，并将其行政区域并入随州市。1994年，湖北省政府将随州市由襄樊市管辖改为由省直辖，但公检法和武警、部队仍属襄樊市管辖。随州市（县级）地处湖北省北部，东边与孝感市下辖的广水市相邻，西邻襄樊市下辖的枣阳市，北与河南省桐柏县接壤，南边与荆门市下辖的钟祥市与京山县相接，地处长江流域与淮河流域的交汇地带，被称为湖北省的"鄂北门户"。1999年末，随州市土地面积为6 989平方千米，下辖5个乡、25个镇、4个街道，总人口为165.10万人，农业人口131.16万人，非农业人口33.94万人（符合设地级市标准25万人以上），非农业人口占总人口的比重为20.56%，地区GDP为85.21亿元（符合设地级市标准25亿元以上），第一产业24.14亿元，第二产业30.02亿元，第三产业31.05亿元（符合设立地级市标准中的工农业总产值30亿元以上及第三产业产值超过第一产业产值），第三产业生产总值占地区GDP的比重为36.44%（符合设地级市标准35%以上），市财政收入为43 373万元（符合设地级市标准2亿元以上）①。对照当时适用的1993年版设立地级市的标准，随州市已经达到设立地级市的要求。

（二）地级随州市的地域重构

2000年6月，经国务院批准，湖北省撤销省直辖县级随州市，设立地级随州市，市人民政府驻新设立的曾都区；随州市设立曾都区，以原县级随州市的行政区域为曾都区的行政区域，区人民政府驻烈山大道；同时将孝感市代管的广水市划归地级随州市代管。新设的曾都区面积为6 989平方千米，下辖25个镇、5个乡、4个街道。2000年末，随州市土地面积约9 636平方千米，地区GDP为121.11亿元，下辖1个区、1个县级市、11个乡、36个镇、7个街道，总人口约248.47万人，其中曾都区人口约159.88万人，广水市人口约88.59万人②。2005年，曾都区通过乡镇合并将所辖5个乡全部撤销合并为镇。

① 湖北省统计局.湖北统计年鉴2000［M］.北京：中国统计出版社，2000：9，345，347，352.
② 湖北省统计局.湖北统计年鉴2001［M］.北京：中国统计出版社，2001：9，22，31.

2009年5月,国务院批准设立随县,以随州市曾都区部分乡镇的行政区域为随县的行政区域。新曾都区管辖区域包括原曾都区的东城等4个街道、万店等5个镇、城南新区管委会及经济开发区管委会、48个居委会及154个行政村,总面积为1 316平方千米,为原曾都区面积的19%;总人口为64.43万人,为原曾都区人口的39%,其中农业人口40.83万人,占总人口的63%,城镇人口23.6万人,占总人口的37%[①]。新随县管辖原曾都区的厉山、高城等19个镇,总面积为5 673平方千米,为原曾都区的81%,总人口约98.83万人[②]。随县成立后,随州市城区(曾都区)位于随县和广水市中间地带。2015年7月,新曾都区和随县正式成立,区政府驻西城街道烈山大道,县政府驻厉山镇。

之所以要从曾都区中切块设立随县,原因在于三个方面:第一,曾都区面积为6 989平方千米,号称"全国第一区",但全区95%的面积是广大农村,形成了"小马拉大车"的格局,区政府难以对广大的农村经济社会进行管理;第二,随州市升为地级市后,曾都区和广水市两个县级区划单位形成比较独特的二元结构,无法形成激励效应;第三,国家不断扩大县域发展自主权,增加对县的一般性转移支付,出台系列县域经济发展优惠政策,但这些优惠只对县不对区,致使原曾都区作为粮食和水库大区无法享受相关国家政策,同时也无法享受湖北省赋予县(市)享有地市经济社会管理权限。新随县的成立,使曾都区可以集中精力加快推进工业化进程,打破"一区一市"的行政区划体制,构筑起区域经济"三足鼎立"、竞相发展的新格局,同时还解决了随州"小城市带不动大农村"、城市区域管理难度大等难题,为各县市区提供广阔的发展空间[③]。湖北省之所以将广水市划入地级随州市,原因在于随州市是中国专用汽车生产基地,而广水市是鄂豫物资的重要聚

[①] 行政区划网.曾都区历史沿革[EB/OL].(2014-08-06)[2018-09-08].http://www.xzqh. org/html/show/hb/15442.html.

[②] 行政区划网.随县历史沿革[EB/OL].(2014-08-06)[2018-09-08]http://www.xzqh. org/html/show/hb/15444.html.

[③] 杨富春.湖北第62个县市随县正式建置 成中国最年轻的县[EB/OL].(2009-07-29) [2018-09-08].http://cpc.people.com.cn/GB/64093/64387/9748474.html.

散地,两者组合有利于随州专用汽车产业发展。

(三)地级随州市的尺度重组

在随州市升格为地级市的过程中,省政府要求县(市)升格以后不增加编制,保持一种高效的运行机制。因此,随州市在组建新的地级市政府时,将原县级随州市政府的机构编制拆为两个部分以组建新的随州市政府和曾都区政府,新划入的广水市则按随州市代管的县级市运行,其行政组织机构不变。2000年,随州市财政收入仅为8.35亿元,原来供养县级市政府一套行政管理体制,现在要供给地级随州市政府和曾都区政府两套行政管理体制,加之县级随州市升级为地级市后需要按照地级市的标准建设各种基础设施和配套措施,财政资金出现短缺。一方面是公务员的编制受到严格限制,另一方面是财政资金短缺,而又恰逢中央政府正在推行新一轮地方政府机构改革。在多重因素的推动下,随州市率先推行了大部制改革,并于2000年底发布《随州市直党政群机构设置及人员编制方案》。该方案的基本思想是"合并同类项",即将职能基本相近的单位合并设置,职能衔接较紧的单位采取挂牌设置,职能交叉的单位能不单设的尽可能不单设。最常见的做法是将多个部门合并或采取"一套人马,多块牌子",如市档案局与市档案馆、市党史办、市地方志编纂办公室四块牌子、一套班子①。经过改革,随州市政府最终成立了28个组成部门,曾都区政府成立了10个组成部门。

在随州升格为地级市的过程中,县级随州市通过权力尺度上移升为地级市。尽管其在升级前,作为省直管县的随州市已经享有与地级市同等的经济社会管理权限,但是地级市在机构编制、干部配置及工资待遇以及司法制度方面都与原县级市有很大的区别。同时,省政府通过权力尺度上移和下放将广水市的管辖权从孝感市政府手中转移到随州市手中,不仅使随州市的管理权扩大,还使随州市在人口规模和土地规模尺度上得到扩张。尽管随州市升级前是省直管县,但公检法和武警、部队仍属襄樊市管辖,升级

---

① 新浪网.湖北随州七年探索大部制改革:机构整合是关键[EB/OL].(2008-02-24)[2018-09-08].http://news.sina.com.cn/c/2008-02-24/125915006868.shtml.

后随州市与襄樊市完全脱离行政隶属关系,由湖北省政府直接管辖,因而在关系尺度上也发生了重组。

三、县(市)升格的逻辑 ▶▶

(一)尺度重组:围绕权力争夺的"升级锦标赛"

县(市)升格是低等级尺度的县(市)通过等级、关系、权力尺度重组升级为高等级尺度的地级市的过程。在这个过程中,县(市)行政级别得到提高,权力相应扩大,行政隶属关系由地区或地级市管辖转为由省政府管辖。同时,大多数县(市)升格为地级市后,都会设立市辖区并通过划县(市)入市的方式辖县,这意味着其财权、事权、人事权及经济与空间规模都将得到扩大。因此,县(市)升格实际上是一场"升级锦标赛",获得升级的县(市)其等级、权力、规模都得到扩大。而县(市)之所以热衷于参加这场"升级锦标赛",在于两个方面的原因:一方面我国地方政府权力的设定采取"以级别定权力"模式(王雪丽,2012),级别的高低决定了地方政府可配置的权力的大小、资源的多寡以及政府间关系中的角色。在"省—市—县(市)"三级权力结构中,县(市)处于权力链的末端,其经济社会管理权限要受到地级市的限制,其财政收入要由省与地级市共同分成,在地方政府竞争中其话语权最小。另一方面,我国地方政府官员的治理采取以经济增长为基础的"晋升锦标赛模式"(周黎安,2007),而经济增长离不开一个强有力的政府提供良好制度环境与争取更多有利的资源。县(市)通过尺度上移可以提升自身在权力体系中的等级,进而为经济社会发展争取更多有利的资源。因此,处于低等级尺度的县(市)通过尺度上移实现等级的提升及权力、规模的扩张,为自身发展与组织发展争夺更多的权力与资源,是县(市)升格的内在逻辑。

(二)地域重构:政策驱动下的区域中心城市构造

20世纪80年代,为了实现以经济发达的中心城市带动周边县域发展的战略,中央政府主张通过撤地设市、地市合并来推行市管县体制。因此,在中央政府的政策驱动下,许多地方撤销地区并将地区所辖的某一经济实力较强的县(市)升级为地级市以领导原地区所辖的县(市),或者是先将某个县(市)升级为地级市,然后从地区辖县中划入部分县归新设立的地级市管辖。根据表4.2可知,在1978—2017年间,通过县(市)升格设立的地级市共有81个,其中有31个地级市是在撤地设市过程中通过县(市)升格而来的;有67个地级市设立的时间集中在1983—2000年间,而这期间也正是通过撤地设市、地市合并、划县入市等方式实行市管县改革的高峰期。进入21世纪后,在十八大报告提出的"建设海洋强国"、"十二五"规划提出的"陆海统筹"战略、国家新型城镇化规划明确提出的东部地区城市群"推进海洋经济发展"等政策的带动下,诸多海洋城市也通过行政区划调整来推动陆海统筹发展(林拓等,2015)。具体表现为通过县(市)升格,提升海洋城市的行政层级,从而促进沿海资源的整合。比如,2015年海南省将儋州从县级市升格为地级市,目的在于加快培育海南岛西部的区域中心城市(林拓等,2017)。

第五节　切块设市模式的变迁及逻辑

一、切块设市模式的变迁与类型 ▷▷

切块设市,即以县域某一经济较发达的工矿区或旅游区为中心,同时从邻近县(市)中切出部分行政区域组合成为一个地级市,或基于政治需要将部分具有军事战略意义的区域组合成为地级市(如三沙市)。切块设市模式通常用于设立县级市的情况较多,用来设立地级市的情况比较少。从表4.3可知,改革开放40年来,通过切块设立的地级市只有8个。从时间分布看,切块设立地级市主要集中于1981—1988年间,共设立7个地级市;2000年以后,只设立了1个地级市。从空间分布看,西部地区共发生3次,东部地区发生4次。根据这8个地级市设置的具体情况,可以将切块设立地级市分成四种类型：① 依托矿产或旅游资源设立的地级市，如甘肃省金昌市是在镍矿区的基础上建立起来的，山东省的东营市依托胜利油田基地而设置，甘肃白银市依托白银矿区而建立，广东省阳江市依托旅游资源而建立。② 依托地理区位优势而建立的地级市，如广东省汕尾市基于其港口优势而设市。③ 基于管理需要而设立的地级市，如四川德阳市。当时中国第二重型机器厂、东方电机厂、东方汽轮机厂等都建在德阳县，但这些机械厂的主管部门设在成都，意味着工厂外属德阳管，工厂内由成都管，造成了德阳管理上的困难①。为了统一德阳的管理工作，德阳县、二重厂、东方电机厂、东方电工机械厂等13个单位联合向四川省政府申请改革德阳地区的行政体制，后四川省政府同意设立德阳市并将绵阳地区的德阳、中江、绵竹三县和成都市的广汉、什邡二县划归德阳市管辖。④ 基于特殊的政治经济目的而设立地级市，如设立海南省三沙市作为南部边防城市。设立三沙市至少有三个方面的意义：一是增强我国对南海岛屿管辖的合法性和控制权；二是维护中国对南海岛屿的领土、领海主权；三是为了更好地开发南海的能源资源。

表4.3　1978—2017年切块设地级市的概况

年份	切 块 设 地 级 市 的 实 践
1981	甘肃：设立地级金昌市，以永昌县金川镇所属的金川地区和双湾、宁远堡2个人民公社为金昌市的行政区域，同时将威武地区的永昌县划归金昌市领导
1982	山东：设立地级东营市，以利津县、垦利县、广饶县、沾化县、博兴县的部分行政区域为其行政区域，同时将惠民地区的利津、垦利两县划归东营市管辖
1983	福建：设立地级莆田市，以莆田县部分行政区域为其行政区域，莆田市设城厢、涵江2个区，同时将莆田地区的莆田、仙游两县划归莆田市管辖
1983	四川：设立地级德阳市，辖城区街道办事处、汉旺镇和旌阳、城区、八角井3个公社，将绵阳地区的德阳县、中江县、绵竹县和成都市的广汉、什邡二县划归德阳市管辖

---

① 天府社区.德阳市建市经过［EB/OL］.（2016-10-31）［2018-09-08］.http://bbs.scol.com.cn/thread-15144005-1-2.html?_dsign=d7b53cfa.

（续表）

年份	切 块 设 地 级 市 的 实 践
1985	**甘肃**：设立地级白银市，以兰州市白银区、皋兰县的强湾、武川、水川3个乡设立白银区，以靖远县的宝积镇和宝积、水泉、共和、种田、复兴等5个乡设立平川区，同时将定西地区的皋兰县、靖远县和武威地区的景泰县划归白银市管辖
1988	**广东**：设立地级汕尾市，以海丰县的汕尾、田墘、遮浪、东涌、捷胜、红草、马宫7个镇的行政区域为汕尾市的行政区域，同时将陆河县和原惠阳地区的海丰县、陆丰县划归汕尾市管辖 **广东**：撤销阳江县，设立地级阳江市和阳西县，以原阳江县的织篢、程村等9个乡镇及织篢农场的行政区域为阳西县的行政区域，以原阳江县其他区域为阳江市的行政区域，将阳西县和江门市的阳春县划归阳江市管辖
2012	**海南**：撤销西沙群岛、南沙群岛、中沙群岛办事处，设立地级三沙市

注：切块设市案例为0的年份未在表中列出。

资料来源：1978年1月1日—2017年7月18日的数据根据行政区划网http://www.xzqh.org/html/及民政部官网http://xzqh.mca.gov.cn/description?dcpid=1公开的资料整理而得；2017年7月18日—2017年底的数据根据民政部批准的公文资料整理而得。

二、切块设市：甘肃省金昌市案例 ▶▶

（一）金昌市设立的背景

金昌市是在永昌县金川矿区的基础上建立起来的。1959年，甘肃地质局祁连山队在永昌县宁远堡乡白家嘴发现了大型铜镍矿。同年，成立了永昌镍矿冶金部（后更名为金川有色金属公司），开启了金川镍基地大规模开发建设的进程。1962年，永昌县在镍矿建设区设立金川镇人民政府，为镍基地的建设提供服务保障。随着金川矿区生产建设的不断发展，人口的不断增加，原有的行政建制和管理机构（金川镇）在市政管理、社会治安等诸多方面已经无法适应形势的需要。1970年，甘肃省第一次向国务院报送专题报告，请求在金川矿区设立市的建制，实行政企合一的体制，最终未能获得批准。1978年，全国科学大会将金川资源综合利用列为全国三大资源综合利用基地之一。同年8月，时任中共中央政治局委员方毅视察金川，并针对当时矿区行政建制、市场管理、社会治安和职工福利等方面凸显的矛盾，就加快金川生产建设、引进国外先进技术和设立市的问题等向中共中央提呈了报告①。1978年9月，甘肃省政府就设立金川市一事第二次向国务院报送专题报告，还是未能获得批准。前两次的设市方案是：金川市体制实行政企合一，市的行政区域，除现在金川镇所辖地区外，将永昌县的宁远堡、河西堡、双湾三个人民公社划归金川市。但因永昌县对县和市的区域划分有意见，群众也有反映，故要求暂不批复②。

　　1979年10月，甘肃省政府先后三次与金川公司、武威地区、永昌县、八冶公司就设立金昌市问题召开协商会议，并第三次向国务院呈送了请示报告，但仍未能获得批准。该报告提出："金川矿区是我国重要的产镍基地，在今后的十年规划中，将把金川矿区建成我国九大有色金属基地之一。现已探明矿石储量5亿吨，含镍538万吨，含铜339万吨，还含有多种稀有金属。金川矿区开发以来，生产不断发展，职工人数增加很快，目前矿区已有非农业人口5万人，行政管理是金川与河西堡合设一个镇，这种行政建制同矿区建设和工业生产的发展很不适应，市镇管理、社会治安、职工福利等工作，存在很多问题，急需改变现行建制。为此，经省委、省革委会讨论，根据1955年6月9日国务院《关于设置市、镇建制的决定》中有关聚居人口不足十万的重要工矿基地或者边远地区的重要城镇可以设置市的建制的规定精神，从加强金川有色金属基地建设，有利于工农业生产，加快'四化'步伐的实际需要出发，设立市的行政建制，定名为'金昌市'（因金川有同名）。金昌市，为省辖市，把永昌县全境划归金昌市。市辖一县（永昌县）、一区（金河区即金川矿区），这样有利于工农结合，城乡结合，有利于解决城市蔬菜和副食供应，有利于解决工农用水矛盾。金昌市实行政企分开，市机关设在金河区。撤销原金川镇建制。河西堡地区仍归永昌县管辖。截至1978年底，全市总人口为296 982人，其中非农业人口为83 838人，占总人口的28.23%，

---

① 金昌党史.1981年2月国务院批复设立金昌市［EB/OL］.（2017-02-10）［2018-09-08］.https://mp.weixin.qq.com/s?_biz=MzI2OTE3NTE3OQ%3D%3D&idx=2&mid=2725056379&sn=5560021bebb6369996dd4faadd08c03a.

② 金昌党史.甘肃省革命委员会关于设立金昌市的请示报告（甘革发〔1979〕230号）［EB/OL］.（2017-10-30）［2018-09-08］.https://www.sohu.com/a/201270693_680730.

农业人口为213 154人,占总人口的71.77%,总面积7 400多平方千米。金河区有城市人口54 614人。"[1]1980年9月17日,甘肃省向国务院作了《关于变更设立金昌市方案的报告》,对1979年的设市方案作了修改,缩小了金昌市的行政区域范围。1980年12月19日,甘肃省人民政府就设立金昌市一事再次向国务院报送了补充报告,认为1979年的变更方案使市行政区域划得过小,不利于解决有些矛盾和金昌市的建设发展,因而报告申请以1979年10月22日报国务院的设市方案为宜[2]。最终,1981年2月,国务院批准了甘肃省设金昌市的请求。

(二)金昌市的地域重构

金昌市的地域重构包括切块设市、划县入市及切块设区三个部分。1981年2月,国务院批复设立金昌市,将永昌县金川镇所属金川地区和宁远堡、双湾两个公社划为金昌市的行政区域,将武威地区的永昌县划归金昌市领导,金昌市为省辖市,市人民政府驻金川。1981年10月,武威地区正式向金昌市移交永昌县。1982年8月,金昌市政府正式成立,以永昌县金川镇所属的金川地区和宁远堡、双湾两个人民公社划为金昌市市区的行政区域,并将武威地区管辖的永昌县划归金昌市领导[3]。1984年12月,甘肃省政府批准成立金昌市金川区,将金昌市直属的宁远堡、双湾2个乡和北京路、兰州路等5个街道办事处划归金川区管辖,金川区面积约3 017平方千米[4]。至此,金昌市保持一区一县的格局并延续至今。2017年末,金昌市实现地区GDP 224.29亿元,一般公共预算收入22.22亿元,全市常住人口46.92万人,

---

① 金昌党史.甘肃省革命委员会关于设立金昌市的请示报告(甘革发〔1979〕230号)[EB/OL].(2017-10-30)[2018-09-08].https://www.sohu.com/a/201270693_680730.

② 金昌党史.甘肃省人民政府关于设立金昌市的补充报告(甘政法〔1980〕331号)[EB/OL].(2017-10-30)[2018-09-08].http://www.sohu.com/a/201270693_680730.

③ 金昌政府服务网.金昌概览历史沿革[EB/OL].(2017-03-16)[2018-09-08].http://www.jc.gansu.gov.cn/art/2017/3/16/art_43_134.html.

④ 行政区划网.金昌市历时沿革[EB/OL].(2016-06-17)[2018-09-08].http://www.xzqh.org/html/show/gs/28692.html.

城镇人口32.89万人,乡村人口14.03万人,城镇化率达到70.09%[①]。

(三)金昌市的尺度重组

　　首先,金昌市的设立是一个中央政府与甘肃省政府、甘肃省政府与金川公司、武威地区、永昌县、八冶公司协商博弈的过程。在1970—1981年间,甘肃省四次向中央政府提出设立金昌市的申请,但1970年与1978年两次申请未能获得中央批准。当时设市方案是"以金川镇及远堡、河西堡、双湾三个人民公社的行政区域设立金川市",相当于把永昌县经济最发达的金川地区划走设县级市并与永昌县形成相互独立的两个部分,这引起永昌县及人民群众对市与县的区域划分的不满。因此,在1979年第三次向中央政府提出申请前,甘肃省政府先后三次与金川公司、武威地区、永昌县、八冶公司就设立金昌市问题召开协商会议,修改了设市方案。一方面,将设立县级金川市改为设立地级金昌市;另一方面,将永昌县的金川地区和宁远堡、双湾两个公社的行政区域作为金昌市市区的行政区域,永昌县其他行政区域仍为永昌县的行政区域,并将武威地区的切割后永昌县划归金昌市领导。新的设市方案,相当于将原来的永昌县的行政区域改为了金昌市的行政区域,所形成的区县的划分比市县的划分更有利于保全永昌县的利益及促进永昌地区的经济社会发展。

　　其次,金昌市设立也是甘肃省通过权力尺度上移对威武地区、永昌县之间关系与规模进行尺度重组的过程。甘肃省通过权力尺度上移将永昌县部分行政区域划出成立新的地级市,使金川地区和宁远堡公社、双湾公社由永昌县所辖转为由金昌市金川区所辖,并使永昌县由威武地区所辖改为金昌市所辖。从规模尺度来看,永昌县的金川地区、宁远堡公社和双湾公社被划出设立地级市市区,切割后的永昌县的土地规模和人口规模变小,威武地区所辖区域也因为永昌县的划出而变小。

---

① 金昌市统计局.金昌市2017年国民经济与社会发展统计公报[EB/OL].(2018-07-27)
　　[2018-09-08].http://www.tjcn.org/tjgb/28gs/35681_5.html.

三、切块设市的逻辑 ▶▶

（一）尺度重组：基于利益的多层级尺度之间的协商博弈

与其他设市模式不同的是，一方面切块设市模式具有明确的经济目的或政治目的；另一方面切块设市由于涉及多个政区或区域的切割与重组，因而通常涉及多个层级尺度之间经济利益或政治利益的分配。对于依托矿产资源、旅游资源、特殊地理位置、管理需要而设立地级市来促进经济社会发展的，不仅会涉及诸如地区、县、乡镇的区域分割以及新设地级市的市辖区与辖县的划分问题，还会涉及区域内大型企业的利益。

以金昌市的设立为例，在长达十多年的设市过程中，中央政府与甘肃省政府、甘肃省政府与金川公司、武威地区、永昌县、八冶公司围绕各自利益经过多次协商博弈才达成一致的设市方案，进而才得到中央政府的设市批准。在这种切块设市的情境中，主要是通过对各个政区的关系与规模的尺度重组来平衡各个相关主体的利益。对于基于特殊的政治目的而设立的地级市，涉及更多高等级尺度组织对重大政治利益的博弈。以三沙市为例，在《国务院关于同意海南省设立地级三沙市的批复》中明确提出，三沙市应把维护国家主权和安全放在突出位置，在各项建设中认真贯彻国防需求、军民兼顾、平战结合，实现国防建设与经济建设协调发展。因此，国家主权和领土安全是三沙市设立的重大政治利益关切。在这种情境中，不仅涉及三沙市、海南省政府及中央政府的关系尺度的重组，还可能涉及中国与菲律宾、越南等国家之间关系尺度的重组。三沙市的设市使得中央政府与海南省政府通过尺度上移增强了对南海岛屿的控制权，同时在国际上也使中国向越南、菲律宾等国家确认对南海岛屿的领土权。

（二）地域重构：经济发展与国家战略驱动下的空间生产

分析以上切块设地级市的案例后可以发现，切块设市主要包括两重逻辑：一是基于内在发展的驱动建立新的空间体系，以适应经济社会发展的需求；二是基于外在国家战略的驱动建立新的政区体系，以维护国家利益和地方稳定。对于依托矿产资源、旅游资源、特殊地理位置、管理需要而通过切块设立的地级市,是由市场内生的经济发展动力促使地方政府通过尺度重组和地域重构来产生新的政治制度空间与社会经济空间,从而适应新的社会经济关系。由于这些具有特殊的经济发展资源或优势的地区在经济社会发展到一定程度后,原有的行政管理体制不仅不能适应现在的人口规模、产业布局和经济社会发展状况,反而阻碍区域内生产要素的流动、产业的发展壮大及社会管理水平的提高,即行政区划对区域经济的行政分割造成了"行政区经济"(王健等,2004;刘君德,2006b;刘小康,2010)。

因此,在经济发展力量或者市场力量的推动下,通过切块设市可以为经济社会发展提供适配的空间体系及行政体系。对于在国家战略驱动下设立的地级市,由于涉及国家、跨国区域等国家尺度及超国家尺度的政治问题,其设立是由外在且强有力的政治力量的推动下,通过尺度重组和地域重构生产出的具有特殊政治意义的政区。同时,还会通过国家资本或政府招商引资来重构该政区的经济社会空间,以促进其经济社会的发展和政权的稳定。如海南省三沙市的设立,既是在国家"海洋强国战略"驱动下进行的、以整合海洋资源为目的海洋型中心城市的构建,也是在国际政治和外交战略中宣示主权和维护领土的需要。总而言之,切块设区通过对碎片化的社会经济空间与政治制度空间进行整合,促进了地方经济社会的发展或政治稳定。

第五章

市辖区的尺度重组与地域重构

进入21世纪后，中国城市化发展已经从城市规模扩张阶段进入到城市功能与内涵提升的新阶段，行政区划调整模式逐步从撤县设区、区县合并向区界重组转变（殷洁等，2013b）。这不仅表明中国城市正从注重单纯的规模扩张向更加注重城市功能与内涵提升的转变，而且意味着中国城市正从热衷于外部的宏观尺度重组与地域重构向内部的微观尺度重组与地域重构转变。作为城市型政区的市辖区，既是参与全球经济竞争的微观尺度，也是城市治理的微观尺度，其空间规模扩张及功能优化的方式转变透视着城市经济结构与城市治理结构的空间转向。

第一节　市辖区的设置标准及发展历程

一、市辖区设置标准的变迁 ▷▷

本章所指的市辖区包括直辖市和地级市的市辖区。截至目前，我国还没有颁布过专门的《市辖区设立标准》。1955年，国务院发布的《关于设置市、镇建制的决定》，规定了设立市辖区的标准。但随着城市化的发展，该版市镇设置标准早已失效，新的市镇设置标准虽几经变更，但直到如今，依然未能提出新的市辖区设置标准。2003年，民政部在昆明召开全国部分省区市行政区划工作座谈会，就制定和修订《市辖区设立标准》《设镇标准》《设立县级市标准》和《行政区划管理条例》征求意见。2014年3月，国家发改委发布的《国家新型城镇化规划（2014—2020）》提出，要制定城市市辖区设置标准，优化市辖区的规模和结构。同年10月，民政部发布了《市辖区设置标准（征求意见稿）》。2018年3月，国家发改委《关于实施2018年推进新型城镇化建设重点任务的通知》提出，要优化城市市辖区规模结构，制定《市辖区设置标准》《市辖区设置审核办法》，稳步推进撤县（市）设区，增强设区市辐射带动作用。然而，从2003年到2018年，酝酿了近15年的《市辖区设置标准》，至今仍未能出台。

（一）1955年版设市辖区标准

中华人民共和国成立后，最早关于设立市辖区的标准是1955年颁布的《国务院关于设置市、镇建制的决定》[①]，该文件对市辖区的设置作出如下规定："人口在二十万以上的市，如确有分设区的必要，可以设置市辖区。人口在二十万以下的市，一般不应设市辖区；已经设了的，除具有特殊情况，经省人民委员会或自治区机关审查批准保留者外，均应撤销，分别设立街道办事处，作为市人民委员会的派出机关。需要设市辖区的，也不应多设。""工矿基地，规模较大，聚居人口较多，由省领导的，可设置市的建制。工矿基地，规模小、人口不多，在市附近，且在经济建设上与市的联系密切的，可划分为市辖区。"可见，该版设立市辖区的标准主要规定了人口规模指标，并强调对没有设区必要的应予以撤销，同时提出规模较小的工矿基地可以通过切块设立市辖区。

（二）2014年征求意见版设市辖区标准

2014年10月18日，民政部起草了《市辖区设置标准（征求意见稿）》[②]，对市辖区的设置作出六个方面的规定。

（1）直辖市和地级市可以设立市辖区。

（2）市区总人口为100万人以下的市，平均每40万人可以设立1个市辖区；市区总人口为100万～300万人的市，平均每50万人可设立1个市辖区；市区总人口在300万人以上的市，平均每60万人可以设立1个市辖区。最小的市辖区人口不得少于25万人，其中非农业人口不得少于10万人。

（3）与市区连片的工矿区、林区、旅游风景区、港口区、开发区及其他自成一体的地域，可单独设立市辖区，但其总人口和非农业人口不得低于最小市辖区标准，并且经济发达、公共基础设施较为完善。

---

① 国务院.国务院关于设置市、镇建制的决定[J].山西省人民政府公报，1955（22）：53.
② 民政部.市辖区设置标准（征求意见稿）[EB/OL].（2018-05-03）[2018-09-08].http://jxdmw.jxsmz.gov.cn/ArticleShow.aspx?ID=1064.

（4）市辖区的设置要规模适度，布局合理，不得形成飞地。

（5）中心城市郊县（县级市）改设市辖区，需达到下列标准：① 县（市）域与城区的基础设施建设和国土开发利用连为一体，部分区域已纳入城市总体规划的市区规划范围。② 全县（市）就业人口中从事非农产业的人口不低于70%；第二产业、第三产业产值在国内生产总值中的比重达到75%以上。③ 改设市辖区的县（市），全县（市）国内生产总值、财政收入不低于上一年本市市辖区的平均水平或人均国内生产总值、人均财政收入不低于上一年本市市辖区的平均水平。

（6）市辖区的设立、撤销、更名、政府驻地迁移等重大调整事项，按照国务院关于行政区划管理的有关规定办理。

该征求意见稿虽不是正式的设区标准，但可以看出未来设区标准的大致方向。相比于1954年版的设区标准，该版设区标准更加精细和科学。首先，它规定了设立市辖区的人口规模指标，同时还规定了人口规模与设置市辖区个数之间的匹配关系。其次，该版设市标准提出了工矿区、林区、旅游风景区、港口区、开发区及其他自成一体地域的切块设区模式与中心城市郊县的撤县（市）设区模式，以及两种设区模式各自的标准。此外，该版设市标准还明确要求所设市辖区不得形成"飞地"，对以往实践中通过切块设立飞地型市辖区所带来的问题进行了反思和规避。

二、市辖区的发展历程 ▷▷

如图5.1所示，根据市辖区数量的变化，结合关键性事件，可以将改革开放后市辖区的发展历程大致分为五个阶段。

（一）1978—1985年：市辖区数量增长加快阶段

这一阶段市辖区共增加203个，从418个[①]增加到621个，平均每年增加

---

① 1977年末市辖区数为418个，即1978年初市辖区数为418个。参见中央政府门户网站，一九七七年全国行政区划统计表（截至一九七七年十二月三十一日）[EB/OL].（2007−03−23）[2018−11−18].http://www.gov.cn/test/2007−03/23/content_559096.htm.

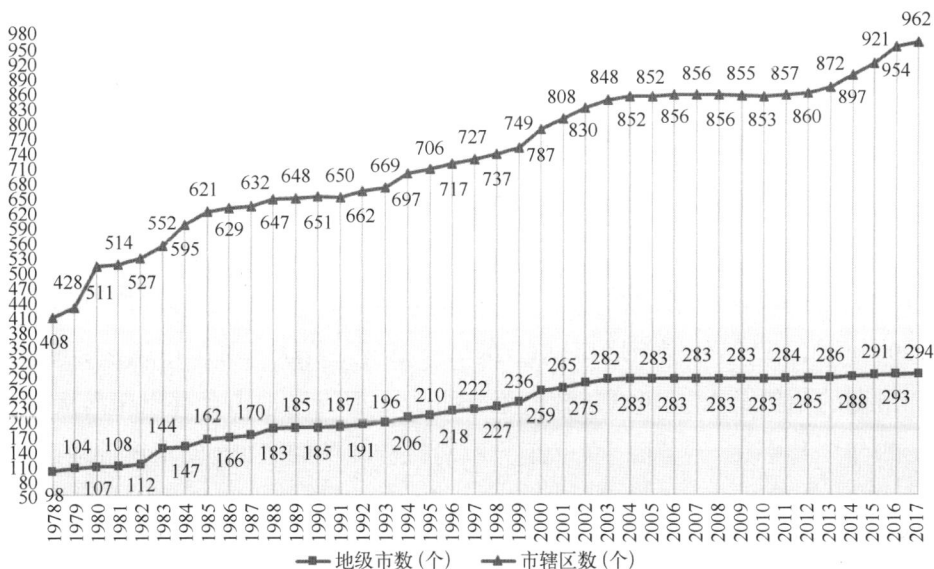

图5.1　1978—2017年我国市辖区的数量变化

注：图中的市辖区数既包括地级市，也包括直辖市的市辖区个数。

资料来源：① 1978—2016年的数据来自国家统计局.地级市数＆市辖区数［DB/OL］.［2018-09-08］. http://data.stats.gov.cn/easyquery.htm?cn=C01&zb=A0101&sj=2016.

② 2017年的数据来自民政部.中华人民共和国行政区划统计表2017［EB/OL］.［2018-09-08］. http://xzqh.mca.gov.cn/statistics/2017.html.

约25个，增长速度较快。其中，1980年和1984年分别新增市辖区83个与40个，是市辖区数量增加最多的两个年份。1966年之后的城市建设处于停滞状态，改革开放后城市建设才逐步恢复，因而市辖区的设置也逐步恢复。也正因为如此，1980年市辖区的数量呈直线上升，是改革开放40年中新增市辖区数量最多的一年。1984年新增市辖区的数量仅次于1980年，是因为1983年全国兴起了市管县体制改革，地级市的数量大幅度增加，从而带动了市辖区数量的增加。

（二）1986—1993年：市辖区数量增加放缓阶段

这一阶段市辖区共增加48个，从621个增加到669个，平均每年增加6个，市辖区数量增加放缓。相比上一阶段，这一阶段市辖区增长的平均速度放缓。由于这一阶段地级市数量缓慢增加，市辖区的数量也增加缓慢。其中，1988年新增市辖区15个，是这一阶段市辖区数量增加最多的一年；而1988年新增地级市13个，也是这一阶段地级市数量增加最多的一年。

（三）1994—2003年：市辖区数量增长加快阶段

这一阶段市辖区共增加176个，从669个增加到845个，平均每年增加约18个。相对上一阶段，这一阶段市辖区增长的平均速度加快。由于这一阶段地级市数量的增加相对加快，市辖区数量的增加也相对加快。其中，1994年与2000年分别新增市辖区28个与38个，是这一阶段市辖区数量增加最多的两年。由于1993年政府工作报告要求推进地市合并以精简机构，1999年中共中央、国务院《关于地方政府机构改革的意见》要求推进地市合并、撤地设市以实行市管县体制，带动了1994年与2000年地级市数量的增加，因而也带动了1994年与2000年市辖区数量的增加。

（四）2004—2012年：市辖区数量保持稳定阶段

这一阶段市辖区共增加15个，从845个增加到860个，平均每年约增加1个，市辖区数量保持相对稳定。由于这一阶段地级市数量保持相对稳定，因而市辖区数量也保持相对稳定。一方面，经历了前三个阶段后，我国大部分地区都已经通过撤地设市、地市合并完成了设市，同时大部分可以设区的市也已完成了设区；另一方面，虽然2000年后城市化发展从城市数量扩张阶段进入城市规模扩张阶段（殷洁，2018），但新一轮规模化的县（市）改区尚未兴起，因而地级市与市辖区数量基本保持不变。

（五）2013—2017年：市辖区数量增长加快阶段

这一阶段市辖区共增加102个，从860个增加到962个，平均每年约增加20个，市辖区数量又呈现快速增长的趋势。2014年，国家发改委发布的《国家新型城镇化综合试点方案》提出，通过县（市）改区以优化区域中心城市布局并扩大中心城市发展空间，是部分省份推行国家新型城镇化试点的重要内容。因此，随着撤县（市）设区的不断增多，这一阶段市辖区的数量也相应增加。2018年，国家发展改革委在《关于实施2018年推进新型城镇化建设重点任务的通知》中提出，要稳步推进撤县（市）设区。可以预见，未来市辖区数量的增加将主要来自撤县（市）设区。

第二节　撤县（市）设区模式的变迁及逻辑

一、撤县（市）设区模式的变迁及特征 ▷▷

　　撤县（市）设区是直辖市或地级市通过行政手段将其所辖的县（市）调整为该市辖区的过程。从1983年起，撤县（市）设区开始出现。1997年县改市被叫停后，撤县（市）设区逐渐成为行政区划改革的热点。撤县（市）设区可以为中心城市扩张提供更广阔的土地空间和发展空间，吸引更多的资本进入地域化与再地域化；同时，可以通过自上而下的管理方式消除原有的市县竞争甚至矛盾，即规模和权力尺度的转移；另外，县（市）也可以借此获得更多的中心城市辐射红利。不过，撤县（市）设区本身存在着风险，将设区条件不成熟的县（市）改为区，或不完全的尺度重组和地域重构的撤县（市）设区，不仅会导致资源的浪费，也会导致市与县、区之间的矛盾更为尖锐，不利于区域的协调发展。如图5.2所示，根据撤县（市）设区形成的市辖区数量变化规律，可以将撤县（市）设区模式的变迁大致分为五个阶段。

（一）摸索尝试阶段（1983—1987年）

　　1983年，我国出现了8例撤县（市）设区，分别为山东省的福山县、济宁县级市、济宁县、潍县分别改为烟台市福山区、济宁市中区、济宁市郊区、潍坊市寒亭区，内蒙古自治区的赤峰县级市、赤峰县分别改为地级赤峰市的红山区和松山区，湖南省的娄底市、冷水江市分别改为湘潭市娄底区和邵阳市冷水江区。但是在当年7月，国务院又批准恢复了娄底地区及其行政公署，娄底市、冷水江市重新回归娄底地区管辖。因此，实际成功的撤县（市）设

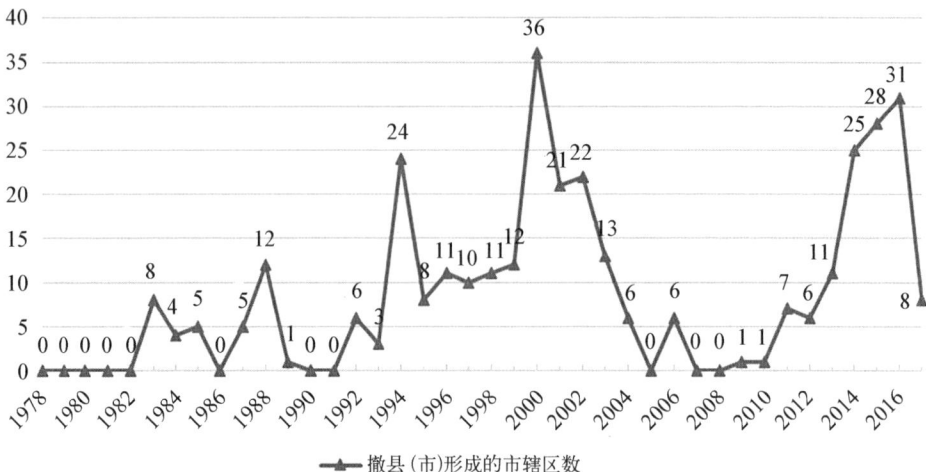

图5.2　1978—2017年我国撤县（市）设区形成的市辖区数量

资料来源：1978年1月1日—2017年7月18日的数据根据行政区划网 http://www.xzqh.org/html/ 及民政部官网 http://xzqh.mca.gov.cn/description?dcpid=1 公开的资料整理而得；2017年7月18日—2017年底的数据根据民政部批准的公文资料整理而得。

区是6例。这一阶段，我国撤县（市）设区仍处于摸索尝试阶段，平均每年撤县（市）设区的案例约为4个。

（二）曲折发展阶段（1988—1998年）

1988年，撤县（市）设区出现了一个小高峰，共产生了12个市辖区，此后又开始回落；直到1994年再次达到顶峰，形成了24个市辖区，紧接着曲线又再次下跌，增速趋于平缓。实际上，这与撤地设市曲线类似。1985年后，地级市设置数量分别在1988年和1994年达到了小高峰，地级市建制的增加，意味着市辖区数量的上升，而撤县设区替代切块设区成为我国市辖区的主要设置方式后，便呈现了与地市合并相类似的曲线图。在这个阶段，共形成了86个市辖区，平均每年约增加8个。因受地级市建制影响较大，增速十分不稳定。

（三）蓬勃发展阶段（1999—2003年）

1997年后，由于民政部决定冻结撤县设市的审批，而地方政府为了追求规模效益，扩张城市规模，希望通过行政兼并来扩大发展空间，于是撤县

（市）设区成了行政区划改革新的热点，并在2000—2002年出现井喷，迎来了一个小高潮。在本阶段中，共产生了104个市辖区，平均每年增长约21个。2000年是这一阶段中市辖区数量增长最多的一年，达到了36个。

（四）衰退停滞阶段（2004—2010年）

由于一些县（市）自身条件并未达到改区标准，但地方政府为了自身利益仍然选择将其上报中央审批，或是县（市）并入市后并未享受到地级市的辐射效益，导致虚假城市化愈发严重，中央开始对撤县（市）设区严加控制。从图5.2中可以直观地看到，2002年后全国县（市）改区数量出现了断崖式的下跌，在2004—2010年中，仅有14个县（市）被改为区，其中2005年、2007年、2008年县（市）改区数量均为0，2009年和2010年县（市）改区数量均为1。

（五）重新启动阶段（2011—2017年）

2009年6月，财政部出台的《关于推进省直接管理县财政改革的意见》指出，要在2012年底，力争全国除民族自治地区外，全面推进省直接管理县财政改革。地级市出于其自身利益的考量，再次积极地向中央申报撤县（市）设区方案。随着中央政策的逐步放宽，从2011年开始撤县（市）设区再次如火如荼地展开。然而在2017年，撤县（市）设区数量再次回落，仅有8个案例。在本阶段中，共形成了116个市辖区，平均每年约增加17个。其中，2016年为本阶段中市辖区数量增长最快的一年，达到31个。但与2000年的最高峰相比，仍相差5个。

如果从区域分布来看（见图5.3），我国东部地区撤县（市）设区数量最多，共140个；其次为西部地区，共116个；再次为中部地区，共69个；东北地区撤县（市）设区数量最少，仅17个。这主要是因为我国东部地区经济较为发达，地级市辐射能力较强，需要通过行政兼并扩大中心城区面积，实现规模经济。而中西部地区经济发展较为落后，城市辐射能力较弱，难以为改区的县（市）带去生产资源和产业梯度转移。西部地区撤县（市）设区数量远高于中部地区和东北地区，主要是因为西部地区包含12个省（区），中部地区只有6个省（区），东北地区只有3个省。省区数量和区域面积的不

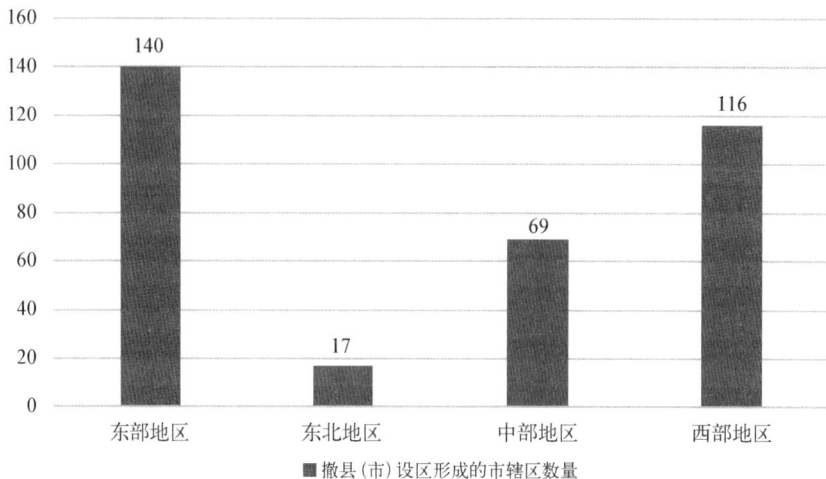

图5.3　1978—2017年我国撤县（市）设区的地区分布

资料来源：1978年1月1日—2017年7月18日的数据根据行政区划网http://www.xzqh.org/html/及民政部官网http://xzqh.mca.gov.cn/description?dcpid=1公开的资料整理而得；2017年7月18日—2017年底的数据根据民政部批准的公文资料整理而得。

同，导致撤县（市）设区数量有所差异。总体上，我国撤县（市）设区在空间上的分布基本与我国各地区的经济发展态势相一致。在短时期内，我国撤县（市）设区仍然会遵循如上的地域分布特点。

当2000—2002年我国撤县（市）设区迎来第一个井喷期时，共有79个县（市）被改为区。其中，东部地区占比为44.3%，西部地区占比为35.4%，中部地区占比为20.3%。2002年后，撤县（市）设区向东部和西部地区集中。2002—2017年整撤县设区数量达到了143个。其中，东部地区占比为44.0%，东北地区占比为5.6%，中部地区占比下降至9.1%，而西部地区上升至41.3%。纵观近40年来，全国撤县（市）设置的市辖区数量高达344个，仅海南省没有出现撤县（市）设区，青海省与新疆维吾尔自治区撤县设区数量仅为2个，宁夏回族自治区为3个。全国撤县（市）设区数量最多的前五个省份分别为：广东（30个）、四川（26个）、江苏（25个）、山东（24个）、浙江（19个）①。其中，广东、江苏、山东和浙江为我国长三角、珠三角、环渤海湾重要经济带核心城市，四川则是西部地区的经济发展龙头。

—————————

① 根据行政区划网及民政部公开的资料整理而得。

二、撤县（市）设区：萧山、长兴、顺德三个案例分析 ▷▷

（一）萧山市改区：不完全的尺度重组与地域重构

萧山地处浙江南北要冲，位于中国县域经济最为活跃的长三角南翼，东邻绍兴市柯桥区，南接诸暨市，西连杭州市富阳区，西北临钱塘江，与杭州主城区仅一江之隔，北濒杭州湾，与海宁市隔江相望，地理位置优越，水陆交通便利。萧山陆域总面积达 1 417.83 平方千米，综合实力强劲。

虽然从 1983 年起全国开始推行市管县体制，但由于浙江在财政上实行省管县制度，萧山的县域经济积累没有被杭州市抽提，以乡镇企业为代表的县域经济日益壮大。1988 年萧山撤县设市后，开始实施强县战略，由于位靠杭州，能够享受到杭州的辐射红利以及公共产品和公共服务的地理外溢，能够吸引更多资本落地，形成产业集聚。在城市建设方面，萧山确定了"一主城、四组群"的发展方向，在重点建设中心城区的同时，努力提升周边城镇群的竞争力，促进了资本在主城区与经济腹地之间流通循环，形成规模经济。但是，强县战略的工业化和城市化总是难以突破农村工业化和县域城市化的局限。特别是作为县域城市的行政管辖权限更是难以突破，这终究会阻碍其工业化与城市化的进一步推进（王志凯，2009）。为此，萧山一直在努力升级为地级市。1996 年 5 月，萧山的浦沿镇、长河镇、西兴镇被划入杭州，同时也借此获得了部分地级市的管理权限。而杭州在兼并萧山三镇获利颇丰后，希望将萧山作为整个市辖区纳入其中，以提升杭州的资源整合能力与发展水平。

萧山和杭州的利益取向有所不同。对杭州来说，将萧山市改为区并入行政版图能够极大地增强杭州市的综合实力。首先，杭州市区面积狭小，仅 683 平方千米，若是能兼并萧山，城市空间将扩大两倍多，可以更好地进行布局开发和空间生产，增强其经济集聚能力。其次，杭州的产业结构略有失衡，工业占比不高，服务业比重高，但经济转化率较低，而萧山具有良好的工业基础，兼并萧山后杭州的产业结构将更为合理，第三产业空间也相应得到了延伸，杭州与萧山的服务业发展空间都比以往更加宽广（王志凯等，2015）。再次，萧山为了争夺资源要素提升综合实力而与杭州成为竞争关系，矛盾不断加剧，若是被兼并成为上下隶属关系，则能够缓解市县之间的矛盾。最后，杭州位于长江三角洲南翼，若是能够兼并萧山便可极大提升其在长三角经济区的地位与竞争力，实现新一轮的地域化与再地域化。因此，杭州市积极主动地与萧山谈判，期望通过保留部分特权与资源倾斜为代价，将萧山纳入其中。

对萧山而言，市改区既有收益也有风险，需要仔细权衡利弊。首先，被撤并为市辖区后，意味着自身独立性的丧失，规划审批权和土地资源管理权将被收归至杭州市政府，并需要听从其指挥。其次，萧山历史上隶属于绍兴地区，1959年才改属杭州市，对杭州并未有太多归属感。最后，萧山一直希望升级为地级市，成为浙江省乃至长江三角洲经济区重要一极，与杭州和其他周边中心城市并立，获得更多来自中央和省级政府的发展政策支持。但是，加入杭州市的收益也十分明显。撤市改区后，萧山将从县域经济尺度转向城市经济尺度，获得更多来自杭州市的辐射红利，如人才、资金、信息、技术等，从而有助于实现产业升级和优化布局。同时，杭州作为副省级城市具有完善的基础设施和公共服务。因此，萧山撤市设区可以实现与杭州市接轨，改善投资环境和居民生活质量。在比较了改区的收益和成本，以及与杭州市反复博弈后，萧山终于在20世纪末认识到并入杭州的"都市化战略"符合萧山的根本利益，于是开始主动顺应杭州的大都市战略，成功实施撤市设区（王志凯等，2015）。

2001年，国务院批复了关于萧山市改区的请示，同意撤销县级萧山市，设立杭州市萧山区，以原县级萧山市的行政区域为其行政范围。同时，萧山保留了部分原县级市权限。萧山市改区后，虽然其地域范围没有发生变化，但是由于产生了市、区两个尺度上的新地域组织，即新的杭州市政府和新的市辖萧山区，成为承接资本再地域化的新的地方尺度。对杭州市而言，萧山的加入极大地缓解了杭州城市发展空间不足的窘境，萧山良好的工业基础弥补了杭州工业产值较低的缺陷，同时为杭州市发展提供了腹地和消费空间。而萧山也能够获得来自杭州的辐射红利，淘汰落后产能，引进经济转化率更高、发展前景更好的产业，从而实现产业结构的优化升级。而且，萧山与杭州完善的基础设施建设与公共服务的对接，能够极大地改善投资环境，降低资本流动和循环的成本,推进资本再地域化进程。自撤县设区以来,萧山已经成为杭州市经济发展的重要推动力量。从2001年至2017年,萧山生产总值从276亿元增长到2 157.94亿元,为杭州市辖区之首;2001年萧山在全国百强县中排名第九位,在浙江县(市)中排名第一;2017年萧山在全国综合实力百强区中排名第五。可见,萧山市改区后,资本地域化与再地域化还是相当成功的。

2001年4月,《中共杭州市委、杭州市人民政府关于萧山余杭撤市设区后管理权限等问题的通知》详细列明了萧山设区后的政府管理体制。① 财政管理体制。浙江实行财政省管县体制,即市(地)级财政和县(市)财政一样都直接同省在财政体制上挂钩,市(地)一级不与所辖县(市)在财政体制上产生结算关系。而萧山市改区后,便由杭州市对其进行具体结算,政府性基金和各项预算外收入按设区前分成政策结算,争取到的省专项补助资金全额返补,经济发展的增量收入全额留给萧山区。② 土地资源管理权。土地整理项目由萧山区自行立项,折抵指标自行筹措,耕地占补也自求平衡。土地登记发证和出让合同签订授权萧山区办理。土地出让金由萧山区直接收取和使用,但与原市区接壤地区的土地出让金,原则上应全额用于该地区的市政基础设施建设。有关直接审批和直报省的审批事项,抄报市政府土地主管部门备案。除原市区接壤地区、已编制的杭州城市总体规划和重要基础设施项目有矛盾之处外,萧山区已批准的项目继续实施。③ 城市规划编制及管理权。在杭州城市总体规划的指导下,萧山的分区规划由市政府职能部门与区政府负责编制,报市政府审批。萧山区域内重要地段的控制性详规,钱塘江沿岸以及与原市区接壤地区的控制性详规、修建性详规和城市设计,由区政府负责编制,报市政府审批后由区政府组织实施。根据两区政府原管理权限基本不变的原则,除重大基础设施项目之外,一般性建设项目规划审批及规划监督检查授权两区政府组织实施。④ 经济社会管理权。保留萧山区享有地市一级部分经济管理权限。萧山原有的管理权限和原享有的其他地市级管理权限基本不变,凡省"戴帽"下达萧山区的各项计划指标均切块下达。⑤ 机构级别与干部待遇。由于杭州为副省级城市,因此萧山市改区后的级别为副厅级,区直属工作部门为处级,其内设机构为科级,干部职务与原职务相对应,按设区后的机关名称改任并确定相应级别。也就是说,干部的级别和待遇得到了实实在在的提高。

为了顺利兼并萧山,杭州市政府保留了萧山区大部分的管理权限,"市辖区"实际成为"省管区"。这虽然保证了萧山区极大的发展自主权,但由于自成体系的县域经济,在相当长的时间里,都未能真正融入大杭州经济圈,形成杭州—萧山资本循环圈。随着杭州经济实力和地位的崛起,仅仅依靠毗邻杭州这一区位优势,难以有效承接更多资本进入。尽管享受了辐射红利但转化率却不高,这极大地影响了萧山的经济发展态势。尺度重组的实质,是权力和控制力的转移。萧山市改区是一次不完全的尺度重组,因为其权力体系并未实现从县到区的转向。虽然在短期内保持了萧山的经济活力,但从长远来看可能遏制了经济的持续稳定发展。为了有效解决这一问题,就要求进行新的尺度重组与地域重构。2014年,大江东从萧山划出并入杭州,标志着杭州重新开始了与萧山抢夺发展控制权。在某种程度上,大江东的划出在纵向切断了萧山自成体系的产业链。2015年,杭州又出台了《关于进一步加快萧山区余杭区与主城区一体化发展的若干意见》,推动萧山区加快融入杭州主城区,构建新的尺度,实现资本的新一轮地域化。

(二)湖州市兼并长兴县: 失败的尺度重组与地域重构

长兴县隶属于浙江省湖州市,地处长江三角洲杭嘉湖平原、太湖西南岸,与安吉县、湖州市吴兴区和安徽省广德县、江苏的宜兴市接壤。从2006年起,长兴县的地区GDP一直超过湖州的其他区县,即吴兴区(不包括开发区)、南浔区、德清县、安吉县,财政总收入占全市的近四分之一。 2011年,长兴县成为湖州市第一个财政总收入突破 50亿元的县区。近年来,长兴一直是全国百强县之一,综合实力在整个湖州排名第一。

湖州曾隶属于嘉兴地区,曾是浙江省最富裕的地区之一。1983年8月,由于撤地设市、地市合并的行政区划改革,嘉兴地区被拆分成湖州市和嘉兴市,原跟湖州平级的长兴、安吉、德清三县被划入湖州。由于浙江省的财政省管县体制,湖州市的财政收入只有城区一个来源,因而其经济实力一直排在浙江省地级市的倒数几位。同时,湖州市的地理位置也十分尴尬,虽然位于杭沪宁之间，隔太湖与无锡、苏州相望，但却难以享受辐射红利。当然，这与交通不便也有关系。长三角地区由一条"之"字形的铁路贯通，而湖州恰恰在"之"字铁路交通的空隙。高铁时代来临后，湖州交通问题愈发严重。2013年，宁杭高铁终于开通，湖州有了站点。但湖州到上海的高铁仍需经过杭州，且每天只有四趟班次，行程超过2个小时，不如走高速公路直达上海快。

湖州兼并长兴县的愿望十分迫切。这一方面可以扩大城市发展空间，提升城市规模，形成一个以太湖为纽带的组团式城市带；另一方面也可获得更多的财政收入，为湖州的基础设施建设，城市空间开发，项目、人才、技术引进等提供资金保障。

然而对于长兴县而言，撤县设区加入湖州市是弊大于利的。第一，长兴县经济发展迅速且发展前景很好，而湖州市对长兴县的扩散效应低，集聚效应高。如果加入湖州市，长兴县不但无法享受到辐射红利，其生产要素还会流向湖州市，长兴县自身实力将会被削弱。第二，长兴县改区后，其财权与事权都会受到一定的削弱。规划权和土地出让权独立性的丧失，不仅意味着长兴县财政收入的降低，也有可能出现湖州市为了加强中心城区经济实力而利用行政优势截留资源。同时，长兴县的部分财政收入将会用来壮大湖州市的发展，而长兴县自身的城市开发、基础设施建设、公共服务提供则将受到影响。第三，湖州市是普通地级市，长兴县改区后的领导干部不仅不会像萧山区那样提升行政级别，还可能导致收入与福利的下降。第四，长兴县现有的招商引资优势可能会丧失。长兴县经济崛起的一大原因是其对企业的"保姆式"服务。对于要引进的项目，政府会主动帮忙提交材料获得审批。项目落户之后，政府又会主动派员入驻企业提供贴身服务。另外，还提供一系列奖励政策扶持企业发展。如果长兴县被改为湖州市的区，企业需要找湖州市政府进行行政审批。市政府需要统筹各区发展，很难做到长兴县这样周到细致，企业也会因丧失极为便利的服务而感到不满。第五，长兴县一直期望能改为县级市。县级市不仅比县"好听"，而且其在土地指标等诸多方面，享有比县政府更多的政策倾斜。虽然1997年县改市被叫停，但长兴县一直没有放弃成为县级市的愿望。2013年开始，县改市工作有重新启动的迹象。因此,相对于"吞并式"的撤县设区,长兴更渴望"独立式"的撤县改市,即"宁市不区"。

为了成功兼并长兴县,湖州市政府愿做出较大让步,保证长兴设区后"五不变",即名字不变、区域范围不变、财政体制不变、县级管理权限不变、县级管理体制不变。尽管湖州市政府做出了许多让步,长兴县仍始终反对撤县设区。面对长兴县的集体抗争,湖州市政府本想为了安抚长兴做出更大的牺牲,但是成本太过高昂,与收益相比得不偿失。所以,最终双方协商失败。2013年5月8日,最终宣布"暂缓"实施撤县设区方案。尽管这是一次失败的尺度重组与地域重构,但却是双方基于自身利益最大化的逻辑前提下所做出的合理决策。长兴县设区条件仍不成熟,若是依靠行政力量强行撤县设区,新建立的地域组织也难以进行有效的区域建构,并承接新一轮的资本地域化。市与区为了争夺发展控制权,也会不断涌动新的尺度政治。长远来看,这也不利于湖州市和长兴县的健康持续发展。

(三)顺德行政区划改革:出现反复的尺度重组与地域重构

顺德位于广东省南部、珠江三角洲平原中部,区位位置优越,东连广州市番禺区,北接佛山市禅城区和南海区,西邻江门市新会区,南界中山市,邻近深圳市以及香港特别行政区、澳门特别行政区等。顺德是广佛同城的西南边界,是佛山市与广州市联系的重要核心区域之一。顺德自古便经济发达,商业繁荣,文教鼎盛,与东莞、中山、南海并称"广东四小虎"。1995年,顺德的GDP就已经达到了120亿元,全市职工人均收入为9 800元,农民人均纯收入为4 038元。在2000年至2004年间,顺德一直蝉联全国百强县榜首,2006年顺德成为我国首个GDP超过1 000亿元的县级行政单位。

相较于顺德惊人的发展速度,佛山的经济发展态势则略显平淡。图5.4、图5.5分别为1993年与2003年广东省各市GDP总量排名。从中可以看出,佛山经济总量排名虽然靠前,但是与广州、深圳的差距仍十分明显。1992年和1993年,佛山市分别被中国城市评价中心列为全国城市综合实力50强和投资硬环境40优之一,进入全国24个率先达到小康水平的城市行列。1995年,中国科学院对全国188个地级以上城市经济发展进行综合

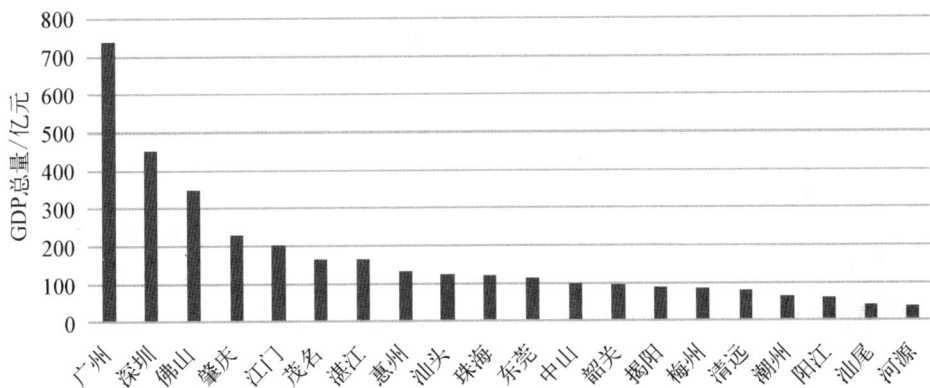

图5.4　1993年广东省各市GDP总量

资料来源：广东省统计局.广东统计年鉴1995［M］.北京：中国统计出版社,1995：109.

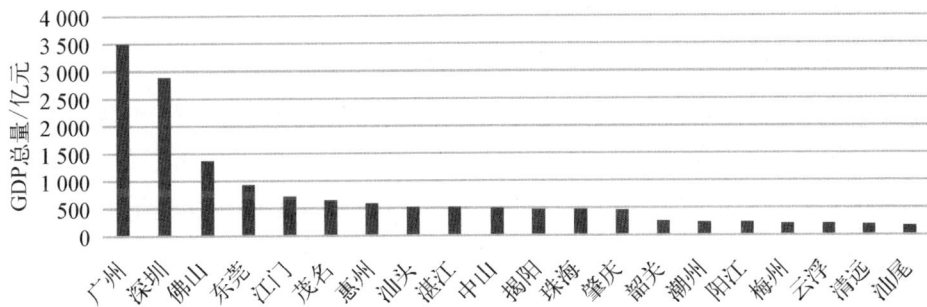

图5.5　2003年广东省各市GDP总量

资料来源：广东省统计局.广东统计年鉴2004［M］.北京：中国统计出版社,2004：82.

评价,佛山市名列第七。需注意的是,对佛山的这些实力评价,实际上是包含了其下辖的诸如顺德等超强县（市）的指标值。而且,对当时的顺德市而言,佛山对顺德的扩散效应要远低于集聚效应。

对于佛山市而言,如果不考虑说服顺德撤市设区所需的成本,顺德市改区是利远大于弊的。第一,1992年以后,顺德、南海、三水、高明先后撤县设市,由佛山代管。佛山的地理面积有3 800平方千米,但市区面积仅为77平方千米,不如顺德、南海的一个镇,是当时中国市区面积最小的地级市。在顺德市与南海市取得卓越经济成果的压力下,佛山如果不采用行政兼并的手段,在未来极有可能会走向颓势,且顺德并入佛山也能有效缓解佛山城市发展空间不足的问题。第二,顺德是中国品牌密度最高的地方,拥有11个中国驰名商标,32个中国名牌产品,69个广东省著名商标,76个广东省名牌产品(林德荣,2009:17)。而且这些企业大多是本土企业,对顺德这个故乡有很强的根植性。因此,仅依靠优惠的政策减免和资金扶持也难以吸引这些企业外迁。若佛山能够顺利兼并顺德,就不仅能够获得大量的税收收入,还能因此提升产业结构,优化产业资源配置。第三,顺德位于广州与佛山的边界,顺德市的存在使得佛山承接广州的辐射效应趋弱。如果佛山兼并顺德,就能够最大限度地接收来自广州的辐射红利。同时,由于行政区划的阻隔消失,佛山可以使用规划权整体布局未来发展,打造广佛经济圈,增强佛山经济竞争力。

　　然而对于顺德而言,撤市设区可能是弊大于利的。首先,改区后顺德的经济社会管理权限和财政收入都会降低,丧失了独立的规划权和资源支配权。税收也需要上交佛山市政府,再由其进行分配。财政收入的下降,将会影响公共服务的提供、领导干部的行政待遇、城市开发建设、招商引资能力等,不利于资本的承接与地域化。其次,顺德经济发展势头强劲,本有希望升级为地级市。1999年7月,广东省委、省政府批复同意在维持顺德市县级建制不变,除党委、纪检、监察、法院、检察院等系统和国家垂直管理部门仍维持现行管理权限由佛山市代管外,其他经济、社会、文化等方面的事务赋予其行使地级市的管理权限,直接对省负责。当时广东省及直属部门下发文件中,都已使用"各地级市及顺德市"这样的语句。当然,顺德的经济实力也不负众望。在2000年的统计数据中,顺德在广东省地级市排名中位于前十。2001年的《广东省城市化"十五"计划》指出,2005年顺德将成为拥有50万人口的广东第七大城市。因此,顺德一直在为升级成地级市而准备,撤县(市)设区并入佛山则从未纳入其考虑范围。

　　如果不考虑其他外界因素的影响,佛山与顺德的博弈结果很可能与湖州和长兴的博弈类似,即宣布佛山兼并顺德"条件不成熟"。然而在中央政府及广东省政府的介入下,2002年12月8日,国务院正式批准佛山行政区划调整,顺德市改区很快尘埃落定。

　　顺德市改区后,其行政管理权限大大缩小,审批权、规划权、土地出让权被上收,极大地影响了当地中小企业的发展。同时,其税收收入被佛山市截留,不利于顺德基础设施建设与城市开发布局。由于顺德经济发展水平本来就比佛山高,并入佛山后需要施行"同区同待遇",行政待遇、社保等都需与其他五个市辖区相一致,实际是用顺德的税收收入来补贴其他区,这引起了顺德极大的不满。顺德市改区后,出现了两个新的地域组织——新的佛山市政府和新的顺德区政府。新的佛山市政府利用顺德区的资源优势壮大了自身,承接了新一轮的资本地域化,而新的顺德区政府则无力承接新的资本进入。2004年,曾连续4年位居全国百强县首位的顺德被江苏昆山市取代,此后再也未能重回第一,可见此次行政区划调整对顺德的影响之大。李郇等(2015)的研究表明,由于上级政府对下级政府发展资源控制权的"集中",导致地方政府发展积极性的丧失,撤县(市)设区对城市及其周边地区经济增长的效应逐年下降,五年后对人均经济指标增长的影响基本消失。而且,佛山撤县(市)设区的经济绩效与全国撤县(市)设区的总样本情况一致:人均GDP增长率等指标的峰值都出现在2002年区划调整后的2~3年,随后出现下降,而人均财政支出与收入的增长率也表现出与全国总体样本一样的趋势。

虽然顺德市改区后产生了两个新的尺度,实现了权力和控制力在尺度上的转移,但是从发展态势看,这仍然是一次不成功的尺度重组和地域重构,需要再一次行政区划调整来解决遗留的问题。2009年8月17日,广东省委、省政府决定,在维持顺德区目前建制不变的前提下,除党委、纪检、监察、法院、检察院系统及需要全市统一协调管理的事务外,其他所有经济、社会、文化等方面的事务,赋予顺德区行使地级市的管理权限。2011年2月11日,广东省确定顺德区为"省直管县"试点,顺德区享有地级市管理许可权和行政执法许可权,并实施"省直管县"财政体制。至此,顺德虽然在行政隶属关系上仍属于佛山的一个区,但无论从事权还是财权意义上,顺德已基本脱离了佛山市,形成独特的"省直管区"体制。

三、撤县(市)设区的逻辑 ▷▷

撤县(市)设区作为一种行政区划调整手段出现,且使用频率显著提升,是权力导向与经济导向交织的结果。权力和资源的集中配置,是驱动地级市进行行政兼并的重要原因。与经济社会管理权、财政权、人事权等相对独立的县（市）政府不同，市辖区受市政府垂直管理的事项较多。也就是说，权力被上收，职能也小得多。同时，市辖区政府一般只享有半级财政，缺乏完整独立的预算体系。因为没有土地收储和出让权，政府性基金收入也大大降低。在税收方面，市辖区的税收分为国税和地税两个系统，国税受国家税务总局垂直领导，地税受所在市的地税局管辖①。市辖区的税款必须先上交国家和地级市，市政府再把通过人大批准后的预算分配给各区。对地级市而言，撤县（市）设区后，其财政预算和城市规划等权力尺度上移到地级市政府，有利于对全市统一规划，从而整合资源进行开发和建设。而且，拥有了更多可出让、可流转的土地资源，可以更好地承接外来资本的地域化。

公共政策和体制改革也在很大程度上影响到撤县（市）设区。1997年，国务院宣布冻结撤县设市审批，于是地方政府便着眼于撤县（市）设区，由此迎来了第一波高潮。但随后中央开始逐步控制设区数量，撤县（市）设区就出现了断崖式下跌。2009年6月，财政部出台的《关于推进省直接管理县财政改革的意见》指出，到2012年底前，力争全国除民族自治地区外，全面推进省直管县财政改革，再加上中央对撤县（市）设区的逐步放宽。于是，再次推动了地级市开展大规模的撤县（市）设区。如果从历史的角度看，市管县体制将周边县域划归中心城市领导，能够充分发挥中心城市的辐射作用，促进城乡一体化建设以及区域市场的统一和规模经济的形成，精简了政府机构，提高了行政效率，避免了省县之间长期虚实不定和缺乏法律主体地位的尴尬，基本适应了当时的政治经济体制。然而，随着社会主义市场经济体制改革的深入，市管县体制逐渐偏离了初始的设想，"市刮县"现象严重，城乡差距扩大，地方层级增加，行政成本剧增。面对这些新情况，地级市政府希望通过行政兼并来解决市县矛盾，实现区域的协调发展。但对被撤并的县（市）而言，这意味着权力和独立性的弱化。由于行政区划调整不是"独裁者博弈"，即上级政府确定方案，下级政府服从执行的过程，而是包含着上下级

---

① 2018年，《国务院机构改革方案》提出将省级和省级以下国税地税机构合并，并于2018年6月完成全国各省（自治区、直辖市）级以及计划单列市国税局、地税局合并且统一挂牌。由于本书描写案例发生在此之前，因此仍将地税与国税区分开来。

政府的互动(张践祚,2016),即县(市)政府有权拒绝或与上级政府就撤并方案进行协商。因此撤县(市)设区的实质,是市县之间利益博弈的结果。

作为决策者,地级市与县(市)领导干部自身的利益取向也会影响撤县(市)设区的实施。对于直辖市和副省级市的下辖县(市)来说,改区后领导干部的级别会随之上升,待遇会得到提高,社会地位也有所提升。因此,领导干部一般会主动推进撤县(市)设区,使群体利益最大化。而在普通地级市,撤县(市)设区后,领导干部的行政级别不会发生变化。但是对经济发展势头强劲的地级市的下辖县(市)来说,撤县(市)设区可以获得更多隐形收益,如待遇因与城区接轨而提升,未来的晋升渠道增多,方便子女读书就业等。因此,这些县(市)会对撤县(市)设区持肯定意见。但是对于经济发展相对弱势的地级市尤其是处于"弱市强县"局面时,县(市)领导干部支持撤县设区的机会成本会大幅上升。因此,会谨慎考虑地级市做出的让步并权衡利弊后决定。

随着全球政治经济一体化程度的加深,大都市区的建设与发展已成为各国提升综合实力的重要抓手。通俗地说,大都市区是指一个大的人口核心以及与该核心具有高度的经济社会一体化的邻接社区的组合(周一星,1995:41)。地级市和区是城市型建制,而县是地域性政区,这意味着县是与农村经济社会形态相适应的行政区划建制,而区是与城市经济社会相适应的行政区划建制(吕凯波等,2014)。因此,撤县设区是一个空间城市化的过程(陶希东,2017)。

在不存在外界因素如高层政府的强势介入时,地级市政府与县(市)政府都可能遵循利益最大化原则,审慎度量情势,权衡利弊后做出决策。撤县(市)设区一般是地级市主动,为了说服县(市)同意,往往会给其保留一些权限。这固然是给了县(市)政府一定的发展自主权,但从长期来看,又会不利于市、县之间经济、政治与社会的融合,未来可能造成地级市与区政府抢夺权力的现象。当高层政府强势介入后,地级市与县(市)之间的博弈机制就会被打断。有时,县(市)虽成功地被改为市辖区,但却未必是一次成功的尺度转向,比如顺德;有时,县(市)抵制了撤县(市)设区,虽成为一次失败的尺度重组与地域重构,但这并不意味着不是成功的尺度事件,比如长兴县。

第三节 区县(市)合并模式的变迁及逻辑

一、区县(市)合并模式及变迁 ▶▶

区县(市)合并模式是指将市辖区与市下辖的整个县(市、自治县)进行合并进而设立新的市辖区的模式。区县(市)合并与撤县(市)设区都是在市区与县(市)的边界地带通过边界调整向外大规模扩展城市空间的快速便利的方式。在行政区划调整后,两者面临的都是县(市)体制与市辖区体制的接轨问题(殷洁,2018)。在区县(市)合并模式中,合并后通常不会再保留原来县(市)的权力;而在撤县(市)设区模式中,通常会为了协调市县之间的关系而在一定的过渡期内保留原来县(市)的权力,造成不完全尺度重组。此外,区县合并过程中不仅要进行区与县(市)之间的尺度重组与地域重构,还要进行新设市辖区与整个地级市之间的尺度重组与地域重构,这个过程比撤县设区模式中的尺度重组与地域重构要复杂。因此,本书将区县(市)合并模式与撤县(市)设区模式加以区别,并将其单独作为市辖区行政区划调整的一种模式加以探讨。

如表5.1所示,区县(市)合并模式在整个改革开放40年中出现的案例比较少,共计17例。从时空分布来看,区县合并主要发生在2000—2016年间,且主要集中在东部地区(13例)和西部地区(4例)。从城市分布来看,区县(市)合并主要发生在等级尺度较高的省级与副省级城市,其中直辖市6例,副省级城市4例,其他地级市7例。从城市规模来看,区县(市)合并有一半案例发生在特大城市与大城市,如北京(1例)、上海(3例)、南京(2例)、青岛(1例)、济南市(1例)等。从区县合并的具体情形来看,进行区县合并的区的面积都相对较小,且除了南京市大厂区与六合县、米泉市和乌鲁木齐市东山区、张家口市宣化区与宣化县、邯郸县与邯郸市邯山区与丛台区4例之外,其他13例进行合并的区都是在早期通过切块从进行合并的县(市)中分割出来的。考虑到区县(市)之间的历史关联及市辖区空间规模较小,因而进行区县合并以扩大城市空间。比如,原北京市燕山区是在房山县通过切块(燕山石化办办事处)而设立的,原济南市郊区所辖大部分区域从历城县切块(历城县部分行政区域与市中区部分行政区域重组)而来,原上海市吴淞区是从宝山县通过切块(宝钢地区办事处)而设立的,原南京市浦口区是从江浦县通过切块(江浦县的浦镇、东门镇)而设立的,原青岛市的黄岛区是在胶南市通过切块(胶南市的黄岛、薛家岛、辛安3个人民公社)而设立的。此外,值得注意的是,北京、上海、南京、青岛等已通过撤县设区、区县合并先后进入了"全区化时代",这不仅标志着这些城市的城市化进入新的历史阶段,更意味着这些城市通过行政区划调整逐步推进了市—区—县关系的结构性优化(林拓等,2017)。

表5.1　1978—2017年间的区县(市)合并的概况

年份	区县(市)合并的地方实践
1985	北京:撤销房山县和燕山区,设立房山区
1987	山东:撤销济南市郊区和历城县,设立历城区 上海:撤销吴淞区和宝山县,设立宝山区
1991	上海:撤销上海县和闵行区,设立新的闵行区 上海:撤销川沙县,将黄浦、南市、杨浦3区的浦东部分和原上海县三林乡,与原川沙县合并,设立浦东新区
2002	海南:撤销琼山市和海口市秀英区、新华区、振东区,以原琼山市和海口市秀英区、新华区、振东区的行政区域设立海口市秀英区、龙华区、琼山区、美兰区 江苏:撤销南京市浦口区和江浦县,合并设立新浦口区 江苏:撤销南京市大厂区与六合县,合并设立新六合区 河北:撤销唐山市新区与丰润县,合并设立丰润区
2004	宁夏:撤销石嘴山市石嘴山区和惠农县,合并设立惠农区
2007	新疆:撤销米泉市和乌鲁木齐市东山区,合并设立米东区
2011	重庆:撤销双桥区、大足县,合并设立大足区 重庆:撤销万盛区、綦江县,合并设立綦江区
2012	山东:撤销青岛市黄岛区与县级胶南市,合并设立新黄岛区

（续表）

年份	区县（市）合并的地方实践
2014	广东：撤销茂名市茂港区和电白县建制，合并设立电白区
2016	河北：撤销张家口市宣化区与宣化县，设立新的宣化区 河北：撤销邯郸县，将其行政区域并入邯郸市邯山区与丛台区

注：区县（市）合并案例为0的年份未在表中列出。

资料来源：1978年1月1日—2017年7月18日的数据根据行政区划网 http://www.xzqh.org/html/ 及民政部官网 http://xzqh.mca.gov.cn/description?dcpid=1 公开的资料整理而得；2017年7月18日—2017年底的数据根据民政部批准的公文资料整理而得。

二、区县合并：重庆市綦江区案例分析 ▶▶

　　原重庆市万盛区位于重庆市南部，行政辖区面积为566平方千米，属于重庆的"一小时经济圈"。早在1955年，国务院批准设立重庆市南桐矿区，以贵州省桐梓县、四川省南川县、重庆市綦江县各县的部分行政区域为南桐矿区的行政区域，区政府驻地为重庆万盛。1993年，国务院批准重庆市南桐矿区更名为重庆市万盛区。万盛区曾因煤炭资源丰富成为重庆市重要的能源基地。2009年，其因煤炭资源枯竭被列入国家第二批资源枯竭型城市转型发展试点城市，现正向旅游业和新材料技术产业转型。原重庆市綦江县位于重庆市南部，行政辖区面积约为2 182平方千米，东邻万盛区，位于重庆市"一小时经济圈"内，是重庆直辖市主城卫星城、区域性中心城市以及渝黔合作的战略支点。綦江县的铁路公路发达，位于联系贵州、云南、广西、湖南、上海的重要通道上，有着"承北启南，左右传递"的区位优势，被称为"重庆南大门"。綦江县因煤炭资源丰富，主要发展能源、机械、冶金等产业，被誉为"中国西部齿轮城"。根据表5.2可知，区县合并前，綦江县的面积、人口、地区GDP大约为万盛区的3倍，其经济发展水平略高于万盛区的经济发展水平。

　　綦江区的地域重构不仅包括原万盛区与原綦江县之间的地域重构，还包括綦江区与万盛经济技术开发区（以下简称万盛经开区）之间的地域重构。2011年10月，国务院批准撤销万盛区和綦江县，合并设立綦江区。同

表5.2　原万盛区与原綦江县及新綦江区主要指标对比

主要指标	原万盛区 （2010年）	原綦江县 （2010年末）	綦江区 （2011年末）	綦江区 （2017年末）
辖区面积	566平方千米	2 182平方千米	2 748平方千米	2 748平方千米
行政区划	8个镇、2个街道办事处、32个居委会、57个村委会	17个镇、3个街道办事处、56个居委会、308个村委会	25个镇、5个街道办事处、88个居委会、365个村委会	25个镇、5个街道办事处、120个居委会、359个村委会
常住人口 （万人）	25.58	80.10	107.59	82.55
城镇人口 （万人）	18.54	32.86	54.25	44.95
城镇化率 （%）	72.5	41.0	50.4	54.45
地区GDP （亿元）	49.27	167.28	264.41	362.13
人均GDP （元）	19 261	20 884	24 576	43 868
财政收入 （亿元）	5.33	28.88	78.09	55.70
预算收入 （亿元）	4.01	12.02	24.99	25.31

资料来源：根据《重庆市统计年鉴2011》[1]、《重庆市统计年鉴2012》[2]、重庆市綦江区人民政府网[3]及《2017年綦江区国民经济与社会发展统计公报》[4]公开的资料整体而得。

---

[1] 重庆市统计局,国家统计局重庆调查总队.重庆统计年鉴2011［M］.北京:中国统计出版社,2011:3,502,504,519.

[2] 重庆市统计局,国家统计局重庆调查总队.重庆统计年鉴2012［M］.北京:中国统计出版社,2012:3,502,504,519.

[3] 重庆市綦江区人民政府.走进綦江——行政区划［EB/OL］.［2018 09-08］.http://www.cqqj.gov.cn/zjqj/38/.

[4] 重庆市綦江区统计局.2017年綦江区国民经济与社会发展统计公报［EB/OL］.（2018-06-25）［2018-09-08］.http://www.cqqj.gov.cn/zfxx/web_showzfxx_16461.shtml.

时,设立万盛经济技术开发区,由綦江区委、区政府委托万盛经开区党工委、管委会管理。在区县合并过程中,除撤销綦江县、万盛区的行政建制并设立新的綦江区之外,保持原綦江县、万盛区的乡镇及街道办设置不变。2012年,重庆市政府批准由万盛经开区代管綦江区的2街道8镇,即原万盛区的万盛街道、东林街道和万东镇、南桐镇、青年镇、关坝镇、丛林镇、石林镇、金桥镇、黑山镇。由于万盛经开区的经济、社会、人事、开发规划、财政管理等由重庆市政府直接管理,党务、行政工作由綦江区委、区政府委托万盛经开区党工委、管委会代管,因此万盛经开区在经济上实际上是一个独立于綦江区的发展主体。2013年,区县合并后綦江区编制的《重庆市綦江区城乡总体规划(2013年编制)》也未包括万盛经开区所管辖区域的发展规划。截至2017年末,綦江区辖25个镇、5个街道办事处,原綦江县、万盛区的乡镇及街道办设置不变,只是在2011—2016年间对居委会和村委会进行了调整。

在区县合并的过程中,綦江区的尺度重组包括綦江县与万盛区之间的尺度重组、綦江区与万盛经开区之间的尺度重组。綦江县与万盛区的合并,是重庆市通过尺度上移促使綦江县与万盛区的权力和规模进行尺度重组。从权力尺度来看,綦江县在财政、土地、规划、人事方面的权力具有自主性与独立性,而綦江区在财政、土地、规划、人事方面的权力受到重庆市的统筹安排,其自主性与独立性不如綦江县。因此,区县合并使得綦江县的权力变小,自主性被削弱。从规模尺度来看,区县合并后市辖区的人口规模、经济规模及面积都相应扩大。从政府职能来看,原来綦江县主管农村、农业发展工作,区县合并后的綦江区将职能重点转向主管城市、工业发展工作。区县合并过程中,对政府机构采取了合二为一的做法,如撤销綦江县政府与万盛区政府,合并成立了綦江区政府;撤销万盛区人民法院、綦江县人民法院,合并成立綦江区人民法院;撤销万盛区人民检察院、綦江县人民检察院,合并成立綦江人民检察院等。由于区与县处于同一行政等级,因此合并后的机构及人员行政级别未发生变化。万盛经济技术开发区成立之初设立了万盛经开区党工委、管委会,由重庆市政府委托綦江区委、区政府代管。

区县合并后,由于万盛区市民感觉自身利益受损,于2012年4月10日爆发了万盛群众聚集事件。2012年4月12日,市政府针对万盛区群众的诉求,发布了《关于促进万盛经开区当前经济社会平稳发展的政策意见》,从服务业的税收返还、棚户区改造、养老医疗保险待遇、拆迁政策、旅游精品区优惠政策等方面制定了八条特定政策,以解决撤区后经济社会发展运行中亟待解决的相关问题。2012年4月20日,重庆市委市政府发布《关于万盛经开区管理体制调整的决定》,决定将万盛经开区党工委、管委会由綦江区委、区政府代管调整为由市委、市政府直接管理,并规定万盛经开区履行相应经济发展、社会管理及干部管理职能,以及参照一级财政管理,设立地税、国税征管机构和金库。

万盛群聚事件的实质是万盛市民通过向重庆市政府表达自己的利益诉求,促使重庆市政府出台相关政策保证万盛市民的利益。同时,万盛事件也促使重庆市政府调整万盛经开区管理体制,将万盛经开区由綦江区委、区政府代管的体制调整为由重庆市委、市政府直接管理,使万盛经开区获得了独立财权、事权及人事权。并且,通过将綦江区部分行政区域划由万盛经开区代管的方式,扩大了万盛经开区的管理权力,使万盛经开区成为独立于綦江区的一个政策特区。再者,万盛区作为一个资源枯竭型城市,面临着产业结构转型升级的困境,而綦江县的机械工业发达、煤炭资源丰富、土地面积广阔、人口规模庞大,区县合并后綦江区能够为原万盛区的城市转型提供人力、资本及资源支撑。谢来位(2016:151)认为,将万盛区与綦江县合并设立綦江区,不仅降低了行政效率,而且不符合万盛市民意愿,是不符合行政区划调整科学的。但实际上,区县合并不仅为万盛市民带来了更多的利益(尽管这种利益是通过尺度政治获得的),而且有利于万盛区的城市转型。当然,也因万盛经开区成为綦江区的"政策特区",而造成了区域治理的碎片化。而同样进行合并的大足县与双桥区,且行政中心同样从双桥区迁移到大足县,却没有发生因市民不满进而发生群聚事件。其中一个根源在于,双桥区是汽车工业区,对本区域的经济发展拥有较强的控制权,对于行政中心地位带来的政策和资源支持的依赖性相对较低。

三、区县（市）合并的逻辑 ▷▷

（一）尺度重组：集权化与体制优化下的尺度博弈

区县（市）合并是市政府通过尺度上移对区县（市）之间的权力与规模进行尺度重组，进而获得县（市）在财政、人事、规划及土地等方面的控制权，是市政府向上集权的一种行为。由于县（市）在财政、人事、规划及土地等方面的管理权力具有自主性与独立性，而市辖区在这些方面的管理权力受市的统筹安排（林拓，2012）。因此，对于市政府来说，通过区县（市）合并将县（市）转变为区，可以加强市政府对县（市）财政、规划、土地及人事的控制权，并且在土地财政制度下可以为城市发展提供可靠的财政收入来源（左言庆等，2014）。但对于县（市）来说，市政府通过区县（市）合并向上集权，削弱县（市）的自主性与独立性。正因为如此，在区县（市）合并中，经济实力不同的县（市）会采取不同的尺度策略，即弱县更可能选择通过区县合以实现由低等级尺度的乡村型政区向高等级尺度的城市型政区转变，而强县（市）则更可能选择通过尺度政治来抵制区县（市）合并以保留县（市）的自主性与独立性。与之相对的是，经济实力不同的区也会选择不同的尺度策略，即弱区更可能通过尺度政治来抵制区县（市）合并以保留其行政及经济的中心性，强区则更可能通过区县（市）合并来获取县（市）的控制权。此外，早期切块设区切走的是县（市）经济发达的区域，在同一区域产生了区与县的两套行政体系，形成"小规模、多层次"的城市区划体系，不仅造成了市县之间的矛盾，而且严重影响了区域管理效率。因此，通过区县合并，将区县（市）两套体制合二为一，可以提高行政效率，降低行政成本。

（二）地域重构：空间受限与资源整合下的空间扩张

根据区县（市）合并的案例可知，进行区县（市）合并的区大部分是在县（市）的工矿区、石化区、钢铁及汽车制造基地的基础上通过切块而设立的，其面积通常较小。由于这些市辖区工业基础较好，其社会经济发展较快，人口规模及产业规模迅速扩大，需要更多的空间来满足生产生活的需要。而历史上这些市辖区又是从邻近的县（市）中划出的，它们拥有相同的历史文化传统,进行区县(市)合并,不仅有助于降低行政区划调整的风险,还可以快速扩大城市空间规模,并有利于促进区域社会经济发展的一体化。

进入21世纪后,经济全球化发展要求城市整合资源进行规模化生产,以提高生产效率,降低生产成本,增加城市竞争力。早期形成的"小规模、多层次"城市区划体系导致行政分割与市场分割,不仅造成严重的同质化竞争与重复建设,还阻碍生产要素的跨区域流动与市场的统一。通过区县(市)合并,消除阻碍区域资源整合与经济发展的行政区划壁垒,使中心城市可以在更大空间范围内,整合区域内的生产要素,并制定全局性的发展规划,优化资源配置效率,促进产业集聚与规模化生产。

第四节　切块设区模式的变迁及逻辑

一、切块设区模式的变迁与特征 ▶▶

切块设区是指将城市化水平较高、经济发展速度较快的区域划出,成为新的市辖区。在改革开放前和改革开放初期,这是主要的设区模式。实践中,切块设区主要有三种类型:第一,将县域或市域中的部分街道、公社、乡镇、道场等合并成为一个新的市辖区,由地级市或直辖市管辖;第二,在行政区划调整,如撤地设市、地市合并、撤县设市过程中,将原县、县级市的部分行政区域切出设置市辖区;第三,将国有企业在工业区设立的相当于区一级的派出机构办事处,如北京市的燕山石油化工办事处、上海金山石化地区办事处等改为市辖区。如图5.6所示,根据切块设区模式的发展规律,结合关键性事件,可以将切块设区模式发展历程分为两个阶段。

(一)切块设区繁荣发展阶段(1978—1985年)

1978—1985年全国共出现203个新设立的市辖区,其中通过切块方式生成的市辖区高达168个。这意味着平均每年有21个切块市辖区形成,增

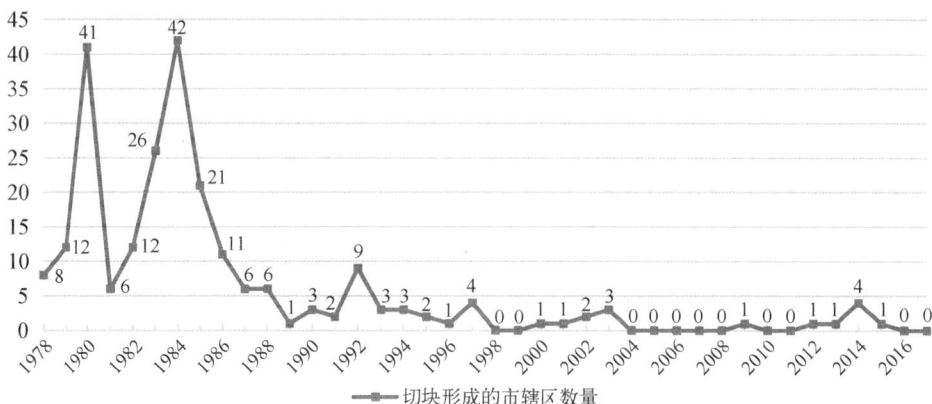

图5.6 1978—2017年我国切块形成的市辖区数量

资料来源：1978年1月1日—2017年7月18日的数据根据行政区划网 http://www.xzqh.org/html/ 及民政部官网 http://xzqh.mca.gov.cn/description?dcpid=1 公开的资料整理而得；2017年7月18日—2017年底的数据根据民政部批准的公文资料整理而得。

长速度很快。在这个发展阶段,我国切块设区具有以下几个特点：

第一,在时间分布上,存在两个高峰期。第一个高峰期为1978—1980年,共形成了61个切块市辖区。这是由于许多在设立之初并未设置市辖区的地级市为了便于城市管理与经济布局而首次设区。第二个高峰期在1983—1985年,共形成了89个市辖区。这是因为1983年中央发布了《关于地市州党政机关机构改革若干问题的通知》,要求各地区试行撤地设市、地市合并的行政区划改革。在改革过程中,新的地级市被组建,并将经济较为发达、城市化率高的地区切块作为地级市的主城区；同时,将地处外围的街道、乡镇、公社合并设为市辖区,作为腹地为主城区提供资源和劳动力。因此,切块设立的市辖区数量,随着地级市建制的增加而迅速增长。

第二,从地域分布来看,切块形成的市辖区数量基本与我国的经济发展地域格局相一致。在168个新设立的切块市辖区中,东部地区为63个,占比为37.5%；东北地区为24个,占比为14.3%；中部地区为48个,占比为28.6%；西部地区为33个,占比为19.6%。可见,东部地区占据优势地位。东北地区虽然数量最少,但由于其仅辖3个省,每个省切块设区的频次要高于中西部地区。改革开放初期,东部地区和东北地区经济发展迅速,资本积累不断增加,符合中央撤地设市标准的地区更多,且这些地区也亟须更多发展空间。因此,其设置市辖区的动力更强。

第三,从省区分布来看,除天津、重庆两个直辖市外,仅河北省、海南省、贵州省、云南省、宁夏回族自治区未进行切块设区(此时海南省尚未成立)。切块设市辖区数量排名前五的分别为江苏省(19个)、浙江省(16个)、广东省(15个)、湖南省(14个)、黑龙江省与湖北省(两者并列第五,为12个)。这是因为长三角与珠三角是我国经济起步最快、经济发展态势最好的地区,湖南省、湖北省在中部地区经济发展中位于前列,黑龙江省则是我国当时极为重要的工业基地。这些省份的经济发展均较为迅速,城市化水平较高。

(二)切块设区平缓发展阶段(1986—2017年)

在此阶段中,切块形成的市辖区数量缓慢增长,仅产生了65个新设立的切块市辖区,平均每年约增加2个。一方面是因为1983年撤地设市改革后,地区建制撤销工作在1986年后进入了低谷期,地级市增量变缓;另一方面则是因为撤县设区逐渐取代切块设区成为我国主要的市辖区设置模式,而切块设区逐渐退出历史舞台。在65个切块形成的市辖区中,东部地区为30个,占比从37.4%上升到了46.2%;东北地区为6个,占比从15.2%下降到9.2%;中部地区为17个,占比从28.1%下降至26.3%;西部地区为12个,占比从19.3%下降至18.5%。1986年后,切块设区依然集中在东部地区,中西部地区与以前相比稍有下降,东北地区则大幅下降。

■ 二、切块设区:北京市燕山区案例 ▶▶

20世纪70年代,国有企业采用政企合一模式,在工业区设立相当于区一级的派出机构管理企业,后随着工业区的发展,又将这些办事处所辖区域改为市辖区。比如,1980年燕山石化区改为燕山区,1980年宝钢地区(钢铁工业区)与宝山县部分行政区域合并为吴淞区。但这些以石化工业区、制造产业区发展为基础设立的市辖区存在的时间都比较短,后又与原来所在的县级行政区进行合并成立新的市辖区。如1986年燕山区与房山县合并为房山区,1988年吴淞区与宝山县合并为宝山区。

　　燕山地区（石化工业区）为原房山县的一部分，地处燕山山脉西山的东南侧。1970年，北京石油化工总厂在燕山地区成立，由北京市革命委员会和国家有关部委双重领导，以北京市革命委员会领导为主。1974年，经北京市革命委员会批准，成立北京石油化工区办事处，主要负责燕山地区的行政事业等管理工作，办事处行政及党的领导由石化总厂党政领导兼管负责①，对燕山地区采用政企合一的管理体制②。燕山办事处成立后，又陆续设立了石化区财税局（1974）、石化区公安分局（1974）、石化区计划生育领导小组办公室（1977）、石化区工商行政管理处（1978）、石油化工区人民检察院（1979）等市政府派出机构。改革开放后，随着燕山石化企业的发展壮大及燕山居民区的建成和市政、商贸、文化、教育等事业的发展，为加强地方行政管理，同时也为了实施政企分开，北京市向国务院申请设立燕山区。1980年，国务院批复北京市燕山区成立，以原北京市石油化工区办事处的行政区域，即房山县周口店公社的坟山大队，城关公社的羊角峪、岗山、凤凰亭、北庄大队和朱各装大队的马家庄生产队为其行政区域③，行政辖区面积为34平方千米④，辖向阳（1975年由北京石油化工区办事处批准成立）、栗园2条街道（1976年由北京石油化工区办事处批准成立）⑤。燕山区设立后，燕山地区企业和政府分立，由区政府领导地方行政管理的各项工作，区委负责地方党组织的各项工作，燕山地区的经济也开始进入独立运行和发展的阶段。1983年，燕山区批准向阳街道分为向阳和迎风两个街道。1986年，国务院批准北京市撤销房山县和燕山区，设立房山区。在区县合并的过程中，撤销原燕山区行政编制，保留了燕山办事处，将其作为房山区人民政府的派出

---

① 燕山办事处信息中心.地方和企业的党政机构［EB/OL］.（2015-08-14）［2018-09-08］. http://www.ysxxpt.gov.cn/yswz/Html/20180416-090622/0906229712.html.
② 燕山办事处信息中心.燕山地方经济的发展［EB/OL］.（2011-12-15）［2018-09-08］. http://www.ysxxpt.gov.cn/yswz/Html/20111228.111014/1110144716.html.
③ 行政区划网.1980年北京市行政区划［EB/OL］.（2010-01-10）［2018-09-08］.http:// www.xzqh.org/html/show/bj/443.html.
④ 燕山区人民政府.北京市燕山区地名录［DB/OL］.［2018-09-08］.http://www.wanfangdata. com.cn/local/toFullText.do?item_id=2295388&item_num=005&gazetteers_id=FZ015915.
⑤ 燕山办事处信息中心.燕山地区行政区划沿革［EB/OL］.（2018-04-13）［2018-09-08］. http://www.ysxxpt.gov.cn/yswz/Html/20180416-103137/1031375522.html.

机构,对燕山辖区行使行政管理职权。1996年,设立燕化星城街道办事处;2002年,撤销栗园街道办事处,将其辖区并入向阳街道办事处管理。2015年末,燕山办事处辖区总面积为40.8平方千米,辖社区居委会31个,辖单位49个,其中委、办、分局、公司45个,街道办事处4个,辖区驻中央、市、区单位27个,辖区户籍人口为79 614人,总人口数为90 939①。

北京市在将燕山办事处所辖行政区域(即北京石油化工区)改为燕山区的过程中,燕山地区的领导机构由燕山办事处改为燕山区政府,原燕山石化办事处作为北京市政府的派出机构属正厅级机构,新设燕山区政府也属于正厅级机构,其等级尺度未发生变化。此外,原办事处所设的职能管理部门更改了政府机构名称,并新设立一些区级职能管理机构。比如,1981年,石化区财税局改为燕山区财税局,石化区公安分局改名为燕山分局,石化区人民检察院改名为燕山区人民检察院,北京石油化工区法院更名为燕山区法院;1983年,石化工区计划生育领导小组办公室改为燕山区人民政府计划生育办公室等;在1980年新设燕山区工商行政管理局,1981年新设燕山区司法局,1983年新设燕山区规划建设管理委员会,1984年新设燕山区审计局等。后在燕山区与房山县合并过程中,燕山区虽然被撤销了,但是出于对燕山地区社会管理的需要,原燕山区的一些区级部门,如公安分局、武警消防支队、地税局等仍保留至今。

三、切块设区的逻辑 ▷▷

切块设区主要伴随着撤地设市、地市合并的行政区划改革出现。在改革开放之前,地区行政公署作为省级政府的派出机关,代为管辖其下属的县(市),县以下则普遍实行政社合一的人民公社体制。改革开放后,原有的行政区划体制已不适应蓬勃发展的经济新态势,甚至会阻碍资本的承接与地域化。因此,中央决定有序开展撤地设市、地市合并,建立市管县体制。全国大部分地区尺度被逐渐撤销,同时建立了新的地域组织——地级市。一

---

① 李桂清主编.北京房山年鉴2016[M].北京:中国统计出版社,2016:388.

方面,由于地级市面积较大,人口较为密集,市政府难以直接承担全部城市事务的管理与服务,需要建立新的地域组织即区一级政府,来分担市政府的部分城市管理和服务职责,协助市政府工作,维持城市社会生活的正常运转(田惠生等,2005:119)。另一方面,随着改革开放的深入和社会主义市场经济体制的逐步推行,空间生产和资本循环成为城市发展的关键,地级市政府有必要下放一部分权力,设立区一级政府进行分区管辖。当时最常用的设区手段,便是将经济发展速度快、城市化率高的地区划出,设置为区。在地级市政府的重点扶持和规划引领下,市辖区能够更为迅速地承接资本地域化,并为城市发展提供资本积累。

由于切块设区是将经济水平较高、发展态势良好的区域单独划出设立的,因此新设立的市辖区往往面积较小。随着经济的不断发展,市辖区会出现发展空间不足等问题,难以承接新的资本进入,完成新一轮的地域化或再地域化。随着社会主义市场经济体制的逐步建立,资本、信息、技术、人才等要素逐渐在区域间自由流动。为了将优质生产要素留在本区,需要新的尺度转向来为资本创造更良好的空间。因此,地级市政府采用区县合并的方式来扩大发展空间,维持市辖区经济发展的活力。正因为切块形成的市辖区往往需要进行二次尺度重组才能保证资本的有效循环,而且容易导致资源的浪费和基础设施的重复建设,所以能克服切块设区弊端的撤县设区模式开始登上历史舞台。相应地,切块设区模式逐渐衰落。

第五节　区界重组模式的变迁及逻辑

一、区界重组模式的变迁及特征 ▷▷

区界重组是以市辖区为主体的行政区划调整。本章所指的区界重组包括四种情况:① 对一个或几个市辖区进行较大范围的合并或拆分。② 将原属于县或县级市的部分乡镇划归市域内中心城市的市辖区管辖,或者在市辖区之间进行行政辖区的局部微调（罗震东等，2015；殷洁，2018）。
③ 从市辖区切出部分行政区域，同时从周边县（市）切出部分行政区域，通
过行政区域的组合设立新的市辖区。④ 将原属于地级市的两个及以上的
市辖区进行合并，组成直辖市的市辖区。这种跨市跨行政级别的行政区划
调整情况比较少见，目前只存在于直辖市设置的特殊时期。比如，1997年，
重庆直辖市撤销万县市并将其所辖龙宝区、天城区、五桥区设为重庆市万县
区，撤销涪陵市并将其所辖的枳城区、李渡区设为重庆市涪陵区。如图5.7、
图5.8所示，改革开放40年中，区界重组发生频次随着时间的变化上下波动
幅度较大，没有表现出很强的时间性和空间性规律。

　　从时间分布来看，2000年后区界重组发生的平均频次要高于2000年
前。1978—2017年间总共发生区界重组482次[①]，平均每年发生约12次。
2002年、2004年、2005年、2011年发生的频次较高，平均每年超过20次。
1978—1999年间，总共发生205次[②]，平均每年区界重组的次数约为9次。

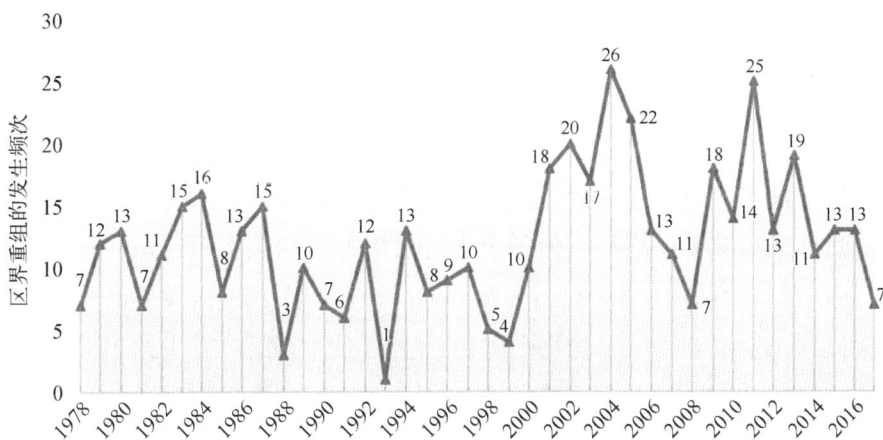

图5.7　1978—2017年区界重组的发生频次

注：在统计区界重组的频次时，以单一城市（包括地级市与直辖市）同一时间进行的区界调整行
为为1次统计单位。
资料来源：1978年1月1日—2017年7月18日的数据根据行政区划网 http://www.xzqh.org/html/ 及
民政部官网 http://xzqh.mca.gov.cn/description?dcpid=1 公开的资料整理而得；2017年7月18日—
2017年底的数据根据民政部批准的公文资料整理而得。

----

① 根据行政区划网及民政部公开的资料整理而得。
② 根据行政区划网及民政部公开的资料整理而得。

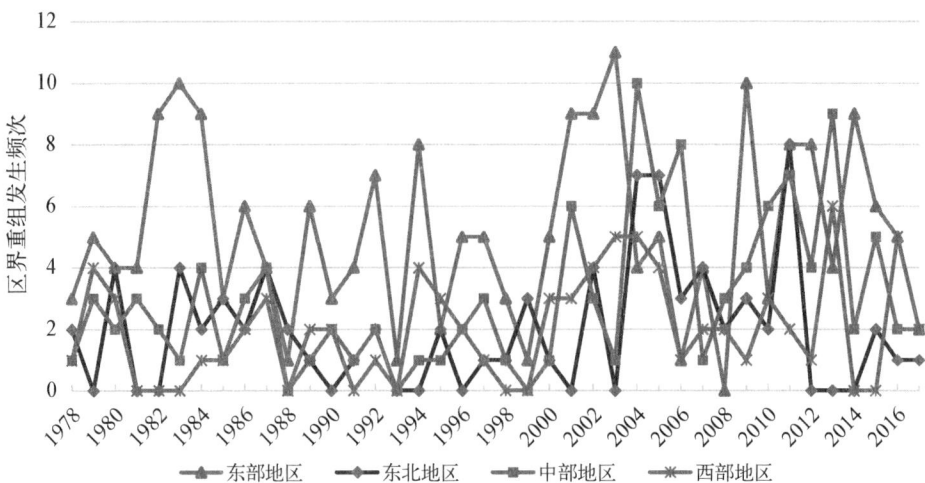

图5.8　1978—2017年区界重组发生频次的时空分布

注：在统计区界重组的频次时，以政府批复公文的时间为准，以单一城市同一时间进行的区界调整行为为1次统计单位。

资料来源：1978年1月1日—2017年7月18日的数据根据行区划网http://www.xzqh.org/html/及民政部官网http://xzqh.mca.gov.cn/description?dcpid=1公开的资料整理而得；2017年7月18日—2017年底的数据根据民政部批准的公文资料整理而得。

2000—2017年间，总共发生277次[①]，平均每年区界重组的次数约为15次。总体来说，2000年后区界重组的频次要高于2000年前区界重组的频次。

从空间分布来看，区界重组发生的总频次呈现出东部—中部—东北部—西部逐步递减的格局。但各个省份发生的平均频次则是东北部地区最高，而东部与中部地区不相上下，西部地区最低。东部地区发生区界重组的频次最高，达到206次，平均每个省份（自治区、直辖市）发生约21次；中部地区共发生118次，平均每个省份（自治区、直辖市）发生约20次；东北地区共发生79次，平均每个省份发生约26次；西部地区共发生79次，平均每个省份（自治区、直辖市）发生约7次[②]。

从省份的分布来看，经济比较发达的省份区界重组发生的频次一般较高，但并不绝对。东部地区江苏发生频次最高，排在前五的依次是江苏

---

① 根据行政区划网及民政部公开的资料整理而得。
② 根据行政区划网及民政部公开的资料整理而得。

（48次）、河北（41次）、上海（34次）、山东（34次）、广东（21次）；中部地区安徽发生频次最高，排在前五的依次是安徽（47次）、河南（30次）、湖南（16次）、江西（15次）、湖北（11次）；西部地区四川发生频次最高，排在前五的依次是四川（24次）、广西（17次）、宁夏（10次）、贵州（8次）、内蒙古（5次）及陕西（4次）；东北地区辽宁发生的频次最高，排名依次是辽宁（43次）、吉林（18次）、黑龙江（17次）[①]。

从区界重组方式来看，2000年前区界重组注重于城市内部个别市辖区及城区与郊县之间的重组，2000年后注重于市辖区内部多个市辖区及市辖区与外部县（市）之间的重组。根据对区界重组的案例分析[②]，2000年前市辖区的区界重组主要集中于市区与郊区或郊县（市）之间规模尺度的重组，即外延拓展型区界重组，渐进式地扩大城市空间。由于民国时期我国采用在县的中心治所地区切块方式设立建制市，形成了郊区包围市区的"蛋黄结构"；中华人民共和国成立初期，为了保证城市农副产品供给而设立的"郊区"建制及20世纪90年代兴起的郊县改为县级市，进一步强化了"市区—郊区—郊市"的政区格局，导致城市化进程中市区空间拓展与资源配置等的严重受阻（林拓等，2012）。因此，2000年以前，中心城市通过市区与郊区或郊县（市）之间的重组来破解城市空间的"蛋黄结构"，以扩大城市空间。值得注意的是，在2000年前还存在将市辖区拆分为区和县的情况，如1987年将贵州省六盘水市水城特区拆分为六盘水市钟山区、水城县，1996年将四川省德阳市市中区拆分为旌阳区和罗江县。出现这种情况的原因在于，早期在市管县体制改革热潮及城镇化的驱动下，部分地区存在不合理的撤县设区情况，后期又通过拆分的方式将部分地区改为县（市）。2000年后，市辖区的区界重组主要集中于城市内部各个市辖区之间的重组，即内部重组型区界重组，以优化市辖区内部空间结构。一些经济发达的大城市通过这种内部重组型的区界重组，在各个市辖区构建多功能的城市生产生活中心，促进城市结构从单中心转向多中心。

---

① 根据行政区划网及民政部公开的资料整理而得。
② 根据行政区划网及民政部公开的资料整理出所有案例。

二、区界重组：深圳市宝安区案例 ▶▶

　　2016年，宝安区与龙华新区进行区界重组前，深圳市共设6个市辖区和4个新区。宝安区行政区域包括三个部分：新宝安区（即不包括龙华新区与光明新区的区域）、龙华新区、光明新区①。龙华新区成立于2011年12月30日，位于深圳市宝安区龙华镇，东临龙岗新区，西接宝安区、南山区、光明新区，南连福田区，北至东莞市，处于连接东西、承接南北的中心节点上。成立之初，龙华新区总面积为175.58平方千米，占宝安区面积的44.07%，下辖观澜、民治、龙华、大浪4个街道办事处和100个社区居民委员会。作为一个新设功能区，龙华新区肩负着"创新现代城市管理模式，提高城市精细化管理水平"的改革使命，并致力于成为深圳北部中心区。2015年末，龙华新区GDP约为1 635.51亿元，在4个新区中排名第一，占宝安区GDP的33.05%，占深圳市GDP的9.33%，下辖民治、龙华、大浪、观湖、福城、观澜6个街道办事处和100个社区居民委员会，常住人口为151.15万人，占宝安区常住人口的30.81%②。龙华新区交通网络本身十分发达③，结合新区的自身政策优势，历经5年的发展，形成了"以工业为主导、电子信息业为支柱、外向型经济特征显著"的发展格局，逐步成为深圳北部的经济增长极。但龙华新区在经济发展和社会管理方面一直存在着"小马拉大车"的争议。一方面，龙华新区作为大部制改革的先行区，其管理机构高度精简，管理人力高度集约，区级公务员职数仅370余人，是行政区公务员职数的1/5～1/4④。另一

① 根据本节对区界重组的定义，在以市辖区为主体的行政区划调整中，对一个或几个市辖区进行较大范围的合并或拆分，属于区界重组。本案例中，宝安的区界重组是对原一个市辖区的拆分。当然，在另外的意义上，这也可以算是对原市辖区的切块设区。但在本书中，涉及原市辖区的类似案例都统计在区界重组当中。

② 深圳市统计局，国家统计局深圳调查队.深圳统计年鉴2016［M］.北京：中国统计出版社，2016：3，37，57.

③ 广深港客运专线和厦深铁路在龙华新区内的深圳北站交汇，且深圳市有2条地铁线在此换乘，在高铁和地铁的带动下，新区与香港、广州形成"半小时生活圈"，与武汉、厦门形成"4小时生活圈"。此外，全市首条现代有轨电车试验线落户龙华，机荷、梅观、清平、福龙等高快速路穿越新区。

④ 新浪网.国务院同意设深圳龙华区和坪山区 管辖范围出炉［EB/OL］.（2016-10-12）［2018-09-08］.http://gd.sina.com.cn/news/sz/2016-10-12/detail-ifxwrhpn9752229.shtml.

方面，龙华新区作为产业大区，人口度高聚集（2015年末，其人口密度已达8 609人/平方千米，人口密度在全市排第三位[①]），但新区城市化滞后于工业化、社会建设滞后于经济建设、城市管理滞后于城市建设、城市规划滞后于城市开发。繁重的城市管理任务与精简的机构让基层公职人员分身乏术，导致了"小马拉大车"问题。为此，深圳市政府大力推进"强区放权"改革，提出要合理划分和明确市、区、街道、社区管理权限，并通过新设、增设街道，及压缩市级机关编制、下放充实基层等办法来解决基层治理困境[②]。

　　基于龙华新区经济发展实力、交通区位、产业优势及"强区放权"政策的驱动，龙华新区成功地实现了从功能区向行政区的转变。2016年9月，国务院正式批准设立了深圳市龙华区，以龙华、大浪、民治、观湖、福城、观澜6个街道行政区域为其行政区域。2017年1月，龙华区正式挂牌成立行政区，辖区总面积为175.58平方千米。龙华区成立后，在区位交通和空间发展方面进行了更加全面的规划布局，以适应从功能区到行政区转变过程中的政治制度空间的转变。在交通基础设施方面，龙华区在已有的交通区位优势的基础上，计划建立由4条高铁、10条地铁、深惠城际轨道、现代有轨电车线网和"九横七纵"主干路网组成的现代化城市交通体系[③]。在空间规划方面，龙华新区的定位是以"一中轴九片区"为重点，实现"两区一城"的战略目标，即把龙华新区建成"转型升级典范区、特区一体化示范区和现代化国际化中轴新城"[④]。龙华区的定位则是以"一中轴六片区"为重点，实现"一

---

①　深圳市统计局，国家统计局深圳调查队.深圳统计年鉴2016［M］.北京：中国统计出版社，2016：3.

②　袁俪芸，陈育柱.坚决落实全面从严治党责任　为特区事业发展提供坚强政治保证［EB/OL］.（2016-10-11）［2018-09-08］.http://sz.people.com.cn/n2/2016/1011/c202846-29121013.html.

③　深圳市龙华区政府网.龙华简介［EB/OL］.［2018-09-08］.http://www.szlhq.gov.cn/zjlh/lhgk/lhjj/.

④　"一轴"是指"一路一轨一河"，包括梅观高速变身城市快速路、地铁四号线延伸至观澜、观澜河地区建成生态休闲文化走廊。"九个片区"包括北站商务核心区和观澜横坑水库周边科技核心区；三个转型升级示范区，即清湖转型示范升级示范园、大浪时尚创意城、龙华商业中心；四个战略性新兴产业基地，即龙华汽车产业城、观澜战略性新兴产业园、福民低碳产业示范园、观澜文化产业园。引自百度文库.龙华新区综合发展规划（2012—2020年）［EB/OL］.（2013-02-05）［2018-09-08］.https://wenku.baidu.com/view/7c0c3d8e680203d8ce2f24f7.html?sxts=1531295839484.

城四区"的战略目标,即把龙华区建成"现代化国际化创新型中轴新城和北部都市核心区、产业创新主力区、现代宜居生态区、民生幸福活力区"①。

龙华新区从功能区转变为行政区,其实质是深圳市通过尺度下移对龙华新区放权,使其获得区一级政府的权力与地位。而龙华新区则是通过尺度上移变成了一级政权组织,其行政级别虽然不变,但获得了更多的自主权和独立性。根据《深圳市龙华新区和大鹏新区管理暂行规定》,深圳市政府设立龙华新区管理委员会作为派出机构管理龙华新区,新区管委会行使市政府决定由区级政府行使的职责,主要包括制定新区内产业规划、招商引资及城市建设管理等职责,由宝安区政府或深圳市政府委托龙华新区管委会行使行政处罚、行政许可等管理权。事实上,龙华新区管理委员会主要根据地方政府规章设立,不是独立的行政主体,除非有法律法规的明确授权,否则不能以自己的名义行使行政权力。换句话说,龙华新区管理委员会不能通过现行的委托执法模式取得行政强制权。同时,龙华新区的教育、医疗、卫生、文化等事业由公共事业局下设的教育科、文体旅游科、卫生科等统一管理。而龙华区作为一级政权组织,具有地方组织法规定的区级职权及党委、人大、政府、政协、司法等系统的管理体系。区政府在教育、医疗等民生事业上,设有区教育局、区卫计委等独立的职能部门。对于宝安区来说,其行政区域被分成两个,即新宝安区与龙华区,人口、空间、经济等规模尺度缩小,其对原龙华新区的部分控制权转移给了深圳市政府。

三、区界重组的逻辑 ▷▷

(一)尺度重组:治理结构重塑与治理功能升级

随着城市空间的快速扩张及各种开发区、新区等功能区的不断兴起,

---

① "一轴"是指"一路一轨一河",包括梅观高速变身城市快速路、地铁四号线延伸至观澜、观澜河地区建成生态休闲文化走廊。"六片区"是指"北站商务中心片区、鹭湖科技文化片区、九龙山产学研片区、龙华现代商贸片区、大浪时尚创意片区、观澜生态文化片区六大重点片区"。引自深圳市龙华区政府网.龙华简介[EB/OL].[2018-09-08].http://www.szlhq.gov.cn/zjlh/lhgk/lhjj/.

市辖区的社会经济空间与政治制度空间不断被重塑，各种经济社会管理问题逐步显现。一方面，部分城市在撤县设区、区县合并后，中心城市空间急剧扩大，城市管理和服务距离拉大，开始出现空间利用不集约、空间整体品质下降、政府公共服务供给能力下降等问题，这就要求对城市内部进行分权（即设置分区）来调整和重塑治理结构以满足现实需求（罗震东等，2015；曹前满，2012）。通过各个市辖区规模尺度的重组，划小规模过大的区，扩大规模过小的区，进而在市辖区之间进行平衡，使各市辖区充分获取资源来促进城市建设和发展，促使粗放式城市管理向精细化城市管理转变。另一方面，市辖区内部或郊区因存在新区、开发区等政策特区和功能区，在同一行政区域内存在多个管治权力交叠的地域组织，造成治理碎片化问题。通过区界重组，各种新区、开发区通过等级与权力尺度上移升格为行政区，不仅实现城市空间跳跃式外延增长（熊国平等，2010），而且促进了功能区与行政区的整合，实现功能区治理结构优化与功能升级。比如，2005年广州市撤销南沙经济开发区，分别设立南沙区和萝岗区；2016年深圳市撤销龙华新区、坪山新区，分别设立龙华区、坪山区。以龙华区为例，原龙华新区是经济实力强区和人口大区，但新区内公共服务供给不足，存在诸多民生问题，加之新区管委会机构高度精简，基层治理中"小马拉大车"问题严重。所以，急需通过治理结构升级，来满足龙华经济社会发展的需求。通过将龙华新区升级为龙华区，促使新区的管委会体制转为市辖区体制，从而建立起完备的经济社会管理部门和职责体系。

（二）地域重构：资源要素优化、空间规模扩张及城市结构转型

区界重组是通过市辖区之间及市辖区与周边县（市）之间的规模尺度的重组，来优化资源要素、扩张城市规模并促进城市结构转型。城市发展到一定阶段后必然要求通过行政区划调整来促进城市发展资源要素地域性重新优化整合（王建华，2003；吕宪军等，2006），而区界重组是促使城市发展资源要素在微观尺度上进行优化整合的一种有效方式。

20世纪80—90年代，在市管县改革的带动下，许多地方在撤地设市、县（市）升格为地级市的同时，进行撤县（市）设区、切块设区。但是，所设市

辖区在管辖面积、人口规模、经济总量等方面差异巨大,如核心城区的经济发展水平较高,但辖区范围过小,缺少发展空间,而外围城区虽然经济发展水平较低,但辖区范围广阔,土地资源丰富(殷洁等,2013b)。为了促进各个市辖区经济社会协调发展,中心城市通过市辖区规模的尺度重组,促使各区之间的经济需求总量、面积、人口等发展资源要素均衡分配,增强各区之间的引力和整个区域的潜力(左言庆等,2014)。其次,区界重组也是中心城市根据其经济辐射能力及成本、风险承受能力渐进式地进行空间扩张的一种理性选择。一般来说,城市外部空间扩张主要通过撤县设区、区县合并来实现。但是,这种大规模扩张城市空间的行为,在中心城市经济辐射能力较弱的情况下,可能会造成城市虚假化、城市建设滞后以及由于不完全尺度重组而带来层级矛盾。对于发展基础较弱的中心城市,没有足够动力通过撤县设区或区县合并来扩张城市空间或者撤县(市)设区、区县合并的综合成本和风险太大的情况下,通过适度的区界重组来满足都市区空间发展是城市政府可选择的一种务实方式(罗震东等,2015)。这种渐进式拓展城市空间边界的方式,既可以减少行政区划调整的阻力,降低行政区划调整的风险,又能在土地财政制度下获取更多土地资源,创造稳定的土地财政收入。再者,区界重组是通过微观尺度重组来构造多中心的城市结构,促进城市结构从单中心向多中心转型。2000年以前的区界重组,主要集中在市辖区与周边县(市)之间的规模重组,通过破解以市区为唯一中心的城市空间结构(即"蛋黄结构"),来扩大城市空间。而2000年以后的区界重组,其功能不仅仅在于空间的扩张,更重要的是通过各个市辖区内部结构的重组,以适应现代城市多样化的功能定位、产业布局及生产消费空间需求,进而构造多中心的城市结构。

第六章

县级市的尺度重组与
地域重构

在我国现行城市体系中，县级市上承大中城市，下启乡镇农村，具有较强的地域特色。县级市的培育是我国城市发展战略的一个重要抓手。它一方面连接着广大的农村，是城乡之间经济社会交流的桥梁和纽带；另一方面又嫁接了现代城市的基因，具有了现代城市的雏形和发展态势（谢守红，2015）。部分县通过切块设市、撤县设市等方式转变为县级市，完成从农村区域向城市区域的尺度转向；部分县级市则通过边界重组，不仅实现了空间资源的优化配置，而且产生了新的制度空间。

第一节　县级市的设置标准与数量变化

一、县级市的设置标准及变迁 ▷▷

1983年，民政部在《关于地市机构改革的几个主要问题的请示报告》中，首次提出了"县级市"这一概念。中华人民共和国成立初期，省级政府的派出机构专区管辖的市被称为"专辖市"。1970年，专区被改称为地区后，"专辖市"也被改称为"地辖市"。1983年起，随着地区建制被陆续撤销，"地辖市"也被改称为"县级市"。在实践中，县级市的来源主要有以下三种：第一，地区管辖的"地辖市"，地区改制后改称为"县级市"；第二，撤地设市、地市合并过程中通过切块设立的县级市；第三，符合条件的县通过撤县设市产生的县级市。

1955年，国务院颁布的第一版设市标准规定：聚居人口十万以上的城镇，可以设置市的建制。聚居人口不足十万的城镇，必须是重要工业基地、省级地方国家机关所在地、规模较大的物资集散地或者边远地区的重要城镇，并确有必要时方可设置市的建制。市的郊区不宜过大。工矿基地，规模

较大、聚居人口较多,由省领导的,可设置市的建制①。该版设市标准规定的
切块设市标准,在事实上也提出了切块设市的模式。

　　1983年,民政部根据经济社会发展的需要提出了一个内部掌握的设市
标准,并据此审批各省、市、自治区政府提交的行政区划改革申请。但该版
标准仅在中央政府内部把握,并未对外公布。随着改革开放的不断深入,城
乡经济迅速发展,城镇的产业结构和人口结构发生了很大变化,1983年确
立的设市标准和市领导县条件已不适应城乡变化的新情况。为了适应新情
况,贯彻"控制大城市规模,合理发展中等城市,积极发展小城市"的方针,
1986年民政部出台了《关于调整设市标准和市领导县条件的报告》,规定非
农业人口六万以上,年国民生产总值二亿元以上,已成为该地经济中心的
镇,可以设置市的建制②。在该设市标准的指导下,县级市的建制工作迎来
了一个小高潮,大大推进了我国城市化进程。但是该版设市标准仍然存在
诸如设市指标统计难度大、县级市与地级市的设置标准尚未分开等问题。
因此,民政部在1986年颁布的设市标准的基础上进行修改,于1993年出台
了《关于调整设市标准的报告》。该设市标准从县域非农业人口密度、基础
设施覆盖率及经济发展水平三个方面分别规定了设市的指标体系,具体内
容如表6.1所示。

表6.1　1993年我国县级市设立标准

县域人口密度(人/平方千米)		< 100	100~400	>400
县政府驻地指标	从事非农产业的人口(万人)	≥8	≥10	≥12
	具有非农户口并从事非农产业的人口(万人)	≥6	≥7	≥8
	自来水普及率(%)	≥55	≥60	≥65
	道路铺装率(%)	≥50	≥55	≥60

① 国务院.国务院关于设置市、镇建制的决定[J].山西省人民政府公报,1955(22):53.
② 国务院.国务院批转民政部关于调整设市标准和市领导县条件报告的通知[EB/OL].
(1986-04-19)[2018-09-08].http://www.gov.cn/xxgk/pub/govpublic/mrlm/201208/
t20120820_65479.html.

（续表）

县域人口密度（人/平方千米）		＜100	100～400	＞400
县域指标	从事非农产业的人口（万人）	≥8	≥12	≥15
	非农产业人口比重（%）	≥20	≥25	≥30
	国内生产总值（亿元）	≥6	≥8	≥10
	第三产业占国内生产总值的比重（%）	≥20	≥20	≥20
	乡镇以上工业产值（亿元）	≥8	≥12	≥15
	乡镇以上工业产值占工农业产值的比重（%）	≥60	≥70	≥80
	县级财政预算内收入（万元）	≥4 000	≥5 000	≥6 000
	人均县级财政预算内收入（元/人）	≥60	≥80	≥100

资料来源：《中国法律年鉴》编辑部.中国法律年鉴1994[M].北京：法律出版社,1994：543-545.

　　由于各地政府盲目推行撤县设市，导致虚假城市化现象严重，并引发了一系列负面效应。因此，国务院决定于1997年开始暂停审批县改市，仅允许边疆和少数民族地区开展少量的县改市。但是，这并未完全影响地方政府设市的热情。截至2015年，向民政部申请县改市的县已经超过了200个。考虑到我国城镇空间分布和规模结构不合理，中小城市数量少且发展水平不高，同时中小城市又是城镇化发展的基础，可以实现就地城镇化，减缓大城市发展压力，中央政府做出了有序撤县设市的重要决定，重启了撤县设市工作。

　　2016年5月，国务院出台了内部执行的《设立县级市标准》，并于11月印发了《设立县级市申报审核程序》。虽然这两份文件尚未公开，但已有媒体报道满足以下条件的县可以向民政部申报升级为县级市：第一，城区常住人口不低于15万人；第二，人均地区生产总值或人均地方本级一般公共财政预算收入连续2年位居本省所辖县前40%以内，第二产业、第三产业增加值占地区生产总值的比重不低于80%；第三，公共供水普及率不低于95%，污水处理率不低于90%，生活垃圾无害化处理率不低于90%，社区综合服务设施覆盖率不低于90%，建成区绿地率不低于33%，建成区平均路网密度不低于每平方千米7千米，建成区道路面积率不低于13%，家庭宽带接入能力不低于10 MB/s；第四，城镇常住人口低收入家庭住房保障家庭全覆盖，城镇常住人口基本公共就业服务全覆盖，高中阶段毛入学率不低于90%，每千常住人口医疗卫生机构床位数不低于3.5张,每千常住人口执业(助理)医师数不低于1.8人,每千名老人拥有养老床位数不低于30张,建有符合国家标准的公共图书馆、文化馆且乡、镇、街道综合文化站全覆盖,体育健身设施实现社区全覆盖①。

二、县级市的数量变化 ▷▷

根据改革开放以来县级市设置数量的变化来看(见图6.1),我国县级市的设置历程大致经历了以下几个阶段。

(一)1978—1982年:启动过渡阶段

改革开放以来,现有的城市管理体制已不适应城乡经济的迅速发展,亟须建立新的行政区划管理体制来增强城乡发展活力,并推动城市化进程。

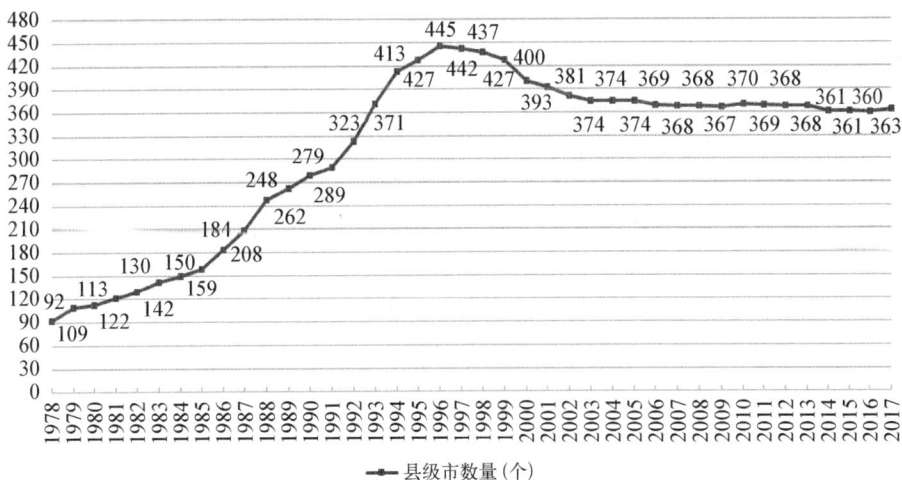

图6.1　1978—2017年全国县级市数量变化

资料来源:① 1978—2016年的数据来自国家统计局.×县级市数[DB/OL].[2018-09-08]. http://data.stats.gov.cn/easyquery.htm?cn=C01&zb=A0101&sj=2016.
② 2017年的数据来自民政部.中华人民共和国行政区划统计表2017[EB/OL].[2018-09-08]. http://xzqh.mca.gov.cn/statistics/2017.html.

---

①《设立县级市标准》与《设立县级市申报审核程序》至今国务院尚未将其正式公布。引自光明人家.2016版国家《设立县级市标准》已出台!.(2017-05-15)[2018-09-08]. http://blog.sina.com.cn/s/blog_574dff1c0102x561.html.

本阶段主要为县级市建制的启动过渡阶段,此时县级市概念尚未提出,仍被称为地辖市,建制标准也尚未出台,切块设市为本阶段的主要设市模式。

(二)1983—1991年:快速推进阶段

1983年民政部确立了县级市的设置标准,1986年在此基础上进行修改,设市标准更为清晰合理,设立县级市工作迎来了第一个高潮。在本阶段中,县级市数量从130个猛增至289个,共增加了159个[1],平均每年约增长18个。其中,切块形成的县级市数量为17个,撤县形成的县级市数量为210个[2],撤县设市成为本阶段的主要设市模式。但由于这一阶段有较多的县级市通过县(市)升格、撤(市)设区改为地级市或市辖区,因此通过切块与撤县所设立的县级市总数要大于县级市增加的总数。

(三)1992—1996年:高速增长阶段

1993年,国务院出台的《关于调整设市标准的报告》第一次提出了县级市的设置标准。在该文件的指导下,我国县级市的设置出现了井喷。在1992—1996年中,我国县级市数量从289个增加至445个,这是我国县级市数量首次突破400的大关,平均每年约增长31个。1996年,我国县级市数量达到最高点。本阶段中切块形成的县级市数量仅3个,撤县设市数量为186个[3],撤县设市仍是本阶段的主要设市模式。

(四)1997—2012年:冻结停滞阶段

1997年,国务院决定暂停审批撤县设市,同时由于撤县(市)设区工作的开展,县级市数量不断下降,到2006年趋于平缓,并稳定在360个左右。在本阶段中,县级市数从445个减少到368个,共减少77个,平均每年减少约5个。由于撤县设市暂停,使得大量县级市通过撤县(市)设区、区县(市)合并来实现城市化转型,因此县级市的数量逐步减少。尽管这一阶段

---

① 由于同时存在将县级市撤并为区的行政区划调整,故切块与撤县形成的县级市数量之和要大于本阶段县级市实际增长的数量。
② 根据行政区划网及民政部公开资料整理而得。
③ 根据行政区划网及民政部公开资料整理而得。

也有少量的撤县设市案例,但主要分布在边疆和少数民族地区。

（五）2013年以来：逐步重新启动阶段

2013年,中共中央发布的《关于全面深化改革若干重大问题的决定》指出,具备行政区划调整条件的县,可有序改市。当年,吉林省扶余县、云南省弥勒县、青海省玉树县改为县级市。2014年,国家发改委向国务院上报城镇化改革方案,明确提出推进行政区划创新,改革设市模式,完善城市行政区划设置和布局,启动设市工作。同年,云南的香格里拉县改为县级香格里拉市。

2016年民政部出台了内部执行的《设立县级市标准》和《设立县级市申报审核程序》[1],为加快启动设立县级市提供了基本的制度保障。2016年,通过撤县新设立县级市3个。2017年,通过撤县新设立县级市6个[2]。2018年前三季度,已有12个县通过撤县设市改为县级市[3]。这一阶段撤县设市不仅仅发生在西部和少数民族地区,东部和中部的一些县也被审批通过,这标志着实践中县级市设立工作的重新启动。

第二节　切块设市模式的变迁及逻辑

一、切块设市模式及变迁　▶▶

切块设市是指以县城或县（自治县、市）中心以外的重要工矿区、交通枢纽、风景名胜区、边境口岸及其近郊为区域设置市,与原来的县（自治县、旗、市）分割为2个县级以上行政区（浦善新,2006：95）。也就是说,将县

---

① 光明人家.2016版国家《设立县级市标准》已出台.（2017-05-15）[2018-09-08].http://blog.sina.com.cn/s/blog_574dff1c0102x561.html.

② 根据行政区划网及民政部公开资料整理而得。

③ 12个县分别为：陕西彬县、江苏海安县、湖北京山县、黑龙江漠河县、山西怀仁县、贵州兴仁县、安徽潜山县、广西荔浦县、山东邹平县、甘肃华亭县、云南水富县、河南滦县升格为县级市。

（自治县、旗、市）的部分行政区域设置为县级市。

根据切出区块的性质不同，主要分为以下几种类型：① 以原县城为基础切块设立新的县级市。一般来说，县城不仅是一个县的政治、文化中心，同时也是经济最为发达地方。所以，由县城升格为县级市，条件最为成熟。但是，这也容易形成新的城乡分割、城市发展空间受限等问题。在20世纪80年代整县改市以前，这种类型的切块设市占主流。如今，其中的大部分已经升级为地级市。比如，1978年9月，安徽省以六安县的城关镇及周围9个生产队为行政区域，设立了县级六安市。② 以非县城的中心镇为基础切块设立新的县级市。由于中心镇的特殊地位，经济发展较为迅速，拥有较为完整的行政管理机构和基础设施，也具有较大的发展潜力，因此在尺度重组和地域重构时，遇到的阻力相对较小。比如，1980年9月，河南省撤销驻马店镇，恢复县级驻马店市，以确山县驻马店镇及附近的烧山、塘房庄、周庄、邓瓦房4大队的行政区域为驻马店市的行政区域。③ 以国企建址地、重要工矿区、交通枢纽等为基础切块设立新的县级市。为了扶持国企和重要工矿区的发展，或出于政治的需要，将国企建址地、重要工矿区、交通枢纽、边境口岸等地单独切块，建立新的县级市。例如，1981年，河南设立县级义马市，以原义马矿区的行政区域为其行政区域；1988年，山西省设立县级古交市，以原古交工矿区的行政区域为其行政区域。

图6.2及表6.2反映的是改革开放以来，我国切块形成县级市的数量变化与地域分布情况。

（一）1978—1979年：繁荣阶段

20世纪80年代前，我国设立县级市的主要模式是切块设市。1978—1979年间，切块设市的数量为22个（见图6.2和表6.3），平均每年切块设市约11个。切块设市模式的优点是，市的行政区域与城市地域相一致，便于市政府根据城市的特点，集中精力管理好城市，城乡界线清楚，便于城乡分类统计，与其他国家的横向可比性强。在区位条件好、规模大、有发展潜力的非县城中心镇采用切块设市模式，效果更为明显（浦善新，2004）。

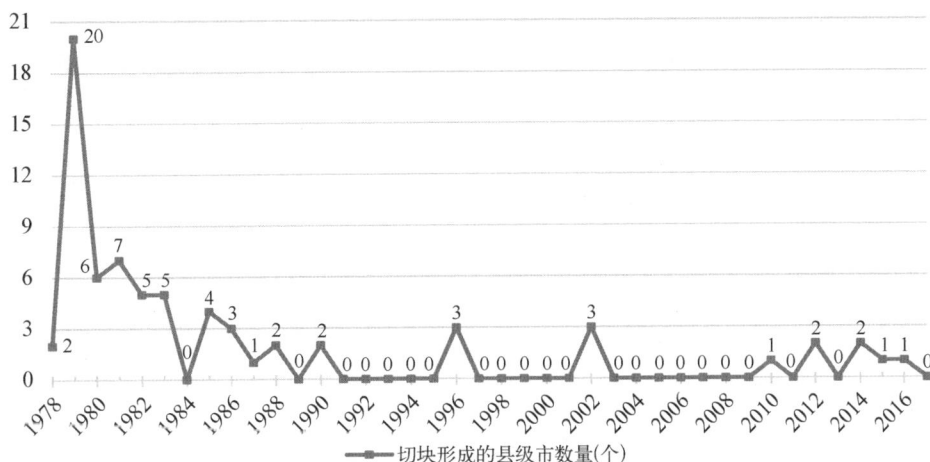

图6.2　1978—2017年我国切块设市形成的县级市数量

资料来源：1978年1月1日—2017年7月18日的数据根据行政区划网http://www.xzqh.org/html/及民政部官网http://xzqh.mca.gov.cn/description?dcpid=1公开的资料整理而得；2017年7月18日—2017年底的数据根据民政部批准的公文资料整理而得。

表6.2　1978—2016年我国切块设市模式的具体分布

年份	数量	切 块 设 县 级 市 的 地 方 实 践
1978	2	安　徽：设立六安市，以六安县的城关镇及周围9个生产队为六安市的行政区域 广　东：设立梅州市，以梅县的部分地区为其行政区域
1979	20	辽　宁：设立铁岭市，以铁岭县部分行政区域为铁岭市的行政区域 辽　宁：设立朝阳市，以朝阳县部分行政区域为朝阳市的行政区域 新　疆：设立库尔勒市，以库尔勒、焉耆二县部分行政区域为该市行政区域 浙　江：恢复湖州市，以吴兴县部分行政区域为该市行政区域 浙　江：恢复嘉兴市，以嘉兴县部分行政区域为该市行政区域 浙　江：恢复绍兴市，以绍兴县部分行政区域为该市行政区域 浙　江：恢复金华市，以金华县部分行政区域为该市行政区域 浙　江：恢复衢州市，以衢县部分行政区域为该市行政区域 安　徽：设立宿州市，以宿县部分行政区域为该市行政区域 江　西：设立宜春市，以宜春县部分行政区域为该市行政区域 湖　北：设立鄂城市，以鄂城县部分行政区域为该市行政区域 湖　北：设立荆门市，以荆门县部分行政区域为该市行政区域 湖　北：设立随州市，以随县部分行政区域为该市行政区域 湖　北：设立老河口市，以光化县部分行政区域为该市行政区域 湖　南：设立怀化市，以怀化县部分行政区域为该市行政区域

（续表）

年份	数量	切块设县级市的地方实践
1979	20	湖　南：恢复津市市，以津市镇和澧县部分行政区域为该市行政区域 广　东：恢复潮州市，以潮安县部分行政区域为该市行政区域 湖　南：恢复洪江市，以洪江镇行政区域为该市行政区域 江　西：设立鹰潭市，以鹰潭镇行政区域为该市行政区域 四　川：设立西昌市，以西昌县与喜德县部分行政区域为该市行政区域
1980	6	内蒙古：恢复县级乌兰浩特市，以科尔沁右翼前旗人民政府驻地乌兰浩特镇及部分区域为其行政区域 青　海：将格尔木县改设格尔木市，其行政区域以原格尔木县辖区为基础，将甘森等地草场划归格尔木市 黑龙江：设县级黑河市，以爱辉县的黑河镇、幸福公社和西岗公社的西岗子煤矿、采集屯煤矿、东方红煤矿的行政区域为其行政区域 湖　南：设娄底市，以涟源县的娄底镇、杉山公社的东风大队、民福大队、西洋公社的方石大队、水洋大队，百亩公社的思塘大队为其行政区域 河　南：撤销周口镇，设立县级周口市 河　南：撤销驻马店镇，设立县级驻马店市，以原驻马店镇部分行政区域为其行政区域，其余行政区域并入确山县
1981	7	河　北：设立县级廊坊市，以安次县廊坊镇和尖塔、桐柏、北旺3公社为其行政区域 辽　宁：设立县级铁法市，以铁法矿务局领导的2镇和5大队、铁岭县的晓明公社和蔡牛公社的2大队、大青山公社的腰堡大队、法库县的8大队为其行政区域 浙　江：设立县级椒江市，以原海门特区的行政区域为其行政区域 河　南：设立县级义马市，以原义马矿区的行政区域为其行政区域 湖　北：设立县级恩施市，以恩施县城关镇为其行政区域 广　西：设立县级合山市，以来宾县北泗公社为其行政区域 云　南：设立县级昭通市，以昭通县的部分地区为其行政区域
1982	5	河　北：设立县级衡水市，以衡水县的衡水镇为其行政区域 河　北：恢复县级泊头市，以交河县泊镇及交河、南皮二县部分行政区域为其行政区域 安　徽：设立县级巢湖市，以巢县部分行政区域为其行政区域 山　东：设立县级滨州市，以滨县北镇、博兴县小营公社和蔡寨公社和朱全管区为其行政区域 湖　南：撤销永州镇，设立县级永州市，以原永州镇、零陵县的2个公社、天字地公社的建设桥大队、县原种场所属苆江桥大队为其行政区域
1983	5	黑龙江：设立县级五大连池市，以德都县的五大连池镇和双泉公社的龙泉大队、良种场为五大连池市的行政区域

（续表）

年份	数量	切块设县级市的地方实践
1983	5	甘　肃：恢复临夏市，以临夏县的城关镇及4公社为其行政区域 湖　南：撤销邵阳市冷水江区，设立冷水江市 湖　南：撤销湘潭市娄底区，设立娄底市 新　疆：设立县级和田市，以和田县的和田镇、肖尔巴克公社、拉斯奎公社的一部和县良种场为其行政区域
1985	4	内蒙古：设立霍林浩特市，以扎鲁特旗的部分地区为霍林浩特市行政区域 四　川：撤销华云工农区，设立华蓥市，以原华云工农区的行政区域为华蓥市的行政区域 云　南：撤销畹町镇，设立畹町市，以原畹町镇的行政区域为畹町市的行政区域 甘　肃：撤销庆阳县西峰镇，设立西峰市，以原庆阳县的西峰镇和8乡为西峰市行政区域
1986	3	黑龙江：设立镜泊湖市，以原宁安县的2乡、沙兰镇山区和渤海镇的8个村和1个街道办事处为其行政区域 辽　宁：撤销铁岭市铁法区，恢复铁法市 广　东：设立通什市，以保亭县的通什镇以及畅好、红山、毛道、南圣区，琼中县的五指山、毛阳区，乐东县的番阳区等8个区镇的行政区域为通什市的行政区域
1987	1	福　建：设立石狮市，以晋江县的3镇和祥芝乡为石狮市的行政区域
1988	2	山　西：撤销古交工矿区，设立古交市，以原古交工矿区的行政区域为古交市的行政区域 青　海：设立德令哈市，以德令哈镇和乌兰县的5个乡为德令哈市的行政区域
1990	2	湖　南：撤销湘潭市韶山区，设立韶山市 河　南：撤销平顶山市舞钢区，设立舞钢市
1996	3	内蒙古：设立阿尔山市，以兴安盟科尔沁右翼前旗阿尔山镇的行政区域为阿尔山市的行政区域 甘　肃：设立合作市，以夏河县的合作镇及7乡为合作市的行政区域 广　西：设立东兴市，以防城港市防城区的3个镇的行政区域为东兴市的行政区域
2002	3	新　疆：设立县级阿拉尔市 新　疆：设立县级图木舒克市 新　疆：设立县级五家渠市
2010	1	江　西：设立共青城市，将德安县茶山街道办事处、甘露镇、金湖乡，永修县江益镇和燕坊镇坪塘村、燕坊村，星子县苏家垱乡、泽泉乡划归共青城市管辖

（续表）

年份	数量	切 块 设 县 级 市 的 地 方 实 践
2012	2	新　疆：设立县级阿拉山口市，辖艾比湖街道、阿拉套街道 新　疆：设立县级铁门关市
2014	2	新　疆：设立县级双河市，由新疆维吾尔自治区直辖 新　疆：设立县级霍尔果斯市，由伊犁哈萨克自治州管辖
2015	1	新　疆：设立县级可克达拉市，由新疆维吾尔自治区直辖
2016	1	新　疆：设立县级昆玉市，由新疆维吾尔自治区直辖

注：切块设市案例为0的年份未在表格中列出。

资料来源：1978年1月1日—2017年7月18日的数据根据行政区划网http://www.xzqh.org/html/及民政部官网http://xzqh.mca.gov.cn/description?dcpid=1公开的资料整理而得；2017年7月18日—2017年底的数据根据民政部批准的公文资料整理而得。

（二）1980—1989年：衰落阶段

20世纪80年代以后，撤县设市模式成为我国设市的主要方式，仅小部分城市仍采用切块设市模式，切块设市模式走向衰落。1980—1989年，切块设立的县级市仅为33个，平均每年切块设市约3个。一方面符合切块设市条件的非县城小城镇数量太少，即使这些少量的小城镇想要实现切块设市的愿望，在实际操作中也是阻力重重，往往难以实现；另一方面，传统的以县城为中心切块设市，造成市县分设、同驻一地、城乡分割、重复建设，人为割断了城乡经济的有机联系，大量增加机构编制，不利于县级政区作为中国基本行政区的稳定。而整县改市模式基本克服了传统切块设市模式的弊端，解决了切块设市模式造成的上述问题，精简了机构，有利于县级政区的稳定（浦善新，2004）。

（三）1990—2017年：停滞阶段

在1990—2017年中，切块设市仅有14个。其中，新疆为9个，湖南、河南、江西、甘肃、广西、内蒙古各1个，以上均为中西部地区，东部地区切块设市数量为0。切块设市模式的停滞主要有两个原因：第一，整县设市模式基本克服了切块设市的弊端，因而被广泛使用；第二，整县设市也存在许多问题,比如,违背城市型政区的基本宗旨、农村人口比重过大、"假性城市化"造成城乡分类混乱等。而且,许多地方政府跟风上报待审批方案。因此,民政部决定暂停审批,直到2016年才有解冻之势,切块设市也因此受到影响。

从空间分布来看(见表6.3),我国切块设市的地域分布与其发展阶段紧密相关。在繁荣阶段,切块设市主要集中在东部和中部地区。在1980年后的衰落及停滞期里,切块设市集中在中西部地区,东部地区占比从31.8%下降至21.2%,最后降至0;中部地区从50.0%下降至30.3%,再降至14.3%;西部地区则从9.1%上升至33.3%,最后达到85.7%,可见切块设市逐渐向西部地区集中。1978年实行改革开放政策后,各地纷纷通过行政区划调整来释放经济改革的活力。由于东部地区具有沿海的区位优势,同时还拥有国内最早一批对外开放的城市带,经济的繁荣催生了如火如荼的切块设市。与东部地区的市场经济迅速发展不同,中部地区的发展仍具有浓厚的计划经济色彩。为了发展地方经济,提升区域竞争力,在政府的主导下,中部地区也纷纷开始切块设市。西部地区由于经济发展较为落后,地域辽阔,政府管理难度较大,故切块设市落后于东、中部地区。在1980年后的衰退和停滞期,经济较为发达的东部地区主要采用撤县设市模式。因此,东部地区的切块设市比例较低,而中西部地区的切块设市比例较高。

表6.3　我国切块设市各阶段的地域分布

	繁荣阶段 (1978—1979年)		衰落阶段 (1980—1989年)		停滞阶段 (1990—2017年)	
	数量	比重	数量	比重	数量	比重
东部地区	7	31.8%	7	21.2%	0	0
东北地区	2	9.1%	5	15.2%	0	0
中部地区	11	50.0%	10	30.3%	2	14.3%
西部地区	2	9.1%	11	33.3%	12	85.7%
合　计	22	100%	33	100%	14	100%

资料来源:1978年1月1日—2017年7月18日的数据根据行政区划网 http://www.xzqh.org/html/ 及民政部官网 http://xzqh.mca.gov.cn/description?dcpid=1 公开的资料整理而得;2017年7月18日—2017年底的数据根据民政部批准的公文资料整理而得。

二、切块设市：福建省石狮市案例分析 ▶▶

（一）石狮市尺度重组与地域重构的背景

石狮市原为福建省晋江县下辖的一个建制镇，位于福建省东南沿海环泉州湾核心区南端，地势平坦，三面临海，北临泉州湾，南临深沪湾，东与宝岛台湾隔海相望，西与晋江市接壤，地理位置优越。石狮市自古以来便是我国东南地区商品经济繁荣发展的中心，也是全国的重点侨乡之一。改革开放以来，石狮镇充分发挥侨乡优势，引进了大量侨资兴办企业，促进经济迅速发展。1986年，全镇总人口达8.58万人，其中旅外华侨和港澳台同胞有8万多人；全镇工农业总产值为1.129亿元，与1978年相比增长了3.2倍，其中乡镇企业产值为9 568万元，占工农业总产值的84.7%；全镇市场商品贸易额达到1.7亿元，相比1978年增长了5.6倍；城镇居民年人均纯收入800元，农民年人均纯收入600元；工商税收入库1 163万元，占全县工商税入库数的18.07%，比1978年增加近4倍①。此外，由于1979年海关总署放宽了华侨、港澳同胞回乡探亲的限制，石狮市充分利用其航海要道的优越地理位置，引入大量的侨资。据统计，1979年华侨、港澳同胞经深圳、广州中国旅行社托运到石狮的衣服、布料、电器、日用品等货物高达71.85万公斤，从境外或深圳口岸邮电局邮寄到石狮的货物达10.2万包②。1986年，海外华侨、港澳同胞引进侨资2 000多万元，全镇个人银行存款达1.2亿元，人均储蓄1 425元。石狮镇凭借优越的地理位置和雄厚的侨资，一跃成为福建最具发展潜力的乡镇之一，其工业产值与农业产值的比例由1978年的35∶65提升为1986年的85∶15③。但当时石狮仅是乡镇一级建制，在行政管理体制、财政管理体制、治安交通管理能力及基础设施等方面，与迅猛发展的石狮经济不相适应，各类矛盾日趋尖

---

① 中共石狮市党委史研究室.关于晋江县石狮镇升级为县级市建制的报告［M］.北京：中共党史出版社，2006：291-296.
② 蔡世佳.难忘的日子——30年前的今天石狮获批"由镇升市"［EB/OL］.（2017-12-17）［2018-09-08］.http://epaper.ssrb.com.cn/html/2017-12/17/content_3_1.htm.
③ 中共石狮市党委史研究室.关于晋江县石狮镇升级为县级市建制的报告［M］.北京：中共党史出版社，2006：291-296.

锐,出现了一系列连锁反应,严重制约了石狮经济的持续发展①。

(二)石狮市的地域重构

起初石狮镇只是希望成为晋江县的一个经济特区或经济开发区,由晋江地区或省直辖。1987年初,中央来晋江县调研,相关领导人做出石狮应当升级为市才能适应经济发展需要的指示,引起了省委和市委领导的高度重视。1987年10月15日,福建省政府向国务院提交了《关于设置石狮市建制的请示》,又于11月6日提交了《关于设立石狮市的补充报告》。1987年12月,国务院批准同意石狮建市,将晋江县下辖的永安、蚶江两镇和祥芝乡与石狮镇通过地域重组成为石狮市。由于石狮镇面积仅48.6平方千米,作为市一级建制,其行政面积过于狭小,而永宁镇、蚶江镇和祥芝乡与石狮镇地缘环境相近,水陆交通相连,经济往来较为密切,文化习俗相通,在历史上便曾是石狮区划的一部分,且祥芝、永宁、蚶江均有天然港口。因此,将永宁、蚶江两镇和祥芝乡与石狮镇组合成为石狮市,有利于保障石狮市的发展空间,且方便对外通航,使石狮市继续发挥侨乡的优势,也有利于将石狮打造为海西最具活力和竞争力的县级市。

石狮切块设市后,政府加大了对石狮市的基础设施建设,使其地域空间结构与市的经济社会发展要求相适应。原石狮镇面积过于狭小,缺乏大容量的贸易市场与专项市场,许多个体商贩在街头摆摊,既影响市容市貌,也不利于石狮镇统筹规划镇区空间结构。同时,原石狮镇每年需上交当年财政收入的60%,而上级政府下拨款项资金较少,其基础设施建设相对落后。石狮建市后,市委市政府从实际出发,确定"创办民办特区,生产小洋货,投入大市场","以城带乡、城乡一体"的发展战略。一方面投入近10亿元在市区及沿海三镇进行道路、排水、供电、供水、通信等基础设施建设,改善投资环境(刘君德,1996);另一方面又活用侨乡优势,吸引更多外资进入,发展外向型经济。此外,随着石狮市经济社会的进一步发展,市政府也加快了

---

① 石狮市人民政府.石狮历史沿革[EB/OL].[2018-09-08].http://www.shishi.gov.cn/zjss/jzyg/.

撤镇改设街道、撤乡改镇，创新城市管理体制。1990年，石狮市撤销石狮镇建制，成立石狮街道。1991年，石狮市撤销祥芝乡建制，成立祥芝镇。1993年，石狮街道被拆分为宝盖镇、灵秀镇、凤里街道、湖滨街道。1999年，新建鸿山镇与晋商镇。截至2017年末，石狮市下辖2个街道、7个镇①。

（三）石狮的尺度重组

在切块设市之前，石狮镇的行政管理体制、基础设施建设、财政收入与其迅猛发展的经济态势不相匹配，存在严重的"小马拉大车"问题。1986年，石狮镇的工农业总产值和市场商品贸易额均在亿元以上，已超过了福建省内一些县的经济体量，镇政府的工作量也与一些县比肩。当时石狮镇的人员编制已经超过正常乡镇编制的份额，但仍处于超负荷运行的状态。例如，1986年石狮工商税收收入达到1 163万元，但管理市场秩序的镇工商行政管理部门在编的干部职工仅29人。同时，繁荣的商品经济也考验着石狮镇的社会治安水平。据统计，石狮每天人口流入高达3万多人，镇区人口成分复杂，犯罪案件频发。1986年发生特大案件92起，是安溪、永春、德化三县的总和②。此外，石狮镇的基础设施也十分落后，需要上交给县政府60%的财政收入，而来自县政府的下拨资金款项则与乡镇一级一致，无法支撑其基础设施的更新与建设。

在切块设市后，石狮地区实现了从"镇"到"市"的尺度转向。在权力体系设计方面，石狮市吸取了其他地区切块设市的经验，组建了"小党委、小政府、大社会"的新型管理体制，党政机构设置14个部门，大量职能被合并；人员大量压缩，编制为200人，只相当于当时县级市编制的三分之一；率先实行公务员制度，包括公务员考试、面试、录用制度等③。作为县级市建制，石狮市拥有了独立的经济社会管理权、规划权、财政权和土地资源管

---

① 石狮市人民政府.石狮概况［EB/OL］.［2018-09-08］.http://www.shishi.gov.cn/zjss/ssgk/.

② 中共石狮市党委史研究室.关于晋江县石狮镇升级为县级市建制的报告［M］.北京：中共党史出版社,2006：291-296.

③ 蔡世佳.难忘的日子——纪念国务院批准石狮建市30周年［EB/OL］.（2017-12-17）［2018-09-08］.http://www.taihainet.com/news/fujian/shms/2017-12-17/2084361.html.

理权,并抓住改革开放这一历史机遇,转变政府职能,实行党政分开、政企分开、简政放权,培育了多个社会团体和一系列专业服务中介组织,发展市场经济(刘君德,1996)。在石狮市政府的不懈努力下,石狮市经济发展突飞猛进,成为海西最具活力和竞争力的县级市之一。2017年,石狮市生产总值为772.65亿元,一般公共预算总收入为60亿元,全体居民年人均可支配收入为46 782元,经济综合实力位于全国中小城市百强第16位、全省第2位①。

三、切块设市模式的变迁逻辑 ▷▷

切块设市是县和其下辖乡镇之间尺度重组和地域重构的过程。其背后是政治、经济、社会关系的变动、制度和地域空间的重构,以及社会行动者之间的互动与博弈。我国《宪法》第一百零七条规定:县级以上地方各级人民政府依照法律规定的权限,管理本行政区域内的经济、教育、科学、文化、卫生、体育事业、城乡建设事业和财政、民政、公安、民族事务、司法行政、监察、计划生育等行政工作,发布决定和命令,任免、培训、考核和奖惩行政工作人员。而切块设市以后,县(自治县、旗、市)的部分行政区域设为市,实际是将县(自治县、旗、市)分割为2个县级以上的行政区。

因此,对于原县级建制而言,部分权力转移到了新设的县级市,其经济社会管理权、人事权、土地资源管理权、财政权与规划权受到了削弱。同时,被批准切块设市的原区域大多经济发展迅速,具有一定的发展潜力,每年需向县级政府缴纳数量可观的财政收入,切块设市后原县级建制的经济规模就会相应缩小。对新设立的县级市而言,拥有了与原县级建制相同等级的地域组织,权力尺度上移,能够独立行使经济社会管理权、财政权与人事权,按城市空间要求进行产业布局,完善市政建设和基础设施,完成从农村形态向城市形态的尺度转变。

切块设市一般是将经济发达的区域单独划出切割为县级市。对发展

---

① 石狮市人民政府.石狮市2017年经济运行情况通报[EB/OL].(2018-01-26)[2018-09-08].http://www.shishi.gov.cn/zwgk/tjxx/tjyb/201801/t20180126_593741.htm.

潜力巨大的镇而言,其行政级别得到提升,权力扩大,得到政府分配的资源增加,城市建设进程加快。同时,由于部分地区的县级市实行省直管体制,避免了"市刮县""市压县""市卡县"现象的出现。切块设市对新设市所在的原县级单位而言,意味着权力尺度的转移和规模尺度的大幅下降,同时也意味着原县域综合实力的大幅缩减。因此,从自身利益来考量,原县级政府往往会反对将这些发达的镇区切出,并阻止新地域组织的出现。在实践中,符合切块设市条件的非县城中心镇数量较少,再加上县级政府的有意阻挠,我国更多采用的是将县城切块设市。这类切块设市使市县分设但又市县同城,造成城乡分割和重复建设,还使得新的县级市被原来的县在地域上包围,成为"蛋黄结构"。行政区划框定了城市发展的边界,行政区划的空间有多大,往往经济活动的空间延展就有多大(王志凯等,2015)。所以,切块设市的资本循环经常被局限在城市区域范围内,广大县域被排除在外,城乡的二元壁垒阻碍了资本的再地域化。此外,从县下乡镇到县级市实现了从农村到城市的尺度转向,但市县同城使得一个区域存在两个或多个行政管理系统,增加了机构和人员,提高了行政成本和协调费用。为了有效解决上述问题,实现完全意义上的尺度重组与地域重构,就需要进行再一次的行政区划调整,比如市县合并。也正因为如此,切块设市模式逐渐式微,克服了其大部分弊端的整县设市模式则逐渐兴盛。

第三节　撤县设市模式的变迁及逻辑

一、撤县设市模式的变迁与特征 ▷▷

撤县设市,又名整县改市,是指把整个县的区域改制为县级市,从而完成尺度转向。这一模式克服了传统切块设市的弊端,从20世纪80年代开始逐渐取代切块设市,成为我国县级市建制的主要来源。在1997年前,我国撤县设市经历了三波小高潮,并在1994年达到顶峰(见图6.3和表6.4)。从1997

年开始,国务院冻结了撤县设市的相关审批因而停滞不前。1997年后,偶有的几例主要发生在少数民族和边疆地区。直到2016年新版《设立县级市标准》的出台,撤县设市进程才有所回暖。根据撤县设市产生的县级市数量变化,结合关键性事件,可以将我国撤县设市模式的变迁分为四个阶段。

图6.3　1978—2017年我国撤县设市产生的县级市数量

资料来源:1978年1月1日—2017年7月18日的数据根据行政区划网http://www.xzqh.org/html/及民政部官网http://xzqh.mca.gov.cn/description?dcpid=1公开的资料整理而得;2017年7月18日—2017年底的数据根据民政部批准的公文资料整理而得。

表6.4　1983—1996年我国撤县设市的地区分布

阶段 数量及占比 地区	第一个高峰期 (1983—1985年)		第二个高峰期 (1986—1992年)		第三个高峰期 (1993—1996年)	
	数　量	占　比	数　量	占　比	数　量	占　比
东部地区	15	23.4%	87	47.3%	73	49.3%
东北地区	6	9.4%	29	15.8%	15	10.1%
中部地区	12	18.8%	45	24.5%	33	22.3%
西部地区	31	48.4%	23	12.5%	27	18.2%
合　　计	64	100%	184	100%	148	100%

资料来源:1983—1996年的数据根据行政区划网http://www.xzqh.org/html/及民政部官网http://xzqh.mca.gov.cn/description?dcpid=1公开的资料整理而得。

（一）1978—1982年：缓慢发展阶段

1978—1982年，我国撤县设市处于萌芽阶段。由于设市标准不明晰，审批程序不明了，当时占据我国设市主导地位的仍是切块设市模式。在此阶段里，仅有11个县被升级为县级市，其中东部地区3个，东北地区2个，中部地区2个，西部地区4个①，尚未表露出明显的地域特征。

（二）1983—1996年：繁荣发展阶段

随着切块设市模式弊端的不断显露，以及国务院优先发展中小城镇政策的出台，撤县设市取代切块设市成了应用最广的设市模式。如图6.3、表6.4所示，此阶段撤县设市模式表现出两个方面的特征：第一，在政府政策的驱动下，撤县设市经历了三个高峰期。1983年，民政部首次确立了县级市的设置标准，此后迎来了1983—1985年间的第一波撤县设市高峰。在此期间，共有64个县升级为县级市，平均每年约21个。1986年，民政部修改了1983年版的设市标准，此后迎来了1986—1992年间第二波撤县设市的高峰。在此期间，共有184个县升级为县级市，平均每年约有26个。1993年，国务院出台了《关于调整设市标准的报告》，此后迎来了1993—1996年间第三波撤县设市的高峰。在此期间，共有148个县升级为县级市，平均每年有37个。第二，撤县设市数量从东部地区向中西部地区递减，且东部地区集中程度越来越高。1983—1996年间，共有397个县升级为县级市（其中1983年云南曲靖县、沾益县合并设立曲靖市），其中东北地区为50个，中部地区为90个，西部地区为82个，东部地区为175个②。如表6.4所示，在撤县设市的三个高峰期中，东部地区撤县设市的数量占比从23.4%迅速上升至47.3%，并最终达到49.3%；中部地区撤县设市的数量占比从18.8%上升至24.5%，又小幅回落至22.3%；西部地区从48.4%下跌至12.5%后，又回升至18.2%；东北地区则从9.4%上升到15.8%，后又降至10.1%。

---

① 根据行政区划网及民政部公开的资料整理。
② 根据行政区划网及民政部公开的资料整理。

（三）1997—2012年：衰退停滞阶段

由于部分地方政府跟风申报，也因为审批把关较为宽松，有些尚未达到标准的县也纷纷升级为县级市。部分县级市的经济发展动力不足、财政资源不够、城市建设落后，尚无法吸引资本、技术及劳动力等生产要素的集聚和规模化经营。同时，在撤县设市过程中，也遇到了城乡界线模糊、农业人口比重过大、虚假城市化突出、县域传统丢失等诸多问题。因此，1997年民政部决定暂停撤县设市审批。由此，撤县设市模式进入了停滞阶段。在此阶段，仅有6个县升级为县级市，且1998—2009年间撤县设市的数量为0。

（四）2013年以来：逐步重启阶段

2013年，中共中央发布的《关于全面深化改革若干重大问题的决定》指出，具备行政区划调整条件的县可有序改市。2014年，国家发改委向国务院上报城镇化改革方案，明确提出推进行政区划创新，改革设市模式，完善城市行政区划设置和布局，启动设市工作。从数据来看，2013年共有3个县改为市，2014年云南省香格里拉县升级为市，2015年则有5个县升级为市，撤县设市的数量逐步增加。2016年，民政部出台了内部执行的《设立县级市标准》和《设立县级市申报审核程序》，虽然提高了县升级为市的准入门槛，但也标志着撤县设市工作的全面启动。同时，实践中撤县设市的数量进一步增加，从2016年的3个增加到2017年的6个。并且，在2018年前三季度，已经增加到12个（具体见本章第一节的分析）。

二、撤县设市：浙江省义乌市案例分析 ▶▶

（一）义乌撤县设市的背景

义乌位于浙江省中部，金衢盆地东部，市境东、南、北三面群山环抱，中部有丘陵起伏，总面积为1 105平方千米。20世纪70年代，义乌由于人多地少，存在三分之二的剩余劳动力，仅靠农业无法解决温饱问题，因此自发形成了货郎担和为货郎担提供货源的人，被称为"马路市场"，即小商品市场的雏形。但是，马路市场规模不大、平台较小、物品种类少且价格不高。改革开放后，义乌县政府通过实地调研，认为义乌的资源条件限制了工农业的发展，发展小商品经营是与商品经济相适应的，并且是义乌未来发展的动力和源泉。因此，县政府审时度势，抓住机遇，制定了"兴商建市"战略，将市场摆在义乌经济发展的龙头位置，把商贸业作为义乌的主导产业。事实证明，义乌县政府制定的战略定位十分明智，极大地促进了义乌经济的发展。与1980年相比，1987年义乌县社会总产值增长了3.58倍，国民收入增长了31.55倍，工农业总产值翻了两番，社会商品零售总额增长了2.4倍，财政收入增长了2.29倍，农民人均收入提高了2倍多（姜补根，1988）。

发展商贸业需要更多的原料与商品、更大的市场流通网络、更完备的基础设施和交通条件，以及更多的劳动力和资金。当时，义乌县发展壮大商贸业遇到了三个方面的困难：一是义乌县管理权限范围小，编制和机构不完整，无法处理繁荣的市场贸易带来的繁杂的经济行政事务与社会治安问题；二是上级政府的转移支付资金少，但义乌县向上级政府缴纳税收的比例高，可用财政收入无法支撑市场发展所必需的基础设施建设；三是义乌县行政级别与知名度较低，限制了市场流通网络的扩张，也难以吸引更多资本和技术进入。为了确保义乌发展的活力，义乌将撤县设市提上了日程。1986年，民政部出台了《关于调整设市标准和市领导县条件的报告》，规定非农业人口六万人以上，年国民生产总值二亿元以上，已成为该地经济中心的镇，可以设置市的建制。义乌县实施"兴商建市"战略后，大力发展乡镇企业，乡镇企业的数量从1980年的124家增长为1987年的7 304家，乡镇企业的产值从1 141万元增加到5.15亿元，并吸纳了全市26.7%的劳动力（姜补根，1988），基本符合了撤县设市的标准。

（二）义乌的地域重构与尺度重组

1988年，经国务院批准，撤销了义乌县，设立义乌市，以原义乌县的行政区域为义乌市的行政区域。虽然义乌撤县设市后，其地域空间没有发生变化，但是地域重构并不仅仅是指地理空间的增减，而是其地域化、去地域化和再地域化的过程。资本并不是仅仅"漂浮"在全球上空就可以获得利润的,构建一次资本循环的必要环节——生产、分配、交换和消费,都必须在具体的地方空间里进行(Swyngedouw, 1997)。因此,资本必须"固着"(Fix)于某个地方空间,而资本在某个"有界"的地域组织上"固着"的过程就是地域化(Brenner, 1999; 殷洁, 2018: 89-91)。当然资本的地域化不是一成不变的,资本往往不断重复着去地域化和再地域化这两个过程,以完成资本积累。在这两个过程中,地域组织也在努力改造自身,使自己符合资本方要求,以更好地承接资本的新一轮循环,由此产生了权力、关系和规模在地域组织上的变化,即尺度重组。

在撤县设市前,义乌县拥有的管理权限较小,政府人员编制较少,行政级别也较低。随着义乌商品经济日益蓬勃发展,义乌县在社会管理方面出现"小马拉大车",在招商引资方面则出现吸引力不够、招商困难等问题。义乌撤县设市后,拥有了更大的经济社会管理权以及更大的规划权、审批权和土地资源出让权,可以更加自由地布局城市空间,吸引资本进入并附着在空间之上,并对前来落户的企业提供政策支持和税收减免。义乌改为县级市后,也获取了更多的财政税收以及上级政府的转移支付和资金拨款,大力建设基础设施和完善信息网络,如扩建客货站、新建浙赣铁路复线和城西公路、新造东江桥及大陈与福田公铁立交桥等,使得义乌城区迅速沿交通干线向经济强镇延伸,并出现了新的强镇与中心镇(徐剑锋, 2003)。此外,义乌还加强了邮电、供电、水厂等基础设施的建设,为发展商贸业创造了良好的环境。

虽然义乌升级为县级市后其行政权限已扩大了许多,但是其县级管理体制仍与高速发展的经济形势不相适应,甚至成为经济发展的体制瓶颈,因此仍需扩权来促进资本新一轮的地域化进程。2002年,浙江省开启了第三轮强县扩权试点,将313项地级市的经济管理权限下放至萧山、义乌等二十几个县(市),为义乌市经济社会发展注入了活力。2006年,浙江省开启第四轮强县扩权试点,在不改变由金华市领导的管理体制的前提下,义乌市政府经济社会管理权限得到进一步扩大,除规划管理、重要资源配置、重大社会事务管理等经济社会管理事项外,义乌市被赋予了与设区市同等的经济社会管理权限。尺度重组推动了义乌新一轮地域化与再地域化的进程。获得扩权的义乌可以根据自身需要自行确定部分机构的设置和人员编制,例如设立海关、出入境检验检疫、外汇管理、股份制商业银行等相关分支机构，并拥有相当于地级市机构的职能权限①。此外，有关中小企业的诸多事项也无须经过金华市层层报批。由于义乌市的支柱产业是小商品经济，因此，优惠政策、简单高效的行政审批、完善的基础设施和公共服务吸引了大量资本的进入。2017年，义乌市的地区GDP达到1 158亿元，财政总收入为142.1亿元，外贸出口额突破2 304.5亿元，成为浙江省经济发展的中坚力量。

三、撤县设市的变迁逻辑 ▷▷

（一）撤县设市取代切块设市的逻辑

撤县设市，即整县设市，就是保持原县域行政范围不变，在原县级政府的基础上调整编制和部门构建，形成新的地域组织即县级市政府，完成从县到县级市的尺度转变。与此同时，原县城成为新县级市的主城区。因此，撤县设市实质是权力、关系和规模尺度的重组。县级市与县相比，拥有更大的管理权限和地方自主性，同时由于区域形象的改善，能够吸引更多的人口迁移和投资进入。这些资本附着在空间之上，影响着生产、分配、交换、消费这四个社会再生产的过程，完成了新一轮的资本循环。首先，资本的进入催生了新的产业布局和开发区，生产空间得以扩张。其次，县级市政府将截留更多的财政收入，获得更多的来自上级政府的转移支付或者专项扶持资金，用于建设城市交通网络体系和基础设施，构建流通空间。最后，城市建设和产业迁移将提供更多的就业机会，将更多的人从自给自足的小农生产者变为工业化生产体系下的消费者，被裹挟进消费社会中的资本需求体系（殷洁，2018：71）。消费空间的扩张又能转而带动新一轮生产，通过流通空间再次连接消费，完成资本的第一循环，实现资本的再地域化。

而切块设市导致市县分设，但市县又同城，市域面积狭小，资本循环被局限其中，未能很好地实现资本的再地域化。而且，市县同城意味着同一个

---

① 倪志刚. 义乌扩权：大县小市的新考验［EB/OL］.（2011-05-04）［2018-09-08］. http://www.yw.gov.cn/zjyw/ywkf/2010/csjsp/201105/t20110504_239908.shtml.

区域上存在着多个地域组织,协调成本增加,县级市的管理也因而受到一些本来没必要存在的因素的牵制。城市是商品经济发展到一定阶段的空间组织形式,是一个生产、交换、消费的集中地域,是一定地域范围内组织生产力联系、市场分工、支撑市场的空间组织(周克瑜,1994)。因此,在1978年改革开放后,逐步建立社会主义市场经济体制的过程中,撤县设市作为彻底实现尺度重组和地域重构的设市模式,与切块设市模式相比,更能借助并继而进一步推动市场经济的健康发展。所以,切块设市模式逐渐退出了历史舞台。

(二)撤县设市形成浪潮的逻辑

县和县级市同为中国行政区划的一级建制,一般都是正处级的行政级别,但在行政职能和权力行使范围上存在明显差别。一方面,县的管理重点是乡村,经济上主要发展第一产业,有条件再发展第二产业和相应的第三产业;县级市则以城市工作为重点,更注重城市建设,经济上以第二、第三产业为主,以第一产业为辅。另一方面,县通常由地级市直接管辖,而县级市虽然和上一级地级市也存在隶属关系,但常由省政府直辖,地级市代管。这就明显弱化了地级市对县级市的控制,使县级市的职权范围明显大于一般的县,尤其体现在项目审批、资金调配等方面(张践祚等,2016a)。权力尺度的上移可以激发县级市的发展活力,促进资本的循环与再地域化,在很大程度上推动了撤县设市浪潮的出现。

撤县设市基本克服了切块设市后出现的市县分设、城乡二元对立、市域面积狭小等弊端,有利于实现规模效应,促进区域协调发展。在权力尺度上收后,可以在广大的行政区域范围内进行城市规划布局和基础设施建设,避免资源浪费,增强集聚和规模效应,同时创造更多的就业机会,就地将农村人口转化为城市居民,并吸引外来劳动者迁入,从而促进县级市尽快从乡村尺度转型为城市尺度。

(三)撤县设市被冻结的逻辑

与撤县设市相伴随的,是权力和关系尺度的上移或扩大,这有助于实现资本的循环与再地域化。但是,由于撤县过程中并未出现行政兼并,原来设在农村区域的县的派出机关区公所及乡镇基层政权基本不变(周克瑜,1995),所以地域重组并非立刻或必然出现。新地域组织是在原地域组织的基础上发展而来的,资本能否成功去地域化和再地域化取决于其被撤并县和新建制市的发展态势与城市化水平。若非农产业占比不高,工业基础薄弱,农业人口比重过大,经济发展水平较低,城市景观尚未建成,即便撤县设市也无法建立起有效的资本循环机制,实现资本的再地域化。而揠苗助长式的撤县设市只会导致县级市发展活力缺失,不仅未能建成工业体系,原有的农业基础也会遭到削弱,导致其对外辐射或扩散能力很弱,整个区域经济发展迟缓。尽管国务院不断修正县级市的设立标准,但是仍有些县政府为了县改市而上交虚假材料以求过审。虚假城市化现象严重,阻碍了县级市经济的长远发展。除此之外,1997年亚洲金融危机也波及了中国,为了强化国家层面在危机应对管理、宏观调控、引导地方发展中的地位和作用,中央开始收回下放给地方的部分权力(张践祚等,2016a)。于是,国务院决定暂停审批县改市,撤县设市进入了衰退停滞期。

(四)撤县设市将何去何从

2013年,中共中央发布了《关于全面深化改革若干重大问题的决定》,同意具备行政区划调整条件的县可有序改市,这标志着尘封已久的撤县设市工作再次提上了日程。当年便有5个县的申报方案被审批通过。然而,撤县设市成了横亘在撤县(市)设区面前的一道拦路虎。对于地级市而言,将县改为区意味着更多的经济社会管理权与发展主导权的集中,而县升格为县级市则是部分权力被下放到县级政府。因此,相对于县改市,地级市撤县(市)设区的动力更为强烈。对于县而言,成为市辖区能够享受到地级市的辐射红利与带动作用,但代价是丧失资源支配权和独立管辖权。若是改为县级市,地级市的外溢效应可能大幅降低,但地方自主权和职能范围的扩大,对县级市的发展具有较大的推动作用,也有利于承接新的资本进入。

然而,无论是撤县设区还是撤县设市,均是行政区划调整的手段之一,其根本目的是为了激发经济发展活力,推进城市化进程与大都市区建设。因此,尽管撤县设市工作已有序放开或重新启动,各地方政府仍需仔细评判自身实力,审慎制定区划调整方案。与所属地级市经济耦合程度、经济联系强度均较高的县(市),可以考虑撤县(市)设区;与所属地级市经济耦合度高但经济联系强度低的县,可以考虑撤县设市;与所属地级市经济耦合度低、经济联系强度不高的县(市),可以考虑推行"省直管";与所属市经济耦合度低但经济联系强度高的县(市),则宜暂时维持原状(杨林,2017)。不过,行政区划改革的最终走向,在很大程度上取决于各利益相关者之间的博弈。

第四节　县级市边界重组模式的变迁及逻辑

一、县级市边界重组模式的变迁与特征 ▷▷

县级市的边界重组,即县级市通过行政兼并的手段,将周边的乡镇、公社、街道甚至县级建制等纳入其行政地域范围,或者是其部分行政区域被划出的过程。因与区县(市)合并存在部分重合,而后者已有专门章节进行讨论,故本节不讨论县级市并入市辖区的情况。具体来看,县级市的边界重组存在以下四种主要类型:第一,撤销原县级市和县,设立新的县级市建制,在这种情形中同时发生了尺度重组和地域重构,建立了新的地域组织和尺度体系;第二,撤销原来的县,将其行政区域纳入已有的县级市管辖,县级市的空间得到扩张但是并未产生新的建制市;第三,兼并周边乡镇、公社、街道、村落等,这同样也使空间得到扩张,但是并未产生新的建制市;第四,县级市的部分行政区域被划出并入到其他地域组织,县级市依然存在,但其空间范围和规模尺度缩小了。

从时间分布来看(见图6.4),改革开放以来县级市边界重组发生的频次较低,共计79次。其中,1981—1983年是其蓬勃发展期,1981年、1983年

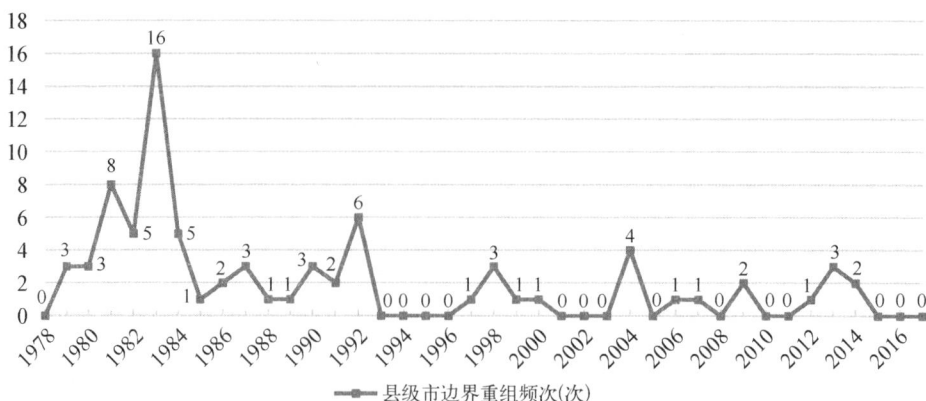

图6.4　1978—2017年我国县级市边界重组频次

资料来源：1978年1月1日—2017年7月18日的数据根据行政区划网http://www.xzqh.org/html/及民政部官网http://xzqh.mca.gov.cn/description?dcpid=1公开的资料整理而得；2017年7月18日—2017年底的数据根据民政部批准的公文资料整理而得。

出现边界重组的频次分别为8次与16次，是县级市边界重组次数最高的两年。在其他时间段，没有呈现出明显的规律性变化。改革开放后，我国的工作重心逐渐从阶级斗争转到经济建设，因此亟须发展中心城市来带动周边农村发展。随着经济社会的发展，以及城市基础设施建设和产业布局的需要，县级市需要对外扩张进行空间生产和资本承接。边界重组模式主要通过行政兼并的手段进行空间扩张，避免产生额外的政区机构和编制，也不增加管理层级，因而成为县级市行政区划调整中广泛运用的模式。1983年后，县级市边界重组趋于平缓，每年重组次数均不超过6次。进入21世纪后，县级市的边界重组次数大幅降低，仅出现了15次。这是因为撤地设市、地市合并后，区域核心城市大多成为地级市，通过切块设区、撤县设区的方式进行空间扩张，因此县级市的边界重组也逐渐式微。

从地域分布来看（见表6.5），西部地区县级市边界重组发生频次最高，共26次，其中新疆维吾尔自治区频次最高，为12次。其次为东部地区，边界重组共有21次，其中河北省频次最高，为6次。福建省和海南省并未出现县级市边界重组。中部地区县级市边界重组的频次位列第三，共发生了20次，其中湖南省频次最高，为5次。东北地区边界重组共12次，吉林省为7次，黑龙江省和辽宁省分别为3次和2次。

从行政级别来看,改革开放后的79次县级市边界重组中,日后升级为地级市的共有39个案例,剩下的40例里,发生在省(自治区)直辖县级市的有7个,发生在自治州州府的有5个,其他的县级市虽行政级别不高,但也都是区域里的交通枢纽,经济发展迅速,战略地位十分重要。

表6.5　1979—2014年我国县级市边界重组的具体分布

年份	数量	县 级 市 边 界 重 组 的 地 方 实 践		
1979	3	四　　川:撤销绵阳县,将该县行政区划并入绵阳市		
		河　　北:将沧县的部分行政区域并入沧州市		
		河　　北:将邢台县、沙河县的部分行政区域并入邢台市		
1980	3	吉　　林:撤销辽东县,将其行政区域并入辽源市		
		辽　　宁:将朝阳县部分行政区域划归朝阳市管辖		
		河　　北:将沧县东纪家洼公社的王辛庄、吴庄子、张庄子3个生产大队划归沧州市		
1981	8	浙　　江:撤销吴兴县,将其行政区域并入湖州市		
		浙　　江:撤销嘉兴县,将其行政区域并入嘉兴市		
		浙　　江:撤销绍兴县,将其行政区域并入绍兴市		
		浙　　江:撤销金华县,将其行政区域并入金华市		
		浙　　江:撤销衢县,将其行政区域并入衢州市		
		江　　西:将宜春县樟树公社的店前、林田、一寺、阳坑、伊村、梅木、坪田、王华、石湖、双湖10个大队和宜春县油茶林场划归宜春市管辖		
		广　　西:将宁明县夏石公社划归凭祥市管辖		
		湖　　南:撤销岳阳县,将其行政区域并入岳阳市		
1982	5	湖　　南:撤销怀化县,将其行政区域并入怀化市		
		黑龙江:将桦川县、桦南县、依兰县部分行政区域划归佳木斯市管辖		
		广　　东:将梅县的梅江公社划归梅州市管辖		
		吉　　林:延吉县烟集公社及长安公社的河龙大队划归延吉市		
		吉　　林:长安公社的碧水大队划归图们市		
1983	16	河　　北:撤销安次县,将其行政区域并入廊坊市		
		河　　北:撤销衡水县,将其行政区域并入衡水市		
		河　　北:撤销交河县,将其行政区域并入泊头市		
		山　　西:撤销榆次县,将该县行政区域并入榆次市		
		山　　西:撤销临汾县,将该县行政区域并入临汾市		
		黑龙江:撤销爱辉县,将其行政区域并入黑河市		
		黑龙江:撤销通北县,将其行政区域并入北安市		
		安　　徽:撤销巢县,将其行政区域并入巢湖市		
		湖　　北:撤销随县,将其行政区域并入随州市		

（续表）

年份	数量	县级市边界重组的地方实践
1983	16	湖　北：撤销光化县，将其行政区域并入老河口市 湖　北：撤销恩施县，将其行政区域并入恩施市 广　东：撤销潮安县，将该县行政区域并入潮州市 贵　州：撤销都匀县，将其行政区域并入都匀市 云　南：撤销昭通县，将其行政区域并入昭通市 新　疆：撤销库尔勒市，将其行政区域并入库尔勒市 新　疆：撤销哈密县，将其行政区域并入哈密市
1984	5	湖　南：撤销零陵县，将零陵县的大部分行政区域并入永州市 湖　南：将涟源县娄底区的、茶园、万宝、西阳、杉山、小碧、双江、石井八个公社划归娄底市 河　南：将商水县部分行政区域、淮阳县部分行政区域、西华县部分行政区域并入周口市 四　川：将达县部分行政区域划归达县市 江　苏：将泰县的泰西、朱庄两个乡划归泰州市
1985	1	江　西：撤销宜春县，将宜春县所属的乡、镇划归宜春市管辖
1986	2	内蒙古：撤销通辽县，将其行政区域并入通辽市 四　川：撤销西昌县，将其行政区域并入西昌市
1987	3	山　东：撤销滨县，将行政区域并入滨州市 江　西：将吉安县的樟山乡、长塘乡、兴桥乡和吉水县天玉乡的大部分地区划归吉安市管辖 江　苏：泰县的泰东乡划归泰州市
1988	1	吉　林：将龙井县长安镇划归图们市管辖
1989	1	四　川：将达县盘石、复兴2乡划归达县市管辖
1990	3	山　东：将高青县的旧镇（及其所辖田楼、窑洼、旧镇三个管理区、65个自然村、74个行政村）划归滨州市管辖 山　东：商河县的奎台乡划归乐陵市管辖 贵　州：撤销安顺市和安顺县建制，设立新的安顺市
1991	2	吉　林：将珲春市凉水镇划归图们市管辖 吉　林：吉林：将图们市石砚镇牡丹村划归汪清县新兴乡管辖
1992	6	安徽：撤销阜阳县、阜阳市，成立新的阜阳市 安徽：撤销六安县、六安市，成立新的六安市 安徽：撤销宿县、宿州市，成立新的宿州市 四　川：将达县部分行政区划划归达县市管辖 四　川：将达县市南外镇和西城街道所属的金华、南坝2居民委员会，共15村、117村民小组、3居民委员会划归达县管辖

（续表）

年份	数量	县级市边界重组的地方实践
1992	6	山　东：将陵县的赵宅乡、赵虎乡、袁桥乡、抬头寺乡和平原县的王村店乡划归德州市管辖
1997	1	湖　南：撤销洪江市和黔阳县，合并设立洪江市（县级），以原洪江市和黔阳县的行政区域为新的洪江市的行政区域
1998	3	江　苏：将新沂市炮车镇划归邳州市管辖 江　苏：将邳州市合沟镇划归新沂市管辖 新　疆：将疏附县浩罕乡、伯什克然木乡5个村、阿瓦提乡2个村、帕哈太克里乡1个村划归喀什市管辖
1999	1	云　南：撤销县级畹町市，将其管辖的城关镇、混板乡和芒棒乡划归瑞丽市管辖
2000	1	江　西：将县级井冈山市和宁冈县合并，组建新的县级井冈山市，市人民政府驻厦坪镇
2004	4	辽　宁：将长海县的石城乡和王家镇划归庄河市管辖 新　疆：伊宁县达达图乡和潘津乡划归伊宁市管辖 新　疆：将疏附县色满乡、荒地乡划归喀什市管辖 宁　夏：将吴忠市利通区的陈袁滩乡划归青铜峡市管辖
2006	1	新　疆：将洛浦县吉亚乡、玉龙喀什镇与和田县吐沙拉乡划归和田市管辖
2007	1	内蒙古：将科尔沁右翼和额尔格图镇的部分行政区域划归乌兰浩特市管辖
2009	2	吉　林：将龙井市部分行政区域划归延吉市管辖 新　疆：将尉犁县西尼尔镇整建制划归库尔勒市管辖
2012	1	湖　南：将湘乡市9个行政村成建制划归韶山市管辖
2013	3	新　疆：将阿克苏市、阿瓦提县、柯坪县部分行政尺域划归阿拉尔市管辖 新　疆：将疏附县英吾斯坦乡划归喀什市管辖 新　疆：将疏附县阿瓦提乡划归喀什市
2014	2	新　疆：将喀什地区疏勒县巴合齐乡部分区域、塔孜洪乡部分区域，疏附县布拉克苏乡部分区域，克孜勒苏柯尔克孜自治州阿克陶县皮拉勒乡部分区域划归图木舒克市管辖 新　疆：将疏附县阿克喀什乡划归喀什市管辖

注：撤县设市案例个数为0的年份在表格中未列出。

资料来源：1978年1月1日—2017年7月18日的数据根据行政区划网 http://www.xzqh.org/html/ 及民政部官网 http://xzqh.mca.gov.cn/description?dcpid=1 公开的资料整理而得；2017年7月18日—2017年底的数据根据民政部批准的公文资料整理而得。

二、县级市边界重组：江苏省泰州市案例分析 ▷▷

　　泰州位于江苏省中部，南部濒临长江，北部与盐城毗邻，东临南通，西接扬州，是承南启北的水陆要津。1949年，泰县全面解放后，便将原县城所辖的6个镇析出设置泰州市。在建市后的前15年里，泰州市的行政区划变动频繁。1964年，为符合当时城市的农业人口不得超过全市总人口的20%的规定，将寺巷、鲍徐、野徐、塘湾、白马、港口、朱庄、淤溪、杨庄、里华十个公社的全部地区和郊区、泰东、泰西三个公社的部分地区划归泰县，泰州市只剩"弹丸"之地。至此，泰州市的行政区划范围才稳定下来，但因为面积狭小而成为当时全国最小的十个城市之一及全国人口密度最大的小城市之一。从1964年到1984年底，整整有20年时间，泰州的辖区一直局限在西起九里沟、东至斜桥、北至林家河、西南至老通扬运河、东南到灌溉总渠这个范围内，总面积只有37.92平方千米，是全国十个最小的城市之一。市区人口密度为每平方千米4 250人，建成区密度高达12 312人，又是全国十个人口密度最大的小城市之一①。1983年，江苏开始试行市领导县体制，撤销了扬州地区，将扬州市升格为省辖市，将泰州市划给扬州市管辖。但是泰州市与扬州市在历史上均为苏中地区的政治经济文化中心，扬州市的辐射力有限，无法带动泰州市经济发展，且"小马拉大车"也导致泰州市的行政区划与经济区划不相适应（费孝通，1985）。

　　为了增加发展空间，提升发展潜力，1984年泰州市提出扩大郊区的要求，扬州市同意将泰西、朱庄两乡划入泰州市。在边界重组以前，一方面由于泰州市市域范围狭小，人口稠密，交通拥挤，缺乏空间增设完善基础设施，导致原有企业无法扩大再生产，新的资本也无法进入；另一方面由于泰州市受扬州市管辖，其行政权力受到极大的限制，税收收入也需上缴扬州市由其结算，省级行政拨款和转移支付也大大缩小，遏制了泰州市资本循环与资本地域化进程。因此，泰州强烈渴望行政区划改革。泰西、朱庄两乡并入

---

① 程启瑞.十年磨一剑——记地级泰州市诞生的历程［EB/OL］.（2011-05-17）［2018-09-08］. https://wenku.baidu.com/view/51d0563183c4bb4cf7ecd184.html.

后,泰州市的地域范围有所扩大,略微缓解了发展空间不足的困境,税收收入有所提升,可用于规划、土地出让的空间有所增加,可以引进新的资本进入。而对于泰西、朱庄而言,由原来隶属于泰西县改为隶属泰州市,意味着能够获得更多的发展机会。一方面,背靠泰州市可以获得更多外来资本;另一方面可以与泰州市区共享基础设施和公共服务,改善投资环境,促进其资本地域化的进程,实现从县域经济向城市经济的尺度转向。

对泰州市而言,仅仅划入两个乡的行政区域只是杯水车薪,无法真正解决其城市发展空间受限的问题。为此,泰州市政府和多方人士做出了不懈努力。1985年,江苏省政府同意泰州市计划单列,即泰州市的经济、科技、社会事业等国民经济和社会发展各项计划不再由扬州市确定而是由省政府制定,省政府各部门在安排计划时,分别计算扬州、泰州两市的指标。下达计划时,在扬州市的总额中,列出其中泰州市的计划指标数,且泰州市享有与扬州市同等的计划权限(包括各项审批权限)[①]。于是,泰州市的权限范围大大增加。1996年,国务院批准了江苏省政府关于调整扬州市和泰州市行政区划的申报方案,同意将县级泰州市从扬州市划出,组建地级泰州市,下辖海陵区、靖江市、泰兴市、姜堰市、兴化市。1997年,海陵区、姜堰市、泰兴市部分行政区划也做出了调整,组建了高港区。至此,泰州市的行政区划范围正式确定了下来。

三、县级市边界重组的变迁逻辑 ▷▷

县级市边界重组的主体是县级市。对于不同类型的边界重组方式,其尺度重组和地域重构过程存在一定差异。无论是撤销原县级市和县设立新的县级市,还是撤销原来的县将其行政区域纳入已有的县级市,都是规模比较大的尺度重组和地域重构。前者一般在发生县和县级市实力比较均衡的地方,后者一般发生在县级市实力相对较强的地方。因为行政区划的内涵

---

① 程启瑞.十年磨一剑——记地级泰州市诞生的历程[EB/OL].(2011-05-17)[2018-09-08]. https://wenku.baidu.com/view/51d0563183c4bb4cf7ecd184.html.

本来就包括了地域、人口等多重因素,所以在严格意义上,即使是撤销原来的县将其行政区域纳入已有的县级市中,这个县级市实际上也已经不是原来那个县级市了,而是尺度重组和地域重构之后的新县级市。兼并周边乡镇、公社、街道、村落等区域,或者是县级市的部分行政区域被划出并入其他地域组织的情况,实际上正好是两种方向相反的尺度重组与地域重构。前者是扩大了规模尺度,而后者是减少了规模尺度。

在20世纪80年代之前,我国主流的设市模式是切块设市,即从县城、非县城中心镇、重要工矿区、交通枢纽、边境口岸等地方切出一块城市化水平比较高、发展潜力比较大、具有特殊重要性的区域,成立新的县级市。然而,随着改革开放后经济的蓬勃发展,原有的行政区划体制已经不再适应经济社会的发展现状。资本承接和空间生产是经济腾飞的关键,但部分县级市(特别是切块设市)面积狭小,缺乏充足的发展空间来引进资本、建设基础设施、完善公共服务,削弱了其经济集聚和扩散能力,也难以带动区域经济的快速发展。因此,需要通过边界范围的调整,将周边地区纳入行政版图或重新组合调整,缓解发展空间不足的问题,优化区域资源的空间配置。因为这些县级市在所在区域地位较高,因而能够顺利接收尺度的转移,较少因尺度转移而发生政治事件。同时,由于大多数情况并未产生新的增量建制,所以也节约了行政成本。

不过,切块设市的问题难以只靠一次边界重组就顺利解决,往往还需要通过多次尺度转向,才能不断推动资本地域化与再地域化的进程。20世纪80年代后,一方面是切块设市逐渐被整县改市取代;另一方面由于撤地设市、地市合并后的市管县体制,开始采用切块设区、撤县(市)设区等方式实施空间扩张。所以,县级市自身的边界重组就不那么普遍了。

第七章

建制镇的尺度重组与地域重构

建制镇通常与小城镇、集镇等概念混用,但建制镇更突出其作为行政区划类别的特点,具备空间定位、资源配置、权力载体三大基本功能(谢来位,2016:36-37)。在全球化、市场化、城镇化的时代背景下,作为国家政权的基层空间单元,建制镇一方面受国家宏观政策以及空间治理目标的影响,在权力、规模、关系等尺度结构上不断发生重组;另一方面因资本的集中与扩散而在空间上不断进行地域重构。在权力与资本的互动背景下,建制镇的尺度重组与地域重构,折射了中国区划治理中空间的治理转向与治理的空间转向。

第一节　建制镇的设置条件与发展概况

建制镇是国家政权组织依据一定标准,如经济发展水平、人口规模、历史文化传统等,设置的一种基层行政区域单位(浦善新,1997)。它既是一种行政区划方式,对国家治理的范围及单元进行空间安排(Krishan,1988),又是一种地域组织,为资本、人口、信息的流动提供相对固定的空间。

一、建制镇的设置条件及演变 ▶▶

如果说建制镇本身内含了尺度和地域,那么其设置条件及其演变就是尺度的"尺度"和地域的"尺度"及其跳跃过程。改革开放以来,全国建制镇的设置条件发生了数次变动,尺度标准的制定权逐渐下移,由中央向地方逐步分权,这与国家宏观社会—经济空间、政治—制度空间的重塑密切相关。

(一)标准重构:建制镇设置标准的调整

1978年后,随着农村家庭联产承包制逐步推行,城市经济体制改革也开展试点并推广,改变了旧有制度对资金、劳动力的束缚,各类集镇、贸易点不断增多,城市型地域不断扩大。社会—经济空间的重塑,对旧有尺度提出了改革的要求。1983年10月,中共中央、国务院《关于实行政社分开建立乡政府的通知》指出,"在建乡中,要重视集镇建设,对具有一定条件的集镇,可以成立镇政府,以促进农村经济、文化事业的发展"。1984年11月,国务院批转民政部关于调整建镇标准的报告,对我国1955年和1963年的建制镇设置标准进行了调整(见表7.1)。

表7.1　1984年建制镇的设置标准

文 件 名 称	主 要 标 准
《国务院批转民政部关于调整建镇标准的报告的通知》	① 凡县级地方国家机关所在地,均应设置镇的建制 ② 总人口在二万以下的乡,乡政府驻地非农业人口超过二千的,可以建镇;总人口在二万以上的乡,乡政府驻地非农业人口占全乡人口10%以上的,也可以建镇 ③ 少数民族地区、人口稀少的边远地区、山区和小型工矿区、小港口、风景旅游、边境口岸等地,非农业人口虽不足二千,如确有必要,也可设置镇的建制 ④ 凡具备建镇条件的乡,撤乡建镇后,实行镇管村的体制;暂时不具备设镇条件的集镇,应在乡人民政府中配备专人加以管理

资料来源:刘君德,范今朝.中国市制的历史演变与当代改革[M].南京:东南大学出版社,2015;132-133.

与以往的标准相比,1984年的条件相对宽松,降低了人口及就业结构等方面的要求,并且改变了传统"城乡分治"的原则,实行"镇管村"体制,即推行城乡合治,而且一些具有特殊功能定位的区域也可改设建制镇。这一再尺度化过程,促使地方空间的组织形式发生较大转变,建制镇数量也因而不断增加。

(二)标准制定权下移:建制镇设置标准的地方化

伴随着经济社会发展和城镇化水平的不断提高,人口的集聚及就业结构日趋多元化,原有的建制镇设置标准逐渐落后于社会经济空间的重塑速度。因此,国务院办公厅于2002年发布《关于暂停撤乡设镇工作的通知》,

要求停止执行1984年的建制镇设置标准。但随后民政部并未制定新的设置标准,而是将制定标准的权限下放,使建制镇尺度标准的制定权下移。2018年10月公布的《行政区划管理条例》规定,"镇、街道的设立标准,由省、自治区、直辖市人民政府民政部门会同本级人民政府其他有关部门拟订,报省、自治区、直辖市人民政府批准;批准设立标准时,同时报送国务院备案"。从而赋权地方民政部门制定尺度标准。在实践中,地方政府制定的设镇标准主要以乡镇撤并为基础,从人口规模、经济基础、行政区域面积、基础设施建设四个方面进行规定。表7.2为河北省、湖南省撤乡改镇的标准及原则,即设镇标准。其中,河北省的标准较为详细;湖南省则主要从区域面积、人口规模两方面进行规定,先对全省乡镇进行分类,再采取扩大中心城镇、合并小微城镇以形成新的建制镇。表7.3为浙江省乡镇区划调整评分表,用评分形式判断建制镇的设置条件。

表7.2　河北省、湖南省建制镇的尺度标准

文件名称	主 要 标 准 及 内 容
《河北省民政厅关于撤乡设镇和撤镇设街道办事处的指导意见(试行)》	① 每平方千米人口密度为50～150人、151～350人、351人以上的乡,总人口分别不低于3万人、4万人、5万人,乡政府驻地村常住人口分别不低于4500人、6 000人、8 000人,全乡从事非农产业人口不低于15% ② 有特色产业和规模经营项目,地区生产总值和财政收入不低于上一年全省所有镇的平均水平,其中第二、第三产业增加值不低于地区生产总值的80%,居民人均收入水平高于全省平均水平 ③ 公共基础设施和社会服务设施较为完善,道路硬化率和路灯安装率不低于80%,自来水普及率不低于90%,有较好的供排水系统,垃圾处理率不低于70%,人均公共绿地面积不低于10平方米,乡政府驻地建成区面积按人口密度分别不低于2.5平方千米、3.5平方千米、4.5平方千米,村标、街巷标和楼院门户牌等地名标志设置符合国家标准规范,覆盖率达到100%,邮电通信、文化教育、卫生体育、环境保护、防洪体系、社会公益、社会福利和社区服务等完善
《中共湖南省委湖南省人民政府关于开展乡镇区划调整改革工作的意见》	① 分四个类型确定乡镇类别,全省平均每个乡镇预期规模为人口3.8万人、面积160平方千米,其中,平原湖区(A类)乡镇人口5.5万～7.5万人、面积130平方千米左右;丘陵区(B类)乡镇人口4.5万～5.5万人、面积150平方千米左右;半山半丘区(C类)乡镇人口3.5万～4.5万人、面积160平方千米左右;山区(D类)乡镇人口2万～3.5万人、面积180平方千米左右

（续表）

文件名称	主 要 标 准 及 内 容
《中共湖南省委湖南省人民政府关于开展乡镇区划调整改革工作的意见》	② 县级市城区人口应达到15万人以上，所辖区域面积，山区不低于300平方千米，丘陵区不低于250平方千米，平原湖区不低于200平方千米，未达标的，撤销城郊乡镇并将其行政区域并入城区 ③ 除总人口低于30万人的人口较少县外，县级人民政府驻地镇应达到10万人以上，所辖区域面积，山区不低于250平方千米，丘陵区不低于200平方千米，平原湖区不低于150平方千米，未达标的，撤销周边乡镇并将其行政区域并入县城镇 ④ 中心镇人口应多于同类乡镇的平均人口数，未达标的，撤并周边乡镇 ⑤ 重点合并人口在10 000人以下的小微乡镇和人口不足5 000人的民族乡 ⑥ 镇与镇合并继续设镇；乡与镇合并可以设镇；乡与乡合并继续设乡，符合设镇条件的可以设镇。民族乡与一般乡镇合并时，按省民宗委指导意见，少数民族人口达到一定标准可以继续设立少数民族乡

资料来源：① 河北省民政厅.河北省民政厅关于撤乡设镇和撤镇设街道办事处的指导意见（试行）[EB/OL].（2015-12-14）[2018-09-08].http://www.hebmz.gov.cn/zcfg/qhdm/201512/t20151214_45867.html.
② 湖南省人民政府.中共湖南省委湖南省人民政府关于开展乡镇区划调整改革工作的意见（湘发〔2015〕15号）[EB/OL].（2015-10-28）[2018-09-08].http://www.hunan.gov.cn/szf/hnzb/2015/2015nd20q/swszfwj_99041/201510/t20151028_4701565.html.

表7.3　浙江省乡镇行政区划调整指导标准测评体系

乡镇行政区划调整指导标准（总分120分）			
一、约束性指标	此3项指标为开展乡镇行政区划调整的前提条件，实施一票否决制，不设分值，未能达到三项条件的调整事项暂缓启动		
1. 调整方案符合相关的主体功能区规划、城乡规划和土地利用规划			
2. 调整方案的申报符合程序规定			
3. 涉及调整的区域无重大风险隐患			
二、一般性指标（100分）	分值	具体情况 （相关数据）	自评	考评
1. 经济水平（20分）				
（1）国内生产总值数据以及在本县（市、区）辖区内的排序	4			
（2）人均国内生产总值数据以及在本县（市、区）辖区内的排序	4			

（续表）

乡镇行政区划调整指导标准（总分120分）				
（3）二、三产业增加值占国内生产总值的比重≥70%	4			
（4）财政收入数据以及在本县（市、区）辖区内的排序	4			
（5）城镇居民人均可支配收入/农村居民人均纯收入数据以及在本县（市、区）辖区内的排序	4			
2. 基础设施（20分）				
（1）整个辖区的交通、水利、通讯、能源、环卫、防灾减灾等基础设施较好，有统一的规划	12			
（2）整个辖区的教育、医疗、商业、社会福利等公共服务机构有一定的基础和统一的规划	8			
3. 调整方向（12分）				
（1）人口符合集聚发展的要求	4			
（2）土地、水、能源等资源符合集约、节约利用的要求	4			
（3）产业符合绿色发展、循环发展、低碳发展的要求	4			
4. 辖区（18分）				
（1）面积（平方千米）：40～200	6			
（2）常住人口（万人）：2.5～15	6			
（3）从事非农产业人口占就业总人口的比重≥70%	6			
5. 政府驻地（10分）				
（1）常住人口≥0.4万人	5			
（2）从事非农产业人口占就业总人口的比重≥80%（80%以下不得分，90%以上得5分）	5			
6. 建成区（20分）				
（1）面积（平方千米）≥1.5	5			
（2）道路铺装率≥90%	3			
（3）垃圾处理率≥95%	3			

（续表）

乡镇行政区划调整指导标准（总分120分）				
（4）污水集中处理率≥70%	3			
（5）自来水普及率≥95%	3			
（6）绿化（二择一）人均公共绿地≥6㎡或建成区绿化覆盖率≥20%	3			
三、特殊性指标（20分）				
（1）列入国家重点镇、省级小城市培育的试点镇	5			
（2）历史、文化、生态环境等方面有独特价值	4			
（3）城镇建设、基础设施、城乡统筹、公共服务等方面有突出成就	4			
（4）主导产业有特色、有较强竞争力的产业集群和产业示范基地，并符合循环经济发展理念	3			
（5）区划稳定度较高，三年内没有进行过乡镇行政区划调整	2			
（6）其他特殊意义的镇	2			
合　计				

注：① 本指导标准分为约束性指标、一般性指标和特殊性指标三大类。
② 约束性指标必须全部达到要求，一般性指标总体测评分应在80分以上。边远山区、库区或海岛地区可适当放宽条件。国内生产总值和人均国内生产总值两项指标，对丽水、衢州两市替换成水环境和大气环境两项指标，分值不变。
③ 单独提出改镇的乡，其经济水平应位居全县（市、区）辖乡的前三位。
资料来源：宁波地名网.《浙江省民政厅关于乡镇（街道）行政区划调整的指导意见（试行）》和《浙江省民政厅关于进一步规范行政区划调整申报程序的指导意见（试行）》[EB/OL].（2018-07-09）[2018-09-08].http://nbdm.nbmz.gov.cn/html/zhengcefagui/zhejiangshengfaguiguizhang/2018/0709/2528.html。

二、建制镇设置标准变迁的逻辑 ▶▷

　　建制镇设置标准的变化，映射了国家政治制度空间与社会经济空间的生产与重塑。政治—制度空间由权力主导，以自上而下的权力链条调整国家机构的组成形式，以设置标准为空间表征调整基层地域组织的权力关系与制度结构；社会—经济空间由资本为主导，以自下而上的经济活动集聚、城镇化发展带动国家的制度变迁,通过对空间的解构与建构的双重过程使得尺度标准制定权的下移。

(一)政治—制度空间的生产: 权力与空间

建制镇的设置标准作为国家对领土的划分尺度及管辖方式,涉及对地方空间结构、组织功能定位、资源配置方式等的具体设计,属于国家对基层行政区划设置的制度供给形式。权力塑造空间,作用于抽象的、政治—制度空间的生产(殷洁,2018: 65),国家内部层级的权力配置及宏观政策的转变调整,可以导致建制镇设置标准的变化(见图7.1)。

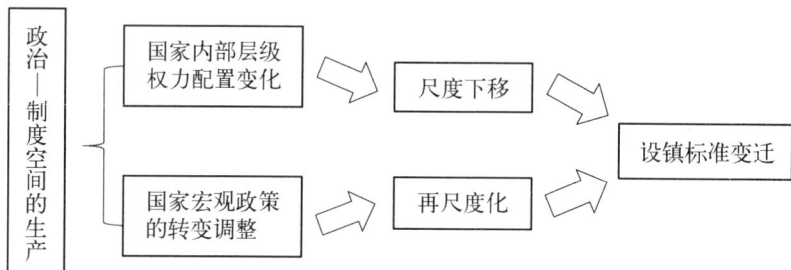

图7.1　设镇标准变迁的政治—制度逻辑

1. 国家内部层级权力配置的变化

国家内部层级的权力配置,即设镇标准的控制权归属上下移动。改革开放以来,主要以尺度下移为主线。也就是说,从国家制定标准到授权地方制定标准,将设镇标准的控制权向下转移,导致建制镇设置标准的变迁和多样化。

中华人民共和国成立初期,国家通过制定《共同纲领》及《中华人民共和国宪法》,为地方空间的尺度划分提供政治和法律依据。一开始,国家权力对地方空间的塑造制定了原则性框架,即县下辖乡、民族乡、镇。但是,并未针对这一"表达出来的空间"制定详细的标准。各地标准不一,造成建制镇设置的混乱。1955年,我国对建制镇的设置标准进行了详细的规定,并对各地现有建制镇进行了审查,撤销了部分不合格的建制镇。1963年的标准进一步严格限制建制镇的设置,减少了建制镇的数量,压缩了建制镇的规模。

1978年后，中央逐渐向地方分权，赋予地方政府更多的自主权，整体形成"中央治官，地方治民"的局面（曹正汉，2011；曹正汉等，2013），将与民众密切相关的公共事务、权力和责任都向地方政府下放。同时引入财政包干制、分税制等制度，改革干部管理制度、国有企业及集体企业制度，激励地方政府参与经济建设，推动地方政府M型结构的形成与运作（陈剩勇等，2009）。例如，中央对地方重要干部的任免由下管两级改为下管一级，赋予地方政府更多的人事管辖权。同时，社会管理权、经济管理权的下放为地方政府改造空间地域组织形式提供了权力基础。

在建制镇的设置标准上，国家开始调整相关指标。1984年的设镇标准相比1963年的标准明显放宽：县级地方国家机关驻地均可建镇，凸显该地方空间的政治属性；非农业人口达到总人口10%以上即可建镇，远低于以往70%左右的比例；允许当某个区域具有重要的功能定位，如小型工矿区、小港口等地，也可以建镇。1985年，《国务院关于行政区划管理的规定》第五条则明确规定，"乡、民族乡、镇的设立、撤销、更名和行政区界的变更，乡、民族乡、镇人民政府驻地的迁移，由省、自治区、直辖市人民政府审批"，从而将建制镇的设置权限向省级政府下放。在随后的设置标准上，国家进一步放权给地方政府，由地方政府根据本区域的空间特征来设定建制镇标准（见表7.2和表7.3）。

2. 国家宏观政策的转变调整

作为国家政策实施的方式之一，建制镇的设置标准跟随国家政策的变动而调整。中华人民共和国成立初期，国家治理的首要目标是维护新生政权。1955年国家重塑建制镇的尺度标准，是对国家空间治理的规范，旨在改变行政区划混乱的现状。1963年的标准相对1955年的标准更加严格，是因为国家经济困难，无法承受当时的城镇人口负担。调整建制镇的设置标准，撤销一批建制镇，可以减少城镇人口规模，减轻农业、农村和农民的负担。1962—1978年，国家主要采取发展重工业、实施"进口替代"与"自立自主"的产业发展政策，以追求独立的工业体系为目标，使城市趋向于发展资金与技术密集型产业，对劳动力的吸纳能力较差，从而严格限制建制镇的发展，以减少劳动力向城市的聚集（武力，1998）。因此，调高相应的指标要求，严格控制建制镇的设立。

1978年后,我国实施改革开放政策,国家的工作重心逐渐向经济建设转移。1984年,中央"一号文件"提出,"在稳定和完善生产责任制的基础上,提高生产力水平,疏理流通渠道,发展商品生产"。小城镇是农村商品经济发展及乡镇工业的主要载体,对农村剩余劳动力的吸纳,以及为非农产业发展提供空间基础具有重要作用。以往城乡分治的空间结构,阻碍了资本、劳动力的跨域流动,而建制镇的设立、镇管村体制的实施,有助于促进城乡一体化,改变乡村区域的政治—制度空间结构,吸引资本等生产要素的集聚,带动农村经济发展。与此同时,国家制定了"限制大城市发展,合理发展中等城市,大力发展小城镇"的城市化方针(王茂林,2000:86)。于是,放宽设镇标准,鼓励建制镇的形成与发展,促进农村剩余劳动力就地城镇化。建制镇的设立改变了农村的空间结构,疏通了农村商品的流通渠道,带动了农村经济的快速发展。

20世纪末,农村社会失序、农民负担过重、农业隐患增多等"三农"问题涌现。所以,国家的宏观目标之一,就是要想办法解决"三农问题"。自1982年到2018年间的中央"一号文件",其中有20个涉及"三农"问题。1998年,中共十五届三中全会通过的《中共中央关于农业和农村若干重大问题的决定》,明确指出乡镇政府要切实转变职能,精简机构。2000年,安徽省率先在全国进行农村税费改革的同时,也进行相应的乡镇机构改革。各地在农村税费改革中纷纷进行了以"减人减事减支"为主线的乡镇机构改革,精简乡镇机构成为农村税费改革的重要配套措施(吴理财,2010:58)。此后,国家大力推广乡镇撤并,通过减少乡镇数量降低农民的负担。除农业税费改革、降低行政成本外,国家也十分关注小城镇的建设。2000年6月发布的《关于促进小城镇健康发展的若干意见》,明确提出了发展小城镇的重要性。同时,也对设镇标准进行了弹性化设计,各地方政府也因而有了相对自主的差异化空间。比如,湖南省的设镇标准主要关注乡镇撤并,扩大中心城镇的地域空间,减少过多行政单元造成的市场分割、基础设施重复建设、产业结构同质化等问题。河北、浙江的设镇标准则是侧重引导农村地区的非农产业发展及基础设施建设,以促进农村经济的发展。

（二）社会—经济空间的生产：资本与空间

哈维提出资本的三重循环理论，认为资本在运动过程中，总是试图创造出与自己的生产方式与生产关系相适应的空间（殷洁，2018：68）。从资本对新空间的占用及开发，到资本对旧空间的改造与重塑，进而生产了与资本循环相符合的社会—经济空间。建制镇作为地域空间的组织形式之一，是资本空间生产重要的实践形式，既是可体验的空间，也是想象与表达的空间。经济活动的集聚及城镇化的发展，不仅改变了空间的自然景观，也重塑了空间中弥漫的社会、政治关系，推动建制镇设置标准的变迁（见图7.2）。

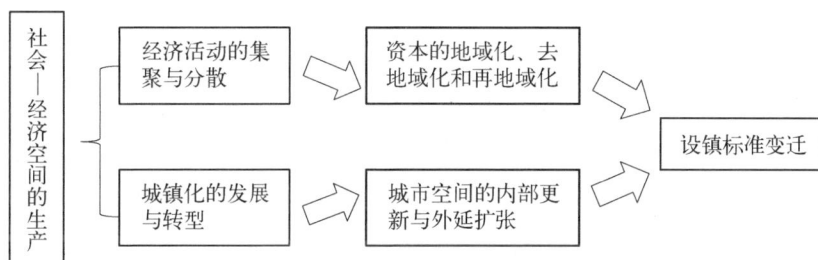

图7.2　设镇标准变迁的社会—经济逻辑

1. 经济活动的集聚与分散

集聚通常是指资源、要素和经济活动在地理空间中呈集中分布的状态，同时也指资源、要素和经济活动在地理空间中集聚的趋势和过程。而分散是集聚的矛盾统一体，是资源、要素和经济活动在地理空间中呈分散分布的状态及分散的趋向与过程（刘艳芳等，2017：63）。经济活动的集聚与分散，在城镇表现为经济规模总量的不断扩大，在农村则表现为非农产业增长及劳动力就业结构的变化。经济活动的集聚与分散和资本的流动互为因果。资本的地域化促进经济活动的集聚，经济活动的扩散使得资本去地域化及再地域化，不断改造、利用空间资源，塑造新的社会—经济空间。建制镇作为重要的经济活动空间，因经济活动的集聚与分散产生新的尺度结构，引发设置标准的不断变化。

中华人民共和国成立之初，经济困难，资本稀缺。国家实行公私兼顾调整城市工商业，采取加大对私营经济的加工订货范围、向私营经济投放货币,采取贷款及税收优惠政策鼓励私营经济的发展,同时鼓励城乡交流,举办物资交流会,发展农村集市贸易,促进农村农产品与城市工业品之间的交换。在政策支持下,城市工商业恢复迅速。1950年下半年,10个大城市私营工商业净增加2.5万户。1952年,物资交流会举办了7 000多次(中共中央党史研究室,2011:112-114),使得经济活动向城市与农村集市等地集聚,资本、劳动力、商品不断涌入。资本开始改造与占据地方空间,根植地方网络,吸引非农产业的进驻与人口的流入。1955年设镇标准的推行,则从人口规模及功能定位方面承认资本的地域化过程,以鼓励建制镇这一地域组织在扩大城乡交流、吸纳周围资源要素中发挥更大的作用。随着"大跃进"运动的开展,城镇钢铁工业过度集聚经济要素,基本建设规模和职工队伍急剧膨胀,挤占了农业、轻工业的生产要素(中共中央党史研究室,2011:491-492)。也是就说,资本过度开发、利用了城镇空间。1963年设镇标准的提高,则是国家引导经济活动分散至周边区域,资本从钢铁工业等重工业向轻工业及农业的转移,避免生产要素过于向城镇集中。

　　1978年以后,伴随着经济体制改革,城镇工商业经济活动日益活跃。经济活动在城镇的不断集聚,产生了大量的就业岗位,城镇就业人口呈持续上升趋势。其增长率虽于1984—1992年发生剧烈波动,但始终为正且逐渐平稳(见图7.3)。

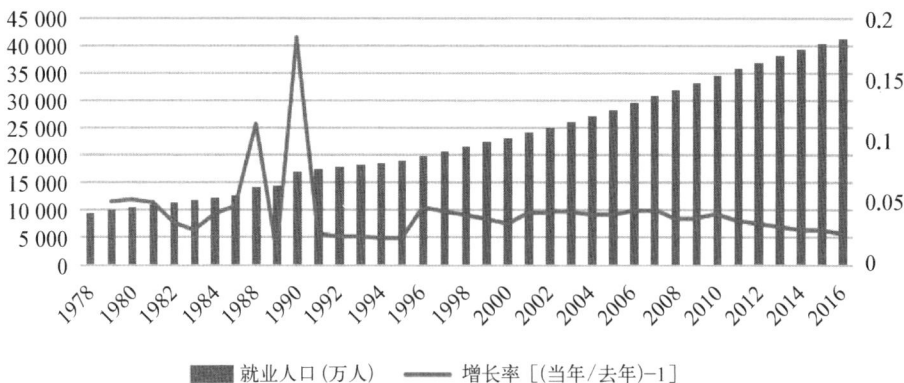

图7.3　1978—2016年我国城镇就业人口规模及增长率变动

资料来源:国家统计局.城镇登记失业人员及失业率[DB/OL].[2018-09-08].http://data.stats.gov.cn/easyquery.htm?cn=C01.

　　城镇经济活动的集聚,使得城乡间劳动力出现大规模流动。为寻求更高的劳动力定价,乡村区域的劳动力不断向城镇迁移。农民工,即户籍仍在农村、在本地从事非农产业或外出从业6个月及以上的劳动者,他们的总量及构成反映城镇经济的集聚及分散程度。根据全国农民工监测报告显示,自2008年以来,全国农民工总量呈持续上升态势,但增速相对放缓。同时,外出农民工总量增长总体不断低于本地农民工增速,表明资本的向外扩张及经济活动的分散使得农民工得以在本地从事非农产业工作(见图7.4和图7.5)。

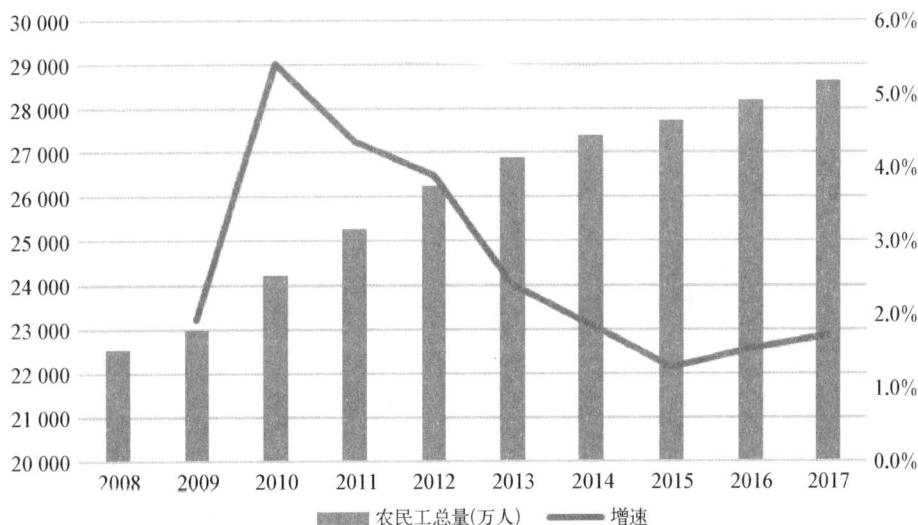

图7.4　2008—2017年我国农民工总量及增速

资料来源:根据国家统计局公布的《农民工监测调查报告》①②③④⑤⑥历年数据绘制。

① 国家统计局.2012年全国农民工监测调查报告[EB/OL].(2013-05-27)[2018-09-08]. http://www.stats.gov.cn/tjsj/zxfb/201305/t20130527_12978.html.

② 国家统计局.2013年全国农民工监测调查报告[EB/OL].(2014-05-12)[2018-09-08]. http://www.stats.gov.cn/tjsj/zxfb/201405/t20140512_551585.html.

③ 国家统计局.2014年全国农民工监测调查报告[EB/OL].(2015-04-29)[2018-09-08]. http://www.stats.gov.cn/tjsj/zxfb/201504/t20150429_797821.html.

④ 国家统计局.2015年农民工监测调查报告[EB/OL].(2016-04-28)[2018-09-08]. http://www.stats.gov.cn/tjsj/zxfb/201604/t20160428_1349713.html.

⑤ 国家统计局.2016年农民工监测调查报告[EB/OL].(2017-04-28)[2018-09-08]. http://www.stats.gov.cn/tjsj/zxfb/201704/t20170428_1489334.html.

⑥ 国家统计局.2017年农民工监测调查报告[EB/OL].(2018-04-27)[2018-09-08]. http://www.stats.gov.cn/tjsj/zxfb/201804/t20180427_1596389.html.

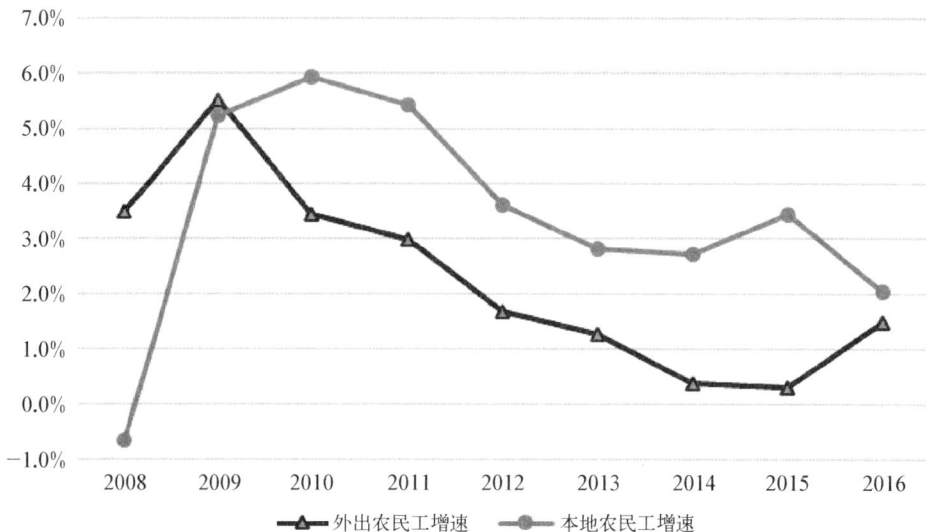

图7.5　2008—2017年我国外出农民工及本地农民工增速
资料来源：根据国家统计局公布的《农民工监测调查报告》①②③④⑤⑥历年数据绘制。

　　1978年以后，我国试点推广农村家庭联产承包制，改革统购派购制度，调整农村产业结构，乡村区域的资本重新随着农村商品经济的兴起而流动，地方自主工业化逐渐成长，农村生产要素向工业部门流动并重新定价（唐伟成等，2013）。乡村区域的工业化不断发展，经济活动也日益集聚。如图7.6所示，1978年至1988年，乡村地域的集体经济在全国工业中的比重总体保持增长态势。集体经济的不断增长，带动乡村地域经济活动的集聚与

①　国家统计局.2012年全国农民工监测调查报告［EB/OL］.（2013-05-27）［2018-09-08］.
　　http://www.stats.gov.cn/tjsj/zxfb/201305/t20130527_12978.html.
②　国家统计局.2013年全国农民工监测调查报告［EB/OL］.（2014-05-12）［2018-09-08］.
　　http://www.stats.gov.cn/tjsj/zxfb/201405/t20140512_551585.html.
③　国家统计局.2014年全国农民工监测调查报告［EB/OL］.（2015-04-29）［2018-09-08］.
　　http://www.stats.gov.cn/tjsj/zxfb/201504/t20150429_797821.html.
④　国家统计局.2015年农民工监测调查报告［EB/OL］.（2016-04-28）［2018-09-08］.
　　http://www.stats.gov.cn/tjsj/zxfb/201604/t20160428_1349713.html.
⑤　国家统计局.2016年农民工监测调查报告［EB/OL］.（2017-04-28）［2018-09-08］.
　　http://www.stats.gov.cn/tjsj/zxfb/201704/t20170428_1489334.html.
⑥　国家统计局.2017年农民工监测调查报告［EB/OL］.（2018-04-27）［2018-09-08］.
　　http://www.stats.gov.cn/tjsj/zxfb/201804/t20180427_1596389.html.

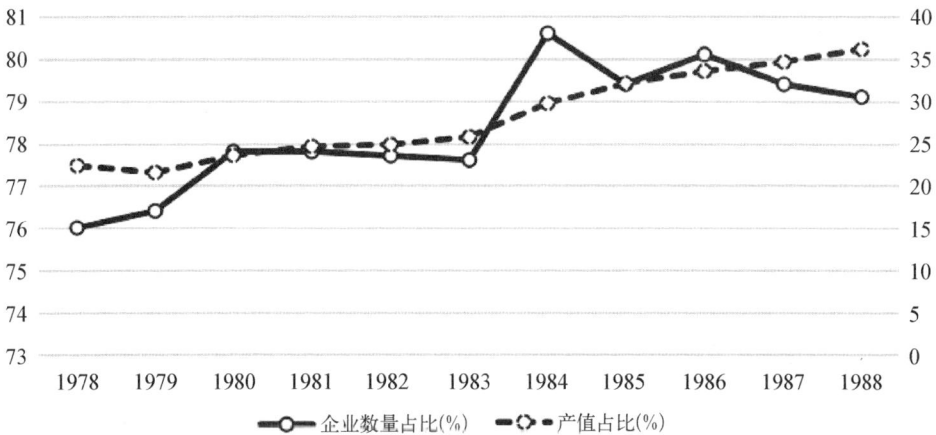

图7.6　1978—1988年我国乡村地域集体经济发展情况变动

资料来源：国家统计局工交司.中国工业交通能源50年统计资料汇编［M］.北京：中国统计出版社,2000：17,21.

分散,促使资本对内提高空间利用率,对外扩大空间占有范围。建制镇是基层经济活动及产业集聚的空间载体,资本对其尺度重组的需求日益增加。1984年的设镇标准降低了对人口规模及就业结构比例的要求,从而改变了建制镇的尺度结构。

伴随着经济活动集聚规模的不断增大,部分受拥挤效应等负面因素影响的经济活动向周边乡村甚其他更远的区域扩展。以制造业为例,2004年以前,制造业主要集中于东部沿海省份,随后产业活动的空间布局发生调整,更多的制造业向中西部地域转移,整体而言向西部地域扩张（见图7.7）。

经济活动的分散导致资本向周边地域流动,资本的去地域化与再地域化对地域空间的组织形式产生新的诉求。工业用地的扩张、基础设施的建设、社会制度的调整等空间的再生产,满足了经济活动分散的需求。2002年以后,在原有设镇标准下,建制镇的空间规模相对于资本的再地域化需求显得太小,无法在辖区空间内提供产业发展的规模优势。随后,各地政府对设镇标准进行了提升,在人口规模、行政区域面积、市政基础设施三个主要空间要素上改变了尺度结构,为经济活动的集聚与分散提供了丰富的劳动力与地理空间,以适应资本的再地域化过程。

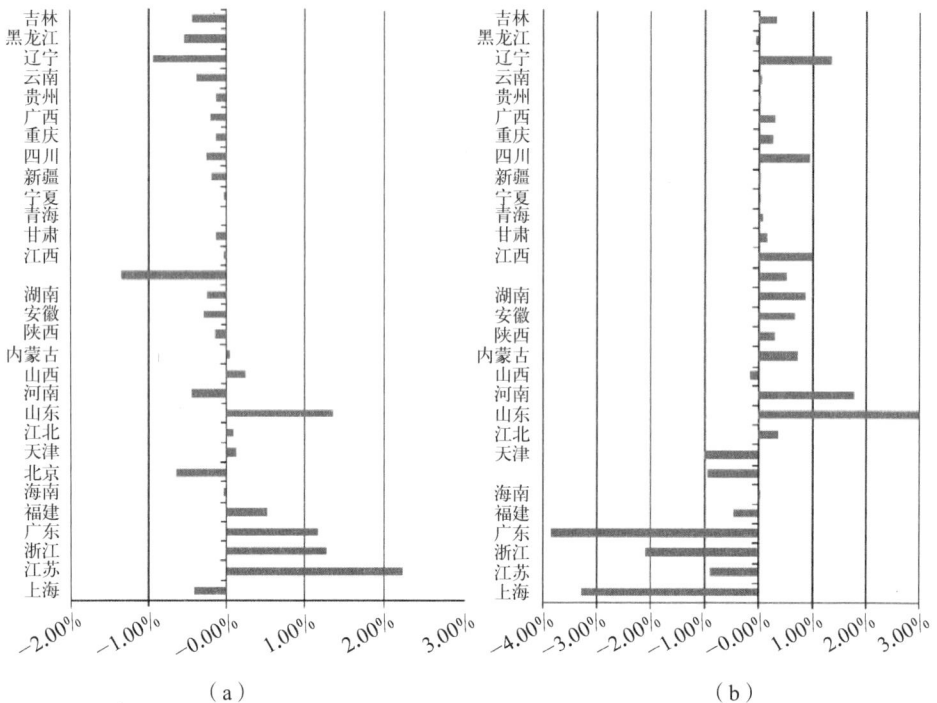

图7.7　各省区制造额的变化

（a）2000—2004年间制造业份额变化　（b）2005—2009年间制造业份额变化

资料来源：石敏俊，杨晶，龙文，魏也华.中国制造业分布的地理变迁与驱动因素［J］.地理研究，2013，32（9）：1708-1720.

2. 城镇化的发展与转型

城市是一个集地理、经济、政治、社会及文化的空间地域实体。城市化本质上是人及其附属物在空间结构、功能、生态系统内重新集聚和形塑的过程，也是基于土地、人口、资源等基本要素，由物理空间、社会经济空间、文化心理空间和人际交往空间的互相叠加乃至融合（陈进华，2017）。中国城镇化（在本书中与城市化通用）集中表现为乡村区域空间的重组与转型，以及城镇空间的内部更新与外延扩张。城镇化的发展导致一系列空间建构行为及其产生的空间关联关系。例如，城市空间人口的增加、产业结构的转变以及城市建成区范围的扩张。建制镇作为中国城市等级中的基本单位之一，其尺度结构受城镇化的发展和转型影响。城镇化的发展引发城镇空间的外延扩张，建制镇的建成区及辖区空间不断扩大；城镇化的转型使得建制镇从单纯土地空间城镇化向社会空间城镇化及人口城镇化转变,引发城镇内部的空间更新,即重塑城镇社会空间乃至心理空间。

1949年后,我国采取经济恢复政策,鼓励城乡交换及各类经济活动的发展,物理空间随即发生重构。以土地城镇化为基本表征,产业向城市聚集,生产要素进行整合,人口也越来越集中。其中,人口不断迁移,改变了城镇总人口的规模(见表7.4)。1955年设镇标准突出人口规模及非农业人口标准,体现当时人口集聚规模的日益增大及产业结构由第一产业向第二、第三产业转变的进程。与此同时,国家逐步建立单一的公有制经济,以发展重工业、建立独立自主的工业体系为目标,减少乡村区域劳动力流入城镇,降低城镇人口对农业积累的消耗,从而把更多的资源投入重工业发展。另外,以"城乡分治"原则构建的城乡二元管理制度,形成了城乡分治的户籍制度、财政体制、规划管理体制(许玉明等,2011)。1963年设镇标准的调整,限制了人口向城镇过快迁移,并压缩了城镇人口规模。

表7.4　1949—1978年全国城镇人口变化情况

年份	总人口(万人)	城镇总人口(万人)	城镇人口占总人口的比重(%)
1949	54 167	5 765	10.6
1950	55 196	6 169	11.2
1951	56 300	6 632	11.8
1952	57 482	7 163	12.5
1953	58 796	7 826	13.3
1954	60 266	8 249	13.7
1955	61 465	8 285	13.5
1956	62 828	9 185	14.6
1957	63 653	9 949	15.6
1958	65 994	10 721	16.2
1959	67 207	12 371	18.4
1960	66 207	13 073	19.7

（续表）

年份	总人口（万人）	城镇总人口（万人）	城镇人口占总人口的比重（%）
1961	65 859	12 707	19.3
1962	67 295	11 659	17.3
1963	69 172	11 646	16.8
1964	70 499	12 950	18.4
1965	72 538	13 045	18.0
1966	74 542	13 313	17.9
1967	76 368	13 548	17.7
1968	78 534	13 838	17.6
1969	80 671	14 117	17.5
1970	82 992	14 424	17.4
1971	85 229	14 711	17.3
1972	87 177	14 935	17.1
1973	89 211	15 345	17.2
1974	90 859	15 595	17.2
1975	92 420	16 030	17.3
1976	93 717	16 341	17.4
1977	94 974	16 669	17.6
1978	96 259	17 245	17.9

资料来源：许涤新.当代中国的人口[M].北京：中国社会科学出版社,1988：493.

　　1978年以后,我国实施改革开放,资本、劳动力、土地等生产要素向市场化定价转变,城镇化逐步由政府推动型向市场推动型转换。乡镇工业化的崛起以及对农村剩余劳动力的吸纳促使资本去占有周边地域空间。同时,在工业化与市场化两大推力下,城镇不断扩张,对地理空间的需求日益旺盛,附着于城镇空间的产业园区、居民区、高速公路等城镇景观向周围蔓延,促成城镇建成区面积不断增加。如图7.8所示,城镇向乡村地域大规模征地

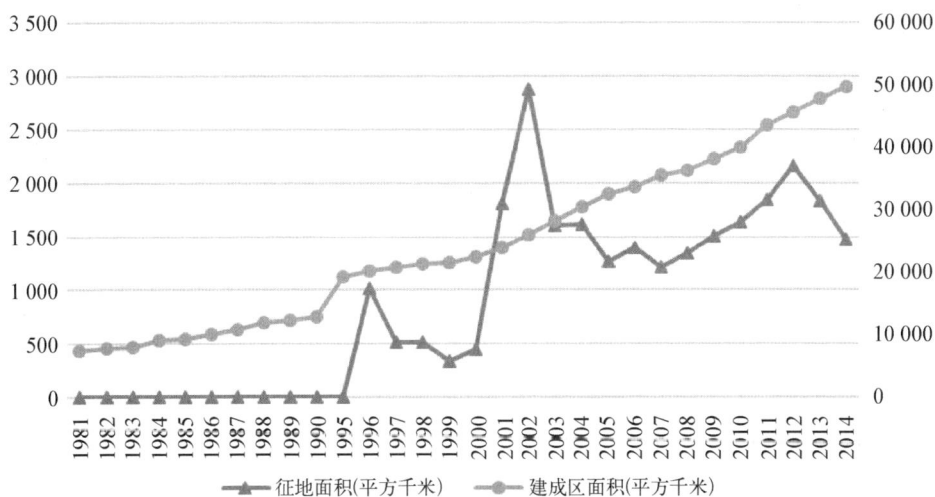

图7.8　1981—2014年我国城镇征地面积及建成区面积的变化

注：1981—1995 年征地面积数据暂缺。

资料来源：根据中宏统计数据库相关数据①绘制。

以满足城区扩张的需求，建成区面积的增加代表了城镇空间的再生产，以土地城镇化为表征，承载了城镇景观的不断涌现。乡村地域空间向城镇地域空间的转型，要求改变地域空间组织形式。1984年的设镇标准降低了对人口、就业结构的要求，建制镇因而快速增加，为容纳农村人口的涌入和城镇空间的扩展提供了地域组织载体。

城镇化的内部更新，即对城市内部社会空间的重构，突出表现为空间的人本化（芒福德，2005：122）。这意味着城市空间的生产从"役物"向"化人"转变，保障了城市空间内的人的权益，并维护空间正义。以常住人口计算，2015 年中国的城镇化率约为55%，而城市户籍人口仅为36%（见图 7.9）。约2.5亿的外来常住人口的生活、就业已融入城市空间，但并未获得相应的城镇空间权益，即户籍制度附加的教育、就业、医疗等待遇。

1997 年以后，国家放宽对小城镇落户的限制，鼓励周围人口的就地城镇化。从1997 年至2016 年的政策文本来看（见表7.5），城镇化的重要推动力

———————

① 中宏统计数据库.城市概况——建成区面积［DB/OL］.［2018-09-08］.http://edu.macrochina. com.cn/skins/1/stat/index.shtml.

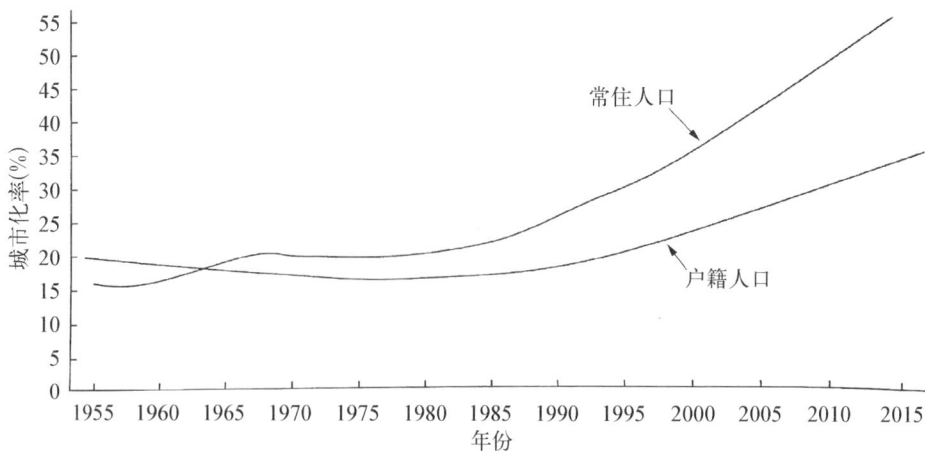

图7.9　1955—2015年中国城镇化的"缺口"

资料来源：踪家峰.城市与区域经济学［M］.北京：北京大学出版社,2016：160.

就是以小城镇吸纳乡村区域的人口,使建制镇成为迁移人口的空间归属地。城镇化空间的内部更新,则是为了给外来人口提供均等化的公共服务,保障其在城镇空间内的生存发展权益及机会公平,打破空间隔离及空间不平等。一方面,以放宽户籍制度为表征,重塑居民的空间权利配置,塑造居民生活、生产的新型社会关系；另一方面,改变设镇标准,突出建制镇在空间权益配置及空间基础设施的完善程度,以塑造公平正义的城镇空间。因此,在设镇标准上,各地的建制镇设置标准突出了公共空间的塑造。例如,河北要求社会公益、社会福利等社会保障措施完善,浙江要求建成区基本公共设施完备。两者都不同程度地反映了城镇化的空间内部更新对空间权利配置及空间基础设施的新要求。

表7.5　1997—2016年国家关于户籍制度的主要政策文本

时间	文 件 名 称	相　关　内　容
1997	《关于小城镇户籍管理制度改革的试点方案》	已在小城镇就业、居住并符合一定条件的农村人口,可以在小城镇办理城镇常住户口
2000	《中共中央国务院关于促进小城镇健康发展的若干意见》	凡在县级市市区、县人民政府驻地镇及县以下小城镇有合法固定住所、稳定职业或生活来源的农民,均可根据本人意愿转为城镇户口,并在子女入学、参军、就业等方面享受与城镇居民同等待遇

（续表）

时间	文件名称	相关内容
2001	《国务院批转公安部关于推进小城镇户籍管理制度改革意见的通知》	小城镇户籍管理制度改革的实施范围是县级市市区、县人民政府驻地镇及其他建制镇。凡在上述范围内有合法固定的住所、稳定的职业或生活来源的人员及与其共同居住生活的直系亲属，均可根据本人意愿办理城镇常住户口。已在小城镇办理的蓝印户口、地方城镇居民户口、自理口粮户口等，符合上述条件的，统一登记为城镇常住户口
2004	《关于进一步做好改善农民进城就业环境工作的通知》	清理和取消针对农民进城就业等方面的歧视性规定及不合理限制；要推进大中城市户籍制度改革，放宽农民进城就业和落户的条件
2008	《中共中央关于推进农村改革发展若干重大问题的决定》	推进户籍制度改革，放宽中小城市落户条件，使在城镇稳定就业和居住的农民有序转变为城镇居民
2010	《国务院批转发展改革委关于2010年深化经济体制改革重点工作意见的通知》①	深化户籍制度改革，加快落实放宽中小城市、小城镇特别是县城和中心镇落户条件的政策。进一步完善暂住人口登记制度，逐步在全国范围内实行居住证制度
2012	《国务院办公厅关于积极稳妥推进户籍管理制度改革的通知》②	引导非农产业和农村人口有序向中小城市和建制镇转移，逐步满足符合条件的农村人口落户需求；并分类明确户口迁移政策，对在县级市市区、县人民政府驻地镇和其他建制镇设区的市，直辖市、副省级和其他大城市作出具体安排
2013	《中共中央关于全面深化改革若干重大问题的决定》	推进农业转移人口市民化，逐步把符合条件的农业转移人口转为城镇居民。创新人口管理，加快户籍制度改革，全面放开建制镇和小城市落户限制，有序放开中等城市落户限制，合理确定大城市落户条件，严格控制特大城市人口规模

---

① 国务院.国务院批转发展改革委关于2010年深化经济体制改革重点工作意见的通知[EB/OL].（2010-03-27）[2018-09-08].http://www.gov.cn/gongbao/content/2010/content_1620587.htm.

② 国务院办公厅.国务院办公厅关于积极稳妥推进户籍管理制度改革的通知[EB/OL].（2012-02-23）[2018-09-08].http://www.gov.cn/zwgk/2012-02/23/content_2075082.htm.

（续表）

时间	文 件 名 称	相 关 内 容
2014	《国务院关于进一步推进户籍制度改革的意见》①	全面放开建制镇和小城市落户限制；有序放开中等城市落户限制；合理确定大城市落户条件；严格控制特大城市人口规模；取消农业户口与非农业户口性质区分和由此衍生的蓝印户口等户口类型，统一登记为居民户口；建立居住证制度
2016	《国务院关于深入推进新型城镇化建设的若干意见》②	放宽落户条件，除极少数超大城市外，允许农业转移人口在就业地落户，优先解决农村学生升学和参军进入城镇的人口、在城镇就业居住5年以上和举家迁徙的农业转移人口以及新生代农民工落户问题，全面放开对高校毕业生、技术工人、职业院校毕业生、留学归国人员的落户限制，加快制定公开透明的落户标准和切实可行的落户目标
2016	《国务院办公厅关于印发推动1亿非户籍人口在城市落户方案的通知》③	进一步拓宽落户通道，分类实施落户政策；制定实施配套政策，完善落户后相关权益保障

资料来源：胡星斗.中国户籍制度的命运：完善抑或废除［J］.学术研究，2009（10）：65-70.此外，也参考了国务院官方网站的相关内容，对部分相关内容进行了汇总、整理。

三、建制镇的发展概况 ▷▷

　　正如亚里士多德（1965：4）所说，如果对任何事物，对政治或其他各问题，追溯其原始而明白其发生的端绪，我们就可获得最明朗的认知。我国的建制镇起源于清朝末年。1909年的《城镇乡地方自治章程》规定，府、厅、州、县治所驻地为城，城外的市镇、村庄、屯集，人口满5万者设镇。1939年的《县各级组织纲要》确定，乡、镇同为县以下的基层行政单位。由此，镇作

① 国务院.国务院关于进一步推进户籍制度改革的意见［EB/OL］.（2014-07-30）［2018-07-08］.http://www.gov.cn/zhengce/content/2014-07/30/content_8944.htm.
② 国务院.国务院关于深入推进新型城镇化建设的若干意见［EB/OL］.（2016-02-06）［2018-09-08］.http://www.gov.cn/zhengce/content/2016-02/06/content_5039947.htm.
③ 国务院办公厅.国务院办公厅关于印发推动1亿非户籍人口在城市落户方案的通知［EB/OL］.（2016-10-11）［2018-09-08］.http://www.gov.cn/zhengce/content/2016-10/11/content_5117442.htm.

为基层行政区域单位的地位正式确立（吴翔，2015）。中华人民共和国成立后，1954年宪法也确定了镇的行政地位，其权力关系、结构功能与地域空间则随着资本的流动与权力的调适，不断进行着尺度重组与地域重构。

（一）建制镇的数量变化及分布

1. 建制镇的数量变化

据统计，1978年底，全国建制镇数量仅为2 176个。到2017年底，全国建制镇总数已高达21 116个[①]，平均每年增加约485个。其中，1983年至1986年的增长最为迅速。2002年后，建制镇数量小幅度减少，但随后有所回稳。纵观我国建制镇40年的发展历程，大致经历了平稳发展——快速发展——控制发展——小步发展的变化（见图7.10）。

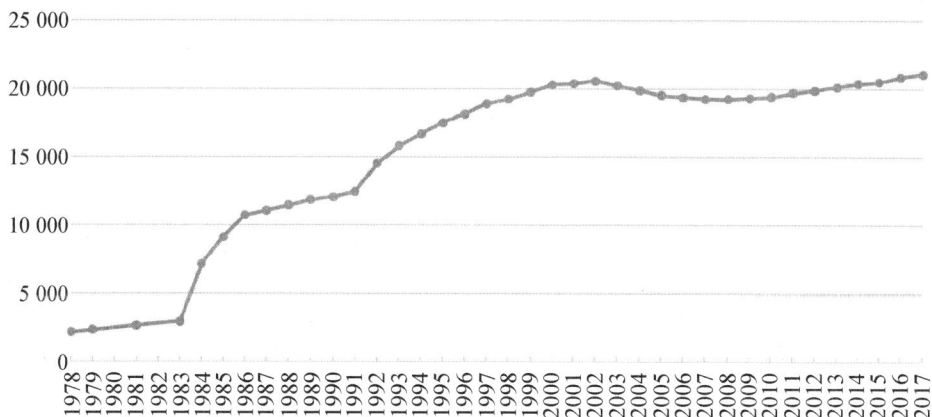

图7.10　1978—2017年我国建制镇的数量变化

资料来源：根据《中国民政统计年鉴——中国社会服务统计资料2017》[②]及2017年社会服务统计季报[③]整理，其中缺失1980年、1982年的相关数据。

---

① 民政部.2017年4季度全国社会服务统计季报［EB/OL］.（2018-03-13）［2018-09-08］. http://www.mca.gov.cn/article/sj/tjjb/qgsj/2018/201803131510.html.

② 民政部.中国民政统计年鉴——中国社会服务统计资料2017［M］.北京.中国统计出版社,2017：34,128.

③ 民政部.2017年4季度全国社会服务统计季报［EB/OL］.（2018-03-13）［2018-09-08］. http://www.mca.gov.cn/article/sj/tjjb/qgsj/2018/201803131510.html.

第一阶段为平稳发展期。1978—1983年，我国建制镇数量的年均增长率约为6.4%，平均每年增加198个。此时国家试点推广经济体制改革，放松社会空间的国家管控力度，社会经济活动逐渐活跃。例如，农村家庭联产承包制的推广及统购统销制度的改革，刺激了各类集镇贸易的涌现，带动了非农产业的增长。由于城镇经济体制改革尚未全面推广，建制镇这一代表城镇型行政区域的地域组织增加缓慢，此时属于平稳增长期。

第二阶段为快速发展期。1984—2002年，我国建制镇数量的年均增长率约为10.7%，平均每年增加976个。1984年，农村经济体制改革第一步基本完成，经济改革的重心向城市转移。1984年，《关于经济体制改革的决定》确认了社会主义商品经济改革的重要性，阐明了加快以城市为重点的整个经济体制改革的必要性、重要性和紧迫性。宏观经济制度调整导致新型政治—制度空间的产生，资本、商品、劳动力流动的障碍逐步减少。资本的快速流动助推全国各地乡镇企业的崛起，大量非农产业的就业人口塑造了新的社会—经济空间，引发了对乡镇尺度空间的再组织，建制镇数量保持高速增长。

第三阶段为控制发展期。2003—2008年，我国建制镇数量的年均增长率约为−1.1%，平均每年减少273个。该阶段处于社会主义市场经济制度的不断完善过程中，资本、劳动力、技术等生产要素不断向资本回报率高的空间转移，农村区域作为生产要素的净流出地，自我更新、修复的速度缓慢，引发农村区域社会—经济空间的重构。考虑到农业基础设施薄弱，人口、资源与环境压力加大，农业、农村和农民"三农"问题日益突出，中共中央、国务院于2000年发出《关于进行农村税费改革试点工作的通知》，启动了相关改革的试点，并在随后的几年逐步推广，不断扩大对农村区域政治—制度空间的重塑。作为地方空间组织形式，建制镇受国家宏观空间再生产的影响，数量有所下降。

第四阶段为小步发展期。2009年至今，我国建制镇数量的年均增长率约为1%，平均每年增加235个。资本与劳动力的不断流动，带动农村区域集镇规模扩大，刺激了对建制镇这一适应非农产业发展的地域组织的需求。原有的乡村地域组织的空间尺度，开始发生迁移。新的社会—经济空间不断产生,新的建制镇也不断增加,但整体趋势较为平稳。

2. 建制镇的全国分布

建制镇作为地方空间划分的尺度工具,反映了空间组织的开放、发展程度。2017年底,全国每万平方千米约有22个建制镇。其中,上海的建制镇密度最高,约为169.84个/万平方千米;密度最低的是西藏,只有1.14个/万平方千米;而且,东部沿海省份比例均高于50个/万平方千米。万人平均建制镇个数也呈现类似规律,上海最低,西藏最高(见表7.6)。

表7.6　截至2017年末全国建制镇数量及分布

地区 \ 类别	建制镇数量	密度	
		个/万平方千米	个/万人
全　国	21 116	22.00	0.16
北　京	143	85.12	0.07
天　津	124	109.73	0.10
河　北	1 128	60.10	0.16
山　西	564	36.08	0.16
内蒙古	505	4.27	0.20
辽　宁	641	43.93	0.15
吉　林	426	22.73	0.16
黑龙江	532	11.70	0.14
上　海	107	169.84	0.05
江　苏	758	73.88	0.10
浙　江	641	62.84	0.12
安　徽	965	69.08	0.16
福　建	642	52.93	0.17
江　西	825	49.40	0.19
山　东	1 094	71.13	0.12
河　南	1 151	68.92	0.12
湖　北	761	40.94	0.13

（续表）

类别 地区	建制镇数量	密度	
		个/万平方千米	个/万人
湖　南	1 134	53.54	0.17
广　东	1 124	62.44	0.11
广　西	799	33.86	0.17
海　南	175	51.47	0.20
重　庆	626	76.06	0.22
四　川	2 196	45.62	0.26
贵　州	839	47.67	0.24
云　南	682	17.79	0.15
西　藏	140	1.14	0.47
陕　西	983	47.81	0.26
甘　肃	816	17.96	0.29
青　海	143	1.98	0.25
宁　夏	103	15.51	0.16
新　疆	349	2.10	0.16

资料来源：建制镇数量根据《中国民政统计年鉴2017》①、《中国统计年鉴2017》②、民政部③、各省市自治区民政厅（局）2018年网站数据汇总计算得到。

（二）建制镇的人口集聚情况

1. 建制镇的人口规模和就业结构

2013—2015年间，全国建制镇常住人口规模变动较小，但在就业结构方面，第一产业从业人员呈下降趋势，第二、第三产业不断上升，其中第三产业增速较快。这说明建制镇作为一定范围内商品、人口、信息流动的中介枢纽，其为资本流动服务的功能在不断增强。但是，第一产业就业人员依旧占

---

① 民政部.中国民政统计年鉴——中国社会服务统计资料［M］.北京：中国统计出版社，2017：177.

② 国家统计局.中国统计年鉴［M］.北京：中国统计出版社，2017：34.

③ 民政部.2017年中华人民共和国县以下行政区划变更情况［EB/OL］.（2018-03-13）［2018-09-08］. http://www.mca.gov.cn/article/sj/tjbz/a/2018/201803131442.html.

比最高,始终占据总就业人数的40%左右,表明农业的机械化程度相对较低,对人力的投入要求保持在一定范围内(见表7.7)。

表7.7　2013—2015年全国建制镇的人口及从业人员结构

单位:万人

	2013年	2014年	2015年
常住人口	77 513.3	77 536.2	77 514.6
第一产业	19 147.1	18 892.7	18 845.4
第二产业	13 118.3	13 243.1	13 629.1
第三产业	11 535.7	11 879.9	12 545.6

资料来源:① 国家统计局农村社会经济调查司.中国县域统计年鉴(乡镇卷)2016[M].北京:中国统计出版社,2017:3.
② 国家统计局农村社会经济调查司.中国县域统计年鉴(乡镇卷)2015[M].北京:中国统计出版社,2016:3.

2. 建制镇的镇区及人口密度

数据表明(见表7.8),2016年东部地区的镇区平均面积最大,建制镇对地方空间的利用程度更高。暂住人口是户籍不在本地却生活在本地的外来人口。较多的暂住人口表明当地生产生活条件较好,对周边人口具有较强的吸引力。东部地区建制镇的平均暂住人口较多,从一个侧面反映了东部地区建制镇吸引力较大、人口集聚程度较高。

表7.8　2016年建制镇镇区及人口情况

	建制镇数量 (个)	镇区建成面积 (公顷)	平均暂住人口 (万人)	平均面积 (平方千米/个)
全　　国	18 099	3 970 215.19	0.18	2.86
东部地区	5 351	1 738 000.33	0.38	4.73
中部地区	5 137	1 172 987.88	0.12	2.77
西部地区	6 146	790 696.64	0.08	1.68
东北地区	1 465	268 530.34	0.06	3.83

注:《中国城乡建设统计年鉴(2016)》收录了18 099个建制镇的相关数据,实际上2016年共有20 883个建制镇,因此本表只列出有相关统计数据的建制镇的情况。
资料来源:住房和城乡建设部.中国城乡建设统计年鉴(2016)[M].北京:中国统计出版社,2017:132-135,142-151.

3. 建制镇与城镇化

全国人口普查数据显示（见表7.10），2010年全国城镇化率约为49.11%（城镇人口占总人口比重），其中城市贡献率（城市人口/城镇人口）约为60.61%，建制镇贡献率（镇人口/城镇人口）约为39.39%。城市的贡献率虽然有所下降，但依旧高于60%，是城镇化率的主要推动力。建制镇作为连接农村与城市的地域组织，十年来因资本的流动、人口的聚集而增加了城镇化的贡献率。各地建制镇的贡献率差距较大，北京、上海等地作为政治与经济中心，城市市区比重高，对资本及劳动力的吸引力较强，城市贡献率较高；西藏、云南、广西等地，建制镇作为地方空间的重要组织形式，成为非农产业及各类生产要素的聚集地，吸纳周边农村劳动人口，成为城镇化的主要推动力。在边际贡献率（建制镇或城市人口增量/城镇人口增量）方面，建制镇边际贡献率较高地区主要为中西部地区。该地区缺少大型城市群及中心城市，城市市区的集聚能力有限，由建制镇分担城市的功能，并吸纳周边农村地区的资金和劳动力。

表7.9　城镇化率的结构分解：城市与建制镇的贡献率及边际贡献率

类别 地区	2000年			2010年			边际贡献率（%）	
	城镇 化率 （%）	城市 贡献率 （%）	建制镇 贡献率 （%）	城镇 化率 （%）	城市 贡献率 （%）	建制镇 贡献率 （%）	城　市	建制镇
全　国	36.51	63.97	36.03	49.11	60.61	39.39	53.16	46.84
北　京	76.89	90.12	9.88	85.67	92.21	7.79	95.91	4.09
天　津	71.00	74.71	25.29	77.29	84.69	15.31	121.07	−21.07
河　北	25.74	65.67	34.33	43.11	45.30	54.70	19.21	80.79
山　西	34.74	63.34	36.66	47.45	55.36	44.64	39.12	60.88
内蒙古	42.64	57.11	42.89	55.31	58.15	41.85	61.35	38.65
辽　宁	54.29	80.28	19.72	61.49	81.08	18.92	85.58	14.42
吉　林	49.42	69.82	30.18	52.61	69.86	30.14	70.33	29.67
黑龙江	51.94	68.22	31.78	55.28	66.23	33.77	47.50	52.50
上　海	88.16	87.67	12.33	89.30	85.89	14.11	81.87	18.13
江　苏	41.46	61.02	38.98	59.18	63.66	36.34	68.53	31.47

（续表）

类别 地区	2000年			2010年			边际贡献率（%）	
	城镇化率（%）	城市贡献率（%）	建制镇贡献率（%）	城镇化率（%）	城市贡献率（%）	建制镇贡献率（%）	城市	建制镇
浙　江	47.48	58.38	41.62	61.25	61.03	38.97	65.81	34.19
安　徽	26.68	53.65	46.35	42.12	47.23	52.77	33.91	66.09
福　建	40.86	53.61	46.39	56.66	59.56	40.44	71.09	28.91
江　西	28.10	50.68	49.32	42.13	38.68	61.32	24.01	75.99
山　东	37.01	64.42	35.58	48.21	59.91	40.09	47.21	52.79
河　南	22.76	64.18	35.82	37.32	50.38	49.62	30.31	69.69
湖　北	41.63	69.94	30.06	47.87	63.95	36.05	27.22	72.78
湖　南	27.56	61.45	38.55	41.92	45.06	54.94	18.30	81.70
广　东	54.94	63.74	36.26	66.71	77.50	22.50	107.45	−7.45
广　西	27.69	49.88	50.12	39.58	45.81	54.19	37.68	62.32
海　南	39.94	53.98	46.02	48.19	54.31	45.69	55.16	44.84
重　庆	34.06	65.09	34.91	52.69	58.21	41.79	44.76	55.24
四　川	27.07	55.87	44.13	37.27	48.96	51.04	35.12	64.88
贵　州	23.02	51.34	48.66	32.53	47.00	53.00	35.72	64.28
云　南	22.83	46.61	53.39	33.45	39.48	60.52	27.75	72.25
西　藏	19.05	42.39	57.61	22.58	40.57	59.43	34.43	65.57
陕　西	30.64	60.73	39.27	43.44	53.13	46.87	38.07	61.93
甘　肃	23.44	65.75	34.25	32.90	56.85	43.15	39.19	60.81
青　海	31.74	63.68	36.32	43.46	55.08	44.92	39.43	60.57
宁　夏	32.03	67.34	32.66	46.80	67.92	32.08	68.81	31.19
新　疆	33.93	68.43	31.57	42.22	66.18	33.82	59.82	40.18

注：本书一般并不严格区分城市化和城镇化，但本表对城和镇做了区分。

资料来源：根据《中国2000年人口普查资料》①和《中国2010年人口普查资料》②相关数据计算得到。

---

① 国家统计局.第五次人口普查数据［DB/OL］.［2018-09-08］.http://www.stats.gov.cn/tjsj/pcsj/rkpc/5rp/index.htm.

② 国家统计局.第六次人口普查数据［DB/OL］.［2018-09-08］.http://www.stats.gov.cn/tjsj/pcsj/rkpc/6rp/indexch.htm.

（三）建制镇的经济特征

1. 建制镇的基础设施

全国建制镇的建成区面积、道路长度与桥梁作为重要基础设施，承载着资本、商品、人口跨区域流动的物理基础。虽然2004—2006年间建制镇的数量出现了一些波动，但建制镇道路、桥梁、建成区面积整体上仍呈现增长趋势，如图7.11、图7.12所示。受资本的第二重循环的影响，即资本投向建成环境（郭文，2014），对空间不断改造，使得空间成为资本的媒介与平台，甚至成为其生产资料。桥梁、道路等各类基础设施的增加，使得建制镇能够不断压缩时空，缩短资本流动的时间与空间，突破空间上的各种障碍，促进资本的流动及空间的生产。甚至部分建制镇因资本对时空的压缩占用而产生，如株洲市前身的株洲镇，因交通基础设施的建设而兴起形成。甘肃的柳园镇、江苏的平望镇也是如此。

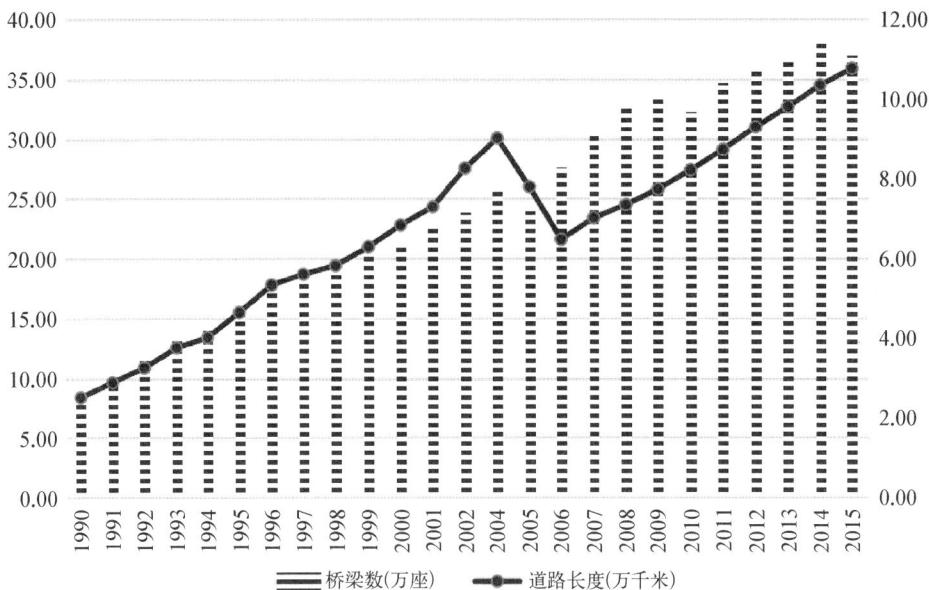

图7.11　1990—2015年我国建制镇的道路基础设施变化情况

注：本图只展示《中国城乡建设统计年鉴（2016）》所统计的建制镇的相关数据，并不是全国所有建制镇的数据。

资料来源：住房和城乡建设部. 中国城乡建设统计年鉴2016［M］. 北京：中国统计出版社，2017：132-135，142-151.

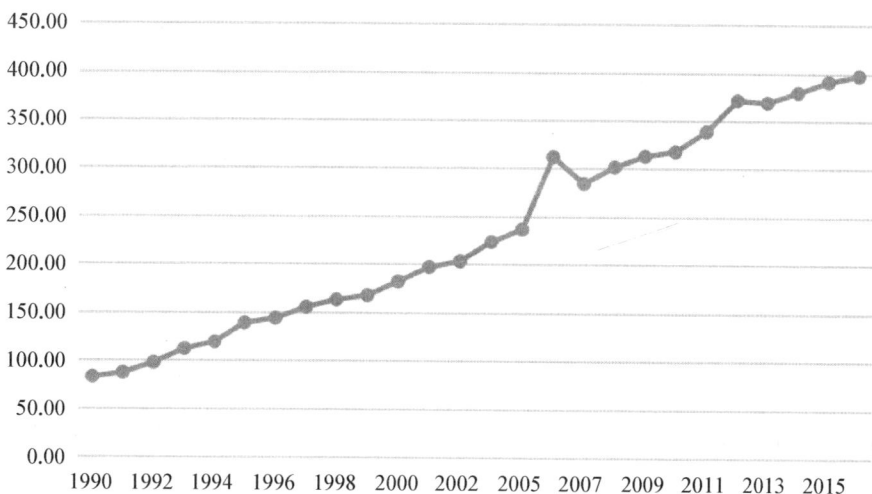

图7.12　1990—2015年我国建制镇的建成区面积变化情况

注：本图只展示《中国城乡建设统计年鉴（2016）》所统计的建制镇的相关数据，并不是全国所有建制镇的数据。

资料来源：住房和城乡建设部.中国城乡建设统计年鉴2016［M］.北京：中国统计出版社，2017：132-135，142-151.

从全国范围的截面数据看（见表7.10），建制镇建成面积、道路长度与桥梁数空间分布呈现明显的地域差异。上海平均建成面积最大，其他依次为浙江、江苏、广东等地。东部地区建成区面积较大，体现了该地区资本对镇域空间的利用范围更大。从面积占比与建制镇数量占比两者之间的对比可知，比率大于1的主要分布于东部地区，例如上海、北京、天津等经济发达省市，且地形以平原为主，资本流动有相对便利的基础条件。西部地区宁夏比率大于1，源于其位于河套平原的地理优势，其地形地貌的优势减少了基础设施建设的成本。道路、桥梁方面的数据也体现了东部沿海发达地区的优势，其中山东与江苏的占比较高，侧面印证了两省建制镇数量占全国总数的比重较大、经济发展程度较高等特征。

建制镇作为一定区域内人口活动的地域组织，其市政基础设施覆盖率可以进一步体现该地区对空间的利用程度（见表7.11）。在供水普及率中，江西最低，仅为69.3%，而江苏的普及率则高达97.94%。结合燃气普及率、污水处理率和生活垃圾处理率等指标综合判断，东部地区对社会空间的利用及塑造程度更深，居民更能体验到由基础设施和相关制度组成的市政体系为人们提供的便利的生活环境。

表7.10　2016年建制镇建成区面积及基础交通设施情况

	个数占比（%）	平均建成面积（公顷）	面积占比（%）	平均道路长度（千米）	长度占比（%）	平均桥梁数	数量占比（%）
北　京	0.65	299.66	0.88	25.14	0.82	5.96	0.63
天　津	0.61	256.36	0.72	25.20	0.78	10.62	1.06
河　北	4.70	182.02	3.90	13.03	3.09	2.05	1.57
山　西	2.63	118.52	1.42	11.87	1.58	1.92	0.82
内蒙古	2.35	212.95	2.28	16.22	1.93	1.60	0.61
辽　宁	3.50	157.04	2.50	13.16	2.32	3.58	2.04
吉　林	2.18	215.75	2.15	14.54	1.60	3.88	1.38
黑龙江	2.41	192.00	2.11	18.57	2.26	1.87	0.73
上　海	0.56	1 251.17	3.18	57.56	1.62	61.09	5.54
江　苏	4.07	371.43	6.89	53.50	11.00	24.52	16.23
浙　江	3.43	385.14	6.02	34.46	5.97	19.36	10.80
安　徽	4.65	271.09	5.75	22.69	5.33	7.07	5.35
福　建	2.95	237.47	3.19	26.60	3.96	6.96	3.34
江　西	3.89	187.28	3.32	14.57	2.86	3.94	2.49
山　东	5.98	365.62	9.97	44.95	13.58	17.70	17.21
河　南	5.16	237.37	5.58	22.27	5.80	4.52	3.79
湖　北	4.12	308.94	5.81	22.90	4.76	4.95	3.31
湖　南	5.57	211.67	5.38	15.98	4.50	3.57	3.24
广　东	5.75	315.74	8.27	29.01	8.41	6.63	6.19
广　西	3.80	122.56	2.12	13.71	2.63	2.08	1.28
海　南	0.86	186.86	0.73	15.49	0.67	2.49	0.35
重　庆	3.15	132.65	1.90	6.87	1.09	2.68	1.37
四　川	9.41	112.60	4.83	8.56	4.07	2.42	3.70
贵　州	3.88	167.70	2.97	10.89	2.13	1.96	1.24
云　南	3.26	129.42	1.92	10.59	1.74	2.97	1.58
陕　西	5.17	127.18	3.00	10.06	2.63	1.96	1.65

（续表）

	个数占比（%）	平均建成面积（公顷）	面积占比（%）	平均道路长度（千米）	长度占比（%）	平均桥梁数	数量占比（%）
甘 肃	3.11	104.73	1.48	8.11	1.27	1.74	0.88
青 海	0.57	136.11	0.35	7.93	0.23	1.98	0.18
宁 夏	0.43	241.20	0.47	19.17	0.42	2.49	0.17
新 疆	1.18	160.01	0.86	16.02	0.95	6.65	1.27

注：本表只展示《中国城乡建设统计年鉴（2016）》所统计的建制镇的相关数据，并不是全国所有建制镇的数据。

资料来源：住房和城乡建设部.中国城乡建设统计年鉴2016［M］.北京：中国统计出版社，2017：132-135，142-151.

表7.11 2016年建制镇市政基础设施分布情况

	供水普及率（%）	燃气普及率（%）	污水处理率（%）	生活垃圾处理率（%）
北 京	77.38	48.5	60.3	95.49
天 津	93.8	69.32	56.05	90.38
河 北	83.37	40.07	25.03	76.92
山 西	88.01	18.42	12.8	35.62
内蒙古	70.74	19.49	16.39	63.73
辽 宁	74.69	34.69	52.58	59.92
吉 林	74.61	21.42	25.7	55.57
黑龙江	84.14	18.54	15.85	2.82
上 海	92.85	84.01	89.18	98.91
江 苏	97.94	90.18	73	99.22
浙 江	81.07	54.54	67.47	97.08
安 徽	72.83	45.51	33.04	79.69
福 建	89.51	68.9	46.56	95.26
江 西	69.3	34.13	28.2	86.89
山 东	93.95	68.83	67.41	99.87
河 南	76.22	10.01	31.73	77.84

（续表）

	供水普及率 （％）	燃气普及率 （％）	污水处理率 （％）	生活垃圾处理率 （％）
湖　北	89.4	48.92	30.19	89.1
湖　南	68.66	34.01	48.79	77.25
广　东	87.63	67.6	68.11	95.29
广　西	88.43	71.56	21.72	95.48
海　南	85.99	77.2	19.19	89.76
重　庆	90.49	63.15	57.01	89.58
四　川	81.09	51.68	20.6	88.51
贵　州	76.5	10.13	27.15	82.23
云　南	88.07	12.85	10.35	69.63
陕　西	78.11	17.4	10.17	52.06
甘　肃	76.94	7.75	17.86	63.81
青　海	76.83	20.7	0.01	51.38
宁　夏	78.93	36.42	60.24	71.48
新　疆	86.55	13.24	26.34	57.62

注：本表只展示《中国城乡建设统计年鉴（2016）》所统计的建制镇的相关数据，并不是全国所有建制镇的数据。

资料来源：住房和城乡建设部.中国城乡建设统计年鉴2016［M］.北京：中国统计出版社，2017：132-135,142-151.

2. 建制镇的经济基础

建制镇作为乡村与城市的连接点，同时管辖众多乡村区域。其中，耕地有效灌溉面积集中体现了建制镇农业基础设施的完善程度。东部地区的有效灌溉面积占比比较高，说明当地农业生产调节水资源使用、抵抗自然风险的能力强。同时，建制镇通常为非农经济活动集聚地，不同地区的平均市场个数显示了各地资本、商品重要集散地的特点。从全国范围看，2012年东部地区的平均镇内工业企业单位数量最高，约为全国平均镇内工业企业单位数量的2.4倍，约为中部地区的2.5倍，约为西部地区的8.4倍，约为东北地区的4.5倍。由于分享、匹配与学习三种规模经济机制的存在（陆铭，2017：

7-9），企业数量的增加有助于建制镇规模经济的形成。由于东北地区的企业以钢铁、装备制造业企业为主，属于资金、技术密集型企业，平均工业企业产值位居全国第一。东部沿海以轻工业为主，并逐渐向中部及西部地区转移。建筑业的情况则表明东部地区建制镇更具备竞争优势。经济活动的聚集程度高，有助于带动镇域经济发展，塑造新的社会—经济空间。

表7.12　2012年全国建制镇经济情况①

	耕地有效灌溉面积占比（%）	平均市场个数（万人/个）	企业平均实交税金（亿元）	平均工业企业单位数量（个）	工业企业平均产值（亿元）	平均建筑业单位数量（个）	建筑业单位平均产值（亿元/个）
全国	53.25	4.05	0.49	91.35	0.21	3.02	0.57
东部地区	72.59	6.82	1.48	223.78	0.21	5.30	0.85
中部地区	69.55	3.88	0.29	86.91	0.16	4.04	0.30
西部地区	42.62	2.79	0.10	26.33	0.23	1.22	0.46
东北地区	29.04	2.87	0.22	49.09	0.34	2.27	0.49

资料来源：国家统计局农村社会经济调查司.中国县域统计年鉴（乡镇卷）—2014［M］.北京：中国统计出版社，2014：693-694.

第二节　切块设镇模式的变迁及逻辑

一、切块设镇的历史回顾 ▷▷

　　所谓切块设镇，是指在原有地域空间范围内按照一定尺度标准划出部分地域组建新的建制镇。这样的地域组织通常非农人口集聚，具备特定的

---

① 建制镇的详细统计数据截止于2015年，且从2013年开始，相关统计数据对于单个乡镇的统计类别项目偏少，同时缺乏详细的分省数据，因此选用2012年的数据用于解释说明。

功能定位,城镇化空间占据主要部分。由于全国详细切块设镇的数据有限,因此本节的内容主要根据浙江省1978年以来的变化情况进行介绍。1978年以后,切块设镇模式沿袭"城乡分治"的空间治理体系,将具备产业非农化水平高、非农人口比重大、城镇建成区面积广等条件的集镇单独重组为建制镇,以区别于乡村地域的建制乡。同时,根据特殊的空间组织目标对行政区划进行再调整,将部分空间的尺度等级上升至建制镇,以赋予地方更多的空间管辖权。如表7.13所示,1978年至1984年,切块设镇更多的是在经济较为发达、城市空间比重大的区域单独建镇。例如,建立龙港镇以满足当地发展港口贸易的需求。1984年,国家的尺度标准放宽了对人口及就业结构的限制,实行"镇管村"体制,更多使用撤乡建镇的模式,切块设镇的数量不断减少。但随后国家出于对空间治理的特殊需求,依然根据特定的治理目标切块设镇。通过切块设镇,可以满足部分空间的功能定位需求,例如对具特殊功能的水电站、工矿区切块设镇;也可以缩小空间管辖范围以提升治理效率,降低治理规模过大而造成的负担。如表7.13所示,1995年后,浙江省部分区域开始重新切块设镇,以缩小部分地域组织的治理规模。

表7.13　1978—2017年浙江省切块设镇情况

年份 区划设置 情况	原　区　划	现　区　划
1978	富春江公社部分区域	富春江镇
1981	干窑公社部分区域	干窑镇
1982	闲林公社集镇部分	闲林镇
1983	上柏管理区	上柏镇
	小越公社部分区域	小越镇
	百官镇部分区域	百官镇
	章镇镇部分区域	章镇镇
	丰惠镇部分区域	丰惠镇
	沈荡镇部分区域	沈荡镇
	千秋公社部分区域	武康镇

（续表）

区划设置 情况 年份	原　区　划	现　区　划
1984	沿江乡方岩村、河底高村，龙江乡金钗河村、江口村、下埠村	龙港镇
	新仓乡部分区域	新仓镇
1985	坎山公社交通、建设、螺山管理区	衙前镇
	富溪乡的徐坑、九龙源、毛竹等村	茶园镇
	状元镇部分区域	蒲州镇
1986	局村乡5村；龙门乡金水坑村委会	紧水滩镇
1995	须江镇部分区域	须江镇
	上余镇部分区域	上余镇
	凤林镇部分区域	凤林镇
	城关镇部分区域	城关镇
	华埠镇部分区域	华埠镇
	村头镇部分区域	村头镇
1996	航埠镇部分区域	航埠镇
1999	长安镇划出鹿耳、盐仓2个村，许巷乡红色1个村	盐仓镇
2001	东关镇部分区域	长塘镇
2003	柴桥镇内原昆亭乡区域	春晓镇
2006	石柱镇部分区域	石柱镇
	象珠镇部分区域	唐先镇
	古山镇部分区域	方岩镇
	龙山镇部分区域	西溪镇
2007	梅江镇部分区域	横溪镇
2015	北白象镇部分区域	磐石镇
	虹桥镇部分区域	蒲岐镇、南岳镇
	清江镇部分区域	南塘镇
	大荆镇部分区域	湖雾镇

（续表）

年份 区划设置情况	原 区 划	现 区 划
2015	陶山镇部分区域	桐浦镇
	马屿镇部分区域	曹村镇
	湖岭镇部分区域	林川镇
	高楼镇部分区域	平阳坑镇
	大峃镇部分区域	周壤镇
	西坑畲族镇部分区域	铜铃山镇
	百丈漈镇部分区域	二源镇
2016	桥下镇部分区域	金溪镇
	金乡镇部分区域	大渔镇、炎亭镇
	钱库镇部分区域	望里镇
	桥墩镇部分区域	莒溪镇
	马站镇部分区域	霞关镇、沿浦镇
	矾山镇部分区域	南宋镇
	鳌江镇、万全镇部分区域	海西镇、南麂镇
	水头镇部分区域	凤卧镇
	萧江镇部分区域	麻步镇
	鳌山门镇部分区域	怀溪镇
	筱村镇部分区域	南浦溪镇
	仕阳镇部分区域	龟湖镇
	三魁镇部分区域	西旸镇

注：除2011年的详细数据暂缺外，其他切块设镇案例为0的年份未在表中列出。

资料来源：① 1978年至2006年的资料引自浙江民政厅.浙江区划地名溯源［M］.杭州：浙江大学出版社，2007：59，69，107-139，211，271，316-352，384-387，460-463，488，507-510，520-521，677.

② 2007年至2017年资料根据浙江省民政厅公布的2007—2017年浙江省行政区划变更情况（http://www.zjmz.gov.cn/il.htm?a=sl&key=main/07/XinzhengQuhua）整理而得。

二、切块设镇：浙江省云和县紧水滩镇的案例 ▶▷

　　1984年全国设镇标准公布后，浙江省新建制镇的设立主要采取建制变更，即由建制乡、人民公社改设建制镇，对原地域空间内的尺度结构进行调整，未影响周边乡镇的空间范围。云和县紧水滩镇建立于1987年，因紧水滩水电站投入运行而建成，它是浙江省切块设镇模式的代表。

　　紧水滩镇位于云和县城北部，地处瓯江干流上游。瓯江发源于龙泉与庆元交界的百山祖西北麓锅冒尖，自西南向东北流，至丽水折向东南流，贯穿整个浙南山区，经温州注入东海，干流长384千米，落差1 300米，平均坡降3.4‰，流域内由于流域地形重峦叠嶂，地势高峻，溪流纵横，切割较深，河床比降大，具有开发水电的优势。1975年的瓯江流域开发规划对瓯江干支流进行五级开发，紧水滩水电站为第一期工程，如图7.13所示。紧水滩水电站于1981年动工，1983年顺利截流，1986年水库下闸蓄水，高程约为184米。紧水滩水电站的建成，需要淹没土地近17 000亩，库区移民2万余人（费修渔，1987）。

　　紧水滩水电站的建成使用，使得库区蓄水占据了大量的地理空间。库区范围内的居民及其经济活动随即向非库区空间迁移，寻求新的地理空间以再地域化。移民的转移安置、产业活动的整体搬移，以及对后续水电站周

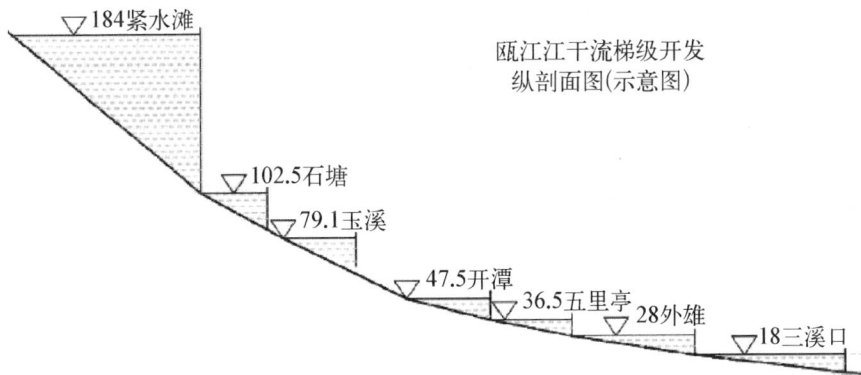

图7.13　瓯江梯级水电站开发纵剖面图

注：图中数据为电站正常蓄水位。

资料来源：王美徕.瓯江流域水电开发环境影响研究［D］.杭州：浙江工业大学，2017：13.

边空间的管理需求,使得云和县政府决定对库区周围的地理空间进行再次划分,成立新的建制镇以满足对库区管理、移民安置的需要。1986年5月,云和县对库区周围的局村乡、龙门乡的行政区域范围进行调整,以局村乡的枫桶岗、莲塘、乌弄坑、石浦、菖蒲垄5个村委会,以及龙门乡金水坑村委会的范围建立紧水滩镇,镇政府驻地为金水坑村(浙江省民政厅,2007:677)。同时,依托紧水滩水电站的建造,在切块设镇的区域内,配套完善相关基础设施。如今,紧水滩镇的建成区面积已经较大,对空间的利用程度不断加深。

紧水滩切块设镇,使得局村乡及龙门乡在水电站及库区周边的地理空间转由紧水滩镇管辖。也就是说,库区周边相关的地域组织转变成了紧水滩镇。以地理空间范围的再划分,调整了当地的库区治理结构,从原来的多个治理主体转变为相对单一的治理主体。当然,紧水滩镇也承担了库区建设及移民安置的责任。紧水滩镇的建立使得库区周边的尺度地位上升,特别是龙门乡的金水坑村,因镇驻地的区位优势,使得其获得与龙门乡和局村乡同等的尺度地位。库区周边的经济社会管理权、土地资源管理权的集中,使得紧水滩镇成为库区运作的支配主体,实现了库区周边地区的尺度重组,也为紧水滩镇后期与龙门乡、大源乡的进一步合并奠定了政治经济基础。

三、切块设镇的逻辑 ▶▶

切块设镇是国家宏观社会—经济空间与政治—制度空间的尺度映射,其设置逻辑主要有两种:一是区域空间再造,基于城乡分治的空间治理原则及资本的多中心化趋势,对空间进行分割重组;二是尺度重组,通过重构或调整尺度以改变地域空间关系。

(一)区域空间再造:城乡分治及资本的多中心化

1978年以前,在国家计划经济体制下,城乡间的产业布局及人口流动受到严格控制,以满足国家吸取农村剩余资源优先发展重工业的战略需求。建制镇的人口主要从事非农产业,其建成区空间(集镇)作为周边地域重要的商品贸易集散点,集聚大量的经济活动,成为城乡交换的空间节点。乡村空间不纳入国家城市空间的居民权益保障体系,主要从事农业生产,为城市提供初级农产品资源及富余劳动力,同时作为城市工业制成品的重要消费市场。为保证国家计划经济体制下城乡交换的顺利进行,国家制定城乡分治的空间治理原则,使得城市空间与乡村空间采取不同的地域组织形式与尺度结构,导致国家内部出现城乡二元空间结构。1978年后,农村资本再地域化不断发展,例如乡镇企业的兴起、农村剩余劳动力迁移等,使得传统集镇以及新兴集镇不断涌现,乡村空间开始承载更多的工业活动以及人口,由此逐渐向城市空间转变,导致部分空间的城镇化速度高于周边空间。因此,依据城乡分治的空间治理原则,对部分发展程度高、城镇建成区面积大的空间重新进行分割,实行切块设镇,形成有别于周边空间的城市空间(见图7.14)。比如在1982年,杭州市余杭区的闲林镇从闲林公社切块设立,而公社剩余部分成立了闲林乡。另外,也有对原城市空间再次切块设镇的。例如,杭州市西湖区的留下镇,原本为镇,于1968年并入公社,1981年从留下公社中单独切块设立,而其余部分则改为留下乡(浙江省民政厅,2007:53,69)。1984年新的设镇标准公布后,国家调整原有的城乡分治原则,实行镇管村的空间治理政策,以乡(公社)整体建镇的情况不断增多,随后的乡镇撤并也进一步缩小了切块设镇的实践范围。

　　资本虽需要不断流动以获取更多的生产要素及空间市场,从而实现自我增值,但其始终需要附着于某一空间范围(殷洁,2018:90-91)。也就是说,资本需嵌入当地的社会经济网络,既改造所在地的生产生活方式,也受其文化传统等因素的影响。在集聚与扩散机制的作用下,资本不断向外

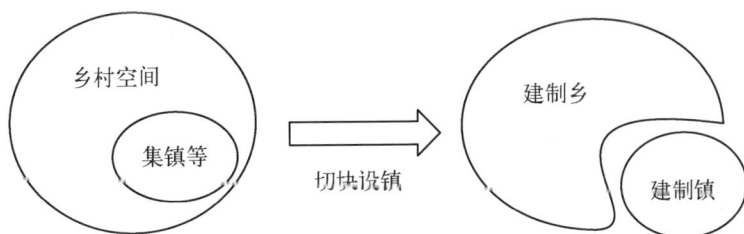

图7.14　切块设镇前后乡村空间的变化

寻求新的生产空间,进行地域化与再地域化,使资本在同一空间内呈现多点嵌入。就像一个国家空间内有多个资本的中心集聚地,如果基层区域的空间规模足够,也会呈现多中心化格局,即空间内存在多个资本集聚程度较高的区域。自乡镇撤并以后,建制镇的空间规模普遍扩大,管辖范围迅猛增长。一方面,被撤并乡镇的资本集聚中心未被整合,依然互相分割;另一方面,范围的扩大又为资本的多中心化奠定了空间基础。资本的多中心化促使区域空间产生分化,新的社会经济空间因资本的多中心化而呈现点状生产。在此影响下,部分建制镇重新出现切块设镇的空间实践,将不同的资本辐射区域分别改造成为新的建制镇,以适应资本多中心化的地域组织格局。如衢州市须江镇于1992年由城关镇合并赵家、丰足、源口、达河四乡而形成,但由于源口、达河两乡依旧保持原有的资本集聚中心,使得须江镇于1995年再次切块将自身与源口、达河两乡独立开来(浙江省民政厅,2007:507)。

(二)尺度重组:重构尺度以改造空间关系

尺度作为一种框架和工具,作用于权力关系的调整与改变(王丰龙,2017)。空间内的各个行动者基于不同的目标通过改变尺度的内涵及定义,调整地域空间的组织结构和相互关系,实现空间的再生产,助推自身目标的达成。同时,尺度作为一种等级,具有资源分配的权力与特性。国家常常重构尺度,形成新的尺度结构以塑造不同地域组织之间的权力关系。切块设镇是该尺度重构在乡镇一级的具体空间表征。国家针对一些重要工矿区、水电站、科研基地等,采取切块设镇的方式,改变其尺度结构,调整其尺度等级,使该地域组织获得更高层次的空间治理权力。例如,紧水滩镇案例中,将库区周围的金水坑村升级为建制镇,获得与龙门乡、局村乡相近的尺度等级;杭州桐庐县的富春江镇,因富春江电厂的建成而单独切块设镇,以满足对电站周围空间权力管辖的需要。

全国范围的乡镇撤并使得建制镇的空间管辖面积普遍扩大,公共产品的供给与公共管理的压力也随之增加。乡镇数量的减少使得各种与民众生活息息相关的邮局、农商行、卫生院等公共服务机构被撤并或搬离,弱化了当地居民公共服务的可及性（汪雪等，2012）。地域空间内行政组织的减少，增加了当地居民办理公共事务的交易成本，许多建制镇不得不在原有乡镇所在地设立办事处以满足地方治理的需求。许多地域组织的撤并缺乏事先的合理规划，只是形成了区域空间的政治组织，其内部的经济融合、社会建构、心理认同并未同步发展，导致诸多被撤并乡镇区域经济的衰弱、基础设施的落后、人口的外流以及地方治安的恶化（刘豫萍等，2015）。为此，部分建制镇不得不调整其内部尺度结构，重新切块设镇，以建立新的同尺度等级的地域组织，分散其治理压力，修复被撤并地区的社会经济空间。例如，浙江省文成县大峃镇原辖6个社区、92个行政村，面积为156.3平方千米，人口约为10.69万人①。因为其空间治理规模过大影响了其治理效果，文成县不得不于2015年从大峃镇中切块单独设立周壤镇。调整后，大峃镇辖6个社区、77个行政村，而周壤镇则辖15个行政村。

第三节　撤乡设镇模式的变迁及逻辑

一、撤乡设镇的历史梳理 ▶▷

所谓撤乡设镇，是指将原有的地方尺度与地域组织——乡，整体重组或重构为建制镇的空间生产方式。在本节中，乡包含了原人民公社和建制乡。撤乡设镇模式在行政区划上的表征即为"公社改镇"或"整乡改镇"，一般不对原行政区划的边界做出调整。由于全国详细的撤乡设镇数据有限，因此本节主要根据浙江省1978年以来的情况进行介绍。如图7.15所示，浙江省的撤乡设镇次数于1985年到达顶点后，逐步呈下降趋势；2000年以后撤乡设镇逐渐式微，次数始终较少。

---

① 央视新闻网.浙江温州行政区划调整，侨乡文成乡镇数缩减三分之二[EB/OL].（2011-04-30）[2018-09-08].http://news.cntv.cn/20110430/106048.shtml.

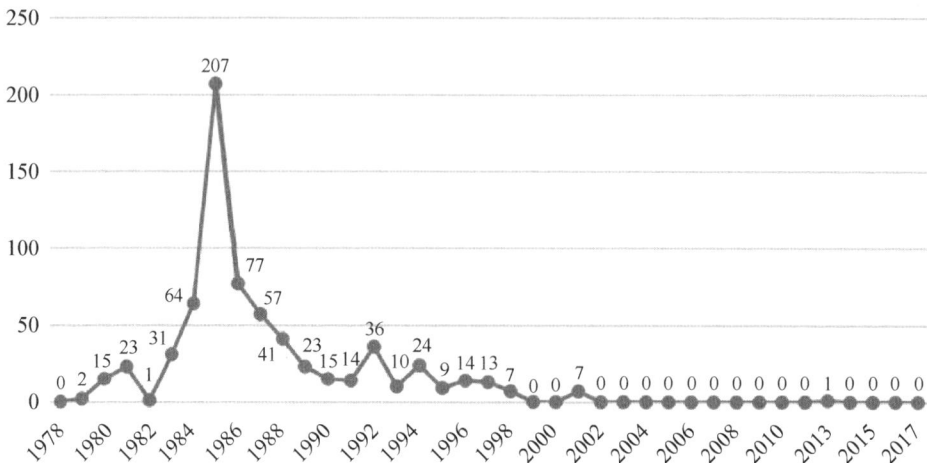

图7.15　1978—2017年浙江省撤乡设镇的次数

注：2011年详细数据暂缺。

资料来源：① 1978年至2006年的资料引自浙江民政厅.浙江区划地名溯源[M].杭州：浙江大学出版社,2007：59,69,107-139,211,271,316-352,384-387,460-463,488,507-510,520-521,677.② 2007年至2017年资料根据浙江省民政厅公布的2007—2017年浙江省行政区划变更情况（http://www.zjmz.gov.cn/il.htm?a=sl&key=main/07/XinzhengQuhua）整理而得。

（一）1978—1985年：撤乡设镇的兴起与高峰

1978年后，随着农村经济的发展，资本、劳动力、商品逐渐在乡村空间内流动，对集镇等城市空间的需求日益增加。一开始，浙江省试点将部分城市空间利用率高、集镇发展情况好的地域空间整体变换其尺度结构，从人民公社转变为建制镇。比如，建德县的白沙镇公社，原本为建制镇，镇区建成面积大，集镇对周边辐射力强，因此于1979年直接改成白沙镇。1983年，国家在政社分开过程中也鼓励有条件的地区直接将人民公社改为建制镇，于是公社整体改镇的数量波动上升。1984年，国家新的设镇标准公布后，实行"镇管村"体制，为整乡（公社）建镇提供了重要的合法性依据，使得整乡改镇的数量爆发性增长。1985年，浙江省撤乡设镇共207次，达到历史最高峰。

（二）1986—2001年：撤乡设镇的波动下降

从1986年开始，撤乡设镇的次数逐渐下降。浙江省地处沿海，接受外资早，乡镇企业和民营经济发展快，当地产业结构非农化程度高，推动城市空间较快生成,并促进就地城镇化。撤乡设镇,正好满足了新的社会—经济空间塑造的需要。但与此同时,随着"三农"问题的日益凸显,我国开始鼓励以乡镇撤并的方式设立建制镇,从而使撤乡设镇次数不断减少。1991年10月,浙江省委省政府印发《关于贯彻中共中央国务院〈关于冻结机关、事业单位机构编制的通知〉的通知》,控制机构编制的膨胀。1992年,浙江省发布《关于做好撤区扩镇并乡工作的通知》,提倡以乡镇撤并的模式,精简机构和人员,降低行政成本。此后,撤乡设镇的次数更是减少。当然,因就地城镇化等因素的影响,实践中也还存在一些撤乡设镇的案例。

(三)2002—2017年:撤乡建镇的逐渐式微

2002年至2017年间,浙江省撤乡设镇才发生了1次。我国在2000年后实施的农业税费改革及有关"三农"问题的对策中,将减少乡镇数量作为重要的改革方式。在国家宏观政治—制度空间形塑下,众多建制乡在改变其尺度结构时,选择与周边经济联系密切、有共同历史文化特征的乡镇合并,以满足其区域内产业经济及城镇化发展的需求,导致在空间的组织方式上,更多地选择联合组建新的地域组织,而不是保持原有区划边界不变。在行政区划改革上,表现为以乡镇撤并为主,导致撤乡设镇几乎消失。

二、撤乡设镇:浙江省玉环市龙溪乡的案例 ▶▶

1984年国家的设镇标准中提出"镇管村",即改变传统城乡分立的状态,将城镇空间与乡村空间的治理相结合,构建广域型地域组织。撤乡设镇的背后,是乡村空间向城镇空间的转换,是乡村文化向城镇文化的演变,是居民生产生活方式及各类制度逐渐适应城镇空间的过程。

(一)龙溪撤乡设镇的背景

龙溪乡,位于玉环市境东北部、楚门半岛中部,东南与干江镇接壤,西南濒漩门港,北邻楚门镇。1992年5月,由原龙岩乡、密溪乡合并,取龙岩和密溪各一字组合为名。2013年9月,根据《浙江省人民政府关于撤销玉环县龙溪乡设立龙溪镇的批复》，撤销了龙溪乡建制，设立了龙溪镇，以原龙溪乡所属行政区域为龙溪镇的行政区域。全镇现有面积25.68平方千米，下辖20个行政村，2016年的人口为18 650人。

龙溪乡南临东海，属亚热带季风气候，制造业及农业发展迅速。从1992年设乡以来，龙溪从一个偏僻小乡发展成为经济强乡。2013年，龙溪乡工农业总产值为62亿元，财政总收入为1.6亿元，农民人均纯收入为14 800元，形成了水暖阀门、五金加工等工业支柱产业和水果种植、海涂养殖等农业特色产业，城乡面貌大有改观，社会事业蒸蒸日上，并在全国首创了全程办事代理制，成功举办了中国·玉环美丽乡村动漫文化节，其知名度和美誉度不断提升①。尤其是龙溪乡发展特色养殖业等现代农业，着力推广农业生产技术，并引进工商业资本发展休闲旅游业，涉及休闲旅游、文化创意、度假客栈、特色餐饮等多个项目，产业结构调整效果显著。随着龙溪乡空间区域内经济建设的发展、产业结构的调整以及城镇区域空间的建成与扩张，对区域制度化组织产生了新的要求。在各部门的共同努力下，原龙溪乡撤乡设镇终于实现。

（二）龙溪的地域重构

由龙溪乡变为龙溪镇，沿袭原有的行政区域，但资本、劳动力、商品的流动更趋向于集中到镇区。一开始，龙溪乡内部的资本处于最初的地域化阶段，即资本在其原始积累产生地不断固着深化，表现为龙溪乡内部农村农业基础设施不断完善，资本以改造农村道路、农村生态环境等方式塑造适应龙溪乡产业结构的调整优化。例如，种养殖业的扩大，肉羊、蔬菜规模的增长，使得资本需集中建造规模化的养殖中心及农副产品加工产业链，从而对龙溪乡原有的交通运输、仓库码头、产品加工以及肉类产品保鲜、储藏、包装等方面提出新的要求。龙溪乡山里村的伊予柑、天草种植等农业种植业的发展，促使当地建设标准化农田，完善农田水利设施。资本的地域化过程促使

---

① 章雪丽.龙溪撤乡设镇授牌仪式隆重举行［EB/OL］.（2014-11-13）［2018-09-08］. http://yhnews.zjol.com.cn/yuhuan/system/2013/10/31/002987307.shtml.

龙溪乡集镇建成面积不断扩大,基础设施不断完善,城镇空间日益向周边乡村空间蔓延,反过来进一步吸引乡内资本、产业、人口的进一步集中,促进龙溪乡城镇空间的不断生成。可见,地域重构为龙溪撤乡设镇提供了空间基础。

（三）龙溪的尺度重组

在撤乡设镇的过程中,龙溪的尺度等级并未发生改变,依旧位于国家政区体系的最低层级。但是,其内在尺度结构产生了相应的变化。虽然玉环的垂直或派出机构保持原有的隶属关系,但龙溪的乡党委、乡政府整体转变为镇党委和镇政府。相比于乡,镇政府的城镇规划和建设职能更强,其功能重点不仅在于助推农村经济社会的发展,更在于大力推动本地的城镇化建设。撤乡设镇后,龙溪以城镇空间的尺度标准衡量地理空间的转变,其制度构建与工作中心突出了对乡村空间的解构与重组,并将其改造为城镇空间。例如,重视地名的标准化、城镇基础设施的完善以及非农产业的发展。同时,治理模式也由对传统乡村空间的点状治理转到针对城镇空间的块状治理,以应对城镇人口经济活动的集中而诱发的风险,例如交通堵塞、房价和地租高企、失业人口增多等传统乡村空间较少出现的问题。

三、撤乡设镇的逻辑 ▶▷

撤乡设镇的变迁逻辑主要由两个部分组成:一是资本地域化,表现为农村产业结构的变动及资本积累;二是乡村空间的就地城镇化,引发对空间组织功能、地位等尺度结构的重新塑造。

（一）资本地域化:农村产业结构变动及资本积累

1978年以来,伴随着市场化改革的开展,资本、劳动力等生产要素的流动逐渐成为可能。一定空间范围内生产要素自由流动后,依据不同产业的资本收益率及比较优势,第一产业的资金、劳动力、土地等生产要素向第二、第三产业流动,引发农村产业结构的调整。乡村空间的资本地域化,调整了农村产业结构,改变了内部生产关系,使得劳动力、土地等生产要素资本化,促使农村内部的资本积累,其内在逻辑如图7.16所示。资本以利润回报最大为目标,从20世纪90年代乡镇企业的迅速崛起,到当前工业园、开发区中企业的不断投产经营,第二、第三产业不断发展,使得乡村空间内部的产业结构不断发展变化,经济活动也逐渐向区域内集镇集聚。例如,湖北省襄阳市谷城县石花镇于平川村建立80公顷的工业园,截至2017年,初步形成机械铸造、汽配、化工、建材四大产业,安置平川村富余劳动力1 000多名①。

资本地域化改造生产关系,促进农村资本积累。例如,当前土地承包权及经营权的转让,带动农村土地的市场化定价及级差地租的形成;农村人口的非农化就业则依靠劳动力的要素价格获得相应的要素受益,提高自身收入水平;非农产业的发展及农村资本积累共同改变农村的产业结构与生产生活方式,促使新的社会—经济空间的形成,使得以商品经济为主的地域组织进行"身份置换"(龙宁丽,2015),以适应新的空间关系。

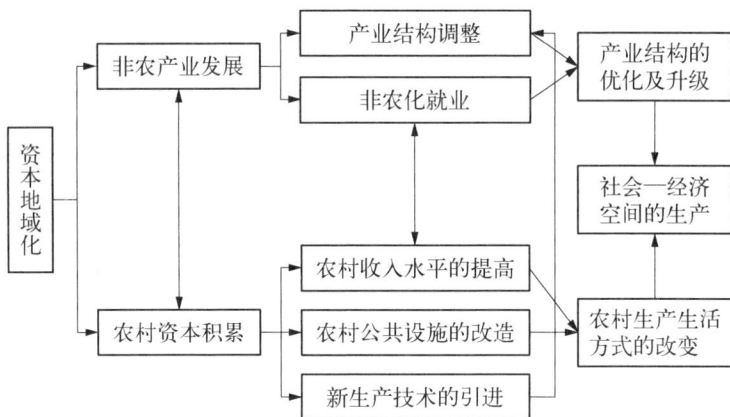

图7.16　资本地域化与社会—经济空间的生产

资料来源:焦晓云.新型城镇化进程中农村就地城镇化的困境、重点与对策探析——"城市病"治理的另一种思路[J].城市发展研究,2015,22(1):108-115.

---

① 饶建勇.石花镇小坦山村建设全县新型农村社区样板纪实[N].襄阳晚报,2017-07-23(1).

（二）尺度结构重组：乡村空间的就地城镇化

就地城镇化是指农村转移人口向距原居住地较近的县城或建制镇迁移的过程。同时，这一过程也是实现就近就业、获得城镇空间基本公共权益的过程。就地城镇化的一个重要表现，就是乡村空间内部城镇空间的不断生成，如图7.17所示。具体而言，农村产业的发展诱发制造业等第二产业的企业不断增多，它们生产的工业制成品满足了农民生产生活的需要。为寻求更好的就业机会与生活条件，农村剩余劳动力逐渐向产品制造地移动。因此，城乡交流及互动不断增多。人口的集中使得企业靠近市场，降低了运输成本，共享了基础设施，最终使得相关产业及人口向城镇进一步集聚，并推动了对土地等自然空间的利用与改造，从而促使新城镇空间的形成。

一般来说，就近城镇化所吸引的人口多为原行政区划内的农民，他们的文化及心理异质性较低。他们在新的城镇空间中不断互动形成新的社会和经济关系，属于城镇空间关系的主要生产者。同时，乡村空间的就近城镇化，促使城镇空间的不断生成与扩大，城镇空间占整个区域空间的比重也日益增大，从而引发尺度结构新的变迁。例如，以建制镇的尺度组建新的机构，管理日益扩大的城镇空间；调整经济管理的重心（从第一产业到第二、

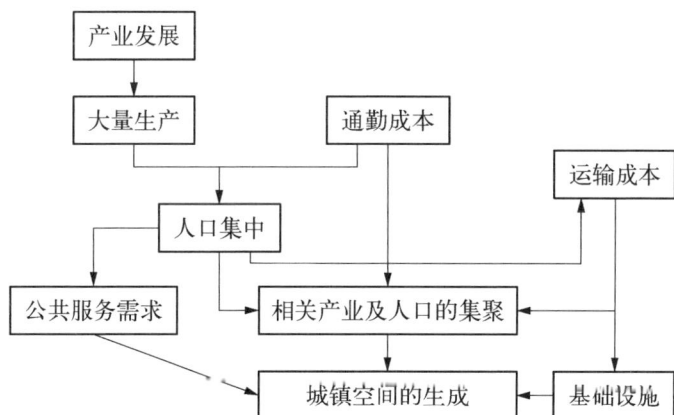

图7.17　城镇空间生成的关系逻辑

资料来源：冯云廷.城市经济学：第4版［M］.大连：东北财经大学出版社,2015：18.

第三产业); 对新迁入的居民提供城镇基本公共服务。通过尺度重组, 撤乡设镇使得建制镇成为行政区划内新的空间组织, 并由其塑造新的城镇空间关系, 为城镇居民提供更好的公共产品。

第四节　乡镇撤并模式的变迁及逻辑

一、乡镇撤并的历史沿革 ▷▷

乡镇撤并是对基层较大范围的地理空间进行重组, 其在行政区划上的表征是: 两个或多个乡镇的整体或部分行政区域合并为新的建制镇。本节的讨论不包含最终合并为建制乡以及只涉及局部行政村 (社区) 调整但不涉及乡镇建制变动的行政区划改革。由于全国乡镇撤并的数据有限, 因此本节根据浙江省1978年以来的变化情况进行研究 (见图7.18)。

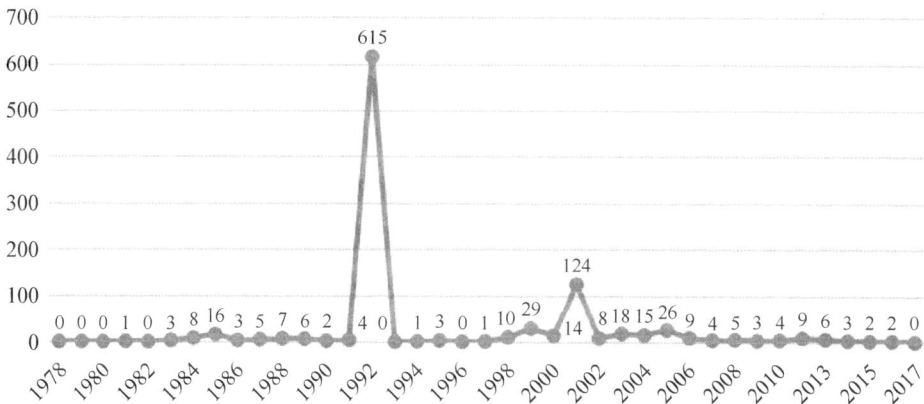

图7.18　1978—2017年浙江省乡镇撤并的次数

注: 2011年详细数据暂缺。

资料来源: ① 1978年至2006年的资料引自浙江民政厅.浙江区划地名溯源 [M].杭州: 浙江大学出版社,2007: 59,69,107–139,211,271,316–352,384–387,460–463,488,507–510,520–521,677.
② 2007年至2017年资料根据浙江省民政厅公布的2007—2017年浙江省行政区划变更情况 (http://www.zjmz.gov.cn/il.htm?a=sl&key=main/07/XinzhengQuhua) 整理而得。

（一）1978—1992年：乡镇撤并的兴起与高峰

1978年以后，浙江省部分地区逐步试点取消人民公社，转变为原建制，或由集镇及周边区域组成建制镇。如1981年，杭州市淳安县的杨旗坦自然镇（集镇）与郑家公社11个大队撤并为杨旗坦建制镇（浙江省民政厅，2007：115），随后其余地区也逐渐开始撤并乡镇以满足空间内部规模经济的需求。但由于全国乡镇数量增长过快（1985年较1978年乡镇数量增加了38 367个），导致国家财政与农民负担加重，乡村空间内非生产性资源消耗过多，农村矛盾日益激化（张兴光，2005）。1986年9月，中共中央国务院发布《关于加强农村基层政权建设工作的通知》，提倡精简乡镇数量，因此各地于1986年至1996年开始大规模推行乡镇撤并（赵树凯，2008）。1992年，中央下发《县级机构改革方案》，要求撤销县辖区、撤销村公所。同年，浙江省发布的《关于做好撤区扩镇并乡工作的通知》指出，浙江是全国商品经济发达的地区，原有的区、镇、乡区划和规模，已与社会生产力发展不相适应，不利于加快区域经济的发展，进行合理的调整势在必行。浙江省顺利实施了"撤、并、扩"工作，2个月内共撤销354个区，3 170个乡镇扩并为1 879个，乡镇平均人口从1.2万人增加到2.02万人，乡镇平均面积从32平方千米扩大到53平方千米[①]。1992年，浙江省的乡镇撤并高达615次，达到了历史的最高峰。

（二）1993—2017年：乡镇撤并的起伏衰减

1992年的大规模撤区并乡扩镇，使得浙江省建制乡数量由1991年的2 401个变为1992年的946个；建制镇则由769个变为897个（范今朝，2013：134）。随后的几年，乡镇撤并次数相对较少。1998年，《中共中央关于农业和农村工作若干问题的重要决定》明确指出，乡镇政府要切实转变职能，精简机构。于是，浙江省又出现新一轮的乡镇撤并，目的在于精简乡

---

① 浙江地方志.历史上的今天——3月30日［EB/OL］.（2012-09-21）［2018-09-08］. http://www.zjdfz.cn/html/2012/lssdjt_0921/255.html.

镇机构及人员,转变地方政府职能。2001年发布的《浙江省市县乡机构改革实施意见》,提出有条件的地方,可适当撤并乡镇,并对部分地区的人员机构精简比例作出规定(总体精简20%)。这使得浙江省的乡镇撤并次数小规模上升,于2001年达到124次。2002年以后,浙江省开始试点农村税费改革,把乡镇撤并作为改革的重要保障。因此,乡镇撤并次数在之前回落的基础上出现小幅度增长。此后,我国陆续出台有关乡镇体制改革的指导性文件,浙江省的乡镇撤并也一直在进行,但次数开始缩减。而且,后期的乡镇撤并动力主要源于区域规模经济的需求,城镇向周边扩散获得了更大的空间管辖权,从而满足了资本的去地域化与再地域化。

二、乡镇撤并:浙江省苍南县龙港镇的案例 ▶▷▷

乡镇撤并对空间内的政治、经济与社会关系进行再造与重塑,附着其上的地域组织与尺度结构也产生相应的变化。浙江省苍南县龙港镇至今已有三次乡镇撤并的历程。第一次是在1992年,撤销了龙港区及其所辖的沿江、龙江、白沙、海城4个乡,并入龙港镇;第二次是2000年将江山、平等2乡和湖前镇并入到龙港镇;第三次是在2011年,撤销了肥艚镇、芦蒲镇和云岩乡,全部并入龙港镇。这三次乡镇撤并,扩大了龙港镇的空间管辖范围,并推动了龙港镇的社会—经济空间与政治—制度空间的再生产。

(一)龙岗镇乡镇撤并的背景

龙港镇位于苍南县北部,地处鳌江南岸,东濒东海,西接104国道、同三高速公路和温福铁路,隔江与平阳县鳌江镇相望。龙港镇地势平坦,一般海拔高度为3米(黄海高程),由西北向东南微微倾斜,为河网密布的海积平原,土地肥沃。境内地形分为平原、河流、海涂三大块。河流主要有鳌江、龙(港)金(乡)运河、龙(港)肥(艚)河道、龙(港)凰(浦)河道,还有缪家桥、二河、章良等纵横交错的河流。气候属亚热带海洋性季风气候区,温暖湿润,光照充足,四季分明,冬短夏长,年平均温度17.9℃,无酷暑和严寒,台风天气较多。地面水资源丰富,降雨量年平均1 509毫米以上。地貌主要为水稻土和青紫色土。土层深厚,肥力高,水肥热气协调,是苍南县生产水平较好的土壤[①]。

龙港镇最初由切块设镇而来,其空间规模经历多次扩张。1983年建镇时,其镇界东、南至下埠大队,西至河底高大队,北至方岩大队。随后,其镇界持续扩大,至1986年,镇界的西、西北向扩充至朝西屋和流浦村。1987年,龙港镇的产业结构已向非农化转变,第一产业比重仅为10.5%,就业人口为22.7%,如表7.14所示。2014年,龙港镇已发展为镇域面积172.05平方千米(其中建成区面积19平方千米)、镇区人口25万人、户籍人口36.2万人、常住人口43.6万人、外来人口10万人以上的特大镇[②]。2017年,全镇实现地区GDP 277亿元,同比增长10.3%;财政总收入25.5亿元,同比增长10.0%;城镇人均可支配收入49 038元,同比增长11.5%;农村居民人均可支配收入25 145元,同比增长12.3%;完成固定资产投资177.2亿元[③]。

表7.14　1987年龙港镇产业结构

		第一产业	第二产业	第三产业	合　计
产值	数量(万元)	1 677	6 906	7 376	15 359
	百分比(%)	10.5	43.3	46.2	100
就业人员	数量(人)	3 389	4 199	7 331	14 919
	百分比(%)	22.7	28.2	49.1	100

资料来源:刘爱玉.中国第一座农民城——龙港镇的崛起和发展[J].北京大学学报(哲学社会科学版),1990(4):16-22.

(二)龙港镇的地域重构

龙港镇依托出海口的地理位置,推广土地有偿使用制度,积极培育市场经济体系,主动构建适宜资本流入的制度空间,以推动当地经济发展。龙港

---

① 《龙港镇志》编纂委员会.龙港镇志[M].北京:中华书局,2003:38-39.
② 姚建莉.镇改市落子:"第一座农民造城"龙港镇30年改革[N].21世纪经济报道,2014-11-03(025).
③ 搜狐网.你好,我是龙港!这是我2017年的成绩单,请查阅![EB/OL].[2018-09-08].http://www.sohu.com/a/219949470_658815.

镇乡镇企业的迅速发展,吸收了大批农村剩余劳动力。1985年,龙港镇有乡镇工业企业47家,职工总数1 344人。至1993年,企业数量增至375家,增长了7倍,职工总数为7 959人,增长了5倍。第二产业的发展,也带动龙港第三产业的发展,如交通运输、旅游服务业等(朱文忠等,1998),资本的地域化对城市空间的需求日益增长。同时,由于浙江全省推行"撤区、乡镇扩并"的政策,推动龙港镇于1992年合并周边沿江、龙江、白沙、海城4个乡,以原龙岗镇为中心形成新的建制镇。此次撤并为龙港镇,为合理规划城镇空间结构和产业区位、缓解人口集聚压力等提供了更大的空间范围。龙港镇的经济活动开始向周边扩散,资本再地域化进程加快,众多工业园区迅速兴建。部分工业企业组建了行业企业集团,以龙港镇为基地向集团化、园区化方向发展。到1994年,全镇的辖区面积已达58平方千米,常住人口13.36万人(其中非农业人口有10.5万人),流动人口4.5万人。国民生产总值为1.085亿元,工农业总产值达17.1亿元,其中工业总值为16.4亿元,占工农业总产值的95.9%,财政总收入为1.2亿元,其中预算内财政收入为7 808万元,人均588.9元;上解支出8 568万元,占财政总收入的71.4%;年人均收入3 288元,综合经济实力名列温州市第一位(刘东汶,1996)。1995年,龙港镇有100多家企业,职工近10 000人,工业化率达74.8%,工业产值为7.5亿元,利润近4 000万元,年递增为45%左右(朱文忠等,1998)。

20世纪90年代后期,龙港镇的产业资本从劳动密集型向资金、技术密集型产业涌入,人均资本量不断增加,逐渐形成印刷包装、塑料编织、轻纺针织三大支柱产业,也因此吸引了周边大量劳动力及资金的涌入。龙港对城市空间的需求进一步扩大,渴望有更多的建设用地来承载产业的扩张及人口的集聚。

2000年,龙港的镇域再次扩大,与周边乡镇合并形成新的龙港镇,被撤销的湖前镇、江山乡、平等乡,其空间管辖权统一划归龙港镇,其镇界调整为:东至海城办事处的岑浦村,南至缪家桥自然村,西至湖前办事处的麟头村,西北至双龙村,北至城北新渡村,东北至龙江办事处的新美洲村。至此,龙港镇下辖9个办事处,107个行政村和21个居民区,总面积为80.7平方千米。此次乡镇撤并使得龙港镇的辖区面积增加约22.7平方千米,占原空间规模的45%。伴随着龙港镇空间管辖权的扩大,资本迅速向新撤并的区域转移,企业对土地的需求也随之高涨。1999年,龙港镇企业土地使用权转让23宗,收取土地出让金798万元,而2000年企业土地使用权转让为1 072宗,收取土地出让金4 855.93万元[①]。在乡镇撤并后,龙港镇重新规划了其空间利用布局,将全镇空间分设三大工业园区,分别以印刷、塑编、化学工业为支柱产业,并大力吸引相关配套企业入驻,从而为工业发展提供了广阔的空间资源。

2010年后,龙港镇的经济持续快速发展,拉大了与周边乡镇的差距。资本、人口等生产要素在龙港镇的不断集聚,导致其对地理空间的需求不断增长。周边肥艚镇、芦蒲镇、云岩乡受龙港镇资本再地域化的影响,吸引了众多配套企业入驻,成为龙港镇产业链条中的重要环节。同时,这几个乡镇有大量未开发的土地资源以及一定量的城镇建设用地指标。为统一规划沿海产业空间布局,减少工业园区的重复建设,合理引导产业链上下游企业入驻,整合开发各乡镇的土地资源,2011年以原龙港镇为核心,对肥艚镇、芦蒲镇和云岩乡进行了撤并,原龙港镇的镇域空间沿海岸线向东南方向进一步延伸。

(三)龙港镇的尺度重组

以龙港镇为主的乡镇撤并,不仅扩大了龙港镇的行政区域,而且重新塑造了空间内的尺度结构和权力关系。三次乡镇撤并,使龙港镇成为苍南县东北部的大镇。在规模上,龙港镇占据苍南县约13%的空间面积,无论总人口还是地区GDP,都是苍南县之最。乡镇撤并后,龙港镇机构人员保持不变,被撤并乡镇的组织机构由龙港镇统一管理,其公务人员按照一定标准分流安置,各种公共服务转由龙港镇统一提供。由于空间管辖面积较大,区域内人口较多,龙港镇结合自身空间区域特点重新规划办事处的空间布局。在被撤并乡镇设立办事处,作为镇政府的派出机构。例如,沿江乡、龙江乡撤并后设立沿江、龙江办事处,依旧管辖原属地内的居民区与行政村。龙港镇于1993年、2000年乡镇撤并后,均对《龙港镇城市总体规划》进行了修

[①]《龙港镇志》编纂委员会.龙港镇志[M].北京:中华书局,2003:105.

改,对产业园区布局、居民区分布进行调整,促进被撤并地区更快地融入新的龙港镇。除空间发展规划外,龙港镇还优化了资源配置方案,修建新的自来水厂、燃气厂、污水处理厂等基础设施,扩展城市公共服务范围,并从龙港镇的整体战略布局出发,对被撤并乡镇的产业结构、企业选择、居民区分布等社会经济空间布局实施改造,改变了原有工业园区分散、集镇空间分割严重等局面。2011年,龙港镇合并沿海三个乡镇后,龙港镇在原龙港镇沿海空间及被撤并乡镇的沿海空间上组建龙港新城。新城西起时代大道,东至二期围垦区,南至崇家岙港区,北至鳌江南岸,规划总面积为106.8平方千米。龙港新城的功能定位为:以建设区域中心城市和现代化都市区为目标,培育行政、金融、高等教育和职业教育、创意产业、港区经济、休闲旅游服务等新型城市职能,增强制造、商贸、物流等传统城市职能,建成浙江一流、温州领先的生态工贸滨海城区[1]。

　　在乡镇撤并中,龙港镇自身的尺度等级未发生改变。但是,龙港的经济规模、人口密度和建成区面积都比较大,原有的建制镇尺度已无法满足现有的空间需求。因此,龙港镇积极要求尺度上移。依据2011年《苍南县人民政府关于加快推进龙港镇小城市培育试点工作的意见》,苍南县逐渐向龙港镇下放各类经济社会管理权限,支持龙港镇建立行政审批服务中心、城市综合执法中心、就业保障服务中心、土地储备中心、应急维稳中心,并在财政税收分配、土地指标配给、社会管理权限等方面向龙港镇授权,重塑龙港镇的权力尺度结构。2014年,国家发改委发布《关于印发国家新型城镇化综合试点方案的通知》,将龙港镇列为国家新型城镇化综合试点,部分权限实施"县级单列管理",即赋予县级管辖权限,从而形成不完全的尺度等级上移。龙港镇依托乡镇撤并获得了新的空间资源,在国家政策的支持下重组内部尺度结构,重构政治—制度空间,从而适应了社会—经济空间的循环生产需求。

---

① 龙港新城官网.新城概况——走进沧海变桑田的龙港新城[EB/OL].[2018-09-08].
http://lgxc.cnlg.cn/gaikuang.htm.

三、乡镇撤并的逻辑 ▶▶

1978年以来，国家空间生产中的乡镇撤并持续发生，既改变了基层行政区划的分布，扩大了地域组织的管理范围，又调整了"空间生产方"与"空间消费方"的矛盾关系。在尺度重组的维度上，乡镇撤并是以技术治理为主的空间实践，采取技术治理的原则，重塑尺度结构，改造政治—制度空间，实现空间治理目标；在地域重构的维度上，乡镇撤并是以资本扩张为主的空间生产，地域组织的调整为资本的流动与循环提供了更好的空间载体。

（一）尺度重组：以技术治理为主的空间实践

技术治理包含两个核心原则：一是科学管理，即用科学的原理和技术方法来治理社会；二是专家政治，即由接受了系统的现代自然科学技术教育的专家来掌握政治权力。这两种原则从根本上要求社会运行的理性化，尤其是政治活动的科学化（刘永谋，2016）。具体表现为治理手段的技术化（渠敬东等，2009）、"事本主义"的改革观、风险控制的优先原则、工具主义的动员方式（黄晓春等，2016）。技术治理强调技术理性和管理主义的实践。在乡镇撤并中，国家政权依托政治权力，采用行政技术对区域空间组织进行重组，调整相应的尺度结构及空间关系，重塑政治　制度空间以满足特定的国家治理目标。

一是平衡尺度等级间的管理幅度，改革空间行政单元的层级结构。国家依据空间治理的需求，自上而下划分中央—省（直辖市）—市（州）—县（区）—乡镇五种尺度等级。建制镇作为国家空间行政单元的最低层级，更受管理主义实践影响（龙宁丽，2015），成为平衡尺度等级间管理幅度的重要对象。同时，国家在改革空间行政单元层级结构时，以优化行政链条的隶属关系为目标，采取乡镇撤并的技术方案，试图通过减少乡镇数量，减少县级政府的治理负荷，合理规划建制镇的治理规模。1992年之前，由于乡镇规模较小、数量较多，导致县级政府采取"县　区　乡镇"的三级管理体制来解决管辖幅度过大问题。随着道路交通、信息通信条件的改善，使得县级政府对乡镇的监督成本大幅降低，因而具备了缩减空间管辖幅度的技术条件。

于是，通过裁撤县辖区以减少上下级信息传递中的失真问题，并优化国家纵向权力结构。县级政府在撤销县辖区的同时，重新划分了乡镇的空间范围，以减少乡镇数量来平衡管理幅度问题。例如，浙江省在撤销苍南县龙港区的同时，将龙港区内五个乡镇撤并为龙港镇，使得行政层级减少，但不增加管理幅度。同时，在《县级机构改革方案》中，从乡镇社会发展总产值、人口和面积三个因素，将乡镇分为三种类型（冯俏彬等，2015：160）。以详细的技术指标及技术手段设定乡镇的治理规模，重组乡镇的尺度结构，对编制总数、职位设置、权力关系等空间治理做出规定，以满足国家对乡镇空间治理规模的理性化设定。在2000年后的乡镇撤并中，上级政府也运用大量技术性指标，如产业比重、基础设施情况等，对撤并形成的建制镇设定客观可及的标准和目标。

二是调整建制镇尺度结构，优化基层空间治理体系。地方政府是建制镇空间再造的主要"空间生产方"，区域内的居民则是主要的"空间消费方"，双方就建制镇的制度结构、空间组织形式产生一系列的互动。1986年前后，乡镇数量的快速增长及相应的组织机构、人员的增多，使得乡村空间内生产性资源被大量消耗于维持基层地域组织的运转。作为"空间消费方"的农民，需承受"三提五统"等各类税费，非生产性支出比重过大影响了农村内部的资本积累，导致农民与基层政府之间的矛盾冲突不断。为减轻"空间消费方"的税收负担，我国于1986年开始倡导对乡村空间进行再划分，将部分乡镇撤并以减少基层空间组织的数量。多个乡镇合并为单一的建制镇，改变了区域空间内的尺度结构，移除了富余机构及人员存在的空间基础，从而降低了行政运行成本。从2000年开始，农村税费改革动摇了诸多以农业为主的乡镇的财政收入，甚至诱发了空间组织的财政和债务危机。各地再次改造基层空间组织，主动开始乡镇撤并，采取以大并小、以强并弱等方式构建新的建制镇，作为基层组织增加财政收入、减少行政开支以及保干部工资、保正常运转的措施（詹成付，2004）。同时，辅之以各类技术性指标引导乡镇撤并，优化撤并过程。根据广东省委《关于调整我省乡镇行政区划的通知》的具体标准，广东清远县2001—2002年间，以政府为主导，撤并了63个乡镇，撤并率超过40%，行政成本立刻减少了237万元（刘志鹏，2018）。以单个建制镇管辖多个原有乡镇空间范围，重构空间结构布局，对基层设施、公共产品提供方式进行调整，将被撤并乡镇人员分流至公共服务、社会管理机构，充实基层服务力量，可以优化基层空间治理体系，满足"空间消费方"的多重需求。

（二）地域重构：以资本扩张为主的空间生产

资本以流的形式在区域空间内转移，需要不断附着于地域空间之上，嵌入当地的社会经济关系网络，不断干预空间、改造空间以适应其生产方式，并以空间为工具获取利润。因此，资本往往会寻求更多的空间占有权与支配权，逐渐向外扩张蔓延，不断生产适应资本发展的空间，满足资本对空间资源的需求。

一是扩大空间规模，吸纳空间内生产性要素。随着改革开放以后的市场化发展，乡村资本的原始积累以及城市资本的向外扩散都寻求更丰富的生产性要素。区域空间的人口规模为资本提供相应的劳动力资源，人口资源的质量又影响资本向技术密集型产业的转移；区域空间的土地资源则为资本的产业化生产提供建设用地，如修建生产车间、道路设施；区域空间的自然资源禀赋则为资本的产业化生产提供必要的原材料。因此，资本占有空间范围的扩大，意味着资本潜在可利用的生产要素增加。乡镇撤并后的建制镇规模不断扩大，获得被撤并乡镇的空间管辖权，为建制镇内部资本的扩张提供了充分的空间资源。建制镇形态也由"点"（建成区）向"面"（大量非建成区）转变，辖域面积与人口大幅扩张（范今朝，2013：138）。比如，重庆市江津区2004年以白沙镇为主，并入周边高屋乡、几子乡、三口乡、河口乡、高占镇、滩盘镇、鹅公镇七个乡镇，镇域面积扩大为238平方千米。随后对被撤并乡镇空间区域进行再调整，下辖24个村（社区），城镇的已建成区面积约8平方千米，户籍总人口约有14万人，其中城镇人口有8.709万人，成为重庆市乡镇人口规模第一大镇（杨欢欢，2017）。大规模的乡镇撤并后，使得白沙镇镇域空前扩张，为镇域空间内资本吸纳原周边乡镇的生产要素提供了广泛的空间基础。

二是优化空间资源配置，助推空间规模经济的形成。资本的地域化与再地域化需要相应的空间资源,在此过程中,区域空间内的地域组织需要不断改革。只有两个方面形成良性互动,才能促进区域空间的协调发展。部分乡镇合并组建新的建制镇,由新的建制镇重新规划内部空间资源的利用方式,如工业园区的产业结构、公共交通的路线安排、居民区的地理位置等。单一的地域管辖主体可以为空间内资本的流动提供统一的制度结构及完善的基础设施,打破因行政区划对资本流动形成的制度壁垒,节约多个地域主体就资本流动协商的交易成本,避免产业的同质化竞争以及恶性的招商引资政策。已有研究表明,乡镇撤并削减了地域组织数量,减轻了居民的行政负担,减少了基层的行政干预,改善了乡村空间的经济结构(贺大兴,2012)。在实践中,单一建制镇的形成,避免了基础设施的重复建设,节约了空间资源,统一了镇域市场,从而便于各类产业的专业化、精细化分工,并为商品及资本的流动提供广阔的经济腹地。比如,义乌市佛堂镇于1992年及2001年合并周边五个乡镇,空间面积达134.1平方千米,重新规划内部产业布局,依托镇域广阔的市场规模发展纺织、工艺品、食品、医药、金属制品五大支柱产业,成为义乌市西南区域重要的产业组团及经济发展中心。乡镇撤并推动了佛堂镇对空间资源、商业街及产业园区的重新规划,引导人口及企业进一步集聚,从而为规模经济的形成奠定空间资源基础。

第八章

街道的尺度重组与
地域重构

街道办事处，通常简称为街道办，一般为基层城市空间中负责社会公共事务的地域组织。街道办的辖区称为街道，是城市空间的基本行政区划单位。根据派出机关的不同，街道办可以分为市辖区设置的街道办、不设区的市设置的街道办、县政府设置的街道办三种类型。随着中国经济社会的转型，在权力与资本的双重作用下，空间的解构与建构循环往复，集中表现为城市空间对乡村空间的置换，城市景观不断向乡村蔓延。在此背景下，街道作为中国城市空间的尺度及地域组织，其内在的尺度结构及组织方式产生了相应的变化。这一变化，也是当代中国城市型政区尺度重组与地域重构的重要缩影。

第一节　街道办事处的设置条件及演变

庞大的疆域与悠久的历史使国家内部的区域性空间差异巨大，甚至出现"一个中国，四个世界"（杨永恒等，2006）。复杂的区域特征及巨大的国土空间也迫使国家不得不建立纵向的尺度等级，以平衡地方的治理能力与管理幅度（董娟，2009）。城市空间中的尺度等级一般体现为"市—区（县、市）—街道"。国家通过基层地域组织即街道办，合理划分城市空间，降低空间治理的负荷。街道办本质上属于城市地方政府的派出机关，但实际上在改革开放后扮演了"准政府"的角色（袁则文，2017）。街道办的设置条件及演变，映射了国家尺度等级及地方空间地域组织的制度变迁与运作实践，是城市空间生产的重要环节。同时，如何合理规划城市空间生产，满足公众空间需求，是当前实现空间正义，促进基层善治的重要议题（李佳依等，2018）。

一、街道办事处的设置条件 ▶▶

正如资本不会漫无目的地漂流一样，权力同样需要支撑其运转的空间。

一定地域之中,内在的政治、经济、文化以及社会关系编织成一个相对完整的区域空间。政治尺度或者经济尺度的变迁,要与区域空间耦合。从这个角度上来说,尺度重组和地域重构之间存在密不可分的关系。资本、权力都存在尺度的上升或下移,这在不同的时间段有着各自不同的特点。街道办事处作为行政层级中的尺度之一,其设置与调整往往会带来地域关系的重构,也映射权力与资本在城市空间中的变迁。

(一)行政层级下移:国家权力对城市空间的重组

中华人民共和国成立后,国家政权强化对城市空间的建设,重塑地方的社会经济空间,改造其内部的社会关系网络。以北京为例,传统的基层城市空间由街区、胡同组成,国家政权的影响集中体现为街区内部环境的改变、工业组织的涌现、行政组织影响的强化、国家意识形态的渗透(白杰,2010:65-67)。在此基础上,为了弥补国家单位制在城市空间的管控死角(不属于工厂、学校等单位的街区居民),完善城市空间管理体系,1953年,时任北京市委第一书记的彭真在《关于城市街道办事处、居民委员会组织和经费问题的报告》中,向中央领导人提议"建立街道办事处"①。随后于1954年,全国人大审核通过了《城市街道办事处组织条例》,正式为地方政府向基层城市空间派出行政组织提供了合法性依据,也为后续各地自主划分调整城市空间奠定了制度基础。《条例》共七条,规定了街道办事处的定义、设置条件、管辖区域、工作任务以及组织人事等。

《条例》第一条对街道办事处进行定义,即为了加强城市的居民工作,密切政府和居民的联系,市辖区、不设区的市的人民委员会可以按照工作需要设立街道办事处。第二条则立足于人口规模标准指出,十万人口以上的市辖区和不设区的市,应当设立街道办事处;十万人口以下五万人口以上的市辖区和不设区的市,如果工作确实需要,也可以设立街道办事处;五万人口以下的市辖区和不设区的市,一般地不设立街道办事处。街道办事处

---

① 人民网.彭真生平大事年表(1950年—1955年)[EB/OL].(2002-09-29)[2018-09-08]. http://www.people.com.cn/GB/shizheng/252/9114/9118/20020929/834292.html.

的设立,须经上一级人民委员会批准。同时在第三条规定,街道办事处的管辖区域,一般应当同公安派出所的管辖区域相同。

由于城市空间的生产生活及经济活动较为密集,空间内部的融合与聚集程度更高,国家主要以"集中为原则"处理城市空间事务,将街道办事处设定为派出机关(袁则文,2017)。《条例》的颁布统一了城市空间再划分的标准,使得市、区政府向下划分尺度等级,通过设立街道办事处分散管理压力,减少政府直接与民众互动的交易成本。区域内人口规模是国家治理的重要约束条件(周雪光,2013),而国家也以人口规模为变量来作为街道办这一尺度设立的参考标准,从而应对城市人口对城市公共"空间产品"的需求。由于国家的《条例》内容相对简单,对街道办内部的尺度结构没有作更进一步的统一规定,为后续各地自主变革街道办提供了大量的制度空白(周平,2001)。

(二)设置标准多样化:地方城市空间的实践

1956年至1978年,"大跃进"、人民公社化运动、"文化大革命"等政治运动虽然在一定时期内重塑了街道办内部的尺度结构,如对其工作重心、组织结构等方面进行调整,但未对全国范围内的街道办设置条件进行更改。1978年后,国家重新整顿恢复政治秩序,于1979年颁布了《地方各级人民代表大会和地方各级人民政府组织法》。该法重新确定了街道办的性质,指出市辖区、不设区的市的人民政府,经上一级人民政府批准,可以设立若干街道办事处,作为它的派出机关。1980年,全国人大委员重新公布了1954年的《街道办事处组织条例》,重新为街道办这一尺度层级提供合法性基础,但全国人大又于2009年废除该条例,其后国家并未统一对街道办的设置条件作出规定。2018年10月公布的《行政区划管理条例》规定,"镇、街道的设立标准,由省、自治区、直辖市人民政府民政部门会同本级人民政府其他有关部门拟订,报省、自治区、直辖市人民政府批准"。由此,将街道办这一尺度的标准设置权下放至地方政府。

公开资料表明,各省在规划城市空间时采用的指标虽各不相同,但主要是根据社会经济发展水平、行政区域面积、人口规模、基础设施条件及公共服务供给水平等条件设置街道办事处。表8.1为广东省、湖南省、河南省、河北省、浙江省五省的街道办设置标准。从中可知，在街道办这一尺度等级中，各地均重视管辖面积范围、内部社会经济发展状况和城市空间的建成面积。其中，河北省还突出街道办设置条件中的公共服务情况，要求新街道办成立的重要条件之一就是能够帮助居民实现空间权利，享受城市的公共"空间产品"。

表8.1　五省的街道办事处设置标准

文件名称＼内容	主 要 标 准 及 内 容
《广东省设立街道办事处标准（试行）》（2001年）①	（1）人口规模： ①特大城市中心城区常住总人口一般4.5万人以上，其中非农业人口占总人口的90%以上 ②大城市中心城区常住总人口一般4万人以上，其中非农业人口占总人口的80%以上 ③中等城市中心城区常住总人口一般3.5万人以上，其中非农业人口占总人口的80%以上 ④市中心城区常住人口一般2.5万人以上，其中非农业人口占人总的75%以上 ⑤对于各类城市城乡接合部地区，常住总人口一般2万人以上，其中非农业人口占总人口的60%以上 （2）设置面积及规模： 中心城区管辖范围一般在2.5平方千米以上；城乡接合部地区管辖范围3万平方千米以上；特大城市、城市和人口高度密集（人口密度超过1 000人/每平方千米）的中等城市，根据实际需要，管辖范围可小于此标准。港口区、工矿区、边远山区的小城市，根据实际需要，可酌情增减 （3）经济基础： ①特大城市年财政总收入，不低于250万元 ②大城市年财政总收入，不低于200万元 ③中等城市年财政总收入，不低于150万元 ④小城市年财政总收入，不低于100万元

① 李永清.深圳行政变革大事［M］深圳：海天出版社，2008：257-258.

（续表）

内容 文件名称	主 要 标 准 及 内 容
《广东省设立街道办事处标准（试行）》（2001年）	（4）城市规划及基础设施： 　①拟设的街道办事处所在地，已纳入城市建设的总体规划，且建成区面积占拟设街办事处规划总面积的30%以上 　②街道办事处所在地公共基础设施比较完善，学校、医院、市场、邮电通信、交通、供电及社区服务设施比较齐全。特大城市自来水普及率不低于100%，道路铺装率不低于95%；大城市自来水普及率不低于95%，道路铺装率不低于90%；中等城市自来水普及率不低于90%，道路铺装率不低于85%；小城市自来水普及率不低于85%，道路铺装率不低于80%，有较好的排水系统
《河南省街道办事处设置有关规定（试行）》（2014年）①	（1）市辖区拟设置的街道办事处，常住人口一般在5万人以上，建成区面积不低于总面积的50% （2）符合下列条件的县（市）可以在政府驻地设置街道办事处： 　①城区常住人口10万人以上，其中从事非农产业人口所占比重不低于60%；建成区面积10平方千米以上 　②全县（市）国内生产总值80亿元以上，第二产业、第三产业增加值在国内生产总值中的比重达到70%以上；地方财政收入3亿元以上 　③街道办事处所在地公共基础设施比较完善，学校、医院、市场、邮电通信、交通、供电及社区服务设施比较齐全。自来水普及率不低于85%，道路铺装率不低于80%。有较好的供排水系统 （3）县（市）政府驻地撤乡镇改设街道办事处，原则上撤多少设多少，常住人口特别多的，可以考虑适当增设街道办事处。街道办事处的设置面积和人口规模适度，布局结构合理，且已纳入城市建设总体规划，建成区面积不低于街道办事处总面积的50% 为推进产业集聚区内的城镇化进程，产业集聚区的区域常住人口超过3万人可设置街道办事处，街道办事处原则上由产业集聚区代管或与产业集聚区套合设置

<hr>

① 河南省民政厅.关于印发《河南省街道办事处设置有关规定（试行）》的通知（豫民文〔2014〕94号）［EB/OL］.［2018-09-08］.http://www.henanmz.gov.cn/system/2018/01/02/010758509.shtml.

（续表）

文件名称 \ 内容	主要标准及内容
浙江省民政厅《关于乡镇（街道）行政区划调整的指导意见（试行）》和《关于进一步规范行政区划调整申报程序的指导意见（试行）》（2014年）①	（1）街道办事处的设置，主要是协助县（市、区）政府加强驻地所在中心城区的居民工作，为其所辖区域居民提供必要的社会管理和公共服务，以社区建设、管理和服务为工作重点。其管辖的人口、面积等应当适度，空间布局结构合理，不得形成飞地 （2）建议按照以下标准，设立街道办事处： ①街道办事处的管辖人口宜为3万～15万人；管辖面积宜为20～50平方千米 ②拟设街道的大部分辖区，应位于正在实施的城市总体规划、县（市）域总体规划所确定的中心城区规划区范围内 ③拟设的街道办事处驻地的市政基础设施比较完善，公共服务设施比较齐全，有关指标应不低于建制镇的相关标准 ④街道的人口城市化率应高于建制镇
河北省民政厅《关于撤乡设镇和撤镇设街道办事处的指导意见（试行）》（2015年）②	（1）辖区常住人口6万～15万人，面积在9平方千米以上，非农产业居民的比例不低于85%，居民小区成规模，居民委员会12至16个，每个居民委员会规模1 500～3 000户居民，居民委员会办公服务用房每百户20平方米，最低不少于300平方米，做到有人干事、有钱办事、有场所议事、有章理事，有一站式服务大厅，有社区标志和社区信息平台，有综合型居家养老服务中心 （2）有特色产业和规模经营项目，地区生产总值和财政收入不低于上一年全省镇的平均水平，其中第二、三产业增加值不低于地区生产总值的85%，居民人均收入水平高于全省平均水平 （3）公共基础设施和社会服务设施较为完善，辖区具有多条主干道，道路硬化率和路灯安装率达到90%，自来水普及率达到100%，有较好的供排水系统，垃圾处理率达到100%，人均公共绿地面积不低于20平方米，居民区、街巷和楼院门户牌等地名标志设置覆盖率达到100%，邮电通信、文化教育、卫生体育、环境保护、防洪体系、社会公益、社会福利和社区服务等完善，具备城市生活环境和大型公共设施

① 宁波地名网.《浙江省民政厅关于乡镇（街道）行政区划调整的指导意见（试行）》和《浙江省民政厅关于进一步规范行政区划调整申报程序的指导意见（试行）》[EB/OL].（2018-07-09）[2018-09-08].http://nbdm.nbmz.gov.cn/html/zhengcefagui/zhejiangshengfaguiguizhang/2018/0709/2528.html.

② 河北省民政厅.河北省民政厅关于撤乡设镇和撤镇设街道办事处的指导意见（试行）[EB/OL].（2015-12-14）[2018-09-08].http://www.hebmz.gov.cn/zcfg/qhdm/201512/t20151214_45867.html.

（续表）

内容 文件名称	主 要 标 准 及 内 容
《中共湖南省委湖南省人民政府关于开展乡镇区划调整改革工作的意见》（2015年）①	结合乡镇合并工作，将县城镇与周边乡镇合并，扩大县城规模，加快推进县城城镇化建设。按照《湖南省推进新型城镇化实施纲要（2014—2020年）》和《湖南省"十二五"新型城镇化发展规划》的要求，选择城市化程度高、经济发展快、经济规模大的县城镇改设为街道体制。每个街道以人口为5万～10万人、面积30～50平方千米设置

二、街道办事处的历史演变 ▷▷

在城市空间中，街道是国家与社会之间互动的重要场所，也是城市政府对居民施加影响的重要中介。自1954年《街道办事处组织条例》颁布以来，街道办作为城市空间的组织形式始终存在，对城市居民的生产生活具有重要的影响。

（一）波动上升：街道办的数量变化趋势

1978年后，国家政权放松对土地、资本、劳动力等生产要素的制度管控，使其在市场交易中被迅速地优化配置，从而带动社会经济的发展。城市空间中工业与服务业的发展促使大量的生产要素向城市聚集，同时也带动资本向周边空间扩张，通过获取周边地区的空间支配权以获得空间资源。政治、经济尺度的跃升，要求城市区域不断扩张、优化。作为政治权力中心的城市，通过城市规划、行政区划变革等方式改变周边空间的尺度结构，并与资本的扩散相结合，转变空间利用方式，为新的经济社会活动获取更多的空间资源。街道办事处作为城市空间的代表，其数量的变化是城市空间扩张的重要标志。

---

① 湖南省人民政府.中共湖南省委湖南省人民政府关于开展乡镇区划调整改革工作的意见［EB/OL］.（2015-10-28）［2018-09-08］.http://www.hunan.gov.cn/szf/hnzb/2015/2015nd20q/swszfwj_99041/201510/t20151028_4701565.html.

截至2017年底，全国街道办的总数为8 243个①，相较于1979年末的数量约增长85%，平均每年约增加140个，总体呈现波动增长趋势（见图8.1）。1980年《街道办事处组织条例》重新颁布后，全国各地开始拆分、增设街道办事处或将原有人民公社直接改为街道办事处。如1982年杭州西湖区将石桥公社直接改建为石桥街道。城市规划作为配置空间资源的尺度工具（张永姣等，2015），经常被地方政府用来规划城市的空间发展。街道办辖区内的空间资源自然也是被规划利用的对象，因而变革街道的行政区划也就成为空间资源再规划的方式之一。各级政府对街道行政区划的不断调整，导致街道办总数的波动变化。同时，因中国城镇化的不断发展，城市空间及城区面积不断扩大，使得诸多临近城区的乡镇融入城市空间，被改建为街道，使得街道办的总数呈现不断增长的趋势。

　　同时，尺度重组和地域重构往往会冲破原有的政治结构。虽然《中华人民共和国宪法》及《中华人民共和国地方各级人民代表大会和地方各级

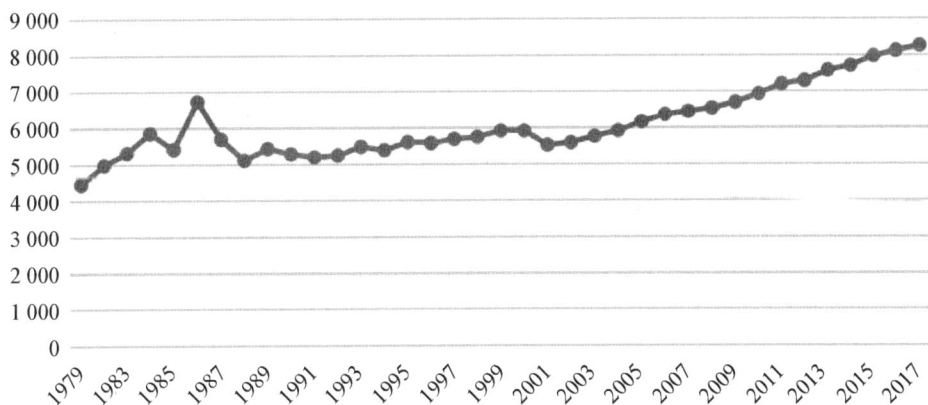

图8.1　1978—2017年我国城市街道办事处数量的变化

注：其中1978年、1980年、1982年的数据缺失。

资料来源：① 民政部.中国民政统计年鉴——中国社会服务统计资料［M］.北京：中国统计出版社，2017：34，128.

② 民政部.2017年4季度全国社会服务统计季报［EB/OL］.（2018-03-13）［2018-09-08］.http://www.mca.gov.cn/article/sj/tjjb/qgsj/2018/201803131510.html.

---

① 民政部.2017年4季度全国社会服务统计季报［EB/OL］.（2018-03-13）［2018-09-08］.http://www.mca.gov.cn/article/sj/tjjb/qgsj/2018/201803131510.html.

人民政府组织法》规定的是,市辖区、不设区的市的人民政府有权设置街道办事处,但是现在部分县也开始设置街道办。比如,浙江省德清县于2016年撤销武康镇、三合乡,分拆设立武康街道,舞阳街道、阜溪街道、下渚湖街道。河南省民政厅在关于街道办事处的设立标准中则专门针对县辖街道办做出原则性指导。在实践中,权力与资本始终是城市空间再生产的主导力量,街道办的变革趋势反映了权力与资本在不同历史时期对城市空间生产的影响。在权力与资本的引导下,城市空间的扩张将周边乡镇转化为街道,从而为城市增长提供空间发展资源,而城市内部空间的更新又催生了对街道的重组,使原有城市空间的基层地域组织发生调整,其内在的尺度结构也在转变。

　　由于全国街道办变更数据有限,图8.2仅展示浙江省1978年以来街道办的变更次数。这些变更既包括了建制的变化,比如街道办或周边乡镇建制的成立或取消,也包括了街道与周边乡镇部分地域之间的微调。2001年,

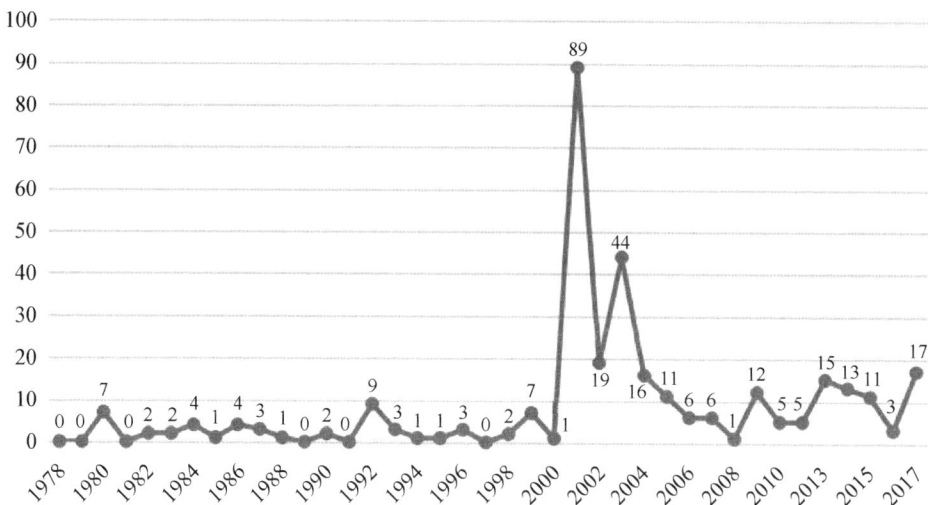

图8.2　1978—2017年浙江省的街道变更次数

注:2011年的详细数据暂缺,街道变更次数由乡镇改街道及街道重组次数加总而来,具体细节请参考后文叙述。

资料来源:① 1978年至2006年的资料引自浙江民政厅.浙江区划地名溯源[M].杭州:浙江大学出版社,2007:59,69,107-139,211,271,316-352,384-387,460-463,488,507-510,520-521,677.

② 2007年至2017年的数据引浙江省民政厅.2007年—2017年浙江省行政区划变更情况[EB/OL].[2018-09-08].http://www.zjmz.gov.cn/il.htm?a=sl&key=main/07/XinzhengQuhua.

《浙江省市县乡机构改革实施意见》要求精简乡镇机构,并制定精简的总量目标,使得大量乡镇与街道合并,因而形成了街道办变更的历史性高峰。而2002开始的农村税费改革又引发了街道与乡镇的进一步合并。随后,以工业化与城镇化为主导的城市空间生产使得街道不断变更,整体呈现小幅度波动。

(二)由"虚"转"实":街道办的尺度化建构

城市空间的街道通常由数条道路与内部的功能性空间分区(如居民区、机关事业单位、工业区等)组成,并在此基础上建立街道办事处。1980年重新公布的《街道办事处组织条例》,明确规定街道办事处为上级政府的派出机关,其职权主要由上级政府授予,自身不具备原生的职权。同时,对于众多的城市空间问题,街道办缺乏规划、综合执法等权力(陈家喜等,2002),导致街道办的空间管辖权力不完整,实际上处于不完全尺度状态。由于历史变迁及城市空间治理的需求,街道办的空间管辖权力日趋完善,内在尺度结构也不断趋于完备,已逐渐成为城市空间属地化管理的重要层级(张铮等,2018)。

从历史制度主义的视角看,我国城市街道办事处的制度变迁受到宏观制度环境、外部示范效应的影响,新观念的引入、政治行动者与街道办事处制度之间呈现出相互制约和影响的态势(张西勇等,2012)。改革开放后,国家出于城市空间管理的恢复和重建需要,于1980年重新发布了《街道办事处组织条例》。

但在20世纪80年代中期前,街道内部的企事业单位依旧是相对封闭、独立的组织,单位内部形成的独特社会共同体不受街道办管辖(朱健刚,1997)。也就是说,企事业单位的纵向管辖切割了街道办的横向空间管辖权。随着城市经济体制的改革,经济—社会空间的再生产推动了政治—制度空间的重新塑造。原本属于单位的各项社会职能逐渐转移了出来,而街道办则承接了其中的大部分职能。

在实践中,城市经济活动的不断集聚,吸引了周边大量流动人口进入城市,引发城市空间内部社会关系的异质化。同时,城市不断进行内部更新和外部扩张,由此形成了大量工程建设及居民转移安置事项。针对街道办空间管辖面临的巨大挑战，以上海为代表的地方政府推行"两级政府，三级管理"，强化了街道办的属地管理责任，并在全国主要城市推广（杨宏山等，2016）。在"行政发包制"的治理模式下（周黎安，2014），街道办事处获得基层城市空间的综合管理权，成为基层空间治理的最终负责人。在职责权限方面，街道办的权限范围空前扩张。比如，2014年上海出台的《关于进一步创新社会治理加强基层建设的意见》，使街道办在人事任免、城市规划、综合管理、决策建议等方面获得诸多权限，强化了街道办"以块为主"的综合空间管辖权（叶敏，2016）；2016年的《上海市街道办事处条例》强调，街道办需以公共服务、公共管理、公共安全为工作重点履行9项职能；2018年北京印发的《关于党建引领街乡管理体制机制创新实现"街乡吹哨、部门报到"的实施方案》，也赋予街道办众多的空间管辖权限。

在内部结构方面，街道办与上级政府之间，出现了"职责同构"，其职能和尺度结构与上级政府高度相似，几乎成了上级政府的"翻版"。通常，街道办内部设置综合行政类、经济管理、公共服务及社会管理三大类内设机构。表8.2为某城市街道办通常设立的内部机构。在街道的领导数量上，部分地区的领导职数与普通乡镇无异。而且，涵盖党政、纪委、人大等各类职能。这在某种程度上，反映了街道办的"实体化"倾向。

表8.2　某城市街道办的内部机构

机构 类别	主要机构名称（挂牌机构）	
综合行政类	党政办（民防应急办）	纪工委
	组织办（效能办）	宣传办（文明办）
	档案室（地方志办）	武装部（征兵办）
经济管理类	经济发展办	农业发展办（城乡统筹办）
	招商中心	财政所（农经站）
公共服务及 社会管理类	社会事务办	信访办
	工会	妇联
	团工委	城管办（市容环卫所）

（续表）

机构 类别	主要机构名称（挂牌机构）	
公共服务及 社会管理类	卫生监督所	计划生育办（计划生育服务所）
	文化站	综治维稳办

资料来源：吕芳.中国地方政府的"影子雇员"与"同心圆"结构——基于街道办事处的实证分析[J].管理世界,2015(10):106-116.

第二节　乡镇改街道模式的变迁及逻辑

乡镇改街道的实践由来已久,但目前尚未有国家层面的法律对其进行统一规范。在称呼上,与乡镇改街道类似的表达还有撤镇设办、镇改办、镇改街、乡改办等。顾名思义,乡镇改街道就是将原乡镇政府（人民公社）改为街道办事处。乡镇改街道使得原乡镇行政区域纳入城市空间规划体系、原乡镇完整的一级政权组织变为上级政府的派出机关、乡镇—行政村的管理体制转变为街道办事处—居委会（或村）的管理体制。乡镇政府改为街道办事处内含地域空间组织形式的变化、府际关系的调整、内部组织结构以及职责权限变动等诸多方面,是空间尺度重组与地域重构的重要过程。如表8.3所示,乡镇与街道通常处于同一尺度等级,但其内部的尺度结构在制度意义上则大为迥异。

表8.3　乡镇与街道的不同之处

类别 内容	乡　　　镇	街　　　道
组织性质	基层政权单位	上级政府派出机关
通常下属的 居民组织	主要是村民委员会	主要是居民委员会
主要的全国 性法律依据	《中华人民共和国地方各级人民代表大会和地方各级人民政府组织法》《中华人民共和国宪法》有较为详细的规定	《中华人民共和国地方各级人民代表大会和地方各级人民政府组织法》《中华人民共和国宪法》只有简单的规定

（续表）

类别 内容	乡　　镇	街　　道
财税制度	独立财税（部分地区"乡财县管"）	上级预算单位（部分分税制）
机构设置	种类齐全,对口上级政府	较少设置涉农部门,如农林水站（办）等
权限来源	乡镇人大	上级政府
管辖空间	乡村空间为主	城市空间为主
权限范围	属地范围内的综合权限	依赖上级授权,无规划发展权、行政执法权等
独立性	强	弱

注:本表的不同之处多为制度意义上的应然。在实然层面,依旧有诸多街道办保有乡镇的绝大部分权限和相应机构,乃至无限趋近于乡镇。

一、乡镇改街道的历史发展 ▷▷

自1978年以来,国家对空间治理结构的调整以及资本再生产的不断扩张,使得地域空间不断分化重组。部分乡镇行政区划开始向街道转化,以适应新的社会—经济空间再生产。由于全国范围的详细数据有限,图8.3仅展示浙江省1978年以来乡镇改街道的次数。

（一）1978—2000年:乡镇改街道的萌芽

1978年后,以政治权力为主导的国家治理结构重组在城市空间的主要表现为裁撤各类革命委员会,恢复原有政权组织结构,并以政企分离的方式,剥离行政组织的微观经济职能。在城市基层空间,街道革命委员会向街道办事处转变,不再具备"党、政、经"高度融合的组织架构。在乡村基层空间,则主要表现为人民公社向乡镇转化,或由建制乡转变为建制镇。在这一时期,乡镇改街道的情况相对较少,总体处于刚刚萌芽阶段。例如,1978年,温州鹿城区的胜利分社、反修分社、跃进分社改建为五马街道、莲池街道、小

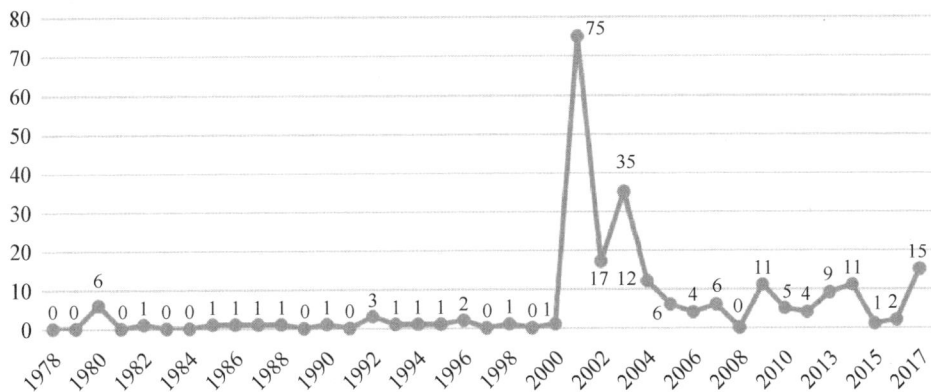

图8.3　1978—2017年浙江省乡镇改街道的次数

注：2011年的详细数据暂缺。

资料来源：① 1978年至2006年的资料引自浙江民政厅.浙江区划地名溯源［M］.杭州：浙江大学出版社，2007：59，69，107-139，211，271，316-352，384-387，460-463，488，507-510，520-521，677. ② 2007年至2017年的资料根据浙江省民政厅公布的2007年—2017年浙江省行政区划变更情况（http://www.zjmz.gov.cn/il.htm?a=sl&key=main/07/XinzhengQuhua）整理而得。

南街道和大南街道；1985年，杭州江干区笕桥乡改建为笕桥镇时，分割4个行政村的部分区域组建闸弄口街道。

（二）2001—2017年：乡镇改街道的高峰与波动

2000年以后，随着城市内部资本向外扩张，以及城市空间规模的扩大，产生了新的空间资源需求，乡镇改街道的次数也开始增加。2001年，《浙江省市县乡机构改革实施意见》明确指出，规模较大的县（市）政府以及市辖区政府驻地镇，经省政府批准，可撤销镇建制，设立若干街道办事处，为政府的派出机构，承担社区管理服务职能。浙江省对政治—制度空间结构的调整使得市及市辖区政府获得对乡镇改制的更大授权。2001年，浙江省乡镇改街道的次数迅速达到顶峰，为75次。随后，次数虽有所下降，但乡镇改街道依然是街道建制变更的主要来源。

二、乡镇改街道的主要模式 ▶▷

作为基层地域空间重组的主要方式之一，乡镇改街道受到国家政治权力的严格管制，需按照尺度层级的权力链条逐级遍历改制程序。根据1985年的《国务院关于行政区划管理的规定》和其他相关规定，行政区划变更程序如图8.4所示。对于具体的乡镇改街道的程序，以广东省为例，根据2006年《关于规范行政区划调整上报材料的通知》的要求，由县（市、区）人民政府组织民政及有关部门进行科学论证，制定调整方案，请示所在地级市人民政府；地级市人民政府转地级市民政部门审核后提出审核意见，报地级市

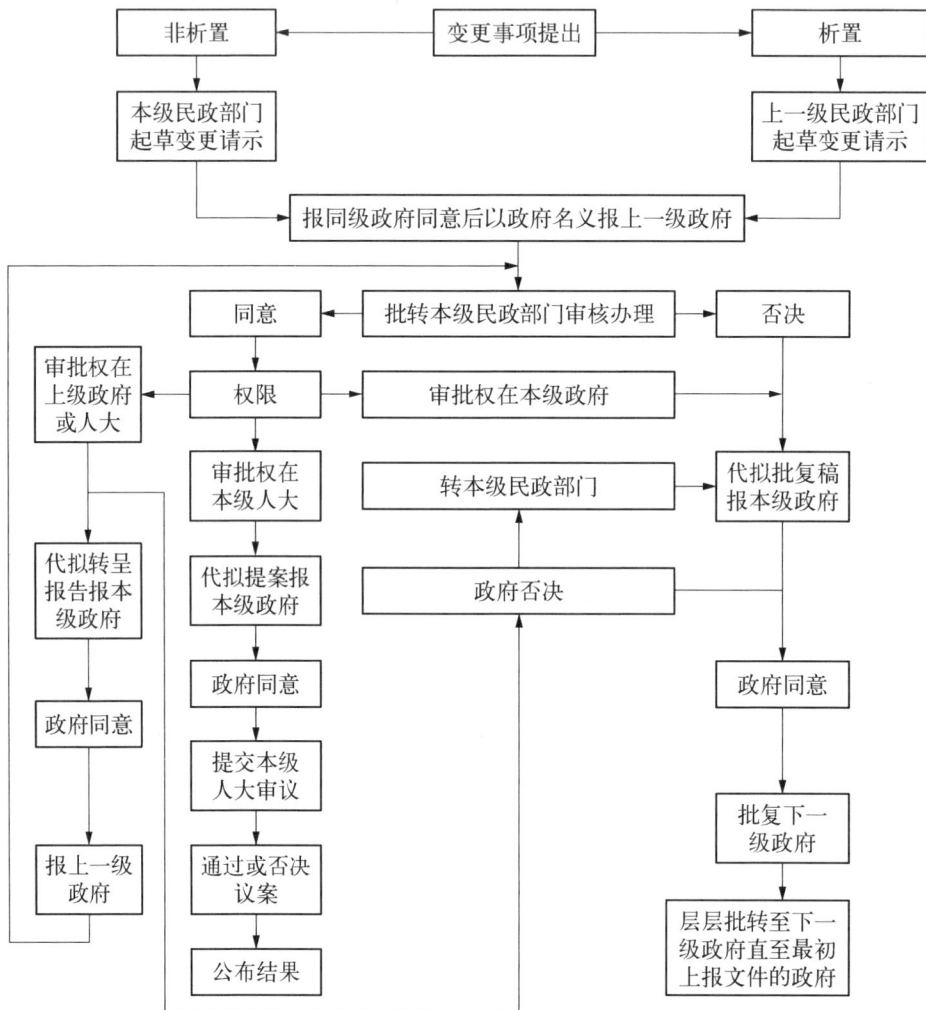

图8.4　行政区划报批变更的程序

资料来源：侯景新，等.行政区划与区域管理［M］.北京：中国人民大学出版社，2006：108.

人民政府研究；地级市人民政府研究同意后请示省人民政府，转经省民政厅调研论证后提出审核意见，报请省人民政府审批[①]。2018年，在总结《国务院关于行政区划管理的规定》30多年实施经验的基础上，国务院制定并公布了新的《行政区划管理条例》。这对优化行政区划设置、加强行政区划管理具有重要意义。

通常乡镇改街道，会对乡镇的发展情况有所要求，例如区位条件、产业结构、人口规模、地方财税、基础设施等。在上级民政部门答复批准后再改革乡镇内部的尺度结构，对其机构设置、职能权限等方面进行调整，以适应街道办的地域组织需求。具体地说，乡镇改街道主要有以下三种模式。

（一）一改多：原单个乡镇切块设立多个街道

乡镇改街道中的"一改多"，在具体实践中表现为将一个乡镇切块拆分为两个或两个以上的街道（张文翠等，2015）。该模式"化大为小"，缩小原有的尺度规模，并调整地域组织范围，使新街道内部的空间管辖范围及人口规模相对变小，如图8.5所示。此类实践在地域组织调整中屡有出现。比如，2001年，杭州市余杭区下属的临平镇被撤销，在其空间范围分设临平、南苑、东湖3个街道；2016年，湖州市德清县撤销武康镇，分设武康街道、舞阳街道。

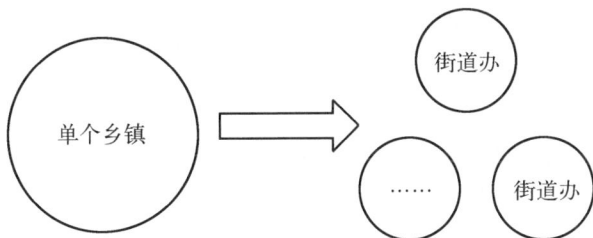

图8.5　一改多模式下的空间变化

---

① 广东省民政厅.关于规范行政区划调整上报材料的通知[EB/OL].[2018-09-08].http:// zwgk.gd.gov.cn/006940175/201110/t20111018_287192.html.

　　一改多模式的优点在于缩小地域组织的管理幅度，便于集中资源提升空间治理效率，可以根据地方多样性提供更优质的公共产品。但在拆分的过程中，也可能面临人员分流、财产处置、空间划分等诸多复杂问题。在拆分原乡镇时，通常按照对口职能机构分配原有工作人员，其不足部分从其他乡镇或县级政府借调。因此，人员组成较为复杂。由于成员间缺少磨合，配合度较低，容易引发内部矛盾，影响工作效率。同时，人员的分配可能涉及岗位调整、职级变动等与个人利益紧密相连的变化，容易产生不满情绪和消极思想。另外，由于一个乡镇被切块成为多个街道，或者是切块设立街道后，还保留了乡镇建制，最终都会增加乡镇（街道）一级的机构设置和人员编制，从而提高基层空间治理的行政成本。

（二）重组化：乡镇、街道的拆分与合并

　　在空间关系再生产过程中，某些地域组织采取拆分与合并的途径，在一定空间范围内构建新的地域组织。依据城市政治权力中心对周边乡村空间规划发展的需求，政府对城区周边建成区面积较大的乡镇采取切块设置街道，剩余部分仍保持原有建制不变；或者由乡镇之间组合，或乡镇与原街道办组合，形成新的街道，原有建制不复存在。

　　在拆分与合并的过程中，原有地域组织内部的尺度结构先破坏后重组，各类机构及人员被分流至新的岗位。例如，温州市鹿城区于1993年分出黎明乡部分空间范围，设立上陡门街道；宁波市定海区于2001年撤销临城镇和长峙乡，合并建立临城街道。由于在重组过程中，乡村空间与城市空间互相交叉整合，使得街道办下属的居民单位既有行政村，又有社区。其中，社区又可以细分为三种类型：城市社区、"村改居"社区和农村社区。城市社区主要由购买商品房的居民或单位家属院的住户组成；"村改居"社区由原乡村空间居民组成，其组织结构由行政村转变为社区居委会；农村社区则是原有乡村空间的新型地域组织，由若干行政村合并后统一规划和建设，或者是由一个行政村建设而成，既有别于传统的行政村，又不同于城市社区。

（三）一改一：单个乡镇建制的整体转变

乡镇改街道的"一改一"模式较为常见，即把一个乡镇整建制地转化成一个街道。该类模式不重新划分地域空间范围，只调整其内部尺度结构，原有的债务、人事隶属等空间社会关系保持不变。此类模式有利于整体尺度变迁中的互相衔接，易于各类行政事务及相关空间管辖权的转移与调整。如在2015年，杭州市萧山区进行行政区划调整，撤销宁围镇建制，并在原宁围镇行政区域内设立宁围街道办事处，而原有的行政隶属关系及空间管辖权保持不变。

三、 乡镇改街道：浙江省江山市清湖镇的案例 ▶▷

随着国家经济—社会空间的不断再生产，城市空间的范围不断扩大。在"城市化的双轨制"下（陈光庭，2002），一方面，资本再生产使得空间的市场性建构进程加快，空间资本化、空间商品化与资本空间化相互融合（潘泽泉等，2018），乡村空间不断被城市空间置换；另一方面，政治权力引导下的"经营城市"（王媛，2013），助推"国家主导式城市化"（李强等，2012）。比如，政府主导的土地征迁与"农民上楼"。在此背景下，行政区划改革中的乡镇改街道不断涌现，政治—制度空间也随之发生变化。

清湖镇位于浙江省江山市西南郊，距市中心7.5千米。东与碗窑乡、长台镇为邻，南与石门镇相接，西与贺村镇、淤头镇毗连，北同虎山街道接壤。全镇地形分三块：一块于清溪以南、长台溪以东，为丘陵半山区、低坂区；一块于清溪以南、长台溪以西，为冲积淤地、平坂地；一块于清溪西北、江贺公路之南，为低丘波积地带。沿河地域，土地平整，土层肥厚，灌溉便利，是主要的农作物栽植区。镇东北、东南边缘地带以及清溪南岸地带，则为仙霞岭余脉山地和丘陵岗地，是林木种植区、耕牧交织区（毛东武，2010：483）。2016年，清湖镇辖1个居民委员会，26个村委会，总面积为71.50平方千米，人口为40 153人，2015年末地区GDP为16.56亿元，镇东部有黄衢南高速入口，221省道和321省道分东西入境。辖区内有城南新城以及江山经济开发区,经济开发区面积占全镇总面积三分之一以上,26个行政村有20个行政村在开发区范围内①。2017年,清湖镇根据《浙江省人民政府关于江山市部分行政区划调整的批复》《衢州市人民政府关于调整江山市部分行政区划的通知》《关于调整我市部分乡镇(街道)行政区划的通知》,在其原行政区划范围内设立清湖街道办事处。2017年1—10月,完成规上产值18亿元,财政总收入为12 065.83万元,其中地方一般预算收入为6 974.8万元②。

　　清湖镇在地域组织上整体转变为清湖街道,其尺度等级、空间管辖范围未发生变化。依据江山市"一带五片、一主两副"的城市空间布局规划,清湖镇位于江山市城南副中心,且随着江滨南路及快速通道的修建,压缩清湖镇与市区的时空距离,有利于市区内经济活动的扩散以及资本的流入。通过建制变更,资本重构了清湖镇的空间组织方式并提升了其运作效率,促使新的清湖街道成为资本再地域化的重要载体。2017年,清湖街道完成招商引资2亿元,涉及项目7个。其中,江山金和新木业、美家园注塑小微企业创业园、友邦门业等新建项目6个,续建项目(江山市红叶塑胶有限公司)1个。项目资金在5 000万元以上的项目有4个,且全部动工建设。全镇固定资产投资截至2017年9月已达到4.1亿元③。正如孙全胜(2014)指出的,资本为追求利益最大化,不断改造已有的空间形态,摧毁空间的自然布局,以适应资本空间的生产要求。清湖镇通过转变为街道,集中组织资源推进项目的征地动迁。近年来,清湖镇征用地土地10 000多亩,拆迁房屋600多户,2017年完成4个项目的动迁征地,累计征收土地663亩,房屋拆除面积达21 137.94平方米④。这些项目拆迁为清湖街道的资本地域化与再地域化提供了空间资源载体,将空间内的资源不断纳入当地资本集聚与分散的再生

① 江山市清湖镇人民政府.关于要求对我镇行政区划调整的请示[EB/OL].(2016-12-01)[2018-09-08].http://www.jiangshan.gov.cn/art/2016/12/1/art_1226799_6580848.html.

② 江山市清湖街道.2017年工作总结[EB/OL].(2018-02-13)[2018-09-08].http://www.jiangshan.gov.cn/art/2018/2/13/art_1226802_15578045.html.

③ 江山市清湖街道.2017年工作总结[EB/OL].(2018-02-13)[2018-09-08].http://www.jiangshan.gov.cn/art/2018/2/13/art_1226802_15578045.html.

④ 江山市清湖街道.清湖街道基本情况[EB/OL].(2018-02-13)[2018-09-08].http://www.jiangshan.gov.cn/art/2018/2/13/art_1226797_15576943.html.

产逻辑。同时,道路建设、水电管道铺设、农民集中安置房建设等基础设施的完善,压缩了资本的流动时间。

　　撤镇设街道后,清湖街道依旧归属于江山市管辖,其人口规模与地域空间范围未发生变化,但其内部的尺度结构因建制变更而产生变化。在内设机构方面,建制变更后的机构设置如表8.4所示,内设机构及事业单位由15个缩减至10个。

表8.4　清湖镇改街道办后内部尺度结构差异

组织名称＼机构	直属机构及下属事业单位
清湖镇	基地办、经济发展办公室、社会事业办、异地搬迁办、综合办、社会服务管理中心、新农村建设办、计划生育办、农业综合服务中心、集镇办、科委、镇司法所、综治办、文化站、信访办
清湖街道	综合办、经济发展办公室、社会治安综合治理办公室(司法所、法制办公室)、行政执法办公室、城市发展办公室、社会事业办(民政办、计生办)、"四个平台"综合信息指挥室主任、社会事业服务中心、农业综合服务中心、公共财政支付中心(财政所)

资料来源:根据中共清湖镇委员会清湖镇人民政府关于调整党政领导工作分工的通知①②、清湖镇人事信息栏相关信息③④⑤、清湖街道组织机构栏相关信息⑥及清湖街道领导分工的信息整理而来。

---

① 江山市清湖镇.中共清湖镇委员会清湖镇人民政府关于调整党政领导工作分工的通知[EB/OL].(2013-08-19)[2018-07-13].http://www.jiangshan.gov.cn/art/2013/8/19/art_1226799_2043145.html.

② 江山市清湖镇.中共清湖镇委员会清湖镇人民政府关于调整党政领导工作分工的通知[EB/OL].(2013-04-28)[2018-09-08].http://www.jiangshan.gov.cn/art/2013/4/28/art_1226799_2043121.html.

③ 江山市清湖镇.关于徐铁军同志任职的通知[EB/OL].(2012-07-20)[2018-09-08].http://www.jiangshan.gov.cn/art/2012/7/20/art_1226810_2033017.html.

④ 江山市清湖镇.关于夏友娟同志任职的通知[EB/OL].(2013-08-30)[2018-09-08].http://www.jiangshan.gov.cn/art/2013/8/30/art_1226810_2033023.html.

⑤ 江山市清湖镇.关于蔡朱鑫等同志任职的通知[EB/OL].(2013-08-30)[2018-09-08].http://www.jiangshan.gov.cn/art/2013/8/30/art_1226810_2033029.html.

⑥ 江山市人民政府.清湖街道(组织机构栏)[EB/OL].[2018-09-08].http://www.jiangshan.gov.cn/col/col1226066/index.html.

清湖镇改为街道后,原清湖镇的经济管理权与社会管理权依旧保留,并增设行政执法办公室以统筹协调空间范围内的执法工作,也承担项目招商引资的责任。同时,清湖街道的工作重心由乡村空间转向城市空间,增设了城市发展办公室,异地搬迁扶贫、新农村建设等与乡村空间相关的部分职能被剥离(保留农业综合服务中心),其主要职能集中于城市发展与管理、公共服务等方面。清湖镇转变为清湖街道,成为江山市的派出机关后,与江山市不再是纵向层级政府之间的关系。新的关系属于政府内部主体组织与附属组织的关系,这有助于降低原上下级政府之间的交易成本(袁则文,2017)。在人事权方面,街道办几乎完全失去独立的人事任命权,党工委书记、办事处主任等核心领导职务均改为上级党组织、政府任命。总体而言,清湖街道办的权限范围被缩小,工作职能更为集中于服务城市空间及其相关的公共空间产品。

四、乡镇改街道的逻辑 ▷▷

随着传统的"乡土中国"逐渐被"城市中国"替代(陈进华,2017),作为城市空间代表的街道尺度,正在不断替换原有的乡镇尺度,这已成为当前政治—制度空间再生产的显著特点。乡镇改街道的逻辑主要由三个部分组成:一是资本的地域重构,体现为城市空间生产关系的扩散;二是空间的重构,即城镇化推动下的城市空间再生产;三是尺度结构的调整,这是优化基层地域空间治理的需要。

(一)资本的地域重构:城市空间生产关系的扩散

改革开放以后,商品的交换以及劳动分工的细化使得空间内部的市场规模不断扩大,资本、商品随之呈现出自然流动的特征(熊小果等,2016)。由于内在增值的需求,资本通过在空间内的流动以及附着固定的方式,成为自身积累以及扩大再生产的重要途径,空间也因此成为重要的生产力及生产资料(刘亚品,2014)。城市空间内部人口、资本、商品等生产资料的集中,为资本的积累与再生产提供了十分有利的空间条件(曾鹏等,2018)。

当资本积累与再生产达到最优集聚水平后,城市空间生产关系便出现扩散的需要,即通过获得支配新的空间来实现资本继续增值的目的。这一过程称为资本的"空间修复"(Spatial Fix)(周尚意等,2018)。在空间生产关系的扩散下,资本不断涌入周边乡镇的地域空间,通过道路、桥梁、水电等基础设施的建设,消灭空间障碍,减少时间成本从而加速资本的流动;同时,产业园、工业园等项目的建设,使得周边空间地域成为城市空间产业转移的重要载体。由此,城市空间与周边地域空间相连接,资本的流动更为频繁。资本的大量流入以及空间生产关系的改造,使得传统的乡村空间生产关系逐渐被城市空间生产关系同化。在地理景观上,乡镇也不断与中心城市的空间融为一体,成为城市生产关系扩散的一个附着点。

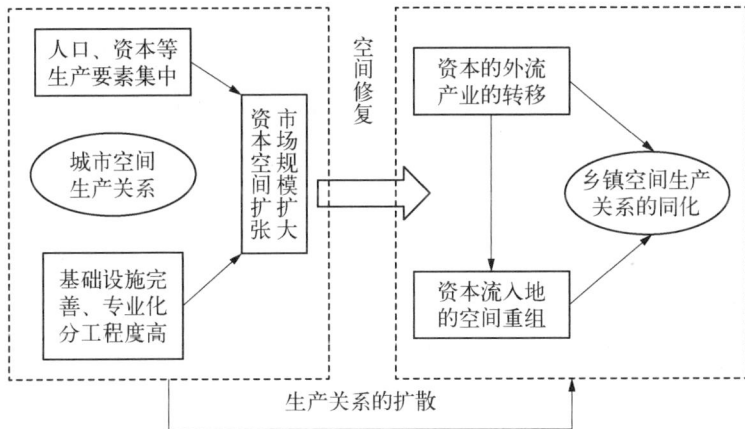

图8.6 城市空间生产关系的扩散

资料来源:曾鹏,李洪涛.城市空间生产关系的集聚—扩散效应:时空修复与空间正义[J].社会科学,2018(5):32-41.

改制成为街道的乡镇,通常位于城市中心的附近。因为地理位置临近,各类基础设施的投入成本相对较低,便于时空压缩适应资本的快速流动。例如,城市企业投入乡镇土地综合整治项目,推动"农民上楼"而获取建设用地指标的资本收益;或者参与乡镇的农村耕地流转,投资乡镇现代农业,发展机械化的农业生产(周飞舟等,2015)。资本的涌入快速改变了乡镇的经济—社会空间,并引发政治—制度空间的重塑。传统的乡村空间生产关系被城市空间生产关系取代,乡镇改街道成了适应城市空间生产关系扩散的空间选择。除城市生产关系的主动扩散外,许多地方领导人在"城市＝工业"和"乡村＝农业"的简单公式引导下,也在积极引导当地的农村尺度向城市尺度转变(左言庆等,2014),将乡镇转变为街道,来承接或吸引城市空间生产关系的扩散。

(二)空间的重构:城镇化推动下的城市空间再生产

1978年后,我国城镇化率不断提高。2017年末,以常住人口计算的我国城镇化率为58.52%,并保持持续增长的态势。城镇化伴随着工业主义与商业主义,改变了空间的具象化特征,带来物理空间的重构,如产业聚集、生产要素流入、人口集中等,形成"土地城镇化"(陈进华,2017)。空间不仅被城镇化占有,也因城镇化而产生。如对于某块土地的规划可以不考虑其历史、地形特征或社会需要,空间变成了一块块可以买和卖的抽象单位(芒福德,2005:437)。

在城镇化的推动下,城市空间再生产主要由城市扩张、城市更新、新城建设三种类型组成。三者以不同的方式重构空间,改变原有空间的结构形态,也重新塑造了社会空间关系。

在城市扩张中,原有的城市空间范围不断扩大,空间边界得以延伸,周边乡村空间被纳入城市空间中,乡镇的耕地、宅基地及集体土地被纳入城市建成区范围之内(吴莹,2017)。旧有的农村自然景观被摧毁,取而代之的是商业街、居民区、购物中心等城市景观,同时在政府主导的城市规划下,各类城市公共空间受政治权力控制,呈现"有秩序"的扩张(陈水生,2018)。例如,城市地标建筑、机场、水库等。

在城市更新中,由政治权力与资本相结合,改造城市老旧社区、城中村,推动城市空间的再价值化(张京翔等,2012)。这一改造过程,也被称为城市的"绅士化"(Atkinson,2004)。通过老旧建筑、城中村的拆除与重塑,对物理空间进行重新规划,也引起原有居民的撤离以及新居民的进入,使得空间内的社会关系产生变异,原有的社会空间网络关系出现破坏与重塑。

在新城建设中,城市空间再生产更多受国家规划的影响,通过采用同质化、层级化和碎片化等方式来塑造空间,作为其社会统治活动的制度和地域基础(孙小逸,2015),并以城市规划对空间资源的使用和收益进行分配和协调（张京祥等，2014）。高新区、开发区、大学城、商务区等城市空间在新城建设中不断涌现，彻底改造了原自然景观。新城建设中的"农民上楼"以及"村改居"的复制推广，使得原住居民的空间权利配置发生改变，如纳入国家社保体系、不再享受农村种粮直补等。生存空间、交往空间和生产空间的新变化使得原住居民面临新的空间机遇与挑战（崔波，2010）。

如图8.7所示，在城镇化的推动下，城市空间的边界扩展，内部得以更新再造，内部居民的空间权利及社会关系发生改变，形成了城市空间再生产。当城市的扩张或新城建造等因素使得乡镇成为空间内中心城市的分支，为中心城市的发展提供空间资源，其内部的居民空间权利也因城市空间的再生产而重新配置，例如"村改居""农转非"，使得乡镇在城镇化的推进中融为城市空间的一部分。当城市空间再生产得以在原有乡村空间确立时，乡村空间也被城市空间所取代，旧有的地域组织结构也应产生相应的变化，而街道是城市空间的重要行政区划代表，乡镇也由此改变其尺度向街道转变。

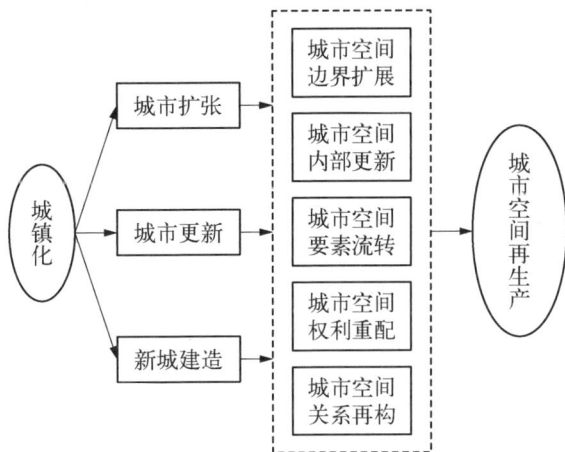

图8.7　城镇化推动下的城市空间再生产

（三）尺度结构的调整：优化基层地域空间治理的需要

我国《中华人民共和国国民经济和社会发展第十三个五年规划纲要》明确提出，要以市县级行政区为单元，建立由空间规划、用途管制、差异化绩效考核等构成的空间治理体系。相应地，作为国家空间尺度等级相对较低的乡镇,在国家治理体系和治理能力现代化的进程中,其在空间治理上也产生了相应的变革。随着市场经济的不断发展完善,位于区域空间内核心城市的中心及周边的乡镇不断参与以城市为中心的经济循环,经济总量的提升及产业结构的调整使得空间内的土地利用方式及人口就业结构发生变化,如城市建设用地比重扩大及非农产业人口占比增长等。如今,行政区划尤其是现代城市政区作为基础性的制度资源(林拓等,2017),已经成为完善空间治理的重要基础。在强化中心城市集聚作用的背景下,将乡镇空间纳入城市空间治理体系,调整乡镇的尺度结构,并将其转化为街道,是优化基层地域空间治理的需要。

当然也需要注意,改为街道的乡镇与所在区县(市)之间,在行政审批、土地规划、行政执法等事项方面,容易产生条块矛盾,出现"争利让责"的局面(林拓等,2016)。乡镇虽为国家空间尺度等级的最低级,但依旧拥有相对独立的事权与财权。乡镇改为街道后,其职责权限被重新划分。例如,街道办成为上级政府的预算分支,不再保留独立的财政;在人事权方面,街道办主要领导的任免完全由上级政府掌握,且在城市规划、行政执法等权限方面也需要上级政府授权。乡镇转变为街道之后,空间规划与支配的权限上移,上级政府获得了更大的空间支配范围,从而可依据市场经济规律与城市发展规划的需求对空间资源进行统一布局,优化空间的产业布局与基础设施建设。改制后的街道办,通常在机构设置方面更侧重于城市管理与公共服务的提供,便于为城市居民提供更好的公共空间产品。通过乡镇改街道,调整其内部的尺度结构,重新配置空间权力与资源,使得区域空间的布局更加合理,有助于优化基层地域空间治理。

第三节　街道重组模式的变迁及逻辑

街道重组意味着在一定空间范围内,对街道这一地域组织进行拆分、合并、区界调整,甚至撤销等区划调整。在本节中,街道重组主要涉及建制的变更,即在街道行政区划改革时出现乡镇或街道办数目的增减变化,但小范围内的村委会、居委会更改行政隶属关系,不纳入本节定义的街道重组范围。

一、街道重组的历史变化 ▶▷

由于全国层面的详细数据有限,图8.8仅展示了浙江省1978年以来的街道重组次数。整体而言,街道重组的次数相对较少,小幅度地起伏波动。近40年中,2001年的街道重组次数最多,共出现了14次。

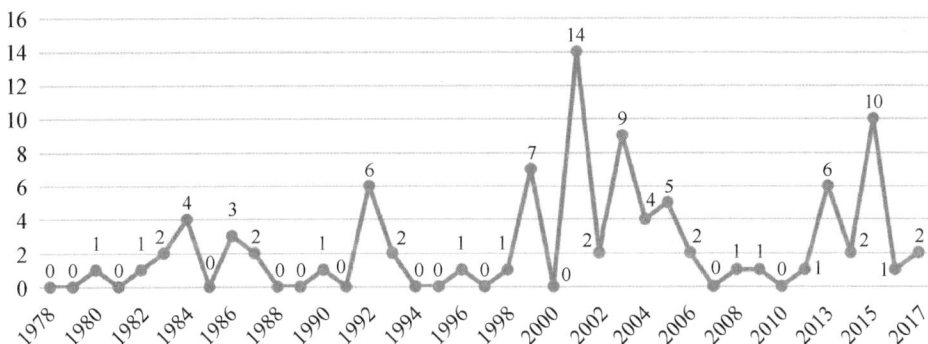

图8.8　1978—2017年浙江省街道重组的次数

注:2011年的详细数据暂缺。

资料来源:① 1978年至2006年的资料引自浙江民政厅.浙江区划地名溯源[M].杭州:浙江大学出版社,2007:59,69,107-139,211,271,316-352,384-387,460-463,488,507-510,520-521,677.

② 2007年至2017年的资料根据浙江省民政厅公布的2007年—2017年浙江省行政区划变更情况(http://www.zjmz.gov.cn/il.htm?a=sl&key=main/07/XinzhengQuhua)整理而得。

1978—1981年,浙江省的街道变化主要是将原有街道人民公社、街道革命委员会转变为街道办事处,而街道的重组暂未出现。1982年,才开始出现街道的重组,即温州市鹿城区将松台、广化两街道部分地段析出成立西山街道,辖5个居委会。随着城市经济活动的集聚及人口的流入,为适应城市空间的扩张,部分城市开始增设街道。比如在1984年,温州市鹿城区大南街道的一部分分置蒲鞋市街道,杭州拱墅区在城区内增设和睦街道。

1992年中央下发的《县级机构改革方案》，要求撤销县辖区、村公所。随后，浙江省发布《关于做好撤区扩镇并乡工作的通知》，要求对乡镇进行合理撤并。部分县市在合并过程中，也将街道纳入乡镇空间再组的过程。例如，1992年台州椒江区的海门街道由山东乡、椒东街道、椒南街道、椒西街道及海门办事处合并而来；宁波海曙区的月湖街道由县学、湖西和仓桥街道合并合成。2001年，浙江省出台《关于加快推进浙江城市化若干政策的通知》，要求适时调整行政区划，完善城镇行政管理体制。各个城市开始调整内部的行政区划，将街道进行重组。同年，《浙江省市县乡机构改革实施意见》要求乡镇级行政人员总体精简20%。随之，部分城市通过合并街道办来精简机构人员。所以，在2001年，浙江省的街道重组次数达到了最高峰。

随着浙江省城镇化的不断推进，城市空间不断扩张。为进一步适应城镇化的发展，各地不断探索在城市空间对街道进行重组。2004年，浙江省公布《浙江省统筹城乡发展推进城乡一体化纲要》，提出鼓励有条件的市县积极探索通过行政区划调整，在更大范围内优化城乡资源配置和人口布局，走大区域城市化的路子。因此，街道与周边乡镇的合并也成为部分地区重新规划城市空间资源的方式。比如，2005年衢州市柯城区的花园乡与衢化街道合并，设立花园街道，扩大柯城区直属的空间支配范围。自2010年到2016年，浙江省城镇常住人口每年增加50多万人，其中户籍人口城镇化率在2014年到2015年也有较大提升。户籍人口和城镇常住人口的增加，促使部分城市加快推进管理体制变革。2015年，浙江省又出现了一波街道重组的小高峰。比如，瑞安市锦湖街道内分设出潘岱街道，飞云街道分设出云周街道；温州鹿城区的5个街道重设为10个街道。

二、街道重组的主要模式 ▷▷

街道作为城市基层空间的地域组织，在实践中主要有以下几种重组的模式。

（1）街道的拆分合并及重组。一是"一改多"，即由一个街道拆分为多个街道，或者由街道拆分出新的街道及乡镇。例如，2015年浙江省瑞安市东山街道拆分为东山街道及北麂乡,浙江镇海区骆驼街道拆分为贵驷街道及骆驼街道。二是"多改一",即由多个街道及乡镇组合为一个新的街道。例如,2001年浙江省绍兴市越城区稽山街道合并禹陵乡形成新的稽山街道。三是"多改多",在多个街道中重新划分空间范围设立新的多个街道办。比如,河南省固始县在原蓼城、番城、秀水三个街道的基础上,通过重组增设了一个新的阳关街道。此类重组是对街道及乡镇的空间范围进行重新整合与划分,未改变尺度等级但重组了相应的地域组织,有助于行政区划与城市化经济空间的匹配,通常作为扩大城市空间、优化城市空间布局、促进开发区向城区转型的空间策略。

（2）尺度消失,街道的撤销。尺度消失意味着街道办这一尺度不复存在,在行政区划改革中体现为街道办被撤销。尺度消失表现为两种类型:一种是将街道撤销,所在区域重新纳入乡镇地域空间之中。如在1999年,杭州市下城区撤销东新街道,与石桥乡合并设立石桥镇;2017年,浙江桐乡市撤销龙翔街道建制,转归乌镇镇管辖。另一种是直接撤销街道,由上级政府直接向民众提供公共产品。如在2002年,南京市白下区（现已撤销）的淮海路街道办被撤销,采取"政府依法行政、社区依法自治"来进行管理（王鲁沛等,2003）;北京市石景山区鲁谷社区、武汉市江岸区百步亭社区由区政府直管,铜陵市铜官山区也撤销了街道办,改由区政府直接面对城市社区（丁丁,2013）。撤销街道后,由各种社区服务中心、社区工作站提供公共产品。不过,诸多曾经的改革试点,目前已被取消或未从实质上改变相应的管理体制（杨宏山等,2016）。

（3）逆向调整,街道改乡镇。乡镇与街道虽处于同一尺度等级,但在管理权限、财政政策等方面存在很大的不同（见表8.3）。因此,部分地区的乡镇在改为街道后,又重新改制为乡镇,以重新获取原有完整的空间管辖权。如在2003年,浙江省东阳市横店街道重新改为横店镇;2009年,根据《浙江省政府关于永康市部分行政区划调整的批复》,永康市的芝英街道重新调整为芝英镇。当然,此类逆向调整不仅在浙江省相对较少,在全国范围的尺度重组和地域重构中,也是频率较低的。如在2017年,仅有黑龙江省伊春市伊春区东升街道改建为东升镇。

三、街道重组：浙江省义乌市福田街道的案例 ▶▷

　　义乌市福田街道原属于稠城街道的一部分。但在2014年，以城北路为界把稠城街道一分为二，新设了福田街道。在拆分前的2013年，稠城街道区域面积为52.96平方千米，辖16个社区居委会、69个行政村；人口为39.93万人，其中户籍人口12.23万人（农业人口3.99万人，非农人口8.24万人），暂住6个月以上的外来流动人口27.8万人。工农业总产值为154.9亿元，财政总收入为28.08亿元，其中地方财政收入为15.34亿元①。稠城街道的前身为稠城镇，1992年柳青、前洪、杨村、桥东、福田等乡并入稠城镇，并在此后分设出江东镇、稠江镇、北苑街道后，于2002年成立了稠城街道（浙江省民政厅，2007：442）。

　　稠城街道位于义乌市中心，空间管辖面积较大，且区域内人口规模超过浙江省部分县市的人口总数。地域和人口规模过大，不仅加大了街道办的管理难度，还增加了居民与街道办互动的交易成本，降低了街道办的服务效率。原稠城街道需要向城区居民与农村居民提供不同类型的公共产品，义乌市在空间区划调整上选择将稠城街道一分为二，实际上也适应了不同空间区域的经济发展需求。2014年10月，义乌市人民政府发出《义乌市人民政府关于行政区调整的通知》，在稠城街道设定13个社区，增设福田街道，将原稠城街道的福田、荷叶塘、下骆宅、尚经工作片的59个行政村和3个社区共5.09万常住人口划归新成立的福田街道。此后，稠城街道辖区面积为12.6平方千米，总人口为18.87万人，其中户籍人口为7.24万人，常住外来人口为11.63万人。此次划分后，以城北路为界，福田街道行政区划总面积为40.3平方千米，下辖3个社区和59个行政村，总户籍人口为5.09万人，常住外来人口为14.3万人②。

　　此次街道重组后，福田街道办获得了原稠城街道东部及东北部绝大部

---

① 义乌市志编纂委员会，《义乌年鉴》编辑部．义乌年鉴2014［M］．上海：上海人民出版社，2014：287．
② 义乌市志编纂委员会，《义乌年鉴》编辑部．义乌年鉴2015［M］．上海：上海人民出版社，2015：307，317，318．

分的空间支配权,而稠城街道的空间范围缩小至义乌市的中心城市空间。在空间规模上,福田街道的空间面积约为原稠城街道的76%,约为新稠城街道的3倍,但其行政区划并未超出原稠城街道的边界。也就是说,福田街道的成立重组了该区域的空间结构。福田街道承担了市级以上重点工程61项,涉及工业用地建设、道路建设等城市景观的扩张,是义乌市内部资本再地域化的空间载体。按照义乌市域总体规划(2013—2030),"一核三区"中的"科创新区""丝路新区"主要部分位于福田街道。同时,中国义乌国际商贸城、义乌金融商务区、义乌港(义乌内陆口岸场站)、国际商贸城客运中心等重要的城市功能区,也位于福田街道。这就为福田街道的资本流动与再生产奠定了很好的空间基础。

　　福田街道成立后,大量资本进入该区域空间。2015年,浙商回归投资9 250万元,引进内资4 750万元,利用外资162万美元;有效投资28亿元(其中街道上报完成固定资产投资15.32亿元;市属平台牵头实施工程折算12.84亿元)。投入使用的电商园区面积达2.5万平方米,引进国际电商联盟等电子商务企业18家[①]。地域组织的重组降低了资本流动的空间摩擦,加之城市空间建设中的大量公共财政投入,使得街道空间内的资本集中,驱动生产过程的扩张并整合劳动力及商品流通,造就实际的空间一体化(Real Spatial Integration),城市空间也转变为"资本主义一般生产过程的资料和社会产物"(谢富胜等,2018)。在资本的地域重构下,2017年福田街道实现财政总收入5.45亿元,同比增长44.4%;其中地方性财政收入3.24亿元,同比增长67.2%;完成工业总产值123.9亿元,其中规上工业总产值10.53亿元,GDP产值有望超200亿元[②]。

　　原稠城街道的福田、荷叶塘、下骆宅、尚经等片区,改设为新的福田街道后,其尺度等级有所上升,获得了与稠城街道办相同的经济、社会、空间管辖

---

① 义乌市志编纂委员会,《义乌年鉴》编辑部.义乌年鉴2015[M].上海:上海人民出版社,2015:390.

② 义乌市福田街道政府信息公开专栏.2017年度福田街道工作总结和2018年工作计划[EB/OL].(2017-12-25)[2018-09-08].http://www.yw.gov.cn/ftjdxxgk/207/04/201805/t20180518_1420943.shtml.

权,其主要领导的任命权也同样归属于义乌市。在空间组织形式调整后,形成了相对完整的尺度结构(见表8.5)。在内设机构中,福田街道办主要模仿稠城街道办的尺度结构,唯一的不同在于福田街道办内设新社区集聚办公室,而稠城街道办为城市改造办公室。这主要是因为两个街道办的空间范围及功能定位存在一定的差异。福田街道内的各种大型项目尚在施工,有大量外来流动人口,是义乌市城市空间的重要扩张方向,需要参与项目建设、土地动迁、新农村建设等。因此,专门设立该办公室,来集中组织资源应对城市空间的扩张和基础设施的建设。

表8.5　稠城街道办与福田街道办内设机构比较

名称 \ 机构	内　设　机　构
稠城街道办事处	党政办公室、经济发展办公室(挂就业保障服务中心牌子)、社会事业办公室(挂计划生育办公室牌子)、城市管理服务办公室、城市改造办公室、财政财务办公室、综合治理中心(挂司法所、应急维稳中心牌子)、便民服务中心
福田街道办事处	党政办公室、经济发展办公室(挂就业保障服务中心牌子)、社会事业办公室(挂计划生育办公室牌子)、城市管理服务办公室、新社区集聚办公室、财政财务办公室、综合治理中心(挂司法所、应急维稳中心牌子)、便民服务中心

资料来源:根据义乌市政府公开平台中公开目录内的组织机构页面①②的信息整理而成。

此次街道重组将稠城街道的福田等片区尺度化,形成独立的地域组织,也因此得以扩充机构及人员,获得义乌市直接的财政资源及支持,从而更好地服务于丝路新区等义乌市重点城市空间建设项目。同时,缩小了原稠城街道办的空间服务区域,合理划分了公共产品提供范围,使得福田街道在地理邻近的优势下,更好地为居民提供公共服务。

---

① 义乌市政务公开平台.稠城街道—内设机构[EB/OL].http://www.yw.gov.cn/zwgk/a/zzjg/ccjd/.
② 义乌市政务公开平台.福田街道—内设机构[EB/OL].http://www.yw.gov.cn/zwgk/a/zzjg/ftjd/.

四、街道重组的逻辑 ▶▷

空间和空间的政治组织表现了各种社会关系,但又反过来作用于这些关系(何雪松,2006)。街道作为城市空间的基层地域组织,与城市空间的生产关系与社会关系互相嵌入。空间的不断变革与街道的重组交相呼应,新的权力格局与社会关系不断地生产与再生产,同时也建构出新的经济—社会与政治—制度空间。街道的重组既是资本再生产与权力再配置的空间表征,又是相应的空间实践结果。街道重组的逻辑主要有三种(见表8.6),三者在不同的街道重组案例中互有侧重。

表8.6　街道重组的三种逻辑

关键要素	途　径	详细列举	目　标
权　力	城市空间生产	城市规划、制度构建	控制与平衡
资　本	地域组织重构	旧城改造、新城建设	绩效与增值
公　众	追求空间正义	公共服务、权利保障	权利与善治

(一)控制与平衡:尺度重组下的城市空间生产

1978年后,分权化改革使得地方政府的空间管辖权空前增长。行政权力的下放,使得较低层级的区划改革成为地方政府重要的政治资源。街道重组的过程中,无论是"一改多"或是"多改一",始终与城市政治权力紧密联系。新的街道办产生及旧的街道办撤销,意味着政治权力对该尺度层级的重组,其实质也是城市的空间生产,由此孕育新的社会空间关系及权力网络结构,实现控制与平衡的目标(见图8.9)。政府通过设计城市发展规划,如《长江经济带发展规划》《苏州、无锡和常州区域规划》等,以权力控制空间布局及土地利用方式的改变。空间在规划下被抽象化,被管理被占据,并受到政治性的加工、塑造(勒菲弗,2008:46-47)。上级政府通过制度构建与政策指引,将街道重组,优化整合地方的尺度空间,使得地方尺度适应生产要素的空间流动及配置。例如,新设街道办服务于新城区的开发与工业园区的管理、制定招商引资政策与土地优惠政策吸引资本的流动。政治权力主导下的空间控制,即对尺度重组实现空间的再管制,采取行政区划的空间兼并与大都市化,从而发展中心城市(Wu,2016;吴缚龙等,2018)。比如,在街道重组中合并乡镇成为空间规模更大的街道。

街道的重组也是政治权力平衡空间关系的产物。街道内含"社会(关系)—空间"的互嵌性结构:"空间的生产方"如企业家、投资者、规划设计者通过由上至下的理性规划、抽象线条式的审美方式,参与政府塑造城市物理空间的过程(张丙宣等,2018);而作为"空间的消费方"的居民,向往更优质的公共"空间产品",如更宜居舒适的城市公共空间。政府以政治权力统筹管理资本的扩张与城市公共空间产品的供给,从而平衡空间中多元主体对"生活空间"的感知与认同,以及彼此之间的互动交流。例如重新拆分街道,使不同的街道专注于不同的公共"空间产品"的生产,义乌市将稠城街道一分为二,稠城街道办专注于城市空间的管理,而新建的福田街道办则重点参与新城建设与土地动迁的工作。

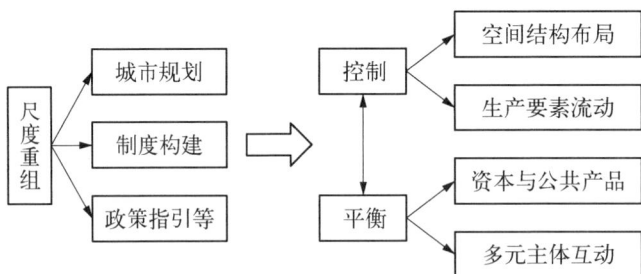

图8.9　尺度重组下的城市空间生产

资料来源:司亮,钟玉姣.资本与权力:我国体育小镇空间生产的主要动力[J].沈阳体育学院学报,2018,37(3):60-65.

(二)绩效与增值:经济发展驱动下的地域重构

地域重构蕴含资本的地域化、去地域化及再地域化(Brenner,1999),因而与经济发展密切相关。经济发展带动资本的空间流动,促使资本空间化与空间资本化成为可能。其中,资本空间化是指将空间纳入资本主义生产方式,重组空间内的生产要素;空间资本化是指空间生产本身成为资本增值的手段(夏一璞,2018)。这两者反过来又会推动地方经济发展绩效的提升及资本的增值。街道既是经济发展的空间载体，又可为资本增值提供空间生产的资源。街道这一尺度等级上的地域重构，在行政区划上的空间表征为街道重组，已成为经济发展驱动下的重要结果。

改革开放后，市场经济体制及运作机制逐步渗入整个社会空间，国家尺度等级中的各级地方政府企业化倾向日趋明显，但它们依旧沿袭计划经济时代对城市空间的控制地位，是城市空间地域重构的主体。街道办作为地方政府派出的地域组织，其空间支配权及存在的合法性依据均来源于上级政府。也就是说，上级政府有权配置其内部的空间资源及重组其地域组织形式。城市建设是推动地方经济快速发展的动力（Wu et al.，2013）。街道重组中出现的街道与乡镇的合并，扩大了资本空间化与空间资本化所需的空间生产要素来源，也为城市建设提供潜在的土地资源。在现有制度下，地方政府垄断了土地供给的一级市场，掌握着土地要素的供给（谢冬水，2016）。为了寻求更多的土地要素，促进资本空间化与空间资本化，地方政府采取区划调整等方式重构城市空间，即街道的重组，为获取经济发展的绩效奠定空间资源基础。

除获取绩效外，经济发展驱动下的地域重构既是资本增值的结果，又是资本增值的方式。在街道重组过程中，无论是街道的拆分抑或是合并，均重新改造了空间内的社会关系网络及权力配置结构，诱发城市空间的再生产过程。在此过程中，资本可以通过以下三种方式增值：一是资本通过占据有利的空间位置，建设商业中心等城市消费空间从而获取利润；二是参与新城市空间的设计与规划，占据公共政策中的有利位置；三是资本与资本、资本与权力间的合作进入城市更新、公共空间建设、旧城改造等领域，从而获取利益（陈水生，2018）。

（三）权利与善治：空间治理中的空间正义追求

改革开放后，中国的城市空间不断扩张，城镇化成为国家空间治理中重要的叙事话语，但城镇化内含一种时空高度压缩的现代性变化，极易诱发社会风险（李云新等，2014）。例如，城市主体间的空间摩擦、城乡发展的空间阻断、城市结构的空间失衡（陈进华，2017）等，还有资本与权力对地方居民的"空间挤压"(朱正威等,2016),所有这些都会影响城市的空间再生产。这些"空间性的非正义"以及"非正义的空间性"(Dikeç,2001),亟须通过追寻空间治理中的空间正义予以解决。因此,在追求空间正义的过程中,街道的重组有助于空间权力的分配与空间权利的实现,通过改变相应的地域组织来实现空间制度的转型,重新塑造居民对空间的认同,最终实现城市空间再生产中的空间权利及善治(见图8.10)。

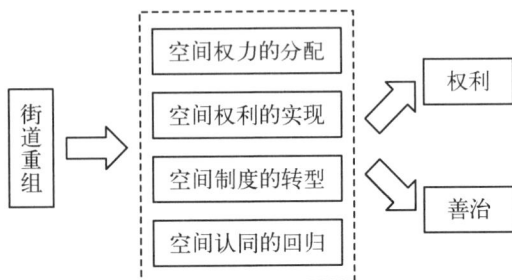

图8.10　街道重组中的空间正义追求

资料来源:王玉龙.城市转型发展中空间善治的内涵与实现路径探析[J].东岳论丛,2018,39(7):155-162.

　　街道办作为城市空间地域组织,也是上级政府的派出机关,既承担着日益繁重的空间治理责任,也需提供更多样化的公共"空间产品",同时面临"权小责大"、与居委会权责不明晰的问题(杨宏山,2012)。在城市空间中,存在"两级政府、三级管理、四级落实"的管理现状,导致行政效率低且民意传递不畅(李媛媛等,2018)。在科层制逻辑的主导下,易对公众参与产生"排斥效应"(张翔,2017),从而使得城市空间权力在国家与社会中处于分配不平衡的状态。部分城市采取街道重组,即完全撤销街道办这一尺度等级,将更多的空间权力直接下放至社会组织或社区,使得空间权力在国家与社会之间再次分配。同时,城市空间权利"更高于其他权利,是自由的权利、在社会化中实现个体化的权利、生活与居住的权利,参与和占用的权利"(勒菲弗,1996)。这些权利在日常生活中可以表现为社会福利保障、社会规划的参与、基本公共服务的均等化等,而街道的重组过程对这些空间权利的实现有一定的帮助。通过街道的合并,使得公共资源在空间范围内被统筹使用,缩小因区划分割带来的公共资源配置不均衡的空间性差异。或者通过街道的拆分,增加地域组织数量,提高公共服务对居民的可及性,并加大该地区的公共支出比重,更好地生产"公共空间产品"。

在追求城市正义的过程中,通过街道的重组来改变城市空间内的制度体系,即利用地域组织变革的契机重新制定适应空间正义追求的制度,通过打破或成立新的地域组织,促使空间制度转型。例如,改革空间区域内的社会救助帮扶制度、试点降低社会组织门槛准入制度、改革街—居之间的权力清单制度等,都可以在街道的拆分合并及重组中得以实现。同时,基于街道重组后的空间权利实现及空间权力再分配,规范空间主体之间的互动,并为居民参与空间规划等提供相应的制度渠道,缓解"空间生产方"(资本与权力)与"空间消费方"(公众)之间的矛盾和冲突,最终实现公众回归原本的地域性空间认同。例如,在浙江永康市的芝英街道重组方案中,政府与社会各界共同协商论证重组方式的科学性及可行性,最终形成科学合理的建制镇的方案,得到了当地公众的普遍认同(范今朝等,2011)。

第九章

城市开发区的尺度重组与地域重构

所谓开发区，一般是指一个国家或地区，为吸引外部生产要素、促进自身经济发展，划出一定范围并在其中实施特殊政策和管理手段的特定区域（安静颐等，2004）。具体而言，由国务院和省、自治区、直辖市人民政府批准在城市规划区内设立的经济技术开发区、高新技术产业开发区、保税区、边境合作区、出口加工区、国家旅游度假区以及实行国家特定优惠政策的各类特定区域，都可以统称为开发区。从更为宽泛的角度讲，国家自2005年起开始推行的多个综合改革试验区、2013年下半年起批准建设的自由贸易试验区，也可纳入开发区政策实践的范围之内（黄建洪，2014：43）。

在城市建设中，开发区本身并不是一级正式的行政区划。所以，开发区从创立伊始，就是在原有行政区划体系的基础上进行的尺度重组与地域重构。开发区由于其特殊的政策优势与经济吸引力，是一个城市承接资本流动、资源重新配置以及空间扩张的重要手段。开发区的建设与发展，同时促进了附着其上的诸多社会关系、行政权力、地域空间的重组。作为一种独特的区域建构探索，它通过改变由市、县、镇等正式行政等级所决定的尺度关系和地域边界，来实现区域竞争力的提升，并最终以不同形式对整个行政区划产生重要影响。在我国改革开放的历程中，开发区承担了一种柔性的行政区划改革角色。因此，本章对开发区尺度重组与地域重构的探讨，也是回顾城市行政区划改革的题中应有之义。

从管理权限上看，我国开发区一般可以划分为国家级、省级和市县级开发区。其中，国家级开发区由国家有关部门审核批准设立，不仅级别规格高，而且承担的任务重，体现了开发区发展的国家水平。由于目前各层级开发区数量繁多，难以进行有效的分类统计与深入探析，本书将着重依托国家级开发区，对城市开发区的尺度重组与地域重构的过程与逻辑进行剖析。

第一节 城市开发区的设置历程

我国城市开发区的设置,最早可以追溯至1984年第一批国家经济技术开发区的创设。现有的大多数研究,都是按时间顺序将其发展过程分成三个或四个阶段来描述(刘伟忠等,2014:130;丁焕峰等,2016:127;宋宏,2016:46;黄建洪,2014:59)。为了对城市开发区的设置与发展历程进行全面、完整地分析,本书从小范围探索期(1984—1991年)、快速成长期(1992—2002年)、二次创业期(2003—2013年)和转型升级期(2014年至今)四个阶段来分析。

一、小范围探索期(1984—1991年)▶▶

十一届三中全会拉开了中国改革开放的序幕之后,国务院于1979年7月批准设立了深圳、珠海、汕头和厦门四个经济特区。这四个特区既是我国改革开放的"排头兵"与"试验田",也是开发区的前身。如果说经济特区的设立是为了建立起改革开放的窗口,进行经济和政治的实验,那么作为特区的延续,开发区的目的就更加偏向于推动经济发展(林汉川,1995;Alder et al.,2016)。1984年5月,中共中央、国务院颁布了我国城市开发区的"准生证"——《沿海部分城市座谈会谈纪要》,明确要在大连、天津、秦皇岛、烟台、青岛、南通、连云港、上海等14个交通便捷、工业基础及对外交流条件良好的沿海城市形成一条南北纵向的对外开放主线,并选择其中12个城市设立第一批14个国家级经济技术开发区。它们的诞生,意味着我国城市开发区作为一种新的尺度重组与地域重组模式开始出现。

初步探索后,我国紧接着推出了不同类型的区域建构方案——高新技术产业开发区、投资区以及保税区等。1988年5月,在中关村电子一条街的基础上建立了第一个国家级高新技术产业开发区,即北京市新技术产业开发试验区。1989年5月，为推动海峡两岸经贸往来，在福建省厦门市所辖的海沧、杏林地区以及福建马尾经济技术开发区未开发地域，针对台商量身定制了台商投资区。1990年4月，中共中央、国务院同意在上海市实行经济技术开发区和某些经济特区的政策，加快浦东地区的开发和开放。同年6月，国务院批准设立了我国第一个保税区——上海外高桥保税区。1991年，在首个高新技术产业开发区建设经验的基础上，我国又批准设立了27个国家高新技术产业开发区。同年，还设立了天津港保税区、深圳福田保税区和沙头角保税区。

在这一时期，针对开发区这一新的尺度重构形式，陆续出台了扶持开发区发展的不同政策。遵照"规划一片、开发一片、收益一片、滚动发展"的方针，开发区进行了开创性的空间营造、投融资体制和行政管理体制改革。许多开发区设立了投融资平台，在开发区管委会下设集团化的开发公司，注入资金和优良资产，形成资本循环。同时，针对这种非正式的尺度关系，开创了管理委员会的新型管理体制，着力建构政企分开、精简高效的统一行政架构，探索大部制、扁平化、小政府的新路径。

在小范围探索期，开发区积累了初步经验。到1991年底，首批国家级经济开发区经济增长呈井喷状，工业总产值从1986年的3亿元增至1991年的140亿元，增长了近46倍，6年间，税收累计达到24亿元，企业利润累计达到32亿元，出口创汇累计达到26亿美元（余宗良，2016：18）。这些成绩为后期开发区模式的复制与拓展树立了信心。

二、快速成长期（1992—2002年）▶▶

1992年，邓小平同志的南方谈话进一步指明了我国改革开放的战略方向，对外开放的布局随之从沿海向沿边、沿江及内陆拓展，开发区的功能类型也有所增加。同年，国务院就陆续设立了浙江温州等6个国家经济技术开发区、25个国家级高新技术产业开发区，以及大连、广州、张家港等9个保税区。在1993年到1994年间，又批准设立了12个国家经济技术开发区。1997年，高新技术产业开发区模式向农业领域复制，批建了第一个国家农业高新技术产业开发示范区。至此，国家级高新技术产业开发区总数达到了53家。随后，这一规模保持了近十年。20世纪末，随着西部大开发战略的实施，开发区的地域布局有所调整，开始在中西部省（自治区）选择已建开发区申办国家级经济技术开发。2000年，国务院在建成区批准设立了首批15家出口加工区。在2000年到2002年间，陆续批复了17个经济技术开发区。此外，从1992年起，还先后在黑河、绥芬河、珲春、满洲里等14个边境口岸城市设立了边境经济合作区。

1999年，支持首批国家级经济技术开发区发展的相关财税政策到期。随后，针对不同地区、类型和基础条件的开发区，又陆续出台了有差别的开发区财税政策。开发区自身的基础建设和功能也不断完善。一些开发早、规模大的开发区逐渐开始兼备居住、生活、服务、环境等多方面的功能，不少开发区还完善了当地的失地补偿制度和就业服务体系。伴随着开发区进入快速发展阶段，发展红利下降、发展逐步趋同、开发区面临的竞争更加激烈等问题开始凸显，开发区不得不更加重视综合环境改善与制度创新。在开发区招商引资方面，不少开发区从企业扎堆转向产业链条，实施龙头带动，推进产业集群。许多跨国公司取代前期的中小公司，引进项目的技术含量和技术水平明显提升，开发区产业结构也由单一走向多元，汽车、电子信息、化工、装备制造、临港经济等复合产业明显增多（余宗良，2016：29）。尤为难得的是，作为我国国际化程度最高和国际交流合作最活跃的区域，开发区开始了试错外交，探索开发区国际化的路径，将开发区复制、推广、拓展到了海外。

在第二阶段，开发区进入到迅速增长期。在中国的空间生产体系中，开发区成为最核心的生产空间之一（王兴平等，2003）。仅是国家级经济技术开发区的数量就达到了54家，总规划面积为724.55平方千米。将2002年与1992年的相关数据进行比较，2002年国家经济技术开发区的地区GDP是1992年的20倍，达到了3 465.85亿元，占国内生产总值的比重提高了2.7个百分点，为3.4%，国家经济技术开发区的地区GDP占所在城市的比重提高到了15%～30%（余宗良，2016：25）。从经济技术开发区的数据可以看出，20世纪90年代以后，我国城市开发区的创设大步迈入了大量复刻、茁壮成长的快速拓展期。但是,由于开发区的区域增长极作用十分明显,各地就一哄而上,形成了不顾客观实际的开发区热。开发区越办越多,范围越划越大,开发区建设中存在注重规模而忽视质量、土地占耗严重等问题(黄建洪,2014:51)。

三、二次创业期(2003—2013年) ▷▷

从1984年到21世纪初,经济技术开发区属于"一次创业"期,主要以空间规划、筑巢引凤、产业布局为主。进入21世纪之后,经济技术开发区开启"二次创业",将重点转移到完善区内上下游产业链、构建先进制造和现代服务业体系。其实,在开发区发展的第二阶段,关于开发区"二次创业"的提法就已经出现。1999年,时任副总理吴仪就曾较为系统地阐述过开发区二次创业的理念内涵——探索从外延发展走向内涵发展,从数量扩张走向质量提高,从追求速度走向争取效益,由依靠政策优惠转为依靠社会主义市场机制和投资环境吸引外商。2004年,在全国国家级经济技术开发区工作会议上,吴仪更为系统地提出了经济技术开发区二次创业"三为主、二致力、一促进"的方向和路径。高新技术产业开发区的"二次创业"构想则最早出现于2002年的科技部文件(余宗良,2016:32)。2005年,时任总理温家宝强调了国家高新技术产业开发区"四位一体"的定位。2006年1月,《国务院关于印发实施〈国家中长期科学和技术发展规划纲要〉若干配套政策的通知》进一步明确了高新技术产业开发区的"四位一体"定位:要成为促进技术进步和增强自主创新能力的重要载体,带动区域经济结构调整和经济增长方式的强大引擎,高新技术企业走出去、参与国际竞争的重要服务平台,抢占世界高技术产业制高点的前沿阵地(史昱,2014)。

在这一阶段,又有不少体现国家发展战略定位与方向的新型功能区得以出现。2005年,国家批准设立了首个保税港区——上海保税港区。2007年设立了首个综合保税区——苏州工业园综合保税区,批复了重庆两江新区、浙江舟山群岛新区、甘肃兰州新区等多个国家级新区。2009年3月,北京中关村国家自主创新示范区成为第一个国家自主创新示范区。2010年8

月,国务院批复在深圳特区建立"特区中特区"——深圳前海深港现代服务业合作区。2012年,设立了广西东兴、云南瑞丽、内蒙古满洲里三个国家重点开发开放试验区。此外,还建立了深圳前海、珠海横琴、福建平潭等自贸区、综合试验区。2013年9月,中国(上海)自贸试验区成立,率先试错高标准的国际经济规则,为改革创新探索新模式、积累新经验。

在二次创业时期,开发区的产业结构进一步优化,大力发展现代化产业,完善城市配套功能,各地开发区因地制宜地大力建设软件园、公共技术服务中心和研究院、孵化产业园等。开发区还开始注重生态建设,大力发展循环经济,改变传统的高消耗、高污染、末端治理生产方式,推行清洁生产、循环经济方向的前端治理模式(朱卫东,2013)。开发区在空间管理体制方面的创新行动,则是探索了跨区域合作与区域共建开发区模式。为缩小区域间的发展差距,实现资源的优势互补,通过政府间行政协作、政府与市场间的公私合作来达成开发区共建或合作,逐渐成为区域治理的重要方式。

针对上一阶段大量盲目建设形成的开发区热,我国于2003—2006年对开发区进行了清理整顿,这对规范开发区的发展发挥了积极作用。到2004年底,全国开发区数量由6 866家减少到1 568家,减少了77.2%,规划面积由3.86万平方千米减少到9 949平方千米,压缩了74.0%。其中,国家级开发区共222家(包括经济技术开发区49家、高新技术产业开发区53家、保税区15家、出口加工区58家、边境经济合作区14家、其他类型33家),总面积为2 323.42平方千米(刘伟忠等,2014:7-8)。

2006年,国家发改委、国土资源部、原建设部共同发布了新版《中国开发区审核公告目录》,公告了符合条件的开发区。虽然"开发区热"现象带来了诸多负面效应,但经历了整改与清理后,国家成功控制了开发区的过度扩张,加强了开发区分布的区域平衡(向宽虎等,2015)。总体来说,我国开发区在二次创业阶段的发展效果颇佳。2002年到2013年国家级经济技术开发区的数量由54家增至210家,空间规划面积也大幅增长。到2013年,全国210家国家级经济技术开发区实现地区总产值6.9万亿元,占全国GDP的比重达12.1%,超过了全国的十分之一;全国114家高新技术产业开发区实现工业总产值19.7亿万元,占全国GDP的比重超过10%,出口创汇占同期全国外贸出口总额的16.9%，上交税额1.1万亿元，出口总额为3 700亿美元（余宗良，2016：33）。

四、转型升级期（2014年至今）▶▶

　　经过30多年的发展，国家级开发区的数量逐渐增加，而且分布更广，给各地的经济发展提供了源源不断的活力。但与此同时，开发区的发展质量良莠不齐，许多开发区没有成功地完成其尺度重组与地域重构。2014年11月，《国务院办公厅关于促进国家经济技术开发区转型升级创新发展的若干意见》明确了开发区的最新定位、发展方式与路径，即努力把国家级经济技术开发区建设成为带动地区经济发展和实施区域发展战略的重要载体，成为构建开放型经济的新体制和培育吸引外资新优势的排头兵，成为科技创新驱动和绿色集约发展的示范区，要明确发展定位，推进体制机制创新，促进开放型经济发展，推动产业转型升级，坚持绿色集约发展，优化营商环境。

　　在这一时期，许多开发区抓住机遇，在业已完成的区域建构的基础上，申请成为国家级开发区，获得了"升级认证"。此外，各类开发区、功能区在具体创设上，类型更加多样，整体规划性更强，更加注重关注当下区域发展的需求，并服务国家长远发展战略与整体布局。2015年2月，长治、锦州、连云港等14家省级高新技术产业开发区获得国务院批复，升级为国家高新技术产业开发区。2015年5月，继上海之后，正式挂牌了天津、广东、福建三个自贸试验区。2015年11月，广州、珠海、佛山等8个国家高新技术产业开发区获批建设国家自主创新示范区，这是全国第二个以城市群为单位的国家自主创新示范区。2017年3月，国务院批复了辽宁、浙江、河南等7个自贸试验区，与此前的4个自贸试验区共同形成了"1+3+7"的全面协调统筹新格局。同年4月，中共中央、国务院印发通知，决定设立河北雄安新区，这是继深圳经济特区和上海浦东新区之后又一具有重大历史性战略意义的新区。2018年3月，国务院先后同意批复了荆州、茂名、湛江等一批高新技术产业开发区升级为国家级高新技术产业开发区。同年4月，党中央决定支持海南全岛建设自由贸易试验区,通过此窗口逐步探索中国特色自由贸易港建设,并将其作为国家生态文明试验区。

伴随着我国整体经济增长由高速进入中高速,开发区以往依靠生产要素价格及投入形成的低成本优势和驱动力已大大削弱。当前,应进一步提升高新技术产业开发区的综合绩效以促进城市经济发展,优化高新技术产业开发区的投入产出比,同时也需认识到高新技术产业开发区对城市经济反哺效应的时滞性(马丽莎等,2015)。

在实践中,国务院各部门出台了诸多有针对性的指导意见与支持措施,促进各类型开发区的转型升级。各地开发区根据自身发展水平、环境、条件等实际情况,着力探索了新型工业化、新型城镇化、环境友好型、产城融合型、土地集约节约利用、产业结构升级与产业集群化等具体改革路径(宋宏,2016:8)。2015年7月,国家发展改革委办公厅发布《关于开展产城融合示范区建设有关工作的通知》,拟在全国范围内选择60个左右条件成熟的地区开展产城融合示范区建设工作,即依托现有产业园区,在促进产业集聚、加快产业发展的同时,顺应经济发展规律,因势利导,按照产城融合发展的理念,加快产业园区从单一的生产型园区经济向综合型城市经济转型,为新型城镇化探索路径,发挥先行先试和示范带动作用。经过努力,该区域能够发展成为产业发展基础较好、城市服务功能完善、边界相对明晰的城市综合功能区。可见,在我国开发区进行尺度重组与地域重构的最新阶段,更加注重结构、功能的转型升级,更加突出全局规划与产城融合建设。

开发区建设作为中国区域发展的重要战略措施,对外资吸引、出口贸易和经济绩效增长都具有重要作用(Wan,2013;Schminke,2013;Lu,2015;Combes,2012)。截至2018年3月,根据国家发改委公布的中国开发区审核公告目录,国务院批准设立的具有开发区代码的开发区共有552家。其中包括国家级经济技术开发区219家,国家级高新技术产业开发区156家,海关特殊监管区域135家(主要包括综合保税区、保税区、出口加工区、保税物流园区、保税港区、跨境工业园区6种类型),跨边境合作区19家,以及其他类型开发区23家(包括一些产业园、国家旅游度假区以及以金融贸易为特色的开发区等）①。在下一节的开发区类型中，将具体展开对这些不同类型开发区的分析。

第二节　城市开发区的类型与治理模式

本节主要对开发区的各种类型、不同治理模式进行分类梳理。除了国家发改委公布的开发区名录外，在更广义的范围上，还涵盖了4个经济特区、19个国家级新区、11个自贸试验区以及12个国家综合配套改革试验区等。虽然这些特区、功能区与试验区没有正式的开发区代码，但在区域特性和政策支持上，与普通开发区有较多的共同点。

一、城市开发区的不同类型及其特征 ▶▶

（一）经济特区

从严格意义上来说，经济特区其实是开发区的前身。它们是我国在改革开放之初设立的、迥异于计划经济体制、率先对外开放、实施特殊政策的特定区域。1980年8月，我国在广东深圳、珠海、汕头和福建厦门相继设立了经济特区，并批准了《广东省经济特区条例》。在1988年4月，又在海南设立了经济特区。

（二）经济技术开发区

经济技术开发区是最早模仿特区，在沿海开放城市设立，以利用外资、发展工业为主，发展外向型经济的特定区域。截至2018年3月，国家级经济技术开发区共有219家。在时间分布上，大抵存在四个集中增长的时间段。

① 国家发改委等.中国开发区审核公告目录（2018年版）[EB/OL].（2018-02-26）[2018-11-22].http://www.ndrc.gov.cn/gzdt/201803/t20180302_878800.html.

在面积分布上,大部分经济技术开发区的面积都在2 000公顷以内,如图9.1所示。

国家级经济技术开发区的第一个集中设立时间段是在1984年前后。这是开发区设立的初始实验阶段,成立的开发区数量仅有10余个,并且选址集中在华北、华东与华南地区。例如,广州经济技术开发区、天津经济技术开发区等就是在这个时间段设立的,并且这个阶段的开发区核准面积均没有超过4 000公顷。

第二轮数量集中增长出现在1992年至1995年之间,这是邓小平南方谈话后的一次爆发式增长。开发区在沿海地区继续扩张,从原有的地区向东北扩张,并不断往内陆经济较为发达的城市蔓延。如哈尔滨经济技术开发区、武汉经济技术开发区、重庆经济技术开发区就是在这个时间段成立的。这一时期成立的开发区除了苏州工业园区外,其他开发区的面积也控制在4 000公顷以内。

第三个数量集中增长的时间段是在2000年至2003年之间,其特点是全国蔓延式。这时的经济技术开发区已经进入了一个相对成熟的阶段,发展条件较好的省份纷纷申请设立自己的经济技术开发区,出现了一波小规模的增长。但是,其面积较小基本在1 000公顷左右。

第四个数量集中增长阶段是在2010年至2015年之间,其特点是成规模的爆发增长。从数量上来看,现有的国家级经济技术开发区大部分是在这一阶段成立的。但这并不意味着大部分开发区的成立时间就是在这一阶段,因为很多经济技术开发区初始成立的时间更早,随着其不断发展壮大,从市级开发区到省级开发区,然后再申请成为国家级经济技术开发区。从国家级经济技术开发区的核准时间上来看,这一时间段呈现出爆发式的增长(见图9.1)。

在整体分布上,由图9.2可以看出,经济技术开发区在东部省份与内陆省份均有分布,但东部省份的数量更多。东部与东北部S形地区(包括黑龙江、吉林、辽宁、北京、河北、天津、山东、江苏、上海、浙江、福建、广东、海南)的数量为120个,占总数的55%。而其余省份的经济技术开发区的总量仅为99家,占总数的45%。从省份比较来看,经济技术开发区集中在沿海尤其是

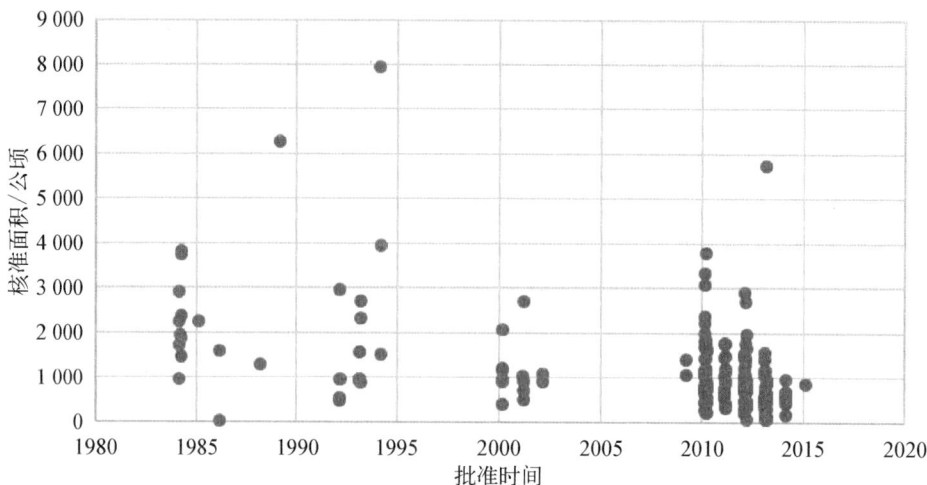

图9.1　国家经济技术开发区的核准面积与时间分布

资料来源：根据国家发改委等公布的中国开发区审核公告目录（2018年版）整理而成。

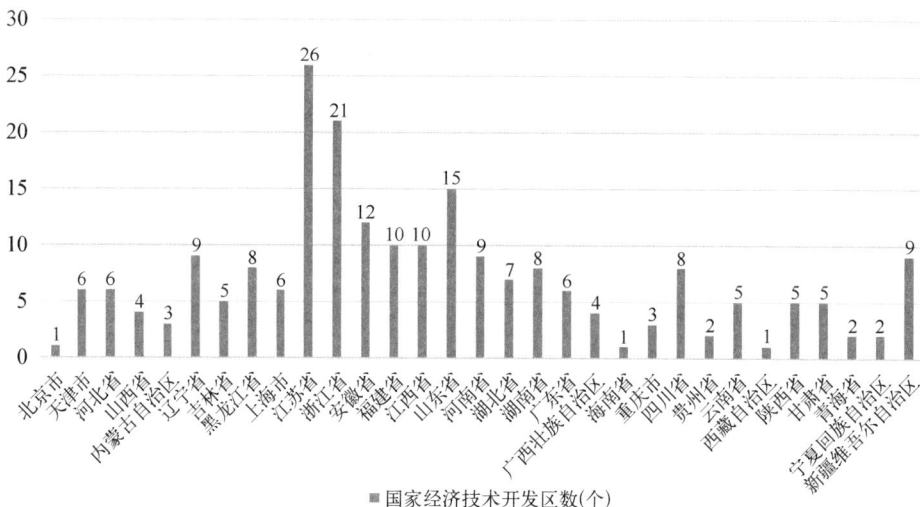

图9.2　国家经济技术开发区的省份分布

资料来源：根据国家发改委等公布的中国开发区审核公告目录（2018年版）整理而成。

长三角这样经济技术发达的地区，江苏、浙江与上海三个省市的经济技术开发区总数为53个，占比将近总量的四分之一。而青海、西藏等内陆偏远省份由于交通不便利、经济不发达，经济技术开发区的数量相对较少。

从图9.3可见，国家经济技术开发区涉及最多的主导产业为电子、制造、医药、装备等，分布率较高的主导产业则是纸品、钢铁、机电、食品、电商、农

图9.3　国家经济技术开发区的产业分布

资料来源：根据国家发改委等公布的中国开发区审核公告目录（2018年版）整理而成。

副产品、家具、太阳能、电子器件等，少部分开发区的主导产业涉及健康、林木、石油、展览等。在总体上，国家经济技术开发区发展至今，主导性产业还是比较传统的。这一方面是因为经济技术开发区的成立时间一般较早，很多产业已经规模化发展，"腾笼换鸟"并不容易；另一方面则是因为经济技术开发区的定位是以发展工业为主，因此以传统行业为主导的经济技术开发区占比较高。

（三）高新技术产业开发区

高新技术开发区是为高新技术产业发展量身打造支持性政策，并促进科技成果产业化转化的特殊区域。类似于国外的科技工业园区，高新技术产业开发区是国家自主创新战略的重要平台，主要依靠的是科技和经济力量。截至2018年3月，我国国家级高新技术产业开发区共有168家。

1988年，北京中关村科技园区的设立，标志着高新技术产业开发区正式落地。试点成功后，随即出现了第一波高新技术产业开发区建设高潮，约有三成的高新技术产业开发区设立于1991年和1992年。在面积分布上，除了少数几个特例外，高新技术产业开发区的面积均保持在3 000公顷以内。从1993年直至2008年，只批准成立了杨凌农业高新技术产业示范区与宁波高新技术产业开发区这两个国家级高新技术产业开发区。

高新技术产业开发区设立的第二次高潮出现在2009年之后,尤以2010年至2015年期间最盛,有近七成的高新技术开发区成立于此时段。一是因为2009年以后,国家大力发展高新产业,如新能源、新材料等,需要成立相应的以该产业为主导的开发区作为空间载体,制造经济动能,从而引发新一轮的资本角逐。二是不少省级高新技术产业开发区在此时段完成了"升级认证",即前期资本循环、尺度重组和地域重构进展顺利、成果显著的一些省级高新技术产业开发区,纷纷选择申请成为国家级高新技术产业开发区,并继续进行尺度重组与区域建构。

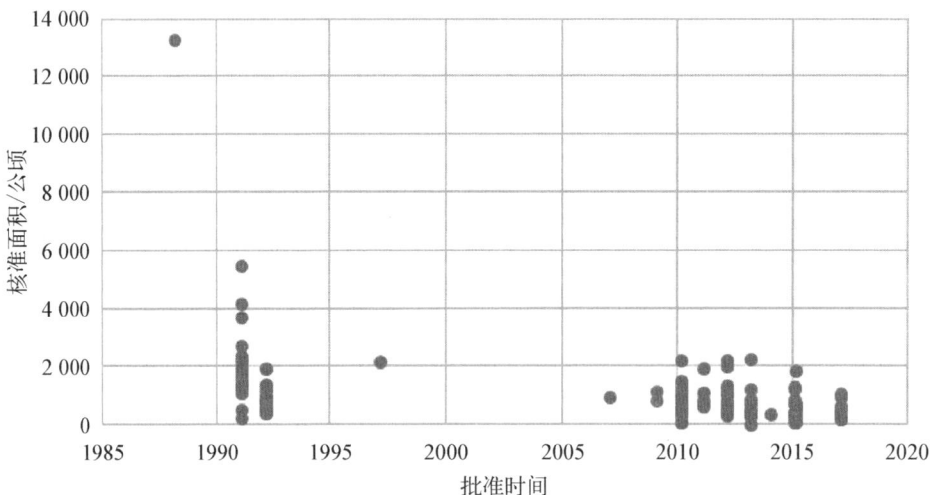

图9.4 国家高新技术产业开发区的核准面积与时间分布
资料来源:根据国家发改委等公布的中国开发区审核公告目录(2018年版)整理而成。

在地域分布上,由图9.5可以看到,高新技术产业开发区的分布规律与经济技术开发区有相似之处——东部与东北部S形地区省份的高新技术产业开发区总数比内陆省份的高新技术产业开发区总数更多,尤其是江苏、山东、广东三省的数量相对较多。内陆省份的高新技术产业开发区数量相对较少,西部省份更是寥寥无几。

从高新技术产业开发区的产业分布来看(见图9.6),电子、新材料、新能源、装备、医药等产业的占比较高,绝大部分的高新技术产业开发区的主

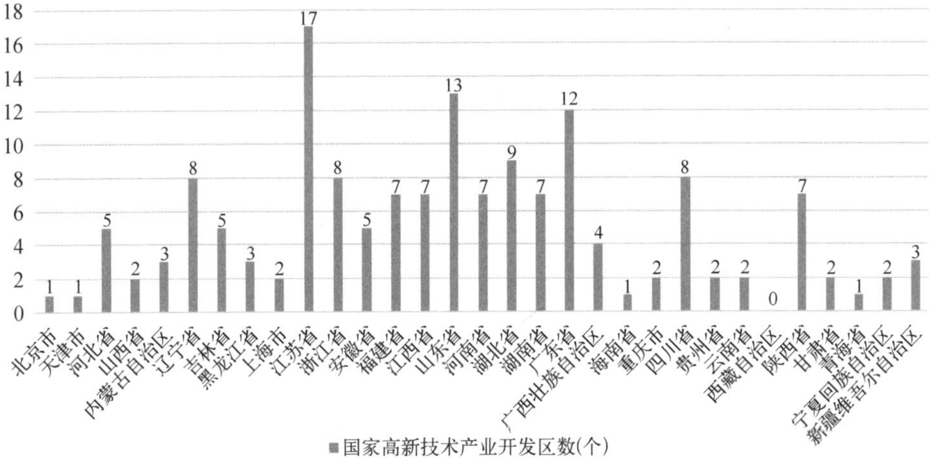

图9.5 国家高新技术产业开发区的省份分布
资料来源:根据国家发改委等公布的中国开发区审核公告目录(2018年版)整理而成。

图9.6 国家高新技术产业开发区的产业分布
资料来源:根据国家发改委等公布的中国开发区审核公告目录(2018年版)整理而成。

导产业都涉及这几种。同时,也有较多数量的开发区以移动、轻工、光电子、微电子、光伏、电商、半导体、终端、合成、家电、精密、精深产业等作为其园区主力产业。不难看出,与经济技术开发区相比,高新技术产业开发区的主导产业构成大有不同。

（四）海关特殊监管区域

海关特殊监管区域指的是经国务院批准,设立在境内的由海关为主实施封闭监管的特定经济功能区域。截至2018年3月,我国已批准的海关特殊监管区域有135家,主要包括综合保税区、保税区、出口加工区、保税物流园区、保税港区、跨境工业园区6种类型。

从海关特殊监管区域核准面积与时间分布来看(见图9.7),呈现出不间断地蔓延推进的特点。1990年,上海外高桥保税区的设立,标志着第一个国家级海关特殊监管区域的出现。而后,除了1994年到1999年之间稍有间断外,其他每一年均有国家级海关特殊监管区增设。从面积上来看,除了上海外高桥保税区与洋山保税港区外,其余的海关特殊监管区域的面积均在1 000公顷以内,其中绝大部分海关特殊监管区的面积都在600公顷以内。

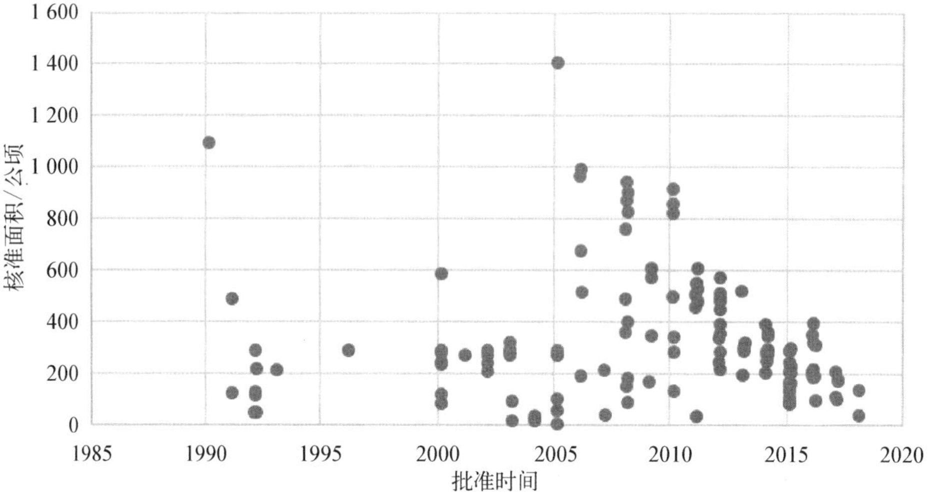

图9.7　海关特殊监管区域的核准面积与时间分布
资料来源:根据国家发改委等公布的中国开发区审核公告目录(2018年版)整理而成。

从区域分布来看(见图9.8),除青海与西藏外,每个省份均设有海关特殊监管区域,且江浙沪三省的占比最高。从图9.9的产业分布来看,海关特殊监管区域的主导产业以物流、加工、电子、保税为主,其他较多涉及的还有批发、贸易、转口、运输、仓储、融资、商务等产业。

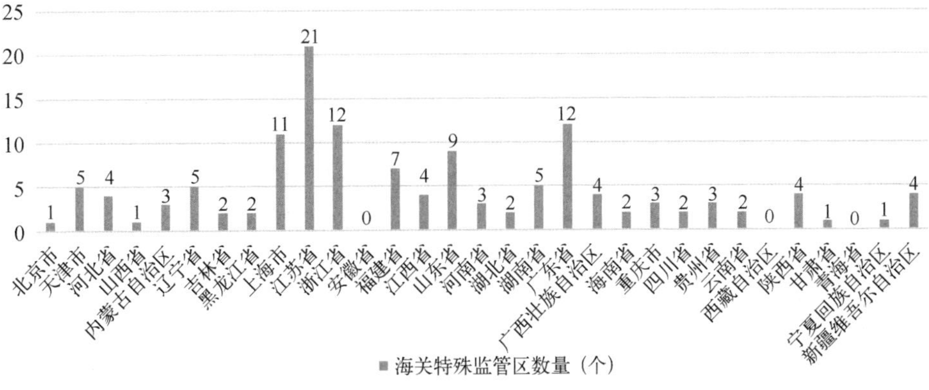

图9.8　海关特殊监管区的省份分布

资料来源：根据国家发改委等公布的中国开发区审核公告目录（2018年版）整理而成。

图9.9　海关特殊监管区域的产业分布

资料来源：根据国家发改委等公布的中国开发区审核公告目录（2018年版）整理而成。

（五）跨边境合作区

跨边境合作区是指在我国边境地区设立的，依托独特的区位、资源和政策优势，以跨境经济合作、旅游为先导，以出口加工为重点的特定区域。截至2018年3月，我国国家级跨边境合作区共有19家。从时间上来看，跨边境合作区的设立一开始集中于1992年，此后成零星发展态势（见图9.10）。

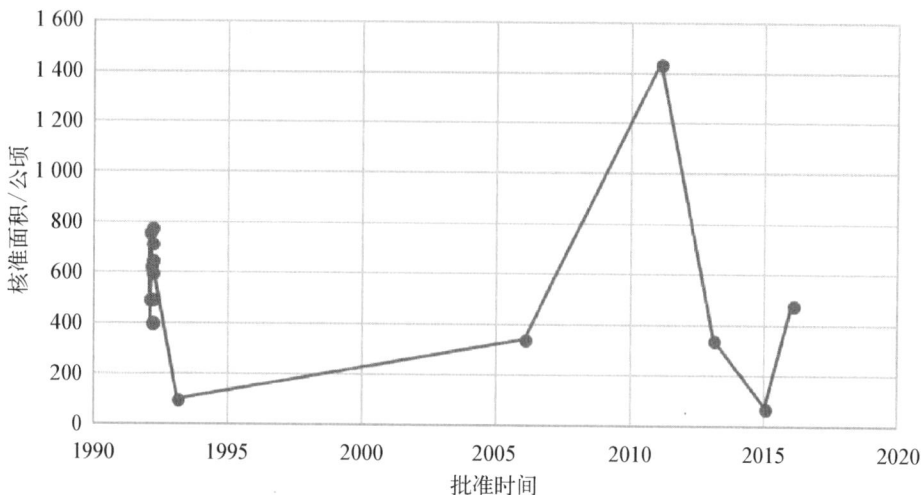

图9.10　跨边境合作区的核准面积与时间分布
资料来源：根据国家发改委等公布的中国开发区审核公告目录（2018年版）整理而成。

从数量上看，相较于经济技术开发区、高新技术开发区以及海关特殊监管区域，跨边境合作区明显较少。

由于跨边境合作区的定位就是要促进我国边境地区的社会经济发展，所以它只分布于广西、云南、辽宁、吉林、黑龙江、内蒙古等少数几个省份（见图9.11）。而且，大部分跨边境合作区的主导产业为加工、贸易、商贸、物流、进出口、旅游等行业，少部分跨边境合作区以组装、能源、轻工、零部件、服装等产业作为其主导产业（见图9.12）。

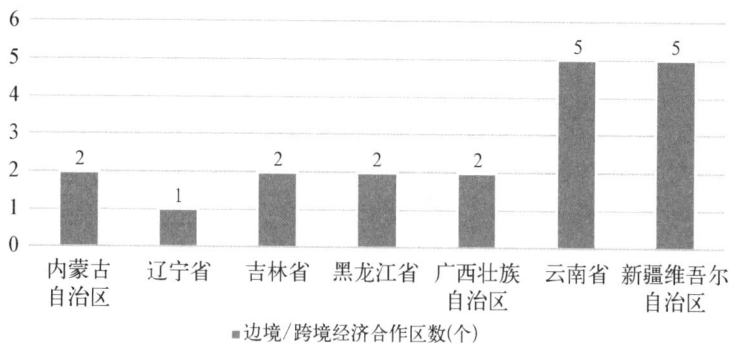

图9.11　跨边境合作区的省份分布
资料来源：根据国家发改委等公布的中国开发区审核公告目录（2018年版）整理而成。

图9.12　跨边境合作区的主导产业

资料来源：根据国家发改委等公布的中国开发区审核公告目录（2018年版）整理而成。

（六）国家级新区

国家级新区是由国务院批准设立，承担国家重大发展和改革开放战略任务的综合功能区。为了体现国家级战略和发展新区的需要，所在省份须下放省级管理权限。所以，新区一般拥有副省级的管理自主权，这与其所处的区域行政级别无关。从1992年10月上海浦东新区成立，到2017年4月河北雄安新区成立，我国国家级新区总数为19个。从图9.13可以看出，国家

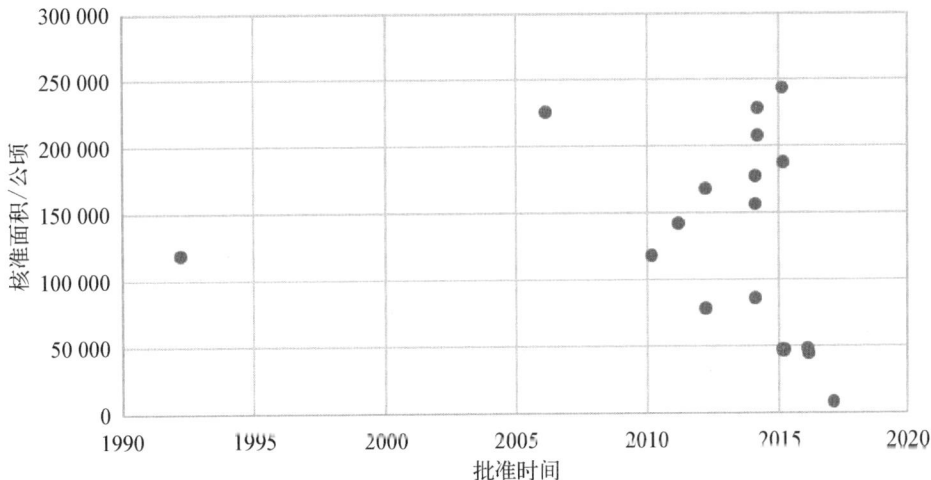

图9.13　国家级新区的核准面积与时间分布

资料来源：根据中国开发区网及各国家级新区官网公开的资料整理而得。

级新区的设立属于典型的从试点到大面积推广模式——从1992年浦东新区的设立,到2006年在天津滨海新区成立第二个国家级新区,再到2010年以来有限制的大规模推广。国家级新区的面积都限制在250 000公顷以内。

截至目前,19个国家级新区包括:上海浦东新区、江西赣江新区、山东青岛西海岸新区、天津滨海新区、重庆两江新区、浙江舟山群岛新区、甘肃兰州新区、广东南沙新区、陕西西咸新区、贵州贵安新区、辽宁大连金普新区、四川天府新区、湖南长沙湘江新区、江苏南京江北新区、福建福州新区、云南昆明滇中新区、黑龙江哈尔滨新区、吉林长春新区、河北保定雄安新区[①]。东部与东北部S形曲线附近的大部分省(市、自治区)拥有国家级新区,而内陆仅有部分省(市、自治区)拥有国家级新区。在更偏远的区域,如新疆、西藏、青海、内蒙古、宁夏等省区,至今还没有国家级新区。这不仅跟国家级新区承担国家重大发展和改革开放战略任务的性质有关,也跟部分地区改革试点的现有基础和发展条件有关。也就是说,国家级新区这一空间载体,依然是非常稀缺的改革和发展资源。

(七)综合配套改革试验区

综合配套改革试验区的核心在于综合配套,改变多年形成的单纯强调经济的增长观,从经济发展、社会发展、城乡关系、土地开发和环境保护等多个领域推进改革,形成相互配套的管理体制和运行机制。从2005年国务院首先批准上海浦东新区成为综合配套改革试验区以来,国家共批准了12个国家综合配套改革的试验区,分别为:浦东新区、天津滨海新区、重庆市、成都市、武汉城市圈、长株潭城市群、深圳市、沈阳经济区、山西省、义乌市、厦门市、黑龙江省"两大平原"。

综合配套改革试验区主要分布在长江流域、山西、天津以及东北的黑龙江、辽宁两省。设立试验区的省份大都具有明显的特色,比如,山西有很多煤矿,因此设立国家资源型经济转型综合配套改革试验区;厦门由于地理位置接近台湾,因此设立深化两岸交流合作综合配套改革试验区;黑龙江是全国重要的粮食生产基地,因此设立现代农业综合配套改革实验区;义乌由于

---

① 根据中国开发区网公开的资料整理而得。

具备发达的小商品贸易国际网络,因此设立国际贸易综合改革试验区。

(八) 自由贸易试验区

自由贸易试验区是在全面深入改革开放的新时期,探索改革新路径、开放新模式,参与国际经济治理的新型功能区。2013年9月成立的中国上海自由贸易试验区是我国的第一个自贸试验区。2014年12月,又增设了天津、广东、福建三个自贸区。2017年3月,国务院再次批复了辽宁、浙江、河南、湖北、重庆、四川、陕西7个自由贸易试验区。

2017年10月,党的十九大报告明确提出,要赋予自由贸易试验区更大的改革自主权,探索建设自由贸易港。所谓自由贸易港,是设在一国或地区境内关外、货物资金人员进出自由、绝大多数商品免征关税的特定区域,是目前全球开放水平最高的特殊经济功能区。在自由港中,准许开展货物自由储存、展览、拆散、改装、重新包装、整理、加工和制造等业务活动。2018年4月,习近平总书记在出席海南建省办经济特区30周年会议时表示,中国计划在海南建设自由贸易试验区,支持海南逐步探索、稳步推进中国特色自由贸易港建设,分步骤、分阶段建立自由贸易港和制度体系。而在此之前,仅有在洋山保税港区和上海浦东机场综合保税区等海关特殊监管区域内,设立过自由贸易港区。至此,包括海南自贸港在内的12个国家级自贸试验区,共同形成了东中西协调、陆海统筹的全方位、高水平对外开放新格局。

(九) 其他类型

其他类型开发区包括一些产业园、国家旅游度假区,以及以金融贸易为特色的开发区等。综合图9.14和图9.15可以看出,其他类型的开发区成立的时间比较集中,主要分布在1989—1995年与2011—2015年这两个时间段。在分布的省份上,也基本是沿S形曲线分布,包括内蒙古、黑龙江、辽宁、山东、江苏、上海、浙江、福建、海南、广西10个省份(直辖市或自治区);在主导产业上,则以旅游、文化、休闲、纺织、金融、度假等第三产业为主①。

---

① 国家发改委等.中国开发区审核公告目录(2018年版)[EB/OL].(2018-02-26)[2018-11-22].http://www.ndrc.gov.cn/gzdt/201803/t20180302_878800.html.

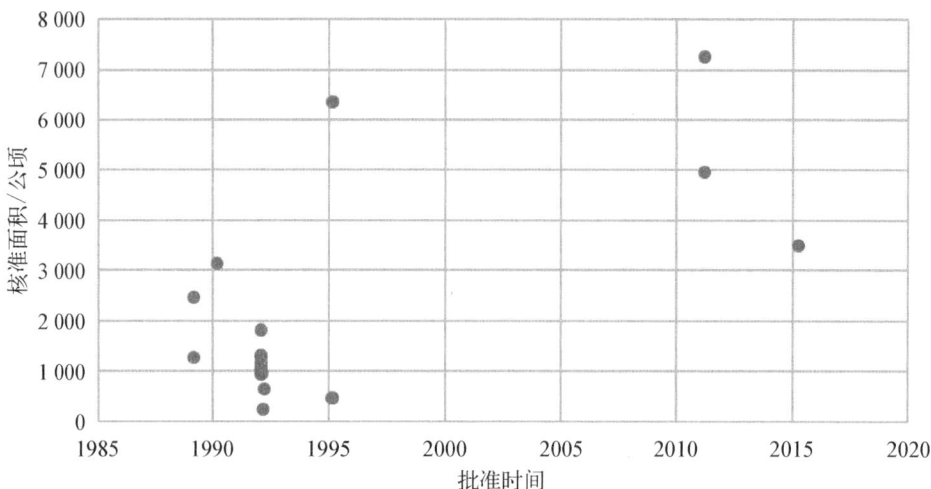

图9.14　其他类型开发区的核准面积与时间分布

资料来源：根据国家发改委等公布的中国开发区审核公告目录（2018年版）整理而成。

图9.15　其他类型开发区的主导产业

资料来源：根据国家发改委等公布的中国开发区审核公告目录（2018年版）整理而成。

二、开发区的治理模式 ▷▷

开发区的设置本身就是一个空间生产的过程。在开发区发展转型、逐步推进尺度重组和地域重构的过程中，遇到的一些困难及其与原行政区的种种矛盾，大多源于开发区治理体制的不完善。开发区尺度重组与地域重构的最终效果,在很大程度上与开发区的治理体制变迁与改革选择有关。因此,若要厘清我国城市开发区尺度重组与地域重构的内在逻辑,就应对开发区治理的不同模式进行梳理和分类。

在当前的研究中,宋宏(2016:46)将开发区的治理模式概括为准政府的管委会型、政区型以及企业型三种;刘伟忠等(2014:130)把开发区的治理模式分为行政型、企业型、混合型及其他模式;余宗良(2016:234)在对开发区的法治化研究中,阐述了从单一政府管理型走向多元协作治理型的转变;丁焕峰等(2017:127)将开发区治理模式分为政府治理型、公司治理型、政府与公司或其他机构混合治理型三种;陈国权等(2015)则提出了政企统合的开发区治理模式。本书将目前存在的开发区治理模式分为政府主导型、企业主导型、政企协作型、委托管理型以及协治型五大类。

(一)开发区治理模式概述

1. 政府主导型治理模式

所谓政府主导型治理模式,是指政府通过设立开发区管理委员会或开发区办公室等机构,在开发区的空间生产过程中,承担领导、规划、组织甚至具体实施的工作。不同的开发区管委会或办公室在尺度重组和地域重构时,其权能大小和发挥作用的方式有差异。所以,政府主导型治理模式又可以细分为管委会协调型和管委会主治型两种(黄建洪,2014:59)。

管委会协调型模式是指开发区所在的城市在本级政府内设置管委会或办公室,在开发区的区域建构过程中主要负责府际协调等方面的工作,其成员一般由相关政府部门的负责人组成。这类管委会不直接参与开发区事务的日常管理,相关权限依然掌握在政府各职能部门,涉及开发区企业的行业或日常管理仍由政府主管部门履行使命。这种模式的典型案例是哈尔滨高新技术产业开发区。

管委会主治型模式则是由市政府设立专门的派出机构即开发区管委会来全面管理开发区的空间发展与区域建设。由中共市委派出开发区党工委,市政府派出开发区管委会,两者一般合署办公。这一模式属于非完整性派出型建制,甚至有的开发区内公检法俱全,只是没有人大和政协等组织(黄建洪，2014：60）。在这种模式的开发区中，开发区管委会配备了较大的经济管理权限，代表市政府对开发区的建设规划、土地开发、基础设施、招商引资等方面进行全面管理，并拥有经济开发和社会治理方面新体制与新机制的试验权（宋宏，2016：47）。昆山经济技术开发区属于这种治理模式；在2002年与虎丘区合并之前，苏州高新技术产业开发区也是这种治理模式的代表。

2. 企业主导型治理模式

企业主导型治理模式一般是利用独立的经济组织，如开发公司来管理开发区。地方政府一般会赋予开发公司较多的权限，由开发公司具体实施区内的土地规划、基础设施建设、开发利用及区内企业所需要的各种服务，并实行自负盈亏（宋宏，2016：48），从而推动开发区的尺度重组与地域重构。

相较于政府主导型治理模式，企业主导型治理模式的开发区没有政府管理成本，前期有更高的开发效率。但由于开发区没有行政管理机构，在征地、规划、项目审批和人事等方面没有行政职权，协调能力不强，在发展过程中受到许多方面的制约。有些开发区逐步演变成了开发公司与管委会共同发挥作用的政企协作模式，既保留开发公司的投资建设功能，又增加管委会的经济社会管理职能，实现了功能分工和政企分开（宋宏，2016：46）。在实践中，采用企业主导型治理模式的开发区数量不少，典型的如深圳蛇口招商工业区，上海漕河泾新兴技术开发区、闵行经济技术开发区、浦东金桥出口加工区以及深圳科技工业园等。

3. 政企协作型治理模式

政企协作型治理模式是介于政府主导和企业主导之间的一种模式。其组织设计的基本理念是试图综合两种模式的优点，实现资源配置和公共管理的优化。根据政府与企业结合的紧密程度和企业资本来源，这种模式可以具体划分为两类：政企合一型和政企分开型。

在开发区尺度重组与地域重构过程中，政企合一型模式的形成，一般是先由市政府设置管委会进驻开发区，然后在管委会的领导下组建发展总公司。在权能配置上，公共决策、职能管理和公共服务工作由管委会履行，下设发展总公司负责开发区内的基础设施和开发建设。两者在人员安排上往往是相互兼职，即管委会主任与发展总公司总经理合一，"两块牌子，一套人马"。在政企分开的开发区治理过程中,管委会作为地方政府的派出机构行使政府管理职能,但不运用行政权力直接干预企业的经营活动,主要负责开发区宏观管理、监督协调和公共服务。开发公司以独立经济法人身份按照市场原则运作,对企业的经营管理负全权责任。这是一种政府行政权与企业经营权较为合理分离的治理模式,也为中国大多数开发区所采用(黄建洪,2014:64),典型的如宁波大榭开发区、苏州工业园区等。

4. 委托管理型治理模式

委托管理型是指规模比较小的开发区可能由于缺乏经验等原因,委托国内某知名或富有经验的开发区或产业园进行管理运作,并根据合同约定分享利润或成果。该模式的优点是开发区管委会只需要非常简单的组织结构,管理成本极低,但缺点是管理和开发业务的权限大部分授予别人,管委会存在失控的风险。四川绵阳开发区就曾经委托成都倍特高新技术产业开发区进行管理与开发(宋宏,2016:52)。

5. 协治型模式

协治型模式一般适宜于一区多园和一域多区涉及多部门、多行政层级的开发区。协治模式有利于协调不同园区、功能区、行政区因区域共存而体制相异产生的内耗,有利于协调多部门、不同层级行政职能部门因对同一开发区的管理而产生的摩擦(宋宏,2016:52-53)。成立于2000年的天津滨海新区,便横跨多个行政区、产业区、技术产业区、保税区和经济技术开发区,其管委会在新区地域建构过程中的职能主要是组织、协调和推动,不拥有行政职能(黄建洪,2014:65)。

(二)开发区治理模式的简要比较

不同治理模式的开发区在尺度重组和地域重构时,会设置不同的再地域化行动者,尺度化过程各有差异,治理主体的权能大小和发挥作用程度也各不相同。在政府主导型尤其是管委会主治型的开发区中,城市政府通过管委会这一派出机构对开发区进行管理。相对于其他治理类型,地方政府对开发区的干预度比较高,对开发区的直接控制力比较强。在政企协作型治理模式当中,诸如开发公司等企业加入了开发区的治理架构,政府将部分权能赋予了这些企业,作为城市政府派出机构的管委会的职能相对缩小了。至于企业治理型模式,没有了管委会这一非正式的政治尺度组织,开发区内的行政权力和权威相对较弱,政府对于开发区的直接控制力度也更低。在委托管理型治理模式下,开发区将管理和开发的大部分权限都授予别人,管委会自身与企业的结合较难体现,政府失控的风险也比较高。此外,协治型模式因为涉及一区多园、一域多区等现象,其治理结构更复杂,也更不可控。

不同的开发区治理模式各有千秋,同一开发区的治理模式也不是一成不变的。在开发区的区域建构过程中,其治理模式会随着开发区的生命周期阶段、地域时空特点、战略规划导向等,因时因地地发生转变。这个过程往往会伴随着地域边界的重划、多元主体的共同参与、政治尺度在不同方向上的转移。有时是不同模式之间的转变,有时则仅在原模式框架之内进行权力尺度更改、机构部门增减或政企关系调整。但无论治理模式如何变化,其背后总是存在着一定的变迁逻辑与解释机制。为了详尽地探究不同开发区治理模式在尺度重组与地域重构中的不同变迁及其背后的逻辑,下文将结合政府主导型、企业主导型、政企协作型治理模式的典型案例进行仔细剖析。

第三节　政府主导型治理模式的变迁及逻辑

在政府主导型的开发区中,本节选取青岛西海岸新区作为案例进行阐述。值得注意的是,虽然现在的青岛西海岸新区是较为典型的政府主导治理的开发区,但在其设立之初,西海岸新区的前身——青岛经济技术开发区采取的却是企业治理型模式①。其间,青岛经济技术开发区经过了设立管委

---

① 2014年,青岛西海岸新区成立,但并没有取消青岛经济技术开发区。青岛西海岸新区包含黄岛区全域,其中北部6街道与王台(含黄山经济区)、灵山卫街道办事处(含积米崖港区)为青岛经济技术开发区。从历史渊源、发展基础等方面来看,把青岛经济技术开发区与西海岸新区"串"在一起进行分析,不仅有现实的根据,而且可以更好地说明治理模式的变迁及其逻辑。

会、并区扩容、政区合一等一系列尺度化过程,才最终确立了青岛西海岸新区管委会(黄岛区政府)现今的组织架构与权能设置。

一、青岛西海岸新区的历史与区位条件 ▶▶

　　青岛处于胶东半岛东部,濒临黄海,隔海与朝鲜半岛相望。在行政区划上,青岛市东北与烟台市毗邻,西与潍坊市相连,西南与日照市接壤,共辖7个区,代管3个县级市。早在5 000多年前的大汶口文化时期,青岛西海岸的区划内就有人类生活繁衍。春秋时期,境内有琅琊、安陵两个城邑。战国初越灭吴后,于公元前468年迁都琅琊,南部沿海一带均属越。后来越又败于楚,地属楚。战国后期,地域全部属齐。到了秦统一六国后,将此地域设为琅琊郡。汉代承袭秦制,并且增设琅琊国、柜县等治于境内。晋时,此地设为琅琊省,隋复置为琅琊县。唐代又裁,西海岸新区的行政区划区域便分属胶州、诸城。在此之后,废置千余年①。

　　现在的青岛西海岸新区位于胶州湾西岸,与青岛市主城区隔湾相望,囊括了青岛市黄岛行政区的全部行政区域,恰处青岛市东、南部沿海,陆域面积约2 096平方千米,海域面积约5 000平方千米,中部为海积平原,西、北为山地,全区地形西高东低②。处于京津冀和长三角两大都市圈之间、环渤海经济圈南缘,是山东半岛蓝色经济区的核心地带,也是黄河流域主要出海通道和亚欧大陆桥东部重要端点。青岛西海岸新区的区位条件、科技人才、海洋资源、产业基础、政策环境等综合优势明显,具备在整个城市中承接资本流动、进行尺度重组与地域重构的基础,可塑性很强。

---

① 黄岛区史志办.黄岛概况—历史沿革[EB/OL].(2012-11-07)[2018-09-08].http://qdsq-hd.qingdao.gov.cn/n18831987/n18832038/151204143533773837.html.

② 国务院.国务院关于同意设立青岛西海岸新区的批复(国函〔2014〕71号)[EB/OL].(2014-06-09)[2018-09-08].http://www.gov.cn/zhengce/content/2014-06/09/content_8870.htm.

二、青岛西海岸新区的尺度重组与地域重构过程 ▷▷

　　青岛西海岸新区的前身是青岛经济技术开发区,是经国务院批准设立的首批14个国家级开发区之一。1985年3月28日,青岛西海岸新区正式动工兴建。开发区最初只是一些零散渔村,规划面积为15平方千米,仅是黄岛区的一小部分。在初始阶段,设立了青岛市经济开发公司作为空间生产的"启动器",因此其治理模式为企业主导型。开发公司属于市政府直属的区县级单位,具有独立法人资格,负责开发区初期的区域建构,并受市政府委托对开发区的尺度重组和地域重构实行统一管理。也就是说,开发区的开发建设与经济管理权均掌握在开发公司手中。其编制核定为80人,内部设置了办公室、政治工作部、企业管理部、贸易部、土地开发部、房屋建设部、群众工作部、计划财务部、投资咨询部等工作部门①。开发公司逐步启动了区内的商品、资本、金钱、信息等各种"流"在其地理空间内的移动、扩张,将原本的村庄和荒地等相对静止的空间进行调整、转型、再创造,使得开发区的尺度重组和地域重构成为"有可能的事件"。但是,这种企业主导型的治理模式仅仅维持了两年,开发区内就出现了作为政府派出机构的管委会,青岛经济技术开发区的治理随之步入了政企协作时期。

　　1986年3月,青岛经济技术开发区设立了管理委员会,作为市政府的派出机构,受市政府委托,对开发区实行统一领导和管理。管委会内部设置了办公室、研究室、规划建设处、政治工作处、计划经济处、财政处、接待处及开发公司财务部、投资咨询部等工作部门。青岛市经济开发公司被保留下来,独立核算,自负盈亏,不再代行行政职能。在这个阶段,青岛开发区的治理模式由企业主导型变成了政企协作型。而且,开发区管委会的出现,标志着青岛市向开发区的权力下放。此时,管委会成为尺度下移的载体。获得了对开发区的管理权后,管委会便开始在开发区的尺度重组与地域重构过程中发挥实质性作用。不过,政企协作治理模式同样没有维持很久,开发区的

① 黄岛区史志办. 第十七编黄岛区人民政府·青岛经济技术开发区管理委员会［EB/OL］.（2015－01－14）［2018－09－08］.http://qdsq-hd.qingdao.gov.cn/n18831987/n27695118/n32205302/151223214244548076.html.

尺度体系就又一次发生了变动——开发区管委会与黄岛区政府进行了尺度合并，成了正式的政治尺度组织。由此，开发区的治理模式进入了政府主导阶段。

1993年，根据省政府、市政府关于"将青岛经济技术开发区扩展到黄岛全区"和"开发区与黄岛区体制合一"的决定精神，按照"精简、统一、高效和政企分开"原则和建立"小机构、大服务"的全新管理体制要求，市编委批复了《青岛经济技术开发区、黄岛区体制合并与机构改革方案》，将市委经济技术开发区工委与黄岛区委、青岛经济技术开发区管委会与黄岛区政府、市纪委经济技术开发区工委与黄岛区纪委合并，形成了"一套班子，两块牌子"的设置①。在此之后，开发区的治理主体其实与正常的区一级政府无异了，各种功能俱全，开发区走向了政府主导型的治理模式。黄岛区政府在开发区空间生产过程中作为正式的尺度组织，领导、组织和具体实施开发区内的各项管理和建设工作，并将这种体制一直延续至今。体制合并后，管委会也就是区政府的机构设置增至16个。此外，还包括党校、项目促进中心（加挂外商投资服务中心的牌子）、大项目办公室、接待办公室、广播电视中心、镇街企业服务中心等区直属事业单位。区下辖办事处（镇）有珠山办事处（承担原区街管理局的行政职能）、黄岛镇、薛家岛镇、辛安镇及柳花泊镇等②。

除了作为刚性尺度工具的正式尺度组织，青岛市还运用区域规划作为柔性尺度工具来促进开发区的尺度重组与地域重构。在对上轮城市总体规划进行适时调整修订后，青岛市在《青岛市城市总体规划（1995年—2010年）》中将《青岛经济技术开发区（黄岛区）总体规划（1995年—2010年）》作为一个重要部分，对开发区的区域建构进行了较为全面的规划。在这一

---

① 黄岛区史志办. 第十七编黄岛区人民政府·青岛经济技术开发区管理委员会［EB/OL］.（2015-01-14）［2018-09-08］.http://qdsq-hd.qingdao.gov.cn/n18831987/n27695118/n32205302/151223214244548076.html.
② 黄岛区史志办. 第十七编黄岛区人民政府·青岛经济技术开发区管理委员会［EB/OL］.（2015-01-14）［2018-09-08］.http://qdsq-hd.qingdao.gov.cn/n18831987/n27695118/n32205302/151223214244548076.html.

阶段，建构的主要目标是：在下个世纪中叶前，用20～30年的时间将青岛经济技术开发区建设成为经济发达、功能完善、设施齐全、环境优美，以港口、商贸为主体特色的沿海开放型新城区。同时，还提出了要构筑合理的城市总体布局结构，按照适度分散、相对集中的原则，处理好各区块的空间关系；按照突出区块特色的原则，科学合理地安排城市总体功能的各项要素；以基础设施现代化为目标，按照城市发展基础先行的原则，高度重视交通、能源、水源等制约城市发展的工程规划；大力促进社会文明，以提高社会水准为目标，按照社会事业全面优化发展的原则，为建设既有现代化功能，又有深刻文化内涵的城市创造条件。总之，从开发区的性质、主导功能与发展目标，到开发区的海岸带功能规划、岸线规划、城市绿化、居住建设、交通邮电等都给出了详尽的指导意见。

1996年和2003年，开发区的地域范围发生了两次大的变化，总面积也随之扩展至274平方千米。相应地，1996年和2005年，市委、市政府分别进行了两次开发区管理体制和党政机关部门调整。调整后经济技术开发区的基本管理框架是：管委会和区政府适当分开，各有侧重。管委会主要负责开发区的经济发展、外经外贸、招商引资、协调服务和城市建设等事务，黄岛区政府则主要负责本行政区域的城市管理、市场监管、劳动和社会保障、社会治安、社会事务、公共服务、农村经济等。在干部编制上，规定了工委书记、区委书记与区长可以分设，适当时候也可以一人兼任，管委会主任可由工委书记兼任，适当时候也可以分设。另外，还下放了工商、食品药品监督、质量技术监督、规划、环保、广播电视6个垂直管理部门的干部人事管理权限（王亚林，2009）。根据市委对管委会和区政府机构调整方案的批复，管委会和区政府共设有工作部门18个，部门管理机构1个，派出机构（街道办事处）6个。

2010年之后，《青岛市城市总体规划（2011—2020）》中重新给青岛市开发区拟定了新的发展定位——"西岸城区"。青岛市希望开发区在城市整体空间活动中扮演的角色更加多样化——国际集装箱枢纽港与自由贸易港区、临港产业配套和海洋装备先进制造业基地、海洋经济国际合作先导区、滨海旅游度假区、影视文化基地以及西海岸港航商务与金融商务中心等。2012年12月,因为胶南市并入黄岛区,开发区原本的尺度演变趋势突然中断。一开始,开发区的版图没有发生变动,成了新黄岛区的一部分。开发区不再与黄岛区一套机构、两块牌子,而是在相关政策框架内相对独立运行,自主发展。2013年2月,受黄岛区政府委托,青岛经济技术开发区开始管理长江路街道、黄岛街道、薛家岛街道、辛安街道、灵珠山街道、红石崖街道、灵山卫街道(含积米崖港区)、王台镇(含黄山经济区),以及隐珠街道长城村等10个村(前湾保税港区、保税功能拓展区和西海岸出口加工区除外)。

　　2014年6月,国务院批复同意设立青岛西海岸新区,新区范围囊括了黄岛区的全部区域。青岛西海岸新区的经济总量排在上海浦东新区和天津滨海新区之后,在国家级新区中位列第三。青岛经济技术开发区凭着自身良好的发展态势,以国家级新区的新姿态,开始了战略定位更加高远的空间生产活动。青岛西海岸新区与黄岛区再度合并后,实行一套班子、两块牌子的管理体制,西海岸新区管委会和区政府的办公地址还在原开发区办公大楼。为方便民众办事,西海岸新区在东西城区都设立了行政审批中心和相应的服务机构。在目前的机构设置中,黄岛区政府的工作部门包括区政府(管委会)办公室(挂区人民政府法制办公室牌子)、区发展和改革局、区工业和信息化局、区教育体育局、区科学技术局、区监察局、区民政局、区司法局(挂区社区矫正管理局牌子)、区财政局、区人力资源和社会保障局、区城市建设局、区国土资源和房屋管理局(挂区不动产登记局牌子)、区交通运输局、区农村经济发展局等共计27个职能部门。区政府派出机构包括各街道办事处、青岛西海岸国际旅游度假区管理委员会、青岛海洋高新技术产业开发区管理委员会、西海岸现代农业示范区管理委员会、青岛西海岸交通商务区管理委员会。此外,还有省、市政府或其工作部门的派出机构,如青岛前湾保税港区管理委员会、市环境保护局黄岛分局以及市公安局黄岛分局[1]。也就是说,西海岸新区管委会(区政府)的管理部门进一步增设至

---

[1] 青岛西海岸新区政务网.黄岛区政府(西海岸新区管委)机构设置表[EB/OL].(2018-08-28)[2018-09-08].http://www.huangdao.gov.cn/n10/n27/n31/n35/170911103115361540.html.

27个。这也从另一个侧面说明,西海岸新区的管理权限与事务在不断增多。

山东省委省政府、青岛市委市政府在青岛西海岸新区的区域建构中,沿用了柔性尺度工具,制定了《青岛西海岸新区建设发展三年(2017—2019年)行动计划》,确定了新区"一个主题、两大战略、三大任务"的发展定位,即以海洋经济发展为主题,承接海洋强国战略、军民融合战略,在全国担当海洋强国战略新支点、在全省担当对外开放桥头堡、在全市担当创新发展排头兵。最新行动计划的三年发展目标是到2019年地区GDP年均增长12%左右,公共财政收入年均增长9%,海洋生产总值年均增长15%,固定资产投资年均增长12%,服务业比重达到55%,全面完成生态环境质量各项约束性指标等。

在青岛西海岸新区总体规划中,还明确提出了创新行政管理体制的要求:要研究赋予新区省级经济社会管理权限,探索建立与新区建设发展相适应的机构精简、职能综合、结构合理、运行高效的行政管理体制,实行扁平化管理,精简审批程序和环节,建立公开透明、规范便捷的审批制度,经济功能区要承担起开发建设和经济发展,社会事务则可由区内街道(镇)管理,以提高整体行政效能。在经济技术开发区转变为国家级新区的新阶段,西海岸新区不仅重新完成了与黄岛区的尺度合并,更是与青岛市乃至山东省有了更多的尺度重叠——较低的尺度等级拥有了较高尺度的某些权力和特性(殷洁等,2013a)。同时,新区所承担的创新管理机制、提高行政效能等任务,意味着西海岸新区虽然拥有正式的尺度组织,但仍不同于一般的行政建制,它的尺度重组与地域重构过程并未完结。

三、西海岸新区治理模式的演变逻辑 ▶▶

(一)区域协调发展之需

西海岸新区(包括其前身)从设立之初到发展至今,一直被寄予厚望,在区域发展战略中扮演了重要角色。青岛市在空间总体布局、城市发展建设以及社会一体化构建等方面都为开发区做出了详细规划,给尺度重组与地域重构描绘了极具前景的发展蓝图。开发区在设立之初实行企业型治理模式,主要是因为公司化运作责任明确、成本收益便于计算,管理效率较高。大量的开发建设业务通过市场化方法解决,包括利用公司平台进行项目融资,有利于提高开发区建设的速度和效益。随着开发区空间生产和区域建构的发展,开发公司不具备行政资格和相关权力,但要履行一定的行政职能,导致开发公司及其行为的合法性存疑。同时,作为营利性经济实体的开发公司对开发区进行管理,往往偏重于经济事务,而相对忽视社会事务,经济与社会的发展难以协调兼顾。于是,青岛市政府设立了青岛经济技术开发区管理委员会,作为市政府的派出机构,对开发区实行统一领导和管理。由此,开发区变为政企协作型的治理模式。

管委会作为地方政府的派出机构行使政府管理职能,主要负责开发区宏观管理、监督协调和公共服务,开发区公司以独立法人身份,按照市场经济的原则运作。在这一阶段,政企协作型作为一种政府行政权与企业经营权既相互分离又相互合作的治理模式,在青岛开发区的建设中发挥着重要作用。但随着开发区范围的进一步扩大和功能的日益多元化,开发区进行了行政合并式调整,其管理体制从准政府体制向行政区体制转化。

事实上,问题的关键并不在于形式上体制是否合一,而在于开发区本身的实际职能是否完备,是否能满足区域协调发展之需。青岛开发区在与黄岛区政府进行体制合一前,两者的职能重点和管理体制各不相同,两者的利益取向难免存在差异,很多社会事务难以协调。例如,因公交线路断档等问题导致冲突不断,造成了严重的内耗。同时,由于对土地、港口、旅游等资源的分割,区内许多新项目、大项目难以合理安排,使得区域范围内的资源潜力与功能优势难以得到集约化利用,不能实现效益最大化。这无论是对开发区,还是对黄岛区来说,都会产生较大的负面影响(冷静,2005)。政区合一后,开发区对外开放的空间扩大,两者在人才、劳动力、土地、基础设施、招商引资等方面的优势得到了互补,减少了区块间的摩擦,提高了行政效率。同时,两区的优势得以有机结合,整个新区成为一个集多项政策功能于一体,集行政事务、经济事务、社会事务于一身,贸工农等门类齐全的综合性区域,具备了一般开发区和行政区不可比拟的优势,为建设现代化国际新城区创造了必要条件。

（二）西海岸新区的战略转变与使命承接

2014年,青岛经济技术开发区升级为青岛西海岸新区后,国务院明确了山东省政府对西海岸新区的领导地位,这就和以前市政府委托管理开发区有了很大的不同。2018年1月,新区条例实施,青岛西海岸新区正式行使省级权限。尺度上升是国家级新区普遍存在的一个现象。比如,浦东新区和天津滨海新区虽是直辖市的城区,但其行政级别比其他城区高半级,即副省级;重庆的两江新区虽不是行政区,但是新区领导为副省级干部;其他如舟山新区、南沙新区、西咸新区等,都是行政管理区,行政级别虽为地厅级,但其管理权限都为副省级。西海岸新区成为国家级新区后,虽然还是与黄岛区实行"一套班子、两块牌子"的管理体制,但西海岸新区管委会主任是副省级干部。同时,《国务院关于同意设立青岛西海岸新区的批复》中明确指出,山东省政府"要认真做好青岛西海岸新区发展总体规划的编制工作,规划建设必须符合土地利用总体规划、城市和镇总体规划、海洋功能区划、环境保护规划、水资源综合规划等相关专项规划的要求",这便明确将新区的发展规划权上移到了省政府的手中。

与其他一般的开发区相比较,青岛市经济技术开发区和西海岸新区的尺度重组与地域重构过程更复杂一些。它的政治尺度变化与权限转移方向不是单向的,而是先后经历了由青岛市政府向开发区管委会的尺度下移、管委会与黄岛区政府横向的尺度合并,以及西海岸新区成立后的部分尺度上移(比如规划)和下移(省级管理权限下放)。作为担负区域经济社会发展的重要载体,为了承担新的战略使命任务,国家级新区实现了辖域内行政关系的重构(王佃利等,2016)。在西海岸新区的区域构建过程中,其政府职能和尺度关系需要不断根据具体发展情境进行调适。只有科学地确定职能和尺度关系,才能保证机构设置的精简高效,以及治理体系和治理能力的现代化。西海岸新区由经济技术开发区变为国家级新区,由于承接新的历史使命而继续进行尺度重组与地域重构,是开发区转型的一种典型案例。这种转型,需要尺度组织具有更宽广的发展视野、更长期的空间布局、更优质的公共服务。因此,在西海岸新区的治理模式演变中,自上而下的战略承接与国家赋予新的重大使命,是其变化过程中的又一重要逻辑。

第四节　企业主导型治理模式的变迁及逻辑

企业主导治理的开发区包括国企治理型、外企治理型、联合治理型等几种不同的细分模式。本节选取企业治理型模式中最为典型的一个案例——上海漕河泾新兴技术开发区进行分析。

一、上海漕河泾新兴技术开发区的地理区位与发展定位 ▶▶

上海漕河泾新兴技术开发区是国务院批准设立的经济技术开发区、高新技术产业开发和出口加工区。它的前身是启动于20世纪80年代中期的上海市漕河泾微电子工业区,那时的初始规划面积为5.98平方千米。如今,漕河泾开发区规划面积已达14.28平方千米。漕河泾开发区的地理位置位于上海市西南部,地跨徐汇区和闵行区两个行政区,东至桂林路,南邻漕宝路,西到新泾港,北毗蒲汇塘。开发区附近设有徐家汇休闲、购物广场及娱乐中心等。上海火车站南站、虹桥机场均距离开发区不远,多条地铁线在开发区内均有站点,还有中环线作为城市快速路横穿开发区,快捷地连接着每一条进出上海的主要高速公路和其他城市快速路[①]。可见,漕河泾开发区处于一个便捷优越的地理位置,不管是区内还是周边的公共交通网络都较为完善。

1988年6月7日,国务院批复同意上海将漕河泾微电子工业区扩建为漕河泾新兴技术开发区。1990年,上海市九届人大常委会第17次会议通过

[①] 上海漕河泾新兴技术开发区网.今日漕河泾—区域位置[EB/OL].[2018-09-08].http://www.caohejing.com/item/default.aspx?f=2&s=7&t=11.

了《上海市漕河泾新兴技术开发区暂行条例》,明确了开发区的主要任务、管理体制、开发基金、优惠政策、人才管理和环境保护等内容。《暂行条例》指出:"开发区是新兴技术的研究、开发、中试、生产、经营、培训的综合性基地。"在这样的定位下,漕河泾开发区在上海发展中承担的主要任务包括:引进国内外新兴技术,兴办新兴技术企业;将新兴技术成果转化为工业化产品并推广应用;促使新兴技术企业运用开发区条件不断研究、开发、更新技术和产品,在技术进步的基础上扩大再生产;跟踪国际新兴技术发展进程;培训中高级专门人才等。同时,《暂行条例》对开发区要发展的新兴技术及其产品的范围做出了规划和界定,对新兴技术企业进行了详细的定义和规定,包括微电子与信息技术产品,光纤与现代电子通信技术产品,光机电一体化技术产品,激光、生物工程、新材料、新能源、节能技术及其产品,航天技术以及其他新兴技术产品等。

二、上海漕河泾新兴技术开发区的尺度重组与地域重构 ▷▷

(一)上海漕河泾新兴技术开发区的地域重构历程

三十多年来,虽然漕河泾开发区的地理边界不断拓展、重组,但与大多数国家级开发区不同的是,漕河泾开发区没有通常意义上的"管委会",而是将"开发总公司"作为区域建构的平台,从事开发区的基础设施建设、资金的筹集和运用以及土地开发等工作,较为出色地承接了资本的地域化与再地域化过程。

上海漕河泾新兴技术开发区的前身——上海市漕河泾微电子工业区,是我国当初14个沿海经济技术开发区中唯一以引进外资、引进国外先进技术、发展高技术产业为主要任务的开发区(韩睿思等,2016)。1991年,它被批准为全国首批国家级高新技术产业开发区。2003年3月,国务院同意在浦江高科技园内设立上海漕河泾出口加工区,并于11月由国家八部委联合验收并授牌。2004年7月,经国务院同意,国家商务部、国土资源部、建设部联合发文,批准漕河泾开发区在闵行区浦江镇扩地发展,建设8.3平方千米的浦江高科技园。扩建之后,漕河泾开发区的总面积达到了10.7平方千米,其中有9.4平方千米为高科技产业区,其余为综合配套区,而出口加工区的位置就在园区北面,占地约为0.9平方千米。扩建后的浦江高科技园重点发展信息产业、新材料、环保新能源等产业。2009年,开发还获批成为国家生物医药产业基地、上海高新技术(新能源)产业基地和上海市生产性服务业功能区(郭霞,2011)。

漕河泾开发区由于本部良好的运作,催生了很多的分区。2008年,漕河泾开发区在松江区的拓展项目——上海漕河泾开发区松江高科技园首期9万平方米科产楼建成并投入使用。2009年,又成立了漕河泾开发区海宁分区。这是沪浙共建的合作园区,规划面积15平方千米,重点发展电子信息、先进装备、新能源、新材料等先进制造业和现代服务业。同年,还建设了漕河泾开发区盐城分区,作为漕河泾开发区和盐城经济开发区的合作园区。盐城分区的规划面积为10.5平方千米,重点发展新能源汽车及零部件、新光源和新能源装备制造、生产性服务业和区域总部经济三大产业。康桥园区一期于2011年底开工建设,2013年底竣工;园区二期于2012年底开工建设,2015年竣工。康桥园区位于新浦东核心地带,地处虹桥、浦东两大航空枢纽以及金融、航运两大功能区轴心交汇处。此外,还有于2012年7月被列入奉贤区重大工程项目的南桥园区,总规划用地面积约为1.13平方千米。园区结合奉贤区产业定位,重点发展战略型新兴产业和现代生产性服务业,依托临港和漕河泾的优势品牌,引进符合园区产业定位的核心企业,打造上海市创新型精品园区(陈子君,2013)。这些不同的分区,与国务院批准的漕河泾本部区域和浦江高科技园,共同形成了"一区六园两分区"的发展格局。

在开发区地域范围不断重构的同时,上海市有关部门十分注重加强城市基础设施建设,为开发区提供并不断完善供电、供水、排水、供气、通信、道路养护、仓储、运输、生活服务等设施,以加强区域建构的一体化。银行、保险、邮电等部门均在开发区内设立分支机构,加强了开发区内的经济社会联系,并在开发区地域重构中发挥了重要作用。开发区还有在市财政局专户储存、专款专用,并单独进行会计核算和结报的开发基金。用于建设开发区的基础设施、生活服务设施、改善投资环境等的基金,由开发区总公司根据市人民政府批准的投资规模,编制年度用款计划,经财政部门审核后按计划拨款使用。

《上海市漕河泾新兴技术开发区暂行条例》鼓励在开发区内投资兴建符合本市新兴技术工业发展规划的项目,鼓励在开发区内投资举办旨在推广应用新兴技术及其产品项目的设计、开发、中试、制造服务的企业事业单位,新兴技术创新发明中心,以及与发展新兴技术工业相关的加工装配出口、进口替代企业。开发区内可以举办从事新兴技术研究、开发、中试、生产、应用、服务或与其配套的各类企业事业单位,包括中外合资经营企业,中外合作经营企业,外资企业和全民所有制、集体所有制企业事业单位,私营企业,以及个体的研究、开发、制作、经营户。

总体上,漕河泾开发区极好地承接了资本的地域化与再地域化。2017年,园区经济指标继续全面上扬,所有关键指标均取得两位数以上增长,其中地区GDP达到1 133亿元,同比上升14.3%;营业收入为3 240亿元,同比上升10.5%;利润总额为316亿元,同比上升14.5%;进出口总额为96亿美元,同比上升14.8%;税收总额为140亿元,同比上升33.3%,发展势头十分强劲。在经济强劲增长的同时,开发区产业结构继续优化,第三产业收入达2 430亿元,同比上升13.9%,占到开发区总收入的3/4。行业布局也更加均衡,重点行业发展稳定,第三产业增加值完成943亿元,同比上升16.3%。项目引进平稳且保质保量,进口、出口总额也分别同比增长26.4%和6.6%[①]。在上海市开发区的各项评比排名中,漕河泾开发区在发展与效率指标方面一直名列前茅。

(二)漕河泾新兴技术开发区的治理模式与尺度关系

漕河泾新兴技术开发区从成立之初就实行"人大立法、政府管理、公司运作"的创新模式,是上海第一个没有政府管委会的开发区,也是全国为数不多的不设管委会、采用企业化运作的开发区。所谓企业治理型开发区,指

---

① 新浪财经.上海市漕河泾新兴技术开发区发展总公司2018年度跟踪评级报告[EB/OL].(2018-06-26)[2018-09-08].http://quotes.sina.com.cn/bond/view/announcement_show.php?id=8199572.

的就是采用董事会领导下的经理负责的管理体制。在这种治理模式下，开发区被看作一个独立经营管理的公司。这个公司是拥有独立法人地位和权利的经济实体，领导公司的一般是政府调控下的董事会或者理事会，董事会或者理事会制定园区发展的大政方针，日常管理和经营业务则由职业经理人负责。

　　早在1990年的《上海市漕河泾新兴技术开发区暂行条例》中，开发区的权力体系架构就得以明确。开发区成立之初设立的上海市漕河泾微电子工业区开发总公司，归口上海市国资委系统，为临港集团下属核心企业，后更名为上海市漕河泾新兴技术开发区发展总公司。该总公司作为园区的开发者、管理者，负责开发区建设区域内的基础设施建设和各项业务，管理区内的经济活动，提供开发区内的企业所需的服务。简单来说，就是"没有管委会、公司制经营、市场化运作"的管理模式。总公司根据《上海市漕河泾新兴技术开发区暂行条例》和经批准的开发区发展规划，从事开发区的基础设施建设、资金筹集和运用、土地开发和土地使用权转让、房产经营等工作，并行使市政府授权的开发区部分管理职能。开发区发展总公司是实行独立核算、自负盈亏、为开发区发展和区内企业事业单位服务的企业，享受新兴技术企业的优惠待遇。开发区发展总公司可根据业务需要在开发区内建立有关专业公司。

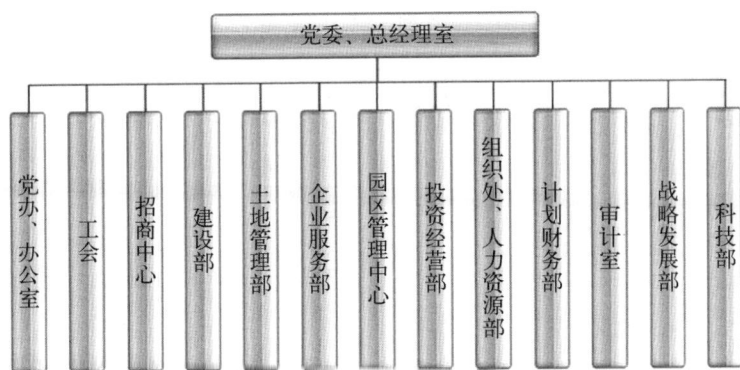

图9.16　漕河泾新兴技术开发区发展总公司的机构设置

资料来源：上海漕河泾新兴技术开发区网.今日漕河泾—公司介绍—机构设置［EB/OL］.［2018-09-08］.http://www.caohejing.com/item/default.aspx?f=2&s=8&t=17.

虽然开发区发展总公司在开发区空间生产中承担了基础开发与经营运作职能,但它仍然只是开发区的非正式尺度组织。采取企业主导型治理模式的漕河泾开发区,其正式的政治尺度组织是上海市政府。《上海市漕河泾新兴技术开发区暂行条例》明确规定,全面领导开发区建设和发展的主体是上海市人民政府。《条例》规定,上海市人民政府各部门应本着高效、负责的原则,在开发区内行使各自职权。具体说来,上海市人民政府主管外国投资工作的部门是开发区的管理机构。上海市科学技术委员会、上海市经济委员会、上海市城市规划建设管理局、上海市财政局、上海市税务局等市政府相关部门在开发区内行使各自的职权,处理各项行政事务。此外,《上海市漕河泾新兴技术开发区暂行条例》还明确了上海海关、上海进出口商品检验局及其他有关部门要在开发区内设立工作机构。

在与其他尺度组织的关系上,开发区内也有街道办事处,但它们是由所在城区政府设置的。1990年12月,徐汇区政府在漕河泾开发区的所属区域成立了虹梅街道。并且,徐汇区也可以根据需要在区内设立有关机构的派出机构。徐汇区人民政府负责开发区内的公安、消防、文化、教育、卫生、绿化、工商行政管理等区政工作(刘兴邦,2013)。这些基础要素都是开发区完成地域重构不可或缺的。由于漕河泾开发区实行公司运作模式,虹梅街道负责的主要是社会管理职能,其他大部分公共管理职能还是由上海市和城区政府相关部门承担。

随着开发区空间体量逐渐增加、涉及行业日渐广泛、企业性质日趋多样化,政府各部门、开发区发展总公司及区内企业之间的沟通协调工作也日趋复杂化。于是,徐汇区政府与开发区发展总公司成立了徐汇区人民政府和漕河泾开发区合作综合协调办公室,作为履行政府职能、服务开发区的沟通平台。"综协办"实行双主任制,由徐汇区和开发区总公司各派一名干部担任(刘兴邦,2013)。2005年,徐汇区方面的综协办主任由虹梅街道党工委书记兼任,从而将地域构建中的开发区管理与街道办管理统合在了一起。此外,由于开发区地跨徐汇、闵行两区,总公司还与这两个行政区联手,探索了"区区合作"共建机制,在招商引资、财税落地、市政建设、环境保护、区域管理等方面紧密协作,以空间经济发展为纽带,实行功能互补、利益共享,以形成长期的、良好的区区合作共建关系。

虽然漕河泾开发区发展总公司在形式上作为一个治理主体,在开发区的区域建构中发挥了开发建设、招商引资等不可替代的作用,但是开发区的全面领导权、资源调度的最终决定权还是掌握在上海市政府手中。同时,在漕河泾开发区的再地域化进程中,徐汇区、闵行区人民政府也承担了部分职能,且其作用随着空间生产活动的日益复杂而逐渐增强。"综协办""区区共建机制"等的设置和运作,很好地说明了这一点。也就是说,在上海市漕河泾开发区的尺度重组与地域重构过程中,实行由发展总公司作为领衔主体的企业主导治理模式。而在此基础之上,市政府、相关区政府作为不同的政治尺度组织对开发区进行交织刻画,共同为开发区空间生产和区域建构搭建权力网络与秩序平台,即上海市政府全面领导漕河泾开发区的建设和发展;市政府各相关部门在开发区内行使各自职权;徐汇区和闵行区则负责开发区内相应区域的文化、教育、卫生、环境、绿化、工商行政管理等工作。

三、漕河泾新兴技术开发区治理模式的延续逻辑 ▷▷

(一)治理模式的包容性与高绩效

在几十年的发展历程中,漕河泾开发区不断地完善了园区管理体制与治理体系。比如,健全组织架构,创新用人机制、招商引资方式、企业服务方法、投融资体制机制等。漕河泾开发区发展总公司的子公司则自下而上地从不同维度进行管理模式的创新,从而推动开发区治理绩效的持续提升。比如,上海漕河泾开发区物业管理有限公司本着成为科技型产业服务商的愿景,于2017年提出了以产业园区PnP6.0管理模式作为应对全球化、市场化和"互联网+"的方法和路径。这种管理模式的核心是以园区为核心载体,以资产管理为核心领域进行企业生态的调整、布局与升级(由杨,2017)。漕河泾物业管理公司成功开发和运用了物业管理、资产设备管理、财务管理、人力资源管理、客户关系管理等8大信息化管理系统,构成了纵向延伸、横向覆盖的信息化服务网络。

在初始的扩张时期,开发区还以"飞地"的形式将开发区版图扩张到上海市内的其他行政区,使治理主体新增了"飞地"所在园区及所在区域的政府部门。在后来的扩张时期,随着开发区跨越上海市,走向长三角的海宁和盐城,开发区的治理主体也增加了海宁市政府、盐城市政府、盐城经济技术开发区等。在开发区的融合发展阶段,开发区的发展更加注重生活环境的改善、服务的改进以及与城市的融合。治理主体也更加多元化,大学、科研机构、企业、社会中介组织、行业协会等纷纷加入(邵家营,2013)。

不过,不论形式上如何千变万化,在漕河泾开发区的本部内,占据主导治理地位的仍然是漕河径开发区发展总公司,只是治理的参与者数量增多、种类更加多元化、手段更加现代化。换句话说,漕河泾开发区的治理模式虽然发生了一些数量、手段、技术上的革新,但其治理架构并没有发生根本性变革,其变迁幅度仍然保留在企业主导型治理模式之内。正如刘兴邦(2013)认为的,虽然就现阶段来看,企业运作型模式在我国不具有广泛的适用性,但它是我国开发区未来发展的趋势。事实上,不应单纯从不同治理模式之间的相互比较这一角度来看待漕河泾开发区的尺度变迁和治理模式的变化。上海漕河泾开发区治理模式的稳定,主要是因为这一模式本身的包容性和漕河泾开发区在发展过程中呈现出的高效率共同作用的结果。

起初,漕河泾开发区实行企业主导型的管理模式,机构精简、运作效率高,有利于园区商业化和专业化开发管理,能够使开发区直接面对市场,快速筹集资金,在明确的经营目标的导向下,创造了良好的经济效益。但是,随着漕河泾开发区的不断拓展,"飞地"、分区不断增加,开发区的管理事项、社会事务日益繁杂,政府相关部门的协调力度较弱,企业作为开发主体很难从现行财税体制中获得投资补偿。于是,就激发了开发区治理手段和方式上的创新。

在实践中,有些开发区在面临区内事务逐渐增多、治理模式与空间生产效率发生摩擦时,最终没能依靠手段方式上的创新继续保持开发区的良善治理,就转而通过更改开发区治理模式、增设或改变治理主体来解决问题,比如青岛经济技术开发区。漕河泾开发区虽然历经发展变化,但较之国内的一些其他开发区,总体面积不算太大,其社会事务与企业的服务需求虽有所增加,但在企业主导型的治理框架下仍然能够得到有效的解决。再加上漕河泾开发区的外部经济环境较为稳定,市场经济秩序较为规范。因此,开发区的治理模式最终没有随着逐步深入的尺度重组与地域重构过程而延展到原框架之外。

(二)其他尺度组织对社会事务的良好承接

除了企业主导型治理模式自身的包容性以及呈现的高绩效之外,在漕河泾开发区的发展过程中,其他尺度组织对开发区内社会事务管理职能的有效承接,也是治理模式没有发生根本转变的重要原因。随着企业的竞相入驻,开发区的人口不断增加,相关社会需求随之而来,开发区的治理和协调工作越来越复杂。虽然上海市政府是漕河泾开发区尺度重组与地域重构过程中最大、最重要的正式尺度组织,但是,由它来履行日常行政任务无疑是不现实的。于是,徐汇区政府、闵行区政府等区一级正式尺度组织加入到了漕河泾开发区的社会事务管理中来。通过成立专门的合作协调办公室、区间协作等方式,为漕河泾开发区解决了许多日常社区治理需求。这便解决了漕河泾开发区企业主导型治理模式随着开发区发展而逐渐暴露出来的问题。

作为开发区,其开发功能仍然不可或缺。要优化开发建设,就要更多地由企业承担和参与开发工作,经济发达地区更应如此(钱振明,2016)。但伴随城市新区的逐渐发展和成熟,开发区产生了越来越多的社会事务,也因而产生了社会管理的需求。正是在这种情况下,漕河泾开发区通过多个正式尺度组织与非正式尺度组织的紧密配合协作,既保留了企业主导型治理模式灵活高效的特点,又通过其他尺度组织对社会事务的良好承接,顺利解决日常行政事务和社会管理工作,并展示了开发区治理模式演变的又一种可能性。

第五节　政企协作型治理模式的变迁及逻辑

政企协作型治理是同时保留政府主导型和企业主导型部分特征的"第三条道路"。在尺度重组与地域重构过程中,杭州经济技术开发区就采用过这种治理模式,即管委会和开发公司在区域建构中协同发挥作用。但随着经济社会的不断发展,杭州经济技术开发区逐渐出现了向城区一级政府转变的态势。

一、杭州经济技术开发区的历史与规划 ▶▷

(一)杭州经济技术开发区的历史地理

杭州是浙江省的政治、经济、金融、文化、科教和交通中心,也是长三角地区的副中心城市、中国重要的电子商务中心之一。杭州市的地形复杂多样,西部属浙西丘陵区,东部属于浙北平原,地势低平,河网密布,省内最大河流钱塘江由西南向东北流经全市大部分地区,具有典型的江南水乡特征。杭州经济技术开发区就位于这样一个基础条件优越、自古就被称为人间天堂的城市。开发区地理位置也十分便利,地处长江三角洲南翼,东距上海176千米、宁波153千米,北距南京306千米,东临海宁市,西靠主城区,以钱塘江为界与萧山区隔江相望。

杭州经济技术开发区所在的下沙地域,位于钱塘江北岸,旧称为"北沙"。在历史上,下沙地域曾多次淤涨坍失。钱塘江搭建简陋草棚为生的原居民被称为"沙头鸟"。清朝时期,杭州毫无保障,在潮汛来时,人人自危,似惊弓之鸟。在古时的仁和县图上,下沙地域还在江中。到了清末,随着乔司农场和余沙淤积,下沙地域逐渐形成。民国初年,开始有人在此处进行垦殖。20世纪30年代初期,萧山沙地人迁徙过江,修筑围堤,随着移民增多,下沙、高沙、头格、七格等地名相继出现。但当时江潮摆动范围很大,如涨潮时又遇狂风暴潮一起袭来,破坏堤塘,会出现大面积坍江,凄惨异常。1952年3月,钱塘江江道北移,七格至海宁老盐仓段滩地开始坍塌,至10月初,翁家埠以东宽约3000米的滩涂全部坍失。1953年3月末,翁中全坍,翁东和翁西两乡坍江近半,北沙支堤及其以东海塘遭江水冲击。当年,为保岸护塘,浙江省人民委员会制订了抢修计划,浙江省水利局及杭县、海宁县组成翁家埠海塘抢修委员会,动员群众抛石堵口,抢筑月堤,抛筑丁坝群,才及时制止了坍江,局面逐渐趋于稳定。后来,大规模缩窄江道结合围涂的工程,将杭州闸口至海宁十堡之间60千米的河道缩窄至不到4 000米,才形成了下沙地域现今的岸线①。

(二)杭州经济技术开发区的规划沿革

1985年,杭州市为了协调发展旅游业和工业的关系,根据国务院1983年批复的《杭州市1981—2000年城市总体规划》,做出了开发下沙工业区的决定。当时的规划开发期限是一期至2000年,二期至2020年或2030年。而开发区的正式成立是在1990年8月,当时名为杭州钱江外商台商投资区下沙区块。1991年制定的下沙工业区启动区块规划,占地5平方千米,位于余杭县下沙农垦场区域。1993年4月,经国务院批准,在杭州钱江外商台商投资区设立国家级杭州经济技术开发区。随后在1994年的开发区总体规划中明确,开发面积为10平方千米,外围规划控制面积为17平方千米,规划总人口27.8万人,并将该区域建设分成了5个区块:西北区块、西南区块、东北区块、东南区块和保税区,依次进行开发。1999年8月,杭州市委、市政府发文批准江干区下沙镇成建制,委托杭州经济技术开发区管理,开发区的行政管辖面积由27平方千米扩大到104.7平方千米。

进入21世纪,杭州市行政区划发生了重大调整。萧山、余杭于2001年撤市设区,成建制划入杭州市区范围。由于涉及功能的重新定位、城市重大基础设施的再布局等问题,开发区的原规划难以继续实施。2002年2月,杭州市提出了要"构筑大都市框架,加快城市化进程",形成"一主三副、双轴六组团、六条生态带"的城市新格局,实施"城市东扩,旅游西进,沿江开发,跨江发展"的城市开放发展新战略。据此,2003年3月,杭州市规划局委托杭州市规划设计研究院编制了新的下沙分区规划,并于同年10月完成送审。2005年12月,杭州市下沙城分区规划进一步进行了修改完善。与《杭州市城市总体规划(2001—2020)》中的规划期限保持了一致,近期至2010年,远期至2020年。《杭州市城市总体规划(2001—2020)》中的下沙

---

① 杭州经济技术开发区.开发区区志——第一篇设区建制[EB/OL].(2015-08-11)[2018-09-08].http://heda.hangzhou.gov.cn/art/2015/8/11/art_1383516_12768442.html.

城规划，将整个下沙城开发总面积扩容为178.08平方千米。其中，陆域面积为158.5平方千米，钱塘江水域面积为19.58平方千米。规划结构形成了"一心、两轴、四大组团"的布局结构，即下沙城公共中心，下沙乔司农场片与九堡乔司片间的南北向生态交通轴和杭州绕城公路生态景观轴，九堡组团、乔司组团、经济技术开发区组团和下沙北组团。这样，经济技术开发区就很好地融入了周边区块和整个下沙城，乃至整个杭州的城市总体规划建设中。

2007年，经国务院批复同意的《杭州市城市总体规划（2001—2020）》中，明确了下沙城作为杭州市副城的定位，下沙镇及镇西地区被规划为市级副中心。下沙新城中心区的规划与建设成为下沙城市化的主要标志，开发区从功能单一的工业区向功能多样化、综合化的城市综合分区转变。按照国际化、知识化、人文化的发展要求，下沙将布局结构规划调整为"双核、双轴、七片、放射状绿网"。2007年8月，杭州市委、市政府提出杭州经济技术开发区"主攻江东，决战江北"的三年行动计划，明确要把开发区建设成高新技术产业高度集聚、工业经济持续快速增长的国际先进制造业基地，产学研紧密结合、科技创新能力不断增强的新世纪大学科技城，城市功能配套完善、环境形象显著提升的花园式生态型杭州副城。

二、杭州经济技术开发区的区域建构与治理模式演变 ▷▷

（一）杭州经济技术开发区的地域重构

杭州经济技术开发区起源于1990年8月成立的杭州钱江外商台商投资区。投资区以钱塘江为主轴，南北向呈敞开型布局，设立了江北管理委员会和江南管理委员会。两个管委会分别对应当时钱塘江南岸萧山市的市北、桥南、之江三个区块和钱塘江北岸的下沙、江滨两个区块。杭州钱江外商台商投资区最初划定了5平方千米的启动区，属于当时的下沙地区。1992年5月，正式开工建设。当年10月，城市主干道路完工。12月，下沙连接市区的主干公路以及区内输水干管、变电所等相继投入使用。整个下沙投入基础设施建设的资金共计4.93亿元人民币①。这些早期的建设启动了开发区的空间生产,为后来的区域构建打下了良好的基础。

　　1993年4月,国务院正式批准杭州经济技术开发区成为国家级开发区,这时的开发区规划面积达到了10平方千米。不过,区域构建还是采取了循序渐进的策略。当时,5平方千米的启动区位于下沙农垦场区域。1993年4月28日举行的杭州经济技术开发区成立暨二期项目开工典礼,不但标志着开发区的正式更名,而且标志着开发区的空间生产与区域建设的进一步提速。6月,杭州钱江外商台商投资区江北管理委员会正式更名为杭州经济技术开发区管理委员会。1999年8月,杭州市委、市政府批准江干区下沙镇成建制,委托给杭州经济技术开发区管理,为开发区继续进行地域重构及其空间一体化带来了更多的机会和挑战。2001年,萧山、余杭撤市设区,成建制划入杭州市区范围后,新的下沙分区规划开始指导开发区的地域重构。2006年1月,国土资源部发布了《关于第三批落实开发区四至范围的公告》(2006年第2号),明确杭州经济技术开发区的四至范围,将其分为东区块、西区块两部分,东区块东至23号大街,南至24号大街,西至杭州绕城公路,北至6号大街;西区块东至杭州绕城公路,南至20号大街,西至1号大街,北至2号、12号大街②。至此,杭州经济技术开发区再地域化的总体范围基本确定。

　　2007年,《杭州市城市总体规划(2002—2020)》中明确了下沙城作为杭州市副城、市级副中心的功能与地位,并且又一次确认了下沙规划区的区域建构范围。定位与边界的确认,不但是杭州经济技术开发区进行再地域化、归置和发展各类空间要素的重要依据,其本身也是开发区顺利进行地域重构、在一定范围内构建社会经济网络的重要组成部分。可见,杭州经济技术开发区在不断地被重新划分、组合和确认。与此同时,区内的经济社会联系、区域建构转型、政治尺度转移、结构功能定位等也得到了不断改善。

---

① 《杭州经济技术开发区图志》编撰委员会.杭州经济技术开发区图志[M].北京:中国地图出版社,2010:77.

② 《杭州经济技术开发区图志》编撰委员会.杭州经济技术开发区图志[M].北京:中国地图出版社,2010:79-80.

（二）杭州经济技术开发区的治理模式演变与尺度重组

1991年7月，浙江省政府办公厅发布《关于杭州钱江投资区机构设置、职权范围和若干政策措施的通知》，明确了对杭州钱江投资区的9项行政授权。同时，杭州市政府正式批复建立杭州市钱江外商台商投资区北方总公司，作为政府所有的经济实体，基于有效推动基础设施建设和实施投资区滚动开发的需要，来承担开发区的具体建设及相关配套工作。1993年6月，杭州钱江外商台商投资区江北管理委员会更名为杭州经济技术开发区管理委员会后，开发区管委会作为杭州市人民政府的派出机构，正式代表市政府成为开发区的统一领导者、统一规划者和统筹建设者。同年7月，杭州经济技术开发区管委会批复杭州钱江外商台商投资区北方总公司更名为杭州经济技术开发区北方总公司。此后，总公司主要领导由开发区管委会领导兼任，管委会与总公司实行"两块牌子，一套班子"的管理体制。政企合一的协作型治理成为当时的杭州经济技术开发区明显的特征之一。

1994年4月，浙江省第八届人大常委会第十次会议通过的《杭州经济技术开发区条例》，明确规定将开发区管委会依法行使的职权增至12项。在行政体制改革方面，条例也规定了管委会机构设置实施"撤部设局"。开发区管委会的项目管理权由审核变为审批，拥有了制定、组织实施行政管理规定的权力，且在土地、城建、财政、公益事业管理等方面的权限得到了较大的扩展，涉外事务管理、内部机构管理权限也由委托转变为授权。可见，管委会机构职能进一步增多，管理权限进一步扩大。1997年以后，北方总公司开始相对独立运行。2007年7月，杭州市政府印发了《杭州市人民政府关于杭州经济技术开发区北方总公司转企改制方案的批复》，同意北方总公司"事转企"，改制为国有独资资产经营有限责任公司，设立董事会与监事会，并实行公司制管理。8月，正式更名为杭州经济技术开发区资产经营集团有限公司。

由此可见，杭州经济技术开发区治理模式的演变是顺着政企分开的路径逐步推进的。政企关系从逐步松动，到总公司独立运行，最后实现转企改制，成为独立的公司法人，并实现自负盈亏。将集团公司的人事安排与开发区主要领导的任职相比较也能看出,集团公司的发展也是逐步实现政企分开的过程。在转企改制之前,领导干部政企兼任;在转企改制以后,政府对开发总公司的人事干预逐渐减少,集团公司逐步建立了现代企业制度。也就是说,杭州经济技术开发区的治理模式在其尺度重组与地域重构的过程中,逐渐实现了政企分开,两者由体制合一逐步走向各自独立,政府对开发公司的干预力度渐弱。相对应地,杭州经济技术开发区经历了由"政企合一型"向"政企分开型"的治理模式转变。

政企分开后,管委会在治理框架中的主体作用便越来越凸显。2000年,开发区开始代管江干区下沙镇地区后,为适应杭州经济技术开发区又一次发生行政管辖范围的变动,市委办公厅、市政府办公厅印发了《中共杭州经济技术开发区(浙江杭州出口加工区)工作委员会、杭州经济技术开发区(浙江杭州出口加工区)管理委员会职能配置、内设机构和人员编制方案的通知》,进一步对开发区管委会授权。针对开发区党工委、管委会的授权共有17项,规划、土地、招商引资、城建、对外等方面的权限进一步扩展。此番调整后,开发区的政治尺度进一步下移到了管委会手中。2001年3月,杭州经济技术开发区管理委员会增挂"浙江杭州出口加工区管理委员会"牌子,与杭州经济技术开发区管理委员合署办公,实行"两块牌子,一套班子"的管理体制。2002年,鉴于开发区空间体量扩大和新设立出口加工区、高教园区,杭州市委、市政府在开发区机构编制方案中进一步明确:开发区党工委、管委会增加"受委托管理下沙镇","负责浙江杭州出口加工区建设管理"和"负责下沙高教园区公建设施的建设与管理及有关社会事务管理"三项管理权限。2003年,杭州市提出开发区应当由"建区"向"造城"转变。随着开发区地域范围的扩大和空间生产思路的转变,开发区的权力尺度得到更进一步的扩大,逐步形成了开发区范围内的市级审批权。或者反过来说,市一级的部分权力尺度进一步向开发区下移了。

2007年,杭州市委、市政府通过下发《关于加快杭州经济技术开发区江东区块开发建设的若干意见》,进一步赋予了开发区管委会对江东区块40平方千米实施统一领导、统一建设和统一管理的权限,并由开发区江东开发建设办公室负责江东区块开发建设的具体工作。这次调整,开发区管委会在管理体制、人事管理、投资管理、土地管理、建设项目管理、环评审批等诸多方面基本拥有了市级管理权限。也就是说,随着开发区进一步代管江东区块,管委会不但地域空间得以扩容,治理权限也再一次扩大了。同年11月,市政府又赋予开发区管委会15类市级行政审批权。这次调整,基本上把所有市级部门的相关权限都下放给了开发区,开发区在招商引资方面的权限比区县要高,享有省级的审批权。同时,还赋予开发区成立编委和编办的权限,有权设立自己的事业机构。也就是说,在行政机关的编制之外,开发区还可以设立批准自己的事业单位。由于开发区的面积逐步扩大,人口不断增多,2013年在体制机制上又迎来一个大变化,即设立了在一般开发区中没有的法院和检察院。它们分别由市中级人民法院和中级人民检察院派出,承担了区级法院和区级检察院的职能。至此,治理模式也逐步向着政府主导的方向发展。

三、杭州经济技术开发区治理模式的演变逻辑 ▷▷

(一)杭州经济技术开发区治理模式演变的经济与治理逻辑

在开发区建设的初创时期,要在一片滩涂之上进行区域建构,开发公司无疑是可以发挥重要作用的主体。杭州经济技术开发区在其发展初期采用了政企合一型的治理模式,且上级政府对开发区仍然保持较强的发展控制权,有利于启动和开辟开发区的规模空间生产和快速发展格局。随着开发区地域重构和空间扩容,基础设施建设逐步完善,企业入驻数量不断增加,社区生活的居民迅速增加,社会事务负担日益沉重。在政企不分的治理模式下,管委会宏观、微观都介入,开发公司没有决策自主权,缺乏活力,容易导致市场发育不足,行政效率低下。为保持良好的治理绩效,管委会进行部门增设和扩权,同时实施政企分离,便成了必然选择。

政企分开以后,管委会作为地方政府的派出机构,主要行使政府管理职能,负责开发区内的宏观管理、监督协调和公共服务等。开发公司则以独立经济法人身份按照市场经济的原则运作,对企业的经营管理及其绩效负责。政企分开的治理模式既有利于发挥政府的行政效能,又有利于调动企业的生产积极性。再后来,仅仅在政企关系上进行调整,已不能满足杭州经济技术开发区的空间治理需要。由于地域范围大、经济体量重、社会需求多,在经济发展的同时还需确保社会的安全有序,所以开发区设立了法院和检察院。

开发区治理模式的演变伴随着政治尺度的逐步下移,管委会逐步获得增权,而且这个过程是与开发区的发展基本同步的。换句话说,由于开发区发展不断加速,地域空间与行政、社会事项不断扩容增生,促使上级政府不断向开发区管委会授权,于是便形成了政治尺度的下移。开发区有了一定的自由空间,就可以先试先行,并承担推动经济发展和探索体制创新的使命。在实践中,历次扩权都涉及行政审批、内部管理、城建管理等多个维度,因此开发区的扩权基本上是一个均衡推进的过程。相对于委托而言,授权的做法更彻底。对开发区的部分重要权力采取先委托、后授权的策略,确保了权力下移的渐进性,使开发区逐步适应权力的扩展,并在探索中逐步完善权力的行使方式。总之,不管是开发区治理模式的转变还是政治尺度的下移,都既是开发区尺度重组与地域重构的应有之义,又成功地推动了杭州经济技术开发区的进一步转型发展。

(二)杭州经济技术开发区向综合新城区转变的定位与趋势

理解杭州经济技术开发区治理模式转变的另一条逻辑线索是,其正在逐渐转向综合新城区的定位与趋势。最初的政企分开,其实是早期开发区功能转型在非正式尺度组织上的表现。从开始"几通一平"基础建设、吸引企业入驻以启动经济发展,到企业如期入驻、就业人员不断增多、社会事务不断增多,开发区的治理模式逐步转型。总体上,政企分开型的政企协作治理模式有助于开发区渐渐由较为单一的经济功能区转变为综合性的"新城"。尤其是在21世纪后,杭州市正式提出开发区应当由"建区"向"造城"转变,开发区内的科教文卫体等正常城市功能也发展起来了,因而不再只是单纯追求规模经济行为,城市功能的提升也是开发区转型升级的必经之路(韩亚欣等,2015)。可以说,杭州经济技术开发的地域重构已经出现了从传统开发区向一个完整的综合性新城区变化的迹象。

杭州经济技术开发区从最开始的"五部制"发展到现在的25个部门，体制上已经与普通城区越来越接近，既有承担经济职能的经济发展局、建设局、财政局等，也有承担社会职能的人力资源局、社会发展局等，还有一些杭州市职能部门的分局，比如，公安分局、国土分局、规划分局、卫计分局、市场监管分局等。在编制上，由于杭州市本身就比普通地市的行政级别高半级，因而杭州经济技术开发区所有的职能部门均为正处级。在下属关系上，杭州经济技术开发区下辖下沙和白杨两个街道。虽然开发区还没有完全成为一级政府，但开发区向综合性新城区演变的趋势已经较为明显。这也是开发区治理模式转型背后的重要逻辑。

四、开发区治理模式演变与中国行政区划改革 ▶▷

开发区作为中国经济发展与工业化进程的重要空间，已从当初以技术和资本引进为使命的特殊政策型工业园区到后期向城市新区转变，在国家工业化、城镇化进程中发挥了重要作用，是中国现代城市发展历程中的重要组成部分（Cartier，2001）。作为一种新型的地域组织，开发区本身就是中国行政区划改革从政治主义走向管理主义的行动逻辑的体现，通过对技术理性的追求，提高行政区划管理的质量，最终实现行政区划改革的合法性和有效性的积累（龙宁丽，2015）。从尺度重组与地域重构的视角看开发区的治理模式演变，不管是经济技术开发区、高新技术产业开发区还是新区，这些新型地域组织都是我国对未来空间组织模式的探索与试验。与改革开放相呼应，40年来中国通过渐进式的空间尺度重组，凭借"向上""向下"的力量，"碎化"与"整合"的过程，逐步解构了传统的城市为核心的单一空间发展模式，形成了由国家级新区、改革试验区、自贸区、战略开发区等"高授权"功能区，沿边、沿江发展带，都市圈、城市群等组成的多类型的国家新型空间治理尺度体系。而这些新型空间治理尺度中所出现的管委会、开发公司、指挥部、开发平台等，则可以看作是新型空间尺度探索创新治理过程中出现的过渡性工具和形式表达，这意味着我国正在经历国家尺度向下重组以及区域尺度向上重组的双向进程（张永姣等，2015）。

　　作为新型空间区域尺度体系中的重要组成部分,开发区的尺度重组与地域重构进程还在持续推进着,其治理模式演变的最终导向也仍在探索当中。当然,开发区建设也伴随着诸多的问题,面对土地资源濒临红线、地方财政问题不容小觑、管委会的合法性地位至今仍无定论等多重压力(Lin,2007),其未来将会如何? 其实,实践中走在前面的一些"优秀者"已经提供了一些答案。它们的管理体制改革、治理模式变换、上下级在"较量"中最终达成的权力尺度形态,都是开发区在跨越式发展中呈现出来的"新常态"。在未来,积极引导开发区的空间生产、尺度重组与地域重构,必然会进一步推动我国新型城镇化建设,提高区域生产效率,优化城市治理绩效,并为我国国土区划改革增色。

附录A
1978—2017年撤地设市的分布概况

年份	撤 地 设 市 的 分 布
1979	黑龙江：撤销伊春地区，设立地级伊春市
1983	① 河北：撤销唐山地区，秦皇岛市升格为地级市 ② 内蒙古：撤销昭乌达盟和县级赤峰市、赤峰县，设立地级赤峰市 ③ 吉林：撤销四平地区，四平市和辽源升格为地级市 ④ 江苏：撤销镇江地区和县级镇江市，设立地级镇江市 ⑤ 江苏：撤销淮阴地区和县级清江市，设立地级淮阴市 ⑥ 江苏：撤销盐城地区和盐城县，设立地级盐城市 ⑦ 江苏：撤销扬州地区和县级扬州市，设立地级扬州 ⑧ 浙江：撤销嘉兴地区，设立地级湖州市、嘉兴市 ⑨ 浙江：撤销绍兴地区和县级绍兴市，设立地级绍兴市 ⑩ 福建：撤销三明地区和县级三明市，设立地级三明市 ⑪ 山东：撤销烟台地区和县级烟台市、福山县，设立地级烟台市 ⑫ 山东：撤销潍坊地区和县级潍坊市、潍县，设立地级潍坊市 ⑬ 山东：撤销济宁地区和县级济宁市、济宁县，设立地级济宁市 ⑭ 河南：撤销安阳地区和濮阳县，设立地级濮阳市 ⑮ 湖南：撤销岳阳地区和县级岳阳市，设立地级岳阳市 ⑯ 陕西：撤销咸阳地区和县级咸阳市，设立地级咸阳市
1984	① 辽宁：撤销铁岭地区，铁岭市升格为地级市 ② 辽宁：撤销朝阳地区，朝阳市升格为地级市
1985	① 山西：撤销晋东南地区，晋城市升格为地级市 ② 吉林：撤销通化地区，通化市、浑江市升格为地级市 ③ 浙江：撤销金华地区，金华市、衢州市升格为地级市 ④ 福建：撤销晋江地区，泉州市升格为地级市 ⑤ 福建：撤销龙溪地区，漳州市升格为地级市 ⑥ 山东：撤销泰安地区，泰安市升格为地级市 ⑦ 四川：撤销绵阳地区，绵阳市、广元县、遂宁县升格为地级市 ⑧ 四川：撤销内江地区，内江市升格为地级市 ⑨ 四川：撤销乐山地区，乐山市升格为地级市 ⑩ 甘肃：撤销天水地区，天水市升格为地级市
1986	① 河南：撤销许昌地区，许昌、漯河两市升格为地级市 ② 河南：撤销洛阳地区，三门峡市升格为地级市

（续表）

年份	撤 地 设 市 的 分 布
1987	① 浙江: 撤销舟山地区和定海县、普陀县, 设立地级舟山市 ② 安徽: 撤销徽州地区、屯溪市和县级黄山市, 设立地级黄山市
1988	① 吉林: 撤销白城地区, 设立地级白城市 ② 安徽: 撤销安庆地区和原安庆市, 设立地级安庆市 ③ 湖南: 撤销常德地区和常德县, 常德市升格为地级市 ④ 广东: 撤销肇庆地区, 肇庆市升格为地级市 ⑤ 广东: 撤销惠阳地区, 将惠州市、河源市升格为地级市 ⑥ 广东: 撤销梅县地区, 设立地级梅州市
1992	① 安徽: 撤销滁县地区、滁州市, 设立地级滁州市 ② 四川: 撤销万县地区、万县市、万县, 设立地级万县市
1993	① 吉林: 撤销白城地区, 设立地级白城市 ② 黑龙江: 撤销黑河地区, 设立地级黑河市 ③ 湖北: 撤销孝感地区、县级孝感市, 设立地级孝感市 ④ 四川: 撤销南充地区、南充市、南充县, 设立地级南充市
1994	① 浙江: 撤销台州地区和县级椒江市、黄岩市, 设立台州市 ② 福建: 撤销南平地区和县级南平市, 设立地级南平市 ③ 山东: 撤销德州地区和县级德州市, 设立地级德州市 ④ 山东: 撤销临沂地区和县级临沂市, 设立地级临沂市 ⑤ 河南: 撤销南阳地区、县级南阳市、南阳县, 设立地级南阳市 ⑥ 湖北: 撤销荆州地区、沙市市、江陵县, 设立地级荆沙市 ⑦ 湖南: 撤销益阳地区、益阳市和益阳县, 设立地级益阳市 ⑧ 湖南: 撤销郴州地区、县级郴州市和郴县, 设立地级郴州市 ⑨ 广西: 撤销钦州地区、钦州市, 设立地级钦州市 ⑩ 陕西: 撤销渭南地区和县级渭南市, 设立地级渭南市
1995	① 湖北: 撤销黄冈地区和黄州市, 设立地级黄冈市 ② 湖南: 撤销零陵地区和永州市、冷水滩市, 设立地级永州市 ③ 四川: 撤销涪陵地区、涪陵市, 设立地级涪陵市
1996	① 河北: 撤销衡水地区和县级衡水市, 设立地级衡水市 ② 安徽: 撤销阜阳地区和县级阜阳市, 设立地级阜阳市 ③ 福建: 撤销龙岩地区和县级龙岩市, 设立地级龙岩市 ④ 四川: 撤销宜宾地区和县级宜宾市, 设立地级宜宾市 ⑤ 陕西: 撤销汉中地区和县级汉中市, 设立地级汉中市 ⑥ 陕西: 撤销延安地区和县级延安市, 设立地级延安市
1997	① 山东: 撤销聊城地区和县级聊城市, 设立地级聊城市 ② 河南: 撤销商丘地区和县级商丘市、商丘县, 设立地级商丘市 ③ 湖南: 撤销怀化地区和县级怀化市, 设立地级怀化市 ④ 广西: 撤销玉林地区和县级玉林市, 设立地级玉林市 ⑤ 贵州: 撤销遵义地区和县级遵义市, 设立地级遵义市 ⑥ 云南: 撤销曲靖地区和县级曲靖市, 设立地级曲靖市 ⑦ 云南: 撤销玉溪地区和县级玉溪市, 设立地级玉溪市

（续表）

年份	撤 地 设 市 的 分 布
1998	① 安徽：撤销宿县地区和县级宿州市，设立地级宿州市 ② 江西：撤销赣州地区和县级赣州市，设立地级赣州市 ③ 河南：撤销信阳地区和县级信阳市、信阳县，设立地级信阳市 ④ 湖北：撤销咸宁地区和县级咸宁市，设立地级咸宁市 ⑤ 四川：撤销广安地区和广安县，设立地级广安市 ⑥ 宁夏：撤销银南地区和县级吴忠市，设立地级吴忠市
1999	① 山西：撤销晋中地区和县级榆次市，设立地级晋中市 ② 内蒙古：撤销哲里木盟和县级通辽市，设立地级通辽市 ③ 黑龙江：撤销绥化地区和县级绥化市，设立地级绥化市 ④ 安徽：撤销巢湖地区和县级巢湖市，设立地级巢湖市 ⑤ 安徽：撤销六安地区和县级六安市，设立地级六安市 ⑥ 福建：撤销宁德地区和县级宁德市，设立地级宁德市 ⑦ 湖南：撤销娄底地区和县级娄底市，设立地级娄底市 ⑧ 四川：撤销达川地区和县级达川市，设立地级达州市 ⑨ 陕西：撤销榆林地区和县级榆林市，设立地级榆林市
2000	① 江西：撤销吉安地区和县级吉安市，设立地级吉安市 ② 江西：撤销宜春地区和县级宜春市，设立地级宜春市 ③ 江西：撤销抚州地区和县级临川市，设立地级抚州市 ④ 江西：撤销上饶地区和县级上饶市，设立地级上饶市 ⑤ 浙江：撤销省丽水地区和县级丽水市，设立地级丽水市 ⑥ 河南：撤销周口地区和县级周口市，设立地级周口市 ⑦ 河南：撤销驻马店地区和县级驻马店市，设立地级驻马店市 ⑧ 山东：撤销滨州地区和县级滨州市，设立地级滨州市 ⑨ 山东：撤销菏泽地区和县级菏泽市，设立地级菏泽市 ⑩ 四川：撤销雅安地区和县级雅安市，设立地级雅安市 ⑪ 四川：撤销巴中地区和县级巴中市，设立地级巴中市 ⑫ 四川：撤销资阳地区和县级资阳市，设立地级资阳市 ⑬ 山西：撤销运城地区和县级运城市，设立地级运城市 ⑭ 山西：撤销忻州地区和县级忻州市，设立地级忻州市 ⑮ 山西：撤销临汾地区和县级临汾市，设立地级临汾市 ⑯ 贵州：撤销安顺地区和县级安顺市，设立地级安顺市 ⑰ 陕西：撤销安康地区和县级安康市，设立地级安康市 ⑱ 安徽：撤销池州地区和县级贵池市，设立地级池州市 ⑲ 安徽：撤销宣城地区和县级宣州市，设立地级宣城市 ⑳ 云南：撤销保山地区和县级保山市，设立地级保山市
2001	① 云南：撤销昭通地区和县级昭通市，设立地级昭通市 ② 内蒙古：撤销伊克昭盟和县级东胜市，设立地级鄂尔多斯市 ③ 甘肃：撤销武威地区和县级武威市，设立地级武威市 ④ 宁夏：撤销固原地区和固原县，设立地级固原市 ⑤ 陕西：撤销商洛地区和县级商州市，设立地级商洛市 ⑥ 内蒙古：撤销呼伦贝尔盟和县级海拉尔市，设立地级呼伦贝尔市

（续表）

年份	撤 地 设 市 的 分 布
2002	① 甘肃：撤销张掖地区和县级张掖市，设立地级张掖市 ② 广西：撤销百色地区和县级百色市，设立地级百色市 ③ 甘肃：撤销平凉地区和县级平凉市，设立地级平凉市 ④ 广西：撤销贺州地区和县级贺州市，设立地级贺州市 ⑤ 广西：撤销河池地区和县级河池市，设立地级河池市 ⑥ 甘肃：撤销酒泉地区和县级酒泉市，设立地级酒泉市 ⑦ 甘肃：撤销庆阳地区和县级西峰市，设立地级庆阳市 ⑧ 广西：撤销柳州地区和来宾县，设立地级来宾市 ⑨ 广西：撤销南宁地区和崇左县，设立地级崇左市 ⑩ 云南：撤销丽江地区和丽江纳西族自治县，设立地级丽江市
2003	① 甘肃：撤销定西地区和定西县，设立地级定西市 ② 山西：西市撤销吕梁地区和县级离石市，设立地级吕梁市 ③ 云南：撤销思茅地区和县级思茅市，设立地级思茅市 ④ 内蒙古：撤销巴彦淖尔盟和县级临河市，设立地级巴彦淖尔市 ⑤ 内蒙古：撤销乌兰察布盟和县级集宁市，设立地级乌兰察布市 ⑥ 云南：撤销临沧地区和临沧县，设立地级陆沧市
2004	甘肃：撤销陇南地区和武都县，设立地级陇南市
2011	① 贵州：撤销毕节地区和县级毕节市，设立地级毕节市 ② 贵州：撤销铜仁地区和县级铜仁市、万山特区，设立地级铜仁市
2013	青海：撤销海东地区和乐都县，设立地级海东市
2014	① 西藏：撤销昌都地区和昌都县，设立地级昌都市 ② 西藏：撤销日喀则地区和县级日喀则市，设立地级日喀则市
2015	① 西藏：撤销林芝地区和林芝县，设立地级林芝市 ② 新疆：撤销吐鲁番地区和县级吐鲁番市，设立地级吐鲁番市
2016	① 西藏：撤销山南地区和乃东县，设立地级山南市 ② 新疆：撤销哈密地区和县级哈密市，设立地级哈密市
2017	西藏：撤销那曲地区和那曲县，设立地级那曲市

注：行政区划调整案例为 0 的年份未在表中列出，以上统计数据是以撤销的地区数作为撤地设市的发生频次。

资料来源：1978 年 1 月 1 日—2017 年 7 月 18 日的数据根据行政区划网 http://www.xzqh.org/html/ 及民政部官网 http://xzqh.mca.gov.cn/description?dcpid=1 公开的资料整理而得；2017 年 7 月 18 日—2017 年底的数据根据民政部批准的公文资料整理而得。

附录B
1978—2017年地市合并的分布概况

时间	地 市 合 并 的 分 布
1978	四川:撤销西昌地区,与渡口市、凉山彝族自治州合并
1981	浙江:撤销温州地区,与温州市合并
1983	① 河北:撤销唐山地区,与唐山市合并 ② 广东:撤销汕头地区,与归汕头市合并 ③ 黑龙江:撤销牡丹江地区,与牡丹江市合并 ④ 吉林:撤销德惠地区,与长春市合并 ⑤ 吉林:撤销永吉地区,与吉林市合并 ⑥ 江苏:撤销徐州地区,与徐州市、连云港市合并 ⑦ 江苏:撤销镇江地区,与常州市合并 ⑧ 江苏:撤销南通地区,与南通市合并 ⑨ 江苏:撤销苏州地区,与苏州市、无锡市合并 ⑩ 浙江:撤销宁波地区,与宁波市合并 ⑪ 福建:撤销莆田地区,与福州市合并 ⑫ 江西:撤销九江地区,与九江市合并 ⑬ 河南:撤销开封地区,与郑州市、开封市合并 ⑭ 湖北:撤销襄阳地区,与襄樊市合并 ⑮ 湖南:撤销湘潭地区,与株洲市、湘潭市、长沙市合并 ⑯ 湖南:撤销衡阳地区,与衡阳市合并 ⑰ 湖南:撤销娄底地区,与湘潭市、邵阳市合并 ⑱ 湖南:撤销邵阳地区,与邵阳市合并 ⑲ 广东:撤销韶关地区,与韶关市、广州市合并 ⑳ 广东:撤销佛山地区,与佛山市、江门市、珠海市合并 ㉑ 广东:撤销汕头地区,与汕头市合并 ㉒ 广东:撤销湛江地区,与湛江市合并 ㉓ 四川:撤销温江地区,与成都市合并 ㉔ 河南:撤销安阳地区,与安阳市合并 ㉕ 四川:撤销永川地区,与重庆市合并
1984	① 黑龙江:撤销嫩江地区,与齐齐哈尔市合并 ② 黑龙江:撤销合江地区,与佳木斯市合并
1985	山西:撤销晋东南地区,与长治市合并

（续表）

时间	地 市 合 并 的 分 布
1986	① 河南：撤销新乡地区，与新乡市、焦作市合并 ② 河南：撤销洛阳地区，与洛阳市合并 ③ 湖南：撤销岳阳地区，与岳阳市合并 ④ 湖南：撤销邵阳地区，与邵阳市合并
1992	湖北：撤销宜昌地区，与宜昌市合并
1993	① 河北：撤销石家庄地区，与石家庄市合并 ② 河北：撤销张家口地区，与张家口市合并 ③ 河北：撤销沧州地区，与沧州市合并 ④ 河北：撤销邯郸地区，与邯郸市合并 ⑤ 河北：撤销邢台地区，与邢台市合并 ⑥ 河北：撤销承德地区，与承德市合并 ⑦ 山西：撤销雁北地区，与大同市合并
1994	① 河北：撤销保定地区，与保定市合并 ② 湖北：撤销郧阳地区，与十堰市合并
1996	黑龙江：撤销松花江地区，与哈尔滨市合并
1998	广西：撤销桂林地区合并，与桂林市合并
2002	广西：撤销南宁地区，与南宁市合并

注：行政区划调整案例为 0 的年份未在表中列出，以上统计数据是以撤销的地区数作为地市合并的发生频次。

资料来源：1978 年 1 月 1 日—2017 年 7 月 18 日的数据根据行政区划网 http://www.xzqh.org/html/ 及民政部官网 http://xzqh.mca.gov.cn/description?dcpid=1 公开的资料整理而得；2017 年 7 月 18 日—2017 年底的数据根据民政部批准的公文资料整理而得。

附录C
1978—2017年撤县（市）设区的分布概况

年份	撤县（市）设区具体分布	年份	撤县（市）设区具体分布
1983	山东：福山县→福山区	1988	河北：廊坊市→安次区
	山东：县级济宁市→中区		山西：朔县→朔城区
	山东：济宁县→郊区		山西：平鲁县→平鲁区
	山东：潍县→寒亭区		广东：阳江县→江城区
	内蒙古：赤峰县→郊区		广东：阳江县→阳东区
	陕西：咸阳市→秦都区		广东：河源县→郊区
	湖南：娄底市→市娄底区		广东：河源县→源城区
	湖南：冷水江市→冷水江区		广东：清远县→清城区
1984	辽宁：铁法市→铁法区		广东：清远县→清郊区
	辽宁：朝阳市→双塔区		山东：崂山县→崂山区
	辽宁：铁岭市→银州区		湖南：常德县→鼎城区
	四川：泸州市→市中区		湖南：常德市&常德县→武陵区
1985	浙江：镇海县→镇海区	1989	四川：内江县→东兴区
	四川：绵阳市→市中区	1992	吉林：扶余市→扶余区
	四川：内江市→市中区		浙江：瓯海县→瓯海区
	甘肃：天水市&天水县→秦城区		上海：嘉定县→嘉定区
	甘肃：天水县→北道区		广东：宝安县→龙港区
1987	辽宁：金县→金州区		广东：宝安县→宝安区
	浙江：定海县→定海区		湖北：汉阳县→蔡甸区
	浙江：普陀县→普陀区	1993	黑龙江：黑河市→爱辉区
	安徽：屯溪市→屯溪区		湖北：孝感市→孝南区
	安徽：黄山市→黄山区		吉林：白城市→洮北区

（续表）　　　　　　　　　　　　　　　　　　（续表）

年份	撤县（市）设区具体分布
1994	四川：江北县→渝北区
	四川：巴县→巴南区
	河南：南阳市 & 南阳县→宛城区
	河南：南阳市 & 南阳县→卧龙区
	福建：南平市→延平区
	湖北：沙市市→沙市区
	湖北：江陵县→江陵区
	湖北：江陵县→荆州区
	湖南：郴州市 & 郴州县→北湖区
	湖南：郴州市 & 郴州县→苏仙区
	湖南：益阳市 & 益阳县→资阳区
	湖南：益阳市 & 益阳县→赫山区
	陕西：渭南市→临渭区
	广西：钦州市→钦北区
	广西：钦州市→钦南区
	山东：德州市→德城区
	山东：临沂市→兰山区
	山东：临沂市→罗庄区
	山东：临沂市→河东区
	山东：牟平县→牟平区
	山东：牟平县→莱山区
	浙江：椒江市→椒江区
	浙江：黄岩市→黄岩区
	浙江：黄岩市→路桥区
1995	湖北：武昌县→江夏区
	湖北：黄州市→黄州区
	吉林：双阳县→双阳区
	四川：涪陵市→枳城区

年份	撤县（市）设区具体分布
1995	四川：纳溪县→纳溪区
	四川：涪陵市→李渡区
	湖南：永州市→芝山区
	湖南：冷水滩市→冷水江区
1996	福建：同安县→同安区
	江苏：宿迁市→宿城区
	江苏：泰州市→海陵区
	福建：龙岩市→新罗区
	安徽：阜阳市→颍州区
	安徽：阜阳市→颍东区
	安徽：阜阳市→颍泉区
	四川：宜宾市→翠屏区
	陕西：汉中市→汉台区
	陕西：延安市→宝塔区
	河北：衡水市→桃城区
1997	贵州：遵义市→红花岗区
	山东：聊城市→东昌府区
	北京：通县→通州区
	上海：金山县→金山区
	河南：商丘市 & 商丘县→梁园区
	河南：商丘县→睢阳区
	广西：玉林市→玉林区
	云南：曲靖市→麒麟区
	云南：玉溪市→红塔区
	陕西：临潼县→西安市临潼区
1998	安徽：宿州市→埇桥区
	湖北：新洲县→新洲区
	湖北：黄陂县→黄陂区

（续表）

年份	撤县（市）设区具体分布
1998	湖北：咸宁市→咸安区
	北京：顺义县→顺义区
	上海：松江县→松江区
	河南：信阳市&信阳县→浉河区
	河南：信阳市&信阳县→平桥区
	江西：赣州市→章贡区
	四川：广安县→广安区
	宁夏：吴忠市→利通区
1999	山西：榆次市→榆次区
	北京：昌平县→昌平区
	上海：青浦县→青浦区
	黑龙江：绥化市→北林区
	安徽：六安市→金安区
	安徽：六安市→裕安区
	安徽：巢湖市→居巢区
	福建：宁德市→蕉城区
	湖南：娄底市→娄星区
	四川：达川市→通川区
	陕西：榆林市→榆阳区
	内蒙古：通辽市→科尔沁区
2000	山西：忻州市→忻府区
	山西：运城市→盐湖区
	山西：临汾市→尧都区
	广东：番禺市→番禺区
	广东：花都市→花都区
	江苏：邗江县→扬邗江区
	江苏：江宁县→江宁区
	江苏：淮安市→楚州区

（续表）

年份	撤县（市）设区具体分布
	江苏：淮阴县→淮阴区
	江苏：锡山市→锡山区
	江苏：锡山市→惠山区
	江苏：吴县市→吴中区
	江苏：吴县市→相城区
	天津：武清县→武清区
	安徽：亳州市→谯城区
	安徽：宣城市→宣州区
	安徽：池州市→贵池区
	江西：宜春市→袁州区
	江西：临川市→临川区
	江西：上饶市→信州区
	江西：吉安市→吉州区
2000	江西：吉安市→青原区
	山东：滨州市→滨城区
	山东：菏泽市→牡丹区
	河南：周口市→川汇区
	河南：驻马店市→驿城区
	湖北：随州市→曾都区
	四川：眉山县→东坡区
	四川：雅安市→雨城区
	四川：巴中市→巴州区
	四川：资阳市→雁江区
	云南：保山市→隆阳区
	陕西：安康市→汉滨区
	贵州：安顺市→西秀区
	浙江：金华县→金东区
	浙江：丽水市→莲都区

（续表）　　　　　　　　　　　　　　（续表）

年份	撤县（市）设区具体分布
2001	内蒙古：东胜市→东胜区
	内蒙古：海拉尔市→海拉尔区
	云南：昭通市→昭阳区
	陕西：商州市→商州区
	广东：斗门县→斗门区
	湖北：襄阳县→襄阳区
	湖北：宜昌县→夷陵区
	山东：长清县→长清区
	甘肃：武威市→凉州区
	宁夏：固原县→原州区
	四川：新都县→新都区
	重庆：长寿县→长寿区
	天津：宝坻县→宝坻区
	上海：奉贤县→奉贤区
	上海：南汇县→南汇区
	北京：大兴县→大兴区
	北京：怀柔县→怀柔区
	北京：平谷县→平谷区
	浙江：衢县→衢江区
	浙江：萧山市→萧山区
	浙江：余杭市→余杭区
2002	广东：南海市→南海区
	广东：顺德市→顺德区
	广东：新会市→新会区
	广东：三水市→三水区
	广东：高明市→高明区
	广西：百色市→右江区
	广西：贺州市→八步区

年份	撤县（市）设区具体分布
2002	广西：河池市→金城江区
	广西：来宾县→兴宾区
	广西：崇左县→江州区
	河北：丰南市→丰南区
	江苏：武进市→武进区
	江苏：丹徒县→丹徒区
	云南：纳西族自治县→古城区
	陕西：长安县→长安区
	陕西：耀县→耀州区
	甘肃：张掖市→甘州区
	甘肃：平凉市→崆峒区
	甘肃：酒泉市→肃州区
	甘肃：西峰市→西峰区
	四川：温江县→温江区
	浙江：鄞县→鄞州区
2003	广东：潮阳市→潮阳区
	广东：惠阳市→惠阳区
	广东：澄海市→澄海区
	广东：潮阳市→潮南区
	江苏：盐都县→盐都区
	山西：离石市→离石区
	云南：临沧县→临翔区
	云南：思茅市→翠云区
	内蒙古：临河市→临河区
	内蒙古：集宁市→集宁区
	陕西：宝鸡县→陈仓区
	宁夏：中卫县→沙坡头区
	甘肃：定西县→安定区

（续表）

年份	撤县（市）设区具体分布
2004	甘肃：武都县→武都区
	广东：曲江县→曲江区
	江苏：宿豫县→宿豫区
	广西：邕宁县→邕宁区
	广西：邕宁县→良庆区
	黑龙江：呼兰县→呼兰区
2006	吉林：江源县→江源区
	黑龙江：阿城市→阿城区
	重庆：合川市→合川区
	重庆：永川市→永川区
	重庆：南川市→南川区
	重庆：江津市→江津区
2009	江苏：通州市→通州区
2010	江苏：铜山县→铜山区
2011	贵州：毕节市→七星关区
	贵州：铜仁市→碧江区
	贵州：铜仁市＆万山特区→万山区
	湖南：望城县→望城区
	四川：南溪县→南溪区
	江苏：江都市→江都区
	云南：呈贡县→呈贡区
2012	广东：清新县→清新区
	广东：揭东县→揭东区
	河北：唐海县→曹妃甸区
	江苏：吴江市→吴江区
	江苏：姜堰市→姜堰区
	四川：名山县→名山区
2013	广东：梅县→梅县区

（续表）

年份	撤县（市）设区具体分布
2013	广东：潮安县→潮安区
	广西：临桂县→临桂区
	青海：乐都县→乐都区
	四川：达县→达州市达川区
	江苏：溧水县→溧水区
	江苏：高淳县→高淳区
	江西：南康市→南康区
	山东：兖州市→兖州区
	浙江：绍兴县→柯桥区
	浙江：上虞市→上虞区
2014	西藏：日喀则市→桑珠孜区
	西藏：昌都县→卡若区
	福建：建阳市→建阳区
	福建：永定县→永定区
	广东：从化市→从化区
	广东：增城市→增城区
	广东：云安县→云安区
	广东：阳东县→阳东区
	贵州：平坝县→平坝区
	重庆：璧山县→璧山区
	重庆：铜梁县→铜梁区
	河北：藁城市→藁城区
	河北：鹿泉市→鹿泉区
	河北：栾城县→栾城区
	河南：开封县→祥符区
	黑龙江：双城市→双城区
	湖北：郧县→郧阳区
	吉林：九台市→九台区

（续表）　　　　　　　　　　　　　　（续表）

年份	撤县（市）设区具体分布
2014	江苏：赣榆县→赣榆区
	山东：文登市→文登区
	山东：沾化县→沾化区
	山东：陵县→陵城区
	陕西：高陵县→高陵区
	四川：彭山县→彭山区
	浙江：富阳市→富阳区
2015	安徽：铜陵县→义安区
	西藏：灵芝县→巴宜区
	新疆：吐鲁番市→高昌区
	广东：高要市→高要区
	广西：武鸣县→武鸣区
	河北：满城县→满城区
	河北：清苑县→清苑区
	河北：抚宁县→抚宁区
	河北：徐水县→徐水区
	河南：陕县→陕州区
	重庆：潼南县→潼南区
	重庆：荣昌县→荣昌区
	天津：宁河县→宁河区
	天津：静海县→静海区
	北京：密云县→密云区
	北京：延庆县→延庆区
	江苏：金坛市→金坛区
	江苏：大丰市→大丰区
	江西：广丰县→广丰区
	江西：新建县→新建区
	辽宁：普兰店市→普兰店区

年份	撤县（市）设区具体分布
2015	青海：平安县→平安区
	陕西：华县→华州区
	陕西：横山县→横山区
	四川：双流县→双流区
	西藏：堆龙德庆县→堆龙德庆区
	云南：江川县→江川区
	浙江：洞头县→洞头区
2016	河北：万全县→万全区
	河北：崇礼县→崇礼区
	河北：冀州市→冀州区
	河北：肥乡县→肥乡区
	河北：永年县→永年区
	辽宁：辽中县→辽中区
	辽宁：大洼县→大洼区
	山东：定陶县→定陶区
	山东：垦利县→垦利区
	山东：章丘市→章丘区
	云南：晋宁县→晋宁区
	云南：沾益县→沾益区
	广西：柳江县→柳江区
	广西：宜州市→宜州区
	贵州：遵义县→播州区
	四川：安县→安州区
	四川：郫县→郫都区
	西藏：乃东县→乃东区
	新疆：哈密市→伊州区
	江苏：洪泽县→洪泽区
	陕西：安塞县→安塞区

（续表）   （续表）

年份	撤县（市）设区具体分布
2016	陕西：户县→鄠邑区
	江西：赣县→赣县区
	江西：东乡县→东乡区
	重庆：开县→开州区
	重庆：梁平县→梁平区
	重庆：武隆县→武隆区
	天津：蓟县→蓟州区
	上海：崇明县→崇明区
	浙江：奉化市→奉化区

年份	撤县（市）设区具体分布
2016	河南：许昌县→建安区
2017	浙江：临安市→临安区
	福建：长乐市→长乐区
	江西：九江县→柴桑区
	山东：即墨市→即墨区
	四川：罗江县→罗江区
	西藏：达孜县→达孜区
	西藏：那曲县→色尼区
	陕西：南郑县→南郑区

注：行政区划调整案例为0的年份未在表中列出。

资料来源：1978年1月1日—2017年7月18日的数据根据自行政区划网http://www.xzqh.org/html/及民政部官网http://xzqh.mca.gov.cn/description?dcpid=1公开的资料整理而得；2017年7月18日—2017年底数据根据民政部批准的公文资料整理而得。

附录D
1978—2017年切块设区的分布概况

年份	切 块 设 区 的 分 布
1978	① 辽宁：设立辽阳市宏伟区 ② 辽宁：设立辽阳市郊区 ③ 福建：设立福州市环城区，以市郊5个公社为其行政区域 ④ 山东：设立青岛市黄岛区，以胶县的黄岛、薛家岛、辛安3公社为其行政区域 ⑤ 浙江：将宁波市市区的镇明、海曙、江东、江北4个区改为市辖区
1979	① 内蒙古：设立乌海市海勃湾区、乌达区、海南区 ② 江苏：设立南通市城中、港闸、郊区3区 ③ 广西：设立梧州市万寿、白云、鸳江、碟山4区 ④ 湖北：设立黄石市下陆区 ⑤ 黑龙江：设立安达市大同区
1980	① 北京：撤销石油化工办事处，设立北京市燕山区，以房山县部分行政区域为其行政区域 ② 上海：设立上海市吴淞区，以宝钢地区办事处及宝山县的城厢镇和吴淞、淞南、庙行、月浦、盛桥5个公社的22人队为其行政区域 ③ 浙江：恢复温州市东城、南城、西城3个区的建制 ④ 浙江：设立海门特区（县级），将原黄岩县的海门区和大陈镇、山东公社及临海县的前所公社划归海门特区管辖 ⑤ 黑龙江：设立大庆市让胡路区、红岗区 ⑥ 黑龙江：设立尖山区、岭东区、岭西区、四方台区、宝山区 ⑦ 黑龙江：设立牡丹江市阳明区 ⑧ 江苏：设立南京市大厂区 ⑨ 安徽：设立淮北市杜集区、烈山区 ⑩ 安徽：设立潘集区 ⑪ 安徽：设立蚌埠市郊区 ⑫ 江西：萍乡市设立城关区、上栗区、湘东区、芦溪区 ⑬ 江西：设立景德镇市鹅湖区、蛟潭区 ⑭ 江西：设立九江市庐山区、浔阳区、郊区 ⑮ 湖南：下设雨湖区、板塘区、湘江区、岳塘区、郊区 ⑯ 湖南：设立衡阳市江东区、城南区、城北区、郊区 ⑰ 西藏：设立拉萨市城关区 ⑱ 青海：设立西宁市郊区 ⑲ 陕西：设立铜川市城区，以七一路、五一路等10个街道办事处为其行政区域 ⑳ 陕西：设立铜川市郊区，以城关、金锁等11个公社为其行政区域

（续表）

年份	切 块 设 区 的 分 布
1981	① 江苏：设立连云港市郊区 ② 江苏：镇江市设4个区：金山区、北固区、谏壁区、郊区 ③ 江西：设立南昌市湾里区
1982	① 辽宁：设立锦州市南票区，以锦西县部分行政区域为其行政区域 ② 辽宁：设立锦州市葫芦岛区，以锦西县部分行政区域为其行政区域 ③ 河南：设立洛阳市吉利区，以孟县部分行政区域为其行政区域 ④ 河南：设立郑州市新密区，以密县部分行政区域为其行政区域 ⑤ 陕西：设立宝鸡市杨陵区，以武功县部分行政区域为其行政区域 ⑥ 山东：东营市设立东营、牛庄、河口3个区 ⑦ 新疆：克拉玛依市设立克拉玛依区、独山子区、白碱滩区、乌尔禾区
1983	① 内蒙古：设立赤峰市元宝山区，以敖汉旗的部分行政区域为元宝山行政区域 ② 内蒙古：赤峰市设立红山区、郊区 ③ 浙江：设立嘉兴市城区，以建设、新嘉等6个街道和塘汇、嘉北等5个公社为其行政区域 ④ 浙江：设立嘉兴郊区，以新塍、王店2个镇和26个公社（乡）为其行政区域 ⑤ 浙江：设立湖州市城区，以月河、朝阳等6个街道和环渚、道场等6个公社为其行政区域 ⑥ 浙江：设立湖州市郊区，以埭溪、菱湖等5个镇和39个公社（乡）为其行政区域 ⑦ 浙江：设立绍兴市城区，以府山、塔山等4个街道和亭山、东湖等6个公社为其行政区域 ⑧ 山东：设立潍坊市潍城区，以原潍坊市、原潍县的部分行政区域为潍城区的行政区域 ⑨ 山东：设立潍坊市坊子区，以原潍坊市、原潍县、昌乐县、安丘县的部分行政区域为其行政区域 ⑩ 吉林：设立四平市铁东区、铁西区 ⑪ 吉林：设立辽源市龙山区、西安区 ⑫ 江苏：设立盐城市城区、郊区 ⑬ 江苏：设立淮阴市清江区、清浦区 ⑭ 江苏：设立连云港市南城区 ⑮ 江苏：设立徐州市郊区 ⑯ 江苏：设立镇江市城区、郊区 ⑰ 江苏：设立苏州市郊区 ⑱ 安徽：恢复马鞍山市郊区 ⑲ 江西：设立新余市渝水区 ⑳ 江西：设立鹰潭市月湖区
1984	① 辽宁：铁岭市设立清河区，以开原县的部分行政区域为其行政区域 ② 辽宁：朝阳市设立龙城区，以原朝阳市部分和朝阳县部分行政区域为其行政区域 ③ 辽宁：营口市设立鲅鱼圈区，以盖县鲅鱼圈公社为其行政区域 ④ 辽宁：辽阳市设立弓长岭区，以辽阳县部分行政区域为其行政区域 ⑤ 湖南：设立湘潭市韶山区，以湘潭县的部分地区为其行政区域 ⑥ 湖南：设立衡阳市南岳区，以衡山县的部分地区为其行政区域 ⑦ 甘肃：设立金昌市金川区 ⑧ 甘肃：设立嘉峪关市嘉峪关区，以建设、五一等6个街道为其行政区域

（续表）

年份	切 块 设 区 的 分 布
1984	⑨ 浙江：设立滨海区，辖原镇海县城关、俞范、新碶3个镇，清水浦、青峙2个乡 ⑩ 黑龙江：设立七台河市新兴、桃山、茄子河区 ⑪ 江苏：设立扬州市郊区 ⑫ 湖北：设立襄樊市襄城区、樊东区、樊西区、郊区 ⑬ 湖北：设立十堰市茅箭区、张湾区 ⑭ 湖北：设立武汉市汉南区 ⑮ 湖南：设立岳阳市南区、北区、郊区 ⑯ 四川：德阳市设立市中区 ⑰ 广东：设立佛山市汾江区、石湾区 ⑱ 广东：设立江门市城区、郊区 ⑲ 广东：汕头市安平、同平、公园、金砂升为县级建制 ⑳ 广东：设立韶关市浈江区、武江区、北江区 ㉑ 广东：设立湛江市坡头区 ㉒ 广东：设立珠海市香洲区 ㉓ 广西：设立南宁市市郊区 ㉔ 广西：设立柳州市市郊区 ㉕ 广西：设立桂林市市郊区 ㉖ 广西：设立北海市郊区 ㉗ 广西：设立梧州市白云区
1985	① 浙江：金华市设立婺城区，以城东等3个街道办事处和罗店等13个乡为其行政区域 ② 浙江：衢州市设立柯城区，以上街、下街2个街道办事处和石室等7个乡及花园镇 ③ 福建：泉州市设立鲤城区，以4个街道和4个村为其行政区域 ④ 福建：漳州市设立芗城区，以5个街道和4个乡、镇为其行政区域 ⑤ 河南：濮阳市设立市区，以郊区的5个乡镇和清河头乡的29个村为其行政区域 ⑥ 广东：广州市设立天河区，以番禺县部分地区为其行政区域 ⑦ 广东：广州市设立芳村区，以番禺县部分地区为其行政区域 ⑧ 四川：遂宁市设立市中区 ⑨ 四川：广元市设立市中区 ⑩ 四川：乐山市设立市中区，以原乐山市部分行政区域为其行政区域 ⑪ 四川：乐山市设立五通桥区，以原乐山市部分行政区域为其行政区域 ⑫ 四川：乐山市设立沙湾区，以原乐山市部分行政区域为其行政区域 ⑬ 甘肃：白银市设立平川区，以靖远县的宝积镇和53个乡为其行政区域 ⑭ 山西：晋城市设立城区、郊区 ⑮ 山东：泰安市设立泰山区、郊区 ⑯ 湖北：设立鄂州市鄂城区、黄州区 ⑰ 湖北：设立荆门市东宝区、沙洋区
1986	① 吉林：设立通化市东昌区、二道江区 ② 吉林：设立浑江市八道江区、临江区、三岔河区 ③ 河南：许昌市设立魏都区 ④ 河南：漯河市设立源汇区 ⑤ 河南：三门峡市设立湖滨区 ⑥ 湖北：宜昌市设立西陵区、伍家岗区、点军区

（续表）

年份	切 块 设 区 的 分 布
1987	① 江苏：无锡市设立马山区，以马山镇的行政区域为其行政区域 ② 安徽：黄山市设立徽州区，以歙县部分行政区域为其行政区域 ③ 湖北：鄂州市设立梁子湖区，辖沼山、公友两乡和东沟、太和、涂家垴、梁子四镇 ④ 湖北：鄂州市设立华容区，辖临江、蒲团、大湾三乡和庙岭、胡林、葛店、华容、段店五镇 ⑤ 福建：设立厦门市湖里区 ⑥ 山东：设立威海市环翠区
1988	① 湖南：大庸市设立永定区、武陵源区 ② 广东：设立汕尾市城区 ③ 广东：设立惠州市惠城区 ④ 广东：设立肇庆市端州、鼎湖两个市辖区
1989	辽宁：锦西市设连山区，辖原锦西市9个街道办事处和19个乡镇
1990	广东：设立深圳市福田区、罗湖区、南山区
1991	① 广东：潮州市设立湘桥区，辖原潮州市部分行政区域为其行政区域 ② 广东：揭阳市设立榕城区，辖榕城的3个街道办事处及渔湖、磐东、仙桥、梅云4镇
1992	① 安徽：滁州市设立琅琊区，辖东门、南门、西门、北门、琅琊、清流、扬子7个街道办事处 ② 安徽：滁州市设立南谯区，辖南谯街道办事处和乌衣等13个乡镇 ③ 山东：莱芜市设立莱城区，辖原县级莱芜市城区办事处及24个乡镇 ④ 山东：设立日照市东港区，以日照市的行政区域为东港区的行政区域 ⑤ 山东：莱芜市设立钢城区，辖原县级莱芜市城子坡、颜庄、黄庄、里辛、寨子5个乡镇 ⑥ 四川：万县市设龙宝区，辖龙宝镇、武陵镇、19个乡、3个街道办事处 ⑦ 四川：万县市设天城区，辖天城乡等31个乡、3个镇、1个街道办事处 ⑧ 四川：万县市设五桥区，辖五桥镇等5个镇、43个乡 ⑨ 河北：恢复石家庄市井陉矿区
1993	① 四川：南充市设顺庆区，辖北城等4个街道办事处和李家等11个乡镇 ② 四川：南充市设高坪区，辖高坪等9个镇和会龙等4个乡 ③ 四川：南充市设嘉陵区，辖金宝等12个镇和三会等11个乡
1994	① 广东：汕头市设立河浦区，以潮阳市的河浦镇为其行政区域 ② 广东：云浮市新设云城区，云城区辖云浮市部分行政区域 ③ 广西：北海市新设立铁山港区，辖从合浦县划入的南康镇、营盘镇
1995	广西：贵港市设立港南区、港北区
1996	福建：设立漳州市龙文区
1997	① 福建：泉州市设立丰泽区，辖泉秀、丰泽、东泽、华大4个街道和城东、东海、北峰3个镇 ② 福建：泉州市设立洛江区，辖河市、马甲、罗溪3个镇和虹山乡 ③ 湖南：怀化市设立鹤城区，以原县级怀化市部分行政区域为其行政区域 ④ 河南：设立平顶山市石龙区。石龙区辖南顾庄和梁洼、高庄2个街道

（续表）

年份	切 块 设 区 的 分 布
2000	福建省：泉州市设泉港区，辖惠安县的山腰、后龙、南埔、涂岭、埭港 5 个镇
2001	广东：设立茂名市茂港区，辖电白县的 6 个镇
2002	福建：设立莆田市秀屿区，将原莆田县的 9 个镇和 2 个乡划归秀屿区
2003	① 贵州：设立贵州省遵义市汇川区，以原红花岗、原属遵义县的部分行政区域为其行政区域 ② 浙江：设立湖州市吴兴区、南浔区
2009	宁夏：设立吴忠市红寺堡区，以吴忠市红寺堡镇、太阳山镇、大河乡、南川乡的行政区域为红寺堡区的行政区域
2012	安徽：设立马鞍山市博望区，以当涂县的博望镇、丹阳镇、新市镇为其行政区域
2013	广西：设立梧州市龙圩区，以苍梧县 3 个镇的行政区域为其行政区域
2014	① 海南：撤销三亚市海棠湾镇，设立三亚市海棠区 ② 海南：撤销三亚市吉阳镇，设立三亚市吉阳区 ③ 海南：撤销三亚市凤凰镇、天涯镇、育才镇，设立三亚市天涯区 ④ 海南：撤销三亚市崖城镇，设立三亚市崖州区
2015	安徽：设立六安市叶集区，以霍邱县的叶集镇、三元镇、孙岗乡的行政区域为叶集区的行政区域

资料来源：① 1978 年 1 月 1 日—2017 年 7 月 18 日的数据根据行政区划网 http://www.xzqh.org/html/ 及民政部官网 http://xzqh.mca.gov.cn/description?dcpid=1 公开的资料整理而得；② 2017 年 7 月 18 日—2017 年底的数据根据民政部批准的公文资料整理而得。

附录E
1978—2017年区界重组的分布概况

年份	区 界 重 组 的 分 布
1978	① 辽宁：设立抚顺市郊区，以抚顺县的7公社和蔬菜良种场及市区的26个生产大队为其行政区域 ② 辽宁：撤销辽阳市沙岭区、兰家区，设立首山区 ③ 江苏：设立杭州市半山区，以拱墅区8个居民区和西湖区3个大队和余杭县崇贤公社的工农大队为其行政区域 ④ 安徽：肥西县4个公社及2个生产大队划入合肥市郊区 ⑤ 福建：撤销福州市马江区，并入福州市郊区 ⑥ 山东：近郊梁家庄、陈家庄、王家庄、四里村等4个生产大队划归济南市市中区 ⑦ 四川：会理县的红格、猛新、新九3个公社与和爱公社的部分大队划归渡口市郊区
1979	① 天津：设立大港区，以南郊区部分行政区域为大港区区行政区域 ② 上海：将宝山县与杨浦区的部分地区划入虹口区 ③ 河北：唐山市郊区所辖的7个人民公社划归东矿区 ④ 河北：唐山市郊区的范各庄人民公社及所辖企业、事业等单位划归开滦煤矿，其行政区域并入开滦工农新区 ⑤ 安徽：将桐城县部分行政区域划入安庆市郊区 ⑥ 安徽：马鞍山市撤销郊区，并入向山区 ⑦ 山东：将崂山县的楼山公社及李村公社的阎家山划归青岛市沧口区 ⑧ 湖北：撤销黄石市胜阳港区，并入黄石港区；撤销黄石市黄思湾区、陈家湾区并入石灰窑区 ⑨ 广西：撤销南宁市郊区及江宁、兴宁、永新、华强、衡阳、江南等公社，设立新城、永新、江南、朝阳、衡阳5区 ⑩ 广西：撤销柳州市郊区，设立柳州市柳北、鱼峰、城中、柳南、鹅山5区 ⑪ 广西：撤销桂林市郊区，设立桂林市象山、秀峰、叠彩、七星4区 ⑫ 广西：撤销柳州市鹅山区，并入柳州市柳南区
1980	① 河北：撤销唐山市开滦工农新区，将其行政区域并入郊区、东矿区 ② 河北：石家庄市郊区所辖的西里生产大队划归红卫区 ③ 黑龙江：撤销鹤岗市东风区、跃进区，合并设立南山区，撤销鹤岗市群力区、反修区，合并设立东山区 ④ 黑龙江：设立牡丹江市阳明区，以牡丹江市前进人民公社（辖东风区和爱民区各一部分区域）的行政区域为其行政区域 ⑤ 江西：撤销南昌市胜利区、抚河区，分别并入东湖区、西湖区 ⑥ 陕西：撤销西安市郊区，设立未央区、雁塔区、灞桥区

（续表）

年份	区 界 重 组 的 分 布
1980	⑦ 内蒙古：撤销包头市建华矿区，并入青山区 ⑧ 江苏：设立南京市大厂区，辖浦口区大厂镇、葛塘公社和从六合县划进的长芦公社 ⑨ 安徽：设立淮北市杜集区、烈山区，以郊区部分行政区域为杜集区、烈山区的行政区域 ⑩ 上海：将这宝山县和嘉定县的部分行政区域划入普陀区 ⑪ 辽宁：将辽阳市首山区的 11 生产大队划归辽阳市郊区 ⑫ 山东：济南市郊区成立，辖城县 6 公社和邵而、英雄山两公社各一部分及市中区的东关和解放路两街道办事处 ⑬ 四川：金堂县城厢、太平两个区共 11 个公社、1 个镇划归成都市青白江区
1981	① 上海：将上海县北新泾镇、新泾公社、虹桥公社划属长宁区 ② 上海：设立上海市闵行区，以徐汇区的闵行、吴泾地区及上海县的 15 个大队为其行政区域 ③ 河北：唐山市路北区东新村街道办事处所辖的京沈铁路以南、陡河以东区域划归路南区 ④ 河北：唐山市郊区的 16 个生产大队和唐山市果园管理委员会 3 个生产大队划归路北区 ⑤ 安徽：将萧县部分行政区域入淮北市郊区，并增设杜集区、烈山区 ⑥ 江西：将安义县的太平、红星两个公社以及永修县马口公社的谁坂、罗亭两个大队划归南昌市湾里区 ⑦ 河南：设立郑州市金海区，以郊区的金海、老鸦陈 2 公社为其行政区域
1982	① 河南：设立新乡市北站区，以郊区北站公社为其行政区域 ② 上海：将上海、川沙、宝山等县的部分行政区域分别划归长宁区、南市区、闸北区 ③ 上海：杨浦区四平街道的玉田新村划归虹口区 ④ 上海：将上海县的曹行、塘湾、北桥、马桥等 4 公社的 15 个大队划属闵行区 ⑤ 上海：川沙县部分行政区域划入上海市南市区 ⑥ 上海：上海县部分行政区域划入长宁区 ⑦ 上海：宝山县部分行政区域划入宝山区 ⑧ 上海：上钢住宅小区的行政划归南市区 ⑨ 山西：将长治市郊部分区域划归城区 ⑩ 浙江：杭州市西湖区的部分行政区域划归下城区 ⑪ 福建：设立福州市马尾区，以郊区马尾镇和马尾公社为马尾区的行政区域；撤销福州市环城区，并入郊区
1983	① 江苏：撤销南通市城中区、港闸区，合并设立城区 ② 江苏：撤销连云港市新浦区、海州区，合并设立新海区；撤销盐、郊区，合并设立云台区 ③ 江苏：将淮阴县及淮安县的部分行政区域及城郊公社的部分行政区域划入淮阴市清浦区 ④ 江苏：撤销无锡市马山办事处和马山公社，合并设置马山镇，划归无锡市郊区 ⑤ 江苏：设立镇江市城区、郊区，金山区、北固区合并为城区，谏壁区、原郊区合并为郊区 ⑥ 浙江：杭州市西湖区的上塘、康桥、石桥公社和石桥街道划归半山区 ⑦ 浙江：撤销温州市东城区、南城区、西城区，合并设立城区 ⑧ 辽宁：设立阜新市清河门区，以郊区的清河门镇和艾友街道办事处为其行政区域

（续表）

年份	区 界 重 组 的 分 布
1983	⑨辽宁：将锦县余积公社的藏西、小兴、兴隆、大石4个生产大队划归锦州市太和区 ⑩辽宁：将金县的大连湾公社划归大连市甘井子区 ⑪吉林：长春市郊区的奋进乡划归宽城区；城西乡、双德乡、西新乡划归朝阳区；幸福乡、净月乡、吉林农业大学所辖区域划归南关区；英俊乡划归二道河子区 ⑫江苏：划出原扬州市城区设广陵区，划出原扬州市郊区和邗江县的汤汪、西湖、湾头3个公社设郊区 ⑬安徽：撤销淮北市以矿带社体制，将相山等9个公社划入淮北市郊区 ⑭山东：将崂山县李村公社的南、北香里划归青岛市沧口区 ⑮上海：将国家名誉主席宋庆龄陵园的所在地，包括邻近上海县的部分土地划归长宁区
1984	①河北：撤销秦皇岛市郊区，分别并入海港区、山海关区、北戴河区 ②河北：将唐山市新华街以南原路北区所辖的行政区域划归路北区；新华街以南的部分划归路南区；将开滦矿务局所辖的钱家营矿（丰南县境内）、铁一局（赵庄）、司家营铁矿筹建处（滦县）划归路南区 ③浙江：温州市城区改名为鹿城区，将新桥、南郊、黎明、城郊、仰义6个乡划归鹿城区；增设温州市龙湾区，将状元镇、龙湾乡和瓯海县永中镇黄山、黄石山两个行政村划归龙湾区 ④浙江：宁波市的镇明、海曙两区合并为海曙区，辖天封等9个街道、段塘镇和西郊乡 ⑤安徽：撤销淮北市郊区，分别并入相山区、烈山区、杜集区 ⑥安徽：撤销马鞍山市郊区，并入向山区 ⑦河南：将宝丰县的曹镇乡划归平顶山市郊区 ⑧江西：九江市庐山区部分行政区域划归浔阳区 ⑨辽宁：将东沟县的长安乡板石村划归丹东市振安区 ⑩辽宁：调整本溪市市区行政区划，立新区更名为明山区；平山区、溪湖区与原立新区部分区域进行区界重组；设立南芬区，以原立新区所属的南芬街道、南芬乡、思山岭乡为其行政区域 ⑪江苏：调整南京市市辖区，将栖霞区与雨花台区部分行政区域划入白下区，将雨花台区及建邺区的部分行政区域划入秦淮区，将雨花台的部分行政区域划入建邺区，将下关区及建邺区的部分行政区域划入鼓楼区，将栖霞区及栖霞区的部分行政区域划入下关区 ⑫广东：设立汕头市达濠区，以郊区的达濠镇和礐石人民公社为其行政区域 ⑬上海：将吴淞区的殷行地区划归杨浦区 ⑭上海：将川沙县部分地区分别划归黄浦区、南市区、杨浦区，原属上海县部分地区分别划入徐汇区、闵行区、长宁区，将宝山县部分地区分别划入虹口区、杨浦区、吴淞区，将嘉定县部分地区分别划归普陀区 ⑮山东：将昌乐县崔家庄公社的25个自然村划归潍坊市坊子区 ⑯四川：撤销绵竹县汉旺乡，将所属行政区域划归德阳市市中区
1985	①河南：濮阳市设立市区，以郊区的5个乡镇和清河头乡的29个村为其行政区域 ②甘肃：白银市设立白银区，以兰州市白银区和皋兰县3个乡为其行政区域 ③上海：将嘉定县的部分地区划归普陀区 ④上海：杨浦区部分地区划归黄浦区 ⑤上海：将宝山县部分地区划归吴淞区

（续表）

年份	区　界　重　组　的　分　布
1985	⑥ 辽宁：锦州市太和区营盘乡五里村划归凌河区 ⑦ 辽宁：撤销盘山县城郊乡，将其行政区域并入锦州市兴隆台区、双台子区 ⑧ 吉林：将长春市郊区的北郊劳动教养管理所所辖区域划归宽城区；南关区净月乡东长青村（含未分的陶家村）、杨家店村、苇子村划归二道河子区
1986	① 河北：邯郸市撤销郊区，将所辖的区域分别并入丛台区、复兴区、邯山区 ② 河北：石家庄市郊区所辖的 5 个村划归桥东区，2 个村划归新华区，3 个村划归长安区 ③ 江苏：将连云港市新海区划分为新海、海州两区 ④ 江苏：撤销常州市广化区，将其行政区域分别划入钟楼区和天宁区 ⑤ 青海：将西宁市城西区分设为城西、城北两个区；撤销西宁市郊区，将原郊区所辖的 7 个乡分别划归城东、城中、城西、城北 4 个区 ⑥ 陕西：咸阳市设立渭城区，以秦都区的部分地区为渭城区的行政区域 ⑦ 上海：将上海县部分地区划入徐汇区 ⑧ 辽宁：宽甸县古楼子乡望江村改为太平湾镇，划归丹东市振安区 ⑨ 辽宁：锦州市太和区新建石桥住宅小区划归凌河区 ⑩ 江苏：将江宁县的 3 个乡划归南京市栖霞区 ⑪ 江西：将南昌县罗家乡划归南昌市郊区 ⑫ 湖北：将鄂州市管辖的左岭镇划入武汉市洪山区 ⑬ 湖北：将武汉市武昌区的 3 个街道办事和珞珈山街办事处所属 27 个居民委员会划入洪山区
1987	① 河北：保定市撤销郊区，将原郊区分别并入南市区、北市区、新市区 ② 黑龙江：将双鸭山市岭东、岭西两区合并为岭东区 ③ 安徽：铜陵市撤销铜山区，将其行政区域并入铜陵市郊区 ④ 山东：将济南市郊区的北园镇划归天桥区；七贤镇划归市中区；段店镇、吴家堡镇划归槐荫区管辖；姚下镇划归历下区 ⑤ 山东：东营市牛庄区、东营两区合并为并入东营区 ⑥ 湖北：将花湖等 8 乡划归鄂州市鄂城区 ⑦ 福建：厦门市设立湖里区，将郊区的部分行政区域及开元区的部分行政区域划归湖里区 ⑧ 辽宁：将锦州市太和区所辖的北大营子居委会划归凌河区 ⑨ 辽宁：将宽甸县虎山满族乡所辖的西甸子村划归丹东市振安区 ⑩ 辽宁：将辽阳市太子河区曙光乡所辖的早饭屯村划归宏伟区 ⑪ 新疆：乌鲁木齐市设立东山区，以乌鲁木齐县芦草沟乡及水磨沟区卡子湾办事处的行政区域为其行政区域 ⑫ 河南：撤销郑州市新密、金海区、郊区，将原新密的行政区域划归新密县管辖，将金海区的庙李乡划归金水区，齐礼阎乡划归二七区；大岗刘乡划归中原区；撤销郊区，设立邙山区，辖金水区的刘寨街道办事处，及原郊区的花园口乡、古荥乡和原金海区的毛庄乡、老鸦陈乡。郊区其他的姚桥乡、柳林乡、祭城乡划归金水区，刘胡垌、候寨乡划归二七区；十八里河乡、南曹乡、圃田乡划归管城回族区；须水乡、沟赵乡、古佛乡划归中原区 ⑬ 湖北：将花湖、杨叶、沙窝、杜山 4 乡和燕矶、汀祖、泽林、碧石渡四镇划归鄂州市鄂城区 ⑭ 四川：撤销黄田坝办事处，将所属区域并入成都市西城区 ⑮ 宁夏：将宁夏市郊区的大武口乡划归大武口区，将园艺乡的一部分划归石嘴山区

（续表）

年份	区 界 重 组 的 分 布
1988	① 河北：撤销邢台市郊区，将原郊区并入桥东区管、桥西区 ② 辽宁：将盖县芦屯镇所辖的崔屯、柳树底、马圈子、小河屯、小陆屯5个村划归营口市鲅鱼圈区 ③ 辽宁：将本溪县所辖的下马塘满族镇划归本溪市南芬区
1989	① 河北：撤销张家口市茶坊区，将其分别划归桥东区、桥西区 ② 河北：撤销张家口市庞家堡区，将其所辖的区域划归宣化县 ③ 河北：撤销石家庄市井陉矿区，将原井陉矿区划归井陉县 ④ 河北：将宣化县的3个乡划归张家口市下花园区，将张家口市桥西区口里东窑子村划归桥东区 ⑤ 河北：将石家庄市郊区10个村分别划归长安、桥西区和桥东区 ⑥ 四川：将内江市市中区部分行政区域划归东兴区，将原内江县的四合乡、史家镇划归市中区 ⑦ 四川：缩小广元市市中区，设立广元市元坝区、朝天区，分别以原市中区部分行政区为元坝区、朝天区的行政区域 ⑧ 辽宁：将锦州市的葫芦岛区、南票区划归锦西市领导，原县级锦西市的独树沟乡划入葫芦岛区，原锦西市的暖池塘、缸窑岭镇、黄土坎乡划入南票区 ⑨ 上海：将宝山区五角场乡划归杨浦区 ⑩ 安徽：将凤台县武集乡的杨园、朱集、贾庄3个行政村划入淮南市潘集区
1990	① 浙江：撤销杭州市拱墅区、半山区，设立新的杭州市拱墅区 ② 安徽：撤销芜湖市裕溪口区、四褐山区、郊区；设立鸠江区，以原裕溪口区、四褐山区及郊区的部分行政区域为鸠江区的行政区域，将原郊区的部分行政区域划归镜湖区，将原郊区的部分行政区域划归新抚区，将原郊区的部分行政区域划归马塘区 ③ 广东：撤销梧州市白云区，将其行政区域并入梧州市万秀区 ④ 海南：将海口市博爱区、振东区、郊区、新华区、秀英区进行区界重组，调整为海口市振东区、新华区、秀英区 ⑤ 四川：将成都市东城区、西城区、金牛区进行区界重组，调整为成都市锦江区、青羊区、金牛区、武侯区、成华区 ⑥ 江西：将九江市浔阳区十里办事处划归庐山区 ⑦ 广西：撤销梧州市白云区，并入梧州市万秀区
1991	① 广东：将汕头市安平、同平、公园、金砂、达濠、郊区6个市辖区进行区界重组，调整为龙湖、金园、升平、达濠4个区 ② 上海：将川沙县部分地区划归黄浦区 ③ 河北：将承德县所辖的冯营子乡（10个村）划归承德市双桥区 ④ 河北：将宣化县所辖的庞家堡镇划归张家口市宣化区 ⑤ 辽宁：将辽阳市太子河区曙光乡划归宏伟区 ⑥ 江西：将南昌市郊区青云谱乡（不含辛家庵、楞上村委会）和青云谱农场划归南昌市青云谱区
1992	① 吉林：吉林市郊区更名为丰满区，将原郊区的行政区域与船营区、昌邑区、龙潭区、丰满区进行区界重组 ② 湖南：撤销湘潭市雨湖区、湘江区、岳塘区、板塘区、郊区，以湘江为界设立雨湖区、岳塘区 ③ 四川：撤销绵阳市市中区，设立涪城区、游仙区 ④ 上海：将上海县龙华乡和虹桥乡的4个村及梅陇乡的3个村划归徐汇区

（续表）

年份	区　界　重　组　的　分　布
1992	⑤ 上海：上海县的新泾乡和虹桥乡的虹四村、西郊村划归长宁区 ⑥ 上海：嘉定县的长征乡和桃浦乡划归普陀区 ⑦ 上海：宝山区彭浦乡塘南村、龙潭村划归闸北区 ⑧ 北京：撤销北京市矿务局工农区办事处建制，将原辖区内各乡、村分别划归门头沟、房山区 ⑨ 河北：调整唐山市路南区、路北区、开平区的部分行政区划，将开平区所辖的 2 个乡划归路北区及 2 个乡划归路南区；将路北区 2 个街道办事处和陡电家属区划归开平区；将路北区所辖的商场街和复兴路立交桥东段、京山铁路以北、新华东道以南的三角地域划归路南区 ⑩ 河北：唐山市区以唐古路为界，将唐古路以东的路南区税务庄街道办事处划归开平区；唐古路以西原税务庄街道办事处的晨光楼、自来水公司工房 2 个居委会仍归属路南区 ⑪ 吉林：对吉林市各辖区进行重组，将吉林市郊区更名为丰满区，将原郊区的部分行政区域和昌邑区的部分行政区域委划归船营区，将原郊区部分行政区域划归昌邑区，将原郊区部分行政区域划归龙潭区，将原郊区的部分行政区域和船营区部分行政区域划归丰满区 ⑫ 安徽：将濉溪县上楼乡划归淮北市相山区；将濉溪县宋町乡划归烈山区；将杜集区孟庄乡全部及牛眠乡的 5 个自然村划还萧县
1993	浙江：温州市鹿城区景山街道、新桥镇划归瓯海区
1994	① 山东：青岛市撤销台东区、沧口区，设立李沧区、城阳区，将原台东区、沧口区的行政区域与市北区、李沧区、四方区、崂山区、城阳区进行重组 ② 山东：设立潍坊市奎文区，将潍城区白浪河以东的 4 个街道办事处、3 个镇和军埠口镇的 7 个村，寒亭区郭家官庄镇的 8 个村划归奎文区 ③ 山东：将文登市初村镇、葛庙于镇和荣成市桥头镇、泊于镇共 4 镇整建制划归威海市环翠区 ④ 山东：设立烟台市莱山区，辖原牟平县的莱山镇、解甲庄镇和芝罘区的初家镇 ⑤ 广西：撤销北海市郊区，将其部分行政区域与合浦县的福成镇合并，设立新的银海区；同时将其他部分行政区域并入海城区 ⑥ 四川：调整攀枝花市各区的行政区划，东区辖原所属的 10 个街道办事处和仁和区的银江乡（新庄村除外）、前进乡的炳草岗村和大渡口村的 3 个村民小组；西区辖原所属的 7 个街道办事处和仁和区的平江乡及银江乡的新庄村；仁和区辖原所属的仁和镇和 16 个乡及东区的 2 个街道办事处 ⑦ 四川：扩大重庆市市中区、江北区、南岸区、沙坪地区、九龙坡区、大渡口区、北碚区的行政区域，市中区与沙坪坝区、江北区与南岸区、南岸区与巴县、沙坪坝区与巴县、大渡口区与九龙坡区及巴县、九龙坡区与沙坪坝区及巴县、北培区与江北县进行区界重组 ⑧ 上海：将长宁区新泾乡隶属的西郊、虹四两个建制村划归闵行区 ⑨ 上海：将嘉定区江桥镇所管辖的部分区域划归普陀区 ⑩ 江苏：将无锡县部分行政区域划归无锡市郊区 ⑪ 江西：将南昌市郊区青云谱乡石码、前万两个村划归青云谱区 ⑫ 广西：将柳城县西安乡的龙卜村划归柳州市郊区 ⑬ 浙江：杭州市西湖区西兴镇的东湘、杜湖、湖头陈等 3 个行政村划归萧山市

（续表）

年份	区 界 重 组 的 分 布
1995	① 吉林：撤销长春市郊区，设立绿园区，对长春市朝阳区、宽城区、南关区、二道区、绿园区进行区界重组 ② 吉林：将松原市扶余区拆分为扶余县与新扶余县，以扶余区的8个镇和18个乡设立扶余县，将松原市扶余区更名为宁江区 ③ 福建：福州市郊区更名为晋安区，对福州市鼓楼区、台江区、仓山区、马尾区、晋安区进行区界重组 ④ 湖北：撤销襄樊市襄城区、樊东区、樊西区、郊区，设立襄城区、樊城区，襄城区辖原襄城区和原郊区的部分行政区域，樊城区辖原樊东区、樊西区和原郊区的部分行政区域 ⑤ 四川：泸州市市中区更名为江阳区，对江阳区、市中区、纳溪区、纳溪县、泸县的行政区域进行区界重组 ⑥ 四川：调整内江市市区的行政区域，将市中区的沱江河以东的国光、椑木镇划归东兴区，将原东兴区的沱江河以西的凌家镇、朝阳镇、永安镇（不包括沱江河以东的原水晶乡）、金安镇、靖民镇、沱江乡划归市中区 ⑦ 四川：将涪陵市枳城区的龙渡镇划归李渡区；将李渡区的酒店乡划归枳城区 ⑧ 江苏：调整南京市市辖区的行政区划，将鼓楼区与栖霞区的部分行政区域划入玄武区，将雨花台区与栖霞区的部分行政区域划入白下区，将雨花台区部分行政区域划入秦淮区，将雨花台区部分行政区域划入建邺区，将雨花台区部分行政区域划入鼓楼区，将雨花台区与栖霞区的部分行政区域划入下关区，将江宁县的部分行政区域划入雨花台区
1996	① 江苏：撤销盐城市郊区，将原郊区行政区域划入盐都县和盐城市城区 ② 浙江：设立杭州市滨江区，辖从西湖区划入的浦沿镇、西兴镇、长河镇，并对杭州市上城区、下城区、拱墅区、江干区、西湖区进行区界重组 ③ 浙江：将萧山市的浦沿镇、西兴镇、长河镇和余杭市的三墩镇划归杭州市西湖区；将余杭市的九堡镇、下沙乡（包括围垦区）划归杭州市江干区 ④ 山东：将胶南市灵山卫镇的12个行政村划归黄岛区；将胶南市红石崖镇的8个行政村划归黄岛区 ⑤ 湖南：将华容县划入层山、良心堡、银杯3个镇划入岳阳市市区，撤销岳阳市南区、郊区，设立岳阳楼区、君山区，岳阳楼区辖原南区的8个街道办事处和原郊区的5个乡，君山区辖原郊区的3个乡镇和原华容县的3个镇 ⑥ 湖南：撤销长沙市东区、西区、南区、北区、郊区，通过区界重组设立长沙市岳麓区、芙蓉区、天心区、开福区、雨花区 ⑦ 广西：对桂林市市辖区的行政区划作相应调整，扩大叠彩区的行政区域，将原郊区大河乡、穿山乡的清风村划归叠彩区；扩大秀峰区的行政区域，将原郊区甲山乡划归秀峰区；扩大象山区的行政区域，将原郊区的二塘乡、柘木镇的同心、平山两个村和穿山乡的安新村划归象山区；扩大七星区的行政区域，将原郊区的穿山乡（不含清风、安新两个村）、朝阳乡划归七星区；雁山区辖原郊区的雁山镇、柘木镇（不含同心、平山两个村）、大埠乡、草坪回族乡 ⑧ 四川：撤销德阳市市中区，设立旌阳区和罗江县，以市中区部分行政区域为旌阳区行政区域 ⑨ 福建：设立漳州市龙文区，以漳州市芗城区的部分行政区域、龙海市部分行政区域为其行政区域

（续表）

年份	区　界　重　组　的　分　布
1997	① 河北：撤销沧州市郊区，将其行政区域并入运河区与新华区 ② 山西：撤销太原市南城区、北城区、河西区、南郊区、北郊区，通过区界重组设立太原市小店区、迎泽区、杏花岭区、尖草坪区、万柏林区、晋源区 ③ 黑龙江：撤销牡丹江市郊区，将其行政区域分别并入东安区、西安区、阳明区及爱民区 ④ 江苏：将泰州市海陵区拆分为海陵区和高港区 ⑤ 福建：调整泉州市鲤城区的行政区域，增设丰泽区和洛江区；鲤城区辖临江、海滨、鲤中、开元 4 个街道和江南、浮桥 2 个镇；丰泽区辖原鲤城区的 4 个街道和 3 个镇；洛江区辖原鲤城区的 3 个镇和虹山乡 ⑥ 湖南省：撤销株洲市的东区、南区、北区、郊区，通过区界重组设立荷塘区、芦松区、石峰区、天元区 ⑦ 湖南省：撤销邵阳市东区、西区、郊区，通过区界重组设立邵阳市双清区、大祥区、北塔区 ⑧ 广东：设立深圳市盐田区，盐田区辖从罗湖区划入的沙头角镇和盐田、梅沙 2 个街道，调整后的罗湖区辖南胡、翠竹、蛟湖、笋岗、桂园 6 个街道 ⑨ 上海：宝山区的原江湾机场和共康小区部分区域分别划归杨浦、闸北区 ⑩ 重庆：撤销万县市及所辖龙宝区、天城区、五桥区，设立重庆市万县市；撤销涪陵市及所辖枳城区、李渡区，设立重庆市涪陵区
1998	① 河北：将杨庄乡的 3 个村、韩庄乡所辖的 6 个村、韩村乡所辖的 2 个村、西康庄、颉庄乡所辖的薛留村划归保定市北市区 ② 辽宁：将开原市的部分行政区域划归铁岭市清河区 ③ 江苏：将铜山县潘塘镇划归徐州市泉山区 ④ 江西：将南昌市郊区青云谱乡（不含辛家庵、楼上村委会）和青云谱农场划归青云谱区 ⑤ 山东：将泰安市泰山区的粥店街道办事处划归泰安市郊区，将郊区的省庄镇、邱家店镇划归泰山区
1999	① 河北：将清苑县 3 个村划归保定市北市区，将清苑县 2 个村划归保定市南市区 ② 辽宁：调整抚顺市行政区划，将顺城区浑河以南河北乡的 3 个"联社"划入新抚区；将抚顺县的大南乡、顺城区的塔峪镇、李石镇和高湾街道办事处划入望花区；将顺城区的碾盘乡和千金乡划入露天区；将新抚区浑河以北的 5 个街道办事处划入顺城区 ③ 辽宁：调整丹东市行政区划，将振安区的蛤蟆塘镇及鸭绿江办事处的部分区域划归元宝区；将东港市的安民镇和振安区的浪头镇、花园办事处划归振兴区；将凤城市的汤山城镇划归振安区，武营、通天、果园 3 个村划归振安区，将元宝区的珍珠街道办事处划归振安区 ④ 辽宁：撤销辽阳市太子河区太子河乡，将其行政区域划归白塔区与文圣区
2000	① 河北：将廊坊市安次区拆分为广阳区和安次区 ② 内蒙古：呼和浩特市郊区改名赛罕区，将原郊区部分行政区域分别划入新城区、回民区、玉泉区 ③ 河南：调整洛阳市市辖区的行政区域，将原郊区的工农乡、孙旗乡划归涧西区；将原郊区的红山乡和洛北乡的 8 村划归西工区；将原郊区的邙山乡和洛北乡的 4 村划归老城区；将原郊区的瀍河回族乡划归瀍河回族区；将西工区的安乐街道划归洛龙区

（续表）

年份	区 界 重 组 的 分 布
2000	④ 江苏：撤销无锡市马山区，将原马山区的行政区域和原县级锡山市的9个镇并入无锡市郊区 ⑤ 浙江：将原金华县的14个乡镇划归金华市婺城区 ⑥ 宁夏：将石嘴山市陶乐县的月牙湖乡划归银川市兴庆区 ⑦ 贵州：贵阳市设小河区，辖贵阳市小河镇和贵阳市花溪区金竹镇 ⑧ 吉林：将永吉县4镇1乡划归龙潭区管辖；将永吉县2镇2乡、船营区左家镇划归昌邑区管辖；将永吉县2镇1乡划归船营区 ⑨ 山东：济南市历城区党家庄镇、十六里河镇划归市中区管辖，历城区桑梓店镇、大桥镇和靳家乡划归天桥区管辖 ⑩ 上海：撤销黄浦区和南市区，设立新的上海市黄埔区
2001	① 浙江：将绍兴县的5个镇划归绍兴市越城区 ② 浙江：调整温州市市辖区行政区划，将永嘉县、瓯海区、龙湾区的部分行政区域划入鹿城区，将瑞安市、鸥海区的部分行政区域划入龙湾区，将瑞安市部分行政区域划入瓯海区 ③ 浙江：将原衢县的4个乡和2个镇划归衢州市柯城区 ④ 新疆：将乌鲁木齐县的大湾乡划归乌鲁木齐市天山区；二工乡和地窝堡乡划归乌鲁木齐市新市区；将大湾乡仓房沟村和二工乡九家湾村（不含八队）划归乌鲁木齐市沙依巴克区；将地窝堡乡的河南庄子村划归乌鲁木齐市头屯河区，将乌鲁木齐县七道湾乡和乌鲁木齐市东山区芦草沟乡的水磨沟村划归乌鲁木齐市水磨沟区；将七道湾乡的卡子湾村划归乌鲁木齐市东山区管辖 ⑤ 河北：撤销石家庄市郊区，设立石家庄市裕华区，将原郊区的行政区域分别划入裕华区、桥西区、新华区、石桥东区，将正定县与栾城县的部分行政区域划归裕华区，将正定县部分行政区划划入长安区 ⑥ 河北：将崇礼县所辖的虎头梁村划归张家口市桥西区 ⑦ 湖北：将荆门市东宝区拆分为掇刀区和东宝区 ⑧ 湖北：将襄阳县部分行政区域分别划归襄樊市樊城区、襄城区 ⑨ 湖北：将原宜昌县的土城乡、桥边镇、艾家镇划归宜昌市点军区 ⑩ 河南：将确山县的3个乡和遂平县的2个乡以及汝南县的水屯镇划归驻马店市驿城区 ⑪ 江苏：撤销连云港市云台区，将云台区的行政区域划归连云区、新浦区 ⑫ 广西：撤销南宁市市郊区，将原郊区的津头乡划归南宁市新城区，安吉镇、三塘镇和上尧乡的虎邱村划归南宁市兴宁区，金陵镇等4镇和上尧乡的秀厢等5个村划归南宁市城北区，石埠镇、江西镇、坛洛镇、富庶乡和上尧乡的永和等5个村划归南宁市永新区管辖，沙井镇、那洪镇、亭子乡划归南宁市江南区撤销南宁市市郊区，将郊区的行政区域划归新城、兴宁区、城北区、永新区、江南区 ⑬ 湖南：撤销衡阳市江东区、城南区、城北区、郊区，通过区界重组设立衡阳市珠晖区、雁峰区、石鼓区、蒸湘区 ⑭ 广东：设立珠海区金湾区，金湾区辖珠海市香洲区的2个镇和原斗门县的2个镇 ⑮ 广东：广州市白云区的大坦沙岛、西郊村归荔湾区 ⑯ 安徽：撤销马鞍山市向山区，将原向山区的行政区域分别划入金家庄区、花山区、雨山区 ⑰ 上海：青浦区白鹤镇部分区域划入嘉定区 ⑱ 四川：双流县桂溪乡划归成都市武候区

（续表）

年份	区 界 重 组 的 分 布
2002	① 安徽：合肥市东市区更名为瑶海区，将合肥市郊区及肥东县的部分行政区域划归瑶海区，合肥市中市区更名为合肥市庐阳区，将合肥市郊区部分行政区域划归庐阳区，合肥市西市区更名为合肥市蜀山区，将合肥市郊区的井岗镇划归蜀山区，合肥市郊区更名为合肥市包河区，将原西市区的3个街道划归包河区 ② 江西：将景德镇市珠山区的西郊街道办事处划归昌江区；昌江区的太白园街道办事处划归珠山区 ③ 新疆：将乌鲁木齐市天山区的乌拉泊街道和乌鲁木齐县的5个乡划归乌鲁木齐市商泉区 ④ 江苏：无锡市滨湖区南站镇、坊前镇、梅村镇的行政管理归属无锡市新区管理委员会；滨湖区中桥街道、芦庄街道的行政管理归属南长区；滨湖区刘潭街道的行政管理归属北塘区；滨湖区广益镇划归崇安区；滨湖区扬名镇划归南长区；滨湖区黄巷镇、山北镇划归北塘区 ⑤ 江苏：南京市建邺区朝天宫、止马营街道划归白下区，雨花台区沙洲街道、双闸街道和江心镇划给建邺区，建邺区部分行政区域划归鼓楼区、鼓楼区部分行政区域划归建邺区 ⑥ 江苏：调整常州市部分行政区划，将郊区更名为新北区，将县级武进市的部分行政区域划入新北区，将原郊区部分行政区域并入钟楼区、天宁区 ⑦ 辽宁：调整阜新市部分行政区划，将细河区的部分行政区域分别划归海州区、太平区、新邱区，将海州区部分行政区域划归细河区 ⑧ 广东：将新会市的3个镇划归江门市蓬江区 ⑨ 广东：撤销佛山市城区和石湾区，设立禅城区，以原佛山市城区、石湾区和原南海市南庄镇的行政区域为禅城区的行政区域 ⑩ 广西：同意撤销柳州市市郊区，将原郊区的5乡镇和黄村乡的3个村划归柳州市柳北区，羊角山镇的5个村和鸡喇居委会划归柳州市鱼峰区，太阳村镇、西鹅乡和羊角山镇的3个村以及黄村乡的3个村划归柳州市柳南区管辖，柳东镇和鱼峰区的谭中街道划归柳州市城中区 ⑪ 北京：将原属丰台区部分管辖区域划归宣武区 ⑫ 宁夏：调整银川市市辖区行政区划，撤销城区、新城区和郊区，设立西夏区、金凤区和兴庆区 ⑬ 宁夏：调整石嘴山市部分行政区划，撤销石炭井区，将石炭井区的行政区域、平罗县的部分行政区域划归大武口区 ⑭ 河南：撤销安阳市铁西区、郊区，设立安阳市殷都区、龙安区；调整安阳市北关区、文峰区和安阳县的行政区域 ⑮ 上海：将人民塘外滩涂面积计入浦东新区，浦东新区面积由533.45平方千米扩大至569.57平方千米 ⑯ 福建：同意撤销莆田县，将原莆田县的4个镇划归莆田市城厢区，原莆田县的6个镇和大洋乡划归莆田市涵江区；设立莆田市荔城区，将城厢5个居委会，城南乡的6个村，城郊乡的12个村，以及原莆田县的4个镇划归荔城区；设立莆田市秀屿区，将原莆田县的9个镇和2个乡划归秀屿区 ⑰ 辽宁：将阜新市细河区的韩家店镇和西苑街道的王营矿居委会划归阜新市海州区；水泉镇划归阜新市太平区；长营子镇划归阜新市新邱区，将海州区的东苑街道，新兴街道的三个居委会，和平街道的5个居委会，西山街道的10个居委会划归细河区 ⑱ 辽宁：将凌海市杏山镇和原锦州市直辖的天桥镇划归锦州市太和区

（续表）

年份	区 界 重 组 的 分 布
2002	⑲ 辽宁：调整鞍山市的行政区划，将沙河镇其余的11个村、1个社区居委及沙河街道办事处会划归立山区，将千山区大孤山镇的城子村划归铁东区；高官岭村划归铁东区；东鞍山镇的后三家峪村划归铁东区 ⑳ 山东：将蓬莱市的大季家镇划归烟台市福山区
2003	① 广西：撤销梧州市郊区，设立梧州市长洲区；长洲区辖原郊区长洲镇及龙圩镇的3个村，同时将蝶山区的4个居委会以及苍梧县倒水镇划归长洲区；将苍梧县旺甫镇和原郊区城东镇划归万秀；将万秀区塘源居委会、原郊区龙湖镇的4个村和苍梧县夏郢镇划归蝶山区 ② 广西：设立贵港市覃塘区，将贵港市港北区的11个乡镇划归覃塘区 ③ 广东：撤销汕头市升平区、金园区、河浦区、达濠区，设立金平区、濠江区，将原澄海市的2个镇和原金园区高新技术开发区东片区域划归龙湖区 ④ 广东：将原惠阳市所辖的10个镇以及博罗县的仍图镇划归惠城区 ⑤ 浙江：将绍兴县15个村划归绍兴市越城区 ⑥ 福建：撤销厦门市鼓浪屿区和开元区，将其行政区域划归思明区，将杏林区的杏林街道办事处和杏林镇划归集美区，将同安区拆分为翔安区和同安区 ⑦ 贵州：设立遵义市汇川区，辖原属红花岗区管辖的2个镇，3个街道，长征镇的坪丰居委会，坪丰村，原属遵义县管辖的4个镇 ⑧ 四川：撤销遂宁市市中区，设立船山区和安居区 ⑨ 河南：新乡市新华区更名为卫滨区，北站区更名为凤泉区，郊区更名为牧野区，调整新乡市红旗区、卫滨区、凤泉区、牧野区行政区域，将新乡县、原郊区的部分行政区域划归新乡市红旗区，将原郊区的部分行政区域划归卫滨区，将新乡县的部分行政区域划归凤泉区，将红旗、原新华区、新乡县的部分行政区域划归牧野区管辖 ⑩ 陕西：将原宝鸡县的部分行政区域划归宝鸡市金台区、渭滨区 ⑪ 江苏：将镇江市丹徒区丁岗镇划归京口区 ⑫ 江苏：将淮安市楚州区部分行政区域划归淮安市清河区 ⑬ 江苏：盐城市城区更名为盐城市亭湖区，辖原盐城市城区以及原盐都县的3个镇 ⑭ 山东：将安丘市南流镇划归潍坊市坊子区 ⑮ 山东：将桓台县果里镇的6村和周家镇的2村划归张店区；将坊子区清池街道办事处划归奎文区 ⑯ 山东：胶南市红石崖镇划归青岛市黄岛区 ⑰ 山东：费县汪沟7个村划归临沂市兰山区
2004	① 山东：设立日照市岚山区，将日照市东港区的2个街道和6个镇划归岚山区 ② 广西：撤销南宁市城北区、永新区和邕宁县，设立南宁市西乡塘区、良庆区、邕宁区，将原邕宁县的3个镇划归兴宁区，将原邕宁县的4个镇和个1村划归青秀区，将原邕宁县的3个镇和原永新区的10个村划归江南区，将原永新区和城北区（不含原永新区江西镇的同新等10个村）合并成立西乡塘区 ③ 江苏：调整南京市行政区划，将雨花台区部分行政区域划归建邺区，将建邺区部分行政区域划归白下区，将建邺区部分行政区域划归鼓楼区，将鼓楼区部分行政区域划归建邺区 ④ 江苏：将原宿豫县、泗阳县、泗洪县的部分行政区域划归宿城区 ⑤ 内蒙古：将察哈尔右翼前旗的白海子镇、黄家村乡划归乌兰察布市集宁区

（续表）

年份	区 界 重 组 的 分 布
2004	⑥ 江西：调整南昌市市辖区部分行政区划，将西湖区、青山湖区的部分行政区域划归东湖区，将青山湖区的部分行政区域划归西湖区，西湖区、青山湖区的部分行政区域划归青云谱区，将东湖区、西湖区的部分行政区域划归青山湖区 ⑦ 广东：将韶关市北江区和原曲江县的花坪镇、犁市镇划归浈江区，将原曲江县的重阳镇、龙归镇、江湾镇划归武江区 ⑧ 河南：将原郾城县的 4 个乡镇划归漯河市源汇区 ⑨ 云南：调整昆明市市辖区行政区划，将五华区、盘龙区、官渡区、西山区的行政区划进行重组 ⑩ 黑龙江：撤销哈尔滨市太平区，将其行政区域划归哈尔滨市道外区；设立松北区，以原属道外区 3 个镇、2 个街道以及原属呼兰县 2 个镇为其行政区域 ⑪ 黑龙江：将佳木斯市郊区的松江乡划归东风区；将东风区 4 个社区划归前进区，将郊区的南岗村划归前进区，将永红区的部分行政区域和郊区部分行政区域划归向阳区 ⑫ 黑龙江将佳木斯市郊区的建国乡划归东风区 ⑬ 辽宁：将县级盖州市的部分行政区域划归营口市鲅鱼圈区 ⑭ 辽宁：将沈阳市东陵区长白街道办事处划归和平区 ⑮ 辽宁：将抚顺县章党镇原所辖的 10 个社区居委会和 2 个村划归抚顺市东洲区 ⑯ 辽宁：将辽阳市太子河区新华街道办事处八棵树社区居委会划归宏伟区 ⑰ 安徽：蚌埠市东市区更名为龙子湖区，中市区更名为蚌山区，西市区更名为禹会区，郊区更名为淮上区，将蚌埠市龙子湖区、蚌山区、禹会区、淮上区进行区界重组 ⑱ 安徽：将长丰县的部分行政区域分别划入淮南市大通区、田家庵区、谢家集区 ⑲ 安徽：将固镇县的曹老集镇和怀远县的梅桥乡划入蚌埠市市区，并重新划分蚌埠市各市辖区的行政区；将长丰县部分行政区域分别划入淮南市区、谢家集区 ⑳ 安徽：将芜湖县的清水镇划入芜湖市鸠江区 ㉑ 安徽：将铜陵县的大通镇划入铜陵市郊区 ㉒ 安徽：将当涂县的银塘镇划入马鞍山市雨山区 ㉓ 安徽：将濉溪县的新蔡镇划入淮北市烈山区，将濉溪县濉溪镇的庆相桥、虎山北路居委会划入相山区 ㉔ 安徽：将歙县郑村镇的上朱村划入黄山市徽州区 ㉕ 宁夏：将原陶乐县的月牙湖乡划归银川市兴庆区 ㉖ 宁夏：灵武市临河镇横城村正式划归银川市兴庆区
2005	① 广东：撤销广州市东山区、芳村区，设立广州市南沙区、萝岗区，将原东山区、白云区、天河区的部分区域划归越秀区，将原芳村区的行政区域划归荔湾区管辖，将番禺区拆分为南沙区和番禺区，将白云区、黄埔区、天河区、增城市的部分行政区域划归萝岗区 ② 河南：调整开封市市辖区和开封县部分行政区划，将开封市郊区的 3 个乡划归开封市龙亭区，将郊区的 2 个乡划归开封市顺河回族区，将开封市南关区的五一街道、郊区南郊乡的 9 个村和开封县仙人庄乡划归开封市鼓楼区，开封市南关区更名为开封市禹王台区，将郊区的汪屯乡、南郊乡（不包括浅河等 9 个村）划归禹王台，开封市郊区更名为开封市金明区，将龙亭区的梁苑街道、鼓楼区的城西街道和开封县的杏化营镇划归金明区 ③ 江苏：将灌云县宁海乡整建制划归连云港新浦区 ④ 江苏：将连云港新浦区猴嘴街道办事处及辖区范围内的海域和滩涂划归连云区 ⑤ 江苏：将铜山县大黄山镇和大庙镇划归徐州市鼓楼区

（续表）

年份	区 界 重 组 的 分 布
2005	⑥ 四川：将成都市青白江区龙王镇的6个村和龙泉驿区黄土镇的回龙村、金三角社区所属的行政区域划归新都区 ⑦ 四川：将青川县洞水乡划归广元市市中区 ⑧ 四川：将自贡市大安区、沿滩区、贡井区的部分行政区域划归自流井区，将自贡市荣县的部分行政区域划归贡井区、大安区、沿滩区 ⑨ 内蒙古：将喀喇沁旗的马蹄营子乡划归元赤峰市宝山区，赤峰市松山区的文钟镇划归赤峰市红山区 ⑩ 上海：将宝山区的长兴乡、横沙乡划入崇明县管辖 ⑪ 吉林：将东辽县的寿山镇划归龙山区 ⑫ 吉林：将梨树县部分行政区域分别划归铁西区、铁东区 ⑬ 吉林：将东辽县10个村和白泉镇的3个村划归西安区 ⑭ 吉林：将德惠市米沙子镇、万宝镇所辖行政区域划归长春市宽城区 ⑮ 吉林：将九台市卡伦湖镇、东湖镇、龙嘉镇所辖行政区域划归长春市二道区，将农安县合隆镇所辖行政区域划归宽城区 ⑯ 吉林：将到保镇及所辖的7个村划归白城市洮北区 ⑰ 吉林：将二道区英俊镇管辖的3村划归南关区，将南关区3村划归二道区 ⑱ 安徽：将安庆市郊区部分行政区域划归迎江区管辖；将安庆市郊区部分行政区域和怀宁县的部分行政区域划归大观区；将安庆市郊区更名为安庆市宜秀区，将怀宁县的大龙山镇、五横乡和桐城市的罗岭镇划归宜秀区 ⑲ 安徽：撤销芜湖市新芜区、镜湖区，设立新的镜湖区；将原新芜区、镜湖区的行政区域、芜湖县原荆山镇区域、鸠江区的2个居委会划归镜湖区；设立三山区，将繁昌县的原三山镇、峨桥镇划归三山区；马塘区更名为弋江区，将芜湖县火龙岗镇划归弋江区；将芜湖县清水镇（不含原荆山镇区域）划归鸠江区 ⑳ 安徽：原濉溪县钟楼乡整建制划入淮北市相山区；濉溪县原赵集乡与原古饶镇合并，成立新的古饶镇，同时划入淮北市烈山区 ㉑ 安徽：安庆市郊区更名为宜秀区，将原郊区的部分行政区域划归迎江区、大观区，将怀宁县的大龙山镇、五横乡和桐城市的罗岭镇划归宜秀区 ㉒ 湖南：将岳阳县康王乡、三荷乡、西塘镇成建制划归岳阳市岳阳楼区
2006	① 辽宁：调整朝阳市部分行政区划，将北票市与朝阳县的部分行政区域划归双塔区，将双塔区站、朝阳县的部分行政区域划归龙城区 ② 黑龙江：撤销佳木斯市永红区，将其所辖行政区域划归郊区 ③ 黑龙江：撤销哈尔滨市动力区、香坊区，组建新的香坊区，将阿城市永源镇、巨源镇划归道外区 ④ 安徽：将濉溪县的部分行政区域分别划归淮北市相山区、烈山区 ⑤ 安徽：将肥西县南岗镇划归合肥市蜀山区 ⑥ 安徽：将含山县的部分行政区域划归巢湖市居巢区 ⑦ 安徽：将肥西县烟墩乡划归合肥市包河区 ⑧ 安徽：将阜南县袁集镇划归颍州区 ⑨ 山东：将莱芜市莱城区辛庄镇划归钢城区 ⑩ 湖南：将衡南县咸塘镇王江、茅坪2个村划归衡阳市珠晖区 ⑪ 四川：将南充市高坪区联工村、江中村划归嘉陵区 ⑫ 河南：将延津县的小店镇划归新乡市红旗区，将新乡县1个村和红旗区洪门镇的5个村划归红旗区关堤乡，将红旗区关堤乡的3个村划归红旗区洪门镇 ⑬ 河南：将宜阳县丰李镇的西霍屯、邢屯、梁屯、小营、侯营、侯城、油房头、王屯、小李屯、溢坡、毕沟10个村划归洛阳市洛龙区

（续表）

年份	区 界 重 组 的 分 布
2007	① 黑龙江：将林口县所辖的五林镇划归牡丹江市阳明区 ② 黑龙江：将穆棱市所辖的磨刀石镇整建制划归牡丹江市阳明区 ③ 江苏：将南京市建邺区兴隆街道办事处江东村委会划归南京市鼓楼区 ④ 江苏：将盐城市亭湖区张庄街道办事处划归盐都区 ⑤ 山东：将安丘市的黄旗堡镇与赵戈镇、昌邑市的太保庄镇划归潍坊市坊子区 ⑥ 山东：将寿光市的大家洼街道划归潍坊市寒亭区 ⑦ 吉林：将扶余县社里乡所辖行政区域划归宁江区 ⑧ 吉林：将前郭尔罗斯蒙古族自治县部分行政区域划归松原市宁江区，将松原市宁江区部分行政区域划归前郭尔罗斯蒙古族自治县 ⑨ 河南：将西工区红山乡的王湾村划归洛阳市涧西区 ⑩ 贵州：将贵阳市乌当区金阳街道的茶园村、金关村、金鸭村、杨惠村、大凹村和南明区后巢乡蔡家关村划归云岩区 ⑪ 新疆：乌鲁木齐市将原东山区芦草沟乡的 3 个村整建制划归水磨沟区
2008	① 吉林：将前郭尔罗斯蒙古族自治县吉拉吐乡七家子村所属的哈达山抽水站主干渠以南、国道 G302 以东区域，咚勒赫村所属的国道 G302 以东区域；王府站镇一部落村；达里巴乡达里巴村所属的国道 G302 以东区域划归松原市宁江区 ② 陕西：将宝鸡市扶风县揉谷乡划归咸阳市杨陵区 ③ 黑龙江：撤销南岗区跃进乡，将其行政区域并入城区 ④ 河南：将伊川县城关镇的郭寨村和彭婆镇的西草店村、东草店村划归洛阳市洛龙区 ⑤ 湖南：将望城县雨敞坪镇划归长沙市岳麓区 ⑥ 湖南：将望城县含浦、坪塘、莲花 3 个镇划归长沙市岳麓区 ⑦ 宁夏：将海原县兴仁镇、蒿川乡划归中卫市沙坡头区；将固原市原州区黑城镇划归海原县
2009	① 广东：将清新县飞来峡镇划归清远市清城区 ② 上海：撤销上海市南汇区，将其行政区域并入浦东新区 ③ 天津：撤销天津市塘沽区、汉沽区、大港区，设立天津市滨海新区 ④ 辽宁：将辽阳县兰家镇划归宏伟区，将灯塔市张台子镇接官村、高营墙村、罗大台镇尖山子村划归太子河区 ⑤ 黑龙江：将海林市所辖的海南朝鲜族乡划归牡丹江市西安区 ⑥ 黑龙江：将勃利县长兴乡划归七台河市新兴区 ⑦ 江苏：泰兴市部分行政区域划归泰州市高港区 ⑧ 江苏：将姜堰市罡杨镇划归泰州市海陵区 ⑨ 江苏：将灌云县板浦镇划归连云港市海州区，将连云港市新浦区宁海乡划归海州区 ⑩ 江苏：将姜堰市大泗镇划归泰州市高港区 ⑪ 山东：将牟平区武宁镇的东谭家泊村及高陵镇的 16 个村划归莱山区 ⑫ 山东：将济宁市任城区喻屯镇、唐口镇划归市中区 ⑬ 山东：将昌邑市饮马镇的 48 个村，北孟镇的 3 个村，划归潍坊市坊子区，将高密市阚家镇的 27 个村，井沟镇的 7 个村划归潍坊市坊子区，将诸城市相州镇的 8 个村划归坊子区 ⑭ 河南：将偃师市诸葛镇整建制划归洛阳市洛龙区 ⑮ 河南：将确山县蚁蜂镇整建制划归驻马店市驿城区

（续表）

年份	区　界　重　组　的　分　布
2009	⑯ 湖北：将洪山区的6个村的全部区域及5个村的部分区域划归武昌区；将武昌区的5个社区的全部区域及3个社区的部分区域以及武昌区插花在洪山区的11家企业所在区域划归洪山区，将洪山区的12个村的全部区域、6个村的部分区域、2个社区的全部区域划归青山区 ⑰ 湖北：撤销随州市曾都区，设立新的随州市曾都区和随县，曾都区以原曾都区的4个街道、5个镇划为其行政区域 ⑱ 四川：广元市利州区与元坝区部分行政区划调整，将利州区荣山镇权坝村的7、8、9三个村民小组所属行政区域划归元坝区
2010	① 江苏：撤销徐州市九里区，将其行政区域分别并入鼓楼区、泉山区及铜山县 ② 江苏：将赣榆县与灌云县的部分行政区域划归连云港市连云区 ③ 湖南：将株洲县白关镇、姚家坝乡划归株洲市芦淞区 ④ 湖南：将湘潭县响塘乡、姜畲镇成建制划归湘潭市雨湖区 ⑤ 黑龙江：将宁安市宁安镇富民村、双龙村、桥头村划归牡丹江市西安区 ⑥ 北京：撤销北京市东城区、崇文区，设立新的北京市东城区；撤销北京市西城区、宣武区，设立新的北京市西城区 ⑦ 辽宁：沈阳市东陵区划出的浑河站西街道和浑河以北的土地，分别划给和平区、沈河区、大东区、棋盘山开发区、皇姑区；于洪区把陵东街道黄河北大街以东的土地和北塔街道划给皇姑区 ⑧ 安徽：将繁昌县新港镇的高安、义合、矶山、草山、裕民、白象6个村委会和泥埠居委会划归三山区 ⑨ 安徽：将南谯区南谯街道划归琅琊区；将琅琊区6个社区居委会和3个村划归南谯区 ⑩ 河南：将偃师市李村镇整建制划归洛阳市洛龙区 ⑪ 河南：将泌阳县老河乡整建制划归驻马店市驿城区 ⑫ 宁夏：将同心县韦州镇巴庄、塘坊梁两村及甘沟村部分地域（韦州河东岸）划归吴忠市红寺堡区管辖；将盐池县惠安堡镇211高速公路—211国道以西地域划归吴忠市红寺堡区管辖（其中惠安堡镇区部分以盐湖东南边沿划分，以保持惠安堡镇政府驻地的完整） ⑬ 宁夏：将吴忠市利通区南部，自滚泉起沿滚泉—孙家滩公路向东、经芨芨沟、大白驿子沟至利通区—灵武市界线一线以南地域划归吴忠市红寺堡区管辖；将灵武市白土岗乡南部，自灵武市—利通区界线附近，向正东方向至211高速公路一线以南，包括白塔水村南部地域划归吴忠市红寺堡区管辖 ⑭ 宁夏：将灵武市白土岗乡沙沟以南、211国道—211高速公路以西地域，包括白土岗乡的西沟沿、南梁、五里坡、海子井（除仍居住在211高速公路以东的一个村民小组）4村和白塔水村北部及新红村位于211国道—211高速公路以西的地域划归吴忠市利通区管辖
2011	① 江苏：将扬州市邗江区的5个镇并入扬州市广陵区，撤销扬州市维扬区，将原维扬区的行政区域与划出5个镇的邗江区合并 ② 江苏：将南京市江宁区汤山街道办事处的桦墅村、孟北村划归栖霞区 ③ 江苏：将射阳县与射阳县的部分行政区域划归盐城市亭湖区 ④ 湖南：将株洲县的雷打石镇和三门镇划归天元区 ⑤ 上海：撤销黄浦区和卢湾区，设立新的上海市黄浦区 ⑥ 河北：唐山市丰润区岔河镇南赵庄、萝卜坨、沙窝新庄3个村民委员会划归唐山市丰南区丰南镇管辖

（续表）

年份	区 界 重 组 的 分 布
2011	⑦ 河北: 将邢台县的王快镇划归邢台市桥东区 ⑧ 辽宁: 调整鞍山市部分行政区划, 将千山区宁远镇的 5 个村划入铁西区大陆街道, 宁远社区划入铁西区共和街道; 将千山区的沟家寨村、马驿屯村划入铁西区永发街道; 将千山区达道湾镇的永丰村划入铁西区永乐街道, 大寓社区划入铁西区共和街道; 将千山区齐大山镇的桃山村、齐选社区、齐矿社区、齐欣社区划入立山区沙河镇; 将千山区旧堡街道的西宁社区划入铁西区永发街道 ⑨ 辽宁: 将鞍山市千山区的千山镇、大孤山镇、旧堡街道、大孤山街道划归鞍山市铁东区 ⑩ 辽宁: 将鞍山市千山区宁远镇、达道湾镇划入铁西区, 将千山区汪峪街道划入立山区 ⑪ 辽宁: 将鞍山市千山区齐大山镇划入立山区, 将海城市大屯镇、甘泉镇划入千山区 ⑫ 辽宁: 将葫芦岛市连山区高桥镇整建制划归南票区 ⑬ 辽宁: 将锦州市太和区钟屯乡划归古塔区, 将凌海市建业乡划归锦州市太和区 ⑭ 黑龙江: 将集贤县部分行政区域划归双鸭山市四方台区 ⑮ 黑龙江: 将鹤岗市东山区红旗乡撤乡建镇并整建制划归鹤岗市兴安区管辖 ⑯ 山东: 将费县新桥镇、方城镇、汪沟镇划归临沂市兰山区 ⑰ 山东: 将郯城县黄山镇、褚墩镇划归临沂市罗庄区; 将沂南县葛沟镇划归临沂市河东区, 将临沭县南古镇 8 个行政村、曹庄镇 5 个行政村划归临沂市河东区 ⑱ 河南: 将泌阳县板桥镇整建制划归驻马店市驿城区 ⑲ 河南: 将偃师市庞村镇整建制划归洛阳市洛龙区 ⑳ 河南: 将淮阳县许湾乡整建制划归周口市川汇区 ㉑ 河南: 将博爱县阳庙镇划归焦作市山阳区 ㉒ 河南: 将武陟县三阳乡的马村、北官庄、大李 3 个行政村划归宁郭镇管辖; 将调整后的宁郭镇整建制划归焦作市山阳区 ㉓ 河南: 将博爱县苏家作乡整建制划归焦作市山阳区 ㉔ 广西: 调整钦州市钦南区与钦北区部分行政区域界线, 将钦南区管辖的向阳街道办事处沙坡社区、永福社区, 南珠街道办事处白水塘社区、北营社区, 水东街道办事处小江社区、山塘社区划归钦北区 ㉕ 新疆: 将乌鲁木齐县青格达湖乡、六十户乡和安宁渠镇的行政区域划归乌鲁木齐市新市区
2012	① 广东: 将广州市番禺区的东涌镇、大岗镇、榄核镇划归广州市南沙区 ② 广东: 将梅县西阳镇划归梅州市梅江区 ③ 贵州: 撤销贵阳市花溪区、小河区, 设立新的花溪区, 将贵阳市乌当区拆分为观山湖区与乌当区 ④ 广东: 将揭阳市榕城区的磐东街道划归揭东区, 将原揭东县的地都镇、炮台镇、登岗镇划归揭阳市榕城区 ⑤ 河北: 将唐山市丰南区滨海镇划归曹妃甸区 ⑥ 江苏: 撤销苏州市沧浪区、平江区、金阊区, 设立苏州市姑苏区 ⑦ 安徽: 撤销马鞍山市金家庄区和花山区, 设立新的花山区 ⑧ 安徽: 将肥东县众兴乡的沿河、漕坊、八联 3 个村和店埠镇的和平村划归合肥市瑶海区 ⑨ 山东: 撤销济宁市市中区、任城区, 设立新的济宁市任城区 ⑩ 山东: 将莒县中楼镇划归日照市岚山区 ⑪ 山东: 撤销青岛市市北区、四方区, 设立新的青岛市市北区 ⑫ 河南: 将偃师市佃庄镇、寇店镇划归洛阳市洛龙区 ⑬ 河南: 将修武县高村乡的 21 建制村和周庄乡的 5 建制村划归焦作市山阳区

（续表）

年份	区界重组的分布
2013	① 四川：将巴中市巴州区拆分为巴州区和恩阳区，恩阳区辖原巴州区部分行政区域 ② 四川：将广安市广安区拆分为前锋区和广安区，前锋区辖广安区的部分行政区域 ③ 江苏：撤销南京市秦淮区、白下区，设立新的秦淮区，撤销南京市鼓楼区、下关区，设立新的鼓楼区 ④ 广西：撤销梧州市蝶山区、万秀区，设立新的梧州市万秀区，将原万秀区的旺甫镇划归苍梧县管辖 ⑤ 四川：将原达县的9个乡镇划归达州市通川区 ⑥ 广东：将原潮安县的磷溪镇、官塘镇、铁铺镇划归潮州市湘桥区 ⑦ 广西：将玉林市玉州区拆分为福绵区和玉州区，福绵区辖原巴州区部分行政区域 ⑧ 浙江：将原绍兴县的孙端镇、陶堰镇、富盛镇划归绍兴市越城区 ⑨ 江西：将原县级南康市的潭东镇、潭口镇划归赣州市章贡区 ⑩ 山东：撤销济宁市市中区、任城区，设立新的任城区 ⑪ 安徽：将无为县二坝镇划归芜湖市鸠江区 ⑫ 安徽：将肥西县的高刘镇划归合肥市蜀山区 ⑬ 安徽：将怀远县管辖的马城镇整建制划归蚌埠市禹会区 ⑭ 安徽：将肥西县的小庙镇整建制划归合肥市蜀山区 ⑮ 安徽：将阜南县的三塔集镇整建制划归阜阳市颍州区 ⑯ 安徽：将凤台县的李冲回族乡和城关镇淮河以南的潭10个社区划归淮南市八公山区 ⑰ 安徽：将无为县管辖的白茆镇划归芜湖市鸠江区 ⑱ 安徽：将五河县管辖的沫河口镇划归蚌埠市淮上区 ⑲ 贵州：将水城县双戛彝族乡整建制划归六盘水市钟山区
2014	① 广东：撤销广州市黄埔区、萝岗区，设立新的广州市黄埔区 ② 江苏：撤销连云港市新浦区、海州区，设立新的连云港市海州区 ③ 广东：将云浮市云城区的都杨镇划归云安区管辖，将原云安县的前锋镇、南盛镇划归云城区 ④ 河南：撤销开封市龙亭区、金明区，设立新的开封市龙亭区 ⑤ 河北：撤销石家庄市桥东区，将其行政区域分别划入长安区与桥西区 ⑥ 河北：将邯郸县户村镇划归邯郸市复兴区 ⑦ 河北：将唐山市丰南区稻地镇划归唐山市路南区 ⑧ 河北：将邯郸县康庄乡划归邯郸市复兴区管辖 ⑨ 山东：将日照市岚山区后村镇划归东港区 ⑩ 山东：将原文登市的汪疃镇、苘山镇划归威海市环翠区 ⑪ 江西：整景德镇市部分行政区划，将昌江区的竟成镇划归珠山区管辖；将竟成镇的昌南湖社区、金岸名都社区划归昌江区西郊街道管辖，河西村、三河村划归昌江区新枫街道管辖，北景苑社区划归珠山区新厂街道管辖
2015	① 河北：撤销保定市北市区、南市区，设立保定市莲池区 ② 河北：将原抚宁县的部分行政区域分别划归秦皇岛市海港区、北戴河区 ③ 上海：撤销闸北区、静安区，设立新的上海市静安区 ④ 辽宁：大连市普兰店区石河街道、三十里堡街道划归金州区 ⑤ 江苏：撤销无锡市崇安区、南长区、北塘区，设立梁溪区，同时设立新吴区，以锡山区的鸿山街道和滨湖区的5个街道的行政区域为其行政区域 ⑥ 江苏：撤销常州市武进区和戚墅堰区，设立新的武进区，以原武进区大部分行政区域和戚墅堰区的行政区域为新武进区的行政区域，将原武进区的奔牛镇、郑陆镇、邹区镇分别划归新北区、天宁区、钟楼区

（续表）

年份	区 界 重 组 的 分 布
2015	⑦ 江苏：将常州市钟楼区邹区镇的礼河、长汀、河头、仕尚4个村委会划归武进区 ⑧ 吉林：长春市二道区的卡伦湖镇、东湖镇划归长春市九台区 ⑨ 安徽：铜陵市撤销铜官山区、狮子山区，设立铜官区 ⑩ 安徽：将黄山市徽州区岩寺镇长源村、仙和村，西溪南镇长林村和休宁县万安镇蕉充村、霞高村、陈坑村、瓯山村（约20平方千米、0.6万人）划归屯溪区 ⑪ 安徽：将淮南市八公山区的李冲回族乡划归凤台县 ⑫ 湖南：将长沙县跳马镇调入到长沙市雨花区 ⑬ 湖南：将长沙县暮云街道、南托街道调入到长沙市天心区
2016	① 河北：将宣化县的部分行政区域划归张家口市桥东区、桥西区 ② 河北：将磁县的部分行政区域分别划入邯郸市邯山区、复兴区，将原永年县南部行政区域划归丛台区 ③ 辽宁：大连市普兰店区炮台街道、复州湾街道整建制划归金州区 ④ 贵州：将原遵义县的部分行政区域分别划归遵义市汇川区、红花岗区 ⑤ 贵州：将贺州市八步区拆分为平桂区和八步区，平桂区辖原八步区部分行政区域 ⑥ 新疆：将乌鲁木齐市沙依巴克区管辖面积约44.9平方千米划归乌鲁木齐市天山区 ⑦ 江苏：撤销淮安市清河区、清浦区，设立淮安市清江浦区 ⑧ 浙江：撤销宁波市江东区，将其行政区域划归鄞州区，将鄞州区的8个乡镇、石碶街道划归海曙区 ⑨ 广东：将深圳市宝安区拆分为龙华区和宝安区，龙华区辖原宝安区的观湖、观澜等6个街道，将龙岗区拆分为坪山区和龙岗区，坪山区辖原龙岗区的坪山街道、坑梓街道 ⑩ 内蒙古：设立鄂尔多斯市康巴什区，以东胜区的3个街道为康巴什区的行政区域 ⑪ 安徽：将霍邱县姚李镇、洪集镇划归六安市叶集区 ⑫ 江西：南昌市新建区望城镇的8个村委会划归南昌市东湖区 ⑬ 广西：设立贺州市平桂区，将贺州市八步区7个镇，1个乡、1个街道划归平桂区
2017	① 贵州：将六盘水市钟山区凤凰街道石龙村、石桥社区、双龙社区划归水城县双水街道管辖 ② 河北：将邢台县祝村镇划归邢台市桥东区 ③ 河南：安阳市将安阳县善应镇、马家乡整建制划归龙安区 ④ 湖南：将涟源市的水洞底镇和双峰县的蛇形山镇划入娄底市娄星区 ⑤ 广东：将茂名市电白区羊角镇划归茂南区管辖 ⑥ 云南：将嵩明县阿子营街道调整至昆明市盘龙区 ⑦ 辽宁：将盘锦市兴隆台区于楼街道划入大洼区；惠宾街道（兴隆台区）红村社区整建制划入大洼区

注：行政区划调案例为0的年份未在表中列出。在统计区界重组的频次时，以单一城市同一时间进行的区界调整行为为1次统计单位，如果实践中的行政区划调整与公文批文不一致，则按实践中行政区划调整的情况予以记录，但行政区划调整的时间仍以公文批准的时间为准。

资料来源：1978年1月1日—2017年7月18日的数据根据行政区划网 http://www.xzqh.org/html/ 及民政部官网 http://xzqh.mca.gov.cn/description?dcpid=1 公开的资料整理而得；2017年7月18日—2017年底的数据根据民政部批准的公文资料整理而得。

附录F
1978—2017年撤县设市的分布概况

年份	撤 县 设 市 的 分 布
1979	四川:撤销乐山县,设立县级乐山市,以原乐山县和五通桥区为该市行政区域
1980	① 陕西:撤销汉中县,恢复县级汉中市 ② 青海:撤销格尔木县,设立县级格尔木市,以原格尔木县和甘森等地草场为其行政区域
1981	① 福建:撤销龙岩县,设立县级龙岩市 ② 云南:撤销开远县,设立县级开远市
1982	① 黑龙江:撤销绥化县,设立县级绥化市 ② 黑龙江:销北安县,恢复北安市 ③ 安徽:撤销滁县,设立县级滁州市 ④ 山东:撤销泰安县,恢复县级泰安市 ⑤ 山东:撤销新汶县,设立县级新汶市 ⑥ 湖南:撤销吉首县,设立县级吉首市
1983	① 山西:撤销忻县,设立县级忻州市 ② 山西:撤销晋城县,设立县级晋城市 ③ 山西:撤销运城县,设立县级运城市 ④ 内蒙古:撤销东胜县,设立县级东胜市 ⑤ 江苏:撤销常熟县,设立县级常熟市 ⑥ 福建:撤销邵武县,设立县级邵武市 ⑦ 山东:撤销临沂县,恢复县级临沂市 ⑧ 山东:撤销莱芜县,设立县级莱芜市 ⑨ 山东:撤销菏泽县,恢复县级菏泽市 ⑩ 山东:撤销县级新汶市和新泰县,设立县级新泰市 ⑪ 山东:撤销聊城县,恢复县级聊城市 ⑫ 山东:撤销临清县,恢复县级临清市 ⑬ 湖北:撤销孝感县,设立县级孝感市 ⑭ 湖北:撤销咸宁县,设立县级咸宁市 ⑮ 湖北:撤销均县,设立县级丹江口市 ⑯ 内蒙古:撤销喜桂图旗,设立县级扎兰屯市 ⑰ 内蒙古:撤销布特哈旗,设立县级牙克石市 ⑱ 内蒙古:撤销阿巴哈纳尔旗,设立县级锡林浩特市 ⑲ 广东:撤销县级梅州市、梅县,设立县级梅县市

（续表）

年份	撤 县 设 市 的 分 布
1983	⑳ 广东：撤销中山县，设立县级中山市 ㉑ 广西：撤销河池县，设立县级河池市 ㉒ 广西：撤销玉林县，设立县级玉林市 ㉓ 广西：撤销钦州县，设立县级钦州市 ㉔ 广西：撤销百色县，设立县级百色市 ㉕ 四川：撤销涪陵县，设立县级涪陵市 ㉖ 四川：撤销雅安县，设立县级雅安市 ㉗ 安徽：撤销太平县，设立县级黄山市 ㉘ 贵州：撤销凯里县，设立县级凯里市 ㉙ 云南：撤销曲靖县、沾益县，设立县级曲靖市 ㉚ 云南：撤销玉溪县，设立县级玉溪市 ㉛ 云南：撤销保山县，设立县级保山市 ㉜ 云南：撤销县级下关市、大理县，设立县级大理市 ㉝ 云南：撤销楚雄县，设立县级楚雄市 ㉞ 陕西：撤销渭南县，设立县级渭南市 ㉟ 陕西：撤销韩城县，设立县级韩城市 ㊱ 甘肃：撤销平凉县，设立县级平凉市 ㊲ 宁夏：撤销吴忠县，设立县级吴忠市 ㊳ 新疆：撤销阿克苏县，设立县级阿克苏市，以原阿克苏县行政区域和温宿县的红旗坡农场、实验林场的五、六2个大队为其行政区域 ㊴ 新疆：撤销昌吉县，设立县级昌吉市
1984	① 内蒙古：撤销临河县，设立县级临河市，以原临河县的行政区域为临河市的行政区域 ② 黑龙江：撤销安达县，设立县级安达市，以原安达县的行政区域为安达市的行政区域 ③ 福建：撤销永安县，设立县级永安市，以原永安县的行政区域为永安市的行政区域 ④ 江西：撤销井冈山县，设立县级井冈山市，以原井冈山县的行政区域为井冈山市的行政区域 ⑤ 湖南：撤销资兴县，设立县级资兴市 ⑥ 湖南：撤销零陵县，设立县级冷水滩市 ⑦ 广东：撤销崖县，设立县级三亚市 ⑧ 宁夏：撤销青铜峡县，设立县级青铜峡市，以原青铜峡县的行政区域为青铜峡市的行政区域 ⑨ 新疆：撤销塔城县，设立县级塔城市，以原塔城县的行政区域为塔城市的行政区域 ⑩ 新疆：撤销阿勒泰县，设立县级阿勒泰市，以原阿勒泰县的行政区域为阿勒泰市的行政区域 ⑪ 新疆：撤销吐鲁番县，设立县级吐鲁番市，以原吐鲁番市县的行政区域为吐鲁番市市的行政区域
1985	① 辽宁：撤销锦西县，设立县级锦西市，以原锦西县的行政区域为锦西市的行政区域 ② 辽宁：撤销北票县，设立县级北票市，以原北票县的行政区域为北票市的行政区域 ③ 辽宁：撤销海城县，设立县级海城市，以原海城县的行政区域为海城市的行政区域 ④ 辽宁：撤销复县，设立县级瓦房店市，以原复县的行政区域为瓦房店市的行政区域 ⑤ 吉林：撤销敦化县，设立县级敦化市，以原敦化县的行政区域为敦化市的行政区域

（续表）

年份	撤 县 设 市 的 分 布
1985	⑥ 浙江：撤销兰溪县，设立县级兰溪市 ⑦ 浙江：撤销余姚县，设立县级余姚市，以原余姚县的行政区域为余姚市的行政区域 ⑧ 湖南：撤销醴陵县，设立县级醴陵市，以原醴陵县的行政区域为醴陵市的行政区域 ⑨ 湖南：撤销大庸县，设立县级大庸市，以原大庸县的行政区域为大庸市的行政区域 ⑩ 山东：撤销日照县，设立县级日照市，以原日照县和石臼所办事处为日照市的行政区域 ⑪ 广东：撤销东莞县，设立县级东莞市，以原东莞县的行政区域为东莞市的行政区域 ⑫ 甘肃：撤销武威县，设立县级武威市，以原武威县的行政区域为武威市的行政区域 ⑬ 甘肃：撤销张掖县，设立县级张掖市，以原张掖县的行政区域为张掖市的行政区域 ⑭ 甘肃：撤销酒泉县，设立县级酒泉市，以原酒泉县的行政区域为酒泉市的行政区域 ⑮ 新疆：撤销博乐县，设立县级博乐市，以原博乐县的行政区域分别为博乐市的行政区域
1986	① 河北：撤销定县，设立县级定州市 ② 河北：撤销束鹿县，设立县级辛集市 ③ 河北：撤销南宫县，设立县级南宫市 ④ 河北：撤销任丘县，设立县级任丘市 ⑤ 河北：撤销涿县，设立县级涿州市 ⑥ 辽宁：撤销兴城县，设立县级兴城市 ⑦ 黑龙江：撤销肇东县，设立县级肇东市 ⑧ 江苏：撤销仪征县，设立县级仪征市 ⑨ 江苏：撤销沙洲县，设立县级张家港市 ⑩ 浙江：撤销丽水县，设立县级丽水市 ⑪ 浙江：撤销临海县，设立县级临海市 ⑫ 浙江：撤销海宁县，设立县级海宁市 ⑬ 安徽：撤销亳县，设立县级亳州市 ⑭ 山东：撤销益都县，设立县级青州市 ⑮ 山东：撤销曲阜县，设立县级曲阜市 ⑯ 山东：撤销黄县，设立县级龙口市 ⑰ 湖北：撤销利川县，设立县级利川市 ⑱ 湖北：撤销麻城县，设立县级麻城市 ⑲ 湖北：撤销沔阳县，设立县级仙桃市 ⑳ 湖北：撤销蒲圻县，设立县级蒲圻市 ㉑ 湖北：撤销石首县，设立县级石首市 ㉒ 湖北：撤销应城县，设立县级应城市 ㉓ 湖南：撤销湘乡县，设立县级湘乡市 ㉔ 湖南：撤销耒阳县，设立县级耒阳市 ㉕ 西藏：撤销日喀则县，设立县级日喀则市 ㉖ 新疆：撤销阿图什县，设立县级阿图什市
1987	① 河北：撤销沙河县，设立县级沙河市 ② 吉林：撤销洮安县，设立县级洮南市 ③ 吉林：撤销扶余县，设立县级扶余市 ④ 黑龙江：撤销同江县，设立县级同江市 ⑤ 黑龙江：撤销阿城县，设立县级阿城市

（续表）

年份	撤 县 设 市 的 分 布
1987	⑥ 江苏：撤销江阴县，设立县级江阴市 ⑦ 江苏：撤销宿迁县，设立县级宿迁市 ⑧ 江苏：撤销丹阳县，设立县级丹阳市 ⑨ 江苏：撤销东台县，设立县级东台市 ⑩ 江苏：撤销兴化县，设立县级兴化市 ⑪ 江苏：撤销淮安县，设立县级淮安市 ⑫ 江西：撤销临川县和抚州市，设立县级临川市，以原临川县和抚州市的行政区域为临川市的行政区域 ⑬ 浙江：撤销瑞安县，设立县级瑞安市 ⑭ 浙江：撤销萧山县，设立县级萧山市 ⑮ 浙江：撤销江山县，设立县级江山市 ⑯ 安徽：撤销宣城县，设立县级宣州市 ⑰ 安徽：撤销宣城县，设立县级宣州市 ⑱ 山东：撤销胶县，设立县级胶州市 ⑲ 山东：撤销莱阳县，设立县级莱阳市 ⑳ 山东：撤销诸城县，设立县级诸城市 ㉑ 湖北：撤销洪湖县，设立县级洪湖市 ㉒ 湖北：撤销天门县，设立县级天门市 ㉓ 湖北：撤销安陆县，设立县级安陆市 ㉔ 湖北：撤销广济县，设立县级武穴市 ㉕ 湖北：撤销宜都县，设立县级枝城市 ㉖ 湖南：撤销汨罗县，设立县级汨罗市 ㉗ 湖南：撤销涟源县，设立县级涟源市 ㉘ 贵州：撤销铜仁县，设立县级铜仁市 ㉙ 贵州：撤销兴义县，设立县级兴义市 ㉚ 甘肃：撤销敦煌县，设立县级敦煌市
1988	① 河北：撤销武安县，设立县级武安市 ② 辽宁：撤销开原县，设立县级开原市 ③ 吉林：撤销集安县，设立县级集安市 ④ 吉林：撤销珲春县，设立县级珲春市 ⑤ 吉林：撤销龙井县，设立县级龙井市 ⑥ 吉林：撤销桦甸县，设立县级桦甸市 ⑦ 吉林：撤销大安县，设立县级大安市 ⑧ 吉林：撤销九台县，设立县级九台市 ⑨ 黑龙江：撤销富锦县，设立县级富锦市 ⑩ 黑龙江：撤销双城县，设立县级双城市 ⑪ 黑龙江：撤销铁力县，设立县级铁力市 ⑫ 黑龙江：撤销密山县，设立县级密山市 ⑬ 黑龙江：撤销尚志县，设立县级尚志市 ⑭ 江苏：撤销宜兴县，设立县级宜兴市 ⑮ 浙江：撤销义乌县，设立县级义乌市 ⑯ 浙江：撤销东阳县，设立县级东阳市 ⑰ 浙江：撤销慈溪县，设立县级慈溪市 ⑱ 浙江：撤销奉化县，设立县级奉化市

（续表）

年份	撤 县 设 市 的 分 布
	⑲ 安徽：撤销贵池县，设立县级贵池市
	⑳ 福建：撤销宁德县，设立县级宁德市
	㉑ 江西省：撤销丰城县，设立县级丰城市
	㉒ 江西省：撤销清江县，设立县级樟树市
	㉓ 山东：撤销掖县，设立县级莱州市
	㉔ 山东：撤销滕县，设立县级滕州市
	㉕ 山东：撤销乐陵县，设立县级乐陵市
	㉖ 山东：撤销文登县，设立县级文登市
	㉗ 山东：撤销荣成县，设立县级荣成市
	㉘ 河南：撤销临汝县，设立县级汝州市
	㉙ 河南：撤销济源县，设立县级济源市
	㉚ 河南：撤销禹县，设立县级禹州市
	㉛ 河南：撤销汲县，设立县级卫辉市
	㉜ 河南：撤销辉县，设立县级辉县市
	㉝ 河南：撤销邓县，设立县级邓州市
	㉞ 湖北：撤销枣阳县，设立县级枣阳市
	㉟ 湖北：撤销潜江县，设立县级潜江市
	㊱ 湖北：撤销应山县，设立县级广水市
	㊲ 湖北：撤销当阳县，设立县级当阳市
	㊳ 湖南：撤销沅江县，设立县级沅江市
	㊴ 广西：撤销贵县，设立县级贵港市
	㊵ 四川：撤销江油县，设立县级江油市
	㊶ 四川：撤销广汉县，设立县级广汉市
	㊷ 四川：撤销灌县，设立县级都江堰市
	㊸ 四川：撤销峨眉县，设立县级峨眉山市
	㊹ 陕西：撤销榆林县，设立县级榆林市
	㊺ 陕西：撤销安康县，设立县级安康市
	㊻ 陕西：撤销商县，设立县级商州市
1989	① 河北：撤销黄骅县，设立县级黄骅市
	② 河北：撤销藁城县，设立县级藁城市
	③ 山西：撤销霍县，设立县级霍州市
	④ 吉林：撤销蛟河县，设立县级蛟河市
	⑤ 黑龙江：撤销海伦县，设立县级海伦市
	⑥ 江苏：撤销昆山县，设立县级昆山市
	⑦ 江苏：撤销启东县，设立县级启东市
	⑧ 浙江：撤销黄岩县，设立县级黄岩市
	⑨ 浙江：撤销诸暨县，设立县级诸暨市
	⑩ 安徽：撤销界首县，设立县级界首市
	⑪ 福建：撤销崇安县，设立县级武夷山市
	⑫ 福建：撤销福安县，设立县级福安市
	⑬ 江西：撤销瑞昌县，设立县级瑞昌市
	⑭ 山东：撤销即墨县，设立县级即墨市
	⑮ 山东：撤销平度县，设立县级平度市
	⑯ 河南：撤销沁阳县，设立县级沁阳市

（续表）

年份	撤 县 设 市 的 分 布
1990	① 河北：撤销霸县，设立县级霸州市 ② 河北：撤销河间县，设立县级河间市 ③ 吉林：撤销榆树县，设立县级榆树市 ④ 江苏：撤销新沂县，设立县级新沂市 ⑤ 江苏：撤销溧阳县，设立县级溧阳市 ⑥ 浙江：撤销龙泉县，设立县级龙泉市 ⑦ 福建：撤销漳平县，设立县级漳平市 ⑧ 福建：撤销福清县，设立县级福清市 ⑨ 江西：撤销德兴县，设立县级德兴市 ⑩ 山东：撤销胶南县，设立县级胶南市 ⑪ 山东：撤销莱西县，设立县级莱西市 ⑫ 湖北：撤销黄冈县，设立县级黄州市 ⑬ 内蒙古：撤销丰镇县，设立县级丰镇市 ⑭ 贵州：撤销赤水县，设立县级赤水市 ⑮ 陕西：撤销华阴县，设立县级华阴市
1991	① 河北：撤销晋县，设立县级晋州市 ② 河北：撤销安国县，设立县级安国市 ③ 辽宁：撤销新金县，设立县级普兰店市 ④ 辽宁：撤销凌源县，设立县级凌源市 ⑤ 江苏：撤销如皋县，设立县级如皋市 ⑥ 江苏：撤销高邮县，设立县级高邮市 ⑦ 浙江：撤销平湖县，设立县级平湖市 ⑧ 山东：撤销蓬莱县，设立县级蓬莱市 ⑨ 山东：撤销招远县，设立县级招远市 ⑩ 四川：撤销阆中县，设立县级阆中市 ⑪ 河南：撤销巩县，设立县级巩义市
1992	① 河北：撤销遵化县，设立县级遵化市 ② 河北：撤销新乐县，设立县级新乐市 ③ 山西：撤销孝义县，设立县级孝义市 ④ 山西：撤销介休县，设立县级介休市 ⑤ 辽宁：撤销庄河县，设立县级庄河市 ⑥ 辽宁：撤销盖县，设立县级盖州市 ⑦ 辽宁：撤销营口县，设立县级大石桥市 ⑧ 吉林：撤销舒兰县，设立县级舒兰市 ⑨ 黑龙江：撤销海林县，设立县级海林市 ⑩ 黑龙江：撤销讷河县，设立县级讷河市 ⑪ 江苏：撤销邳县，设立县级邳州市 ⑫ 江苏：撤销吴江县，建立吴江市 ⑬ 江苏：撤销泰兴县，设立县级泰兴市 ⑭ 浙江：撤销永康县，设立县级永康市 ⑮ 浙江：撤销上虞县，设立县级上虞市 ⑯ 福建：撤销晋江县，设立县级晋江市 ⑰ 浙江：撤销建德县，设立县级建德市

（续表）

年份	撤 县 设 市 的 分 布
1992	⑱ 福建：撤销建瓯县,设立县级建瓯市 ⑲ 江西：撤销乐平县,设立县级乐平市 ⑳ 山东：撤销兖州县,设立县级兖州市 ㉑ 山东：撤销肥城县,设立县级肥城市 ㉒ 山东：撤销章丘县,设立县级章丘市 ㉓ 山东：撤销邹县,设立县级邹城市 ㉔ 湖北：撤销钟祥县,设立县级钟祥市 ㉕ 湖南：撤销临湘县,设立县级临湘市 ㉖ 广东：撤销顺德县,设立县级顺德市 ㉗ 广东：撤销台山县,设立县级台山市 ㉘ 广东：撤销番禺县,设立县级番禺市 ㉙ 广东：撤销南海县,设立县级南海市 ㉚ 广东：撤销云浮县,设立县级云浮市 ㉛ 广东：撤销新会县,设立县级新会市 ㉜ 海南：撤销琼海县,设立县级琼海市 ㉝ 新疆：撤销阜康县,设立县级阜康市 ㉞ 贵州：撤销清镇县,设立县级清镇市 ㉟ 四川：撤销永川县,设立县级永川市 ㊱ 四川：撤销江津县,设立县级江津市 ㊲ 四川：撤销合川县,设立县级合川市 ㊳ 云南：撤销瑞丽县,设立县级瑞丽市
1993	① 河北：撤销新城县,设立县级高碑店市 ② 河北：撤销冀县,设立县级冀州市 ③ 河北：撤销三河县,设立县级三河市 ④ 山西：撤销高平县,设立县级高平市 ⑤ 山西：撤销原平县,设立县级原平市 ⑥ 辽宁：撤销东沟县,设立县级东港市 ⑦ 辽宁：撤销锦县,设立县级凌海市 ⑧ 辽宁：撤销新民县,设立县级新民市 ⑨ 吉林：撤销和龙县,设立县级和龙市 ⑩ 吉林：撤销临江县,设立县级临江市 ⑪ 黑龙江：撤销宁安县,设立县级宁安市 ⑫ 黑龙江：撤销五常县,设立县级五常市 ⑬ 江苏：撤销太仓县,设立县级太仓市 ⑭ 江苏：撤销南通县,设立县级通州市 ⑮ 江苏：撤销金坛县,设立县级金坛市 ⑯ 江苏：撤销靖江县,设立县级靖江市 ⑰ 浙江：撤销桐乡县,设立县级桐乡市 ⑱ 浙江：撤销乐清县,设立县级乐清市 ⑲ 安徽：撤销天长县,设立县级天长市 ⑳ 福建：撤销龙海县,设立县级龙海市 ㉑ 福建：撤销南安县,设立县级南安市 ㉒ 江西：撤销高安县,设立县级高安市 ㉓ 山东：撤销寿光县,设立县级寿光市

（续表）

年份	撤县设市的分布
1993	㉔ 山东：撤销乳山县，设立县级乳山市 ㉕ 山东：撤销禹城县，设立县级禹城市 ㉖ 河南：撤销灵宝县，设立县级灵宝市 ㉗ 河南：撤销长葛县，设立县级长葛市 ㉘ 河南：撤销偃师县，设立县级偃师市 ㉙ 河南：撤销禹城县，设立县级禹城市 ㉚ 河南：撤销项城县，设立县级项城市 ㉛ 湖南：撤销浏阳县，设立县级浏阳市 ㉜ 广东：撤销开平县，设立县级开平市 ㉝ 广东：撤销三水县，设立县级三水市 ㉞ 广东：撤销普宁县，设立县级普宁市 ㉟ 广东：撤销罗定县，设立县级罗定市 ㊱ 广东：撤销潮阳县，设立县级潮阳市 ㊲ 广东：撤销高州县，设立县级高州市 ㊳ 广东：撤销高要县，设立县级高要市 ㊴ 广东：撤销鹤山县，设立县级鹤山市 ㊵ 广东：撤销四会县，设立县级四会市 ㊶ 广东：撤销增城县，设立县级增城市 ㊷ 广东：撤销廉江县，设立县级廉江市 ㊸ 广东：撤销花县，设立县级花都市 ㊹ 广西：撤销宜山县，设立县级宜州市 ㊺ 海南：撤销儋县，设立县级儋州市 ㊻ 四川：撤销资阳县，设立县级资阳市 ㊼ 四川：撤销万源县、白沙工农区，合并设立县级万源市 ㊽ 四川：撤销彭县，设立县级彭州市 ㊾ 四川：撤销巴中县，设立县级巴中市 ㊿ 贵州：撤销毕节县，设立县级毕节市 (51) 云南：撤销思茅县，设立县级思茅市 (52) 云南：撤销景洪县，设立县级景洪市 (53) 陕西：撤销兴平县，设立县级兴平市
1994	① 河北：撤销丰南县，设立县级丰南市 ② 河北：撤销获鹿县，设立县级鹿泉市 ③ 河北：撤销深县，设立县级深州市 ④ 山西：撤销永济县，设立县级永济市 ⑤ 山西：撤销河津县，设立县级河津市 ⑥ 山西：撤销潞城县，设立县级潞城市 ⑦ 内蒙古：撤销额尔古纳左旗，设立县级根河市 ⑧ 内蒙古：撤销额尔古纳右旗，设立额尔古纳市 ⑨ 辽宁：撤销凤城满族自治县，设立县级凤城市 ⑩ 吉林：撤销德惠县，设立县级德惠市 ⑪ 江苏：撤销江都县，设立县级江都市 ⑫ 江苏：撤销海门县，设立县级海门市 ⑬ 江苏：撤销扬中县，设立县级扬中市 ⑭ 江苏：撤销泰县，设立县级姜堰市

（续表）

年份	撤 县 设 市 的 分 布
1994	⑮ 浙江：撤销富阳县，设立县级富阳市 ⑯ 浙江：撤销温岭县，设立县级温岭市 ⑰ 浙江：撤销余杭县，设立县级余杭市 ⑱ 安徽：撤销嘉山县，设立县级明光市 ⑲ 福建：撤销长乐县，设立县级长乐市 ⑳ 福建：撤销建阳县，设立县级建阳市 ㉑ 江西：撤销瑞金县，设立县级瑞金市 ㉒ 山东：撤销安丘县，设立县级安丘市 ㉓ 山东：撤销高密县，设立县级高密市 ㉔ 山东：撤销昌邑县，设立县级昌邑市 ㉕ 河南：撤销林县，设立县级林州市 ㉖ 河南：撤销密县，设立县级新密市 ㉗ 河南：撤销荥阳县，设立县级荥阳市 ㉘ 河南：撤销新郑县，设立县级新郑市 ㉙ 河南：撤销登封县，设立县级登封市 ㉚ 湖北：撤销大冶县，设立县级大冶市 ㉛ 湖北：撤销宜城县，设立县级宜城市 ㉜ 湖南：撤销武冈县，设立县级武冈市 ㉝ 广东：撤销英德县，设立县级英德市 ㉞ 广东：撤销恩平县，设立县级恩平市 ㉟ 广东：撤销从化县，设立县级从化市 ㊱ 广东：撤销澄海县，设立县级澄海市 ㊲ 广东：撤销高明县，设立县级高明市 ㊳ 广东：撤销连县，设立县级连州市 ㊴ 广东：撤销海康县，设立县级雷州市 ㊵ 广东：撤销乐昌县，设立县级乐昌市 ㊶ 广东：撤销阳春县，设立县级阳春市 ㊷ 广东：撤销惠阳县，设立县级惠阳市 ㊸ 广东：撤销吴川县，设立县级吴川市 ㊹ 广东：撤销兴宁县，设立县级兴宁市 ㊺ 广东：撤销化州县，设立县级化州市 ㊻ 广西：撤销北流县，设立县级北流市 ㊼ 广西：撤销桂平县，设立县级桂平市 ㊽ 海南：撤销琼山县，设立县级琼山市 ㊾ 四川：撤销简阳县，设立县级简阳市 ㊿ 四川：撤销南川县，设立县级南川市 51 四川：撤销邛崃县，设立县级邛崃市 52 四川：撤销崇庆县，设立县级崇州市 53 云南：撤销宣威县，设立县级宣威市
1995	① 辽宁：撤销北镇满族自治县，设立县级北宁市 ② 吉林：撤销磐石县，设立县级磐石市 ③ 黑龙江：撤销穆棱县，设立县级穆棱市 ④ 江苏：撤销句容县，设立县级句容市 ⑤ 江苏：撤销吴县，设立县级吴县市

（续表）

年份	撤 县 设 市 的 分 布
1995	⑥ 江苏：撤销武进县,设立县级武进市 ⑦ 江苏：撤销无锡县,设立县级锡山市 ⑧ 浙江：撤销嵊县,设立县级嵊州市 ⑨ 福建：撤销福鼎县,设立县级福鼎市 ⑩ 江西：撤销南康县,设立县级南康市 ⑪ 山东：撤销栖霞县,设立县级栖霞市 ⑫ 湖北：撤销松滋县,设立县级松滋市 ⑬ 广东：撤销陆丰县,设立县级陆丰市 ⑭ 广东：撤销信宜县,设立县级信宜市 ⑮ 广西：撤销岑溪县,设立县级岑溪市 ⑯ 海南：撤销文昌县,设立县级文昌市 ⑰ 四川：撤销什邡县,设立县级什邡市 ⑱ 云南：撤销安宁县,设立县级安宁市 ⑲ 贵州：撤销仁怀县,设立县级仁怀市
1996	① 河北：撤销迁安县,设立县级迁安市 ② 山西：撤销离石县,设立县级离石市 ③ 山西：撤销汾阳县,设立县级汾阳市 ④ 辽宁：撤销灯塔县,设立县级灯塔市 ⑤ 吉林：撤销双辽县,设立县级双辽市 ⑥ 黑龙江：撤销虎林县,设立县级虎林市 ⑦ 浙江：撤销临安县,设立县级临安市 ⑧ 安徽：撤销桐城县,设立县级桐城市 ⑨ 江苏：撤销大丰县,设立县级大丰市 ⑩ 江西：撤销贵溪县,设立县级贵溪市 ⑪ 山东：撤销海阳县,设立县级海阳市 ⑫ 河南：撤销孟县,设立县级孟州市 ⑬ 河南：撤销永城县,设立县级永城市 ⑭ 湖北：撤销枝江县,设立县级枝江市 ⑮ 湖南：撤销常宁县,设立县级常宁市 ⑯ 广东：撤销南雄县,设立县级南雄市 ⑰ 海南：撤销万宁县,设立县级万宁市 ⑱ 四川：撤销绵竹县,设立县级绵竹市 ⑲ 贵州：撤销福泉县,设立县级福泉市 ⑳ 云南：撤销潞西县,设立县级潞西市 ㉑ 宁夏：撤销灵武县,设立县级灵武市 ㉒ 新疆：撤销乌苏县,设立县级乌苏市 ㉓ 新疆：撤销米泉县,设立县级米泉市
1997	① 安徽：撤销宁国县,设立县级宁国市 ② 湖北：撤销汉川县,设立县级汉川市 ③ 广西：撤销贺县,设立县级贺州市 ④ 海南：撤销东方黎族自治县,设立县级东方市
2010	① 云南：撤销蒙自县,设立县级蒙自市,以原蒙自县的行政区域为蒙自市的行政区域 ② 云南：撤销文山县,设立县级文山市

（续表）

年份	撤 县 设 市 的 分 布
2013	① 吉林：撤销扶余县，设立县级扶余市 ② 云南：撤销弥勒县，设立县级弥勒市 ③ 青海：撤销玉树县，设立县级玉树市
2014	云南：撤销香格里拉县，设立县级香格里拉市
2015	① 四川：撤销康定县，设立县级康定市 ② 四川：撤销马尔康县，设立县级马尔康市 ③ 广西：撤销靖西县，设立县级靖西市 ④ 云南：撤销腾冲县，设立县级腾冲市 ⑤ 黑龙江：撤销东宁县，设立县级东宁市
2016	① 黑龙江：撤销抚远县，设立县级抚远市 ② 江西：撤销星子县，设立县级庐山市 ③ 云南：撤销泸水县，设立县级泸水市
2017	① 河北：撤销平泉县，设立县级平泉市 ② 浙江：撤销玉环县，设立县级玉环市 ③ 陕西：撤销神木县，设立县级神木市 ④ 四川：撤销隆昌县，设立县级隆昌市 ⑤ 湖南：撤销宁乡县，设立县级宁乡市 ⑥ 贵州：撤销盘县，设立县级盘州市

注：行政区划调整案例为0的年份未在表中列出。

资料来源：1978年1月1日—2017年7月18日的数据根据行政区划网 http://www.xzqh.org/html/ 及民政部官网 http://xzqh.mca.gov.cn/description?dcpid=1 公开的资料整理而得；2017年7月18日—2017年底的数据根据民政部批准的公文资料整理而得。

附录G
我国开发区名录

表G-1 经济技术开发区

序号	代码	开发区名称	批准时间	核准面积（公顷）	主导产业
1	G111001	北京经济技术开发区	1994.08	3 980	汽车、电子信息、装备制造
2	G121050	东丽经济技术开发区	2014.02	721.7	汽车、新能源、新材料
3	G121002	天津经济技术开发区	1984.12	3 797.04	汽车、医药、装备制造
4	G121051	西青经济技术开发区	2010.12	1 688	电子信息、汽车配套、机械
5	G121052	北辰经济技术开发区	2013.03	248.4	装备制造
6	G121053	武清经济技术开发区	2010.12	915.49	生物医药
7	G121054	天津子牙经济技术开发区	2012.12	117.3	再生资源综合利用、新能源
8	G131055	石家庄经济技术开发区	2012.1	828.39	生物医药、装备制造、食品
9	G131056	唐山曹妃甸经济技术开发区	2013.01	1 448	港口物流、钢铁、石化
10	G131003	秦皇岛经济技术开发区	1984.1	2 298	装备制造、商贸物流
11	G131057	邯郸经济技术开发区	2013.11	350	电子信息、装备制造、新材料
12	G131058	沧州临港经济技术开发区	2010.11	380.58	石化、生物医药、电力
13	G131059	廊坊经济技术开发区	2009.07	1 449	信息技术、装备制造
14	G141004	太原经济技术开发区	2001.06	960	电子信息、装备制造、新能源
15	G141060	大同经济技术开发区	2010.12	820	医药、汽车、建筑
16	G141061	晋城经济技术开发区	2013.03	400	精密光电、装备制造、新能源

（续表）

序号	代码	开发区名称	批准时间	核准面积（公顷）	主导产业
17	G141062	晋中经济技术开发区	2012.03	520	医药、食品、装备制造、电子信息
18	G151005	呼和浩特经济技术开发区	2000.07	980	食品、电力、生物医药
19	G151063	呼伦贝尔经济技术开发区	2013.03	120	冶金加工、装备制造、食品
20	G151064	巴彦淖尔经济技术开发区	2012.12	433	农畜产品加工、生物、建材
21	G211006	沈阳经济技术开发区	1993.04	1 000	装备制造、医药化工
22	G211065	沈阳辉山经济技术开发区	2013.01	1 200	食品、医药、车辆
23	G211066	旅顺经济技术开发区	2013.11	701	船舶、装备制造、轨道交通装备
24	G211007	大连经济技术开发区	1984.09	2 000	石化、电子信息、装备制造
25	G211067	大连长兴岛经济技术开发区	2010.04	719.98	石化、船舶海工、装备制造
26	G211068	锦州经济技术开发区	2010.04	1 200	石化、装备制造、农产品加工
27	G211008	营口经济技术开发区	1992.1	560	港航物流、装备制造、钢铁
28	G211069	盘锦辽滨沿海经济技术开发区	2013.01	622.5	石化、精细化工、装备制造
29	G211070	铁岭经济技术开发区	2013.11	120	汽车、阀门、橡塑
30	G221009	长春经济技术开发区	1993.04	1 000	汽车、农产品加工
31	G221071	长春汽车经济技术开发区	2010.12	599	汽车
32	G221072	吉林经济技术开发区	2010.04	2 046.6	化工、新材料、医药
33	G221073	四平红嘴经济技术开发区	2010.11	486	冶金建材、食品、装备制造
34	G221074	松原经济技术开发区	2013.03	846.07	建材、农产品加工、装备制造
35	G231010	哈尔滨经济技术开发区	1993.04	1 000	装备制造、绿色食品、电子信息
36	G231075	哈尔滨利民经济技术开发区	2011.04	700	生物医药、食品、商贸物流

（续表）

序号	代码	开发区名称	批准时间	核准面积（公顷）	主 导 产 业
37	G231076	宾西经济技术开发区	2010.06	1 856	包装、食品、光电
38	G231077	双鸭山经济技术开发区	2014.02	467	煤化工、新材料、商贸物流
39	G231078	大庆经济技术开发区	2012.1	360.23	装备制造、石化、建材
40	G231079	牡丹江经济技术开发区	2013.03	691	林木加工、食品、装备制造
41	G231080	海林经济技术开发区	2010.06	258	林木加工、机械、食品
42	G231081	绥化经济技术开发区	2012.12	515	食品、商贸物流、机械电子
43	G311013	漕河泾新兴技术开发区	1988.06	1 330	电子信息、新材料、生物医药
44	G311012	虹桥经济技术开发区	1986.08	65.2	贸易、展览展示、国际仲裁
45	G311011	闵行经济技术开发区	1986.08	1 638	装备制造、机电、医药
46	G311082	上海金桥经济技术开发区	2001.09	2 738	新能源汽车、机器人
47	G311083	上海化学工业经济技术开发区	2012.03	2 940	石化、新材料
48	G311084	松江经济技术开发区	2013.03	5 777	装备制造、集成电路、新材料
49	G321014	南京经济技术开发区	2002.03	1 137	光电显示、智能装备、生物医药
50	G321085	江宁经济技术开发区	2010.11	3 847	汽车、电气机械器材、电子
51	G321086	锡山经济技术开发区	2011.06	920	电子信息、精密机械、纺织
52	G321087	宜兴经济技术开发区	2013.03	210	节能环保、新能源、新材料
53	G321088	徐州经济技术开发区	2010.03	2 412	装备制造、新能源、新材料
54	G321089	苏州浒墅关经济技术开发区	2013.03	813	电子信息、装备制造、精密机械

（续表）

序号	代码	开发区名称	批准时间	核准面积（公顷）	主 导 产 业
55	G321090	苏州工业园区	1994.02	8 000	电子信息、生物医药、纳米技术
56	G321091	吴中经济技术开发区	2012.12	381	电子信息、精密机械、纺织
57	G321092	相城经济技术开发区	2014.1	213	电子信息、装备制造、汽车
58	G321093	吴江经济技术开发区	2010.11	392.02	电子设备、机械、通用设备
59	G321094	常熟经济技术开发区	2010.11	780	电子设备、装备制造、汽车
60	G321095	张家港经济技术开发区	2011.09	1 190	机械电子、纺织服装、新能源
61	G321015	昆山经济技术开发区	1992.08	1 000	电子信息、光电、装备机械
62	G321096	太仓港经济技术开发区	2011.06	1 543	石油化工、装备制造、电力
63	G321016	南通经济技术开发区	1984.12	2 429	医药健康、电子信息、精密机械
64	G321097	海安经济技术开发区	2012.07	1 000	装备制造、新材料、新能源
65	G321098	如皋经济技术开发区	2013.01	467	船舶海工、新能源汽车、装备制造
66	G321099	海门经济技术开发区	2013.01	488	装备制造、生物医药、机电
67	G321017	连云港经济技术开发区	1984.12	1 500	医药、装备制造、新材料
68	G321100	淮安经济技术开发区	2010.11	680	电子信息、盐化工、装备制造
69	G321101	盐城经济技术开发区	2010.12	871.57	汽车、光伏、纺织
70	G321102	扬州经济技术开发区	2009.08	1 110	电子器件、光伏、汽车
71	G321103	镇江经济技术开发区	2010.04	873	化工、造纸、装备制造
72	G321104	靖江经济技术开发区	2012.12	403.59	船舶、金属冶炼加工、设备制造

（续表）

序号	代码	开发区名称	批准时间	核准面积（公顷）	主 导 产 业
73	G321105	宿迁经济技术开发区	2013.01	395	食品饮料、装备制造
74	G321106	沭阳经济技术开发区	2013.11	600	服装纺织、装备制造、电子信息
75	G331018	杭州经济技术开发区	1993.04	1 000	装备制造、生物医药、信息技术
76	G331019	萧山经济技术开发区	1993.05	920	通用设备、服装纺织
77	G331107	杭州余杭经济技术开发区	2012.07	2 746.72	装备制造、医药健康、节能环保
78	G331108	富阳经济技术开发区	2012.1	741	有色金属采冶加工、电气机械器材、纸制品
79	G331020	宁波经济技术开发区	1984.1	2 960	化工、汽车、金属冶炼加工
80	G331109	宁波大榭开发区	1993.03	1 613	临港化工、大宗商品国际贸易、港口物流
81	G331110	宁波石化经济技术开发区	2010.12	770	石油加工、核燃料加工、化工
82	G331111	宁波杭州湾经济技术开发区	2014.02	1 000	汽车及零部件、新材料、电气
83	G331021	温州经济技术开发区	1992.03	511	装备制造、鞋服
84	G331112	嘉兴经济技术开发区	2010.03	1 100	装备制造、汽车零配件、食品
85	G331113	嘉善经济技术开发区	2011.06	1 820	通用设备、电子信息、家具
86	G331114	平湖经济技术开发区	2013.01	1 619	光机电、生物技术、特种纺织
87	G331115	湖州经济技术开发区	2010.03	800	物流装备、节能环保、生物医药
88	G331116	长兴经济技术开发区	2010.11	1 900	新能源汽车及零部件、家用电器、装备制造
89	G331117	绍兴袍江经济技术开发区	2010.04	3 369.3	纺织、新材料、生物医药
90	G331118	绍兴柯桥经济技术开发区	2012.1	990	石油、印染、化纤

（续表）

序号	代码	开发区名称	批准时间	核准面积（公顷）	主 导 产 业
91	G331119	杭州湾上虞经济技术开发区	2013.11	1 000	化工、新材料、汽车及零部件
92	G331120	金华经济技术开发区	2010.11	885.99	汽车、热力、运输设备
93	G331121	义乌经济技术开发区	2012.03	917.3	纺织服装、文教体育用品
94	G331122	衢州经济技术开发区	2011.06	400	新材料、装备制造、金属制品
95	G331123	丽水经济技术开发区	2014.1	565	生态合成革、日用化工、装备制造
96	G341022	合肥经济技术开发区	2000.02	985	家电、装备制造、电子信息
97	G341023	芜湖经济技术开发区	1993.04	1 000	汽车及零部件、电子电器、建材
98	G341124	淮南经济技术开发区	2013.03	429	专用设备、医药
99	G341125	马鞍山经济技术开发区	2010.03	1 144.02	汽车及零部件、食品、机械装备
100	G341126	铜陵经济技术开发区	2011.04	800	铜材加工、电子信息材料、精细化工
101	G341127	安庆经济技术开发区	2010.03	1 240	化工医药、汽车零部件、装备制造
102	G341128	桐城经济技术开发区	2013.11	1 000	轻工电子、机械、新能源、新材料
103	G341129	滁州经济技术开发区	2011.04	1 089	智能家电、汽车、食品
104	G341130	六安经济技术开发区	2013.03	794	装备制造、轻工纺织、建材
105	G341131	池州经济技术开发区	2011.06	480	电子信息、装备制造
106	G341132	宣城经济技术开发区	2014.1	725	汽车零部件、装备制造、医药
107	G341133	宁国经济技术开发区	2013.03	137	密封元器件、电子元器件、机械基础件
108	G351024	福州经济技术开发区	1985.01	2 300	电子信息、农副食品、电气机械器材

（续表）

序号	代码	开发区名称	批准时间	核准面积（公顷）	主 导 产 业
109	G351025	福清融侨经济技术开发区	1992.1	1 000	电子信息、汽车及零部件、光学
110	G351134	厦门海沧台商投资区	1989.05	6 316	港口物流、生物医药、集成电路
111	G351135	泉州经济技术开发区	2010.06	1 250	纺织鞋服、金属加工、机械
112	G351136	泉州台商投资区	2012.01	1 500	纺织鞋服、装备制造、纸品印刷
113	G351026	东山经济技术开发区	1993.04	1 000	农副食品、食品、非金属矿物
114	G351137	漳州招商局经济技术开发区	2010.04	3 140	交通设备、粮油食品、金属制品
115	G351138	漳州台商投资区	2012.02	1 244	特殊钢铁、造纸及纸制品、食品
116	G351139	龙岩经济技术开发区	2012.03	300	机械、专用车、环境科技
117	G351140	东侨经济技术开发区	2012.12	393.33	电机电器、食品、生物医药
118	G361027	南昌经济技术开发区	2000.04	980	电子信息、汽车及零部件、医药
119	G361141	南昌小蓝经济技术开发区	2012.07	1 800	汽车及零部件、食品饮料、生物医药
120	G361142	萍乡经济技术开发区	2010.12	1 655	新材料、装备制造、医药、食品
121	G361143	九江经济技术开发区	2010.03	2 267	新能源、电子电器、汽车及零部件
122	G361144	赣州经济技术开发区	2010.03	748	新材料、新能源汽车、电子信息
123	G361145	龙南经济技术开发区	2013.03	413.3	新材料、电子信息、轻工
124	G361146	瑞金经济技术开发区	2013.11	200	电气机械器材、食品、服装纺织
125	G361147	井冈山经济技术开发区	2010.03	1 067	电子信息、机械、生物医药
126	G361148	宜春经济技术开发区	2013.01	1 100	机电、医药、新材料

（续表）

序号	代码	开发区名称	批准时间	核准面积（公顷）	主导产业
127	G361149	上饶经济技术开发区	2010.11	1 481.47	光伏、光学、汽车
128	G371150	明水经济技术开发区	2012.1	517.13	机械、交通装备、精细化工
129	G371028	青岛经济技术开发区	1984.1	1 752	家电、石化、汽车
130	G371151	胶州经济技术开发区	2012.12	1 700	机械电子、电商、物流
131	G371152	东营经济技术开发区	2010.03	1 735	有色金属、新材料、装备制造
132	G371029	烟台经济技术开发区	1984.1	1 000	电子信息、机械、汽车、食品
133	G371153	招远经济技术开发区	2011.09	363	黄金加工、橡胶轮胎、电子材料
134	G371154	潍坊滨海经济技术开发区	2010.04	500	石化、盐化、装备制造、物流
135	G371030	威海经济技术开发区	1992.1	572	装备制造、电子信息、食品
136	G371155	威海临港经济技术开发区	2013.11	500	新材料、汽车零部件、装备制造
137	G371156	日照经济技术开发区	2010.04	850	汽车及零部件、粮油食品、包装
138	G371157	临沂经济技术开发区	2010.12	488.42	装备制造、生物医药、新材料
139	G371158	德州经济技术开发区	2012.03	1 097	新能源、装备制造、农副产品加工
140	G371159	聊城经济技术开发区	2013.03	1 200	新能源、新能源汽车、金属加工、生物制药
141	G371160	滨州经济技术开发区	2013.11	900	汽车零部件、新材料、纺织家纺
142	G371161	邹平经济技术开发区	2010.11	820	服装纺织、铝制品、食品
143	G411031	郑州经济技术开发区	2000.02	1 249	汽车、装备制造、物流
144	G411162	开封经济技术开发区	2010.11	681.64	装备制造、汽车及零部件

（续表）

序号	代码	开发区名称	批准时间	核准面积（公顷）	主导产业
145	G411163	洛阳经济技术开发区	2012.07	420	光伏、装备制造、新材料
146	G411164	红旗渠经济技术开发区	2012.1	241	装备制造、钢铁、电子电器
147	G411165	鹤壁经济技术开发区	2010.11	1 770	电子信息、镁精加工
148	G411166	新乡经济技术开发区	2012.07	1 460.3	装备制造、服装纺织
149	G411167	濮阳经济技术开发区	2013.01	500	石化、林纸林板、装备制造
150	G411168	许昌经济技术开发区	2010.12	255	装备制造、发制品、生物科技
151	G411169	漯河经济技术开发区	2010.11	390.5	食品、装备制造、物流
152	G421170	武汉临空港经济技术开发区	2010.11	1 900	汽车、农副食品
153	G421032	武汉经济技术开发区	1993.04	1 000	汽车、电子电器、食品
154	G421171	黄石经济技术开发区	2010.03	1 872.57	电子信息、装备制造、生物医药
155	G421172	十堰经济技术开发区	2012.12	2 002.97	汽车
156	G421173	襄阳经济技术开发区	2010.04	1 470	汽车、装备制造、电子信息
157	G421174	鄂州葛店经济技术开发区	2012.07	731.34	生物医药、电商、仓储物流
158	G421175	荆州经济技术开发区	2011.06	970.87	装备制造、医药化工、轻纺
159	G431176	望城经济技术开发区	2014.02	633.3	有色金属加工、食品、电子信息
160	G431033	长沙经济技术开发区	2000.02	1 200	工程机械、汽车及零部件、电子信息
161	G431177	宁乡经济技术开发区	2010.11	580.32	食品饮料、装备制造、新材料
162	G431178	浏阳经济技术开发区	2012.03	710	电子信息、生物医药、食品
163	G431179	湘潭经济技术开发区	2011.09	1 246	汽车及零部件、装备制造、电子信息
164	G431180	岳阳经济技术开发区	2010.03	800	装备制造、食品、生物医药

（续表）

序号	代码	开发区名称	批准时间	核准面积（公顷）	主导产业
165	G431181	常德经济技术开发区	2010.06	1 121	机械、新材料
166	G431182	娄底经济技术开发区	2012.1	1 050	黑色金属冶炼压延加工、通用设备
167	G441034	广州经济技术开发区	1984.12	3 857.72	电子及通信设备、化工、汽车
168	G441035	广州南沙经济技术开发区	1993.05	2 760	航运物流、高端制造、金融商务
169	G441183	增城经济技术开发区	2010.03	500	汽车及零部件、电子信息、装备制造
170	G441184	珠海经济技术开发区	2012.03	1 588	石化、清洁能源
171	G441036	湛江经济技术开发区	1984.11	1 920	钢铁、石油化工、特种纸
172	G441037	惠州大亚湾经济技术开发区	1993.05	2 360	石化、电子、汽车
173	G451038	南宁经济技术开发区	2001.05	1 079.6	生物制药、轻工、食品、机电
174	G451185	广西—东盟经济技术开发区	2013.03	312.9	食品、生物医药、机械装备
175	G451186	钦州港经济技术开发区	2010.11	1 000	石化、粮油、林浆纸
176	G451187	中国—马来西亚钦州产业园区	2012.03	1 500	装备制造、生物医药、新能源
177	G461188	海南洋浦经济开发区	1992.03	3 000	油气化工、林浆纸
178	G501189	万州经济技术开发区	2010.06	582	化工、能源建材、照明电气
179	G501039	重庆经济技术开发区	1993.04	960	电子信息、装备制造
180	G501190	长寿经济技术开发区	2010.11	1 000	综合化工、钢铁冶金、装备制造
181	G511040	成都经济技术开发区	2000.02	994	汽车、工程机械、食品饮料
182	G511191	德阳经济技术开发区	2010.06	856.53	装备制造、新能源、新材料
183	G511192	绵阳经济技术开发区	2012.1	1 047	电子信息、化工环保、生物医药
184	G511193	广元经济技术开发区	2012.12	858.67	电子机械、食品饮料、有色金属

（续表）

序号	代码	开发区名称	批准时间	核准面积（公顷）	主 导 产 业
185	G511194	遂宁经济技术开发区	2012.07	1 096	电子信息、食品、纺织、机械
186	G511195	内江经济技术开发区	2013.11	935.09	机械汽配、电子信息、生物医药
187	G511196	宜宾临港经济技术开发区	2013.01	1 200	食品饮料、装备制造、新材料
188	G511197	广安经济技术开发区	2010.06	419.97	电子机械、建材、医药
189	G521041	贵阳经济技术开发区	2000.02	955	装备制造、大数据、医药
190	G521198	遵义经济技术开发区	2010.06	1 253	茶叶加工、粮油、农副产品
191	G531042	昆明经济技术开发区	2000.02	980	装备制造、生物医药、食品饮料
192	G531199	嵩明杨林经济技术开发区	2013.01	511.04	食品饮料、装备制造、精细化工
193	G531200	曲靖经济技术开发区	2010.06	1 000	煤化工
194	G531201	蒙自经济技术开发区	2013.01	422.8	冶金、钢铁、化工
195	G531202	大理经济技术开发区	2014.02	593	机械装备、食品饮料
196	G541043	拉萨经济技术开发区	2001.09	546	食品饮料、医药
197	G611044	西安经济技术开发区	2000.02	988	汽车、专用通用设备、新材料
198	G611203	陕西航空经济技术开发区	2010.06	460	航空
199	G611204	陕西航天经济技术开发区	2010.06	374	民用航天、太阳能光伏、卫星及卫星应用
200	G611205	汉中经济技术开发区	2012.10	812.05	航空设备、装备制造、食品、中药
201	G611206	榆林经济技术开发区	2013.01	1 200	煤电、化工
202	G621045	兰州经济技术开发区	2002.03	953	装备制造、有色冶金、生物医药
203	G621207	金昌经济技术开发区	2010.03	700	有色金属加工、化工循环、新能源
204	G621208	天水经济技术开发区	2010.04	319.7	装备制造、医药、食品

（续表）

序号	代码	开发区名称	批准时间	核准面积（公顷）	主导产业
205	G621209	张掖经济技术开发区	2013.03	760	农副产品加工、生物制药、有色冶金
206	G621210	酒泉经济技术开发区	2013.01	561.45	新能源装备、农副产品加工、生物制药
207	G631046	西宁经济技术开发区	2000.07	440	机械加工、特色资源开发、中藏药
208	G631211	格尔木昆仑经济技术开发区	2012.10	1 555	盐湖化工、新能源、冶金
209	G641047	银川经济技术开发区	2001.07	750	装备制造、新材料
210	G641212	石嘴山经济技术开发区	2011.04	1 500	冶金、电石化工、物流
211	G651048	乌鲁木齐经济技术开发区	1994.08	1 566	先进制造、商贸物流
212	G651213	乌鲁木齐甘泉堡经济技术开发区	2012.09	756	新能源、新材料、商贸物流
213	G651214	新疆准东经济技术开发区	2012.09	981.34	煤电、煤化工、煤电冶
214	G651215	库尔勒经济技术开发区	2011.04	1 800	服装纺织、石化
215	G651216	库车经济技术开发区	2015.04	912	石化、电力、建材
216	G651217	新疆奎屯—独山子经济技术开发区	2011.04	605.89	石化、纺织、冶金
217	G651218	阿拉尔经济技术开发区	2012.08	1 350	纺织、食品、天然气化工
218	G651219	新疆五家渠经济技术开发区	2012.08	1 480	农副产品加工、服装纺织、建材
219	G651049	石河子经济技术开发区	2000.04	2 110	食品饮料、纺织

资料来源：国家发改委等.中国开发区审核公告目录（2018年版）［EB/OL］.http://www.ndrc.gov.cn/gzdt/201803/t20180302_878800.html.

表G-2　高新技术开发区名单

序号	代码	开发区名称	批准时间	核准面积（公顷）	主导产业
1	G112001	中关村科技园区	1988.05	23 252.29	电子信息、智能制造、节能环保
		其中：中关村科技园区海淀园		13 306	电子信息、光机电一体化、新材料

（续表）

序号	代码	开发区名称	批准时间	核准面积（公顷）	主导产业
1	G112001	其中：中关村科技园区德胜园		864	电子信息、新材料、光机电一体化
		其中：中关村科技园区昌平园		1 148.29	新能源及高效节能、电子信息、新材料
		其中：中关村科技园区丰台园		818	光机电一体化、电子信息、新材料
		其中：中关村科技园区电子城		1 680	电子信息、光机电一体化、新材料
		其中：中关村科技园区亦庄园		4 128	电子信息、光机电一体化、医药、医疗器械
		其中：中关村科技园区石景山园		345	电子信息、新能源及高效节能、光机电一体化
		其中：中关村科技园区大兴生物医药基地		963	生物医药、医疗器械
2	G122002	天津滨海高新技术产业开发区	1991.03	5 524	新能源汽车、信息技术、节能环保
3	G132003	石家庄高新技术产业开发区	1991.03	1 553	生物医药、电子信息、先进制造
4	G132054	唐山高新技术产业开发区	2010.11	450	装备制造、汽车零部件、新材料
5	G132004	保定高新技术产业开发区	1992.11	1 223	新能源、能源设备、光机电一体化
6	G132055	承德高新技术产业开发区	2012.08	620	装备制造、食品饮料、生物医药
7	G132056	燕郊高新技术产业开发区	2010.11	1 531	电子信息、新材料、装备制造
8	G142005	太原高新技术产业开发区	1992.11	800	光机电一体化、新材料、新能源
9	G142057	长治高新技术产业开发区	2015.02	753.01	煤化工、装备制造、生物医药
10	G152058	呼和浩特金山高新技术产业开发区	2013.12	500	乳产品、化工
11	G152006	包头稀土高新技术产业开发区	1992.11	956	稀土材料及应用、铝铜镁及加工、装备制造
12	G152059	鄂尔多斯高新技术产业开发区	2017.02	1 000	生物制药、节能环保、云计算

（续表）

序号	代码	开发区名称	批准时间	核准面积（公顷）	主导产业
13	G212007	沈阳高新技术产业开发区	1991.03	2 750	信息技术、智能制造、生物医药
14	G212008	大连高新技术产业园区	1991.03	1 300	软件
15	G212009	鞍山高新技术产业开发区	1992.11	790	工业自动化、系统控制、激光
16	G212060	本溪高新技术产业开发区	2012.08	865.4	生物医药
17	G212061	锦州高新技术产业开发区	2015.02	372	汽车零部件、精细化工、食品
18	G212062	营口高新技术产业开发区	2010.09	500	装备制造、新材料、信息技术
19	G212063	阜新高新技术产业开发区	2013.12	756.29	液压装备、农产品加工、电子信息
20	G212064	辽阳高新技术产业开发区	2010.11	437	芳烃及精细化工、工业铝材
21	G222065	长春净月高新技术产业开发区	2012.08	2 246	高技术、文化
22	G222010	长春高新技术产业开发区	1991.03	1 911	汽车、装备制造、生物医药
23	G222011	吉林高新技术产业开发区	1992.11	436	化工、汽车及零部件、电子
24	G222066	通化医药高新技术产业开发区	2013.12	1 270.82	医药
25	G222067	延吉高新技术产业开发区	2010.11	533	医药、食品
26	G232012	哈尔滨高新技术产业开发区	1991.03	2 370	装备制造、电子信息、新材料
27	G232068	齐齐哈尔高新技术产业开发区	2010.11	331	装备制造、食品
28	G232013	大庆高新技术产业开发区	1992.11	1 430	石化、汽车、装备制造
29	G312014	上海张江高新技术产业开发区	1991.03	4 211.7	电子信息、生物医药、光机电一体化
30	G312069	上海紫竹高新技术产业开发区	2011.06	868.18	集成电路、软件、新能源、航空

（续表）

序号	代码	开发区名称	批准时间	核准面积（公顷）	主导产业
31	G322015	南京高新技术产业开发区	1991.03	1 650	软件、电子信息、生物医药
32	G322016	无锡高新技术产业开发区	1992.11	945	电子设备、电气机械器材
33	G322070	江阴高新技术产业开发区	2011.06	660	新材料、微电子集成电路、医药
34	G322071	徐州高新技术产业开发区	2012.08	700	通用设备、电子设备、汽车
35	G322017	常州高新技术产业开发区	1992.11	563	装备制造、新材料、光伏
36	G322072	武进高新技术产业开发区	2012.08	340	电子设备、电气机械器材、通用设备
37	G322018	苏州高新技术产业开发区	1992.11	680	电子信息、装备制造、新能源
38	G322073	常熟高新技术产业开发区	2015.09	352	通用设备、计算机、电子设备
39	G322074	昆山高新技术产业开发区	2010.09	786	电子信息、机器人、装备制造
40	G322075	南通高新技术产业开发区	2013.12	550	通用设备、交通运输设备、纺织服装鞋帽
41	G322076	连云港高新技术产业开发区	2015.02	300	装备制造、软件及信息服务
42	G322077	淮安高新技术产业开发区	2017.02	234	电子信息、新能源汽车及零部件、装备制造
43	G322078	盐城高新技术产业开发区	2015.02	400	智能终端、装备制造、新能源
44	G322079	扬州高新技术产业开发区	2015.09	418	数控装备、生物技术、光电
45	G322080	镇江高新技术产业开发区	2014.1	400	船舶及配套、通用设备、电器机械器材
46	G322081	泰州医药高新技术产业开发区	2009.03	880	化工、电子信息、生物医药

（续表）

序号	代码	开发区名称	批准时间	核准面积（公顷）	主导产业
47	G322082	宿迁高新技术产业开发区	2017.02	500	新材料、装备制造、电子信息
48	G332019	杭州高新技术产业开发区	1991.03	1 212	信息技术、生命健康、节能环保
49	G332083	萧山临江高新技术产业开发区	2015.02	355	装备制造、汽车、新能源、新材料
50	G332084	宁波高新技术产业开发区	2007.01	970.63	电子信息、新能源、节能环保、新材料
51	G332085	温州高新技术产业开发区	2012.08	442.45	激光及光电、电商、软件
52	G332086	嘉兴秀洲高新技术产业开发区	2015.09	572	智能制造、新能源、新材料
53	G332087	湖州莫干山高新技术产业开发区	2015.09	665	生物医药、装备制造、地理信息
54	G332088	绍兴高新技术产业开发区	2010.11	1 044.24	新材料、电子信息、环保
55	G332089	衢州高新技术产业开发区	2013.12	353.88	氟硅钴新材料
56	G342020	合肥高新技术产业开发区	1991.03	1 850	家电及配套、汽车、电子信息
57	G342090	芜湖高新技术产业开发区	2010.09	650	装备制造、汽配、新材料、医药
58	G342091	蚌埠高新技术产业开发区	2010.11	674	汽车零部件、装备制造、电子信息
59	G342092	马鞍山慈湖高新技术产业开发区	2012.08	1 120	新材料、节能环保、化工
60	G342093	铜陵狮子山高新技术产业开发区	2017.02	255	光电光伏、装备制造、铜材加工
61	G352021	福州高新技术产业开发区	1991.03	550	电子信息、光机电、新材料
62	G352022	厦门火炬高技术产业开发区	1991.03	1 375	电子信息、半导体及集成电路、软件
63	G352094	莆田高新技术产业开发区	2012.08	1 105	电子信息、机械
64	G352095	三明高新技术产业开发区	2015.02	1 278	机械装备、林产加工、纺织轻工

（续表）

序号	代码	开发区名称	批准时间	核准面积（公顷）	主导产业
65	G352096	泉州高新技术产业开发区	2010.11	807.12	电子信息、纺织鞋服、机械汽配
66	G352097	漳州高新技术产业开发区	2013.12	329	电子信息、装备制造、生物医药
67	G352098	龙岩高新技术产业开发区	2015.02	200	机械、专用车、环境科技
68	G362023	南昌高新技术产业开发区	1992.11	680	生物医药、电子信息、新材料
69	G362099	景德镇高新技术产业开发区	2010.11	1 500	航空、家电、化工
70	G362100	新余高新技术产业开发区	2010.11	1 333.3	新能源、钢铁装备、新材料
71	G362101	鹰潭高新技术产业开发区	2012.08	1 113.3	铜基新材料、绿色水工、智能终端
72	G362102	赣州高新技术产业开发区	2015.09	200	钨新材料、稀土、食品
73	G362103	吉安高新技术产业开发区	2015.09	231	电子信息、精密机械、绿色食品
74	G362104	抚州高新技术产业开发区	2015.02	1 333.33	汽车及零部件、生物制药、电子信息
75	G372024	济南高新技术产业开发区	1991.03	1 590	电子信息、生物医药、智能装备
76	G372025	青岛高新技术产业开发区	1992.11	1 975	软件信息、医药、智能制造
77	G372026	淄博高新技术产业开发区	1992.11	704	新材料、生物医药、装备制造
78	G372105	枣庄高新技术产业开发区	2015.02	761	新信息、新能源、新医药
79	G372106	黄河三角洲农业高新技术产业示范区	2015.1	296	农业生物、食品、农业服务
80	G372107	烟台高新技术产业开发区	2010.09	1 464.77	信息技术、汽车零部件、海洋生物及制药
81	G372027	潍坊高新技术产业开发区	1992.11	860	动力装备、声学光学、生命健康
82	G372108	济宁高新技术产业开发区	2010.09	960	工程机械、生物制药、新材料

（续表）

序号	代码	开 发 区 名 称	批准时间	核准面积（公顷）	主 导 产 业
83	G372109	泰安高新技术产业开发区	2012.08	1 375.75	输变电设备、矿山装备、汽车及零部件
84	G372028	威海火炬高技术产业开发区	1991.03	1 510	医疗器械、医药、电子信息、新材料
85	G372110	莱芜高新技术产业开发区	2015.09	653	汽车及零部件、电子信息、新材料
86	G372111	临沂高新技术产业开发区	2011.06	1 137	电子信息、装备制造、新材料
87	G372112	德州高新技术产业开发区	2015.09	689	生物、机械、新材料
88	G412029	郑州高新技术产业开发区	1991.03	1 132	电子信息、装备制造
89	G412030	洛阳高新技术产业开发区	1992.11	547.9	装备制造、新材料、高技术服务
90	G412113	平顶山高新技术产业开发区	2015.02	410	机电装备、新材料
91	G412114	安阳高新技术产业开发区	2010.09	526	装备制造、电子信息、生物医药
92	G412115	新乡高新技术产业开发区	2012.08	400	电子电器、生物医药、装备制造
93	G412116	焦作高新技术产业开发区	2015.09	715	装备制造、新材料、电子信息
94	G412117	南阳高新技术产业开发区	2010.09	920	装备制造、新材料、光电
95	G422031	武汉东湖新技术开发区	1991.03	2 400	光电子信息、生物、装备制造
96	G422032	襄阳高新技术产业开发区	1992.11	750	汽车、装备制造、新能源、新材料
97	G422118	宜昌高新技术产业开发区	2010.11	620	新材料、先进制造、精细化工
98	G422119	荆门高新技术产业开发区	2013.12	2 302	再生资源利用、环保、装备制造、生物
99	G422120	孝感高新技术产业开发区	2012.08	1 300	光机电、先进制造、纸制品、盐化工
100	G422121	黄冈高新技术产业开发区	2017.02	1 095	装备制造、食品饮料、生物医药

（续表）

序号	代码	开发区名称	批准时间	核准面积（公顷）	主导产业
101	G422122	咸宁高新技术产业开发区	2017.02	668	食品饮料、先进制造、新材料
102	G422123	随州高新技术产业开发区	2015.09	413	汽车及零部件、农产品深加工、电子信息
103	G422124	仙桃高新技术产业开发区	2015.09	509	新材料、生物医药、电子信息
104	G432033	长沙高新技术产业开发区	1991.03	1 733.5	装备制造、电子信息、新材料
105	G432034	株洲高新技术产业开发区	1992.11	858	轨道交通装备、汽车、生物医药
106	G432125	湘潭高新技术产业开发区	2009.03	1 170.28	新能源装备、钢材加工、智能装备
107	G432126	衡阳高新技术产业开发区	2012.08	600	电子信息、电气机械器材、通用设备
108	G432127	常德高新技术产业开发区	2017.02	378	设备制造、非金属矿制品
109	G432128	益阳高新技术产业开发区	2011.06	1 978	电子信息、装备制造、新材料
110	G432129	郴州高新技术产业开发区	2015.02	479	有色金属精深加工、电子信息、装备制造
111	G442035	广州高新技术产业开发区	1991.03	3 734	电子信息、生物医药、新材料
112	G442036	深圳市高新技术产业园区	1991.03	1 150	电子信息、光机电一体化、生物医药
113	G442037	珠海高新技术产业开发区	1992.11	980	电子信息、生物医药、光机电一体化技术
114	G442130	汕头高新技术产业开发区	2017.02	300.05	印刷包装、化工塑料、食品
115	G442038	佛山高新技术产业开发区	1992.11	1 000	装备制造、智能家电、汽车零部件
116	G442131	江门高新技术产业开发区	2010.11	1 221	机电、电子、化工
117	G442132	肇庆高新技术产业开发区	2010.09	2 252.04	新材料、电子信息、装备制造
118	G442039	惠州仲恺高新技术产业开发区	1992.11	706	移动互联网、平板显示、新能源

（续表）

序号	代码	开发区名称	批准时间	核准面积（公顷）	主导产业
119	G442133	源城高新技术产业开发区	2015.02	919.8	电子信息、机械、光伏
120	G442134	清远高新技术产业开发区	2015.09	1 911	机械装备、新材料、电子信息
121	G442135	东莞松山湖高新技术产业开发区	2010.09	1 000	电子信息、生物技术、新能源
122	G442040	中山火炬高技术产业开发区	1991.03	1 710	电子信息、生物医药、装备制造
123	G452041	南宁高新技术产业开发区	1992.11	850	电子信息、生命健康、智能制造
124	G452136	柳州高新技术产业开发区	2010.09	110	汽车、装备制造、新材料
125	G452042	桂林高新技术产业开发区	1991.03	1 207	电子信息、生物医药
126	G452137	北海高新技术产业开发区	2015.02	120.34	电子信息、海洋生物、软件服务
127	G462043	海口高新技术产业开发区	1991.03	277	医药、汽车及零部件、食品
128	G502044	重庆高新技术产业开发区	1991.03	2 000	汽摩、电子及通信设备、新材料
129	G502138	璧山高新技术产业开发区	2015.09	140	装备制造、互联网
130	G512045	成都高新技术产业开发区	1991.03	2 150	信息技术、装备制造、生物
131	G512139	自贡高新技术产业开发区	2011.06	824.5	节能环保、装备制造、新材料
132	G512140	攀枝花钒钛高新技术产业开发区	2015.09	301	钒钛钢铁、化工、有色金属加工
133	G512141	泸州高新技术产业开发区	2015.02	462.91	装备制造、新能源、新材料、医药
134	G512142	德阳高新技术产业开发区	2015.09	786	通用航空、医药、食品
135	G512046	绵阳高新技术产业开发区	1992.11	579.9	电子信息、汽车及零部件、新材料
136	G512143	内江高新技术产业开发区	2017.02	557.89	医药、装备制造、新材料

（续表）

序号	代码	开发区名称	批准时间	核准面积（公顷）	主导产业
137	G512144	乐山高新技术产业开发区	2012.08	406	新能源装备、电子信息、生物医药
138	G522047	贵阳高新技术产业开发区	1992.11	533	装备制造、电子信息、生物医药
139	G522145	安顺高新技术产业开发区	2017.02	422	装备制造、医药、航空机械
140	G532048	昆明高新技术产业开发区	1992.11	900	生物医药、新材料、装备制造
141	G532146	玉溪高新技术产业开发区	2012.08	1 312	装备制造
142	G612049	西安高新技术产业开发区	1991.03	2 235	半导体、智能终端、装备制造
143	G612050	宝鸡高新技术产业开发区	1992.11	577	先进制造、新材料、电子信息
144	G612147	咸阳高新技术产业开发区	2012.08	2 037.45	电子信息、生物制药、合成材料
145	G612051	杨凌农业高新技术产业示范区	1997.07	2 212	绿色食品、生物医药、涉农装备
146	G612148	渭南高新技术产业开发区	2010.09	1 423.09	精细化工、装备制造、新能源、新材料
147	G612149	榆林高新技术产业开发区	2012.08	1 320	煤化工
148	G612150	安康高新技术产业开发区	2015.09	213	富硒食品、生物医药、新材料
149	G622052	兰州高新技术产业开发区	1991.03	1 496	生物医药、电子信息、新材料、新能源
150	G622151	白银高新技术产业开发区	2010.09	805.05	精细化工、有色金属、生物医药
151	G632152	青海高新技术产业开发区	2010.11	403	装备制造、中藏医药、食品
152	G642153	银川高新技术产业开发区	2010.11	106.7	羊绒及亚麻纺织、食品、再生资源循环利用
153	G642154	石嘴山高新技术产业开发区	2013.12	890	新材料、装备制造、纺织
154	G652053	乌鲁木齐高新技术产业开发区	1992.11	980	新材料、电子信息、生物医药

（续表）

序号	代码	开发区名称	批准时间	核准面积（公顷）	主导产业
155	G652155	昌吉高新技术产业开发区	2010.09	1 125.7	装备制造、生物科技、新材料
156	G652156	新疆生产建设兵团石河子高新技术产业开发区	2013.12	25.96	信息技术、通用航空、节能环保

国家发改委等.中国开发区审核公告目录（2018年版）[EB/OL].http://www.ndrc.gov.cn/gzdt/201803/t20180302_878800.html.

表 G-3　海关特殊监管区域名单

序号	代码	开发区名称	批准时间	核准面积（公顷）	主导产业
1	G113001	北京天竺综合保税区	2008.07	594.4	航空贸易、医药贸易、文化贸易
2	G123002	天津港保税区	1991.05	500	临港加工、国际贸易、物流
3	G123003	天津出口加工区	2000.04	254	装备制造、家具、冶金
4	G123004	天津保税物流园区	2004.08	46	仓储物流
5	G123005	天津东疆保税港区	2006.08	1 000	交通运输、批发零售、租赁
6	G123006	天津滨海新区综合保税区	2008.03	159.9	民用航空、物流
7	G133007	石家庄综合保税区	2014.09	286	高端制造、物流、国际贸易
8	G133008	曹妃甸综合保税区	2012.07	459	国际贸易、国际物流、出口加工
9	G133009	河北秦皇岛出口加工区	2002.06	250	服装加工、金属加工、保税物流
10	G133010	廊坊综合保税区	2018.01	50	物流、光机电一体化、精密机械
11	G143011	太原武宿综合保税区	2012.08	294	加工贸易、保税物流、保税服务
12	G153012	内蒙古呼和浩特出口加工区	2002.06	221	光伏、光通讯
13	G153013	内蒙古鄂尔多斯综合保税区	2017.02	121	在建
14	G153014	满洲里综合保税区	2015.03	144	物流、保税仓储、保税加工

（续表）

序号	代码	开 发 区 名 称	批准时间	核准面积（公顷）	主 导 产 业
15	G213015	沈阳综合保税区	2011.09	619.82	物流、加工
16	G213016	大连保税区	1992.05	125	国际贸易、加工贸易、物流仓储
17	G213017	辽宁大连出口加工区	2000.04	295	加工贸易、半导体
18	G213018	大连大窑湾保税港区	2006.08	688	物流仓储
19	G213019	营口综合保税区	2017.12	185	在建
20	G223020	长春兴隆综合保税区	2011.12	489	高端制造、物流、保税展示
21	G223021	吉林珲春出口加工区	2000.04	244	木制品加工、建材、水产品加工
22	G233022	哈尔滨综合保税区	2016.03	329	在建
23	G233023	黑龙江绥芬河综合保税区	2009.04	180	进出口贸易、进出口加工、物流仓储
24	G313024	上海漕河泾出口加工区	1992.08	300	电子信息、物流、维修检测
25	G313025	上海嘉定出口加工区	2005.06	300	制造、物流、汽车及零部件
26	G313026	上海外高桥保税区	1990.06	1 103	出口加工、物流仓储、保税商品展示交易
27	G313027	上海金桥出口加工区南区	2001.09	280	新能源汽车、工业互联网、机器人
28	G313028	上海外高桥保税物流园区	2003.12	103	物流、贸易
29	G313029	洋山保税港区	2005.07	1 416	物流、贸易、装备制造
30	G313030	上海浦东机场综合保税区	2009.11	359	物流、贸易
31	G313031	上海松江出口加工区及B区	2000.04 2002.12	596	电子信息、仓储物流、贸易
32	G313032	上海青浦出口加工区	2003.03	300	电子信息、新材料、装备制造
33	G313033	上海闵行出口加工区	2003.03	300	物流、电子信息、装备制造
34	G323034	南京综合保税区龙潭片及江宁片	2012.09	503	物流、保税展示交易、电子信息

（续表）

序号	代码	开发区名称	批准时间	核准面积（公顷）	主导产业
35	G323035	无锡高新区综合保税区	2012.04	349.7	集成电路、电子、精密设备
36	G323036	江阴综合保税区	2016.01	360	在建
37	G323037	徐州综合保税区	2017.12	190	在建
38	G323038	江苏常州综合保税区	2015.01	166	精密机械、新能源、新材料
39	G323039	江苏武进综合保税区	2015.01	115	电子信息、新光源、新材料
40	G323040	苏州高新技术产业开发区综合保税区	2010.08	351	电子信息、物流配送、电商
41	G323041	苏州工业园综合保税区	2006.12	528	电子、机械、新材料、贸易物流
42	G323042	吴中综合保税区	2015.01	300	加工贸易、保税物流
43	G323043	江苏吴江综合保税区	2015.01	100	电子信息、精密机械、保税物流
44	G323044	江苏常熟综合保税区A区、B区	2015.01	94	保税加工、保税物流
45	G323045	张家港保税港区保税区	2008.11	410	精细化工、新材料、商贸物流
46	G323046	昆山综合保税区	2009.12	586	电子信息、光电、精密机械
47	G323047	太仓港综合保税区	2013.05	207	物流贸易
48	G323048	南通综合保税区	2013.01	529	生物医药、电子信息、精密机械
49	G323049	江苏连云港出口加工区	2003.03	297	机电、食品、家具
50	G323050	淮安综合保税区	2012.07	492	电子信息、高档色纺、商贸物流
51	G323051	盐城综合保税区	2012.06	228	汽车零部件、光电、电子
52	G323052	扬州综合保税区	2016.01	220	新光源、新能源、保税物流
53	G323053	镇江综合保税区	2015.01	253	电子信息、新材料、保税物流
54	G323054	泰州综合保税区	2015.05	176	装备制造、电子信息、汽车零配件

（续表）

序号	代码	开 发 区 名 称	批准时间	核准面积（公顷）	主 导 产 业
55	G333055	浙江杭州出口加工区	2000.04	292	电子信息、汽车配件、跨境电商
56	G333056	宁波保税区	1992.11	230	贸易、电子信息、加工制造
57	G333057	浙江宁波出口加工区	2002.06	300	信息家电、集成电路、精密机械
58	G333058	宁波梅山保税港区	2008.02	770	国际贸易服务、出口加工、保税仓储
59	G333059	浙江慈溪出口加工区	2005.06	70	跨境电商、保税仓储、智能家电
60	G333060	嘉兴综合保税区	2015.01	298	电子信息、制冷剂、轴承
61	G333061	金义综合保税区	2015.01	179	在建
62	G333062	舟山港综合保税区	2012.09	585	批发和零售、租赁和商务服务、交通运输
63	G343063	合肥综合保税区	2014.03	260	电子信息、装备制造、新材料
64	G343064	安徽合肥出口加工区	2010.07	142	电子信息
65	G343065	芜湖综合保税区	2015.09	217	电子电器、汽车零部件
66	G343066	马鞍山综合保税区	2016.08	200.1	在建
67	G353067	福建福州保税区	1992.11	60	仓储物流、国际贸易、先进制造
68	G353068	福建福州出口加工区	2005.06	114	保税物流、出口加工、跨境电商
69	G353069	福州保税港区	2010.05	926	整车进口、保税仓储、先进制造
70	G353070	厦门海沧保税港区	2008.06	950.92	航运物流、保税物流、加工制造
71	G353071	厦门象屿保税区	1992.1	60	物流贸易
72	G353072	厦门象屿保税物流园区	2004.08	26	仓储物流
73	G353073	福建泉州综合保税区	2016.01	204.72	金属加工、航空维修、新材料
74	G363074	南昌综合保税区	2016.02	200	电子通讯、商贸物流、生物医药

（续表）

序号	代码	开发区名称	批准时间	核准面积（公顷）	主导产业
75	G363075	江西九江出口加工区	2005.06	281	电子电器
76	G363076	江西赣州综合保税区	2014.01	400	在建
77	G363077	江西井冈山出口加工区	2011.03	48	电子信息、精密机械、生物制药
78	G373078	济南综合保税区	2012.05	522	电子信息、国际物流贸易、跨境电商
79	G373079	山东青岛西海岸出口加工区	2006.05	200	电子信息、纺织、机械装备
80	G373080	青岛前湾保税港区	2008.09	912	物流、仓储、转口贸易
81	G373081	山东青岛出口加工区	2003.03	280	电子信息、精密机械、新材料
82	G373082	东营综合保税区	2015.05	310	在建
83	G373083	烟台保税港区	2009.09	621	电子信息、物流
84	G373084	潍坊综合保税区	2011.01	517	电子信息、机械、新材料
85	G373085	威海综合保税区	2016.05	229	物流、先进制造、电子信息
86	G373086	临沂综合保税区	2014.08	370	新材料、装备制造、国际物流贸易
87	G413087	郑州经开综合保税区	2016.12	320.4	电子信息、跨境贸易、电商
88	G413088	郑州新郑综合保税区	2010.1	507.3	电子信息
89	G413089	南阳卧龙综合保税区	2014.11	303	电子信息、装备制造、保税物流
90	G423090	武汉东湖综合保税区	2011.08	541	加工贸易、跨境电商、保税物流
91	G423091	武汉新港空港综合保税区	2016.03	405	仓储、物流
92	G423092	湖北武汉出口加工区	2000.04	130	电子电器、汽车零部件、生物医药
93	G433093	长沙黄花综合保税区	2016.05	199	保税加工、国际贸易、物流
94	G433094	湘潭综合保税区	2013.09	312	保税加工、国际贸易、物流

（续表）

序号	代码	开发区名称	批准时间	核准面积（公顷）	主导产业
95	G433095	衡阳综合保税区	2012.1	257	电子信息
96	G433096	岳阳城陵矶综合保税区	2014.07	298	进口产品加工、电子主板
97	G433097	郴州综合保税区	2016.12	106.61	有色金属加工、电子信息、装备制造
98	G443098	广州白云机场综合保税区	2010.07	294.3	仓储物流
99	G443099	广州保税区	1992.05	140	国际贸易、保税物流、出口加工
100	G443100	广州出口加工区	2000.04	94.74	汽车、物流
101	G443101	广州保税物流园区	2007.12	50.7	保税物流
102	G443102	广州南沙保税港区	2008.1	499	航运物流、保税展示
103	G443103	广东福田保税区	1991.05	135	电子信息、物流、国际贸易
104	G443104	深圳前海湾保税港区	2008.1	371.21	物流、金融、信息服务
105	G443105	深圳盐田综合保税区	2014.01	217	物流、黄金珠宝、电子信息
106	G443106	广东深圳出口加工区	2000.04	300	电子信息、家电
107	G443107	广东珠海保税区	1996.11	300	航天航空、电子信息
108	G443108	珠澳跨境工业区	2003.12	29	保税物流、仓储
109	G443109	汕头经济特区保税区	1993.01	225	包装材料、柴油发电机、电子材料
110	G453110	南宁综合保税区	2015.09	237	加工贸易、跨境电商、保税物流
111	G453111	广西北海出口加工区	2003.03	329.6	电子信息、精密机械、生物制药
112	G453112	广西钦州保税港区	2008.05	881	仓储物流、转口贸易
113	G453113	广西凭祥综合保税区	2008.12	101	国际中转、保税加工
114	G463114	海南洋浦保税港区	2007.09	225.84	冷链物流、粮食加工、游艇
115	G463115	海口综合保税区	2008.12	193	加工制造、融资租赁、国际商品展示展销
116	G503116	重庆西永综合保税区	2010.02	832	计算机、电子

（续表）

序号	代码	开 发 区 名 称	批准时间	核准面积（公顷）	主 导 产 业
117	G503117	重庆两路寸滩保税港区	2008.11	837	加工制造、商贸、物流
118	G503118	重庆江津综合保税区	2017.01	221	保税加工、保税物流、保税服务
119	G513119	成都高新综合保税区及双流园区	2010.1　2012.01	868	信息技术、装备制造
120	G513120	四川绵阳出口加工区	2005.06	13.73	电子元器件
121	G523121	贵阳综合保税区	2013.09	301	国际贸易
122	G523122	贵州遵义综合保税区	2017.07	111	在建
123	G523123	贵安综合保税区	2015.01	220	保税加工、保税物流仓储、保税贸易
124	G533124	昆明综合保税区	2016.02	200	保税加工、保税物流、保税服务
125	G533125	红河综合保税区	2013.12	329	电子信息、装备制造、新能源、新材料
126	G613126	西安综合保税区	2011.02	467	转口贸易、物流、展览展示
127	G613127	陕西西安出口加工区	2002.06	280	航空、精密机械、电子信息、装备制造
128	G613128	西安高新综合保税区	2012.09	364	电子信息、国际物流、保税维修
129	G613129	西安航空基地综合保税区	2018.01	150	在建
130	G623130	兰州新区综合保税区	2014.07	286	进出口贸易、生产加工、跨境电商
131	G643131	银川综合保税区	2012.09	400	物流服务、加工贸易
132	G653132	乌鲁木齐综合保税区	2015.07	241	在建
133	G653133	阿拉山口综合保税区	2011.05	560.8	农副产品加工、油气加工、木材加工
134	G653134	喀什综合保税区	2014.09	356	在建
135	G653135	中哈霍尔果斯国际边境合作中心中方配套区	2006.03	973	仓储物流、进口资源加工制造、电子

资料来源：国家发改委等.中国开发区审核公告目录（2018年版）[EB/OL].http://www.ndrc.gov.cn/gzdt/201803/t20180302_878800.html.

表 G-4　跨边境合作区域名单

序号	代码	开发区名单	批准时间	核准面积（公顷）	主导产业
1	G155001	满洲里边境经济合作区	1992.09	640	木材加工、仓储物流、商贸
2	G155002	二连浩特边境经济合作区	1993.06	100	进出口贸易、木材加工、矿产品加工
3	G215003	丹东边境经济合作区	1992.07	630	汽车及零部件、仪器仪表
4	G225004	珲春边境经济合作区	1992.03	500	纺织服装、木制品、能源矿产
5	G225015	和龙边境经济合作区	2015.03	76	进口资源加工、边境贸易、旅游
6	G235005	绥芬河边境经济合作区	1992.03	500	边境贸易、服装、木材加工
7	G235006	黑河边境经济合作区	1992.03	763	边境贸易、木材加工、轻工产品加工
8	G455008	东兴边境经济合作区	1992.09	407	边贸、旅游、加工制造
9	G455007	凭祥边境经济合作区	1992.09	720	木材加工、农副产品加工、边贸物流
10	G535016	临沧边境经济合作区	2013.09	347	商贸物流、进出口加工、农产品加工
11	G535011	河口边境经济合作区	1992.09	402	边境贸易、边境旅游、口岸物流
12	G535017	中国老挝磨憨—磨丁经济合作区	2016.03	483	物流、商贸会展、农产品加工
13	G535010	畹町边境经济合作区	1992.09	500	仓储物流、加工制造、商贸
14	G535009	瑞丽边境经济合作区	1992.12	600	边境贸易、农副产品加工、边境旅游
15	G655012	博乐边境经济合作区	1992.12	783	纺织服装、石材集控、建材
16	G655013	伊宁边境经济合作区	1992.12	650	生物、煤电煤化工、农副产品加工
17	G655018	中哈霍尔果斯国际边境合作中心	2006.03	343	商贸、跨境电商、会展
18	G655014	塔城边境经济合作区	1992.12	650	商贸、物流、进出口加工、旅游文化

（续表）

序号	代码	开 发 区 名 单	批准时间	核准面积（公顷）	主 导 产 业
19	G655019	吉木乃边境经济合作区	2011.09	1439	能源、资源进出口加工、装备组装制造

资料来源：国家发改委，等.中国开发区审核公告目录（2018年版）［EB/OL］.http://www.ndrc.gov.cn/gzdt/201803/t20180302_878800.html.

表G-5　中国国家新区一览表

新 区 名 称	获 批 时 间	主 体 城 市	面积（平方千米）
浦东新区	1992.10.11	上海	1 210.14
滨海新区	2006.05.26	天津	2 270
两江新区	2010.05.05	重庆	1 200
舟山群岛新区	2011.06.30	浙江舟山	陆地1 440，海域20 800
兰州新区	2012.08.20	甘肃兰州	1 700
南沙新区	2012.09.06	广东广州	803
西咸新区	2014.01.06	陕西西安、咸阳	882
贵安新区	2014.01.06	贵州贵阳、安顺	1 795
西海岸新区	2014.06.03	山东青岛	陆地2 096，海域5 000
金普新区	2014.06.23	辽宁大连	2 299
天府新区	2014.10.02	四川成都、眉山	1 578
湘江新区	2015.04.08	湖南长沙	490
江北新区	2015.06.27	江苏南京	2 451
福州新区	2015.08.30	福建福州	1 892
滇中新区	2015.09.07	云南昆明	482
哈尔滨新区	2015.12.16	黑龙江哈尔滨	493
长春新区	2016.02.03	吉林长春	499
赣江新区	2016.06.14	江西南昌、九江	465
雄安新区	2017.04.01	河北保定	起步约100，远期2000

资料来源：根据中国发展与改革委员会网（http://sousuo.ndrc.gov.cn/s?siteCode=bm04000007）站信息整理而成。

表 G-6　综合配套改革实验区名单

试验区名称	获批时间	重点改革方向
浦东新区	2005.06	综合配套改革试验区
天津滨海新区	2006.05	综合配套改革试验区
重庆市	2007.06	城乡统筹综合配套改革试验区
成都市	2007.06	城乡统筹综合配套改革实验区
武汉城市圈	2007.12	资源节约型和城市友好型社会建设综合配套改革试验区
长株潭城市群	2007.12	资源节约型和城市友好型社会建设综合配套改革试验区
深圳市	2009.05	综合配套改革试验区
沈阳经济区	2010.04	国家新型工业化综合配套改革试验区
山西省	2010.12	国家资源型经济转型综合配套改革试验区
义乌市	2011.03	综合配套改革试验区
厦门市	2011.12	两岸交流合作综合配套改革试验区
黑龙江省"两大平原"	2013.06	现代农业综合配套改革试验区

资料来源：根据中国发展与改革委员会网（http://sousuo.ndrc.gov.cn/s?siteCode=bm04000007）站信息整理而成。

表 G-7　其他类型开发区名单

序号	代码	开发区名称	批准时间	核准面积（公顷）	主导产业
1	G156020	满洲里中俄互市贸易区	1992.04	20.96	轻工、民间贸易
2	G216034	中德（沈阳）高端装备制造产业园	2015.12	3 553	智能制造、装备制造、汽车
3	G216022	沈阳海峡两岸科技工业园	1995.09	500	计算机及软件、汽车及零部件、环保
4	G216001	大连金石滩国家旅游度假区	1992.1	1 360	滨海运动、娱乐、文化旅游
5	G236021	中俄东宁—波尔塔夫卡互市贸易区	1992.09	275.4	民间贸易、木材加工、轻工产品加工
6	G316033	上海陆家嘴金融贸易区	1990.06	3 178	金融、航运、商务、文化旅游
7	G316002	上海佘山国家旅游度假区	1995.06	6 408	旅游休闲、商业服务、文化创意
8	G326024	南京海峡两岸科技工业园	1995.09	500	智能制造、科技服务、生命健康

（续表）

序号	代码	开发区名称	批准时间	核准面积（公顷）	主导产业
9	G326003	无锡太湖国家旅游度假区	1992.1	1 350	文化旅游、生物医药、机械
10	G326004	苏州太湖国家旅游度假区	1992.1	1 120	文化旅游
11	G336005	杭州之江国家旅游度假区	1992.1	988	休闲旅游、信息技术、文化创意
12	G356030	福州台商投资区	1989.05	1 326	鞋、饲料、钢铁制品
13	G356025	福州元洪投资区	1992.05	1 000	粮油食品、能源精化、纺织化纤
14	G356029	厦门杏林台商投资开发区	1989.05	2 521	机械装备、纺织服装、电子
15	G356031	厦门集美台商投资开发区	1992.12	685	机械装备、纺织服装、电子
16	G356007	湄洲岛国家旅游度假区	1992.1	1 350	旅游、交通运输
17	G356006	武夷山国家旅游度假区	1992.1	1 200	旅游服务
18	G376008	青岛石老人国家旅游度假区	1992.1	1 080	旅游、度假、金融、服务
19	G456010	北海银滩国家旅游度假区	1992.1	1 200	旅游、度假
20	G466011	三亚亚龙湾国家旅游度假区	1992.1	1 860	滨海休闲、度假旅游、康养
21	G536012	昆明滇池国家旅游度假区	1992.1	1 000	观光、体育训练、度假旅游
22	G656035	喀什经济开发区（含新疆生产建设兵团片区）	2011.09	5 000	文化、金融、新能源、纺织服装
23	G656036	霍尔果斯经济开发区（含新疆生产建设兵团片区）	2011.09	7300	商贸仓储物流、优势资源精深加工、生物医药

资料来源：国家发改委，等.中国开发区审核公告目录（2018年版）［EB/OL］.http://www.ndrc.gov.cn/gzdt/201803/t20180302_878800.html.

参考文献

［1］ 安静赜,梁鲜桃.开发区、工业园区建设与我区经济发展[J].理论研究,2004
（12）:14-17.

［2］ 奥克森.治理地方公共经济[M].万鹏飞,译.北京:北京大学出版社,2006:
161-162.

［3］ 奥斯特罗姆,比什,奥斯特罗姆.美国地方政府[M].井敏,陈幽泓,译.北京:
北京大学出版社,2004:63,76-77.

［4］ 白杰.街道办事处权力运作逻辑——对宣南的实证研究[M].北京:中国商
业出版社,2010:65-67.

［5］ 曹前满.城市行政建制制度发展的逻辑:日韩的经验[J].国际城市规划,
2012,27（3）:102-106.

［6］ 曹海军,霍伟桦.城市治理理论的范式转换及其对中国的启示[J].中国行政
管理,2013（7）:94-99.

［7］ 曹正汉.中国上下分治的治理体制及其稳定机制[J].社会学研究,2011,25
（1）:1-40.

［8］ 曹正汉,周杰.社会风险与地方分权——中国食品安全监管实行地方分级管
理的原因[J].社会学研究,2013,28（1）:182-205.

［9］ 朝泽江.改革开放以来宁波市领导县体制的形成、完善及意义[J].中共宁波
市委党校学报,2018,40（2）:109-115.

［10］ 陈安国.城市区域合作[M].北京:商务印书馆,2010:23-25.

［11］ 陈光庭.城乡一体化与乡村城市化双轨制探讨[J].规划师,2002（10）:
14-17

［12］ 陈国权,毛益民.第三区域政企统合治理与集权化现象研究[J].政治学研
究,2015（2）:45-54.

[13] 陈家喜,刘军.街道办事处:历史变迁与改革趋向[J].城市问题,2002(6):52-55.

[14] 陈进华.中国城市风险化:空间与治理[J].中国社会科学,2017(8):43-60.

[15] 陈明明.转型危机与国家治理[M].上海:上海人民出版社,2011:211.

[16] 陈剩勇,张丙宣.建国60年来中国地方行政区划和府际关系的变革与展望[J].浙江工商大学学报,2009(5):5-15.

[17] 陈水生.中国城市公共空间生产的三重逻辑及其平衡[J].学术月刊,2018,50(5):101-110.

[18] 陈子君.品牌开发区,转型跨越中"华丽转身"[J].国际市场,2013(2):71-75.

[19] 崔波.城市化中失地农民空间感知与身份认同——以西安城乡结合部被动失地农民为例[J].城市观察,2010(5):98-109.

[20] 崔凤军,陈晓.省管县体制对不同等级行政区域经济发展的影响研究——以浙江省为例[J].经济地理,2012,32(9):1-7.

[21] 丁丁.城市社区的管理体制改革——以街道办事处存废为分析视角[J].中共浙江省委党校学报,2013,29(2):89-95.

[22] 丁焕峰.开发区发展的经济学理论与实证[M].广州:华南理工大学出版社,2017:127.

[23] 董娟.关于减少行政层级的思考——行政派出模式的一种审视[J].中国行政管理,2009(5):21-24.

[24] 费修渔.瓯江上的第一颗明珠——紧水滩水电站简介[J].华东电力,1987(5):24-27.

[25] 樊勇,王蔚."扩权强县"改革效果的比较研究——以浙江省县政扩权为样本[J].公共管理学报,2013,10(1):10-18.

[26] 范今朝,王剑荣,蒋瑶璐.试论中国当代城市化进程中的行政区划"逆向调整"现象——以永康市芝英镇的行政区划调整过程为例[J].经济地理,2011,31(11):1798-1804.

[27] 范今朝.仁政必自经界始:中国现当代城市化进程中的行政区划改革若干问题研究[M].杭州:浙江大学出版社,2011:64,104,163-164,315,317.

[28] 范今朝.行政区划体制与城乡统筹发展[M].南京:东南大学出版社,2013:134,138.

[29] 范毅,徐勤贤,张力康.城镇化进程行政区划调整与改革成效研究[M].北

京：中国发展出版社，2017：9.

［30］费孝通.乡土中国［M］.上海：上海人民出版社，2006：148.

［31］费孝通.小城镇新开拓（一）［J］.瞭望周刊，1984（51）：26-27.

［32］冯俏彬，安森东.新型城镇化进程中的行政层级与行政区划改革研究［M］.北京：商务印书馆，2015：160.

［33］冯兴元.地方政府竞争：理论范式、分析框架与实证研究［M］.南京：译林出版社，2010：3.

［34］冯云廷.城市经济学：第4版［M］.大连：东北财经大学出版社，2015：18.

［35］付敏杰.分税制二十年：演进脉络与改革方向［J］.社会学研究，2016，31（5）：215-240.

［36］戈德史密斯，埃格斯.网络化治理：公共部门的新形态［M］.孙迎春，译.北京：北京大学出版社，2008：17.

［37］高季乔，李建华.论空间的政治性和政治的空间性［J］.中南大学学报（社会科学版），2016，22（1）：22-26.

［38］高玲玲，孙海鸣.行政区划调整如何影响区域经济增长——来自中国地级以上行政区划调整的证据［J］.经济体制改革，2015（5）：66-71.

［39］高祥荣.“撤县（市）设区”与政府职能关系的协调［J］.甘肃行政学院学报，2015（3）：29-40.

［40］顾朝林，邱友良，叶舜赞.建国以来中国新城市设置［J］.地理科学，1998（4）：29-36.

［41］郭文.“空间的生产”内涵、逻辑体系及对中国新型城镇化实践的思考［J］.经济地理，2014，34（6）：32-39.

［42］郭霞.创新服务7要素——浦江高科技园促进企业发展全记录［J］.华东科技，2011（6）：60-62.

［43］国家发展和改革委员会国土开发与地区经济研究所课题组，肖金成.改革开放以来中国特色城镇化的发展路径［J］.改革，2008（7）：5-15.

［44］哈维.后现代的状况：对文化变迁之缘起的探究［M］.阎嘉，译.北京：商务印书馆，2003：25.

［45］哈维.正义、自然和差异地理学［M］.胡大平，译.上海：上海人民出版社，2015.

［46］哈维.资本的限度［M］.张寅，译.北京：中信出版社，2017.

［47］韩睿思，徐长乐.基于共生理论的“一区多园”模式研究——以上海漕河泾新

兴技术开发区为案例[J].科技管理研究,2016,36(7):166-171.

[48] 韩亚欣,吴非,李华民.中国经济技术开发区转型升级之约束与突破——基于调研结果与现有理论之分析[J].经济社会体制比较,2015(5):150-163.

[49] 韩勇,余斌,朱媛媛,等.英美国家关于列斐伏尔空间生产理论的新近研究进展及启示[J].经济地理,2016,36(7):19-26.

[50] 何李.市制回调:行政区划改革的弹性因素[J].理论与现代化,2016(2):80-85.

[51] 何雪松.社会理论的空间转向[J].社会,2006(2):34-48.

[52] 贺大兴.乡镇撤并改革和农村经济增长[J].南方经济,2012(10):51-62.

[53] 洪世键.大都市区治理:理论演进与运作模式[M].南京:东南大学出版社,2009:169.

[54] 侯桂红.人民政府时期专区专署制度研究(1949—1966年)[D].北京:首都师范大学,2009.

[55] 侯桂红.改革开放以来地区(行署)机构改革研究[J].中共党史研究,2016(3):28-37.

[56] 侯景新,浦善新,肖金成.行政区划与区域管理[M].北京:中国人民大学出版社,2006:108.

[57] 胡传东,罗仕伟,黄亚妍.重庆区域经济梯度差异及成因分析[J].重庆师范大学学报(自然科学版),2004(4):53-57.

[58] 胡星斗.中国户籍制度的命运:完善抑或废除[J].学术研究,2009(10):65-70.

[59] 胡毅,张京祥.中国城市住区更新的解读与重构——走向空间正义的空间生产[M].北京:中国建筑工业出版社,2015:29,33,36.

[60] 黄建洪.中国开发区治理与地方政府体制改革研究[M].广州:广东人民出版社,2014:43,51,59,60,64,65.

[61] 黄晓春,嵇欣.技术治理的极限及其超越[J].社会科学,2016(11):72-79.

[62] 姜补根.深化改革开拓"兴商建市"路子[J].浙江金融,1988(10):34-35.

[63] 焦晓云.新型城镇化进程中农村就地城镇化的困境、重点与对策探析——"城市病"治理的另一种思路[J].城市发展研究,2015,22(1):108-115.

[64] 金太军,赵军锋.论经济开发区行政区划与社会管理的耦合——以天津滨海新区为例[J].天津社会科学,2014(2):63-68.

[65] 金祥荣,赵雪娇.行政权分割、市场分割与城市经济效率——基于计划单列市

视角的实证分析[J].经济理论与经济管理,2017(3):14-25.

[66] 鲁斯克.没有郊区的城市[M].王英,郑德高,译.上海:上海人民出版社, 2011.

[67] 勒菲弗.空间与政治(第二卷)[M].李春,译.上海:上海人民出版社,2008: 46-47.

[68] 列斐伏尔.空间与政治[M].2版.李春,译.上海:上海人民出版社,2015:37.

[69] 冷静.青岛开发区管理体制变革透视[J].决策,2005(2):23-25.

[70] 李安增,周振超.社会主义和谐社会视角下的中国基层政府治理[J].政治学 研究,2008(2):73-79.

[71] 李佳依,翁士洪.城市治理中的空间正义:一个研究综述[J].甘肃行政学院 学报,2018(3):14-22.

[72] 李鹏.关于开展筹备三峡工程若干问题[J].中国三峡建设,1997(11):1-6.

[73] 李强,陈宇琳,刘精明.中国城镇化"推进模式"研究[J].中国社会科学, 2012(7):82-100.

[74] 李强,等.多元城镇化与中国发展:战略及推进模式研究[M].北京:社会科 学文献出版社,2013.

[75] 李荣娟.当代中国跨省区域联合与公共治理研究[M].北京:中国社会科学 出版社,2014:71,73-75.

[76] 李郇,徐现祥.中国撤县(市)设区对城市经济增长的影响分析[J].地理学 报,2015,70(8):1202-1214.

[77] 李媛媛,王泽."一社一居"抑或"一社多居":撤销街道办改革的模式选 择——基于安徽铜陵和贵州贵阳街居制改革试点的比较[J].学习与探索, 2018(5):49-57.

[78] 李云新,杨磊.快速城镇化进程中的社会风险及其成因探析[J].华中农业大 学学报(社会科学版),2014(3):6-11.

[79] 林德荣.可怕的顺德:一个县域的中国价值[M].机械工业出版社,2009:17.

[80] 林汉川.高新技术开发区建设的理论思考[J].中国社会科学,1995(4): 43-53.

[81] 林拓,申立.我国城乡区县重组:风险及其超越[J].中国行政管理,2012 (11):72-76.

[82] 林拓,申立.在新格局入口处:国家战略与政区改革——2014年度中国行政 区划变动的分析[J].经济社会体制比较,2015(4):20-31.

［83］林拓,申立.行政区划优化:与国家治理同行［J］.经济社会体制比较,2016（4）:77-86.

［84］林拓,王世晨.国家治理现代化下的行政区划重构逻辑［J］.社会科学,2017（7）:3-10.

［85］刘东汶.中国农民第一城——龙港镇调查［J］.经济研究参考,1996（38）:26-32.

［86］刘怀玉.《空间的生产》的空间历史唯物主义观［J］.武汉大学学报(人文科学版),2015,68（1）:61-69.

［87］刘君德.中国直辖市制度辨析与思考［J］.江汉论坛,2006a（5）:86-88.

［88］刘君德.中国转型期"行政区经济"现象透视——兼论中国特色人文—经济地理学的发展［J］.经济地理,2006b（6）:897-901.

［89］刘君德,马祖琦,熊竞.中央直辖市政区空间组织与制度模式探析:理论架构、比较分析及实证研究［M］.南京:南京大学出版社,2012:173-176.

［90］刘君德,范今朝.中国市制的历史演变与当代改革［M］.南京:东南大学出版社,2015:11-12,39-40,70,132-133,148-150,166,193,341-343,345-357.

［91］刘君德,张玉枝.石狮设市模式剖析——关于我国设市体制改革和完善的思考［J］.经济地理,1996（4）:35-40.

［92］刘伟忠,欧阳君君.开发区管理与服务转型研究［M］.南京:南京大学出版社,2014:7-8,130.

［93］刘小康."行政区经济"概念再探讨［J］.中国行政管理,2010（3）:42-47.

［94］刘晓,苏维词,邓吉祥.重庆直辖10年区县经济差异及协调发展［J］.重庆师范大学学报(自然科学版),2009,26（3）:34-39.

［95］刘兴邦.治理理论框架下经济开发区治理模式研究——以青岛开发区、苏州工业园区、漕河泾开发区为例［D］.西南政法大学,2013.

［96］刘亚品.资本积累与权力逻辑——大卫·哈维与艾伦·伍德的新帝国主义观之比较［J］.北京师范大学学报(社会科学版),2014（4）:84-91.

［97］刘艳芳.经济地理学——原理、方法与应用［M］.2版.北京:科学出版社,2017:63.

［98］刘永谋.技术治理的逻辑［J］.中国人民大学学报,2016,30（6）:118-127.

［99］刘豫萍,罗小龙,殷洁.行政区划调整对小城镇发展的负向影响——以湖南省华容县沿江乡镇为例［J］.城市问题,2015（11）:4-9.

［100］刘云刚,王丰龙.尺度的人文地理内涵与尺度政治——基于1980年代以来英

语圈人文地理学的尺度研究[J].人文地理,2011,26(3):1-6.

[101] 刘云刚,叶清露,许晓霞.空间、权力与领域:领域的政治地理研究综述与展望[J].人文地理,2015,30(3):1-6.

[102] 刘志鹏."后撤并时代"被调整乡镇的治理现代化:困境与策略选择——以广东为重点的考察[J].学术研究,2018(2):44-51.

[103] 柳思维,朱艳春,唐红涛.行政中心区位、迁移与城市商圈空间分布——基于动态模糊算法仿真和经验数据的研究[J].北京工商大学学报(社会科学版),2015,30(2):28-35.

[104] 龙宁丽.从政治主义走向管理主义:中国行政区划变迁的行动逻辑[J].观察与思考,2015(5):51-60.

[105] 龙太江,黄明元.改革开放以来城市政区更名问题研究[J].华中科技大学学报(社会科学版),2014,28(2):99-105.

[106] 鲁宝,刘怀玉.列斐伏尔"空间生产的知识"及其当代影响与启示[J].新视野,2018(2):108-114.

[107] 陆铭.空间的力量:地理、政治与城市发展[M].2版.上海:格致出版社,2017:7-9.

[108] 罗德刚.重庆直辖市行政体制的特色及启示[J].中国行政管理,2004(3):37-40.

[109] 罗小龙,殷洁,田冬.不完全的再领域化与大都市区行政区划重组:以南京市江宁撤县设区为例[J].地理研究,2010,29(10):1746-1756.

[110] 罗震东.改革开放以来中国城市行政区划变更特征及趋势[J].城市问题,2008(6):77-82.

[111] 罗震东,汪鑫,耿磊.中国都市区行政区划调整——城镇化加速期以来的阶段与特征[J].城市规划,2015,39(2):44-49.

[112] 罗植,杨冠琼,赵安平."省直管县"是否改善了县域经济绩效:一个自然实验证据[J].财经研究,2013,24(4):91-99.

[113] 吕芳.中国地方政府的"影子雇员"与"同心圆"结构——基于街道办事处的实证分析[J].管理世界,2015(10):106-116.

[114] 吕凯波,刘小兵.城市化进程中地方行政区划变革的经济增长绩效——基于江苏省"县改区"的个案分析[J].统计与信息论坛,2014,29(7):47-53.

[115] 吕宪军,王梅.行政区划调整与城市扩张研究——以南京市为例[J].现代城市研究,2006(1):67-72.

[116] 芒福德.城市发展史：起源、演变和前景[M].宋俊岭，倪文彦，译.北京：中国建筑工业出版社，2005：122，437.

[117] 马怀德.行政区划变更的法治问题[J].行政法学研究，2016（1）：57-64.

[118] 马丽莎，钟勇.高新技术开发区综合效率与城市经济发展互动效应研究[J].经济体制改革，2015（3）：68-75.

[119] 马学广，李鲁奇.国外人文地理学尺度政治理论研究进展[J].人文地理，2016，31（2）：6-12.

[120] 马学广.全球城市区域的空间生产与跨界治理研究[M].北京：科学出版社，2016：80-85，104，113-115，119-121，131.

[121] 马学广，李鲁奇.城际合作空间的生产与重构——基于领域、网络与尺度的视角[J].地理科学进展，2017a，36（12）：1510-1520.

[122] 马学广，李鲁奇.全球重构中尺度重组及其地域性管制实践研究[J].地域研究与开发，2017b，36（2）：1-6.

[123] 马学广，李鲁奇.尺度政治中的空间重叠及其制度形态塑造研究——以深汕特别合作区为例[J].人文地理，2017c，32（5）：56-62.

[124] 毛东武.方志语言学[M].北京：方志出版社，2010：483.

[125] 潘泽泉，杨金月.寻求城市空间正义：中国城市治理中的空间正义性风险及应对[J].山东社会科学，2018（6）：104-110.

[126] 蒲海清，汪文庆，刘一丁.我所知道的重庆成立直辖市经过[J].百年潮，2009（1）：10-14.

[127] 浦善新.中国建制镇的形成发展与展望（一）[J].小城镇建设，1997（3）：42-45.

[128] 浦善新.中国设市模式探讨[J].建设科技，2004（16）：22-24.

[129] 浦善新.中国行政区划改革研究[M].北京：商务印书馆，2006：1，19，71，80-81，95-109，149-152.

[130] 钱振明.城镇化发展过程中的开发区管理体制改革：问题与对策[J].中国行政管理，2016（6）：11-15.

[131] 渠敬东，周飞舟，应星.从总体支配到技术治理——基于中国30年改革经验的社会学分析[J].中国社会科学，2009（6）：104-127.

[132] 饶常林，常健.我国城市街道办事处管理体制变迁与制度完善[J].中国行政管理，2011（2）：85-88.

[133] 任博，孙涛.异责与共治：大城市政府职责纵向解构研究[J].内蒙古社会科

学(汉文版),2017,38(5):47-51.

[134] 苏贾.后现地理论学——重申批判社会理论中的空间[M].王文斌,译.北京:商务印书馆,2004:1.

[135] 苏贾.第三空间:去往洛杉矶和其他真实和想象地方的旅程[M].陆扬,等,译.上海:上海教育出版社,2005.

[136] 苏贾.后大都市:城市和区域的批判性研究[M].李钧,译.上海:上海教育出版社,2006.

[137] 苏贾.寻求空间正义[M].高春花,强乃社,等,译.北京:社会科学出版社,2016.

[138] 苏贾,强乃社.超越后大都市[J].华中科技大学学报(社会科学版),2016,30(1):132-138.

[139] 萨维奇,沃格尔.区域主义和城市政治[M]//戴维斯,英布罗肖.城市政治学理论前沿.2版.何艳玲,译.上海:格致出版社,2013:128-149.

[140] 邵家营.开发区的空间拓展与治理研究[D].华东师范大学,2013.

[141] 石敏俊,杨晶,龙文,等.中国制造业分布的地理变迁与驱动因素[J].地理研究,2013,32(9):1708-1720.

[142] 史为乐.中华人民共和国政区沿革(1949—1979)[M].南京:江苏人民出版社,1981:5-72,198-250.

[143] 史宇鹏,周黎安.地区放权与经济效率:以计划单列为例[J].经济研究,2007(1):17-28.

[144] 史昱.建立和完善国家高新技术产业开发区产业政策体系[J].中国科技产业,2014(2):44-47.

[145] 司亮,钟玉姣.资本与权力:我国体育小镇空间生产的主要动力[J].沈阳体育学院学报,2018,37(3):60-65.

[146] 宋宏.十字路口的选择:开发区治理体制研究[M].合肥:安徽人民出版社,2016:8,46-48,52-53.

[147] 孙全胜.城市空间生产:性质、逻辑和意义[J].城市发展研究,2014,21(5):39-48.

[148] 孙小逸.空间的生产与城市的权利:理论、应用及其中国意义[J].公共行政评论,2015,8(3):176-192.

[149] 孙学玉.撤销地区、市县分治:行政区划调整新构想[J].江海学刊,1998(1):46-51.

[150] 孙学玉,伍开昌.构建省直接管理县市的公共行政体制——一项关于市管县体制改革的实证研究[J].政治学研究,2004(1):35-43.

[151] 孙学玉.垂直权力分合:省直管县体制研究[M].北京:人民出版社,2013:15.

[152] 唐伟成,罗震东,耿磊.重启内生发展道路:乡镇企业在苏南小城镇发展演化中的作用与机制再思考[J].城市规划学刊,2013(2):95-101.

[153] 陶希东.中国特大城市(地级市)县改区:问题与出路[J].创新,2017,11(1):13-20.

[154] 田惠生,罗辉,曾伟.中国行政区划概论[M].北京:北京大学出版社,2005:1,119.

[155] 田姝.设立重庆直辖市背后珍闻[J].红岩春秋,2017(6):22-27.

[156] 汪雪,刘志鹏.广东省被撤并乡镇的建设管理:问题分析与对策探讨[J].南方农村,2012(9):42-44.

[157] 王成新,等.结构解读与发展转型:中国城市化综合思辨[M].北京:人民出版社,2017:228.

[158] 王佃利,张莉萍,高原.现代市政学[M].3版.北京:中国人民出版社,2011:27,41-42.

[159] 王佃利,于棋,王庆歌.尺度重构视角下国家级新区发展的行政逻辑探析[J].中国行政管理,2016(8):41-47.

[160] 王佃利,于棋.空间生产与新型城镇化差异空间的塑造[J].福建论坛(人文社会科学版),2017(9):148-154.

[161] 王丰龙,刘云刚.空间的生产研究综述与展望[J].人文地理,2011,26(2):13-19.

[162] 王丰龙,刘云刚.尺度概念的演化与尺度的本质:基于二次抽象的尺度认识论[J].人文地理,2015,30(1):9-15.

[163] 王丰龙,刘云刚.尺度政治理论框架[J].地理科学进展,2017,36(12):1500-1509.

[164] 王贵楼.空间政治化与策略:当代西方马克思主义空间政治思想[J].教学与研究,2015(3):60-66.

[165] 王建华.行政区划调整与城市空间的跨越发展[J].规划师,2003(5):77-79.

[166] 王健,鲍静,刘小康,等."复合行政"的提出——解决当代中国区域经济一体化与行政区划冲突的新思路[J].中国行政管理,2004(3):44-48.

［167］王鲁沛，马恩兵.南京白下区淮海路街道管理体制改革探索［J］.中国城市经济，2003（1）：65-66.

［168］王茂林.新中国城市经济50年［M］.北京：经济管理出版社，2000：86.

［169］王贤彬，聂海峰.行政区划调整与经济增长［J］.管理世界，2010（4）：42-53.

［170］王兴平，顾惠.我国开发区规划30年——面向全球化、市场化的城乡规划探索［J］.规划师，2015，31（2）：84-89.

［171］王雪丽."以级别定权力"：地方政府"升级锦标赛"原因探析［J］.云南社会科学，2012（3）：59-62.

［172］王亚林.新公共服务理论框架下青岛开发区政府管理模式改革研究［D］.青岛：中国海洋大学，2009.

［173］王玉龙.城市转型发展中空间善治的内涵与实现路径探析［J］.东岳论丛，2018，39（7）：155-162.

［174］王媛.我国地方政府经营城市的战略转变——基于地级市面板数据的经验证据［J］.经济学家，2013（11）：76-85.

［175］王志凯.都市化战略下的城市转型与经济空间拓展——萧山城市化进程的现实评价［J］.城市发展研究，2009，16（10）：13-18.

［176］王志凯，史晋川.行政区划调整与城市化经济空间——杭州、萧山地方政府博弈的实证［J］.浙江大学学报（人文社会科学版），2015，45（3）：103-111.

［177］魏成，沈静，范建红.尺度重组——全球化时代的国家角色转化与区域空间生产策略［J］.城市规划，2011，35（6）：28-35.

［178］魏衡，魏清泉，曹天艳，等.城市化进程中行政区划调整的类型、问题与发展［J］.人文地理，2009，24（6）：55-58.

［179］吴缚龙，高雅.城市区域管治：通过尺度重构实现国家空间选择［J］.北京规划建设，2018（1）：6-8.

［180］吴金群.统筹城乡发展中的省管县体制改革［J］.经济社会体制比较，2010（5）：133-141.

［181］吴金群.省管县体制改革中的管理幅度研究［J］.中共浙江省委党校学报，2012，28（1）：37-41.

［182］吴金群，等.省管县体制改革：现状评估及推进策略［M］.南京：江苏人民出版社，2013：1-4,9.

［183］吴金群.市县协调发展何以可能：基于区域主义理论的反思［J］.社会科学战线，2016a（3）：186-193.

[184] 吴金群.从市管县到省管县：历史制度主义视角下的变迁逻辑[J].中共杭州市委党校学报,2016b(2):36-42.

[185] 吴金群,付如霞.整合与分散：区域治理中的行政区划改革[J].经济社会体制比较,2017(1):145-154.

[186] 吴金群.交错的科层和残缺的网络：省管县改革中的市县关系困局[J].北京行政学院学报,2017a(1):1-8.

[187] 吴金群.市县协调发展何以可能：省管县改革后的区域治理体系研究[M].杭州：浙江大学出版社,2017b:3-4,6-8,105,100-102.

[188] 吴理财.改革与重建：中国乡镇制度研究[M].北京：高等教育研究,2010:58.

[189] 吴翔.镇的起源与流变[J].学术论坛,2015,38(11):83-86.

[190] 吴莹.空间变革下的治理策略——"村改居"社区基层治理转型研究[J].社会学研究,2017,32(6):94-116.

[191] 武力.1949—1978年中国劳动力供求与城市化关系研究[J].中国经济史研究,1998(3):16-26.

[192] 夏一璞.马克思资本空间化思想的现实启示[J].重庆社会科学,2018,(5):13-21.

[193] 向宽虎,陆铭.发展速度与质量的冲突——为什么开发区政策的区域分散倾向是不可持续的?[J].财经研究,2015,41(4):4-17.

[194] 谢冬水.地方政府竞争、土地垄断供给与城市化发展失衡[J].财经研究,2016,42(4):102-111.

[195] 谢富胜,巩潇然.资本积累驱动下不同尺度地理空间的不平衡发展——史密斯马克思主义空间理论探讨[J].地理学报,2018,73(8):1407-1420.

[196] 谢来位.行政区划优化论[M].北京：中国社会科学出版社,2016:36-37,73,79,148,151.

[197] 谢守红,谭志美,周驾易.中国县级市经济发展的空间差异及影响因素[J].经济地理,2015,35(1):38-43.

[198] 熊国平,杨东峰,于建勋.20世纪90年代以来中国城市形态演变的基本总结[J].华中建筑,2010,28(4):120-123.

[199] 熊竞.国外市制模式的经验借鉴——兼论我国的设市制度[J].江汉论坛,2014(3):12-16.

[200] 熊竞,罗翔,沈洁,等.从"空间治理"到"区划治理"：理论反思和实践路径

［J］.城市发展研究,2017,24（11）:89-93.

［201］熊文钊.行政公署的性质及其法律地位［J］.法学杂志,1985（6）:14-16.

［202］熊小果,李建强."历史—地理唯物主义"的失真——大卫·哈维实证主义地理学视阈下空间理论的局限［J］.上海交通大学学报（哲学社会科学版）,2016,24（3）:36-44.

［203］修春亮,魏治."流空间"视角的城市与区域结构［M］.北京:科学出版社,2015:5-6.

［204］徐剑锋.中小城市的爆炸性发展——以浙江省义乌市为例［J］.城市发展研究,2003（3）:9-16.

［205］徐勇,高秉雄.地方政府学［M］.北京:高等教育出版社,2013:55.

［206］许涤新.当代中国的人口［M］.北京:中国社会科学出版社,1988:493.

［207］许玉明,廖玉姣.城乡分治制度的若干表现及其内核［J］.改革,2011（1）:60-64.

［208］薛凤旋.中国城市文明及其文明的演变［M］.2版.北京:世界图书出版公司北京公司,2015:304-306,314.

［209］薛泉.镇改市:大镇行政体制创新的龙港个案研究［J］.河北学刊,2017,37（3）:195-201.

［210］亚里士多德.政治学［M］.吴寿彭,译.北京:商务印书馆,1965:4.

［211］杨宏山,李东泉.城市街道管理体制改革的争论与思考——基于撤销街道办事处试验的多案例研究［J］.北京行政学院学报,2016（2）:1-7.

［212］杨宏山.城市管理理论与实务［M］.北京:中国人民大学出版社,2016:1-2,12,21,80-81,87-88.

［213］杨宏山.街道办事处改革:问题、路向及制度条件［J］.南京社会科学,2012（4）:59-63.

［214］杨欢欢.江津区白沙镇行政管理体制改革研究［D］.重庆:重庆大学,2017.

［215］杨林,薛琪琪."撤县设区"抑或"撤县设市"?——基于市县经济关联度的视角［J］.山东社会科学,2017（11）:132-138.

［216］杨庆育.直辖体制演进与现实作为:重庆例证［J］.重庆社会科学,2016（8）:5-18.

［217］杨永恒,胡鞍钢,张宁.中国人类发展的地区差距和不协调——历史视角下的"一个中国,四个世界"［J］.经济学（季刊）,2006（2）:803-816.

［218］叶超,柴彦威,张小林."空间的生产"理论、研究进展及其对中国城市研究的

启示[J].经济地理,2011,31(3):409-413.

[219] 叶超.社会空间辩证法的由来[J].自然辩证法研究,2012,28(2):56-60.

[220] 叶林,杨宇泽.行政区划调整中的政府组织重构与上下级谈判——以江城撤市设区为例[J].武汉大学学报(哲学社会科学版),2018,71(3):164-176.

[221] 叶林,杨宇泽.中国城市行政区划调整的三重逻辑:一个研究述评[J].公共行政评论,2017,10(4):158-178.

[222] 叶敏.城市基层治理的条块协调:正式政治与非正式政治——来自上海的城市管理经验[J].公共管理学报,2016,13(2):128-140.

[223] 叶敏.增长驱动、城市化战略与市管县体制变迁[J].公共管理学报,2012,9(2):33-41.

[224] 易承志.集中与分散:美国大都市区政府治理的实践历程分析[J].城市发展研究,2010,17(7):73-79.

[225] 殷洁,罗小龙.尺度重组与地域重构:城市与区域重构的政治经济学分析[J].人文地理,2013a,28(2):67-73.

[226] 殷洁,罗小龙.从撤县设区到区界重组——我国区县级行政区划调整的新趋势[J].城市规划,2013b,36(6):9-15.

[227] 殷洁.大都市区行政区划调整:地域重构与尺度重组[M].北京:中国建筑工业出版社,2018:46,65,68,71,81,88-95,105-106,111,123-124,135,137.

[228] 由杨.产业园物业管理互联网生态方法论——上海漕河泾开发区PnP6.0管理模式解读[J].城市开发,2017(7):79-81.

[229] 余宗良.我国开发区模式的法治化研究[M].北京:中国政法大学出版社,2016:16,18,25,29,32-33,234.

[230] 袁渊,左翔.扩权强县与经济增长:规模以上工业企业的微观证据[J].世界经济,2011,34(3):89-108.

[231] 袁则文.规范与实践:街道办事处的制度属性探析[J].探索,2017(1):44-53.

[232] 袁政.我国新一轮市管县体制改革思考[J].华中师范大学学报(人文社会科学版),2012,51(3):26-34.

[233] 曾鹏,陈嘉浩.中国"时空修复"语境下城市群空间生产转型研究[J].社会科学,2017(2):56-65.

[234] 曾鹏,李洪涛.城市空间生产关系的集聚—扩散效应:时空修复与空间正义

[J].社会科学,2018(5):32-41.

[235] 詹成付.关于深化乡镇体制改革的研究报告[J].开放时代,2004(2):5-15.

[236] 张丙宣,王蓓娴,华逸婕.适应、干预与城市空间的生产——以浙江温岭C村撤村建居为例[J].吉首大学学报(社会科学版),2018,39(5):84-92.

[237] 张践祚,李贵才,王超.尺度重构视角下行政区划演变的动力机制——以广东省为例[J].人文地理,2016a,31(2):74-82.

[238] 张践祚,刘世定,李贵才.行政区划调整中上下级间的协商博弈及策略特征——以SS镇为例[J].社会学研究,2016b,31(3):73-99.

[239] 张紧跟.新区域主义:美国大都市区治理的新思路[J].中山大学学报(社会科学版),2010,50(1):131-141.

[240] 张京祥,陈浩.基于空间再生产视角的西方城市空间更新解析[J].人文地理,2012,27(2):1-5.

[241] 张京祥,陈浩.空间治理:中国城乡规划转型的政治经济学[J].城市规划,2014,38(11):9-15.

[242] 张京祥,耿磊,殷洁.基于区域空间生产视角的区域合作治理——以江阴经济开发区靖江园区为例[J].人文地理,2011,26(1):5-9.

[243] 张京祥,吴缚龙,马润潮.体制转型与中国城市空间重构——建立一种空间演化的制度分析框架[J].城市规划,2008(6):55-60.

[244] 张文荟,李医心,康维波."镇改街"进程中城乡一体化发展研究[J].理论观察,2015(8):109-110.

[245] 张西勇,杨继武.历史制度主义视域下我国城市街道办事处的制度变迁[J].中国行政管理,2012(12):69-73.

[246] 张翔.城市基层治理对行政协商机制的"排斥效应"[J].公共管理学报,2017,14(1):49-60.

[247] 张笑夷.论都市社会的可能性——列斐伏尔都市理论初解[J].马克思主义与现实,2017(2):121-128.

[248] 张新光.论中国乡镇改革25年[J].中国行政管理,2005(10):16-19.

[249] 张永姣,方创琳.地域尺度重组下的我国城市与区域规划体系改革[J].人文地理,2015,30(5):9-15.

[250] 张铮,包涵川.属地管理:一个关于行政层级延长的分析框架——基于对Z街道办事处的观察[J].中国行政管理,2018(6):94-99.

[251] 张志红.当代中国政府纵向关系研究[M].天津:天津人民出版社,2005:

272.

[252] 赵树凯.关于乡镇改革历史进程的考察[J].经济研究参考,2008(32):
44-47.

[253] 浙江省民政厅.浙江区划地名溯源[M].杭州:浙江大学出版社,2007:53,
69,115,442,507,677.

[254] 中共中央党史研究室.中国共产党历史(第2卷)(1949—1978下)[M].北
京:中共党史出版社,2011:112-114,491-492.

[255] 周一星.城市地理学[M].北京:商务印书馆,1995:41.

[256] 周飞舟,王绍琛.农民上楼与资本下乡:城镇化的社会学研究[J].中国社会
科学,2015(1):66-83.

[257] 周飞舟.分税制十年:制度及其影响[J].中国社会科学,2006(6):100-115.

[258] 周克瑜,张玉枝.论我国的设市模式及其预测与规划[J].预测,1995,(5):
47-52.

[259] 周黎安."官场+市场"与中国增长故事[J].社会,2018,38(2):1-45.

[260] 周黎安.行政发包制[J].社会,2014,34(6):1-38.

[261] 周黎安.中国地方官员的晋升锦标赛模式研究[J].经济研究,2007(7):
36-50.

[262] 周立斌,王希艳,朱怡蓉.空间政治经济学——区域经济学研究的一个批判
视角[M].北京:经济科学出版社,2014:27-33,67.

[263] 周鲁耀,周功满.从开发区到特色小镇:区域开发模式的新变化[J].城市发
展研究,2017,24(1):51-55.

[264] 周平.街道办事处的定位:城市社区政治的一个根本问题[J].政治学研究,
2001(2):76-82.

[265] 周庆行,赵修渝,杨清明.富民强国方略的重大创新与重庆直辖市的崛
起——论江泽民对邓小平区域经济发展战略集成思想的丰富和发展[J].毛
泽东邓小平理论研究,1998(6):103-108.

[266] 周尚意,许伟麟.时空压缩下的中国乡村空间生产——以广州市域乡村投资
为例[J].地理科学进展,2018,37(5):647-654.

[267] 周伟林,郝前进,周吉节.行政区划调整的政治经济学分析——以长江三角
洲为例[J].世界经济文汇,2007(5):82-91.

[268] 周武星,田发,蔡志堂."省管县"改革对经济增长的实证研究——来自浙
江省各县的经验分析[J].哈尔滨商业大学学报(社会科学版),2015(4):

56-61.

[269] 周雪光.国家治理规模及其负荷成本的思考[J].吉林大学社会科学学报,2013,53(1):5-8.

[270] 周雪光.权威体制与有效治理:当代中国国家治理的制度逻辑[J].开放时代,2011(10):67-85.

[271] 周振鹤.中国历史政治地理十六讲[M].上海:中华书局,2013:121.

[272] 朱光磊,张志红."职责同构"批判[J].北京大学学报(哲学社会科学版),2005(1):101-112.

[273] 朱建华,陈田,王开泳,等.改革开放以来中国行政区划格局演变与驱动力分析[J].地理研究,2015,34(2):247-258.

[274] 朱健刚.城市街区的权力变迁:强国家与强社会模式——对一个街区权力结构的分析[J].战略与管理,1997(4):42-53.

[275] 朱卫东,陈劲松,张先锋.转型条件下新升级国家级开发区发展研究:背景、障碍与策略[J].经济问题探索,2013(5):108-114.

[276] 朱文忠,杨章明.小城镇的发展与农村城市化、现代化——对上海市洪庙镇和浙江省龙港镇调查的启示[J].社会主义研究,1998(1):67-70.

[277] 朱正威,吴佳.空间挤压与认同重塑:邻避抗争的发生逻辑及治理改善[J].甘肃行政学院学报,2016(3):4-12.

[278] 踪家峰.城市与区域经济学[M].北京:北京大学出版社,2016:160.

[279] 左言庆,陈秀山.城市辖区行政区划调整的时空格局研究[J].学习与实践,2014(9):14-24.

[280] 左言庆,陈秀山.基于尺度理论视角的中国城市行政区划调整研究[J].天津行政学院学报,2014,16(3):27-33.

[281] ALDER S, SHAO L, ZILIBOTTI F. Economic reforms and industrial policy in a panel of Chinese cities [J]. Journal of Economic Growth, 2016, 21(4): 305-349.

[282] ALTHULER A, MORRILL W, WOLMAN H, et al. Governance and opportunity in metropolitan America [M]. Washington, DC: National Academy Press, 1999.

[283] ATKINSON R. The evidence on the impact of gentrification: new lessons for the urban renaissance? [J]. European Journal of Housing Policy, 2004, 4(1): 107-131.

[284] BEARD C A. The administration and politics of Tokyo [M]. New York: Macmillan, 1923.

［285］BISH R L, OSTROM V. Understanding urban government: metropolitan reform reconsidered [M]. Washington: American Enterprise Institute for Public Policy Research, 1973.

［286］BOURNE L S. Internal structure of the city: readings on urban form, growth, and policy [M].2nd ed.USA: Oxford University Press, 1982.

［287］BRENNER N. Globalisation as reterritorialisation: the re-scaling of urban governance in the European Union [J]. Urban Studies, 1999, 36(3): 431–451.

［288］BRENNER N. New state spaces: urban governance and the rescaling of statehood [M]. Oxford: Oxford University Press, 2004.

［289］CARTIER C. 'Zone fever', the arable land debate, and real estate speculation: China's evolving land use regime and its geographical contradictions [J]. Journal of Contemporary China, 2001, 10(28): 445–469.

［290］CASTELLS M. The informational city: information technology, economic restructuring, and the urban-regional process [M]. Oxford: Basil Blackwell, 1989.

［291］CASTELLS M. The rise of the network society [M]. Oxford: Basil Blackwel, 1996.

［292］CASTELLS M. Grassrooting the space of flows [J]. Urban Geography, 1999, 20(4): 294–302.

［293］CHAN K W. Fundamentals of China's urbanization and policy [J]. China Review, 2010, 10(1): 63–93.

［294］CISNEROS H G. Interwoven destinies: cities and the nation [M]. New York: Norton Press, 1993.

［295］COMBES P P, DURANTON G, GOBILLON L. The identification of agglomeration economies [J]. Journal of economic geography, 2010, 11(2): 253–266.

［296］COX K R. Political geography: territory, state and society [M]. Oxford: Blackwell, 2002: 400.

［297］DELANEY D. Territory: a short introduction [M].Oxford, UK: Blackwell Publishing, 2005.

［298］DENTERS B, ROSE L E. Comparing local governance: trends and developments [M]. England: Palgrave Macmillan, 2005.

［299］DIKEC M. Justice and the spatial imagination [J]. Environment & Planning A,

2001, 33(10): 1785–1805.

[300] DOWNS A. New visions for metropolitan America [M]. Washington D. C: The Brookings Institution, 1994.

[301] FRIEDMANN J. Four theses in the study of China's urbanization [J]. International journal of urban and regional research, 2006, 30(2): 440–451.

[302] FRISKEN F, NORRIS D F. Regionalism reconsidered [J]. Journal of urban affairs, 2001, 23(5): 467– 478.

[303] GRIX J, PHILLPOTS L. Revisiting the 'governance narrative' 'asymmetrical network governance' and the deviant case of the sports policy sector [J]. Public policy and administration, 2011, 26(1): 3–19.

[304] HAMILTON D K. Governing metropolitan areas: growth and change in a networked age [M]. New York: Routledge, 2014: 398.

[305] HEINELT H, KUBLER D. Metropolitan governance: capacity, democracy and the dynamics of Place [M]. London: Routledge, 2005: 9.

[306] HOFFMANNoff-MARTINOT, SELLERS J M. Metropolitanization and political change [M]. Wiesbaden: VS Verlag für Sozialwissenschaften, 2005.

[307] JONES V. Metropolitan government [M]. Chicago: University of Chicago Press, 1942.

[308] JOHNSTON R J, et al. The dictionary of Human Geography [M].Oxford: Blackwell Publishing, 2000. 823–824.

[309] KEATING M. Governing cities and regions: territorial restricting in a global age [M]//SCOTT A J. Global city-regions: trends, theory, policy. Oxford: Oxford University Press, 2001: 371–390.

[310] KEATING M, LOUGHLIN J, DESCHOUWER K. Culture, institutions and economic development [M].Cheltenham, Eng: Edward Elgar, 2003.

[311] KRISHAN G. The world pattern of administrative area reform [J]. Geographical Journal, 1988, 154(1): 93–99.

[312] LAM T C. The county system and county governance [M]// CHUNG J H, LAM T C. China's local administration. London: Routledge, 2010: 149–173.

[313] LEFEVRE C. Metropolitan government and governance in western countries: a critical review [J]. International journal of urban and regional research, 1998, 22(1): 9–25.

[314] LEFEVRE H. The production of space [M]. Oxford: Blackwell, 1991.

[315] LEFEVRE H. Writings on cities [M].Oxford: Blackwel, 1996: 173–174.

[316] LEITNER H. The politics of scale and networks of spatial connectivity: transnational interurban networks and the rescaling of political governance in Europe [M]//SHEPPARD E, MCMASTER R B. Scale and geographic inquiry: nature, society, and method. Blackwell Publishing Ltd, 2008: 236–255.

[317] LI Y, Wu F. Reconstructing urban scale: new experiments with the "provincial administration of counties" [J]. China Review, 2014, 14(1): 147–173.

[318] LIN G C S. Reproducing spaces of Chinese urbanisation: new city-based and land-centred urban transformation [J]. Urban Studies, 2007, 44(9): 1827–1855.

[319] LU Y, WANG J, ZHU L. Do place-based policies work? Micro-level evidence from China's economic zone program [J/OL]. Social Science Electronic Publishing, 2015: 1–47(2015–06–03) [2018–10–04]. https://papers.ssrn.com/sol3/papers.cfm?abstract_id=2635851#.

[320] LUO X, CHENG Y, YIN J, et al. Province-leading-county as a scaling-up strategy in China: the case of Jiangsu [J]. China Review, 2014, 14(1): 125–146.

[321] MA L J C. Urban transformation in China, 1949–2000: a review and research agenda [J]. Environment and Planning A, 2002, 34(9): 1545–1569.

[322] MA L J C. Urban administrative restructuring, changing scale relations and local economic development in China [J]. Political Geography, 2005, 24(4): 477–497.

[323] MACKINNON D. Reconstructing scale: towards a new scalar politics [J]. Progress in Human Geography, 2010, 35(1): 21–36.

[324] MACLEOD G, GOODWIN M. Space, space, scale and state strategy: rethinking urban and regional governance [J]. Progress in Human Geography, 1999, 23(4): 503–527.

[325] MANSON S M. Does scale exist? An epistemological scale continuum for complex human-environment systems [J]. Geoforum, 2008, 39(2): 776–788.

[326] MAXEY C C. The political integration of metropolitan communities [J]. National Municipal Review, 1922, 11(8): 229–253.

[327] MILLER D Y, COX R. Governing the metropolitan region: America's new frontier [M]. New York: M. E. Sharpe, 2014.

[328] MOORE A. Rethinking scale as a geographical category: from analysis to

practice [J]. Progress in human geography, 2008, 32(2): 203–225.

[329] NORRIS D F. Metropolitan governance in America [M]. London: Routledge, 2015.

[330] OSTROM V, OSTROM E. Public goods and public choices [M]//SAVAS E S. Alternatives for delivering public services: toward improved performance. Boulder, Colorado: Westview Press, 1977: 7–49.

[331] OSTROM V, TIEBOUT C M, WARREN R. The organization of government in metropolitan areas: a theoretical inquiry [J]. The American Political Science Review, 1961, 55(3): 831–842.

[332] PAASI A. Territory [M]//AGNEW J, MITCHELL K, TOAL G. A Companion to political geography. Oxford: Blackwell, 2003: 109–122.

[333] PAINTER J. Rethinking territory [J]. Antipode, 2010, 42(5): 1090–1118.

[334] PARKS R B, OAKERSON R J. Metropolitan organization and governance: a local public economy approach [J]. Urban Affairs Review, 1989, 25(25): 18–29.

[335] PEIRCE N R. Citistates: how urban America can prosper in a competitive world [M]. Washington, D. C: Seven Locks Press, 1993.

[336] QIAN Y, WEINGAST B R. Federalism as a commitment to preserving market incentives [J]. Journal of Economic Perspectives, 1997, 11(4): 83–92.

[337] ROBSON W A. The government and misgovernment of London [M]. London: George Allen and Unwin Ltd, 1939.

[338] RUSK D. Cities without suburbs [M]. Washington, D.C: Woodrow Wilson Center Press, 1993.

[339] WOOD R C, ALMENDINGER V V.1400 Governments: the political economy of the New York metropolitan region [M]. Harvard University Press, 1961.

[340] SACK R D. Human territoriality: its theory and history [M]. Cambridge: Cambridge University Press, 1986: 272.

[341] SAVITCH H V, VOGEL R. Regional politics: American in a post-city age [M]. Thousand Oaks, CA: Sage Publications, 1996.

[342] SCHMINKE A, VAN BIESEBROECK J. Using export market performance to evaluate regional preferential policies in China [J]. Review of World Economics, 2013, 149(2): 343–367.

[343] SHEN J. Scale, state and the city: urban transformation in post reform China [J].

Habitat International, 2007, 31(3-4): 303-316.

[344] SMITH N. Uneven development: nature, capital, and the production of space [M]. 3rd ed. Athens: University of Georgia Press, 2008.

[345] SMITH S. Strategic planning as region building on the eastern periphery of the EU [J]. European Planning Studies, 2007, 15(8): 1007-1025.

[346] STOKER G. Transforming local governance: from thatcherism to new labour [M]. UK: Macmillan Education, 2004.

[347] STORPER M. Territories, flows and hierarchies in the global economy [M]// COX K R. Spaces of globalization: reasserting the power of the local. New York: The Guilford Press, 1997: 19-44.

[348] STUDENSKI P, SOMMER F H, MCKINLEY C E, et al. The government of metropolitan areas in the United States [M]. New York: National Municipal League, 1930.

[349] SWYNGEDOUW E. Neither global nor local: "glocalization" and the politics of scale [M]//COX K R. Spaces of globalization: reasserting the power of the local. New York: The Guilford Press, 1997: 137-166.

[350] TAYLOR P J. A materialist framework for political geography [J]. Transactions of the Institute of British Geographers, 1982, 7(1): 15-34.

[351] TAYLOR P J. The state as container: territoriality in the modern world-system [J]. Progress in Human Geography, 1984, 18(2): 151-162.

[352] TAYLOR P J. The state as container: territoriality in the modern world-system [M]//BRENNER N, JESSOP B, JONES M, et al. State/Space: A Reader, 2003: 101-114.

[353] TIEBOUT C M. A Pure theory of local expenditures [J]. Journal of Political Economy, 1956, 64(5): 416-424.

[354] LEACH R H. Improving urban America: a challenge to federalism [M]. United States. Advisory Commission on Intergovernmental Relations, 1976.

[355] WALLIS A D. The third wave: current trends in regional governance [J].National Civic Review, 1994, 83 (3): 290-310.

[356] WANG J. The economic impact of special economic zones: evidence from Chinese municipalities [J]. Journal of Development Economics, 2013, 101(1): 133-147.

[357] WARREN R. A municipal services market model of metropolitan organization [J]. Journal of American Institute of Planners, 1964, 30(3): 193–204.

[358] WILSON J. "The devastating conquest of the lived by the conceived" The concept of abstract space in the work of Henri Lefebvre [J]. Space and Culture, 2013, 16(3): 364–380.

[359] WINDSHEIMER D. New regionalism and metropolitan governance in practice: a major smart growth construction project in the waterloo region-the light rapid transit-project [D]. Berlin: Freie Universität, 2007.

[360] WU F. China's emergent city-region governance: a new form of state spatial selectivity through state-orchestrated rescaling [J]. International Journal of Urban & Regional Research, 2016, 40(6): 1134–1151.

[361] WU J, DENG Y, HUANG J, et al. Incentives and outcomes: China's environmental policy [R]. National Bureau of Economic Research, 2013.

[362] YOUNG D R. Consolidation or diversity: choices in the structure of urban governance [J]. The American Economic Review, 1976, 66(2): 378–385.

索 引

后　记

承蒙上海交通大学中国城市治理研究院和浙江大学公共管理学院的大力支持，特别是郁建兴教授、吴建南教授、陈国权教授、韩志明教授的鼓励和鞭策，让我们有机会在如此紧急的时间里，完成这么有意义的工作。卢梭曾经说过，"人生而自由，却无往不在枷锁之中。他们自以为是其他一切的主人，却往往比其他一切更显得像是奴隶"。类似地，如果一项研究仅仅是被任务驱使，而不是由自身兴趣或内心渴望激发，那么，研究者看似自由，实际上却更像是奴隶。幸好，我们团队对城市行政区划的改革关注已久，而且是受到兴趣和渴望驱使的一种探索。2018年6月，我的第三个国家社科基金项目"我国大都市区行政区划改革的风险及防范研究"获批立项，更是鼓舞了我对城市行政区划改革40年的研究。通过本项研究，既积累了中国城市行政区划改革的相关数据库，为新的国家社科基金项目研究打下基础，又在客观上提前完成了国家社科基金项目的部分中期成果。

在短短半年多的时间，浙大"吴门无派"几乎动员了所有的力量，全身心地投入到相关研究之中。每逢双周例会，大家挤坐在"超配"的办公室沙发上，热烈讨论中自然散发的青春活力和欢声笑语，这一切将永远定格在我们的美好记忆里。当然，当资料收集遇到障碍时，当团队个别成员突然放弃时，当有其他活动诱惑时，我也曾经萌发过一点点"后悔"，后悔因"一时贪念"而被锁定在这个"枷锁"之中。但是，这一主动争取来的"枷锁"，切断了我们的退路，提供了克服困难的勇气，并最终成了继续前行的动力。目前，"吴门无派"已有博士、硕士弟子50多人。有一天偶尔获知，他们有个不包括我的小群，名为"天下第一好的吴老师的爱徒"。我的断句是：天下第一好的、吴老师的爱徒；他们的断句是：天下第一好的吴老师、的爱徒。所以，大家都很开心。

　　本项研究是团队合作的成果，全书的写作框架由吴金群拟定，各章的初稿起草分工如下：前言、第一章、第二章由吴金群负责；第三章、第四章由廖超超负责；第五章由廖超超和黄佳琦负责；第六章由黄佳琦负责；第七章由游晨负责；第八章由游晨和钱婉妍负责；第九章由王然负责。在资料收集过程中，唐贺儒、兰树梅、胡佳琦等研究生也做了大量工作。全书的统稿工作由吴金群负责。在统稿过程中，我成了一个"令人讨厌的人"。因为自己从来没有周末，从来没有假期，以为别人也应该时刻处于工作状态。所以，在反复推敲书稿的过程中，我肯定被暗暗地埋怨过很多次。

　　有人说，什么是目标？那就是朝思暮想、做梦都想、时刻都想，而且一想起就热血沸腾！为了完成本部书稿，我们一起朝思暮想、做梦都想、时刻都想。但愿，在未来的征程中，每位团队成员都能为各自的事业再次热血沸腾！

吴金群

2018 年 8 月 28 日